Michel Foucault

Estética:
Literatura e Pintura,
Música e Cinema

O GEN | Grupo Editorial Nacional – maior plataforma editorial brasileira no segmento científico, técnico e profissional – publica conteúdos nas áreas de ciências humanas, exatas, jurídicas, da saúde e sociais aplicadas, além de prover serviços direcionados à educação continuada e à preparação para concursos.

As editoras que integram o GEN, das mais respeitadas no mercado editorial, construíram catálogos inigualáveis, com obras decisivas para a formação acadêmica e o aperfeiçoamento de várias gerações de profissionais e estudantes, tendo se tornado sinônimo de qualidade e seriedade.

A missão do GEN e dos núcleos de conteúdo que o compõem é prover a melhor informação científica e distribuí-la de maneira flexível e conveniente, a preços justos, gerando benefícios e servindo a autores, docentes, livreiros, funcionários, colaboradores e acionistas.

Nosso comportamento ético incondicional e nossa responsabilidade social e ambiental são reforçados pela natureza educacional de nossa atividade e dão sustentabilidade ao crescimento contínuo e à rentabilidade do grupo.

coleção Ditos & Escritos **III**

Michel Foucault
Estética:
Literatura e Pintura,
Música e Cinema

4ª EDIÇÃO

Organização, seleção de textos e revisão técnica:
Manoel Barros da Motta

Tradução:
Inês Autran Dourado Barbosa

Dits et écrits
Edição francesa preparada sob a direção de Daniel Defert e
François Ewald com a colaboração de Jacques Lagrange

- O autor e a editora se empenharam para citar adequadamente e dar o devido crédito a todos os detentores de direitos autorais de qualquer material utilizado neste livro, dispondo-se a editora a possíveis acertos posteriores caso, inadvertida e involuntariamente, a identificação de algum deles tenha sido omitida.
- **Atendimento ao cliente: (11) 5080-0751 | faleconosco@grupogen.com.br**
- Traduzido de:
  Dits et écrits
  Copyright © **Éditions Gallimard, 1994**
  All rights reserved.
  Sale is forbidden in Portugal.
- Direitos exclusivos para o Brasil para a língua portuguesa
  Copyright © 2015, 2025 (2ª impressão) by
  Forense Universitária, um selo da Editora Forense Ltda.
  Uma editora integrante do GEN | Grupo Editorial Nacional
  Travessa do Ouvidor, 11
  Rio de Janeiro – RJ – 20040-040
  www.grupogen.com.br
  Venda proibida em Portugal.
- Reservados todos os direitos. É proibida a duplicação ou reprodução deste volume, no todo ou em parte, em quaisquer formas ou por quaisquer meios (eletrônico, mecânico, gravação, fotocópia, distribuição pela Internet ou outros), sem permissão, por escrito, da Editora Forense Ltda.
  3ª edição brasileira – 2013
  4ª edição brasileira – 2015
  4ª edição brasileira – 2ª tiragem – 2025
  Organização, seleção de textos e revisão técnica: Manoel Barros da Motta
  Tradução: Inês Autran Dourado Barbosa
  Foto da capa: Jacques Robert
- **CIP – Brasil. Catalogação-na-fonte.**
  Sindicato Nacional dos Editores de Livros, RJ.

F86e
4. ed.
v. 3

Foucault, Michel, 1926-1984
 Estética : literatura e pintura, música e cinema / Michel Foucault ; organização, seleção de textos e revisão técnica Manoel Barros da Motta ; tradução Inês Autran Dourado Barbosa. - 4. ed., 2. reimpr. - Rio de Janeiro : Forense Universitária, 2025.
(Ditos & escritos ; 3)

 Tradução de: Dits et écrits
 Inclui índice
 "Edição francesa preparada sob a direção de Daniel Defert e François Ewald com a colaboração de Jacques Lagrange"
 ISBN 978-85-3096-418-4

 1. Filosofia francesa. 2. Estética. I. Motta, Manoel Barros da. II. Barbosa, Inês Autran Dourado. III. Título. IV. Série.

24-95470

CDD: 194
CDU 1(44)

Meri Gleice Rodrigues de Souza - Bibliotecária - CRB-7/6439

Sumário

Apresentação à Edição Brasileira VII

1962 – Dizer e Ver em Raymond Roussel 1
1962 – Um Saber Tão Cruel 13
1963 – Prefácio à Transgressão 28
1963 – A Linguagem ao Infinito 48
1963 – Distância, Aspecto, Origem 61
1964 – Posfácio a Flaubert (*A Tentação de Santo Antão*). 76
1964 – A Prosa de Acteão 111
1964 – Debate sobre o Romance 125
1964 – Por que se Reedita a Obra de Raymond Roussel?
      Um Precursor de Nossa Literatura Moderna ... 181
1964 – O *Mallarmé* de J.-P. Richard 185
1965 – "As Damas de Companhia" 196
1966 – Por Trás da Fábula 214
1966 – O Pensamento do Exterior 223
1966 – Um Nadador entre Duas Palavras 247
1968 – Isto Não É um Cachimbo 251
1969 – O que é um Autor? 268
1970 – Sete Proposições sobre o Sétimo Anjo 303
1970 – Haverá Escândalo, Mas 317
1971 – As Monstruosidades da Crítica 320
1974 – (Sobre D. Byzantios) 330
1974 – Antirretro 334
1975 – A Pintura Fotogênica 350
1975 – Sobre Marguerite Duras 360
1975 – Sade, Sargento do Sexo 370
1977 – As Manhãs Cinzentas da Tolerância 375
1977 – Não ao Sexo-Rei 378
1978 – Eugène Sue que Eu Amo 392
1980 – Os Quatro Cavaleiros do Apocalipse e os Vermes
      Cotidianos 396
1980 – A Imaginação do Século XIX 398
1982 – Pierre Boulez, a Tela Atravessada 404

VI   Michel Foucault – Ditos e Escritos

1983 – Michel Foucault/Pierre Boulez – A Música
   Contemporânea e o Público............................ 408
1984 – Arqueologia de uma Paixão............................. 417
1984 – Outros Espaços 428
Índice de Obras.. 439
Índice Onomástico 441
Índice de Lugares.. 444
Índice de Períodos Históricos..................................... 445
Organização da Obra Ditos e Escritos......................... 446

Apresentação à Edição Brasileira

Construída sob o signo do novo, a obra de Michel Foucault subverteu, transformou, modificou nossa relação com o saber e a verdade. A relação da filosofia com a razão não é mais a mesma depois da *História da loucura*. Nem podemos pensar da mesma forma o estatuto da punição em nossas sociedades. A intervenção teórico-ativa de Michel Foucault introduziu também uma mudança nas relações de poder e saber da cultura contemporânea, a partir de sua matriz ocidental na medicina, na psiquiatria, nos sistemas penais e na sexualidade. Pode-se dizer que ela colabora para efetuar uma mudança de *episteme*, para além do que alguns chamam de pós-estruturalismo ou pós-modernismo.

A edição francesa dos *Ditos e escritos*, em 1994, pelas Edições Gallimard desempenha um papel fundamental na difusão de uma boa parte da obra do filósofo cujo acesso ao público era difícil, ou, em muitos casos, impossível. Além de suas grandes obras, *As palavras e as coisas, História da loucura, Vigiar e punir, O nascimento da clínica, Raymond Roussel e História da sexualidade*, Foucault multiplicou seus escritos e a ação de seus ditos, na Europa, nas Américas, na Ásia e no norte da África. Suas intervenções foram desde relações da loucura e da sociedade feitas no Japão a reportagens sobre a eclosão da revolução islâmica em Teerã e debates no Brasil sobre a penalidade e a política. Este trabalho foi em parte realizado através de um grande número de textos, intervenções, conferências, introduções, prefácios e artigos publicados em uma vasta gama de países que vai do Brasil aos Estados Unidos, Tunísia e Japão. As Edições Gallimard recolheram esses textos em uma primeira edição em quatro volumes, com exceção dos livros. A esses seguiu-se uma outra edição em dois volumes que conserva a totalidade dos textos da primeira. A edição francesa pretendeu a exaustividade, organizando a totalidade dos textos publicados quando Michel Foucault vivia, embora seja provável que alguma pequena lacuna exista neste trabalho. O

VIII   Michel Foucault – Ditos e Escritos

testamento de Foucault, por outro lado, excluía as publicações póstumas. Daniel Defert e François Ewald realizaram, assim, um monumental trabalho de edição e estabelecimento dos textos. Situando de maneira nova as condições de sua publicação, controlaram as circunstâncias das traduções, verificaram as citações e erros de tipografia. Jacques Lagrange ocupou-se da bibliografia. Defert elaborou uma cronologia, na verdade uma biografia de Foucault para o primeiro volume, que mantivemos na edição brasileira, na qual muitos elementos novos sobre a obra e a ação de Michel Foucault aparecem. Ela aponta para a correspondência de Foucault, inédita até hoje.

Este trabalho, eles o fizeram com uma visada ética que, de maneira muito justa, parece-me, chamaram de intervenção mínima. Para isto, a edição francesa de Defert e Ewald apresentou os textos segundo uma ordem puramente cronológica. Este cuidado não impediu os autores de reconhecerem que a reunião dos textos produziu algo de inédito. A publicação do conjunto destes textos constitui um evento tão importante quanto o das obras já publicadas, pelo que complementa, retifica ou esclarece. As numerosas entrevistas – quase todas nunca publicadas em português – permitem atualizar os ditos de Foucault com relação a seus contemporâneos e medir o efeito das intervenções que permanecem atuais, no ponto vivo das questões da contemporaneidade, sejam elas filosóficas, literárias ou históricas. A omissão de textos produz, por outro lado, efeitos de interpretação, inevitáveis, tratando-se de uma seleção.

A edição brasileira dos *Ditos e escritos* é uma ampla seleção que tem como objetivo tornar acessível ao público leitor brasileiro o maior número possível de textos de Foucault que não estivessem ainda editados em português. Como não era possível editar integralmente todos os textos, optamos por uma distribuição temática em alguns campos que foram objeto de trabalho de Foucault.

Este volume, o terceiro da série, concentra-se, principalmente, em torno da temática da estética. Foucault analisa aqui obras que, frente à perspectiva humanista dominante na *episteme* da modernidade através do que poderíamos chamar de orientação nietzschiana na filosofia, criaram uma literatura que é uma alternativa às problemáticas do sentido, da vida e da linguagem dominantes na fenomenologia e no existencialismo, e que para ele se apresentavam como "sufocantes". Trata-se de análises de alguns autores, como Blanchot, Bataille, Klossowski, Robbe-Grillet, Beckett, Roussel, cujas experiências no campo da reflexão e da criação artística marcaram a cultura contemporânea com amplos efeitos, principalmente no campo da ética. Ele trata também de outros artistas fundamentais da poética moderna, como Mallarmé, Flaubert, Júlio Verne, Breton e o surrealismo, os autores de *Tel quel* e, em especial, Philippe Sollers, bem como Pierre Guyotat. É a leitura destes autores que vai produzir em Foucault a ruptura com o marxismo, a fenomenologia e o existencialismo que fechavam o horizonte dos estudantes em sua época. Criaram nele, diz Foucault, "o desejo de ir mais além". *Esperando Godot*, de Beckett, foi o elemento catalisador da ruptura.

Além dos textos sobre literatura, estão aqui reunidas análises dedicadas à pintura, incluindo *As Damas de Companhia* – o grande texto de Foucault dedicado a Velásquez e à era da representação –, o ensaio sobre Magritte, Fromanger, passagens sobre a *pop art* o hiper-realismo, além de considerações fundamentais sobre Mondrian, Klee e Kandinsky. No prefácio para a exposição do pintor Gérard Fromanger, Foucault prolonga suas análises da imagem feitas sobre Manet com uma importante pesquisa, como nota Defert, sobre as relações entre a pintura e a fotografia no fim do século XIX. A música contemporânea está presente em seu diálogo com Boulez e nos artigos que escreveu sobre ele. E há ainda textos sobre alguns filmes e cineastas, nos quais uma nova reflexão sobre a política está presente.

É importante registrar que o trabalho de elaboração por Foucault de seus livros e textos é uma experiência que ele, dizia, "desejaria a mais plena possível". O sentido da experiência para Foucault é especial – é algo do qual se sai transformado. Escrever não é um ato de comunicar o que já se sabe. Esse tipo de escrita, diz Foucault, ele não teria coragem de fazê-lo. Ele escreve porque não sabe ainda exatamente o que pensar dessa coisa que ele deseja muitíssimo pensar. Trata-se de uma experimentação, e não de um trabalho de teoria para construir um sistema geral. Esse conceito de experiência é bastante distante da fenomenologia, na medida em que nesta trata-se de lançar um olhar reflexivo sobre um objeto qualquer do vivido, para apreender suas significações. A experiência em Nietzsche, Blanchot, Bataille, nas quais Foucault se inspira, tem como objetivo arrancar o sujeito de si mesmo, ou que ele chegue à sua

X Michel Foucault – Ditos e Escritos

dissolução. Empresa de "dessubjetivação", diz Foucault, que podemos chamar também de destituição subjetiva.

A maior parte dos seus mais importantes textos sobre a literatura e as artes, inclusive a pintura, Foucault os escreverá nos anos 1960. Em 1963, publica seu *Raymond Roussel*, o único escritor a quem ele consagrará um livro. É nesse ano, como nos informa Defert, que ele corrige seu texto de homenagem a Bataille e lê textos de Klossowski sobre Nietzsche. Em 1964, Foucault participará de colóquios consagrados ao romance e à poesia contemporâneos, aos autores de *Tel quel*, dirigida por Philippe Sollers. *As palavras e as coisas* vão desenvolver sua análise do ser da linguagem dando nova forma ao projeto de uma ontologia da literatura a partir de Bataille, Blanchot e Klossowski. Ele publica também alguns dos importantes artigos nesse período na revista *Critique*, fundada por Bataille, em *Tel quel, na Nouvelle revue française* e na *Quinzaine littéraire*.

Nascimento da literatura

Foucault situa o nascimento do que é para nós a literatura em um momento crítico do fim do século XVIII e início do século XIX, quando se realizam a experiência revolucionária, o terror, as guerras napoleônicas, e se entrecruza Kant com o debate das luzes e a obra de Sade. Os ensaios sobre Révéroni Saint-Cyr, Crébillon, Sade, Rousseau e Hölderlin situam de forma exemplar aspectos dessa problemática. Foucault colocará *As palavras e as coisas* sob o signo de Borges, que fora seu lugar de nascimento. A experiência que configura a literatura moderna ocupa lugar decisivo, estratégico, na *episteme* da modernidade, contemporânea do nascimento das ciências humanas e do retorno do ser da linguagem. Foucault propõe que se realize uma ontologia da literatura a partir dos fenômenos de autorrepresentação da linguagem, "figuras que aparentemente são da ordem do artifício mas que traem a relação que a linguagem mantém com a morte". Essa interrogação é, em *A Linguagem ao Infinito*, situada sob o signo de Blanchot: "Escrever para não morrer, como dizia Blanchot, ou talvez mesmo falar para não morrer é uma tarefa sem dúvida tão antiga quanto a fala" (ver p. 48 neste volume). Foucault propõe uma analítica geral de todas as formas de reduplicação da linguagem, de que se podem encontrar exemplos na literatura universal.

Apresentação à Edição Brasileira **XI**

É também um texto de Borges que figura como exemplo dessa relação: a história de um escritor condenado a quem Deus concede, no instante mesmo em que ia ser fuzilado, um ano de sobrevivência para terminar a obra começada: "esta obra suspensa no parêntese da morte é um drama no qual justamente tudo se repete, o fim (que resta por escrever) retomando palavra por palavra o início (já escrito), mas de maneira a mostrar que o personagem que se conhece e que fala desde as primeiras cenas não é ele mesmo, mas aquele que se toma por ele; e na iminência da morte, durante o ano que dura o deslizamento sobre seu rosto de uma gota de chuva, o apagar da fumaça do último cigarro, Hladik escreve, mas com palavras que ninguém poderá ler, nem mesmo Deus, o grande labirinto invisível da repetição, da linguagem que se desdobra e se faz espelho de si mesma. E quando o último epíteto é encontrado (...) a descarga dos fuzis, partida menos de um segundo antes, fixa seu silêncio no peito" (ver p. 50 neste volume). E diz Foucault: "nessa relação da linguagem com sua infinita repetição uma mudança se produziu no fim do século XVIII – quase coincidindo com o momento em que a obra de linguagem se tornou o que ela é agora para nós, ou seja, literatura" (ver p. 52 neste volume). A obra de Sade e o aparecimento das narrativas de terror marcam de forma aproximativa essa data. Não se trata de um parentesco na crueldade ou de uma relação descoberta entre a literatura e o mal. Trata-se de algo mais obscuro e paradoxal: "linguagens (...) puxadas para fora de si mesmas pelo inumerável, o indizível, o estremecimento, o estupor, o êxtase, o mutismo, a pura violência, o gesto sem palavra e que são calculadas, com a maior economia e maior precisão (...). Essas linguagens (...) são linguagens curiosamente duplas" (ver p. 54 neste volume).

Essa experiência que Foucault descobre na literatura contemporânea, Klossowski pretende que foi uma experiência há muito tempo perdida com a qual reata. Klossowski situa-se no cruzamento de dois caminhos bastante afastados: o dos teólogos e o dos deuses gregos, dos quais Nietzsche anunciara o retorno.

Da prosa de Klossowski, nietzschiano, tradutor de Nietzsche, Heidegger e Wittgenstein em francês, Foucault diz que "é prosa de Acteão: fala transgressora". Em Bataille e Blanchot a escrita é uma "transubstanciação ritualizada", em sentido inverso, onde a presença real se torna novamente corpo jacente: "a linguagem de Blanchot se dirige à morte, não para triunfar

XII   Michel Foucault – Ditos e Escritos

mas para permanecer na dimensão órfica". Klossowski trata essas linguagens que conhece como um simulacro. Assim, na *Vocation suspendue* é um comentário simulado de uma narrativa que é ele mesmo um simulacro. Diz Foucault que é preciso entender esta palavra com a ressonância que agora podemos lhe dar: "vã imagem (em oposição à realidade); representação de alguma coisa (em que esta coisa se delega, se manifesta, mas se retira e, em certo sentido, se esconde); mentira que faz tomar um signo por um outro; signo da presença de uma divindade (e possibilidade recíproca de tomar este signo pelo seu contrário); vinda simultânea do Mesmo e do Outro". Assim, simulacro remete a uma constelação: similitude e simultaneidade, simulação e dissimulação. Das obras de Klossowski, *Le bain de Diane*, de 1956, é a que mais se avizinha, diz Foucault, dessa luz ofuscante, mas para nós bastante sombria, de onde nos vêm os simulacros. Klossowski retoma a história de Diana (Artemis) narrada por Ovídio nas *Metamorfoses*. A deusa é a conotada com atributos contraditórios: "virgindade e morte, noite e luz, castidade e sedução".* Protetora dos caçadores, será, no entanto, um deles, Acteão, que vai ter a sorte de caça perseguida: feito em pedaços pelos seus próprios cães depois que a deusa o transformou em cervo. Diana é ao mesmo tempo a deusa "fulgurante e matadora".** "Diana no banho", diz Foucault, "a deusa se disfarçando na água no momento em que se oferece ao olhar, não é apenas a evasiva dos deuses gregos, é o momento em que a unidade intacta do divino 'reflete sua divindade em um corpo virginal', e então se desdobra em um demônio que a faz, a distância dela mesma, aparecer casta e ao mesmo tempo a oferece à violência do Bode" (ver p. 121 neste volume).

Klossowski, diz Foucault, é aquele que, "do fundo da experiência cristã, encontrou as seduções e as profundezas do simulacro, para além de todos os jogos de antigamente: os do sentido e do não sentido, do significante e do significado, do símbolo e do signo" (ver p. 116 neste volume). Este espaço dos simulacros, diz Foucault, é "o lugar contemporâneo, escondido, da literatura" (ver p. 124 neste volume).

Esse trabalho com o simulacro é o que dá à obra de Klossowski "seu aspecto sagrado e solar, desde que se encontre nela

---

* *Le bain de Diane*, Paris, Ed. Gallimard, p. 9.
** *Le bain de Diane*, p. 9.

Apresentação à Edição Brasileira **XIII**

o movimento nietzschiano em que se trata de Dionísio e do Crucificado (pois eles são, como o viu Nietzsche, simulacros um do outro)" (ver p. 116 neste volume).

Mas onde nasce a literatura? A literatura, em todo seu rigor, diz Foucault, tem precisamente seu lugar de nascimento ali, "nesse fim do século XVIII, quando aparece uma linguagem que retoma e consome em sua fulguração outra linguagem diferente, fazendo nascer uma figura obscura mas dominadora na qual atuam a morte, o espelho e o duplo, o ondeado ao infinito das palavras" (ver p. 58 neste volume). O exemplo *princeps* dessa posição atual é o grande texto de Borges, *La bibliothèque de Babel*, cuja configuração é exatamente inversa da retórica clássica. Em *La bibliothèque de Babel*, "tudo o que pode ser dito já foi dito: é possível encontrar ali todas as linguagens concebidas, imaginadas, e mesmo as concebíveis, imagináveis; tudo foi pronunciado, mesmo o que não tem sentido... Entretanto, acima de todas essas palavras, uma linguagem soberana as recobre, que as narra e na verdade as faz nascer: linguagem ela própria encostada na morte, já que é no momento de oscilar no poço do Hexágono infinito que o mais lúcido (o último, por consequência) dos bibliotecários revela que mesmo o infinito da linguagem se multiplica ao infinito, repetindo-se sem fim nas figuras desdobradas do Mesmo". Há, assim, uma oposição entre a retórica e a biblioteca. Se a retórica clássica não anunciava as leis e as formas de uma linguagem, estabelecia relações entre duas palavras. A retórica repetia sem cessar, para criaturas finitas e homens que iriam morrer, a palavra do infinito que não passaria jamais. "Hoje", diz Foucault, "o espaço da linguagem não é definido pela Retórica, mas pela Biblioteca: pela sustentação ao infinito das linguagens fragmentares, substituindo à dupla cadeia da retórica a linha simples, contínua, monótona de uma linguagem entregue a si mesma, devotada a ser infinita porque não pode mais se apoiar na palavra do infinito" (ver p. 59 neste volume). Quando começa a literatura? Quando o dilema dos livros da biblioteca é transformado em paradoxo. No dilema há a alternativa: "ou todos os livros já estão na palavra e é preciso queimá-los, ou eles lhe são contrários é e preciso queimá-los também". A retórica surge como o meio de exorcizar o incêndio das bibliotecas. Então o paradoxo: Se fazemos um livro que narra todos os outros livros, é ele mesmo um livro, ou não? É como se ele fosse um livro entre os

XIV   Michel Foucault – Ditos e Escritos

outros que ele deve falar de si próprio? E se ele não se narra, o que pode ser, ele que tinha o projeto de ser um livro, e por que se omitir em sua narrativa, agora que ele tem de dizer todos os livros? Lugar então da literatura, "o livro não é mais o espaço onde a palavra adquire figura (figuras de estilo, de retórica e de linguagem), mas o lugar onde os livros são todos retomados e consumidos: lugar sem lugar, pois abriga todos os livros passados neste impossível 'volume', que vem colocar seu murmúrio entre tantos outros – após todos os outros, antes de todos os outros" (ver p. 60 neste volume).

Foucault publicou, em 1963, no número em que a revista *Critique* homenageava Bataille, seu grande artigo sobre o autor de *Madame Edwarda*, de *Erotismo* e de *Experiência interior*, e que pretendeu fundar uma heterologia, ciência da experiência-limite, experiência da transgressão dos limites, do gasto e do excesso.

Analisando a sexualidade moderna, ele nos diz que o que a caracteriza, de Sade a Freud, não é "ter encontrado a linguagem de sua razão ou de sua natureza, mas ter sido, e pela violência de seus discursos, desnaturalizada – lançada em um espaço vazio onde ela só encontra a forma tênue do limite, e onde ela não tem um para além nem prolongamento a não ser no frenesi que a rompe. Não se trata de que liberamos a sexualidade, mas do fato de que a levamos ao limite de nossa consciência, de nossa inconsciência, limite da lei, já que ela aparece como o único conteúdo absolutamente universal do interdito; limite de nossa linguagem; ela traça a linha de espuma do que é possível atingir exatamente sobre a areia do silêncio". Em um mundo que não reconhece sentido positivo no sagrado, não é mais ou menos isso que se poderia chamar de transgressão?

A emergência da sexualidade talvez seja um acontecimento com valor múltiplo na nossa cultura; acontecimento, como diz Foucault, ligado à morte de Deus e ao vazio ontológico que esta deixou nos limites de nosso pensamento. E também ao aparecimento de algo vago e hesitante, "forma de pensamento em que a interrogação sobre o limite substitui a busca da totalidade e em que o gesto da transgressão toma o lugar do movimento das contradições" (ver p. 45 neste volume). A *Histoire de l'oeil*, o segundo livro de Georges Bataille, escrito em 1926 e publicado sob o pseudônimo de Lord Auch, começa assim: "fui educado muito só e tão longe quanto me lembre, eu era angus-

Apresentação à Edição Brasileira   XV

tiado por tudo o que é sexual".* Essa narrativa é a história de um jovem que narra as experiências que teve quando de seu encontro com uma jovem – Simone. Eles têm "singulares divertimentos" com seus corpos, relacionando-se sempre com objetos privilegiados, seja com ovos, urina ou olhos. Seu modo de gozo relaciona-se sempre a esses objetos e especialmente ao olho. Mas o que pode significar no cerne do pensamento de Bataille a presença de tal figura? É a questão que Foucault levanta. "O que quer dizer esse olho insistente no qual parece se recolher o que Bataille sucessivamente designou como *Experiência interior*, extremo do possível, operação cômica ou simplesmente meditação?" Não se trata de uma metáfora, como não é metafórica a percepção do olhar em Descartes. "Na verdade, o olho revirado, em Bataille, nada significa em sua linguagem, pela única razão de que ele lhe marca o limite. Indica o momento em que a linguagem chegada aos seus confins irrompe fora de si mesma, explode e se contesta radicalmente no rir, nas lágrimas, nos olhos perturbados do êxtase, no horror mudo e exorbitado do sacrifício, e permanece assim no limite deste vazio, falada de si mesma em uma linguagem segunda em que a ausência de um sujeito soberano determina seu vazio essencial e fratura sem descanso a unidade do discurso" (ver p. 43 neste volume).

Foucault considera que, "nesse olho, figura fundamental do lugar de onde fala Bataille, e onde sua linguagem despedaçada encontra sua morada ininterrupta, a morte de Deus, (...) a prova da finitude (...) e o retorno sobre si mesmo da linguagem no momento de seu desfalecimento encontram uma forma de ligação anterior a qualquer discurso, que talvez só tenha equivalente na ligação, familiar a outras filosofias, entre o olhar e a verdade ou a contemplação e o absoluto" (ver p. 44 neste volume).

Para a problemática da modernidade, Blanchot é capital para Foucault. Ele é a "presença real, absolutamente longínqua, cintilante, invisível, o destino necessário, a lei inevitável, o vigor calmo, infinito, avaliado por esse mesmo pensamento" da própria ficção (ver p. 228 neste volume). É o criador de simulacros, "cópias sem original". O espaço discursivo de Blanchot está "livre de qualquer centro, não afetado por qualquer

---

* Bataille, *Oeuvres complètes 1 – Premiers écrits 1922-1940*, Paris, Ed. Gallimard, 1970, p. 14.

XVI Michel Foucault – Ditos e Escritos

solo nativo". Foucault chama Blanchot de Hegel da literatura: "Blanchot é, de algum modo, o Hegel da literatura (...). Se, na linguagem que falamos, Hölderlin, Mallarmé, Kafka existem plenamente, é justamente graças a Blanchot. Isso se assemelha ao modo como Hegel reatualizou, no século XIX, a filosofia grega, Platão, a escultura grega, as catedrais medievais, *Le neveu de Rameau* e tantas outras coisas" (ver p. 257, vol. I da edição brasileira desta obra). "Só Blanchot tornou possível todo discurso sobre a literatura."

A respeito de Blanchot, Foucault publicou o artigo *O Pensamento do Exterior* na revista *Critique*, em junho de 1966, ano em que foi publicado *As palavras e as coisas*. Nesse texto, ele formula uma tese sobre o autor de *Aminadab*, em que ecoam as formulações de Lacan sobre o mesmo tema do sujeito, enfim em questão, discutido nos *Escritos*. Em *O Pensamento do Exterior*, Foucault trata do paradoxo de Epimênides, o Cretense, a respeito da verdade e da mentira. Ele ressalta que, desde a Grécia, esse paradoxo teria promovido um verdadeiro abalo com uma única afirmação: "Eu minto." A esta ele contrapõe o "Eu falo", que põe à prova a ficção moderna. Foucault diz que ele pode ser dominado se no interior de um discurso se distinguem duas proposições, "em que uma é objeto da outra" (ver p. 223 neste volume). É a teoria da metalinguagem, teoria de Russell, que se sustentou até a crítica de Frege, feita pelo autor dos *Principia matemática*. Foucault diz: "o sujeito que fala é o mesmo que aquele pelo qual ele é falado" (ver p. 223 neste volume), o que tem uma equivalência na formulação lacaniana do sujeito como sujeito do *discurso do outro*.

Foucault, falando de Blanchot, refere-se ao ato da escrita, na qual "o sujeito – o 'eu' que fala – se despedaça, se dispersa e se espalha" (ver p. 224 neste volume). Diz Foucault que o sujeito que fala não é mais o responsável pelo discurso. É o espaço da ficção, que caracterizaria a literatura moderna na oposição entre o eu falo, que funciona ao contrário do eu penso. Assim, "a fala da fala nos leva à literatura, mas talvez também a outros caminhos, a esse exterior onde desaparece o sujeito que fala" (ver p. 224 neste volume). Há, então, esse outro do discurso que falha, que é, ao mesmo tempo, explosão da experiência da interioridade e descentramento da linguagem. Em Blanchot, há uma crítica da reflexibilidade da consciência por meio de uma fala que se manifesta ora como murmúrio, ora como dis-

Apresentação à Edição Brasileira **XVII**

persão e distância. A tese foucaultiana sobre Blanchot formula a estrutura de ficção da verdade de que o sujeito é o ponto de aplicação, tese que Lacan desenvolve no seu escrito sobre a carta roubada de Edgar Allan Poe.

Para além de Blanchot, Foucault nos fala do que é a ficção em um artigo sobre os autores de *Tel quel* em que discute as proposições de Sollers sobre Robbe-Grillet – cuja "importância é avaliada pela questão que sua obra coloca para qualquer obra que lhe seja contemporânea" (ver p. 61 neste volume). Da ficção, eis o que ele nos diz com algumas precauções: "para essa palavra ficção, várias vezes trazida, depois abandonada, é preciso voltar finalmente. Não sem um pouco de temor. Posto que ela soa como um termo de psicologia (imaginação, fantasma, devaneio, invenção etc.). Porque parece pertencer a uma das duas dinastias, do Real e do Irreal. Porque parece reconduzir – e isso seria tão simples após a literatura do objeto – às flexões da linguagem subjetiva" (ver p. 69 neste volume). São experiências de que ela trata, "as do sonho e da espera, da loucura e da vigília, (...) às quais o surrealismo já havia emprestado sua linguagem" (ver p. 69 neste volume). Mas o sentido que o surrealismo concedera a essas experiências difere daquele que Michel Foucault lhes empresta. Não se trata da "busca de uma realidade que as tornasse possíveis e lhes desse (...) um poder imperioso". Manter essas experiências onde estão, em sua superfície sem profundidade, nesse volume impreciso de onde elas nos vêm, vibrando em torno de seu núcleo indeterminável, sobre seu solo que é uma ausência de solo. "E se o sonho, a loucura, a noite não marcassem o posicionamento de nenhum limiar solene, mas traçassem e apagassem incessantemente os limites que a vigília e o discurso transpõem, quando eles vêm até nós e nos chegam já desdobrados?" (ver p. 69 neste volume).

O fictício não seria o que está além nem os segredos do cotidiano, mas "o que nomeia as coisas, fá-las falar e oferece na linguagem seu ser já dividido pelo soberano poder das palavras" (ver p. 69-70 neste volume). E logo em seguida: "Não dizer, portanto, que a ficção é a linguagem: o giro seria muito simples, embora seja familiar atualmente. Dizer, com mais prudência, que há entre elas uma dependência complexa, uma confirmação e uma contestação; e que, mantida por tanto tempo quanto possa abster-se da fala, a simples experiência que consiste em pegar uma caneta e escrever franqueia (como se

XVIII Michel Foucault – Ditos e Escritos

diz: liberar, desenterrar, retomar um penhor ou retornar a uma fala) uma distância que não pertence nem ao mundo, nem ao inconsciente, nem ao olhar, nem à interioridade, uma distância que, em sua nudez, oferece um quadriculado de linhas de tinta e também um emaranhado de ruas, uma cidade começando a nascer já ali há muito tempo" (ver p. 70 neste volume). E depois de citar Marcelin Pleynet:

"E se me pedissem para definir, enfim, o fictício eu diria, sem firulas: a nervura verbal do que não existe, tal como ele é.

Apagarei, para remeter essa experiência ao que ela é (para tratá-la, portanto, como ficção, pois ela não existe, é sabido), apagarei todas as palavras contraditórias pelas quais facilmente se poderia dialetizá-la: nivelamento ou abolição do subjetivo e do objetivo, do interior e do exterior, da realidade e do imaginário. Seria necessário substituir todo esse léxico da mistura pelo vocabulário da distância, e mostrar então que o fictício é um afastamento próprio da linguagem – um afastamento que tem nela seu lugar mas que também a expõe, dispersa, reparte, abre. Não há ficção porque a linguagem está distante das coisas; mas a linguagem é sua distância, a luz onde elas estão e sua inacessibilidade, o simulacro em que se dá somente sua presença; e qualquer linguagem que, em vez de esquecer essa distância, se mantém nela e a mantém nela, qualquer linguagem que fale dessa distância avançando nela é uma linguagem de ficção. É possível então atravessar qualquer prosa e qualquer poesia, qualquer romance e qualquer reflexão, indiferentemente" (ver p. 71 neste volume).

Roussel foi o único autor a quem Foucault consagrou um livro. Ele define sua obra como oposta à palavra iniciatória: "sua linguagem não quer dizer nada além do que ela quer dizer". Ou ainda: "Nenhum símbolo, nenhum hieróglifo inserido em toda esta agitação minúscula medida, prolixa em detalhes mas avara em ornamentos." Assim as máquinas de *Locus solus*. Nenhum sentido, mas uma forma secreta. Enigma da linguagem, nela "cada elemento (...) está preso a uma série não numerável de configurações eventuais". Ele "não consiste em um artifício do sentido, nem no jogo dos desvelamentos, mas em uma incerteza premeditada da morfologia, (...) na certeza de que várias construções podem articular o mesmo texto, autorizando sistemas de leitura incompatíveis, mas todos possíveis" (ver p. 7-8 neste volume). É uma experiência em que a

Apresentação à Edição Brasileira **XIX**

linguagem adquire uma das suas significações extremas e mais inesperadas. Ainda que se possa dizer que a obra de Roussel se integra em uma perspectiva onde os textos da literatura moderna ou mesmo da experiência da loucura têm seu lugar, é bem verdade que o livro *Raymond Roussel*, como ele próprio diz, tinha um estatuto especial para ele: "na época em que eu me ocupava com ele, era pouco conhecido, e não era considerado um grande escritor. Talvez seja essa a razão pela qual não tive escrúpulo em estudá-lo: não o fiz nem para Mallarmé nem para Proust" (ver p. 412 neste volume).

Em *O Mallarmé de J.-P. Richard*, Foucault lembra que há muito tempo que historiadores e críticos da literatura se habituaram a se servir de documentos. Inventada no século XIX, a conservação documentária criou com os "arquivos" e a biblioteca um "fundo de linguagem estagnante", que está aí apenas "para ser descoberta por si mesma, em seu estado bruto". Assim, o recurso ao documento tornou-se uma prescrição moral. Moral e nada mais, diz Michel Foucault. É no lugar do tratamento desses textos que se aloja o trabalho de Richard, neste "bloco de linguagem imóvel – que lembra o *'calme bloc ici bas chu d'un desastre obscur'* do soneto dedicado a Edgar Allan Poe, imóvel, conservado, jacente, destinado a não ser consumido, mas iluminado – e que se chama Mallarmé". Richard constitui um objeto: "volume verbal aberto, já que todo novo traço encontrado poderá aí se instalar, mas absolutamente fechado, pois ele existe apenas como linguagem de Mallarmé" (ver p. 188 neste volume). Uma questão fundamental se coloca: "quem então fala nessa massa de linguagem entendida segundo seu murmúrio descontínuo e repetido?". A resposta de Richard é que não se trata, observa Foucault, nem do sujeito gramatical puro nem do denso sujeito psicológico; trata-se do que diz "eu" nas obras, cartas, rascunhos, esboços, confidências, ele é quem "põe à prova sua obra sempre futura, de qualquer modo jamais concluída através das brumas contínuas de sua linguagem; e, nesse sentido, ele sempre transpõe os limites de sua obra". O Mallarmé de Richard é para Foucault "exterior à sua obra, mas de uma exterioridade tão radical e pura que ele não passa do sujeito dessa obra" (ver p. 190 neste volume). Em Richard, Foucault vê uma nova dimensão da crítica literária, e que ele opõe ao "Eu" literário e à subjetividade psicológica, designando-o como *sujeito falante* (ver p. 191 neste volume).

XX Michel Foucault – Ditos e Escritos

Referindo-se à experiência de Igitur na análise de Richard, que foi criticado por sensualizar a experiência intelectual de Mallarmé, ou ainda promover em termos de gozo o que era a secura e o desespero da Ideia: "A história deste Elbehnon (*I'll be none*') não é para ele nem a transcrição de uma crise melancólica nem o equivalente filosófico de um suicida libidinal. Nela vê antes a instalação ou a liberação da linguagem literária em torno de uma vacância central – lacuna que não é outra senão aquela mesmo que fala: daí em diante, a voz do poeta não virá de nenhum lábio; no oco do tempo, ela será a palavra da Meianoite" (ver p. 191 neste volume). Para Foucault, o trabalho de Richard revela o que deve ser o objeto próprio de todo discurso crítico. E Foucault define o objetivo dessa análise negativamente: não se trata da relação de um homem com o mundo, nem de um adulto com sua infância ou seus fantasmas, nem de um literato com sua língua, "mas de um sujeito falante com este ser singular, difícil, complexo, profundamente ambíguo (...) e que se chama linguagem" (ver p. 195 neste volume).

Cabe articular talvez essa análise ao que diz Foucault em *As palavras e as coisas*, referindo-se ao "labor de Nietzsche", o primeiro a efetuar uma reflexão radical sobre a linguagem e cuja pergunta, *"Quem fala?"*, recebe a resposta de Mallarmé, *"a própria linguagem"*, a palavra mesma, com seu ar ao mesmo tempo precário e enigmático. O fato de que a literatura de nossos dias esteja fascinada "pelo ser da linguagem não é nem um signo do fim, nem uma prova de radicalização, é um fenômeno que enraíza sua necessidade em uma configuração muito vasta, na qual se desenha toda a nervura de nosso pensamento e de nosso saber".*

Há, assim, uma nova modalidade de ser da literatura, na qual se anuncia que "o homem acabou e que ao chegar ao cume de toda palavra possível não chega ao coração de si mesmo, mas à borda do que o limita: nesta região em que ronda a morte, em que o pensamento se extingue, em que a promessa da origem retrocede indefinidamente".** E, ainda, "nesta região informe, muda, insignificante, na qual a linguagem pode liberar-se. E, na realidade, neste espaço posto assim a descoberto, onde a literatura, primeiro com o surrealismo (mas ainda sob

---

* *Les mots et les choses*, Paris, Ed. Gallimard, 1966, p. 339.
** *Les mots et les choses*, Paris, Ed. Gallimard, 1966, p. 395.

Apresentação à Edição Brasileira **XXI**

uma forma muito travestida), depois, cada vez de um modo mais puro, com Kafka, Bataille, Blanchot, se dá como experiência: como experiência da morte (e no elemento da morte), do pensamento impensável (e em sua presença inacessível), da repetição (da inocência original, sempre no fim mais próximo e sempre mais distante); como experiência da finitude (tomada na abertura e na constituição desta finitude)".*

Em Breton, Foucault marca sua importância pelo fato de fazer comunicar, escrever e saber figuras dissociadas na literatura francesa. A abolição da divisão entre saber e escrita foi "muito importante para a expressão contemporânea", e estamos em um tempo "em que o escrever e o saber estão profundamente embaralhados, como o testemunham as obras de Leiris, de Klossowski, de Butor, de Faye" (ver p. 248 neste volume). Ele chega a compará-lo a Goethe. Na cultura alemã (em Thomas Mann, Goethe, Broch), "a literatura é saber quando é um trabalho de interiorização, de memória". Nela se trata "de amealhar calma e exaustivamente o conhecimento, de se apropriar do mundo". A relação de Breton com o saber é diversa, é "um meio de impelir o homem em direção aos seus limites, de acuá-lo até o intransponível, de colocá-lo o mais perto possível daquilo que está mais longe dele. Daí seu interesse pelo inconsciente, pela loucura, pelo sonho" (ver p. 248 neste volume).

É sob o signo da experiência que designa nossa era, que o trabalho de Breton surge para Foucault: "Estamos hoje em uma era em que a experiência – e o pensamento que é inseparável dela – se desenvolve com uma extraordinária riqueza, ao mesmo tempo em uma unidade e em uma dispersão que apagam as fronteiras das províncias outrora estabelecidas. Toda a rede que percorre as obras de Breton, Bataille, Leiris e Blanchot, que percorre os domínios da etnologia, da história da arte, da história das religiões, da linguística, da psicanálise, apaga infalivelmente as velhas rubricas nas quais nossa própria cultura se classificava e revela aos nossos olhos parentescos, vizinhanças, relações imprevistas." Breton foi "o dispersor e o aglutinador de toda esta agitação da experiência moderna" (ver p. 250 neste volume).

---

* *Les mots et les choses*, Paris, Ed. Gallimard, 1966, p. 395.

XXII   Michel Foucault – Ditos e Escritos

A função autor e os fundadores de discursividade

Em *O Que É um Autor*, conferência pronunciada por Foucault em 1969 na Sociedade Francesa de Filosofia, a frase de Beckett "Que importa quem fala?" serve de mote para a investigação de Foucault. É que "nessa indiferença se afirma o princípio ético, talvez o mais fundamental, da escrita contemporânea" (ver p. 268 neste volume): o apagamento do autor. Foucault chama esta posição ética de "regra imanente, retomada incessantemente, jamais efetivamente aplicada, um princípio que não marca a escrita como resultado, mas a domina como prática" (ver p. 272 neste volume). Dois temas especificam essa regra. Referindo-se à escrita contemporânea, ele diz que ela "se libertou do tema da expressão: ela se basta a si mesma, e, por consequência, não está obrigada à forma da interioridade; ela se identifica com sua própria exterioridade desdobrada"; "... ela é um jogo de signos comandado menos por seu conteúdo significado do que pela própria natureza do significante"; "não se trata da manifestação ou da exaltação do gesto de escrever; não se trata da amarração de um sujeito em uma linguagem; trata-se da abertura de um espaço onde o sujeito que escreve não para de desaparecer" (ver p. 272 neste volume). O segundo tema é o do parentesco da escrita com a morte, o qual Foucault evoca também em *A Linguagem ao Infinito*. Este laço subverte um tema milenar. A epopeia dos gregos era "destinada a perpetuar a mortalidade do herói, e se o herói aceitava morrer jovem, era porque sua vida, assim consagrada e magnificada pela morte, passava à imortalidade" (ver p. 272 neste volume). E Foucault cita a narrativa árabe. Em *As mil e uma noites*, Shehrazade "tinha como pretexto não morrer: falava-se até o amanhecer para afastar a morte, para adiar o prazo desse desenlace que deveria fechar a boca do narrador. A narrativa de Shehrazade é o avesso encarniçado do assassínio, é o esforço de todas as noites para conseguir manter a morte fora do ciclo da existência" (ver p. 272 neste volume). Há uma metamorfose desse tema em nossa cultura. A escrita agora está ligada ao sacrifício, ao sacrifício mesmo da vida. Trata-se de um apagamento voluntário que não é para ser representado nos livros. Ele se consuma na própria existência do escritor. De quem trazia a imortalidade a obra agora "recebeu o direito de matar, de ser assassina do seu autor" (ver p. 273 neste volume). É o caso de Flaubert, Proust e Kafka.

Foucault baliza, então, os lugares em que essa função é exercida para além das unidades habituais do livro, da obra e do autor. Três são as modalidades de relação entre o criador e seu produto.

A relação entre o autor e a obra apresenta uma equivalência, um remetendo ao outro. Em São Jerônimo, os critérios da exegese cristã vão fundar uma longa tradição textual que vem até a crítica moderna. Ele explica que "a homonímia não basta para identificar legitimamente os autores de várias obras: indivíduos diferentes puderam usar o mesmo nome, ou um pôde, abusivamente, tomar emprestado o patronímico do outro". A questão é, então, para Foucault: "Como, pois, atribuir vários discursos a um único e mesmo autor? Como fazer atuar a função autor para saber se se trata de um ou de vários indivíduos?" Há os quatro critérios de São Jerônimo: a) o primeiro é o da unidade valor: "se, entre vários livros atribuídos a um autor, um é inferior aos outros, é preciso retirá-lo da lista de suas obras"; b) o segundo critério é o do autor como campo de coerência conceitual ou teórica, sem contradição doutrinária: "se certos textos estão em contradição de doutrina com as outras obras de um autor" é preciso igualmente excluir estes textos; c) o critério da unidade do estilo, ou o autor como unidade estilística: "é preciso igualmente excluir as obras que estão escritas em um estilo diferente, com palavras e formas de expressão não encontradas usualmente sob a pena do escritor"; d) o autor é "momento histórico definido e ponto de encontro de um certo número de acontecimentos", quando "devem ser, enfim, considerados como interpolados os textos que se referem a acontecimentos ou que citam personagens posteriores à morte do autor" (ver p. 281-282 neste volume).

A função autor excede a obra porque o campo e a sequência de efeitos produzidos ultrapassam de muito a própria obra. Foucault situa então os "fundadores de discursividade", que produziram bem mais do que uma só obra: criaram a possibilidade e a regra de formação de outros textos. Marx e Freud são os exemplos porque "*tornaram possível uma possibilidade infinita de discursos*". Foucault os situa de forma próxima à dos fundadores de cientificidade, porque instauram uma discursividade heterogênea a suas transformações ulteriores. Sua posição, no entanto, é diversa daqueles porque impõem um "retorno a", que vai sempre modificando a discursividade que

XXIV   Michel Foucault – Ditos e Escritos

fundaram, "o retorno a Freud modifica a própria psicanálise, e a Marx, o marxismo. É desta forma que o retorno a Freud muda a psicanálise, e é "momento decisivo na transformação de um campo discursivo". Lacan, presente na conferência, concorda com Foucault quanto ao retorno a Freud e suas consequências: "tudo o que você disse me parece, pelo menos do ponto de vista em que eu pude nele contribuir, perfeitamente pertinente" (ver p. 301 neste volume). Foucault refere-se ainda ao exemplo de Ann Radcliffe, que não escreveu apenas As visões dos *castelos dos Pirineus*, "mas tornou possível os romances de terror do início do século XIX". Neste caso, a função autor excede, vai bem além de sua própria obra. A objeção de que fundar um gênero romanesco não é fundar uma discursividade, diz Foucault: "Os textos de Ann Radcliffe abriram o campo a um certo número de semelhanças e de analogias que têm seu modelo ou princípio em sua própria obra. Esta contém signos característicos, figuras, relações, estruturas, que puderam ser reutilizados por outros. Dizer que Ann Radcliffe fundou o romance de terror quer dizer, enfim: no romance de terror do século XIX, encontrar-se-á, como em Ann Radcliffe, o tema da heroína presa na armadilha de sua própria inocência, a figura do castelo secreto que funciona como uma 'contra-cidade', o personagem do herói negro, maldito, destinado a fazer o mundo expiar o mal que lhe fizeram etc." Mas os "fundadores de discursividade", como os entende Foucault, não apenas "tornaram possível um certo número de analogias, eles tornaram possível (e tanto quanto) um certo número de diferenças" (ver p. 286 neste volume).

A música contemporânea e o combate das formas

Uma tese de alcance muito amplo, proposta por Foucault quando trata da música contemporânea, deve ser retida. Ele propõe uma leitura da arte no século XX a partir do combate das formas. É uma análise combinada a um projeto de trabalho de investigação a ser feito. Muito significativo é que esta leitura seja feita a partir da música refletida pela obra de Pierre Boulez, "o herdeiro mais rigoroso e mais criativo da escola de Viena" (ver p. 385 neste volume). É um criador que possibilita essa perspectiva original: "encontrar Boulez e a música era ver o século XX sob um ângulo que não era familiar: o de uma longa batalha em torno do 'formal'; era reconhecer como na Rússia, na Alemanha, na Áustria, na Europa central, através da música, da pintura, da arquitetura ou da filosofia, da linguística e da mitologia, o trabalho do formal tinha desafiado os velhos problemas e subvertido as maneiras de pensar". Eis como Foucault formula o projeto de investigação histórica: "Deveria ser feita toda uma história do formal no século XX: tentar mensurá-lo como potência de transformação, destacá-lo como força de inovação e lugar de pensamento, mais além das imagens do 'formalismo' atrás das quais se quis escamoteá-lo" (ver p. 391 neste volume).

Ele ressalta ser de praxe acreditar-se que uma cultura está mais ligada aos seus valores do que às suas formas. Pensa-se que estas podem, facilmente, ser modificadas, abandonadas, retomadas. Só o sentido teria raízes profundas. Com isso, diz ele, se desconhece o "quanto as formas, quando se desfazem ou quando nascem, puderam provocar espanto ou suscitar ódio; é desconhecer que se dá mais importância às maneiras de ver, de dizer, de fazer e de pensar do que ao que se vê, ao que se pensa, diz ou faz". E Foucault faz esta importante avaliação epistêmico-política sobre o trabalho das *formas*: "O combate das formas no Ocidente foi tão encarniçado, senão mais do que o das ideias ou dos valores. Mas as coisas, no século XX, adquiriram um aspecto singular: é o próprio 'formal', é o trabalho refletido sobre o sistema das formas que se tornou um risco. E um notável objeto de hostilidades morais, de debates estéticos e de afrontamentos políticos" (ver p. 391 neste volume). Ele ressalta também que as relações deste amplo movimento com a política foram muito difíceis. E lembra que não devemos esquecer que "ele foi rapidamente designado, nos países estalinistas ou fascistas, como a ideologia inimiga e arte execrável" (ver p. 391 neste volume). Foi o grande adversário das academias e dos partidos. Os combates em torno do formal foram uma das grandes características da cultura no século XX.

Foucault toma o trabalho com o formal da música contemporânea como uma alternativa fecunda, autônoma e criadora frente à fenomenologia e seus continuadores na filosofia da existência e mesmo do marxismo, referindo-se à época em que nos ensinavam os privilégios do sentido, do vivido, do carnal, da experiência originária, dos conteúdos subjetivos ou das significações sociais.

XXVI   Michel Foucault – Ditos e Escritos

A figura paradigmática do "combate das formas" é, então, Boulez, figura-chave dessa tendência, talvez aquele que, do ponto de vista da reflexão, da organização institucional – com o *Domaine Musical* e o *IRCAM* (*Institut de Recherche et de Coordination Acoustique/Musique*) –, tenha levado mais longe e sem concessões essa batalha. Assim, Boulez, "para ir de Mallarmé a Klee, a Char, a Michaux, como mais tarde para ir a Cummings, só precisava de uma reta, sem desvio nem mediação". Ele ilustra também essas correlações da música com as outras artes e sua via singular: "Frequentemente um músico vai à pintura, um pintor, à poesia, um dramaturgo, à música por intermédio de uma figura englobante e através de uma estética cuja função é universalizar: romantismo, expressionismo etc. Boulez ia diretamente de um ponto a outro, de uma experiência a outra, em função do que parecia não ser uma afinidade ideal, mas a necessidade de uma conjuntura" (ver p. 391 neste volume).

Boulez não é apenas o compositor em que o trabalho de articulação da criação musical se fez com os novos meios técnicos da ciência contemporânea, mas aquele cuja reflexão sobre a herança da escola de Viena, de Stravinski e da produção musical do século XX tomou a forma mais elevada não só em seu pensamento sobre o tempo musical, o ritmo, as obras, mas também em seu pensamento sobre a linguagem da música e as várias modalidades da invenção. Em um país como o Brasil, em que o interesse pelo formal é visível de forma eloquente na criação arquitetônica, por exemplo, bem como no romance e na poesia, o trabalho de Pierre Boulez, seja na sua face de criador, seja na de teórico musical, está longe de ocupar o lugar que merece. Não é por acaso que no diálogo com Pierre Boulez sobre a insularidade da música contemporânea e seu público ele estenda sua reflexão à ampla gama das relações da música do século XX com o conjunto dos elementos da cultura. Michel Foucault ressalta a multiplicidade desses laços. A maneira com que a música refletiu "sobre sua linguagem, suas estruturas, seu material decorre de uma interrogação que, acredito, atravessou todo o século XX: interrogação sobre a 'forma', aquela de Cézanne ou dos cubistas, a de Schönberg, e também a dos formalistas russos ou a da Escola de Praga". Assim, a música foi muito "mais sensível às transformações tecnológicas, muito mais estreitamente ligada a elas do que a maioria das artes". E ele ressalta suas correlações com a pintura a partir de Debussy e Stravinski" (ver p. 394 neste volume).

Foucault escreveu para o *Corriere della sera* um memorável artigo sobre um dos mais importantes acontecimentos musicais do século XX, o *Ring* do Centenário dirigido por Boulez em Bayreuth. A tetralogia de Wagner relida "através da música do século XX permitiu a Boulez reencontrar o sentido do drama musical". Foucault ressalta que no drama musical wagneriano "música e texto não se repetem, não dizem cada um à sua maneira a mesma coisa". Trata-se de fazer com que uma forma única, um acontecimento singular se constitua no tempo da representação pela composição da orquestra, do canto, do desempenho dos atores, e pela presença do cenário. Há, assim, um desenvolvimento dramático da música que se entrelaça com o texto. O motivo em Wagner não é um duplo sonoro do personagem. Tem uma estrutura que é flexível, prolífica.

Na realização de Boulez, a forma decifrada se enlaça à imagem de tal maneira que, como diz Foucault, "todo o movimento de um século de música moderna, partindo de Wagner, através da grande aventura formalista", reencontra a intensidade e o movimento do drama nessa recriação do *Ring*.

O caminho aberto por Michel Foucault, para definir as *epistemes* ou isolar a base arqueológica de natureza filosófica que sustenta e torna possível um pensamento estético, foi seguido por Catherine Kintzler para conceituar o teatro lírico francês da idade clássica pensado como texto poético de 1659 a 1765, de Corneille a Rousseau. Para designar no campo estético o equivalente da *episteme*, Kintzler propõe o conceito de *estema*.*

De Velásquez a Manet e a pintura contemporânea

No início de sua entrevista de 1975, Foucault comenta sobre sua posição em face da pintura: "Há a materialidade que me fascina na pintura" (ver n. 149, p. 707, vol. II da edição francesa desta obra). Se a pintura produz mais prazer que a escrita, no entanto há o prazer de escrever sobre a pintura: "A pintura é uma das coisas sobre as quais escrevo sem me bater com seja lá o que for. Creio não ter nenhuma relação tática ou estratégica com a pintura" (*ibidem*, p. 706).

---

* Ver Catherine Kintzler, *Poétique de l'Opera français*, Paris, Minerve, 1991.

XXVIII   Michel Foucault – Ditos e Escritos

Entre os escritos sobre a pintura há o ensaio sobre Magritte, *Isto Não É um Cachimbo*; a conferência feita em Túnis, em 1971, sobre a *Pintura de Manet*, além do comentário sobre dois livros de Panofsky publicados na França; a leitura de exposição de Rebeyrolle feita em 1973; a apresentação dos desenhos de Byzantios na galeria Karl Finkler em Paris, em 1974, e na galeria Jeanne Boucher; o texto do catálogo de Fromanger, em 1975; e o texto sobre Duane Michals, fotógrafo, de 1982. Daniel Defert comenta a existência de um grande texto sobre Manet.

Há a abertura fundamental de *As palavras e as coisas* consagrada a Velásquez, e, na abertura de *A história da loucura*, as referências a Bosch, Brueghel e Goya. Os textos sobre a pintura acompanham a atividade de Foucault sobre a literatura, e se prolongam até 1970.

O que interessa a Foucault na pintura? Em primeiro lugar, a materialidade, como já referimos, que tem seu correlato na leitura dos enunciados.

Foucault estudou, também, as relações materiais do visível e do dizível em Panofsky. Este multiplicou, com sua iconologia, as modalidades de relação entre o visível e o dizível, que é a função específica que ele assinala na história da arte.

As mutações da relação entre o visível e o dizível são, para Michel Foucault, um ponto fundamental para definir uma cultura ou uma *episteme* em uma virada de seu tempo histórico. É a visão e suas diferentes modalidades que Panofsky procurou estudar em vários registros que entram na rede do dizível e do visível. Essas relações podem ser de entrecruzamento, tradução, isomorfismo, transformação, além do paralelismo e do simbolismo. Foucault diz: "O discurso e a figura têm, cada um, seu modo de ser" (ver p. 83, vol. II da edição brasileira desta obra).

As palavras e as coisas abrem-se com uma análise extraordinária, surpreendente, do quadro de Velásquez, *Las Meninas*, a que um pouco adiante se segue uma leitura de *Dom Quixote*, de Cervantes. A pintura figura como um dispositivo para ler as obras de arte e pensar as várias mutações da *episteme* no saber ocidental. *Las Meninas*, pintado em 1656, ecoa de forma eminente na história da pintura, desde a gravura de Goya, em 1800, até as 48 variações feitas por Picasso, em 1957. Já na época clássica, Francisco de Quevedo diz, sobre *Las Meninas*, que se trata de um teatro do olhar, uma instalação de diferentes posições observadas. Elas produzem uma polifonia não dirigida por um ponto de vista específico. No século XVIII, há Antônio Palomino, em 1724, que, no "museu pictórico e escala óptica", deu aos personagens do quadro as mesmas caracterizações que Foucault.

Provocado pela análise de Foucault, John Searle, entre outros, escreveu sobre o quadro de Velásquez. Ele pensa que o casal real não é o sujeito do quadro. O verdadeiro sujeito seriam *Las Meninas*, o que daria o caráter enigmático da tela de Velásquez. Para Foucault, não há enigma, porque o código da *episteme* da idade clássica manifesta a estrutura da ordem.

Mas outros autores também se debruçaram sobre a tela de Velásquez depois de Foucault, entre eles, Joel Snyder, Ted Cohen, Svetlana Alpers, Leo Steinberg, Jonathan Brown, Fernando Marias e Jacques Lacan. Este consagrou ao quadro de Velásquez e à leitura que Foucault dele propusera três sessões de seu seminário sobre "o objeto da psicanálise", em uma das quais, em 18 de maio de 1966, Foucault esteve presente.

A cena tem lugar no estúdio de Velásquez: o pintor olha para seus dois modelos, o rei Felipe IV e sua esposa Marianna, diante de uma tela de que não se vê o que representa. Nela vê-se pintada a infanta Margarita, duas de suas damas de companhia, um anão e uma anã, um cão, o próprio pintor, o tio do pintor e o casal real, cuja imagem aparece refletida em um espelho. Eis como Foucault começa sua leitura:

"O pintor está ligeiramente retirado no quadro. Ele lança um olhar para o modelo; talvez se trate de acrescentar um último toque, mas é também possível que o primeiro traço ainda não tenha sido dado. O braço que sustenta o pincel está dobrado para a esquerda, na direção da palheta; ele está, por um momento, imóvel entre a tela e as cores. Esta mão hábil está suspensa ao olhar; e o olhar, retroativamente, repousa sobre o gesto detido. Entre a fina ponta do pincel e o aço do olhar, o espetáculo vai liberar seu volume" (ver p. 196 neste volume).

A análise do quadro abre o livro *As palavras e as coisas* – que tem como subtítulo *Uma arqueologia das ciências humanas* – para dar conta da tese fundamental que, desenvolvida por Foucault, ele assim resume:

"Eis por que o que caracteriza as ciências humanas não é que elas sejam dirigidas para um certo conteúdo (este objeto singular, o ser humano), é muito mais uma característica puramente formal, o simples fato de que, com relação às ciências

XXX   Michel Foucault – Ditos e Escritos

em que o ser humano é dado como um objeto (exclusivo no caso da economia e da filologia, ou parcial no da biologia), elas estão em uma posição de duplicação, e que esta duplicação pode servir *a fortiori* para elas mesmas."

Trata-se da elisão do homem como conteúdo das ciências que pretendem tomá-lo como objeto, e isso a partir do fato de um deslocamento feito às expensas do estudo das representações. Essa elisão se acompanha de uma duplicação devida à linguagem que duplica o que elide e torna presente o que está ausente.

Há para Foucault, nesse quadro de Velásquez, uma representação da representação clássica e a definição do espaço que ela abre. Com efeito, tenta "representar em todos os seus elementos, com suas imagens, os olhares aos quais ela se oferece, os rostos que ela torna visíveis, os gestos que a fazem nascer. Mas, nessa dispersão que ela guarda e exibe ao mesmo tempo, um vazio essencial é imperiosamente indicado em todas as partes: o desaparecimento necessário do que a funda – daquele a quem ela se assemelha e daquele aos olhos de quem ela não passa de semelhança. Este próprio sujeito – que é o Mesmo – foi elidido. E livre, enfim, dessa relação que a acorrentava, a representação pode se dar como pura representação" (ver p. 213 neste volume).

O quadro de Velásquez, através da leitura arqueológica, situa a estrutura do saber na idade clássica, e, através do golpe de teatro artificial que propõe Foucault, também a dos saberes sobre o homem. No quadro estão figurados todos os elementos da representação. Mas, como dissemos, a leitura de Foucault, pelo que ele chama de "laboriosa decomposição", situa, também, o lugar do homem que não podia ter lugar na representação clássica.

Essa perspectiva é minuciosamente desenvolvida em uma parte do capítulo, "O homem e seus duplos", chamada por Foucault de "o lugar do Rei", onde ele nos fala da operação que realiza na leitura do quadro de Velásquez. Ele introduz, como que por um golpe de teatro artificial, um personagem que não figurava "ainda no grande jogo clássico das representações". Foucault diz que, se gostaria de ver sua lei prévia no quadro *Las Meninas*, "ainda esta falta não é uma lacuna, salvo para o discurso que laboriosamente decompõe o quadro, porque ele não cessa nunca de ser habitado".* O lugar do Rei é o lugar do homem ausente da representação clássica.

---

* *Les mots et les choses*, Ed. Gallimard, p. 319.

Esse ponto central é aquele para o qual aponta aquilo que é representado e ao mesmo tempo está ausente. "Simultaneamente objeto, porque é o que o artista representado recopia sobre sua tela, e sujeito, já que o que o pintor tinha diante dos olhos, ao ser representado no seu trabalho, era ele próprio, porque os olhares figurados sobre o quadro são dirigidos para essa localização fictícia do real personagem que é o lugar real do pintor onde se alternam o pintor e o soberano, é o espectador cujo olhar transforma o quadro em um objeto, pura representação dessa falta essencial."*

Diz Foucault: "No pensamento clássico, aquele para o qual a representação existe, e que se representa a si próprio nela, reconhecendo-se como imagem ou reflexo, aquele que enlaça os fios entrecruzados da 'representação em quadro' – este jamais se encontra presente. Antes do fim do século XVIII, o *homem* não existia."**

Na nova perspectiva da *episteme*, o homem aparece em uma posição ambígua: objeto para o saber e sujeito que conhece. Ocupa, assim, este lugar de "soberano submetido, espectador olhado que surge deste lugar do Rei" que, diz Foucault, lhe assinalava previamente *Las Meninas*. Essa função antecipatória do quadro pode ser entendida pela leitura arqueológica de Foucault.

Elisão e desdobramento do duplo produzem uma estranha familiaridade. A elisão é a do casal real que só aparece como imagem refletida no espelho – e que brilha com um fulgor singular, diz Foucault, sobre a parede que constitui o fundo da peça. A duplicação é a da pintura no interior da pintura, pois se vê a parte posterior de um quadro representada do lado esquerdo do espaço da pintura que se apresenta pela sua ausência na pintura e diante da qual nos contempla um pintor.

Esse quadro põe em questão o princípio da realidade, na medida em que interroga o sujeito dividido pela representação pictórica. Em Lacan, não se trata da divisão do sujeito pelas representações diferentes, mas pelo seu prazer como espectador. Se em Foucault há um privilégio do jogo formal da representação ou dos significantes, em Lacan trata-se da dimensão pulsional.

---

* *Les mots et les choses*, Ed. Gallimard, p. 319.
** *Les mots et les choses*, Ed. Gallimard, p. 319.

XXXII   Michel Foucault – Ditos e Escritos

Se para Foucault o rei e a rainha ausentes são os elementos ordenadores do quadro, em Lacan o que importa é a janela à direita, que figura o objeto do fantasma. O elemento que mobiliza Lacan é a luz que se dirige para o meio do vestido bordado da infanta, onde se oculta o sexo dessa criança. A tese de Lacan é de que o quadro tem como fim pacificar o olhar, o que seria, para ele, a função de qualquer quadro. Em Foucault, a divisão se dá entre o pintor e o rei. Em Lacan, é o espectador que é dividido pelo ato de pintar. De um lado, a ação da pintura diz respeito à posição identificatória, e, do outro, ao gozo.

O retorno de Picasso às Meninas de Velásquez

Jaime Sabartes, no prefácio às "Picasso variations on Velásquez paintings" the Maids of honor (New York: Harry Abrams inc., 1959), lembra o que lhe disse Pablo Picasso três anos antes de pintar na sua vila La Californie na Côte d'Azur, em Cannes, as 44 variações das Meninas entre os dias 17 de agosto e 30 de dezembro de 1957. Eis o que lhe disse Picasso: "suponhamos que se queira copiar as Meninas pura e simplesmente. Chegaria um momento, se fosse eu que empreendesse este trabalho, em que eu me diria: o que daria se eu colocasse este personagem aí um pouco mais à direita ou um pouco mais à esquerda? E eu tentaria fazê-lo a minha maneira, sem me preocupar mais com Velásquéz. Esta tentativa me levaria certamente a modificar a luz ou a dispô-la diferentemente devido ao fato de que eu mudara um personagem de lugar. Assim, pouco a pouco eu chegaria a fazer um quadro 'As Meninas', que para um pintor especialista da cópia seria detestável: não seriam as Meninas tais quais elas aparecem para ele na tela de Velásquez; seriam minhas Meninas". Foi, aliás, como uma lembrança de seu amigo Sabartes que ele doou as 58 pinturas deste período ao Museu Picasso de Barcelona.

Picasso explorou a arte antiga de maneira intensa praticamente durante toda a sua vida. Sua obra se apresenta como uma recriação, uma reinvenção da história da arte, uma releitura e ao mesmo tempo uma desconstrução desta história, que é ao mesmo tempo a criação de algo novo. "As Meninas", teologia da pintura, como disse Giordano, ocupam um papel estratégico neste processo. Disse ainda Picasso deste quadro, antes em 1935, ao marchand Kahnweiler: "As Meninas! Que quadro! Que realidade!

Velásquez é o verdadeiro pintor da realidade. Que seus outros quadros sejam bons ou maus, este, em todo caso, é perfeitamente bem-sucedido" (In: Picasso et les maîtres anciens. Paris: Gallimard/RMN, 2008).

Michel Foucault, depois de ter publicado "as palavras e as coisas", em que ele analisa As Meninas de Velásquez foi procurado por Guy de Chambure para escrever o roteiro para a Galeria Maeght sobre a série das Meninas que fizera Picasso. A proposta foi aceita por Foucault por carta a Aimé Maeght e também a Alain de Cambure. Ele começou a trabalhar no texto em julho de 1970. Dificuldades jurídicas e técnicas vão impedir a realização do filme. O texto de Foucault que estudamos foi publicado no Cahier Foucault que as Editions de L'Herne consagraram ao Conjunto da obra foucauldiana, e seu impacto mundial. Ele vai ser publicado no Brasil em breve, ainda em 2013, pela Forense Universitária.

O datilograma de Foucault, seu texto começa sua leitura da primeira variação centrada na figura do artista vai levar na verdade ao que ele chama "a desaparição do pintor". Este está aumentado e alcança as dimensões da tela. Mais exatamente ele a ultrapassa mesmo ligeiramente" (Cahier Foucault. Paris: Editions de L'Herne, 2011. p. 15). Foucault observa que as linhas de sua vestimenta, de sua paleta e de seus pincéis ou ainda a cruz da ordem de Santiago no seu peito se articulam tão bem com o cavalete e o enquadre da tela que eles formam na parte direita da pintura um conjunto que não se pode decompor. Diz Foucault que é como se estivessem aí "todas as linhas de que o quadro e todas as suas variações poderão dispor em seguida" (Cahier Foucault). Em Velásquez o pintor estava um pouco recuado e era duas vezes menor.

Na tela de Picasso o pintor por sua grandeza é a escala, a medida universal, e está, por assim dizer, fora e além de todas as dimensões. É a partir dele que se desenham as linhas e se distribuem os personagens. Ele é Atlas, pois sobre suas costas se articula o ângulo do teto. Sobre seu pincel e paleta, a massa das crianças e criadas que se ajoelham. "Um feixe de diagonais", em sua mão: são os pincéis.

Ele é, diz Foucault "a própria nervura da tela", ou ainda, "a aranha, que com o seu próprio corpo tece a trama". Ele é em suma: "o metro, o esquadro, o fio".

O esquadrinhamento que na primeira variação se desfazia vai ganhar em potência e extensão. O pintor vai poder aparecer ou

XXXIV Michel Foucault – Ditos e Escritos

muito sabiamente em seu lugar na variação 31, pintada em 18 de setembro de 1957, ou ainda, diz Foucault, "se fundir entre as linhas e as cores como um personagem de uma adivinhação" na variação 33. Esta criada em 2 de outubro do mesmo ano. Aparentemente trata-se apenas de um personagem entre os outros. Mas na verdade seu destino na tela é singular, pois ele é o único personagem que não aparece sozinho, ao qual toda uma tela lhe seja unicamente consagrada. É que ele não pode ficar só e destacado. Porque em fins de contas, diz Foucault, é ele "quem faz a tela". Ainda que invisível, mesmo que do outro lado da borda o pintor não pode se destacar da tela. Há então uma nova série de variações que podem ser compreendidas, observa Foucault.

Se o pintor desapareceu da tela deixou, no entanto, um traço visível na variação 13 pintada por Picasso em 4 de setembro de 1957. É um zigue-zague azulado que é o signo único que resulta na mancha colorida, que equivale à mancha colorida do lado esquerdo do quadro de Velásquez. É um pequeno turbilhão (braço, paleta, pincéis) que é como que o sulco do gesto do pintor que faz com que o pincel oscile sobre a pasta das cores. Ele hesita um pouco e oscila a mão como um espiral de fumaça.

O pintor sai do quadro e gira sobre si mesmo e deixa uma superimpressão o traço do último gesto antes de começar de fato a pintar. Na variação 14 pintada também por Picasso no mesmo dia 4, em setembro de 1957, a ausência do pintor equivale a quase um vazio e quase à janela azul. Em Velásquez o lado da tela estava em posição a janela como no contraponto da luz a obscuridade. Na variação 33, pintada em 2 de outubro de 1957, Picasso a opunha como o vermelho ao amarelo. Na variação 14 é onde se coloca pela primeira vez a simetria. E a tela equivale a uma abertura em que de um lado e outro impera o vazio.

Há uma nova transformação que o pintor vai sofrer: transformar-se em luz. É o que surge na variação 28, pintada em15 de setembro de 1957, onde estavam em um feixe de ângulos com mãos, braços, dedos há só agora um triângulo vazio e claro entre dois espaços verdes. São como uma lâmpada ou um olho luminoso enorme que dinando a cena a iluminasse transformando-a em espetáculo. Ou ainda, diz Foucault, fosse como que "uma lanterna mágica que fizesse por um instante aparecerem os personagens de fazê-los apagar de novo (p. 3)". Na variação 29, feita em 17 de setembro de 1957, luz é amarela, repartindo abaixo

Apresentação à Edição Brasileira **XXXV**

dela uma região negra. Nestas duas versões o pintor deslizou para fora do espaço da tela. Era o que na primeira interpretação de Picasso, olho, pincel, paleta, mão, é agora apenas origem de "um pincel de luz".

Uma importância especial a um personagem que é um dos mais constantes destas variações das Meninas. Trata-se do bufão. Ele está sempre na tela de mãos levantadas, esboçando um passo de dança. Ele só está ausente em uma tela e sempre dançando em meio a todos estes personagens fixos.

Na variação 32, pintada em 19 de setembro de 1959, há como que o inverso das variações precedentes: o pintor desapareceu e no lugar de seu desaparecimento não há luz, mas um hexágono negro fendido no meio. Estamos numa tela sombria de um lado, com muros negros do outro. Não há mais serpente de luz, nenhum clarão, nenhuma estrela cadente que faça surgir mesmo por um momento vestidos verdes, amarelos ou azuis. Nas últimas variações, 47 e 48 finais , próximas entre si , há uma importante diferença. Na variação 48, pintada em 17 de novembro de 1957, o espaço é povoado quando na variação 47, do dia 15/10, ele é vazio, povoado de pequenas superfícies gêmeas, luminosas e negras, redondas que formam como que pares de olhos que observam a infanta de toda parte, assim como suas acompanhantes. É como se o olhar do pintor se dispersasse por todas as lacunas e aberturas da tela de cor vermelha. Em Velásquez o pintor se abaixava um pouco para o lado da tela que ele estava em vias de pintar para olhar o seu modelo, ou nós mesmos que olhamos a tela. Nós, que o vemos olhar para o sujeito fora da tela. Aqui o pintor passou para trás da tela e aproveita de todas as frestas para deslizar seu olhar e vigiar do alto e do fundo da peça os personagens que parecem por sua vez olhar o cão. É no olhar do cão que nos vê fixamente que Foucault vê na tela de Picasso o olhar do pintor.

Na primeira variação Velásquez deu, junto com a infanta, uma importância especial a um personagem, o bufão, que é um dos mais constantes da série. Ele está, em quase todos, sempre em pé, com a mão levantada prestes a dançar, enquanto todos os outros personagens são fixos. De vermelho, ele está presente, espero, muito vivo, ele está presente quando o pintor se foi. Este dançarino traz para o interior do quadro a partir do lado direito, sua luz e seu olhar. Ele é, diz Foucault, o demiurgo deste pequeno mundo.

XXXVI Michel Foucault – Ditos e Escritos

Foucault observa que no quadro de Velásquez traz a cor que lhe é própria: verde para a aia ajoelhada, amarelo para a infanta, verde de novo para a dama de honra, azul para a anã, vermelho para o bufão. Neste conjunto que Foucault compara a uma melodia o bufão tem a nota mais intensa e mais quente. Mas há também uma série de pequenas manchas vermelhas que em todos os personagens como que anunciam o bufão. A grande cruz vermelha no peito do pintor, na paleta três manchas e mais em baixo um pequeno vaso brilhante e esférico.

Estes pontos rosa e vermelho que descem e sobem do rosto e das mãos, que se espalham na cabeleira e nos punhos, vão ser neutralizados por Picasso Ele vai transformá-los em verde nas variações 14 e 16. Vai passá-los para o amarelo na variação 12 e para o verde e o branco na variação 47. Quanto ao vaso vermelho, Picasso vai retirar dele o gesto da oferenda. Sua cor será na variação 2, negro e branco, na 3, amarelo, na 4, branco de novo; na 6, branco e cinza; na 11, amarelo; negro, na 13, ocre, na 27, verde claro, na 28, e branco, na trigésima variação.

Para Foucault a sequência das cores que Velásquez utiliza verde, amarelo, verde, azul e vermelho é a frase fundamental que Picasso vai retomar sem a superimpressões rosa e vermelho. Diz Foucault que em Picasso esta frase, estas notas vão poder cantar por si mesmas.

É neste ponto que residem as duas principais séries das variações que são centrais para o conjunto.

Na primeira série todos os elementos da variação se reduzem ou são remetidos apenas à figura da infanta Margarita. Diz Foucault que agora canta uma única voz. Cinza e neutra nas variações 4 e 5, depois amarela, cor da majestade, cinza ainda na variação 7 e por fim nas cores da variação fundamental: verde, amarelo, azul e vermelho.

Em quatro outras telas das variações Margarita, o princípio da transformação é diferente. Não se trata da transformação das superfícies em linhas ou o seu deslocamento, mas a contração "e a mistura das cores". Na variação 12 as cores são repartidas em torno do rosto da infanta. O azul. O verde e o vermelho formam o fundo do quadro. Quanto ao amarelo, ele está no alto do corpete. Quanto ao rosto da princesa, ele vai da direita para a esquerda, ele vai do rosa pálido ao azul cinza, ao verde cinza e depois ao amarelo pálido. Por fim, vai brilhar no canto do olho em amarelo vivo. Esta é a nota particular, singular da princesa.

Apresentação à Edição Brasileira **XXXVII**

O segundo grande conjunto de variações começa por recolocar em jogo as quatro cores fundamentais apenas no personagem da Infanta. Mas é em todo conjunto da cena do quadro que vamos reencontrá-los. Eles vão reencontrar em cada personagem seu lugar natural. Para Foucault elas são como que o "brazão" (p. 11) de cada figura. Na variação 28 a obra passa para o verde. Na variação 30 o fundo do quadro é constituído de massas verdes e vermelhas. Estas cores se tornam mais intensas e precisas sobre cada personagem. E é no centro que o amarelo toma seu brilho mais forte.

Na variação 32 a luz vermelha se dá sobre fundo negro. Na variação 33 a luz é distribuída por uma vidraça amarela com reflexos vermelhos.

Na última variação surge uma cor que não faz parte da frase fundamental: o ocre. É uma tonalidade fundamental de Velásquez que reaparece. Ela banhava todo o quadro das Meninas. Mas em Picasso ela tem uma função inversa da de Velásquez. Neste o ocre com um tom ligeiramente dourado ela atenuava o brilho das cores difundindo-as e acentuando seu volume. Em Picasso a luz ocre com uma marca mais vermelha concentra as cores e as coloca em pequenos personagens perdidos no fundo da sala. Por outro lado estas cores aparecem com sua própria força. Assim, o amarelo da princesinha Margarita e em menor escala o vermelho do bufão. Estas cores vão dar ao quadro uma profundidade que em Velásquez cabe ao claro-escuro. Uma palavra final sobre o que diz Foucault sobre o papel do espelho nos quadros de Picasso. Velásquez o colocara no fundo do quadro refletindo o casal real, modelo do pintor. Picasso não omite nunca este espelho. Mas não faz aparecer aí a sombra de um personagem, senão de forma bastante rara. Mas não se trata do rosto do Rei. O que surge é a face irônica do pintor, em um reflexo impossível do ponto de vista ótico. Mas no mais das vezes o espelho não reflete nada, é uma superfície vazia. Em duas vezes ele é habitado por dois olhos negros. Picasso se serve do espelho para multiplicar o enigma do que deve ser visto ou do que vê o pintor quando retira o olhar do quadro. Será que ele vê as Meninas de Velásquez ou as suas próprias transformações. Mas há o que Picasso via e que ele figurou nas telas 18 e 19 da série, isto os pombos na janela de sua casa frente ao mediterrâneo. Para além "da infanta intemporal" e de todas as figuras sem idade que os museus transmitiram

XXXVIII Michel Foucault – Ditos e Escritos

Manet e a materialidade da pintura. A fundação da arte contemporânea

No início da *episteme* clássica está Velásquez, e no fim, Manet. Ambos indicam com relação à *episteme* em que se inscrevem o lugar do sujeito. Sim, no fim da era clássica da representação é também um pintor, Manet, que vem ocupar posição estratégica. "A pintura", escreve Foucault, "tem ao menos isso em comum com o discurso: quando ela faz passar uma força que cria história, ela é política" (ver n. 118, vol. II da edição francesa desta obra).

Assim, é em relação a Manet e Flaubert que Foucault estabelecerá um paralelo extremamente importante que é necessário ressaltar.

Foucault faz uma correlação entre a escrita de Flaubert e a obra pictórica de Manet. Ele considera que *Le Déjeuner sur l'Herbe* e *Olympia* tenham sido as primeiras pinturas "de museu": "pela primeira vez na arte europeia telas foram pintadas – não exatamente para reproduzir Giorgione, Rafael e Velásquez, mas para expressar, ao abrigo dessa relação singular e visível sob essa decifrável referência, uma relação nova e substancial da pintura consigo mesma". Um quadro pertence, a partir de Manet, "à grande superfície quadrilátera da pintura, cada obra literária pertence ao murmúrio infinito do escrito. Flaubert e Manet fizeram existir, na própria arte, os livros e as telas".

Aqui está o caráter pioneiro, fundador, do trabalho de Manet: ele põe em ação, no interior de seus quadros, a profundidade material do espaço sobre o qual ele pintava. Trata-se da invenção (talvez mais do que reinvenção) do "quadro-objeto", o quadro como materialidade, o quadro como coisa colorida. Ele vem iluminar uma luz externa. É diante da materialidade do quadro ou em torno dela que vem girar o espectador.

Sobre o autor de *Olympia*, Foucault diz, em sua conferência de Túnis, que Manet "põe em jogo na representação os elementos fundamentais da tela" (Michel Foucault, *in La peinture de Manet*. Sob a direção de Maryvonne Saison. Paris, Édition du Seuil, Coleção "Traces Écrits", abr. de 2004, p. 31). Ele fala, com efeito, sobre o caráter físico da tela, que é "a condição fundamental para que um dia se desembarace da própria representação e que se deixe pôr em jogo o espaço com suas propriedades puras e simples, suas propriedades materiais em si mesmas" (*ibidem*).

Apresentação à Edição Brasileira **XXXIX**

À representação se segue a materialidade: é o que essa arqueologia da pintura mostra. Em Velásquez, há também a antecipação de uma *episteme*.

Foucault afirma, a respeito de Manet, não ter a intenção de falar em geral sobre ele, mas apresentar uma dezena ou uma dúzia de telas "desse pintor que tentarei analisar, ao menos explicar em alguns de seus pontos" (*ibidem*, p. 21).

Começando a falar de Manet na história da pintura do século XIX, Foucault lembra como ele figura sempre na história da arte "como aquele que modificou as técnicas e os modos de representação pictórica, de tal maneira que tornou possível esse movimento do impressionismo" (*ibidem*, p. 21). Foucault ressalta que, se é verdade que Manet foi o precursor do impressionismo, e é aquele que o tornou possível, para ele, Manet é bem mais do que isso. Manet, para Foucault, foi aquele que "tornou possível... toda a pintura depois do impressionismo, toda a pintura do século XX, a pintura no interior da qual ainda, atualmente, se desenvolve a arte contemporânea" (*ibidem*, p. 22). Trata-se, assim, de uma ruptura em profundidade "mais difícil de situar do que as modificações que tornaram possível o impressionismo". É essa operação que Foucault trata de realizar e que vai além da pintura do século XIX, isto é, trata-se de uma reflexão que toca a atualidade.

*

Foucault vai tratar de três aspectos, de três rubricas, três registros que esclarecem, a partir dos próprios quadros, a mutação da pintura ocidental operada por Manet. Em primeiro lugar, ele examina a forma como Manet tratou do próprio espaço da tela, como ele pôs em ação suas propriedades materiais, a superfície, altura e comprimento, ou ainda a forma como ele pôs em ação "essas propriedades espaciais da tela no que ele representava sobre essa tela" (*ibidem*, p. 22). Nesse primeiro conjunto estão os quadros *La Musique aux Tuileries, Le Bal Masqué à l'Opéra, L'Exécution de Maximilien, Le Port de Bordeaux, Argenteuil, Dans la Serre, La Serveuse de Bocks, Le Chemin de Fer*.

Em segundo lugar, em um outro conjunto, Foucault esclarece como Manet tratou do problema da iluminação, isto é, como ele utilizou não uma "luz representada que iluminaria internamente o quadro", mas "a luz exterior real" (*ibidem*).

XL   Michel Foucault – Ditos e Escritos

Esse conjunto é composto *de Le Fifre, de 1864; o famoso Le Déjeuner sur l'Herbe,* de 1863; *Olympia*, o escândalo do salão, em 1865; e *Le Balcon*.
Por fim, Foucault analisa como ele pôs em ação o lugar do espectador em relação ao quadro. Para esclarecer esse ponto, ele utiliza não um conjunto de telas, mas uma que, a seu ver, resume, "sem dúvida, toda a obra de Manet": *Un Bar aux Folies-Bergère*.
O primeiro conjunto de telas de que Foucault tratou dizia respeito ao espaço. Ele começa com *La Musique aux Tuileries*, e depois trata de *Le Bal Masqué à l'Opéra, L'Exécution de Maximilien, Le Port de Bordeaux, Argenteuil, Dans la Serre, La Serveuse de Bocks* e, finalmente, *Le Chemin de Fer*. Isto é, o maior número de quadros analisados diz respeito ao problema do espaço. Vamos isolar de cada problema a análise de um quadro feita por Foucault. Quanto ao espaço, vamos tratar *de L'Exécution de Maximilien*.

L'Exécution de Maximilien

Este quadro data de 1867, sendo anterior a *Le Bal Masqué à l'Opéra*, que Foucault também analisou. Nele, notam-se os mesmos procedimentos: "fechamento violento marcado e apoiado do espaço pela presença de um grande muro" (*ibidem*, p. 27). Esse muro é a reduplicação da própria tela, de tal maneira que os personagens estão situados em um estreito pedaço de terra, de tal forma que se tem como que uma marcha de escada, quer dizer, "horizontal, vertical e de novo alguma coisa como uma vertical, uma horizontal que se abre com pequenos personagens que estão em vias de olhar a cena". Pois bem, tem-se, acima do muro, uma pequena cena que reduplica o quadro. Foucault ressalta que se têm os mesmos elementos que vão ser reencontrados mais tarde em *Le Bal Masqué à l'Opéra*: "Todos os personagens estão, portanto, situados no mesmo estreito pequeno retângulo sobre o qual eles têm os pés colocados (uma espécie de marcha de escada por trás da qual vocês têm uma grande vertical). Estão todos juntos uns dos outros, tão perto que se vê o cano dos fuzis tocar seu peito" (*ibidem*). As horizontais e a posição vertical dos soldados multiplicam e repetem no interior do quadro os grandes eixos horizontais e verticais na tela. Inexiste, assim, distância entre o pelotão de execução e suas vítimas. Por outro lado, estas pa-

Apresentação à Edição Brasileira **XLI**

recem menores do que aqueles, quando deveriam ser do mesmo tamanho. Manet serviu-se da técnica de diminuir os personagens para mostrar uma distância que não é realmente representada. A distância não é dada à percepção, e nem é vista. Qual a função da diminuição dos personagens? Ela indica, diz Foucault, uma espécie de reconhecimento puramente intelectual, e não perceptivo, de que deveria haver uma distância entre as vítimas e o pelotão. Ela é, portanto, simplesmente assinalada "por este signo que é o da diminuição dos personagens" (*ibidem*, p. 29).

Assim, diz Foucault, Manet dissolve alguns dos princípios fundamentais da percepção pictórica no Ocidente por meio "deste pequeno retângulo que ele fabricou para si e onde situa seus personagens" (*ibidem*).

Como deveria ser a percepção pictórica? Esta, supunha-se, deveria ser a reduplicação, a repetição, a reprodução da percepção de todos os dias. Tratava-se de representar "um espaço quase real, em que a distância podia ser lida, apreciada, decifrada quando olhamos nós mesmos uma paisagem" (*ibidem*). É um universo inteiramente outro que surge com Manet. Em um novo espaço pictórico, a distância não se dá mais a ver, a profundidade não é mais objeto de percepção, e a "posição espacial e o distanciamento dos personagens são simplesmente dados por signos" (*ibidem*), cujo sentido só funciona no interior da pintura.

A iluminação

Sobre o problema da iluminação, vamos nos ater à leitura que Foucault faz de *Olympia*. Ele também tratou de *Le Fifre*, *Le Déjeuner sur l'Herbe* e *Le Balcon*.

Olympia

Foucault se esquiva, aparentemente, um pouco, dizendo que não vai falar sobre o quadro, de não ser capaz e que é muito difícil. Na verdade, o que ele deseja ressaltar nesse quadro é o ponto de vista da iluminação, ou ainda do aspecto capital dessa pintura, na medida em que ele aborda "a relação que pode haver entre o escândalo que essa tela provocou e um certo número de suas características puramente pictóricas e, eu creio, essencialmente a luz" (*ibidem*, p. 29). Foucault situa, então, o acontecimento *Olympia* no salão de 1865, lembrando que essa

XLII Michel Foucault – Ditos e Escritos

tela produziu "escândalo quando foi exposta. E escândalo de tal ordem que foram obrigados a retirá-la" (*ibidem*). Foucault lembra o fato de que houve burgueses que tentaram furar a tela com seu guarda-chuva, de tal maneira eles a achavam indecente. Na verdade, na pintura do Ocidente o nu feminino é representado desde o século XVI, segundo uma tradição bem forte. Outros nus femininos já tinham sido vistos antes de *Olympia*, inclusive no salão em que ela causou escândalo. Foucault pergunta-se, então, o que há de escandaloso nesse quadro que o tornou insuportável. Os historiadores da arte dizem que o escândalo moral correspondia a uma maneira gauche de formular algo que era um escândalo estético. Essa estética era insuportável para o gosto do Segundo Império. Não se podia suportar essa grande pintura à japonesa, não se suportava a feiúra dessa mulher, que era feia e feita para ser feia. Foucault procura uma outra razão além destas, que na verdade não o satisfazem.

Ele lembra que a *Olympia* de Manet tem um modelo e mesmo uma tela que ela rejeita, sendo seu duplo. É uma variação do tema das Vênus nuas, Vênus de Ticiano, Vênus deitada. Em Ticiano, há uma mulher deitada em posição bem semelhante. Há *draperies*, como nesta. Há também uma fonte luminosa, no alto à esquerda, que clareia de forma doce a mulher. Ela, diz Foucault, ilumina, "se tenho boa memória, o rosto e, em todo caso, certamente o seio e a perna, e que está aí como uma espécie de douração que vem acariciar seu corpo, e que é de certa maneira o princípio da visibilidade do corpo" (*ibidem*, p. 39).

Sobre a condição de possibilidade do ser visível na Vênus de Ticiano, diz Foucault, "se ela se dá ao olhar, é porque há essa espécie de fonte luminosa discreta, lateral e dourada que a surpreende de certa forma, apesar dela e apesar de nós". Assim, Foucault descreve, terminando a Vênus de Ticiano: "Há essa mulher nua que está lá, não sonha com nada, não olha nada, há certa luz e essa luz que, indiscretamente, vem marcá-la ou acariciá-la, e nós espectadores, que surpreendemos o jogo entre essa luz e essa nudez" (*ibidem*, p. 40).

No caso da *Olympia* de Manet, se ela é visível é porque uma luz vem atingi-la. Não se trata, como na Vênus de Ticiano, de uma luminosidade doce e discreta lateral; é, diz Foucault, uma violentíssima luz, que a marca plenamente. De onde vem essa luz? Vem da frente, do espaço que se encontra diante da tela. Diz Foucault: "A luz, a fonte luminosa que é indicada, que é su-

Apresentação à Edição Brasileira **XLIII**

posta por essa claridade mesma da mulher, essa fonte luminosa, onde ela está?, senão precisamente ali onde estamos." Foucault esclarece, então, que não existem três elementos: "a luz, a iluminação e nós, que surpreendemos o jogo da nudez e da iluminação". Diz ele: "Há a nudez e nós, que estamos no lugar mesmo da iluminação" (*ibidem*, p. 40). Para Foucault, "é nosso olhar que, abrindo-se sobre a nudez de *Olympia*, a ilumina. Somos nós que a tornamos visível; nosso olhar sobre *Olympia* é lampadóforo, é ele que leva a luz" (*ibidem*). Para Foucault, em Manet, olhar um quadro e iluminá-lo é uma única e mesma coisa em uma tela como esta. Assim, o espectador, seja ele qual for, está, necessariamente, implicado nessa nudez, e é até certo ponto responsável por ela. É essa mudança pictórica, ou essa transformação estática que, segundo Foucault, pode "provocar o escândalo moral".

*

O lugar do espectador

O último quadro que Foucault analisa, tendo como eixo o problema do lugar do espectador, é, como já dissemos, *Un Bar aux Folies-Bergère*, com que ele interrompe sua análise.

Un Bar aux Folies-Bergère

Não se trata nem do espaço, nem da luz, mas do espaço mesmo do espectador nesse que, para Foucault, é o último dos grandes quadros de Manet. Ele diz que não é necessário lembrar a nós a estranheza desse quadro, na medida em que seus elementos são bastante conhecidos: em primeiro lugar, a presença de um "personagem central, de que se faz o retrato apenas dele sozinho, e depois, por trás desse personagem, um espelho, que nos remete à imagem desse personagem" (*ibidem*, p. 44). Trata-se de algo muito clássico na história da pintura, cujo exemplo é o *Portrait de la Comtesse d'Haussonville*, por Ingres, no qual esse modelo também aparece: uma mulher, um espelho por trás dela refletindo suas costas. Foucault ressalta que o quadro de Manet difere bastante desse hábito pictórico.

XLIV Michel Foucault – Ditos e Escritos

Foucault desdobra, então, o primeiro ponto de sua análise a respeito desse quadro. No caso de *Un Bar aux Folies-Bergère*, o espelho ocupa praticamente todo o fundo do quadro. Foucault aponta a banda dourada, que é a borda do espelho, de tal maneira que o espaço é fechado por uma espécie de superfície plana, como que um muro. A mesma técnica, diz ele, encontra--se na *Exécution de Maximilien* ou em *Le Bal Masqué à l'Opéra*, em que um muro se eleva por trás dos personagens. No caso de *Un Bar aux Folies-Bergère*, na medida em que o muro é um espelho, pelo fato de Manet ter representado o que estava diante da tela, "não há verdadeiramente profundidade" (*ibidem*, p. 44). Assim, diz Foucault, há uma "dupla negação da profundidade", na medida em que só se vê o que há por trás da mulher, "já que ela está imediatamente diante do espelho" (*ibidem*, p. 44).

Foucault ressalta que a iluminação é, nesse quadro de Manet, totalmente frontal, que se choca com a mulher inteiramente. Ele diz que Manet "reduplicou, de certa maneira, em maldade e astúcia, representando a iluminação frontal no interior do quadro" (*ibidem*) pela representação dos dois lampadários; mas essas lâmpadas são uma reprodução em espelho, um reflexo. As fontes luminosas estão representadas no quadro, mas, na verdade, "elas só vêm realmente do exterior do quadro no espaço da frente" (*ibidem*). Assim, têm-se a reprodução e a representação das fontes luminosas, e, diz Foucault, "no entanto, com a iluminação que vem atingir realmente a mulher do exterior" (*ibidem*).

Esses aspectos, Foucault os considera ainda, no entanto, parciais e singulares. O que lhe parece mais importante é a forma pela qual os personagens, ou melhor, os elementos são representados no espelho" (*ibidem*, p. 45). Foucault lembra que tudo isso é espelho, e, assim, o que estaria diante do espelho estaria reproduzido nele, no seu interior – os elementos estariam de um lado e de outro. Mas, diz ele, por exemplo, com relação às garrafas no quadro, se tentarmos contar e reencontrar de um lado e de outro não chegamos a isso, porque "há distorção entre o que é representado no espelho e o que deveria aí ser refletido" (*ibidem*, p. 45).

Contudo, diz Foucault, apontando para o quadro na Conferência de Túnis, "a grande distorção, ela está no reflexo da mulher que está aqui, já que vocês são obrigados a ver aqui o reflexo desse personagem" (*ibidem*, p. 45). Foucault diz não ser

Apresentação à Edição Brasileira **XLV**

necessário ter muitas noções de ótica para se dar conta de que, para se ver "o reflexo da mulher que estaria situada aqui, em um lugar totalmente lateral", ela, nesse ponto, teria seu reflexo na direção da "extrema direita". Essa operação, que desloca o reflexo da mulher para a direita, exige que sejam deslocados o espectador e também o pintor. Foucault diz que a decalagem do pintor para a direita é impossível, porque ele vê a garota não de perfil, mas de frente. Ora, para "poder pintar o corpo da mulher nessa posição, é necessário que ele esteja exatamente diferente" (*ibidem*). Por outro lado, para poder pintar o reflexo da mulher na extrema direita, seria necessário que ele estivesse lá. Assim, diz Foucault, "o pintor ocupa – e o espectador é, portanto, convidado depois dele a ocupar – sucessivamente, ou melhor, simultaneamente, dois lugares incompatíveis, um aqui e outra lá" (*ibidem*, p. 45).

Haveria uma solução capaz de arranjar as coisas: "um caso no qual podemos nos encontrar diante da mulher absolutamente face a face com ela e depois ver seu reflexo aqui na direção da extrema direita". Qual é a condição de continuidade dessa solução? Seria que o espelho estivesse em posição oblíqua e fosse ficar, diz Foucault, "seja no fundo à esquerda lá embaixo e se perca no longínquo" (*ibidem*). No entanto, essa possibilidade está excluída, porque vemos a beira do espelho paralela ao plano de mármore. Assim, é inadmissível que o espelho vá em diagonal até lá embaixo. A consequência dessa posição é que é preciso "admitir dois lugares para o pintor na pintura" (*ibidem*, p. 45).

Foucault acrescenta ainda outra coisa: que há "o reflexo de um personagem que está falando com a mulher; é necessário, portanto, supor, nesse lugar que deve ser ocupado pelo pintor, alguém cujo reflexo está aqui" (*ibidem*, p. 46). Foucault vai indicando, assim, os lugares no quadro que está exibindo no *slide*. E ele prossegue: "se houvesse diante da mulher alguém lhe falando e falando-lhe tão perto como se vê aqui", haveria, necessariamente, na face feminina, em sua garganta branca ou ainda no mármore, também uma sombra. Mas, observa Foucault, não há nada; o que se vê é a iluminação, que bate de frente, que não encontra nenhum obstáculo para atingir "todo o corpo da mulher e o mármore que está lá"; e indicando ainda, diz ele, "para que haja reflexo aqui, é necessário que haja alguém, e para que haja iluminação como aqui, é necessário

XLVI   Michel Foucault – Ditos e Escritos

que não haja ninguém". Portanto, ele conclui que a incompatibilidade entre centro e direita tem paralelamente a incompatibilidade presente ou ausente.

Foucault supõe um contraditor imaginário, ou o próprio público, que argumentaria que nisso não há nada de fundamental, porque "esse lugar vazio e ocupado é, precisamente, o lugar do pintor" (*ibidem*, p. 46). E outra ideia possível seria ainda a de que Manet, quando deixou o espaço vazio diante da mulher e depois figurou alguém que a olha, "não é seu próprio olhar de que ele deu seu reflexo aqui e de que assinalou a ausência lá" (*ibidem*). A questão seria formulada, então, da seguinte forma por Foucault, sobre a posição do pintor: "A presença e a ausência do pintor, sua proximidade para com o seu modelo, sua ausência, sua distância e, enfim, tudo isso seria simbolizado por aquilo?" Sua resposta é inteiramente negativa: absolutamente não, porque, "vocês o veem aqui, o rosto deste personagem de que podemos supor que é o pintor, se bem que, aliás, ele não se pareça com ele; esse rosto olha a servente do alto, ele tem uma vista *que mergulha* sobre ela e, consequentemente, sobre o bar". Caso fosse o olhar do pintor que estivesse representado ou refletido ali, "seria necessário que, se ele estivesse em vias de falar com a mulher aqui, que ele a visse não como a vemos, na mesma altura, seria necessário que ele a visse em uma visão *que mergulha*, e então veríamos o bar com a perspectiva inteiramente diversa" (*ibidem*). Foucault conclui, então, que, na realidade, tanto o espectador quanto o pintor estão na mesma altura da servente, e "talvez mesmo um pouco abaixo, donde a pequena distância que há entre a borda do mármore e a borda do espelho" (*ibidem*). Isso é produzido por causa da vista ascendente, e não *que mergulha*.

Há, assim, três sistemas de incompatibilidade: "o pintor deve estar aqui e deve estar lá; deve haver alguém e não deve haver ninguém; há um olhar descendente e há um olhar ascendente". Essa tríplice impossibilidade em que estamos, da qual é preciso saber para vermos o espetáculo como o vemos, e, mais ainda, a exclusão "de todo lugar estável e definido onde localizar o espectador é, evidentemente, uma das propriedades fundamentais desse quadro, e explica simultaneamente o encanto e o mal-estar que experimentamos em olhá-lo" (*ibidem*, p. 46-47).

Foucault diz que, enquanto toda pintura clássica – pelo seu sistema de linhas, perspectivas e pontos de fuga – determinava para o espectador e o pintor um certo lugar preciso, fixo, ina-

Apresentação à Edição Brasileira **XLVII**

movível – de onde se via o espetáculo de tal maneira que, ao olhar um quadro, se sabia de onde ele era visto, quer fosse do alto ou de baixo, de viés ou de face –, em Manet, tem-se a impressão de se ter tudo isso na mão, quer seja apesar disso, ou por causa disso. Entretanto, com tudo isso, não é mais possível saber onde se encontra o lugar do pintor para pintar o quadro, nem onde nós, como espectadores, devemos nos colocar para ver o espetáculo. Com essa técnica, Manet faz entrar em cena a propriedade do quadro de não ser um espaço normativo, cuja representação nos fixa ou fixa o espectador em um ponto, e ponto único de onde olhar. Agora, o quadro aparece com um espaço diante do qual e com relação ao qual podemos nos deslocar. Assim, o espectador se torna móvel diante do quadro; a luz real tocando-o de face, as verticais e horizontais são perpetuamente duplicadas, suprimindo-se a profundidade. Em Manet, eis aí a tela "no que ela tem de real, de material, de certa maneira, de físico. A tela está em vias de aparecer e de jogar com todas as suas propriedades, na representação" (*ibidem*, p. 47).

Concluindo, Foucault afirma que Manet "não inventou a pintura não representativa, já que nele tudo é representativo" (*ibidem*, p. 47). O que ele fez foi colocar em jogo na representação os elementos fundamentais da tela. Ele estava em vias de inventar o quadro objeto, a pintura objeto, e isso era, sem dúvida, condição fundamental para que nos desembaraçássemos da própria representação e deixássemos entrar em jogo o espaço com suas propriedades puras e simples, suas próprias propriedades materiais" (*ibidem*, p. 47).

Ele diz que Manet "fez na pintura um certo número de coisas em relação às quais os 'impressionistas' estavam absolutamente em atraso" (ver p. 312, vol. II da edição brasileira desta obra). Para Foucault, Manet introduziu uma ruptura profunda que "tornou possível toda a pintura posterior ao impressionismo, toda a arte do século XX, toda a pintura no interior da qual ainda atualmente se desenvolve a arte contemporânea". Trata-se de uma prática pictórica diferente que encontra na abstração e em Mondrian espaços privilegiados. Foucault diz que Manet faz do quadro "um aparelho para colocar questões, a fabricar *du derèglement*, a suscitar conflitos",* o que em Manet torna pos-

---

* *La peinture de Manet – Cahiers de la Tunisie*, n. 149-150, ano 39, 1989, p. 61-89.

XLVIII   Michel Foucault – Ditos e Escritos

sível a arte contemporânea, todo o século XX produzindo uma ruptura radical no interior mesmo da pintura ocidental, pondo em questão a tese de que a pintura é representação, restituindo à pintura a materialidade do espaço. "Manet reinventa" – diz Foucault – "ou talvez inventa o quadro objeto como materialidade, como coisa colorida que vem iluminar uma luz exterior que diante da qual e em torno da qual vem girar o espectador".** Longe então da ilusão de um espaço construído segundo a perspectiva renascentista de Bruneleschi ou Massacio, ou ainda da suposta magia que a imagem pode dar da realidade, abre-se o espaço em que se pode alojar a decomposição do espaço, a abstração ou obras como as de Magritte ou Warhol.

Paul Rebeyrolle, artista que mantém um diálogo entre a imagem e a realidade e que também foi estudado por Sartre, ou, ainda, Marmande ou Jean Louis Prat, foi consagrado por Foucault em seus textos mais instigantes sobre a pintura. Foucault nota que, na pintura de Rebeyrolle, há três séries de animais: as trutas e as rãs, os pássaros e, por fim, os cães. Das rãs e trutas ele diz: "elas se entrelaçam às ervas, às pedras, aos turbilhões do riacho...". As cores deslizam sobre sua forma de origem, constituem, ao lado delas, um pouco mais adiante, manchas flutuantes e libertas. E, ainda, "animais de baixo, animais das águas, das terras, das terras úmidas, formadas a partir delas e dissolvidas nelas (um pouco como os ratos de Aristóteles), as rãs e as trutas só podem ser pintadas a elas dispersas e ligadas, levam com elas o mundo que as esquivam" (*Paul Rebeyrolle*, Paris, Fondation Maeght, 2000, p. 32). Quanto aos pássaros, diz Foucault, eles "vêm do alto, como o poder" (*ibidem*). Caem sobre a força que vem de baixo e que eles querem dominar. Da série guerrilheiros de Rebeyrolle, os pássaros-helicópteros-paraquedistas saltam para o solo, já marcados pela morte, que eles vão semear em torno deles em um último sobressalto. Foucault aproxima essa tela do *Ícaro* de Brueghel, que está no Museu de Bruxelas: "um Ícaro minúsculo, marcado pelo sol, caía: isso se passava na indiferença de uma paisagem laboriosa e cotidiana" (*ibidem*, p. 32-33). Em Rebeyrolle, o pássaro cai com um barulho enorme, de onde brotam, diz Foucault, "bicos, garras, sangue e plumas. Está

** *La peinture de Manet – Cahiers de la Tunisie*, n. 49-50, 1989, p. 6.

Apresentação à Edição Brasileira **XLIX**

misturado com o soldado que esmaga, mas que o mata". O ato da pintura, em Rebeyrolle, se abate sobre a tela, onde se debate ainda por muito tempo. Os cães, diferentemente dos pássaros, não pertencem "nem a um tempo determinado nem a um lugar preciso" (*ibidem*, p. 29). E Foucault encadeia: "não se trata das prisões da Espanha, da Grécia, da URSS, do Brasil ou de Saigon; trata-se da prisão. Mas a prisão – Jacson deu testemunho disso – é hoje um lugar político, quer dizer, um lugar onde nascem e se manifestam forças, um lugar onde se forma história e de onde o tempo surge" (*ibidem*, p. 29). Sobre a pintura dos cães, diz ainda Foucault, eles são animais de baixo, e suas silhuetas se decompõem com precisão. Seu contorno, por outro lado, é obtido por milhares de traços perpendiculares, uma sombria presença elétrica na noite. Foucault os situa como sendo menos uma presença do que uma intensidade, menos um movimento do que uma agitação e um temor dificilmente contidos. Como Spinoza, que desconfiava da linguagem e temia que a palavra cão, animal que late, e a constelação celeste fossem confundidas como a mesma palavra, diz Foucault: o cão de Rebeyrolle é resolutamente "animal que late e constelação celeste". A análise de Rebeyrolle feita por Foucault encontra um ponto de convergência com a de Sartre, que diz da tela, da pintura, que ela "não fala – ou muito pouco" (*ibidem*, p. 21). Ou ainda, quando ela discursa, o pintor faz literatura. Rebeyrolle jamais faz isso.

A pintura que representa melhor em relação ao nosso século o que foi Velásquez em relação ao século XVII é para Foucault a pintura de Paul Klee. Diz ele que isso ocorre porque, "na medida em que Klee fez aparecer na forma visível todos os gestos, atos, grafismos, traços, delineamentos, superfícies que podem constituir a pintura, ele fez do próprio ato de pintar o saber desdobrado e cintilante da própria pintura" (ver n. 39, vol. I da edição francesa desta obra).

De Klee, diz ainda Foucault: "é aquele que retirou da superfície do mundo toda uma série de figuras que valiam como signos, e que os orquestrou no interior do espaço pictórico, deixando--lhes a forma e a estrutura de signos, em suma, mantendo seu caráter de signos e fazendo-os funcionar ao mesmo tempo de maneira a não ter mais significação" (ver n. 50, p. 614, vol. I da edição francesa desta obra). E ele diz: "o que há em mim de não estruturalista, de não linguista, se extasia em face de uma

L   Michel Foucault – Ditos e Escritos

tal utilização do signo. O que não deveria ser entendido apenas como uma referência negativa à linguagem, mas a outros aspectos, que vão para além da significação".

Kandinsky é outro artista do século XX a quem Foucault atribui um papel fundamental na história da pintura, ao introduzir a ruptura entre semelhança e representação na esfera do significado. Ele deu férias, simultaneamente, à semelhança e ao funcionamento significativo – graças à afirmação de que "linhas e cores" eram coisas.

Caberia também lembrar Michel Fano quando diz, em uma interpretação audaciosa, que Foucault nos propõe uma leitura "musical" do quadro de Velásquez. Nessa admirável abertura de *As palavras e as coisas*.* Diz ele: "mas são evidentemente Webern, Berg, Boulez, Barraqué que irrigam de uma certa maneira este grande texto".

Cinema – política e poder

O que diz Foucault sobre o cinema situa-se em um período relativamente recente. Apaixonado pelo novo cinema alemão (Schroeter, Syberberg e Fassbinder), Foucault participa do debate sobre as lutas sociais que Badiou desejava situar no terreno ideológico, como nos diz Daniel Defert. Em uma entrevista chamada *Anti-retro*, com Pascal Bonitzer e S. Toubiana, para os *Cahiers du cinéma*, Foucault responde à questão das condições de possibilidade de filmes como *Lacombe Lucien* e *Portière de Nuit*, depois da derrota da esquerda com a eleição de Giscard d'Estaing. Foucault analisa a forma como a história da guerra foi escrita, as relações de poder sob o fascismo e a erotização deste. Para ele, a história da guerra e do que se passou em torno dela "nunca foi verdadeiramente inscrita em outros lugares além das histórias oficiais". A história oficial centrava-se em torno do gaullismo. Era uma maneira de fazer aparecer "um nacionalismo honroso, e o grande homem dos velhos nacionalismos do século XIX". Foucault observa que a velha direita "tem o direito de reescrever sua própria história". Ele pensa que o apagamento, nessa conjuntura entre a direita nacional/direita colaboracionista, foi o que tornou esses filmes possíveis.

O poder tem uma carga erótica. Aqui se coloca para Michel Foucault um problema histórico: "como foi possível que o na-

---

* *Le débat*, Ed. Gallimard, n. 41, set./nov. 1986, p. 138.

Apresentação à Edição Brasileira LI

zismo, que era representado por rapazes deploráveis, miseráveis, puritanos, espécies de solteironas vitorianas, ou melhor, viciosas, como foi possível que tenha podido se tornar atualmente e por todo lado, na França, na Alemanha, nos Estados Unidos, em toda a literatura pornográfica do mundo inteiro, a referência absoluta do erotismo?". Todo o imaginário erótico de folhetim é posto atualmente sob o signo do nazismo.

Comentando o filme de Syberberg, *A Estética de Hitler*, Foucault ressalta que na estética do filme, ao tratar do que se passou na Alemanha dos anos 1939-1945, o autor "conseguiu extrair uma certa beleza dessa história sem nada mascarar do que ela tinha de sórdido, de ignóbil, de cotidianamente abjeto" (ver p. 382-383 neste volume). Foucault contrapõe Syberberg ao filme sobre Eva Braun feito na França, que segundo Simone Veil banaliza o horror. E ele propõe, a partir dessa formulação, uma interessante tese que pode ser generalizada como posição ética. O filme de Syberberg torna ignóbil o banal. Mostra o que há de banal em uma certa maneira de pensar, de viver, em um certo número de quimeras do europeu comum de 1930, uma certa potencialidade para o aviltamento. A qualidade de Syberberg é justamente dizer "que o horror é banal, que a banalidade comporta em si mesma dimensões de horror, que há uma reversibilidade entre o horror e a banalidade" (ver p. 383 neste volume). Foucault critica uma certa definição marxista do poder vigente a partir da época da III Internacional, que define o nazismo e o fascismo como "ditadura terrorista proveniente da parcela mais reacionária da burguesia". A essa definição, diz ele, falta todo um conteúdo e uma série de articulações. O que mais falta é o fato de que tanto o nazismo quanto o fascismo só foram possíveis porque houve no interior das massas uma parcela relativamente importante que assumiu para si e por sua conta um certo número de funções estatais de repressão, de controle, de polícia. Fenômeno importante. E aí o termo ditadura aparece, por um lado, verdadeiro e, por outro, relativamente falso. Foucault refere-se ao poder que poderia ter qualquer indivíduo quando era S.S. ou estava inscrito no partido nazista. Podia matar o vizinho, apropriar-se de sua mulher. É o aspecto que *Lacombe Lucien*, de Malle, mostra bem: a parte mais detestável do poder, porém, em um outro sentido, a mais excitante, era dada a um número considerável de pessoas, ou seja, àquelas a quem se dava o poder de matar, de violar.

LII   Michel Foucault – Ditos e Escritos

Em *Portière de Nuit*, lembra Foucault, se vê como "o poder de um só é retomado pelas pessoas e colocado em ação. Trata-se de uma célula S.S. que foi reconstituída, a que se dá um poder jurídico diferente de um poder central". Foucault ressalta "que é preciso levar em conta a maneira pela qual o poder foi disseminado, investido no interior da população; é preciso levar em conta esse formidável deslocamento do poder que o nazismo operou em uma sociedade como a alemã". Neste sentido, ressaltar que o nazismo era o poder dos grandes industriais, reconduzido de outra forma, é falso. Este é apenas um aspecto da questão.

Associar fascismo e sadismo, em nome de uma retomada retro, diz Foucault, é "um completo erro histórico". O nazismo não é uma invenção dos "grandes loucos eróticos do século XX", mas de pequenos burgueses sinistros e tediosos. "Himmler era vagamente agrônomo, e tinha se casado com uma enfermeira." É preciso compreender que os "campos de concentração nasceram de uma imaginação conjunta de uma enfermeira de hospital e um criador de galinhas". É uma combinação de hospital mais galinheiro que constitui "o fantasma que havia por trás dos campos de concentração", onde foram mortas milhões de pessoas. Foucault diz isso não para diminuir a condenação, mas justamente para destituir o nazismo de todos os valores eróticos que quiseram lhe imputar.

E ele prossegue esta argumentação: "Os nazistas eram faxineiras no mau sentido do termo. Trabalhavam com esfregões e vassouras, pretendendo purgar a sociedade de tudo o que eles consideravam podridão, sujeira, lixo: sifilíticos, homossexuais, judeus, sangues impuros, negros, loucos. É o infecto sonho pequeno-burguês da limpeza racial que subentendia o sonho nazista. Eros ausente."

A questão posta por Foucault é porque hoje se imagina ter acesso a certas fantasias eróticas através do nazismo. Ele atribui isso à incapacidade de "transcrever de novo esse grande prazer do corpo em explosão" senão como um apocalipse político ou como o "fim do mundo em um campo de concentração".

Foucault retifica a partir de *Vigiar e punir* sua perspectiva sobre Sade: "eu estaria bastante disposto a admitir que Sade tenha formulado o erotismo próprio a uma sociedade disciplinar: regulamentada, anatômica, hierarquizada, com seu tempo cuidadosamente distribuído, seus espaços quadriculados, suas obediências e suas vigilâncias" (ver p. 374 neste volume).

Apresentação à Edição Brasileira **LIII**

A posição de Foucault é a de que é preciso sair do sistema disciplinar e do erotismo de Sade. Ele desenvolverá essa problematização a partir da *História da sexualidade*: trata-se "de inventar como corpo, com seus elementos, suas superfícies, seus volumes, suas densidades, um erotismo não disciplinar: o do corpo em estado volátil e difuso, com seus encontros ao acaso e seus prazeres não calculados" (ver p. 374 neste volume).

Foucault lamenta que em filmes recentes se ressuscite, através do nazismo, um erotismo disciplinar. Nesses termos, ele se distancia de Sade, e diz mesmo: "Tanto pior então para a sacralização literária de Sade, tanto pior para Sade: ele nos entedia, é um disciplinador, um sargento do sexo" (ver p. 374 neste volume).

Na entrevista a Shimizu e Watanabe concedida no Japão, ao referir-se a Guyotat e seu livro *Éden, Éden, Éden*, Foucault diz que ele escreveu em uma linguagem de uma audácia extraordinária. Ele nunca lera obra semelhante na literatura francesa ou inglesa. Com o risco de censura, Sollers, Leiris e Barthes escreveram um prefácio para protegê-lo, e Foucault escreveu um artigo no *Nouvel observateur*. Do livro, Leiris dizia ser "absolutamente sem concessões" e que denota no autor "uma capacidade de alucinar que muito poucos escritores atingem".* Do livro de Guyotat, Sollers dizia "que nada igual fora arriscado desde Sade". O que queria dizer que "agora havia a possibilidade de ler inteiramente Sade, e que uma outra história começava onde Sade teria designado um ponto de cegueira radical". A leitura de Barthes era diversa. Em Guyotat "o texto estava livre: livre de todo sujeito ou tema, de todo objeto, de todo símbolo".** O livro deveria constituir "uma espécie de choque histórico: toda uma experiência anterior (...), de Sade a Genet, de Mallarmé a Artaud, é recolhida, deslocada, purificada de suas circunstâncias de época: não há mais nem narrativa nem falta (é, sem dúvida, a mesma coisa)".*** Permanecem apenas o desejo e a linguagem não em uma relação de expressão, mas em uma metonímia indissociável. Nesse livro, como nota Shimizu, parecia que a relação entre o indivíduo e o desejo sexual fora definitivamente abalada: "depois da destruição da

---

* *Éden, Éden, Éden*, Ed. Gallimard, 1979, p. 7.
** *Éden, Éden, Éden*, Ed. Gallimard, 1979, p. 9.
*** *Éden, Éden, Éden*, Ed. Gallimard, p. 10.

LIV Michel Foucault – Ditos e Escritos

unidade do indivíduo e da prevalência do sujeito, resta apenas a sexualidade como um imenso estrato" (ver p. 222, vol. I da edição brasileira desta obra). Foucault, no entanto, mudou de posição e toma uma postura crítica em face de sua análise anterior. Tomando esse livro como referência e o fato de que ele foi vendido na França – 15 mil exemplares por semana –, Foucault acha que a literatura foi digerida e assimilada e que sua força transgressora teria sido perdida. Até a pouco, diz ele, "a transgressão sexual na literatura parecia redobrar de importância porque isso se produzia no interior da literatura. Mas, hoje, a literatura como cena de transgressão sexual tornou enfadonho o próprio ato transgressivo, e uma vez que ele se desenrola na cena da literatura, ele se tornou de longe mais suportável". E aí a referência a Blanchot e à parte do fogo: "o espaço literário é a parte do fogo"; em outros termos, o que uma civilização entrega ao fogo. O que ela reduz à destruição, ao vazio, às cinzas, àquilo com que ela não poderia mais sobreviver é o que ele chama de espaço literário... Ou então é, de algum modo, o lugar no qual essas obras não podem nascer senão no fogo, no incêndio, na destruição e nas cinzas. É, para Foucault, a expressão mais bela para definir o que é a literatura, "não somente em sua relação com a sociedade ocidental dos séculos XIX e XX, mas em sua relação com toda a cultura ocidental desta época". Foucault indica, então, um sair da literatura de que Blanchot nos teria indicado o caminho.

Sobre a edição brasileira

A edição brasileira é bem mais ampla do que a americana, publicada em três volumes, e também do que a italiana. Sua diagramação segue praticamente o modelo francês. A única diferença significativa é que na edição francesa a cada ano abre-se uma página e os textos entram em sequência numerada (sem abrir página). Na edição brasileira, todos os textos abrem página e o ano se repete. Abaixo do título há uma indicação de sua natureza: artigo, apresentação, prefácio, conferência, entrevista, discussão, intervenção, resumo de curso. Essa indicação, organizada pelos editores, foi mantida na edição brasileira, assim como a referência bibliográfica de cada texto, que figura sob seu título.

A edição francesa possui um duplo sistema de notas: as notas numeradas foram redigidas pelo autor, e aquelas com

Apresentação à Edição Brasileira   LV

asterisco foram feitas pelos editores franceses. Na edição brasileira, há também dois sistemas, com a diferença de que as notas numeradas compreendem tanto as originais de Michel Foucault quanto as dos editores franceses. Para diferenciá-las, as notas do autor possuem um (N.A.) antes de iniciar-se o texto. Por sua vez, as notas com asterisco, na edição brasileira, se referem àquelas feitas pelo tradutor ou pelo revisor técnico, e vêm com um (N.T.) ou um (N.R.) antes de iniciar-se o texto. Esta edição permite o acesso a um conjunto de textos antes inacessíveis, fundamentais para pensar questões cruciais da cultura contemporânea, e, ao mesmo tempo, medir a extensão e o alcance de um trabalho, de um *work in progress* dos mais importantes da história do pensamento em todas as suas dimensões, éticas, estéticas, literárias, políticas, históricas e filosóficas.

Manoel Barros da Motta

1962

Dizer e Ver em Raymond Roussel

"Dire et de voir chez Raymond Roussel", *Lettre ouverte*, n. 4, verão de 1962, p. 38-51.

Variante do Capítulo I de *Raymond Roussel*, Paris, Gallimard, Col. "Le Chemin", 1963.

A obra nos é oferecida desdobrada em seu último instante por um discurso que se encarrega de explicar como... Este *Comment j'ai écrit certains de mes livres*, que surgiu quando todos estavam escritos, mantém uma estranha relação com a obra cuja maquinaria ele revela, recobrindo-a com um relato autobiográfico prematuro, modesto e insolente.

Aparentemente, Roussel respeita a ordem das cronologias e explica sua obra seguindo a linha reta que se estende dos relatos da juventude às Nouvelles *impressions* que acaba de publicar. Mas a distribuição do discurso e seu espaço interior são exatamente opostos: no primeiro plano e com toda meticulosidade, o processo que organiza os textos iniciais; depois, em etapas mais precisas, os mecanismos das *Impressions d'Afrique*, antes dos de *Locus solus*, apenas indicados; no horizonte, lá onde a linguagem se perde com o tempo, os textos recentes – *La poussière de soleils* e *L'étoile au front* – não passam de um ponto. As *Nouvelles impressions* já estão do outro lado do céu, e apenas elas podem ser situadas pelo que não são. A geometria profunda dessa "revelação" inverte o triângulo do tempo. Por uma rotação completa, o próximo se torna o mais distante. Como se Roussel só desempenhasse seu papel de guia nas primeiras voltas do labirinto, e o abandonasse à medida que a caminhada se aproximasse do ponto central onde ele próprio está. O espelho que no momento de morrer Roussel põe diante de sua obra e na frente dela, em um gesto mal definido de esclarecimento e precaução, é dotado de uma estranha magia: ele afasta a figura central para o fundo onde as linhas se embaralham, recua para o mais longe possível o lugar de onde se faz a revelação e o momento em que ela se faz, mas reaproxima, como pela mais extrema miopia, aquilo que está mais afastado do instante em que ela fala. À medida que se aproxima dela própria, ela se adensa em segredo.

Segredo duplicado: pois sua forma solenemente última, o cuidado com que ela foi, ao longo de sua obra, retardada para chegar a termo no momento da morte transforma em enigma o procedimento que ela revela. O lirismo, meticulosamente excluído de *Comment j'ai écrit certains de mes livres* (as citações de Janet, utilizadas por Roussel para falar do que foi, sem dúvida, a experiência nodal de sua vida, mostram o rigor dessa exclusão), aparece invertido – simultaneamente negado e purificado – nessa estranha figura do segredo que a morte guarda e anuncia. O "como" inscrito por Roussel no título de sua obra derradeira e reveladora nos introduz não apenas no segredo de sua linguagem, mas no segredo de sua relação com tal segredo, não para nos guiar até ele, mas para nos deixar, pelo contrário, desarmados e no mais absoluto embaraço quando se trata de determinar a forma de reticência que manteve o segredo nessa reserva subitamente desfeita.

A primeira frase: "Sempre me propus a explicar de que maneira eu havia escrito alguns de meus livros" indica com bastante clareza que essas relações não foram acidentais nem estabelecidas no último instante, mas que fizeram parte da própria obra e do que havia nela de mais constante, de mais oculto em sua intenção. E já que essa revelação de última hora e de primeiro projeto forma agora o limiar inevitável e ambíguo que dá início à obra, concluindo-a, ela zomba de nós por não prever isto: fornecendo uma chave que desarma o jogo, esboça um segundo enigma. Para ler a obra, ela nos prescreve uma consciência inquieta: consciência na qual não se pode repousar, pois o segredo não é para ser decifrado nessas adivinhações ou charadas que Roussel tanto amava; ele é cuidadosamente desfeito para um leitor que tivesse, antes do fim do jogo, entregue os pontos. Mas é Roussel quem faz os leitores entregarem os pontos; ele os força a conhecer um segredo que eles não tinham reconhecido, e a se sentirem capturados por uma espécie de segredo flutuante, anônimo, dado e tirado, e jamais de fato demonstrável: se Roussel voluntariamente disse que havia "segredo", pode-se também supor que ele o suprimiu radicalmente, dizendo-o e dizendo qual é, ou que ele o multiplicou deixando secreto o princípio do segredo e de sua supressão. A impossibilidade aqui de decidir liga qualquer discurso sobre Roussel não apenas ao risco comum de se enganar, mas àquele, mais sutil, de sê-lo – e pela própria consciência do segredo, sempre tentada a encerrá-lo nele próprio e a abandonar a obra a uma noite fácil, totalmente contrária ao enigma do dia que a atravessa.

Roussel, em 1932, havia encaminhado ao editor uma parte do texto que iria se tornar, após sua morte, *Comment j'ai écrit certains de mes livres*.[1] Estava combinado que essas páginas não deveriam de modo algum ser publicadas durante sua vida. Elas não esperavam sua morte; esta, na realidade, estava implícita nelas, ligada sem dúvida à instância da revelação que elas continham. Quando, em 30 de maio de 1933, determina como deve ser a organização da obra, ele havia há muito tempo decidido não retornar a Paris. No mês de junho se instala em Palermo, cotidianamente drogado e em uma grande euforia. Tenta se matar ou se fazer matar, como se agora tivesse tomado "o gosto pela morte, que antes temia". Na manhã em que devia deixar seu hotel para um tratamento de desintoxicação em Kreuzlingen, é encontrado morto; apesar de sua fraqueza, que era extrema, ele havia se arrastado com seu colchão contra a porta de comunicação que dava para o quarto de Charlotte Dufresne.

Essa porta ficava aberta o tempo todo; foi encontrada fechada à chave. A morte, o ferrolho e essa abertura fechada formaram, naquele momento e para sempre, sem dúvida, um triângulo enigmático no qual a obra de Roussel nos é ao mesmo tempo entregue e recusada. O que podemos entender de sua linguagem nos fala a partir de um limiar onde o acesso não se dissocia do que constitui defesa – acesso e defesa equívocos, pois se trata, neste gesto não decifrável, de quê? De liberar essa morte por tanto tempo temida e subitamente desejada? Ou talvez também de reencontrar uma vida da qual ele havia tentado obstinadamente se libertar, mas que ele havia por tanto tempo sonhado prolongar infinitamente com suas obras e em suas próprias obras, através de construções meticulosas, fantásticas, infatigáveis. Chaves, haverá outras agora, além daquele

---

1 (N.A.) Sobre Roussel, hoje, nada se pode dizer que não manifeste uma dívida flagrante do ponto de vista de Michel Leiris: seus artigos, mas também sua obra inteira, são a introdução indispensável a uma leitura de Roussel.

4   Michel Foucault – Ditos e Escritos

texto último que está lá, imóvel, contra a porta? Fazendo gesto de abrir? Ou o gesto de fechar? Segurando uma chave simples maravilhosamente equívoca, capaz em uma só volta de trancar ou de abrir. Fechando-se com cuidado em uma morte sem alcance possível, ou talvez transmitindo, mais além dela, aquele deslumbramento cuja lembrança não havia abandonado Roussel desde os seus 19 anos, e do qual ele havia tentado, sempre em vão, salvo talvez naquela noite, reencontrar a nitidez?

Roussel, cuja linguagem é de uma grande precisão, disse curiosamente de *Comment j'ai écrit certains de mes livres* que se tratava de um texto "secreto e póstumo". Ele queria dizer, sem dúvida – por baixo da significação evidente: secreto até a morte –, várias coisas: que a morte pertencia à cerimônia do segredo, que ela era um limiar preparado para ele, sua solene conclusão; talvez o segredo ficasse também secreto até na morte, encontrando nela o socorro de um artifício suplementar – o "póstumo" multiplicando o "secreto" por ele mesmo e inscrevendo-o no definitivo; ou melhor, que a morte revelaria que há um segredo, mostrando não o que ele esconde, mas o que o torna opaco e impenetrável; e que ela guardaria o segredo revelando que ele é secreto, dando-lhe epíteto, mantendo-o substantivo. E não se tem mais nada na mão a não ser a indiscrição obstinada, questionadora de uma chave aferrolhada – cifra decifradora e cifrada.

Comment j'ai écrit certains de mes livres oculta tanto, senão mais do que desvela a revelação prometida. Oferece quase que unicamente destroços em uma grande catástrofe de lembranças que obriga a "colocar reticências". Mas, por mais ampla que seja esta lacuna, ela ainda não passa de um acidente de superfície ao lado de uma outra, mais essencial, imperiosamente indicada pela simples exclusão, sem comentário, de toda uma série de obras. "É desnecessário dizer que meus outros livros, *La doublure, La vue* e *Nouvelles impressions d'Afrique*, são absolutamente alheios ao procedimento." Fora do segredo estão também três textos poéticos, *L'inconsolable, Les têtes de carton* e o poema escrito por Roussel, *Mon âme*. Que segredo encobre essa separação e o silêncio que se contenta em assinalá-la sem uma palavra de explicação? Escondem, essas obras, uma chave de uma outra natureza – ou a mesma, mas escondida duplamente até a denegação de sua existência? E talvez haja uma chave comum da qual também depende-

1962 – Dizer e Ver em Raymond Roussel   5

riam, segundo uma lei muito silenciosa, as obras cifradas – e decifradas por Roussel –, aquelas cuja cifra seria a de não ter cifra aparente. A promessa da chave, desde a formulação que a expõe, elude aquilo que ela promete, ou melhor, o remete para além do que ela mesma pode expor, a uma interrogação em que toda a linguagem de Roussel se encontra presa. Estranho poder o desse texto destinado a "explicar". Tão duvidosos se mostram seu *status*, o lugar de onde ele surge e de onde expõe o que mostra e as fronteiras até onde se estende, o espaço que simultaneamente ele mantém e mina, que quase só tem, em um deslumbramento inicial, um único efeito: propagar a dúvida, disseminá-la por omissão premeditada onde não havia razão de existir, insinuá-la no que deve ser dela protegido, e plantá-la inclusive no solo firme onde ela própria se enraíza. *Comment j'ai écrit certains de mes livres* é, afinal, um de seus livros: o texto do segredo desvelado não tem o seu, revelado e mascarado ao mesmo tempo pela luz que ele lança sobre os outros?

Todos esses corredores, seria tranquilizador poder fechá--los, interditar todas as saídas e admitir que Roussel escapa pela única que nossa consciência, para sua maior tranquilidade, quer também arranjar para ela. "É concebível que um homem alheio a qualquer tradição iniciatória se considere obrigado a levar para a tumba um segredo de uma outra ordem?... Não é mais tentador admitir que Roussel obedece, na qualidade de adepto, a uma palavra de ordem imprescritível?"[2] O desejável seria: nele, as coisas seriam estranhamente simplificadas, e a obra se fecharia de novo em um segredo cujo interdito somente a ele indicaria a existência, a natureza, o conteúdo e o inevitável ritual; e em relação a esse segredo, todos os textos de Roussel seriam habilidades retóricas revelando a quem sabe ler o que eles dizem pelo simples fato, maravilhosamente generoso, de que eles não o dizem.

No extremo limite, é possível que a "cadeia de eventos" de *La poussière des soleils* tenha qualquer coisa a ver (na forma) com o cortejo do saber alquímico, mesmo que haja nele poucas probabilidades de que as 22 mudanças de cenário impostas pela encenação repitam os 22 arcanos maiores do tarô. É possível que certos contornos exteriores do procedimento esotérico

---

2 (N.A.) Breton (A.), "Fronton virage", in Ferry (J.), *Um estudo sobre Raymond Roussel*, Paris, Arcanes, 1953.

6   Michel Foucault – Ditos e Escritos

tenham servido de modelo: palavras desdobradas, coincidências e encontros muito a propósito, encaixe das peripécias, viagem didática através dos objetos portadores, em sua banalidade, de uma história maravilhosa que define seus valores descrevendo sua gênese, descobertas em cada um deles de avatares míticos que os conduzem até a atual promessa de libertação. Mas se Roussel, o que não é seguro, utilizou semelhantes figuras, é pela maneira com que se serviu de alguns versos de *Au clair de la lune* e de *J'ai du bon tabac* nas *Impressions d'Afrique*: não para transmitir o seu conteúdo através de uma linguagem simbólica destinada a liberá-lo dissimulando-o, mas para colocar no interior da linguagem um ferrolho suplementar, todo um sistema de vias invisíveis, de artifícios e sutis defesas.

A linguagem de Roussel é oposta – mais pelo sentido de suas flechas do que pela madeira com que é feita – à palavra iniciatória. Ela não é construída na certeza de que há um segredo, um só, e sabiamente silencioso; ela cintila com uma incerteza irradiante que é inteiramente superficial e que recobre uma espécie de vazio central: impossibilidade de decidir se há um segredo, ou nenhum, ou vários, e quais são. Qualquer afirmação de que ele existe, qualquer definição de sua natureza drena desde o início a obra de Roussel, impedindo-a de viver do vazio que mobiliza, sem jamais iniciá-la, nossa inquieta ignorância. Em sua leitura, nada nos é prometido. Apenas é imperiosamente prescrita a consciência de que, lendo todas aquelas palavras ordenadas e uniformes, somos expostos ao perigo inadvertido de ler nelas outras, que são outras e as mesmas. A obra, em sua totalidade – com o apoio obtido em *Comment j'ai écrit* e todo o trabalho de demolição com que essa revelação a mina –, impõe sistematicamente uma inquietação confusa, divergente, centrífuga, orientada não para o mais reticente dos segredos, mas para o desdobramento e a transmutação das formas mais visíveis: cada palavra é simultaneamente animada e arruinada, preenchida e esvaziada pela possibilidade de que haja uma segunda – esta ou aquela, ou nem uma nem outra, mas uma terceira, ou nada.

Qualquer interpretação esotérica da linguagem de Roussel situa o "segredo" do lado de uma verdade objetiva; mas é uma linguagem que não quer dizer nada além do que ela quer dizer; a maravilhosa máquina voadora que, munida de ímãs, velas e rodas, obedece a ventos calculados e deposita sobre a areia pequenos seixos esmaltados de onde nascerá uma imagem em mosaico, apenas quer dizer e mostrar a extraordinária meticulosidade de sua organização; ela própria se significa em uma autossuficiência com a qual se encantava certamente o positivismo de Roussel que Leiris gosta de lembrar. Os aparelhos de *Locus solus*, assim como a flora memorável das *Impressions d'Afrique*, não são armas, mas – justamente e sobretudo quando elas estão vivas, como a medusa giratória de Fogar ou sua árvore de lembranças – *máquinas*; elas não falam, trabalham serenamente em uma circularidade de gestos em que se afirma a glória silenciosa do seu automatismo. Nenhum símbolo, nenhum hieróglifo inserido em toda essa agitação minúscula, medida, prolixa em detalhes mas avara em ornamentos. Nenhum sentido oculto, mas uma forma secreta.

A lei de construção do "bate-estaca" voador é, simultaneamente, o mecanismo que permite representar um velho soldado germânico por um pontilhado de dentes fixados na terra e a decomposição fonética de um segmento de frase arbitrária que dita os elementos com sua ordem (donzela, velho soldado, dentes). Trata-se de uma defasagem morfológica, não semântica. O encantamento não está ligado a um segredo depositado nas dobras da linguagem por uma mão exterior; ele nasce das formas próprias a essa linguagem quando ela se desdobra a partir dela mesma segundo o jogo de suas possíveis nervuras. Nessa visível eventualidade, culmina o segredo: não apenas Roussel não forneceu, salvo raras exceções, a chave da gênese formal, mas cada frase lida poderia conter em si mesma um número considerável, uma quase infinidade de chaves, pois o número das palavras-chegada é bem mais elevado que o número das palavras-partida. Matematicamente, não há chance de encontrar a solução real: simplesmente se é forçado, pela revelação feita no momento final, a sentir sob cada uma de suas frases um campo aleatório de fatos morfológicos, que são todos possíveis sem que nenhum seja determinável. É o contrário da reticência iniciatória: esta, sob múltiplas formas, mas habilmente convergentes, conduz a um segredo único cuja presença obstinada se repete e termina por se impor sem se enunciar claramente. O enigma de Roussel é que cada elemento de sua linguagem está preso a uma série não numerável de configurações eventuais. Segredo muito mais manifesto, mas muito mais difícil que o sugerido por Breton: ele não consiste em um artifício do sentido nem no jogo dos desvelamentos, mas em uma incerteza premeditada

8 Michel Foucault – Ditos e Escritos

da morfologia, ou melhor, na certeza de que várias construções podem articular o mesmo texto, autorizando sistemas de leitura incompatíveis, mas todos possíveis: uma polivalência rigorosa e incontrolável das formas.

Daí uma estrutura digna de observação: no momento em que as palavras se abrem sobre as coisas que elas dizem, sem equívoco nem resíduo, elas têm também um efeito invisível e multiforme sobre outras palavras que elas ligam ou dissociam, sustentam e destroem segundo inesgotáveis combinações. Há ali, simétrico ao limiar do sentido, um limiar secreto, curiosamente aberto e intransponível, intransponível por ser justamente uma abertura imensa, como se a chave interditasse a passagem da porta que ela abre, como se o gesto criador desse espaço fluido, incerto, fosse o de uma imobilização definitiva; como se, chegada a essa porta interna através da qual ela se comunica com a vertigem de todas as suas possibilidades, a linguagem se detivesse em um gesto que simultaneamente abre e fecha. *Comment j'ai écrit certains de mes livres* – com a morte, súbita e obstinadamente desejada por Roussel, no centro do seu projeto – ilustra esse limiar ambíguo: o espaço interno da linguagem está ali muito precisamente designado, mas seu acesso imediatamente recusado em uma elipse cuja aparência acidental esconde a natureza inevitável. Como o cadáver, em Palermo, a insolúvel explicação permanece em um limiar interior, livre e fechado; ela lança a linguagem de Roussel sobre seu próprio limite, tão imóvel, tão silencioso, agora, que se pode também compreender que ela barre o limiar aberto ou force o limiar fechado. A morte e a linguagem, aqui, são isomorfas.

Não queremos ver nisso uma dessas leis "temáticas" que se supõe reger discretamente e do alto as existências ao mesmo tempo que as obras; mas uma experiência em que a linguagem toma uma das suas significações extremas e mais inesperadas.

Esse labirinto de palavras, construído segundo uma arquitetura inacessível e submetido unicamente ao seu jogo, é ao mesmo tempo uma linguagem positiva: sem vibrações, miúda, discreta, obstinadamente ligada às coisas, bem próxima delas, fiel até à obsessão, ao seu detalhe, às suas distâncias, às suas cores, aos seus imperceptíveis obstáculos, é o discurso neutro dos próprios objetos, desprovido de cumplicidade e de qualquer parentesco afetivo, como que absorvido inteiramente pelo exterior. Estendida em um mundo de formas possíveis que cavam nela um vazio, essa linguagem está mais do que qualquer outra próxima do ser das coisas. E é por aí que nos aproximamos do que há de realmente "secreto" na linguagem de Roussel: que ela seja tão aberta quando sua construção é tão fechada, que ela tenha tanto peso ontológico quando sua morfologia é tão aleatória, que ela enfoque um espaço detalhado e discursivo quando, deliberadamente, está encerrada em uma estreita fortaleza; em suma, que tenha precisamente a estrutura dessa minúscula fotografia que, engastada em uma caneta, abre ao olhar atento "toda uma praia de areia" cuja pletora imóvel e ensolarada as 113 páginas de *La vue* mal esgotarão. Essa linguagem com artifício interno é uma linguagem que mostra fielmente. O íntimo segredo do segredo é poder assim fazer aparecer – ele próprio se escondendo em um movimento fundamental que comunica com o visível e está de acordo, sem problema nem deformação, com as coisas. A caneta de *La vue* (instrumento para construir palavras e que, além disso, mostra) é como a figura mais imediata deste relato: em um fino pedaço de marfim branco, longo e cilíndrico, talvez também bizarramente recortado e se prolongando para o alto, após uma superposição de espirais e de esferas, em uma espécie de palheta marcada com uma inscrição um pouco desbotada e difícil de decifrar, terminando embaixo com um revestimento de metal que tintas diferentes marcaram como uma ferrugem multicolorida, que já atinge com algumas manchas a haste levemente amarelada – uma pequena lente pouco mais extensa que um ponto brilhante abre nesse instrumento, fabricado para desenhar no papel sinais arbitrários, não menos contornados que ele, um espaço luminoso de coisas simples, inomináveis e pacientes.

Comment j'ai écrit certains de mes livres exclui *La vue* das obras desse procedimento próprio ao escritor, mas se compreende claramente que entre a fotografia inserida na caneta e a construção de *Locus solus* ou das *Impressions*, que permite ver tantas maravilhas através de uma extravagância da escrita, há uma dependência fundamental. Todas as duas falam do mesmo segredo: não do segredo que oculta o que ele fala, mas do segredo bem mais ingênuo, embora pouco divulgado, que faz com que falando e obedecendo às regras arbitrárias da linguagem se traga, à plena luz da aparência, todo um mundo generoso de coisas; o que está de acordo com uma arte poética interior à linguagem e cavando sob sua vegetação familiar maravilhosas galerias. Arte poética muito distante em seus ritos,

10 Michel Foucault – Ditos e Escritos

muito próxima, em sua significação ontológica, das grandes experiências destruidoras da linguagem.

Esse mundo, na verdade, não tem a existência plena que parece à primeira vista iluminá-lo de alto a baixo; é em *La vue* uma miniatura, sem proporções, de gestos interrompidos, de ondas cuja crista jamais chegará a arrebentar, de balões presos no céu como sóis de couro, de crianças imobilizadas em um concurso de estátuas; essas são, nas *Impressions d'Afrique* e *Locus solus*, máquinas para repetir as coisas no tempo, para prolongá-las em uma existência monótona circular e esvaziada, para introduzi-las no cerimonial de uma representação, para mantê-las, como a cabeça desossada de Danton, no automatismo de uma ressurreição sem vida. Como se uma linguagem assim ritualizada só pudesse aceder a coisas já mortas e afastadas do seu tempo; como se não pudesse de forma alguma chegar ao ser das coisas, mas à sua vã repetição e a esse duplo em que elas se encontram fielmente sem ali encontrar jamais o frescor do seu ser. O relato escavado do interior pelo procedimento se comunica com as coisas escavadas do exterior pela sua própria morte, e assim separadas delas próprias: por um lado, com o aparato impiedosamente descrito de sua repetição e, pelo outro, com sua existência definitivamente inacessível. Há, portanto, no nível do "significado", um desdobramento simétrico àquele que separa no "significante" a descrição das coisas e a arquitetura secreta das palavras.

Assim, delineia-se uma figura em quatro termos: relato, procedimento, acontecimento, repetição. O acontecimento está escondido – presente e ao mesmo tempo fora de alcance – na repetição, assim como o procedimento o está na narrativa (ele a estrutura e nela se disfarça); então, a existência inicial, em seu frescor, tem a mesma função que a artificiosa maquinaria do procedimento; mas, inversamente, o procedimento desempenha o mesmo papel que os aparelhos de repetição: sutil arquitetura que se comunica com a presença primeira das coisas, esclarecendo-as na manhã de sua aparição. E no cruzamento desses quatro termos, cujo jogo determina a possibilidade da linguagem – seu artifício maravilhosamente aberto –, a morte serve como mediadora e como limite. Como limiar: ela separa por uma distância infinitesimal o acontecimento e sua repetição quase idêntica, fazendo-os comunicar em uma vida tão paradoxal quanto a das árvores de Fogar, cujo crescimento é o

1962 – Dizer e Ver em Raymond Roussel   11

desencadeamento daquilo que está morto; da mesma maneira ela separou, na linguagem de Roussel, a narrativa e o invisível procedimento, fazendo-os viver, uma vez Roussel desaparecido, uma vida enigmática. Nesse sentido, o último texto poderia ser apenas uma maneira de recolocar toda a obra no cristal d'água cintilante onde Canterel havia mergulhado a cabeça escoriada de Danton para que ela repita sem cessar seus discursos sob as garras de um gato despelado, aquático e eletrizado.

Entre esses quatro pontos cardeais que a morte domina e esquarteja como uma grande aranha, a linguagem tece sua precária superfície, a fina rede onde se cruzam os ritos e os sentidos.

E talvez *La doublure*, texto escrito durante a primeira grande crise, em "uma sensação de glória universal de uma intensidade extraordinária", dê, na medida mesmo em que ela é sem método, a imagem mais exata do Segredo: as máscaras do carnaval de Nice se mostram, escondendo; mas sob este papelão multicolorido, com as grandes cabeças vermelhas e azuis, os gorros, as cabeleiras, na abertura imóvel dos lábios ou na amêndoa cega dos olhos, uma noite ameaça. O que se vê só é visto sob a forma de um signo desmesurado que designa, mascarando-o, o vazio sobre o qual o lançamos. A máscara é oca e mascara esse oco. Tal é a situação frágil e privilegiada da linguagem; a palavra adquire seu volume ambíguo no interstício da máscara, denunciando o duplo irrisório e ritual da cara de papelão e a negra presença de uma face inacessível. Seu lugar é esse intransponível vazio – espaço flutuante, ausência de solo, "mar incrédulo" – onde, entre o ser oculto e a aparência desarmada, a morte surge, mas onde, aliás, dizer tem o poder maravilhoso de dar a ver. É aí que se cumprem o nascimento e a perdição da linguagem, sua habilidade em mascarar e conduzir a morte em uma dança de papelão multicolorido.

Toda a linguagem de Roussel – e não apenas seu texto derradeiro – é "póstuma e secreta". Secreta já que, sem nada esconder, ela é o conjunto escondido de todas as suas possibilidades, de todas as suas formas que se esboçam e desaparecem em sua transparência, como os personagens esculpidos por Fuxier nos bagos de uva. Póstuma, pois circula entre a imobilidade das coisas e, uma vez cumprida sua morte, narra seus ritos de ressurreição; desde o nascimento, ela está do outro lado do tempo. Essa estrutura cruzada do "segredo" e do "pós-

12 Michel Foucault – Ditos e Escritos

tumo" comanda a mais alta figura da linguagem de Roussel; proclamada no momento da morte, ela é o segredo visível do segredo revelado; faz comunicar o extravagante procedimento com todas as outras obras; designa uma experiência maravilhosa e sofredora da linguagem que se abriu para Roussel no desdobramento de *La doublure* e fechou, quando o "duplo" da obra foi manifestado pelo desdobramento da revelação final. Realeza sem mistério do Rito, que organiza soberanamente as relações da linguagem, da existência e da repetição – todo esse longo desfile das máscaras.

1962

Um Saber Tão Cruel

"Un si cruel savoir", *Critique*, n. 182, julho de 1962, p. 597-611. (Sobre C. Crébillon, *Les égarements du coeur et de l'esprit*, texto estabelecido e apresentado por Étiemble, Paris, A. Colin, 1961, e J.-A. de Révéroni Saint-Cyr, *Pauliska ou la perversité moderne*, Paris, 1798.)

Révéroni Saint-Cyr (1767-1829) era um oficial de engenharia que desempenhou um papel muito importante no início da Revolução e sob o Império: foi adjunto de Narbonne em 1792, depois ajudante de ordem do marechal Berthier; escreveu um grande número de peças de teatro, uma dezena de romances (como Sabina d'Herfeld, em 1797, *Nos folies*, em 1799) e vários tratados teóricos: *Essai sur le perfectionnement des beaux-arts ou Calculs et hypothèses sur la poésie, la peinture et la musique* (1804); *Essai sur le mécanisme de la guerre* (1804); *Examen critique de l'équilibre social européen*, ou *Abrégé destatistique politique et littéraire* (1820). (Nota de M. Foucault (N.E.).)

A cena se passa na Polônia, ou seja, em qualquer lugar. Uma condessa desgrenhada foge de um castelo em chamas. Soldados, em pressa, estriparam as criadas e pagens entre as estátuas que, antes de se espatifarem, voltaram lentamente para o céu seus belos rostos vazios; os gritos, por tanto tempo repercutidos, se perderam nos espelhos. Um véu desliza sobre um peito, véus que mãos reatam e rasgam com os mesmos movimentos desajeitados. Os perigos, os olhares, os desejos e o medo, se entrecruzando, formam um entrelaçamento de lâminas, mais imprevisto, mais fatal do que o dos estuques que acabam de desabar. Talvez esta parede do salão fique por muito tempo erguida, onde uma náiade azul tenta escapar de Netuno, a cabeça bem ereta, de frente, olhos plantados na porta aberta, o busto e os dois braços voltados para trás onde se enlaçam em uma luta indecisa com as mãos indulgentes, ágeis, imensas de um velho inclinado sobre um assento de conchas leves e tritões. Pauliska abandona aos Cossacos da imperatriz suas terras incendiadas, suas camponesas atadas ao tronco esbranquiçado dos bordos, seus serviçais mutilados,

14 Michel Foucault – Ditos e Escritos

a boca cheia de sangue. Ela vem buscar refúgio na velha Europa, em uma Europa de pesadelos que, de um só golpe, lhe prepara todas as suas armadilhas. Armadilhas estranhas, nas quais mal se reconhecem aquelas, familiares, dos galanteios, dos prazeres mundanos, das mentiras quase voluntárias e da inveja. O que se urde aí é um mal bem menos "metafísico", bem mais "inglês" do que "francês", como dizia o tradutor de Hawkesworthy,[1] um mal bem próximo do corpo e a ele destinado. "Perversidade moderna."

Como o convento, o castelo proibido, a floresta, a ilha inacessível, a "seita" é, desde a segunda metade do século XVIII, uma das grandes reservas do fantástico ocidental. Pauliska percorre todo o seu ciclo: associações políticas, clubes de libertinos, quadrilhas de malfeitores ou de falsários, corporações de escroques ou de místicos da ciência, sociedades orgíacas de mulheres sem homens, esbirros do Sacro-Colégio, enfim, como é de praxe em todos os romances de terror, a ordem ao mesmo tempo mais secreta e mais estrepitosa, a infinita conspiração, o Santo Ofício. Nesse mundo subterrâneo, as desgraças perdem sua cronologia e reúnem as mais velhas crueldades do mundo. Pauliska, na realidade, foge de um incêndio milenar, e a partilha de 1795 a precipita em um ciclo sem idade; ela cai no castelo dos malefícios onde os corredores se fecham, os espelhos mentem e observam, o ar destila estranhos venenos – labirinto do Minotauro ou caverna de Circe; ela desce aos Infernos; ali conhecerá uma Jocasta prostituída que estupra uma criança sob carícias de mãe, uma castração dionisíaca e cidades malditas em chamas. É a paradoxal iniciação não ao segredo perdido, mas a todos aqueles sofrimentos dos quais o homem jamais se esquece.[2]

Sessenta anos antes, *Les égarements du coeur et de l'esprit*, que o Sr. Étiemble teve a grande lucidez de reeditar, narrava uma outra iniciação que não era a do infortúnio. Meilcour foi introduzido na "sociedade", a mais brilhante mas talvez a mais difícil de decifrar, a mais aberta e a mais bem defendida, aquela que finge, para tirar vantagem, escapatórias pouco sinceras,

---

1 (N.A.) Hawkesworthy, *Ariana ou la Patience récompensée*, trad. fr., Paris, 1757. Nota do tradutor, p. VIII.
2 (N.A.) Révéroni propôs uma teoria da mitologia moderna em seu *Essai sur le perfectionnement des beaux-arts*.

quando o noviço tem nome importante, fortuna, um belo rosto, uma estatura admirável e não tem 18 anos. O "mundo" é também uma seita; ou melhor, as sociedades secretas, no fim do século, mantiveram o papel que a hierarquia do mundo e seus mistérios fáceis haviam desempenhado desde o início da Idade Clássica. A seita é o mundo na outra dimensão, suas saturnais no rés do chão.

*

O que Versac, na penúltima cena dos *Égarements* (último desvio, primeira verdade), ensina ao neófito é uma "ciência do mundo". Ciência que não se pode aprender por si mesmo, pois se trata de conhecer não a natureza, mas o arbitrário e a estratégia do ridículo; ciência iniciatória, já que o essencial de sua força está em se fingir ignorá-la, e aquele que a divulga seria, se o descobrissem, desonrado e excluído: "Estou persuadido de que você há de guardar o mais inviolável segredo sobre o que lhe digo." Essa didática do mundo comporta três capítulos: uma teoria da *impertinência* (jogo da imitação servil com uma singularidade pactuada, em que o imprevisto não supera os hábitos, e o inconveniente importa como acesso ao jogo porque seu jogo é agradar); uma teoria da *fatuidade*, com suas três táticas maiores (se fazer valer, dar voluntariamente, e principalmente, no último absurdo, "sustentar" uma conversação mantendo-a na primeira pessoa); um sistema de bom-tom que exige estouvamento, maledicência e presunção. Mas isto nada mais ainda é do que um "amontoado de minúcias". O essencial está sem dúvida em uma lição diagonal que ensina o que Crébillon mais sabe: o uso da palavra.

A linguagem do mundo é aparentemente sem conteúdo, inteiramente sobrecarregada de inutilidades formais, ao mesmo tempo ritualizadas em um cenário mudo – "algumas palavras favoritas, alguns rodeios preciosos, algumas exclamações" – e multiplicadas pelos achados imprevistos que lhe enfraquecem o sentido com mais certeza – "colocar a finura em seus volteios e perigo em suas ideias". E, no entanto, é uma linguagem saturada e rigorosamente funcional: toda frase ali deve ser uma forma concisa de julgamento; vazia de sentido, ela deve se sobrecarregar com o maior peso possível de avaliação: "Nada ver... que não se desdenhe ou louve em excesso." Essa palavra

16   Michel Foucault – Ditos e Escritos

tagarela, incessante, difusa tem sempre um objetivo econômico: um certo efeito sobre o valor das coisas e das pessoas. Ela assume então seus riscos: ataca ou protege; sempre se expõe; tem sua coragem e habilidade: deve manter posições insustentáveis, se abrir e se esquivar da réplica, do ridículo; ela é beligerante. O que sobrecarrega essa linguagem não é o que ela quer dizer, mas *fazer*. Nada dizendo, é totalmente animada pelos subentendidos, e remete a posições que lhe dão seu sentido, pois por si mesma ela não o tem; indica todo um mundo silencioso que não chega jamais às palavras: essa distância indicadora é a decência. Como mostra tudo o que não se diz, a linguagem pode e deve tudo recobrir, e não se cala jamais, pois ela á a economia viva das situações, sua visível nervura: "Vocês observaram que não se parava de falar no mundo... É que não existe mais reserva para esgotar." Os próprios corpos no momento do seu mais vivo prazer não estão mudos; o vigilante Sopha já o havia observado, quando sua indiscrição espreitava os ardores de seus hóspedes: "Embora Zulica não cessasse de forma alguma de falar, não me foi mais possível entender o que ela dizia."

Mal escapulido do discurso capcioso de Versac, Meilcour cai nos braços de Lursay; ali ele redescobre seus balbucios, sua franqueza, sua indignação e sua idiotice, enfim, a contragosto, desidiotizada. Sua lição, contudo, não foi inútil, pois ela nos vale o relato em sua forma e em sua ironia. Meilcour, contando a aventura de sua inocência, não a distingue mais, a não ser no afastamento em que ela já está perdida: entre sua ingenuidade e a consciência imperceptivelmente diferente que tem dela, todo o saber de Versac escapou, com esse uso do mundo em que "o coração e o espírito são forçados a se arruinar".

A iniciação de Pauliska se faz através de grandes mitos mudos. O segredo do mundo estava na linguagem e em suas regras de guerra; o das seitas está em suas cumplicidades sem palavras. É por isso que sua vítima, jamais verdadeiramente iniciada, é sempre mantida no duro e monótono estatuto do objeto. Pauliska, obstinada noviça, escapa perpetuamente do mal do qual ela transpõe, sem que o queira, as barreiras; suas mãos, que esmagam seu salvador, o corpo que ela oferece a seu algoz em uma extrema loucura são apenas os inertes instrumentos de sua tortura. Pauliska, a incorruptível, é totalmente esclarecida, já que no final das contas ela sabe; mas ela não é jamais iniciada, já que sempre se recusa a se tornar o soberano sujeito do que ela sabe; conhece a fundo a infelicidade de sentir em uma mesma inocência a oportunidade de ser *advertida* e a fatalidade de permanecer *objeto*.

Desde a entrada desse jogo brutal, sua armadilha – a não dialética – foi anunciada. Uma noite, conduziram Pauliska a uma reunião de emigrantes poloneses que se propõem justamente o que mais querem: restaurar a pátria e fazer reinar nela uma ordem melhor. Pelas persianas entreabertas, ela espreita o estranho conciliábulo: a sombra gigantesca do grande mestre oscila na parede; um pouco curvado na direção do auditório, ele permanece silencioso, com uma gravidade sonhadora de animal; à sua volta rastejam acólitos fervorosos; a sala está repleta de silhuetas baixas. Ali se fala certamente de justiça restabelecida, de terras partilhadas e da vontade geral que faz, em uma nação livre, nascerem homens livres. Homens? Pauliska se aproxima: na luz fosca, reconhece uma assembleia de cães presidida por um asno; eles latem, se jogam uns contra os outros, dilaceram o miserável burrego. Sociedade benfeitora dos homens, algazarra de animais. Esta cena *à la* Goya mostra à noviça a verdade selvagem e antecipada do que vai lhe acontecer: em sociedade (*nas* sociedades), o homem é apenas um cão para o homem; a lei é o apetite da besta.

Sem dúvida, a narrativa de iniciação deve o mais forte dos seus prestígios eróticos aos laços que ela torna sensível entre o Saber e o Desejo. Laço obscuro, essencial, sobre o qual nos enganamos ao só lhe dar estatuto no "platonismo", ou seja, na exclusão de um dos seus dois termos. De fato, cada época tem seu sistema de "conhecimento erótico", que põe em jogo (em um só e mesmo jogo) a prova do Limite e a da Luz. Esse jogo obedece a uma geometria profunda revelada, na história, por situações precárias ou objetos fúteis como o véu, a corrente, o espelho, a gaiola (figuras nas quais se compõem o luminoso e o intransponível).

*

O saber que usam com os belos inocentes aqueles que, em Crébillon, não o são mais tem vários aspectos:

– estar advertido e conduzir sutilmente a ignorância fingindo se desorientar com ela (seduzir);

– ter reconhecido o mal aí onde a inocência ainda só decifra pureza, e fazer esta servir àquele (corromper);

18 Michel Foucault – Ditos e Escritos

– prever e preparar a saída, como o velhaco dispõe os recursos da armadilha que ele arma para a ingenuidade (abusar);

– estar "a par" e aceitar, para melhor confundi-lo, entrar no jogo, embora se tenha apreendido bem o artifício que a prudência opõe em sua fingida simplicidade (tentar).

Essas quatro figuras venenosas – todas elas florescem no jardim dos *Égarements* – crescem ao longo das belas formas simples da ignorância, da inocência, da ingenuidade, da prudência. Amoldam-se às suas formas, cobrem-nas com uma vegetação inquietante; em torno de sua nudez, cultivam um pudor redobrado – estranha vestimenta, palavras secretas e de duplo sentido, armadura que guia os golpes. Todas elas aparentam o erotismo do véu (o véu do qual o último episódio do *Sopha* abusa de forma tão vantajosa).

O véu, essa fina superfície que o acaso, a pressa, o pudor colocaram e se esforçam por manter; mas sua linha de força é irremediavelmente ditada pelo vertical da queda. O véu desvela, por uma fatalidade que é a do seu tecido leve e de sua forma flexível. Para desempenhar seu papel de cobrir e ser exato, o véu deve forrar, da maneira mais justa, as superfícies, reexaminar as linhas, percorrer sem discursos supérfluos a extensão dos volumes e multiplicar por uma brancura cintilante as formas que despoja de sua sombra. Suas dobras acrescentam apenas uma desordem imperceptível, mas esse fervilhar de tecido é apenas a antecipação de uma nudez próxima: ele é, desse corpo que esconde, como a imagem já amarrotada, a doçura molestada. Ainda mais sendo transparente. De uma transparência funcional, ou seja, desequilibrada e dissimulada. Seu papel opaco e protetor, ele o desempenha bem, mas apenas para quem com ele se cobre, para a mão cega, tateante e febril que se defende. Mas, para quem assiste a tantos esforços e, de longe, fica à espreita, esse véu deixa aparecer. Paradoxalmente, o véu esconde o próprio pudor e surrupia o essencial da sua reserva de sua própria atenção: mas manifestando essa reserva ao indiscreto, ela lhe faz ver indiscretamente o que ela reserva. Duas vezes traidor, ele mostra o que evita e esconde àquele que ele deve ocultar que ele o desvela.

Ao véu se opõe a gaiola. Forma aparentemente simples, semartifício, talhada de acordo com uma relação de força na qual tudo já está decidido: aqui, o vencido, e lá, por toda parte, por todos os lados, o vencedor. A gaiola, entretanto, tem funções múltiplas: nela se está nu, pois sua transparência é sem recurso, nem há esconderijo possível; por um desequilíbrio específico a esse espaço de fechamento o objeto está sempre, para os carrascos, ao alcance da mão, enquanto são eles próprios inacessíveis; está-se a distância de suas correntes, aprisionado no interior de uma latitude inteira de gestos dos quais nenhum é fisicamente impossível, mas nenhum também tem maior valor de proteção ou de emancipação; a gaiola é o espaço onde se imita a liberdade, mas onde sua utopia, em todos os pontos que o olhar percorre, é anulada pela presença das barras. A ironia do véu é um jogo redobrado; a da gaiola, um jogo desativado. O véu, perfidamente, faz comunicar; a gaiola é a figura franca da divisão sem mediação: sujeito inteiramente contra objeto, poder totalmente contra impotência. A gaiola está ligada a um saber triunfante que reina sobre uma ignorância escrava. Pouco importa como foi obtido o fechamento: ela abre a era de um saber instrumental que não é mais aparentado com a ambiguidade um pouco equívoca da consciência, mas com a ordem meticulosa da perseguição técnica.

Paremos um instante nos limites dessa gaiola onde o amante de Pauliska está fechado, nu.

1. Ele foi capturado por uma sociedade de amazonas que declaram detestar os homens, sua violência, seu corpo peludo. O engaiolamento se faz na forma do todos contra um.

2. O jovem foi colocado em uma galeria zoológica onde, ao lado de outros animais, serve para uma demonstração de história natural: a sacerdotisa dessas vestais rancorosas detalha para suas companheiras todas as imperfeições deste corpo rústico, sem encantamento nem complacência.

3. As iniciadas desnudaram orgulhosamente seu seio; as noviças devem fazer o mesmo, para mostrar que nenhuma palpitação, nenhum rubor trai a desordem de um coração invadido sub-repticiamente pelo desejo. Aqui, a figura se complica: desse corpo de gelo que as mulheres opõem ao animal masculino são elas tão soberanamente donas? E não faz ele nascer no homem um visível desejo ao qual a mais inocente das mulheres não deixa de responder com sinais de emoção? Eis que o desejo liga cadeias inversas.

4. Mas, contra esse perigo, as mulheres podem se proteger entre elas. Não são elas, uma curvada sobre o ombro da outra, capazes de opor a esse corpo bestial que lhes é mostrado este

20 Michel Foucault – Ditos e Escritos

outro que elas próprias mostram e que é só doçura, volume coberto de penugem, areia suave para as carícias? Estranho desejo que se estabelece entre a comparação e a terceira pessoa excluída. Ele não deve estar bem esconjurado, esse macho aprisionado, cuja contemplação pejorativa é necessária para que o desejo das mulheres, enfim puro, possa ir, sem traição, delas próprias às suas exatas semelhantes.

5. Elas reconstituem na verdade por uma estranha estátua a imagem do homem detestado e fazem dele o objeto do seu desejo. Mas a mais sábia dentre elas se aprisionará nesse jogo; tomando-o por uma maravilhosa máquina, ela na realidade desejará o belo rapaz que acreditou prender e que simula ser tão frio quanto uma estátua. Em seu êxtase, ela cai inanimada, enquanto ele, saindo de sua fingida inércia, retoma vida e escapa. Versão moderna e termo a termo invertida do mito de Pigmalião.

Porém, mais ainda, do Labirinto. Teseu ali se torna cativo de um Minotauro-Ariadne, do qual ele não escapa a não ser se tornando ele próprio ameaçador e desejado, e abandonando na sua ilha solitária a mulher adormecida. Dentro da aparência simples da gaiola um estranho saber está em atividade, mudando os papéis, transmudando as imagens e a realidade, metamorfoseando as figuras do desejo: um trabalho inteiramente em profundidade no qual se encontram duas variantes funcionais no subterrâneo e na máquina.

*

O subterrâneo é a forma endoscópica da gaiola. Mas também sua contradição imediata, já que nada do que ele contém é visível. Sua própria existência escapa ao olhar. Prisão absoluta contra a qual não existe ataque possível: é o Inferno, menos sua profunda justiça. Por direito de essência, as masmorras da Inquisição são subterrâneas. O que ali se passa não é absolutamente visto; mas reina ali um olhar absoluto, noturno, inevitável que se opõe, em sua estrutura erótica, ao olhar oblíquo e luminoso do espelho.

O espelho tem duas modalidades: próxima e distante. De longe, e pelo jogo de suas linhas, ele pode vigiar. Ou seja, tudo oferecer ao olhar sem deixar de dominá-lo: inversão paródica da consciência. Em sua modalidade próxima, é um olhar falso. O que olha se aloja sub-repticiamente na câmara escura que encerra o espelho; ele se interpõe na imediata satisfação própria. Ele se coloca lá onde o volume do corpo vai se abrir, mas para logo se fechar do outro lado da superfície que habita, tornando-se o menos espacial possível; geômetra astuto, lúdio de duas dimensões, ei-lo que aninha sua invisível presença na visibilidade do que é olhado por si mesmo.

O espelho mágico, verdadeira e falsa "psique", reúne essas duas modalidades. Está colocado entre as mãos do que olha, a quem permite a soberana vigilância; mas tem a estranha propriedade de espiar o que é olhado no gesto retardado e um tanto indeciso que ele tem diante do espelho. Tal é o papel do "Sopha" encantado, espaço envolvente e tépido onde o corpo se abandona ao prazer de estar só e em presença de si mesmo; espaço secretamente habitado, que se inquieta em surdina e logo, por sua vez, põe-se a desejar o primeiro corpo inocente que, oferecendo-se completamente, dele se esquiva.

O que vê o estranho mágico de Crébillon, no fundo do seu espelho de seda? Nada mais, na verdade, do que seu desejo e o segredo do seu coração ávido. Ele reflete, nada mais. Mas está aí mesmo a escapatória absoluta do que é olhado. Um, olhando, não sabe, no fundo, que se vê; o outro, não se sabendo olhado, tem a obscura consciência de ser visto. Tudo é organizado por esta consciência que está ao mesmo tempo à flor da pele e abaixo das palavras. Do outro lado do malicioso espelho se está só e enganado, mas em uma solidão tão prevenida que a presença de outro é imitada no vazio pelos gestos que, permitindo dele se defender, piedosamente, timidamente, o invocam. Assim, na superfície de encontro, sobre a face lisa do espelho, compõe-se, em um êxtase um instante suspenso, o gesto-limite por excelência que, desnudando, mascara o que ele revela. Figura na qual vêm atar-se os fios tênues dos saberes recíprocos, mas em que o núcleo do desejável escapa definitivamente ao desejo, como Zeinis à alma de Sopha.

Mas todos esses corredores se desmoronam na aventura de Pauliska. O chefe dos salteadores, conta ela, "dá um golpe de calcanhar bastante forte no chão; sinto minha cadeira descer rapidamente por um alçapão que se fecha imediatamente sobre minha cabeça; e me encontro no meio de oito a dez homens com o olhar ávido, espantado, assustador". A inocência está na presença do próprio olhar: a voracidade do desejo não tem necessidade de uma imagem irreal para alcançar a nudez do

22 Michel Foucault – Ditos e Escritos

outro; ele se apoia pesadamente, percorrendo sem pressa o que não pode mais se defender; não rouba seu prazer, promete serenamente a violência.

Se uma situação tão escabrosa detém, no entanto, fortes poderes eróticos, é porque ela é menos *perversa* que *subversiva*. A queda na caverna dos falsários simboliza o movimento deles. Não são ainda as Saturnais dos infelizes – sonho otimista, portanto sem valor para o desejo –, é a queda dos felizes no abismo onde eles também se tornam presas. Não se quer possuir a antiga felicidade de Pauliska, mas possuí-la, a ela, porque ela foi feliz: projeto não de uma vontade revolucionária, mas de um desejo de subversão. Pauliska está colocada no nível de um desejo que manifesta a virilidade bestial do povo. Nos romances do século XVIII, o elemento popular não passava de uma mediação na economia de Eros (alcoviteira, criado). Ele mostra, no mundo invertido do subterrâneo, um vigor majestoso de que não se suspeitava. A serpente ctônica* despertou.

Essa masculinidade, na verdade, ele a adquiriu por conluio; ela não lhe pertencia por natureza. O subterrâneo é um reino de celerados, imagem negativa do contrato social. Cada um é prisioneiro dos outros dos quais ele pode se tornar o traidor e o justiceiro. O subterrâneo é a gaiola ao mesmo tempo solidificada, feita inteiramente opaca (já que cavada no solo) e liquefeita, tornando-se ela própria transparente, precária, já que assumida nas consciências envolventes, recíprocas, desconfiadas. Os carrascos não são menos prisioneiros que sua vítima, que não está menos do que eles interessada em sua salvação: ela partilha o seu destino nesse fragmento de espaço solidário e estreito. O Danúbio, cujas águas se vêem rolando por cima das calhas de vidro seladas, indica, simbolicamente, a todos, tanto a Pauliska como aos malfeitores, que na primeira ruptura do seu contrato serão afogados. A gaiola separava cuidadosamente os soberanos e os objetos: o subterrâneo os aproxima em um saber sufocante. No centro deste círculo se ergue, em símbolo, a grandiosa máquina de impressão da qual, sabendo e não sabendo, Pauliska arranca esse "gemido" que não é o da prensa, mas o grito do seu salvador esmagado.

---

* (N.T.) Do francês *chtonien, ienne* – adj.; trad. lat. *chtonius*; gr. *khtôn* – qualificativo de várias divindades infernais (cf. *Le petit Robert*). Ctônico, a – adj. (cf. *Vocabulário ortográfico da Academia Brasileira de Letras*).

1962 – Um Saber Tão Cruel   23

*

Na maioria dos romances do século XVIII, as maquinações levam vantagem sobre as máquinas. São todas técnicas da ilusão que, a partir de pouco ou nada, constroem um sobrenatural artificioso: imagens que emergem do fundo dos espelhos, desenhos invisíveis nos quais o fósforo flameja na noite, truques que fazem nascer falsas paixões, verdadeiras, no entanto. Filtros para os sentidos. Há também todo o aparato insidioso dos envenenamentos: cânfora, peles de serpente, ossos de rola calcinados, e sobretudo os terríveis ovos das formigas de Java; há, enfim, a inoculação dos desejos inconfessáveis, que perturbam os mais fiéis corações: delícias ilusórias, verdadeiros gozos. Todos esses filtros sem magia, essas máquinas de ilusões verdadeiras não são, por natureza ou função, diferentes do sonho que a alma prisioneira de Sopha introduziu, através de um beijo, no coração inocente de Zeinis. Todos levam esta mesma lição: que, para o coração, as imagens têm o mesmo calor daquilo que elas representam, e que o mais ilusório dos artifícios não pode fazer nascer falsas paixões quando ele provoca uma verdadeira embriaguez; a natureza pode se submeter a todos os mecanismos do desejo se ele souber construir essas máquinas maravilhosas nas quais se urde o tecido sem fronteira do verdadeiro e do falso.

É uma maquinaria totalmente diferente daquela da roda elétrica descrita no fim de *Pauliska*. Amarradas costas com costas e nuas, as duas vítimas, opostas e complementares (como dois polos: a loura Polonesa e a Italiana morena, a apaixonada e a ardente, a virtuosa e a decaída, a que morre de amor e a que se consome de desejo), estão separadas, lá onde seus corpos se juntam, apenas por um fino disco de vidro. Quando ele gira, faíscas cintilam, com um jorro de sofrimentos e gritos. Os corpos eriçados se eletrizam, os nervos se convulsionam: desejo, horror? Mais além, chegado, pelo extremo de sua luxúria, ao último grau de esgotamento, o perseguidor recebe, através do bloco de cera sobre o qual ele pontifica como em um trono, o fluido daqueles jovens corpos exasperados. E, pouco a pouco, Salviati sente penetrar nele o grande desejo majestoso que promete às suas vítimas suplícios sem fim.

Essa estranha máquina, em um primeiro exame, parece bastante elementar: simples modelagem discursiva do desejo,

24 Michel Foucault – Ditos e Escritos

ela cativa seu objeto em um sofrimento que lhe multiplica os encantos, de modo que o próprio objeto aviva o desejo e, por aí, sua própria dor, em um círculo cada vez mais intenso que só será destruído pela fulguração final. A máquina de Pauliska tem, no entanto, maiores e mais estranhos poderes. Diferentemente da máquina-maquinação, ela mantém entre os parceiros uma distância máxima que só um impalpável fluido pode transpor. Este fluido extrai desse corpo que sofre, e porque ele sofre, sua desejabilidade – mistura de sua juventude, de sua carne sem imperfeição, de seus frêmitos encadeados. Ora, o agente dessa mistura é a corrente elétrica que provoca, na vítima, todos os movimentos físicos do desejo. A desejabilidade que o fluido leva ao perseguidor é o desejo do perseguido, ao passo que o carrasco inerte, enervado, recebe, como em um primeiro aleitamento, esse desejo que imediatamente ele faz seu. Ou melhor, que transmite sem retê-lo ao movimento da roda, formando assim um simples relé nesse desejo perseguido que retorna a ele mesmo como uma perseguição acelerada. O carrasco não passa de um momento neutro no apetite de sua vítima; e a máquina revela o que ela é: não objetivação obreira do desejo, mas projeção do desejado, em que a mecânica das engrenagens desarticula o desejante. O que não constitui para este último sua derrota; pelo contrário, sua passividade é artifício do prazer que, por conhecer todos os momentos do desejo, os experimenta em um jogo impessoal cuja crueldade mantém ao mesmo tempo uma consciência aguda e uma mecânica sem alma.

A economia dessa máquina é bem particular. Em Sade, o aparelho desenha, em sua meticulosidade, a arquitetura de um desejo que permanece soberano. Mesmo quando ele está esgotado e a máquina é construída para reanimá-lo, o desejante mantém seus direitos absolutos de sujeito, a vítima não passando jamais da unidade longínqua, enigmática e narrativa de um objeto de desejo e de um motivo de sofrimento. De sorte que no fim de tudo a perfeição da máquina que tortura é o corpo torturado, como ponto de aplicação da vontade cruel (por exemplo, as mesas vivas de Minski). A máquina "eletrodinâmica" do *Surmâle* é, pelo contrário, de natureza vampiresca: as rodas enfurecidas levam o mecanismo ao ponto de delírio quando ele se torna um animal monstruoso cujas mandíbulas esmagam, incendiando-o, o corpo inexaurível do herói. A máquina de Révéroni também consagra a apoteose dos guerreiros fatigados, mas em um outro sentido. Está instalada no fim do trajeto iniciatório, como o objeto terminal por excelência. Transforma o desejante em figura imóvel, inacessível, para a qual se encaminham todos os movimentos que ela logo reverte sem sair do seu reino: Deus enfim em repouso, que sabe absolutamente e que é absolutamente desejado. Quanto ao objeto do desejo (que o filtro deixava finalmente escapar), ele é transmudado em uma fonte infinitamente generosa do próprio desejo. Ao termo desta iniciação, ele também encontra repouso e luz. Não a iluminação da consciência nem o repouso do desligamento, mas a branca luz do saber e a inércia que deixa vazar a violência anônima do desejo.

Todos esses objetos estão, sem dúvida, muito além dos acessórios teatrais da licenciosidade. Suas formas reúnem o espaço fundamental onde são representadas as ligações do Desejo e do Saber; eles dão feição a uma experiência em que a transgressão do interdito libera a luz. Reconhecem-se facilmente, nos dois grupos que formam, duas estruturas opostas, e perfeitamente coerentes, desse espaço e da experiência que a ele está ligada.

Alguns, familiares a Crébillon, constituem o que se poderia chamar de "objetos-situações". São formas visíveis que captam um instante e relançam as imperceptíveis ligações dos sujeitos entre eles: superfícies de encontro, lugares de troca onde se cruzam as repulsas, os olhares, os consentimentos, as fugas, eles funcionam como suaves mediadores cuja densidade material se alivia na medida da complexidade do sentido que eles carregam; eles valem o que vale a combinação das ligações que os enlaçam e que se enlaçam em meio a eles. Seu delicado e transparente desenho é apenas a nervura das situações: assim o *véu* na relação da indiscrição com o segredo; o *espelho* na da surpresa com a autocomplacência; o *filtro* nos jogos da verdade e da ilusão. Uma quantidade de armadilhas nas quais as consciências permanecem cativas. Mas, um instante apenas; pois esses objetos-situações têm uma dinâmica centrífuga; perde-se ali se sabendo perdido e já em busca da saída. Seus prestativos perigos marcam o caminho de retorno do labirinto; é o lado Ariadne da consciência erótica – o fio preso em suas duas extremidades por consciências que se buscam, se escapam, se capturam e se salvam, e que agora estão de novo separadas por esse fio que, indissociavelmente, as liga. Todos esses objetos de Ariadne contracenam com os artifícios da verdade, no limiar da luz e da ilusão.

26 Michel Foucault – Ditos e Escritos

Em frente, em Révéroni, encontram-se objetos envolventes, imperiosos, inevitáveis: os sujeitos estão presos ali sem recursos, sua posição modificada, sua consciência reprimida e de alto a baixo alterada. Lá, a fuga não é concebível; só há saída do lado do ponto sombrio que indica o centro, o fogo infernal, a lei da figura. Não mais fios que se atam e desatam, mas corredores onde se é tragado, "objetos-configurações", do tipo do *subterrâneo*, da *gaiola*, da *máquina*: a trajetória ida do labirinto. Ali não se trata mais de erro e verdade: pode faltar Ariadne, não pode faltar o Minotauro. Ela é a incerta, a improvável, a longínqua; ele é o certo, o bem próximo. E, no entanto, em oposição às armadilhas de Ariadne, em que cada um se reconhece no momento de se perder, as figuras do Minotauro são absolutamente estranhas; elas marcam, com a morte da qual elas trazem a ameaça, os limites do humano e do inumano: as mandíbulas da gaiola se fecham sobre um mundo da bestialidade e da predação; o subterrâneo contém um grande formigamento de seres infernais, e essa inumanidade que é específica ao cadáver dos homens.

Mas o segredo desse Minotauro erótico não é ser animal em uma metade vigorosa, nem formar uma figura indecisa e maldividida entre duas regiões vizinhas. Seu segredo encobre uma aproximação bem mais incestuosa: nele se superpõem o labirinto que devora e Dédalo que o construiu. Ele é ao mesmo tempo a máquina cega, os corredores do desejo com sua fatalidade e o arquiteto hábil, sereno, livre, que já deixou a inevitável armadilha. O Minotauro é a presença de Dédalo e ao mesmo tempo sua ausência, na indecifrável e morta soberania do seu saber. Todas as figuras preliminares que simbolizam o monstro trazem como ele essa aliança sem linguagem entre um desejo anônimo e um saber cujo reino oculta o rosto vazio do Mestre. Os tênues fios de Ariadne se embaralhavam na consciência; aqui, com um puro saber e um desejo sem sujeito, perdura apenas a dualidade brutal dos animais sem espécie.

Todas as armadilhas de Ariadne gravitam em torno da mais central, da mais exemplar das situações eróticas: o travesti. Este de fato se perde em um jogo reduplicado no qual a natureza não está profundamente transmudada, mas antes dissimulada na imobilidade. Como o véu, o travesti esconde e trai; como o espelho, ele apresenta a realidade em uma ilusão que a mascara, oferecendo-a; é também um filtro, pois ele faz nascer, a partir de impressões falsamente verdadeiras, sentimentos ilusórios e naturais: é a contranatureza arremedada e por esse meio refugada. O espaço que simboliza o Minotauro é, pelo contrário, um espaço de transmutação; gaiola, ele faz do homem um animal de desejo – desejante como uma fera, desejado como uma presa; cova, ele trama por baixo dos estados uma "contracidade" que se promete destruir as leis e os mais velhos pactos; máquina, seu movimento meticuloso, apoiado sobre a natureza e a razão, suscita a Antiphysis e todos os vulcões da loucura. Não se trata mais das superfícies enganosas do travestismo, mas de uma natureza metamorfoseada em profundidade pelos poderes da contranatureza.

É aí sem dúvida que a "perversidade moderna", como dizia Révéroni, encontra seu próprio espaço. Deslocadas em direção às regiões de um erotismo leve, as iniciações de Ariadne, tão importantes no discurso erótico do século XVIII, não são mais para nós senão a ordem do jogo – melhor dizendo com Sr. Étiemble, que é claro sobre isso, "o amor, o amor em todas as suas formas". As formas realmente transgressivas do erotismo se encontram agora no espaço que percorre a estranha iniciação de Pauliska: do lado da contranatureza, lá para onde Teseu fatalmente se dirige quando se aproxima do centro do labirinto, em direção a esse canto da noite onde, voraz arquiteto, vela o Saber.

1963

Prefácio à Transgressão

"Préface à la transgression", *Critique*, n. 195-196: *Hommage à G. Bataille*, agosto-setembro de 1963, p. 751-769.

Acredita-se de boa vontade que, na experiência contemporânea, a sexualidade encontrou uma verdade natural que teria por muito tempo esperado na sombra, e sob diversos disfarces, que somente hoje nossa perspicácia positiva permite decifrar, antes de ter o direito de aceder enfim à plena luz da linguagem. Jamais, no entanto, a sexualidade teve um sentido mais imediatamente natural e sem dúvida talvez só tenha conhecido uma tão grande "felicidade de expressão" no mundo cristão dos corpos decaídos e do pecado. Toda uma mística e toda uma espiritualidade o provam que elas não podiam absolutamente dividir as formas contínuas do desejo, da embriaguez, da penetração, do êxtase e do extravasamento que faz desfalecer; todos esses movimentos pareciam conduzir, sem interrupção nem limite, ao âmago de um amor divino do qual eles eram o último extravasamento e o manancial. O que caracteriza a sexualidade moderna não é ter encontrado, de Sade a Freud, a linguagem de sua razão ou de sua natureza, mas ter sido, e pela violência dos seus discursos, "desnaturalizada" – lançada em um espaço vazio onde ela só encontra a forma tênue do limite, e onde ela não tem para além nem prolongamento a não ser no frenesi que a rompe. Não liberamos a sexualidade, mas a levamos, exatamente, ao limite: limite de nossa consciência, já que ela dita finalmente a única leitura possível, para nossa consciência, de nossa inconsciência; limite da lei, já que ela aparece como o único conteúdo absolutamente universal do interdito; limite de nossa linguagem; ela traça a linha de espuma do que é possível atingir exatamente sobre a areia do silêncio. Não é, portanto, através dela que nos comunicamos com o mundo ordenado e felizmente profano dos animais; ela é antes fissura: não em torno de nós para nos isolar ou nos designar, mas para marcar o limite em nós e nos delinear a nós mesmos como limite.

Talvez se pudesse dizer que ela reconstitui, em um mundo onde não há mais objetos, nem seres, nem espaços a profanar, a única partilha ainda possível. Não que ela ofereça novos conteúdos a gestos milenares, mas porque autoriza uma profanação sem objeto, uma profanação vazia e fechada em si, cujos instrumentos se dirigem apenas a eles mesmos. Ora, uma profanação em um mundo que não reconhece mais sentido positivo no sagrado, não é mais ou menos isso que se poderia chamar de transgressão? Esta, no espaço que nossa cultura dá aos nossos gestos e à nossa linguagem, prescreve não a única maneira de encontrar o sagrado em seu conteúdo imediato, mas de recompô-lo em sua forma vazia, em sua ausência tornada por isso mesmo cintilante. O que uma linguagem pode dizer, a partir da sexualidade, se ela for rigorosa, não é o segredo natural do homem, não é a sua calma verdade antropológica, é que ela é sem Deus; a palavra que demos à sexualidade é contemporânea no tempo e na estrutura daquela pela qual anunciamos a nós mesmos que Deus estava morto. A linguagem da sexualidade, pela qual Sade, desde que pronunciou suas primeiras palavras, fez percorrer em um único discurso todo o espaço do qual ele se tornou subitamente o soberano, alçou-nos até uma noite em que Deus está ausente e em que todos os nossos gestos se dirigem a essa ausência em uma profanação que ao mesmo tempo a designa, a dissipa, se esgota nela, e se vê levada por ela à sua pureza vazia de transgressão.

Há, certamente, uma sexualidade moderna: é aquela que, sustentando sobre si mesma e superficialmente o discurso de uma animalidade natural e sólida, se dirige obscuramente à Ausência, ao elevado lugar onde Bataille colocou, em uma noite que não está perto de terminar, os personagens de Éponine: "Nessa calma tensa, através dos vapores de minha embriaguez, pareceu-me que o vento amainava; um longo silêncio se desprendia da imensidão do céu. O abade se ajoelhou devagarinho... Cantou de uma maneira compungida, lentamente como em uma morte: *Miserere mei Deus, secondum misericordiam magnam tuam.* Esse gemido, de uma melodia voluptuosa, era bem suspeito. Ele confessava estranhamente a angústia diante das delícias da nudez. O abade devia nos conquistar se negando

30   Michel Foucault – Ditos e Escritos

e o próprio esforço que ele fazia para disfarçar o afirmava ainda mais; a beleza do seu canto no silêncio do céu o encerrava na solidão de um deleite moroso... Fui de certa forma perturbado em meu deleite por uma aclamação feliz, infinita, mas já vizinha do esquecimento. No momento em que viu o abade, saindo visivelmente do sonho em que permanecia aturdida, Éponine começou a rir tão intensamente que o riso a sacudiu; ela se voltou e, inclinada sobre a balaustrada, parecia agitada como uma criança. Ela ria, a cabeça entre as mãos, e o abade, que havia interrompido um cacarejo mal reprimido, só levantou a cabeça, braços para o alto, diante de um traseiro nu: o vento levantara a capa no momento em que, desarmada pelo riso, ela não pudera mantê-la fechada."[1]

Talvez a importância da sexualidade em nossa cultura, o fato de que desde Sade ela tenha estado tão frequentemente ligada às decisões mais profundas de nossa linguagem consistam justamente nesse vínculo que a liga à morte de Deus. Morte que não é absolutamente necessário entender como o fim do seu reinado histórico, nem a constatação enfim liberada de sua inexistência, mas como o espaço a partir de então constante de nossa experiência. Suprimindo de nossa existência o limite do Ilimitado, a morte de Deus a reconduz a uma experiência em que nada mais pode anunciar a exterioridade do ser, a uma experiência consequentemente *interior* e *soberana*. Mas uma tal experiência, em que se manifesta explosivamente a morte de Deus, desvela como seu segredo e sua luz, sua própria finitude, o reino ilimitado do Limite, o vazio desse extravasamento em que ela se esgota e desaparece. Nesse sentido, a experiência interior é inteiramente experiência do *impossível* (o impossível sendo aquilo de que se faz a experiência e o que a constitui). A morte de Deus não foi somente o "acontecimento" que suscitou, sob a forma que conhecemos, a experiência contemporânea: ela delineia perpetuamente sua grande nervura esquelética.

Bataille conhecia muito bem as possibilidades de pensamento que essa morte podia abrir, e também a impossibilidade em que ela investia o pensamento. O que quer dizer na verdade a morte de Deus senão uma estranha solidariedade entre sua

---

1 Bataille (G.), *L'abbé* C., 2ª parte: *Récit de Charles C.* (Paris, Éd. de Minuit, 1950), *in Oeuvres complètes*, Paris, Gallimard, "Collection Blanche", t. III, 1971, p. 263-264.

1963 – Prefácio à Transgressão   **31**

existência, que resplende, e o gesto que o mata? Mas que quer dizer matar Deus se ele não existe, matar Deus *que não existe?* Talvez simultaneamente matar Deus porque ele não existe e matar Deus para que ele não exista: motivo de riso. Matar Deus para libertar a existência dessa existência que a limita, mas também para conduzi-la aos limites que essa existência ilimitada apaga (o sacrifício). Matar Deus para conduzi-lo a esse nada que ele é e para manifestar sua existência no centro de uma luz que a faz flamejar como uma presença (é o êxtase). Matar Deus para perder a linguagem em uma noite ensurdecedora, e porque esta ferida deve fazê-lo sangrar até que jorre uma "imensa aleluia perdida no silêncio sem fim" (é a comunicação). A morte de Deus não nos restitui a um mundo limitado e positivo, mas a um mundo que se desencadeia na experiência do limite, se faz e se desfaz no excesso que a transgride.

É, sem dúvida, o excesso que descobre, ligadas em uma mesma experiência, a sexualidade e a morte de Deus; ou também que nos mostra, como no "mais incongruente de todos os livros", que "Deus é uma prostituta". E, nesse caso, o pensamento de Deus e o pensamento da sexualidade se encontram, sem dúvida desde Sade, mas jamais em nossos dias com tanta insistência e dificuldade quanto em Bataille, ligados em uma forma comum. E se fosse necessário dar, em oposição à sexualidade, um sentido preciso ao erotismo, este seria, sem dúvida, o de uma experiência da sexualidade que liga por si mesma a ultrapassagem do limite à morte de Deus. "O que o misticismo não pôde dizer (no momento de dizê-lo, ele declinava), o erotismo o diz: Deus não é nada se ele não for a ultrapassagem de Deus em todos os sentidos do ser vulgar, no do horror e da impureza; enfim, no sentido de nada..."[2]

Assim, na raiz da sexualidade, do seu movimento que nada jamais limita (porque ele é, desde sua origem e em sua totalidade, reencontro constante do limite), e desse discurso sobre Deus que o Ocidente sustentou por tanto tempo – sem se dar conta claramente de que "não podemos acrescentar impunemente à linguagem a palavra que ultrapassa todas as palavras" e de que somos por ela colocados nos limites de qualquer

---

2 Bataille (G.), *L'érotisme*, 2ª parte: *Études* diverses, *VII: Préface de "Madame Edwarda"* (Paris, Éd. de Minuit, 1957), *in Oeuvres complètes, op. cit.*, t. X, 1987, p. 262-263.

32 Michel Foucault – Ditos e Escritos

linguagem possível –, uma experiência singular se configura: a da transgressão. Talvez um dia ela pareça tão decisiva para nossa cultura, tão oculta em seu solo quanto o fora outrora, para o pensamento dialético, a experiência da contradição. Mas, apesar de tantos signos esparsos, a linguagem está quase inteiramente por nascer onde a transgressão encontrará seu espaço e seu ser iluminado.

De uma tal linguagem é possível, sem dúvida, encontrar em Bataille os cepos calcinados, a cinza promissora.

*

A transgressão é um gesto relativo ao limite; é aí, na tênue espessura da linha, que se manifesta o fulgor de sua passagem, mas talvez também sua trajetória na totalidade, sua própria origem. A linha que ela cruza poderia também ser todo o seu espaço. O jogo dos limites e da transgressão parece ser regido por uma obstinação simples: a transgressão transpõe e não cessa de recomeçar a transpor uma linha que, atrás dela, imediatamente se fecha de novo em um movimento de tênue memória, recuando então novamente para o horizonte do intransponível. Mas esse jogo vai além de colocar em ação tais elementos; ele os situa em uma incerteza, em certezas logo invertidas nas quais o pensamento rapidamente se embaraça por querer apreendê-las.

O limite e a transgressão devem um ao outro a densidade de seu ser: inexistência de um limite que não poderia absolutamente ser transposto; vaidade em troca de uma transgressão que só transporia um limite de ilusão ou de sombra. Mas terá o limite uma existência verdadeira fora do gesto que gloriosamente o atravessa e o nega? O que seria ele depois e o que poderia ter sido antes? E a transgressão não se esgota no momento em que transpõe o limite, não permanecendo em nenhum outro lugar a não ser nesse ponto do tempo? Ora, esse ponto, esse estranho cruzamento de seres que fora dele não existem, mas que transformam nele totalmente o que eles são, não será ele também tudo o que, de todas os lados, o ultrapassa? Ele opera como uma glorificação daquilo que exclui; o limite abre violentamente para o ilimitado, se vê subitamente arrebatado pelo conteúdo que rejeita, e preenchido por essa estranha plenitude que o invade até o âmago. A transgressão leva o limite até o limite do seu ser; ela

1963 – Prefácio à Transgressão   33

o conduz a atentar para sua desaparição iminente, a se reencontrar naquilo que ela exclui (mais exatamente talvez a se reconhecer aí pela primeira vez), a sentir sua verdade positiva no movimento de sua perda. E, no entanto, nesse movimento de pura violência, em que direção a transgressão se desencadeia senão para o que a encadeia, em direção ao limite e àquilo que nele se acha encerrado? Contra o que ela dirige sua violência e a que vazio deve a livre plenitude do seu ser senão àquele mesmo que ela atravessa com seu gesto violento e que se destina a barrar no traço que ela apaga?

A transgressão não está, portanto, para o limite como o negro está para o branco, o proibido para o permitido, o exterior para o interior, o excluído para o espaço protegido da morada. Ela está mais ligada a ele por uma relação em espiral que nenhuma simples infração pode extinguir. Talvez alguma coisa como o relâmpago na noite que, desde tempos imemoriais, oferece um ser denso e negro ao que ela nega, o ilumina por dentro e de alto a baixo, deve-lhe entretanto sua viva claridade, sua singularidade dilacerante e ereta, perde-se no espaço que ela assinala com sua soberania e por fim se cala, tendo dado um nome ao obscuro.

Essa existência tão pura e tão embaralhada, para tentar pensá-la, pensar a partir dela e no espaço que ela abarca, é necessário desafogá-la das suas afinidades suspeitas com a ética. Libertá-la do que é o escandaloso ou o subversivo, ou seja, daquilo que é animado pela potência do negativo. A transgressão não opõe nada a nada, não faz nada deslizar no jogo da ironia, não procura abalar a solidez dos fundamentos; não faz resplandecer o outro lado do espelho para além da linha invisível e intransponível. Porque ela, justamente, não é violência em um mundo partilhado (em um mundo ético) nem triunfa sobre limites que ela apaga (em um mundo dialético ou revolucionário), ela toma, no âmago do limite, a medida desmesurada da distância que nela se abre e desenha o traço fulgurante que a faz ser. Nada é negativo na transgressão. Ela afirma o ser limitado, afirma o ilimitado no qual ela se lança, abrindo-o pela primeira vez à existência. Mas pode-se dizer que essa afirmação nada tem de positivo: nenhum conteúdo pode prendê-la, já que, por definição, nenhum limite pode retê-la. Talvez ela não passe da afirmação da divisão. Seria também necessário aliviar essa palavra de tudo o que pode lembrar o gesto do corte, ou o estabelecimento de uma separação ou a medida de

34 Michel Foucault – Ditos e Escritos

um afastamento, e lhe deixar apenas o que nela pode designar o ser da diferença.

Talvez a filosofia contemporânea tenha inaugurado, descobrindo a possibilidade de uma afirmação não positiva, uma defasagem da qual se encontraria o único equivalente na descrição feita por Kant do *nihil negativum* e do *nihil privativum* – distinção que certamente se considera ter aberto o avanço do pensamento crítico.[3] É essa filosofia da afirmação não positiva, ou seja, da prova do limite, que Blanchot, acredito, definiu pelo princípio de contestação. Não se trata aí de uma negação generalizada, mas de uma afirmação que não afirma nada: em plena ruptura de transitividade. A contestação não é o esforço do pensamento para negar existências ou valores, é o gesto que reconduz cada um deles aos seus limites, e por aí ao limite no qual se cumpre a decisão ontológica: contestar é ir até o núcleo vazio no qual o ser atinge seu limite e no qual o limite define o ser. Ali, no limite transgredido, repercute o sim da contestação, que deixa sem eco o I-A do asno nietzschiano.

Assim se esboça uma experiência que Bataille, em todas as idas e vindas de sua obra, quis pesquisar, experiência que tem o poder "de colocar tudo em causa (em questão), sem repouso admissível", e de indicar o lugar onde ela se encontra, o máximo de proximidade dela mesma, o "ser imediato". Nada lhe é mais estranho do que a figura do demoníaco que justamente "nega tudo". A transgressão se abre sobre um mundo cintilante e sempre afirmado, um mundo sem sombra, sem crepúsculo, sem essa intromissão do não que morde os frutos e crava no seu núcleo sua própria contradição. Ela é o avesso solar da denegação satânica; tem uma ligação com o divino, ou melhor, ela abre, a partir desse limite que indica o sagrado, o espaço onde atua o divino. Um dos inúmeros sinais de que nosso caminho é uma via de retorno e de que nos tornamos cada dia mais gregos é evidentemente o fato de que uma filosofia que se interroga sobre o ser do limite encontre uma categoria como aquela. Ainda não é preciso entender esse retorno como a pro-

---

3 Kant (E.), *Versuch den Begriff der negativen Grössen in die Weltweisheit einzufuhren*, Königsberg, Johann Jacob Kanter, 1763 (*Essai pour introduire en philosophie le concept de grandeur négative*, trad. R. Kempf, Primeira seção: *Explication du concept de grandeur négative en général*, Paris, Vrin, 1980, p. 19-20).

1963 – Prefácio à Transgressão   35

messa de uma terra de origem, de um solo primeiro onde nasceriam, ou seja, se resolveriam para nós todas as oposições.

Situando novamente a experiência do divino no cerne do pensamento, a filosofia desde Nietzsche sabe, ou melhor, deveria saber, que ela interroga uma origem sem positividade e uma abertura indiferente à paciência do negativo. Nenhum movimento dialético, nenhuma análise das constituições e de seu solo transcendental pode ajudar a pensar uma tal experiência ou mesmo o acesso a essa experiência. O jogo instantâneo do limite e da transgressão seria atualmente a prova essencial de um pensamento sobre a "origem" ao qual Nietzsche nos destinou desde o início de sua obra – pensamento que seria, absolutamente e no mesmo movimento, uma Crítica e uma Ontologia, um pensamento que pensaria a finitude e o ser?

Esse pensamento, do qual tudo até o presente nos desviou, mas como para nos conduzir ao seu retorno, de que possibilidade ele nos vem, de que impossibilidade ele sustenta para nós sua insistência? Pode-se sem dúvida dizer que ele nos vem pela abertura praticada por Kant na filosofia ocidental, no momento em que ele articulou, de uma maneira ainda bastante enigmática, o discurso metafísico e a reflexão sobre os limites de nossa razão. O próprio Kant acabou por fechar novamente essa abertura ao reduzir, no final das contas, toda interrogação crítica a uma questão antropológica; e foi talvez depois entendida como prazo infinitamente concedido à metafísica, porque a dialética substituiu o jogo da contradição e da totalidade pelo questionamento do ser e do limite. Para nos despertar do sono confuso da dialética e da antropologia, foram necessárias as figuras nietzschianas do trágico e de Dionísio, da morte de Deus, do martelo do filósofo, do super-homem que chega pouco a pouco e do Retorno. Mas, por que a linguagem discursiva se acha tão despojada, atualmente, quando se trata de manter presentes essas figuras e de se manter nelas? Por que diante delas ela está reduzida, ou quase, ao mutismo, como se fosse forçada, para que elas continuem a encontrar suas palavras, a ceder a palavra a essas formas extremas de linguagem das quais Bataille, Blanchot, Klossowski fizeram sua morada, e nesse momento as tornaram os ápices do pensamento?

Será necessário reconhecer um dia a soberania dessas experiências e se empenhar para assimilá-las: não que se trate de liberar a sua verdade – pretensão ridícula, a propósito dessas

36 Michel Foucault – Ditos e Escritos

palavras que são para nós limites –, mas de libertar por fim, a partir delas, nossa linguagem. Que seja suficiente hoje em dia nos perguntarmos que obstinada linguagem não discursiva é essa que irrompe há quase dois séculos em nossa cultura, de onde vem essa linguagem que não é acabada nem sem dúvida senhora de si, embora seja para nós soberana e nos domine, imobilizando-se às vezes em cenas que se costuma chamar de "eróticas" e subitamente se volatilizando em uma turbulência filosófica na qual parece perder o chão.

A distribuição do discurso filosófico e do quadro na obra de Sade obedece, sem dúvida, a leis de arquitetura complexa. É bem provável que as regras simples da alternância, da continuidade ou do contraste temáticos sejam insuficientes para definir o espaço da linguagem onde se articulam o que é mostrado e o que está demonstrado, onde se encadeiam a ordem das razões e a dos prazeres, onde se situam sobretudo os sujeitos no movimento dos discursos e na constelação dos corpos. Digamos somente que esse espaço está inteiramente coberto por uma linguagem discursiva (mesmo quando se trata de um relato), explícita (mesmo no momento em que ela não nomeia), contínua (sobretudo quando o fio passa de um personagem a outro), linguagem que, no entanto, não tem sujeito absoluto, não descobre jamais aquele que em último recurso fala e não cessa de sustentar a palavra desde quando o "triunfo da filosofia" era anunciado com a primeira aventura de Justine, até a passagem para a eternidade de Juliette em uma desaparição sem ossuário. A linguagem de Bataille, em compensação, desmorona-se sem cessar no centro de seu próprio espaço, deixando a nu, na inércia do êxtase, o sujeito insistente e visível que tentou sustentá-la com dificuldade, e se vê como que rejeitado por ela, esgotado sobre a areia do que ele não pode mais dizer.

Sob todas essas figuras diferentes, como é então possível esse pensamento que se designa apressadamente como "filosofia do erotismo", mas no qual seria necessário reconhecer (o que é menos e muito mais) uma experiência essencial à nossa cultura desde Kant e Sade – uma experiência da finitude e do ser, do limite e da transgressão? Qual é o espaço próprio desse pensamento e que linguagem pode ele se dar? Sem dúvida, ele não tem seu modelo, seu fundamento, o próprio tesouro do seu vocabulário em nenhuma forma de reflexão até o presente definida, em nenhum discurso já pronunciado. Seria de grande ajuda dizer, por analogia, que seria necessário encontrar para o transgressivo uma linguagem que seria o que a dialética foi para a contradição? Mais vale, sem dúvida, tentar falar dessa experiência e fazê-la falar no próprio vazio da ausência de sua linguagem, lá onde precisamente as palavras lhe faltam, onde o sujeito que fala chega ao desfalecimento, onde o espetáculo oscila no olho transtornado. Lá onde a morte de Bataille acaba de colocar sua linguagem. Agora que essa morte nos devolve à pura transgressão dos seus textos, que eles favoreçam qualquer tentativa de encontrar uma linguagem para o pensamento do limite. Que sirvam de morada a este projeto, talvez já em ruína.

*

A possibilidade de um tal pensamento não nos vem, na realidade, em uma linguagem que justamente o subtrai de nós como pensamento e o reconduz à impossibilidade mesma da linguagem? Até esse limite em que se trata do ser da linguagem? É que a linguagem da filosofia está ligada muito além de qualquer memória, ou quase, à dialética; esta só se tornou depois de Kant a forma e o movimento interior da filosofia através de um desdobramento do espaço milenar onde ela não havia cessado de falar. É sabido: o retorno a Kant não cessou de nos conduzir obstinadamente ao que há de mais matinal no pensamento grego. Não para nele reencontrar uma experiência perdida, mas para nos reaproximar das possibilidades de uma linguagem não dialética. A idade dos comentários à qual pertencemos, essa renovação histórica, da qual parece que nós não podemos escapar, não indica a velocidade de nossa linguagem em um campo que não tem mais objeto filosófico novo, e que é preciso passar sem cessar com um olhar esquecido e sempre renovado, mas é muito melhor a dificuldade, o mutismo profundo de uma linguagem filosófica que a mudança de seu domínio expulsou de seu elemento natural, de sua dialética originária. Não é por ter perdido seu objeto próprio ou o frescor de sua experiência, mas por ter sido subitamente despojada de uma linguagem que lhe é historicamente "natural" que a filosofia de nossos dias se mostra como um deserto múltiplo: não o fim da filosofia, mas filosofia que só pode recuperar a palavra e retratar-se nela a não ser nas bordas dos seus limites: em uma metalinguagem purificada ou na densidade de

38   Michel Foucault – Ditos e Escritos

palavras encerradas em sua noite, em sua verdade cega. Essa distância prodigiosa em que se manifesta nossa dispersão filosófica mede, mais que uma desordem, uma profunda coerência: essa separação, essa real incompatibilidade, é a distância do fundo da qual a filosofia nos fala. É sobre ela que é preciso focalizar nossa atenção.

Mas, de uma tal ausência, que linguagem pode nascer? E, sobretudo, que filósofo é esse portanto que então toma a palavra? "O que é de nós quando, desintoxicados, aprendemos o que somos? Perdidos entre tagarelas, em uma noite em que não podemos senão odiar a aparência de luz que vem das tagarelices."[4] Em uma linguagem não dialetizada, no centro do que ela diz, mas também na raiz de sua possibilidade, o filósofo sabe que "não somos tudo"; mas ele aprende que ele próprio, o filósofo, não habita a totalidade de sua linguagem como um deus secreto e todo-falante; ele descobre que tem, a seu lado, uma linguagem que fala e da qual ele não é dono; uma linguagem que se esforça, que fracassa e se cala e que ele não pode mais mover; uma linguagem que ele próprio falou outrora e que agora está separada dele e gravita em um espaço cada vez mais silencioso. Descobre, sobretudo, que no próprio momento de falar ele não está sempre alojado no interior de sua linguagem da mesma maneira; e que no lugar do sujeito falante da filosofia – do qual ninguém, de Platão a Nietzsche, havia questionado a identidade evidente e tagarela – escavou-se um vazio onde se ata e se desata, se combina e se exclui uma multiplicidade de sujeitos falantes. Das lições sobre Homero aos gritos do louco nas ruas de Turim, quem então falou essa linguagem contínua, tão obstinadamente a mesma? O Viajante ou sua sombra? O filósofo ou o primeiro dos não filósofos? Zaratustra, seu macaco ou já o super-homem? Dionísio, o Cristo, suas figuras reconciliadas ou, enfim, este homem que aqui está? A derrocada da subjetividade filosófica, sua dispersão no interior de uma linguagem que a espolia, mas a multiplica no espaço de sua lacuna, é provavelmente uma das estruturas fundamentais do pensamento contemporâneo. Ainda não se trata aí de um fim da filosofia. Mas, antes, do fim do filósofo como forma soberana e primeira da linguagem filosófica. E talvez

---

4 Bataille (G.), *Somme athéologique, I: L'expérience intérieure* (1943), Paris, Gallimard, "Collection Blanche", 6. ed., 1954, Avant-Propos, p. 10.

1963 – Prefácio à Transgressão   **39**

a todos aqueles que se esforçam por manter antes de tudo a
unidade da função gramatical do filósofo – ao preço da coerência, da própria existência da linguagem filosófica – poder--se-ia
opor o exemplar empreendimento de Bataille, que não parou
de destruir nele, obstinadamente, a soberania do sujeito filosofante. No que sua linguagem e sua experiência foram seu suplício. Esquartejamento primeiro e refletido daquele que fala
na linguagem filosófica. Dispersão de estrelas que circundam
uma noite mediana para aí deixar nascer palavras sem voz.
"Como um rebanho perseguido por um pastor infinito, a car-
neirada que somos fugiria, fugiria sem fim o horror de uma
redução do ser à sua totalidade."[5]

Essa fratura do sujeito filosófico não se tornou sensível somente pela justaposição de obras românticas e de textos de reflexão na linguagem do nosso pensamento. A obra de Bataille a
mostra bem mais de perto, em uma perpétua passagem a níveis
diferentes de palavra, por um desatamento sistemático em relação ao Eu que acaba de tomar a palavra, já prestes a desenvolvê-
-la e a se instalar nela: desligamentos no tempo ("eu escrevia
isto", ou ainda "voltando atrás, se refaço este caminho"), desatamentos na distância da palavra em relação àquele que fala (jornal, blocos de notas, poemas, relatos, meditações, discursos de-
monstrativos), desatamentos intrínsecos à soberania que pensa
e escreve (livros, textos anônimos, prefácios aos seus próprios
livros, notas acrescentadas). E é no centro dessa desaparição
do sujeito filosofante que a linguagem filosófica avança como
em um labirinto, não para reencontrá-lo, mas para experimentar (através da própria linguagem) a perda dele até o limite, ou
seja, até aquela abertura onde seu ser surgiu, mas já perdido,
inteiramente espalhado fora de si mesmo, esvaziado de si até o
vazio absoluto – abertura que é a comunicação: "Nesse momento, a elaboração não é mais necessária; é imediatamente e pelo
próprio arrebatamento que entro de novo na noite da criança
perdida, na angústia de voltar ao arrebatamento e também sem
outro fim que o esgotamento, sem outra possibilidade de parada
a não ser o desfalecimento. É a alegria que suplicia."[6]

---

5 Bataille (G.), *Ibid.*, 2ª parte: *Le supplice*, Paris, Gallimard, "Collection
Blanche", 6. ed., 1954, p. 51.
6 *Ibid.*, p. 74.

40 Michel Foucault – Ditos e Escritos

É exatamente o inverso do movimento que sustentou, a partir de Sócrates, sem dúvida, a sabedoria ocidental: a essa sabedoria a linguagem filosófica prometia a unidade serena de uma subjetividade que triunfaria nela, sendo por ela e através dela inteiramente constituída. Mas se a linguagem filosófica é aquela em que se repete incansavelmente o suplício do filósofo e vê lançada ao vento sua subjetividade, então não somente a sabedoria não pode mais valer como figura da composição e da recompensa; mas uma possibilidade se abre fatalmente, no vencimento da linguagem filosófica (isso sobre o que ela cai – a face do dado; e isso em que ela cai: o vazio onde o dado é lançado): a possibilidade do filósofo louco. Isto é, encontrando, não no exterior de sua linguagem (por um acidente vindo de fora, ou por um exercício imaginário), mas nela, no núcleo de suas possibilidades, a transgressão do seu ser de filósofo. Linguagem não dialética do limite que só se desenvolve na transgressão daquele que a fala. O jogo da transgressão e do ser é constitutivo da linguagem filosófica que a reproduz e, sem dúvida, a produz.

*

Assim, essa linguagem de rochedos, essa linguagem incontornável para a qual ruptura, escarpa, perfil rasgado são essenciais é uma linguagem circular que remete a si própria e se fecha sobre um questionamento de seus limites – como se ela não fosse nada mais do que um pequeno globo noturno de onde jorra uma estranha luz, designando o vazio de onde ela vem e enviando-lhe fatalmente tudo o que ela clareia e toca. Talvez essa configuração estranha seja o que dá ao Olho o prestígio obstinado que Bataille lhe conferiu. De um lado ao outro da obra (desde o primeiro romance às *Larmes d'Éros*),[7] ela valeu como figura da experiência interior: "Quando solicito docemente, no próprio âmago da angústia, um estranho absurdo, um olho se abre no topo, no meio do meu crânio."[8] É que o olho, pequeno globo branco fechado sobre sua noite, desenha o círculo de um limite que só a irrupção do olhar transpõe.

---

7 Bataille (G.), *Les larmes d'Éros* (Jean-Jacques Pauvert, 1961), in *Oeuvres complètes, op. cit.*, t. X, 1987, p. 573-627.
8 Bataille (G.), *Le bleu du ciel, in L'expérience intérieure*, 3ª parte: "Antécédents du supplice ou la comédie", *op. cit.*, p. 101.

1963 – Prefácio à Transgressão 41

E sua obscuridade interior, seu núcleo sombrio se derramam sobre o mundo em uma fonte que vê, isto é, que clareia; mas se pode também dizer que ele recolhe toda a luz do mundo sobre a pequena mancha negra da pupila e que, ali, ele a transforma na noite clara de uma imagem. Ele é espelho e lâmpada; derrama sua luz em volta dele e, por um movimento que talvez não seja contraditório, precipita essa mesma luz na transparência do seu poço. Seu globo tem a expansão de um germe maravilhoso – como a de um ovo que estourasse sobre si mesmo em direção desse centro de noite e de extrema luz que ele é e que acaba de deixar de ser. Ele é a figura do ser que não é senão a transgressão do seu próprio limite.

Em uma filosofia da reflexão, o olho mantém com sua faculdade de olhar o poder de se tornar incessantemente mais interior a ele mesmo. Atrás de todo olho que vê há um olho mais delicado, tão discreto, mas tão ágil que, a bem dizer, seu todo-poderoso olhar corrói o globo branco de sua carne; e atrás deste há um novo, depois mais outros, sempre mais sutis e que logo não terão mais como substância senão a pura transparência de um olhar. Ele ganha um centro de imaterialidade onde nascem e se atam as formas não tangíveis do verdadeiro: este centro das coisas que é o soberano sujeito. O movimento é inverso em Bataille: o olhar transpondo o limite globular do olho o constitui em seu ser instantâneo; ele o arrasta nesse jorro luminoso (fonte que transborda, lágrimas que correm, em breve sangue), o lança fora dele mesmo, o faz passar ao limite, lá onde ele jorra na fulguração imediatamente abolida de seu ser, e não deixa mais entre as mãos senão a pequena bola branca raiada de sangue de um olho exorbitado cuja massa globular apagou qualquer olhar. E no lugar onde este olhar se tramava só resta a cavidade do crânio, um globo noturno diante do qual o olho, arrancado, acaba de fechar sua esfera, privando-o do olhar e oferecendo entretanto a essa ausência o espetáculo do núcleo inquebrável que agora aprisiona o olhar morto. Nessa distância de violência e arrancamento o olho é visto absolutamente, mas fora de qualquer olhar: o sujeito filosofante foi lançado fora de si mesmo, perseguido até os seus confins, e a soberania da linguagem filosófica é a que fala do fundo dessa distância, no vazio desmesurado deixado pelo sujeito exorbitado.

Mas é talvez quando é arrancado no próprio lugar, revirado por um movimento que o faz retornar ao interior noturno e

42 Michel Foucault – Ditos e Escritos

estrelado do crânio, mostrando para o interior seu avesso cego e branco, que o olho realiza o que há de mais essencial em seu jogo: ele se fecha para o dia no movimento que manifesta sua própria brancura (esta é a imagem da claridade, seu reflexo de superfície, mas, por isso mesmo, ela não pode nem comunicar com ela nem a comunicar); e a noite circular da pupila, ele a dirige à obscuridade central que ele ilumina com um clarão, declarando-a noite. O globo revirado é, ao mesmo tempo, o mais fechado e o mais aberto: fazendo girar sua esfera, permanecendo consequentemente o mesmo e no mesmo lugar, ele subverte o dia e a noite, transpõe o limite deles, mas para reencontrá-lo sobre a mesma linha e pelo avesso; e a meia-esfera branca que em um instante aparece lá onde se abria a pupila é como o ser do olho quando transpõe o limite do seu próprio olhar – quando ele transgride essa abertura sobre a luz pela qual se definia a transgressão de todo olhar. "Se o homem não fechasse soberanamente os olhos, ele acabaria por não ver mais o que vale a pena ser olhado."[9]

Mas o que vale a pena ser olhado não é nenhum segredo interior, nenhum outro mundo mais noturno. Arrancado do lugar do seu olhar, revirado em direção à sua órbita, o olho agora não derrama mais sua luz senão em direção à caverna do osso. A revulsão do seu globo não trai tanto a "pequena morte" quanto a morte mesma, da qual ele faz a experiência lá mesmo onde ele está, nesse jorro que o faz oscilar. A morte não é para o olho a linha sempre elevada do horizonte, mas em seu próprio lugar, no vazio de todos os seus olhares possíveis, o limite que ele não cessa de transgredir, fazendo-a surgir como absoluto limite no movimento de êxtase que lhe permite saltar do outro lado. O olho revirado descobre a ligação da linguagem com a morte no momento em que representa o jogo do limite e do ser. Talvez a razão do seu prestígio esteja justamente em fundamentar a possibilidade de dar uma linguagem a esse jogo. As grandes cenas sobre as quais se detêm os relatos de Bataille, o que são elas senão o espetáculo dessas mortes eróticas onde olhos revirados revelam seus brancos limites e oscilam na direção de órbitas gigantescas e vazias? Esse movimento é desenhado com uma singular precisão em *Le bleu du ciel*: em

---

9 Bataille (G.), *La littérature et le Mal. Baudelaire* (1957), *in Oeuvres complètes, op. cit.*, t. IX, 1979, p. 193.

1963 – Prefácio à Transgressão **43**

um dos primeiros dias de novembro, quando as velas e morrões estrelam a terra dos cemitérios alemães, o narrador está deitado entre as lajes com Dorotéia; fazendo amor no meio dos mortos, ele vê à sua volta a terra, como um céu de noite clara. E o céu por cima dele forma uma grande órbita vazia, uma cabeça de morto na qual ele reconhece seu prazo, por uma revolução do seu olhar no momento em que o prazer faz oscilar os quatro globos de carne: "A terra sob o corpo de Dorotéia estava aberta como uma tumba, seu ventre se abria para mim como uma tumba fresca. Estávamos estupefatos, fazendo amor sobre um cemitério estrelado. Cada uma de suas luzes anunciava um esqueleto em uma tumba; elas formavam um céu vacilante tão confuso quanto nossos corpos emaranhados... Eu desabotoava Dorotéia, sujava sua roupa e seu peito com a terra fresca que estava agarrada em meus dedos. Nossos corpos tremiam como duas fileiras de dentes batem uma na outra."[10]

Mas o que pode então significar, no cerne de um pensamento, a presença de tal figura? O que quer dizer esse olho insistente no qual parece se recolher o que Bataille sucessivamente designou como *experiência interior, extremo do possível, operação cômica* ou, simplesmente, *meditação*? Sem dúvida, ele não é mais uma metáfora quanto não é metafórica em Descartes a percepção clara do olhar ou a ponta aguda do espírito que ele chama de *acies mentis*. Na verdade, o olho revirado, em Bataille, nada significa em sua linguagem, pela única razão de que ele lhe marca o limite. Indica o momento em que a linguagem chegada aos seus confins irrompe fora de si mesma, explode e se contesta radicalmente no rir, nas lágrimas, nos olhos perturbados do êxtase, no horror mudo e exorbitado do sacrifício, e permanece assim no limite deste vazio, falando de si mesma em uma linguagem segunda em que a ausência de um sujeito soberano determina seu vazio essencial e fratura sem descanso a unidade do discurso. O olho extirpado ou revirado é o espaço da linguagem filosófica de Bataille, o vazio onde ele se derrama e se perde mas não cessa de falar – um pouco como o olho interior, diáfano e iluminado dos místicos ou dos espirituais marca o ponto onde a linguagem secreta da oração se fixa e se estrangula em uma comunicação maravilhosa que o faz calar. Parale-

---

10 Bataille (G.), *Le bleu du ciel* (Paris, Jean-Jacques Pauvert, 1957), *in Oeuvres complètes, op. cit.*, t. III, 1971, p. 481-482.

44 Michel Foucault – Ditos e Escritos

lamente, mas de um modo invertido, o olho de Bataille define o espaço de vinculação da linguagem e da morte, lá onde a linguagem descobre seu ser na transposição dos seus limites: a forma de uma linguagem não dialética da filosofia.

Nesse olho, figura fundamental do lugar de onde fala Bataille, e onde sua linguagem despedaçada encontra sua morada ininterrupta, a morte de Deus (sol que oscila e grande pálpebra que se fecha sobre o mundo), a prova da finitude (jorro na morte, torção da luz que apaga descobrindo que o interior é o crânio vazio, a ausência central) e o retorno sobre si mesmo da linguagem no momento do seu desfalecimento encontram uma forma de ligação anterior a qualquer discurso, que talvez só tenha equivalente na ligação, familiar a outras filosofias, entre o olhar e a verdade ou a contemplação e o absoluto. O que se desvela a esse olho que, girando, se vela para sempre é o ser do limite: "Jamais esquecerei o que se liga de violento e de maravilhoso à vontade de abrir os olhos, de encarar de frente o que é, o que acontece."

Talvez a experiência da transgressão, no movimento que a leva em direção à noite total, revele essa relação da finitude com o ser, esse momento do limite que o pensamento antropológico, após Kant, não designava a não ser de longe e do exterior, na linguagem da dialética.

*

O século XX terá, sem dúvida, descoberto as categorias análogas ao gasto, ao excesso, ao limite, à transgressão: a forma estranha e irredutível desses gestos sem retorno que consumam e consomem. Em um pensamento do homem no trabalho e do homem produtor – que foi o da cultura europeia após o fim do século XVIII –, o consumo se definia unicamente pela necessidade, e a necessidade se media unicamente pelo modelo da fome. Esta, prolongada na busca do lucro (apetite daquele que não tem mais fome), introduzia o homem em uma dialética da produção na qual se lia uma antropologia simples: o homem perdia a verdade de suas necessidades imediatas nos gestos do seu trabalho e nos objetos que ele criava com suas mãos, mas era lá também que ele podia encontrar sua essência e a satisfação infinita de suas necessidades. Mas não é necessário, sem dúvida, compreender a fome como esse mínimo antropológico indispen-

1963 – Prefácio à Transgressão 45

sável para definir o trabalho, a produção e o lucro; sem dúvida, a necessidade tem um outro estatuto, ou pelo menos obedece a um regime cujas leis são irredutíveis a uma dialética da produção. A descoberta da sexualidade, o céu de irrealidade infinita em que Sade, desde o início, a colocou, as formas sistemáticas de interdito às quais ela, sabe-se agora, está presa, a transgressão da qual ela é em todas as culturas o objeto e o instrumento indicam de uma maneira bastante imperiosa a impossibilidade de se atribuir à experiência maior que ela constitui para nós uma linguagem como essa milenar da dialética.

Talvez a emergência da sexualidade na nossa cultura seja um acontecimento com valor múltiplo: ela está ligada à morte de Deus e ao vazio ontológico que esta deixou nos limites do nosso pensamento; está também ligada à aparição ainda vaga e hesitante de uma forma de pensamento em que a interrogação sobre o limite substitui a busca da totalidade e em que o gesto da transgressão toma o lugar do movimento das contradições. Está, enfim, ligada a um questionamento da linguagem por ela mesma em uma circularidade que a violência "escandalosa" da literatura erótica, longe de romper, manifesta desde o primeiro uso que ela faz das palavras. A sexualidade só é decisiva para nossa cultura se falada e à medida que é falada. Não é nossa linguagem que foi, após dois séculos, erotizada: é nossa sexualidade que, depois de Sade e da morte de Deus, foi absorvida no universo da linguagem, desnaturalizada por ele, colocada por ele no vazio onde ela estabelece sua soberania e onde incessantemente coloca, como Lei, limites que ela transgride. Nesse sentido, o aparecimento da sexualidade como problema fundamental marca o deslizamento de uma filosofia do homem trabalhador para uma filosofia do ser falante; e como a filosofia foi por muito tempo secundária em relação ao saber e ao trabalho, é preciso admitir, não a título de crise, mas de estrutura essencial, que ela é agora secundária em relação à linguagem. Secundária não querendo dizer necessariamente que ela esteja condenada à repetição ou ao comentário, mas que ela faz a experiência de si mesma e dos seus limites na linguagem e nessa transgressão da linguagem que a leva, como levou Bataille, ao desfalecimento do sujeito falante. A partir do dia em que nossa sexualidade começou a falar e a ser falada, a linguagem deixou de ser o momento do desvelamento do infinito; é em sua densidade que fazemos daí em diante a experiência da finitude e do ser. É em sua obs-

46 Michel Foucault – Ditos e Escritos

cura morada que encontramos a ausência de Deus e nossa morte, os limites e sua transgressão. Mas talvez ela se ilumine para aqueles que enfim libertaram seu pensamento de qualquer linguagem dialética como ela se iluminou, e mais de uma vez para Bataille, no momento em que ele experimentava, no âmago da noite, a perda de sua linguagem. "O que chamo de noite difere da obscuridade do pensamento; a noite tem a violência da luz. A noite é a juventude e a embriaguez do pensamento."[11]

Esse "embaraço com palavras" onde se encontra presa nossa filosofia e de que Bataille percorreu todas as dimensões talvez não seja a perda da linguagem que o fim da dialética parecia inicar: ele é antes o próprio aprofundamento da experiência filosófica na linguagem e a descoberta de que é nele e no movimento em que ele diz o que não pode ser dito que se realiza uma experiência do limite tal como a filosofia, agora, deverá pensá-la.

Talvez ele defina o espaço de uma experiência em que o sujeito que fala, em vez de se exprimir, se expõe, vai ao encontro de sua própria finitude e sob cada palavra se vê remetido à sua própria morte. Um espaço que faria de qualquer obra um desses gestos de "tauromaquia" de que Leiris falava, pensando nele próprio, mas sem dúvida também em Bataille.[12] É em todo caso na praia branca da arena (olho gigantesco) que Bataille fez essa experiência, essencial para ele e característica de toda a sua linguagem, que a morte *comunicava com a comunicação* e que o olho arrancado, esfera branca e muda, podia se tornar germe violento na noite do corpo, e tornar presente a ausência da qual a sexualidade não parou de falar, e a partir da qual ela não parou de falar. No momento em que o chifre do touro (faca ofuscante que traz a noite em um movimento exatamente contrário à luz que sai da noite do olho) se crava na órbita do toureador que ele cega e mata, Simone faz o gesto que já conhecemos e engole um germe descorado e descascado, restituindo à sua noite original a grande virilidade luminosa que acaba de realizar seu assassinato. O olho é reconduzido à sua noite, o globo da arena se revira e oscila; mas é justamente o momento em que o ser aparece e em que *o gesto que transpõe os limites*

---

11 Bataille (G.), *Le coupable. La divinité du rire. III: Rire et tremblement*, in *Oeuvres complètes, op. cit.*, t. V, 1973, p. 354.
12 Leiris (M.), *De la littérature considérée comme une tauromachie*, Paris, Gallimard, "Collection Blanche", 1946.

toca a ausência mesma: "Dois globos da mesma cor e consistência se animaram por movimentos contrários e simultâneos. Um testículo branco de touro havia penetrado na carne negra e rosa de Simone; um olho saíra da cabeça do rapaz. Essa coincidência, ligada até a morte a uma espécie de liquefação urinária do céu, em um momento, restituiu-me Marcelle. Pareceu-me, nesse inapreensível instante, tocá-la."[13]

---

13 Bataille (G.), *Histoire de l'oeil: sous le soleil de Séville* (nova versão), *in Oeuvres complètes, op. cit.*, t. I, 1970, Apêndice, p. 598.

1963

A Linguagem ao Infinito

"Le langage à l'infini", *Tel quel*, n. 15, outono de 1963, p. 44-53.

Escrever para não morrer, como dizia Blanchot, ou talvez mesmo falar para não morrer é uma tarefa sem dúvida tão antiga quanto a fala. As mais mortais decisões, inevitavelmente, ficam também suspensas no tempo de uma narrativa. O discurso, como se sabe, tem o poder de deter a flecha já lançada em um recuo do tempo que é seu espaço próprio. É possível, como diz Homero, que os deuses tenham enviado os infortúnios aos mortais para que eles pudessem contá-los, e que nesta possibilidade a palavra encontre seu infinito manancial; é bem possível que a aproximação da morte, seu gesto soberano, sua proeminência na memória dos homens cavem no ser e no presente o vazio a partir do qual e em direção ao qual se fala. Mas *A odisséia*, que afirma esse dom da linguagem na morte, conta, ao inverso, como Ulisses voltou para casa: repetindo claramente, cada vez que a morte o ameaçava, e para conjurá-la, como – por quais artifícios e aventuras – ele havia conseguido manter essa iminência que, de novo, no momento em que ele acaba de falar, retorna na ameaça de um gesto ou em um novo perigo... E quando, estrangeiro entre os Feácios, ele ouve da boca de um outro a voz, já milenar, de sua própria história, é como sua própria morte que ele escuta: esconde o rosto e chora, com aquele gesto que é o das mulheres quando se lhes traz após a batalha o corpo do herói morto; contra essa fala que lhe anuncia sua morte e que se escuta no fundo da nova Odisseia como uma palavra de outrora, Ulisses deve cantar o canto de sua identidade, cantar seus infortúnios para afastar o destino que lhe é trazido por uma linguagem anterior à linguagem. E ele persegue essa palavra fictícia, confirmando-a e conjurando-a ao mesmo tempo, nesse espaço vizinho da morte mas erigido contra ela, no qual a narrativa encontra seu lugar natural. Os deuses enviam os infortúnios aos mortais para que

1963 – A Linguagem ao Infinito   49

eles os narrem; mas os mortais os narram para que esses infortúnios jamais cheguem ao seu fim, e que seu término fique oculto no longínquo das palavras, lá onde elas enfim cessarão, elas que não querem se calar. O infortúnio inumerável, dom ruidoso dos deuses, marca o ponto onde começa a linguagem; mas o limite da morte abre diante da linguagem, ou melhor, nela, um espaço infinito; diante da iminência da morte, ela prossegue em uma pressa extrema, mas também recomeça, narra para si mesma, descobre o relato do relato e essa articulação que poderia não terminar nunca. A linguagem, sobre a linha da morte, se reflete: ela encontra nela um espelho; e para deter essa morte que vai detê-la não há senão um poder: o de fazer nascer em si mesma sua própria imagem em um jogo de espelhos que não tem limites. No fundo do espelho onde ela recomeça, para chegar de novo ao ponto onde chegou (o da morte), mas para afastá-la ainda mais, uma outra linguagem se mostra – imagem da linguagem atual, mas também modelo minúsculo, interior e virtual; é o canto do aedo que Ulisses já cantava antes de *A odisseia* e antes do próprio Ulisses (pois Ulisses o ouve), mas que o cantará infinitamente depois de sua morte (pois para ele Ulisses já está como morto); e Ulisses, que está vivo, o recebe, este canto, como a mulher recebe o esposo ferido de morte.

Talvez haja na palavra um parentesco essencial entre a morte, a continuidade ilimitada e a representação da linguagem para ela mesma. Talvez a configuração do espelho ao infinito contra a parede negra da morte seja fundamental para toda linguagem desde o momento em que ela não aceita mais passar sem vestígio. É somente depois de terem inventado a escrita que a linguagem aspira a uma continuidade; mas é também porque ela não queria morrer que decidiu um dia concretizar-se em signos visíveis e indeléveis. Ou melhor: um pouco na retaguarda da escrita, abrindo o espaço onde ela pôde se expandir e se fixar, alguma coisa teve que se produzir, da qual Homero nos delineia a figura ao mesmo tempo a mais originária e a mais simbólica, e que constitui para nós como um dos grandes acontecimentos ontológicos da linguagem: sua reflexão em espelho sobre a morte e a constituição a partir daí de um espaço virtual onde a palavra encontra o recurso infinito de sua própria imagem e onde infinitamente ela pode se representar logo ali atrás de si mesma, também para além dela mesma. A possibilidade de uma obra de linguagem encontra nessa

50 Michel Foucault – Ditos e Escritos

duplicação sua dobra originária. Neste sentido, a morte é, sem dúvida, o mais essencial dos acidentes da linguagem (seu limite e centro): no dia em que se falou para a morte e contra ela, para dominá-la e detê-la, alguma coisa nasceu, murmúrio que se retoma, se conta e se reduplica ininterruptamente, conforme uma multiplicação e um espessamento fantásticos em que se aloja e se esconde nossa linguagem de hoje.

(Hipótese que não é indispensável, longe disso: a escrita alfabética já é em si mesma uma forma de duplicação, pois representa não o significado, mas os elementos fonéticos que o significam; o ideograma, pelo contrário, representa diretamente o significado independentemente do sistema fonético, que é um outro modo de representação. Escrever, para a cultura ocidental, seria inicialmente se colocar no espaço virtual da autorrepresentação e do redobramento; a escrita significando não a coisa, mas a palavra, a obra de linguagem não faria outra coisa além de avançar mais profundamente na impalpável densidade do espelho, suscitar o duplo deste duplo que é já a escrita, descobrir assim um infinito possível e impossível, perseguir incessantemente a palavra, mantê-la além da morte que a condena, e liberar o jorro de um murmúrio. Essa presença da palavra repetida na escrita dá sem dúvida ao que chamamos de uma obra um estatuto ontológico desconhecido para essas culturas nas quais, quando se escreve, é a coisa mesma que se designa, em seu próprio corpo, visível, obstinadamente inacessível ao tempo.)

Borges conta a história de um escritor condenado a quem Deus concede, no instante mesmo em que ia ser fuzilado, um ano de sobrevivência para terminar a obra começada; esta obra suspensa no parêntese da morte é um drama no qual justamente tudo se repete, o fim (que resta por escrever) retomando palavra por palavra o início (já escrito), mas de maneira a mostrar que o personagem que se conhece e que fala desde as primeiras cenas não é ele mesmo, mas aquele que se toma por ele; e na iminência da morte, durante o ano que dura o deslizamento sobre seu rosto de uma gota de chuva, o apagar da fumaça do último cigarro, Hladik escreve, mas com palavras que ninguém poderá ler, nem mesmo Deus, o grande labirinto invisível da repetição, da linguagem que se desdobra e se faz espelho de si mesma. E quando o último epíteto é encontrado (sem dúvida seria também o primeiro, pois o drama recomeça), a descarga dos fuzis, partida menos de um segundo antes, fixa seu silêncio no peito.

1963 – A Linguagem ao Infinito   51

Pergunto-me se não seria possível fazer, ou pelo menos esboçar, a distância, uma ontologia da literatura a partir desses fenômenos de autorrepresentação da linguagem; tais figuras, que são aparentemente da ordem do artifício ou da diversão, escondem, ou melhor, traem, a relação que a linguagem mantém com a morte – com esse limite para o qual ela se dirige e contra o qual ela é construída. Seria preciso começar por uma analítica geral de todas as formas de reduplicação da linguagem das quais se podem encontrar exemplos na literatura ocidental. Essas formas, sem dúvida alguma, são em número finito, e delas se deve poder construir o quadro universal. Frequentemente, sua extrema discrição, o fato de que elas são às vezes escondidas e lançadas aí como por acaso ou inadvertência não devem provocar ilusão: ou melhor, é preciso reconhecer nelas o próprio poder da ilusão, a possibilidade para a linguagem (cadeia monocórdia) de se manter de pé como uma obra. A reduplicação da linguagem, mesmo quando ela é secreta, é constitutiva do seu ser como obra, e os signos que nela podem aparecer, é preciso lê-los como indicações ontológicas.

Signos frequentemente imperceptíveis e quase fúteis. Pode acontecer de eles se apresentarem como faltas – simples rasgões na superfície da obra: dir-se-ia que há ali uma espécie de abertura involuntária sobre o fundo inesgotável de onde ela vem até nós. Penso em um episódio de *La religieuse*, em que Suzanne conta ao seu correspondente a história de uma carta (sua redação, o esconderijo onde foi colocada, uma tentativa de roubo, sua entrega por fim a um confidente que pôde remetê-la), dessa carta precisamente onde ela conta ao seu correspondente etc. Prova, certamente, de que Diderot se distraíra. Mas signo sobretudo de que a linguagem se narra a si mesma: de que a carta não é a carta, mas a linguagem que a reduplica no mesmo sistema de atualidade (já que elas falam ao mesmo tempo, usam as mesmas palavras e têm identicamente o mesmo corpo: a linguagem é a própria carta em carne e osso); e, no entanto, ela está ausente, mas não pelo efeito dessa soberania que se atribui ao escritor; na realidade, ela dali se ausenta atravessando o espaço virtual onde a linguagem se faz imagem para si mesma e transpõe o limite da morte pela reduplicação em espelho. O "descuido" de Diderot não se deve a uma intervenção muito apressada do autor, mas à própria abertura da linguagem sobre seu sistema de autorrepresentação: a carta de

52 Michel Foucault – Ditos e Escritos

La religieuse não é senão o análogo da carta, absolutamente semelhante a ela salvo pelo fato de ela ser o seu duplo imperceptivelmente deslocado (o deslocamento só se tornando visível pela rasgadura da linguagem). Temos neste lapso (no sentido exato da palavra) uma figura muito próxima, mas exatamente inversa daquela que se encontra em *As mil e uma noites*, em que um episódio narrado por Shehrazade conta como Shehrazade foi obrigada durante mil e uma noites etc. A estrutura de espelho é dada aqui explicitamente: em seu próprio centro, a obra apresenta uma psique (espaço fictício, alma real) na qual ela aparece como em miniatura e precedendo a si mesma, pois ela se narra entre tantas outras maravilhas passadas, entre tantas outras noites. E nessa noite privilegiada, tão semelhante às outras, um espaço se abre semelhante àquele onde ela forma somente uma rasgadura ínfima, e descobre no mesmo céu as mesmas estrelas. Seria possível dizer que há uma noite a mais e que mil teriam bastado; seria possível dizer, pelo contrário, que falta uma carta em *La religieuse* (aquela em que deveria ser contada a história da carta que, neste caso, não teria mais que contar sua própria aventura). Sente-se, de fato, que é na mesma dimensão que há aqui um dia a menos, ali uma noite a mais: o espaço mortal onde a linguagem fala de si mesma.

Poderia muito bem acontecer que em toda obra a linguagem se superpusesse a si mesma em uma verticalidade secreta em que o duplo fosse o mesmo exatamente de igual finura – fina linha negra que nenhum olhar pode descobrir salvo em momentos acidentais ou combinados de emaranhamento em que a presença de Shehrazade se envolve em bruma, recua para o fundo do tempo, pode emergir minúscula no centro de um disco brilhante, profundo, virtual. A obra de linguagem é o próprio corpo da linguagem que a morte atravessa para lhe abrir esse espaço infinito em que repercutem os duplos. E as formas dessa superposição constitutiva de toda obra só é possível na verdade decifrá-las nessas figuras adjacentes, frágeis, um pouco monstruosas em que o desdobramento se assinala. Sua descrição exata, sua classificação, a leitura de suas leis de funcionamento ou de transformação poderiam introduzir a uma ontologia formal da literatura.

Tenho a impressão de que nessa relação da linguagem com sua infinita repetição uma mudança se produziu no fim do século XVIII – quase coincidindo com o momento em que a obra

1963 – A Linguagem ao Infinito   53

de linguagem se tornou o que ela é agora para nós, ou seja, literatura. É o momento (ou quase) em que Hölderlin percebeu até a cegueira que ele não poderia mais falar a não ser no espaço marcado pelo circuito dos deuses e que a linguagem não devia mais senão ao seu próprio poder manter a morte afastada. Então se desenhou embaixo do céu essa abertura em direção à qual nossa palavra não cessou de avançar.

Por muito tempo – desde a aparição dos deuses homéricos até o afastamento do divino no fragmento de *Empédocle* –, falar para não morrer teve um sentido que nos é agora estranho. Falar do herói ou em herói, querer fazer algo como uma obra, falar para que os outros falem dela ao infinito, falar para a "glória" era avançar em direção e contra essa morte que afirma a linguagem; falar como os oradores sagrados para anunciar a morte, para ameaçar os homens com este fim que ultrapassa qualquer glória era também invocá-la e lhe prometer uma imortalidade. É, por outro lado, dizer que toda obra era feita para terminar, para se calar em um silêncio no qual a Palavra infinita iria retomar sua soberania. Na obra, a linguagem se protegia da morte por essa palavra invisível, essa palavra de antes e depois de todos os tempos dos quais ela se fazia apenas o reflexo logo encerrado em si mesmo. O espelho ao infinito que toda linguagem faz nascer assim que ela se insurge verticalmente contra a morte, a obra não o tornava visível sem rechaçá-lo: ela colocava o infinito fora dela mesma – infinito majestoso e real do qual ela se fazia o espelho virtual, circular, rematado em uma bela forma fechada.

Escrever, hoje, está infinitamente próximo de sua origem. Isto é, desse ruído inquietante que no fundo da linguagem anuncia, logo que se abre um pouco o ouvido, aquilo contra o que se resguarda e ao mesmo tempo a quem nos endereçamos. Como o inseto de Kafka, a linguagem escuta agora no fundo da sua toca esse ruído inevitável e crescente. Para se defender dele, é preciso que ela lhe siga os movimentos, que se constitua seu fiel inimigo, que só deixe entre eles a finura contraditória de um tabique transparente e inquebrável. É preciso falar sem cessar, por tanto tempo e tão forte quanto esse ruído infinito e ensurdecedor – por mais tempo e mais forte para que, misturando sua voz a ele, se consiga se não fazê-lo calar, domá-lo, pelo menos modular sua inutilidade nesse murmúrio sem fim que se chama literatura. Após este momento, não é mais pos-

54 Michel Foucault – Ditos e Escritos

sível uma obra cujo sentido seria se fechar em si mesma para que fale somente sua glória.

A aparição simultânea nos últimos anos do século XVIII da obra de Sade e das narrativas de terror marca aproximadamente essa data. Não é de um parentesco na crueldade que se trata, nem da descoberta de uma ligação entre a literatura e o mal. Mas de qualquer coisa mais obscura e paradoxal à primeira vista: essas linguagens, incessantemente puxadas para fora de si mesmas pelo inumerável, o indizível, o estremecimento, o estupor, o êxtase, o mutismo, a pura violência, o gesto sem palavra e que são calculadas, com a maior economia e maior precisão, para tal efeito (ao ponto de se fazerem transparentes, tanto quanto é possível para esse limite da linguagem para o qual elas se apressam, anulando-se em sua escrita para a soberania única do que elas querem dizer e que está fora das palavras), são muito curiosamente linguagens que se representam a si mesmas em uma cerimônia lenta, meticulosa e prolongada ao infinito. Essas linguagens simples, que nomeiam e mostram, são linguagens curiosamente duplas.

Sem dúvida, será preciso ainda muito tempo para saber o que é a linguagem de Sade, tal como ela permanece diante dos nossos olhos: não falo do que pode significar para este homem trancafiado o ato de escrever infinitamente textos que não podiam ser lidos (um pouco como o personagem de Borges, mantendo desmesuradamente o segundo de sua morte pela linguagem, em uma repetição que não se dirigia a ninguém), mas aquilo que são atualmente essas palavras e em que existência elas se prolongam até nós. Nessa linguagem, a pretensão de dizer tudo não é apenas a de transpor os interditos, mas de ir até o extremo do possível; a colocação cuidadosa de todas as configurações eventuais, o desenho, em uma rede sistematicamente transformada, de todas as ramificações, inserções e articulações que o cristal humano permite para o nascimento de grandes formações cintilantes, móveis e infinitamente prolongáveis, a longa caminhada nos subterrâneos da natureza até o duplo clarão do Espírito (aquele, de escárnio e dramático que aterroriza Justine e aquele, invisível, absolutamente lento que, sem ossuário, faz desaparecer Juliette em uma espécie de eternidade assintótica à morte) designam o projeto de reconduzir toda linguagem possível, toda linguagem por vir, à soberania atual desse Discurso único que ninguém talvez poderá ouvir.

1963 – A Linguagem ao Infinito   55

Entre tantos corpos consumidos em sua existência atual, estão todas as palavras eventuais, todas as palavras ainda por nascer que são devoradas por essa linguagem saturnina. E se cada cena no que ela mostra é duplicada por uma demonstração que a repete e a faz valer no elemento do universal, é porque neste discurso segundo se encontra consumida, e de um outro modo, não mais toda linguagem por vir, mas toda linguagem efetivamente pronunciada: tudo aquilo que pôde ser, antes de Sade e em torno dele, pensado, dito, praticado, desejado, honrado, achincalhado, condenado a propósito do homem, de Deus, da alma, do corpo, do sexo, da natureza, do sacerdote, da mulher se encontra meticulosamente repetido (daí as enumerações sem fim na ordem histórica ou etnográfica, que não sustentam o raciocínio de Sade, mas definem o espaço de sua razão) – repetida, combinada, dissociada, invertida, depois novamente revertida, não em direção a uma recompensa dialética, mas a uma exaustão radical. A maravilhosa cosmologia negativa de Saint-Fond, o castigo que a reduz ao silêncio, Clairwil jogada no vulcão e a apoteose sem palavra de Juliette marcam os momentos da calcinação de toda linguagem. O livro impossível de Sade supre todos os livros – todos esses livros que ele torna impossíveis do início ao fim dos tempos: e sob o evidente pastiche de todas as filosofias e todas as narrativas do século XVIII, sob este duplo gigantesco que não deixa de ter analogia com *Dom Quixote*, é a linguagem em seu todo que se encontra esterilizada em um só e mesmo movimento do qual as duas figuras indissociáveis são a repetição estrita e inversora do que já foi dito, e a nomeação nua do que está no extremo do que se pode dizer.

O objeto exato do "sadismo" não é o outro, nem seu corpo nem sua soberania: é tudo aquilo que pôde ser dito. Mais longe e também recuado está o círculo mudo no qual a linguagem se desdobra: de todo este mundo dos leitores cativos, Sade, o cativo, retira a possibilidade de ler. Embora para a questão de saber a quem se dirigia (e se dirige ainda hoje) a obra de Sade não haja senão uma resposta: ninguém. A obra de Sade se situa em um estranho limite, que ela, no entanto, não para de transgredir: ela se priva – mas confiscando-o, em um gesto de apropriação repetitiva – do espaço de sua linguagem; e ela subtrai não apenas seu sentido (o que não deixa de fazer a cada instante), mas seu ser: nela, o jogo indecifrável do equívoco não é nada mais do que o sinal, muito mais grave, dessa con-

56 Michel Foucault – Ditos e Escritos

testação que a força a ser o duplo de toda linguagem (que ela repete queimando-a) e de sua própria ausência (que ela não cessa de manifestar). Ela poderia e, no sentido estrito, deveria continuar sem parar, em um murmúrio que não tem outro estatuto ontológico que não seja o de semelhante contestação.

A ingenuidade dos romances de terror não se encaminha em uma outra direção, apesar da aparência. Eles estavam destinados a serem lidos e o eram efetivamente: *Coelina ou l'enfant du mystère*,[1] publicado em 1798, vendeu até a Restauração um milhão e duzentos mil exemplares. Isto quer dizer que qualquer pessoa sabendo ler e tendo aberto ao menos um livro em sua vida tinha lido *Coelina*. Era o Livro – texto absoluto cujo consumo recobriu exatamente todo o domínio dos leitores possíveis. Um livro sem margem de surdez e também sem futuro pois, em um único movimento e quase imediatamente, pôde alcançar o que era seu fim. Para que um fenômeno tão novo (e penso que ele jamais se reproduziu) fosse possível, foram necessárias facilitações históricas. Foi preciso sobretudo que o livro possuísse uma exata eficácia funcional e que coincidisse, sem adaptação nem alteração, sem desdobramento, com seu projeto, que era simplesmente ser lido. Mas não se tratava, para os romances desse gênero, de serem lidos no nível de sua escrita e nas dimensões próprias de sua linguagem; eles queriam ser lidos pelo que contavam, pela emoção, medo, terror ou piedade que as palavras estavam encarregadas de transmitir, mas que deviam comunicar por sua pura e simples transparência. A linguagem devia ter a finura e a seriedade absolutas da narrativa; precisava, tornando-se tão sombria quanto possível, levar um fato à sua leitura dócil e aterradora; não ser outra coisa senão o elemento neutro do patético. Ou seja, ela não se oferecia jamais em si mesma; não tinha, inserido na espessura do seu discurso, nenhum espelho que pudesse cobrir o espaço infinito de sua própria imagem. Melhor dizendo, ela se anulava entre o que dizia e aquele a quem ela dizia, levando absolutamente a sério e segundo os princípios de uma economia estrita seu papel de linguagem horizontal: seu papel de comunicação.

Ora, os romances de terror se fazem acompanhar de um movimento de ironia que os dobra e desdobra. Ironia que não

---

1 Ducray-Duminil (F.-G.), *Coelina ou l'enfant du mystère*, Paris, Le Prieur, 1798, 3 vol.

1963 – A Linguagem ao Infinito   57

é um contragolpe histórico, um efeito de cansaço. Fenômeno bastante raro na história da linguagem literária, a sátira é contemporânea exatamente da maneira como ela libera a imagem lastimável.[2] Como se nascessem juntas e do mesmo ponto central duas linguagens complementares e gêmeas: uma residindo inteiramente em sua ingenuidade, a outra, na paródia; uma não existindo senão para o olhar que a lê, a outra remetendo a rudimentar fascinação do leitor às astúcias fáceis do escritor. Mas, na verdade, essas duas linguagens não são apenas contemporâneas; são interiores uma à outra, coabitando, cruzando-se incessantemente, formando uma trama verbal única e uma espécie de linguagem bifurcada, voltada contra si no interior de si mesma, destruindo-se em seu próprio corpo, peçonhenta em sua própria densidade.

A ingênua finura da narrativa talvez esteja ligada a uma anulação secreta, a uma contestação interior que é a própria lei do seu desenvolvimento, de sua proliferação, de sua flora inesgotável. Essa "demasia" funciona um pouco como o excesso em Sade: mas este vai ao ato nu de nomeação e ao recobrimento de toda linguagem, enquanto aquele se apoia em duas figuras diferentes. Uma é a da pletora ornamental, na qual nada é mostrado a não ser sob a indicação expressa, simultânea e contraditória de todos os seus atributos ao mesmo tempo: não é a arma que se mostra sob a palavra e a atravessa, mas a panóplia inofensiva e completa (chamemos esta figura, segundo um episódio frequentemente retomado, de efeito do "esqueleto sangrento": a presença da morte é manifestada pela brancura dos ossos chacoalhantes e ao mesmo tempo por aquele esqueleto bem polido, pelo jorro sombrio e imediatamente contraditório do sangue). A outra figura é a da "proliferação ao infinito": cada episódio deve seguir o precedente segundo a lei simples, mas absolutamente necessária, do acréscimo. É preciso se aproximar cada vez mais perto do momento em que a linguagem mostrará seu poder absoluto fazendo nascer delas, de todas as suas pobres palavras, o terror; mas esse momento é aquele em que justamente a linguagem não poderá mais nada, em que o fôlego será cortado, em que ela deverá se calar sem sequer dizer que se cala. É preciso

---

2 (N.A.) Um texto como o de Bellin de la Liborlière (*La nuit anglaise*, Paris, Lemarchand, 1800) quer ser para os relatos de terror o que *Dom Quixote* foi para os romances de cavalaria; mas ele lhes é exatamente contemporâneo.

58 Michel Foucault – Ditos e Escritos

que no infinito a linguagem recue esse limite que leva consigo, e que marque ao mesmo tempo seu reino e seu limite. Daí, em cada romance, uma série exponencial e sem fim de episódios; depois, mais além, uma série sem fim de romances... A linguagem do terror é predestinada a um dispêndio infinito, mesmo quando ela se propõe a alcançar apenas um efeito. Ela se priva de qualquer repouso possível.

Sade e os romances de terror introduzem na obra de linguagem um desequilíbrio essencial: eles a lançam na necessidade de estar sempre em excesso e em falta. Em excesso, porque a linguagem não pode mais evitar de aí se multiplicar por si mesma – como atingida por uma doença interna de proliferação; ela está sempre em relação a si mesma mais além do limite; não fala senão em suplência a partir de um desnível tal que a linguagem da qual ela se separa e recobre aparece ela própria como inútil, a mais, e boa justamente para ser riscada; mas, por este mesmo desnível, alivia-se por sua vez de todo peso ontológico; nesse ponto ela é excessiva e de tão pouca densidade que está destinada a se prolongar ao infinito sem adquirir jamais o peso que a imobilizaria. Mas isso também não quer dizer que ela cometeu um erro, que foi atingida pela ferida do duplo? Que ele conteste a linguagem para reproduzi-la no espaço virtual (na transgressão real) do espelho, e para abrir neste um novo espelho e um outro ainda, sempre ao infinito? Infinito atual da miragem que constitui, em sua vacuidade, a espessura da obra – esta ausência no interior da obra de onde esta, paradoxalmente, se ergue.

*

Talvez o que seja preciso chamar com todo rigor de "literatura" tenha seu limiar de existência precisamente ali, nesse fim do século XVIII, quando aparece uma linguagem que retoma e consome em sua fulguração outra linguagem diferente, fazendo nascer uma figura obscura mas dominadora na qual atuam a morte, o espelho e o duplo, o ondeado ao infinito das palavras.

Em *La bibliothèque de Babel*, tudo o que pode ser dito já foi dito: é possível encontrar ali todas as linguagens concebidas, imaginadas, e mesmo as concebíveis, imagináveis; tudo foi pronunciado, mesmo o que não tem sentido, a tal ponto que a descoberta da mais fina coerência formal é um acaso

1963 – A Linguagem ao Infinito   59

altamente improvável, do qual muitas das existências, embora obstinadas, jamais receberam o favor.[3] Entretanto, acima de todas essas palavras, uma linguagem rigorosa, soberana as recobre, que as narra e na verdade as faz nascer: linguagem ela própria encostada na morte, já que é no momento de oscilar no poço do Hexágono infinito que o mais lúcido (o último, por consequência) dos bibliotecários revela que mesmo o infinito da linguagem se multiplica ao infinito, repetindo-se sem fim nas figuras desdobradas do Mesmo.

É uma configuração exatamente inversa daquela da Retórica clássica. Esta não anunciava as leis ou as formas de uma linguagem; ela estabelecia relações entre duas palavras. Uma muda, indecifrável, inteiramente presente em si mesma e absoluta; a outra, tagarela, não tinha mais do que falar a primeira palavra de acordo com formas, jogos, cruzamentos cujo espaço media o afastamento do texto primeiro e inaudível; a Retórica repetia sem cessar, para criaturas finitas e homens que iriam morrer, a palavra do Infinito que não passaria jamais. Toda figura de retórica, em seu espaço próprio, traía uma distância mas, aproximando-se da Palavra primeira, comunicava à segunda a densidade provisória da revelação: ela mostrava. Hoje, o espaço da linguagem não é definido pela Retórica, mas pela Biblioteca: pela sustentação ao infinito das linguagens fragmentares, substituindo à dupla cadeia da retórica a linha simples, contínua, monótona de uma linguagem entregue a si mesma, devotada a ser infinita porque não pode mais se apoiar na palavra do infinito. Mas ela encontra em si a possibilidade de se desdobrar, de se repetir, de fazer nascer o sistema vertical dos espelhos, imagens de si mesma, das analogias. Uma linguagem que não repete nenhuma palavra, nenhuma Promessa, mas recua infinitamente a morte abrindo incessantemente um espaço onde ela é sempre o análogo de si mesma.

As bibliotecas são o lugar encantado de duas dificuldades maiores. Os matemáticos e os tiranos, como é sabido, as resolveram (mas talvez não inteiramente). Há um dilema: ou todos estes livros já estão na Palavra, e é preciso queimá-los; ou eles lhe são contrários, e é preciso queimá-los também. A Retórica é o meio de exorcizar por um instante o incêndio das

---

3 Borges (J. L.), *La bibliothèque de Babel* (trad. N. Ibarra), *in Fictions*, Paris, Gallimard, col. "La Croix du Sud", 1951, p. 94-107.

60 Michel Foucault – Ditos e Escritos

bibliotecas (mas ela o promete para breve, ou seja, para o fim dos tempos). E eis o paradoxo: se fazemos um livro que narra todos os outros livros, é ele mesmo um livro, ou não? Ele deve falar de si próprio como se fosse um livro entre os outros? E se ele não se narra, que pode ser, ele que tinha o projeto de ser um livro, e por que se omitir em sua narrativa, agora que ele tem de dizer todos os livros? A literatura começa quando este paradoxo toma o lugar deste dilema; quando o livro não é mais o espaço onde a palavra adquire figura (figuras de estilo, de retórica e de linguagem), mas o lugar onde os livros são todos retomados e consumidos: lugar sem lugar, pois abriga todos os livros passados neste impossível "volume", que vem colocar seu murmúrio entre tantos outros – após todos os outros, antes de todos os outros.

1963

Distância, Aspecto, Origem

"Distance, aspect, origine", *Critique*, n. 198, novembro de 1963, p. 931-945. (Sobre J.-L.Baudry, *Les images*, Paris, Éd. du Seuil, 1963; M. Pleynet, *Paysages en deux: les lignes de la prose*, Paris, Éd. du Seuil, 1963; P. Sollers, *L'inter médiaire*, Paris, Éd. du Seuil, 1963, e *Tel quel*, n. 1-14, 1960-1963.)

A importância de Robbe-Grillet é avaliada pela questão que sua obra coloca para qualquer obra que lhe seja contemporânea. Questão profundamente crítica, tocando as possibilidades da linguagem; questão que o ócio dos críticos, frequentemente, deturpa em uma interrogação maligna sobre o direito de utilizar uma linguagem diferente – ou próxima. Aos escritores de *Tel quel* (a existência dessa revista mudou alguma coisa no campo no qual se fala, mas o quê?) costuma-se opor (colocar na frente e diante deles) Robbe-Grillet: talvez não para lhes fazer uma crítica ou mostrar um descomedimento, mas para sugerir que nessa linguagem soberana, tão obsedante, mais de um, que pensava poder escapar, encontrou seu labirinto; nesse pai, uma armadilha na qual ele permanece cativo, cativado. E já que eles próprios, afinal, quase que só falam na primeira pessoa sem tomar como referência e apoio este Ele maior...

Às sete proposições que Sollers enunciou sobre Robbe-Grillet (colocando-as quase na manchete da revista, como uma segunda "declaração", próxima da primeira e imperceptivelmente deslocada) não quero certamente acrescentar uma oitava, última ou não, que justificaria, bem ou mal, as sete outras; mas tentar tornar legível, na clareza dessas proposições, dessa linguagem direta, uma relação que esteja um pouco na retaguarda, interior ao que elas dizem, e como diagonal à sua direção.

Diz-se: há em Sollers (ou em Thibaudeau etc.) figuras, uma linguagem e um estilo, temas descritivos que são imitados ou emprestados de Robbe-Grillet. Eu diria de preferência: há neles, tecidos na trama de suas palavras e presentes sob seus

62 Michel Foucault – Ditos e Escritos

olhos, objetos que só devem sua existência e possibilidade de existência a Robbe-Grillet. Penso nessa balaustrada de ferro cujas formas negras, arredondadas ("as colunas simétricas, curvas, redondas, recurvadas, negras") limitam o balcão de *Le Parc*[1] e o abrem através desses vãos para a rua, a cidade, as árvores, as casas: objeto de Robbe-Grillet que se recorta em sombra sobre a tarde ainda luminosa – objeto visto sem parar, que articula o espetáculo, mas objeto negativo a partir do qual o olhar se estende até essa profundidade um pouco flutuante, cinza e azul, essas folhas e figuras sem haste, que ficam para serem vistas, um pouco mais além, na noite que chega. E talvez não seja indiferente que *Le parc* desenvolva mais além dessa balaustrada uma distância que lhe é própria; nem que ele se abra para uma paisagem noturna onde se invertem em uma cintilação longínqua os valores de sombra e luz que, em Robbe-Grillet, recortam as formas no meio do dia: do outro lado da rua, a uma distância imprecisa e que a obscuridade torna ainda mais duvidosa, "um amplo apartamento muito claro" cava uma galeria luminosa, muda, acidentada, desigual – caverna de teatro e de enigma para além dos arabescos de ferro obstinados em sua presença negativa. Talvez haja aí, de uma obra a outra, a imagem não de uma mutação, não de um desenvolvimento, mas de uma articulação discursiva; e certamente será preciso um dia analisar os fenômenos desse tipo em um vocabulário que não seja este, familiar aos críticos e curiosamente enfeitiçado, das influências e dos exorcismos.

Antes de voltar a esse tema (confesso que ele constitui o essencial de minha exposição), gostaria de dizer duas ou três coisas sobre as coerências dessa linguagem comum, até certo ponto, a Sollers, a Thibaudeau, a Baudry, e talvez também a outros. Não ignoro o que há de injusto em falar de maneira tão geral, e que se está imediatamente preso ao dilema: o autor ou a escola. No entanto, parece-me que as possibilidades da linguagem em uma época dada não são tão numerosas que não se possam encontrar isomorfismos (portanto, possibilidades de ler vários textos em profundidade) e que não se deve deixar o quadro aberto para outros que ainda não escreveram ou outros que ainda não foram lidos. Pois tais isomorfismos não são "visões do mundo", são dobras interiores à linguagem;

---

1 Sollers (P.), *Le parc*, Paris, Éd. du Seuil, 1961.

as palavras pronunciadas, as frases escritas passam por eles, mesmo que eles acrescentem rugas particulares.

1) Sem dúvida, certas figuras (ou talvez todas) de *Le Parc*, de *Une cérémonie royale*[2] ou de *Images* não têm volume interior, são aliviadas desse núcleo sombrio, lírico, desse centro recuado mas insistente cuja presença Robbe-Grillet já havia dissipado. Mas, de uma maneira bastante estranha, elas têm um volume – seu volume – ao lado delas, acima e abaixo, em volta: um volume em perpétua desinserção, que flutua ou vibra em torno de uma figura assinalada, mas jamais fixada, um volume que se aproxima ou se esquiva, cava sua própria distância e salta aos olhos. Na verdade, esses volumes satélites e errantes não manifestam da coisa sua presença nem sua ausência, mas antes uma distância que simultaneamente a mantém longe no fundo do olhar e a separa incorrigivelmente dela mesma; distância que pertence ao olhar (e parece, portanto, se impor do exterior aos objetos), mas que a cada instante se renova no cerne mais secreto das coisas. Ora, esses volumes, que são o interior dos objetos no exterior deles próprios, se cruzam, interferem uns com os outros, desenham formas compósitas de uma só face e se esquivam sucessivamente: assim, em *Le parc*, sob os olhos do narrador, seu quarto (ele acaba de deixá-lo para ir ao balcão e ele flutua assim ao seu lado, por fora, em uma vertente irreal e interior) comunica seu espaço com um pequeno quadro pendurado em uma das paredes; este se abre por sua vez atrás da tela, expandindo seu espaço interior para uma paisagem marinha, para os mastros de um barco, para um grupo de pessoas cujas roupas, fisionomias, gestos um pouco teatrais se desdobram de acordo com grandezas tão desmesuradas, tão pouco proporcionais em todo caso ao quadro que as encerra, que um desses gestos leva imperiosamente à atual posição do narrador no balcão. Ou de um outro fazendo talvez o mesmo gesto. Pois esse mundo da distância não é de forma alguma o do isolamento, mas o da identidade em proliferação, do Mesmo no ponto de sua bifurcação, ou na curva de seu retorno.

2) Esse ambiente faz, certamente, pensar no espelho – no espelho que dá às coisas um espaço fora delas e transplantado, que multiplica as identidades e mistura as diferenças em um lugar impalpável que nada pode desenredar. Lembre-se jus-

---

2 Thibaudeau (J.), *Une cérémonie royale*, Paris, Éd. de it, Minu 1957.

64 Michel Foucault – Ditos e Escritos

tamente da definição do Parque, esta "composição de lugares muito belos e pitorescos": cada um foi retirado de uma paisagem diferente, deslocado para fora do seu lugar de origem, ele próprio transposto, ou quase ele próprio, nessa disposição em que "tudo parece natural, exceto o conjunto". Parque, espelho dos volumes incompatíveis. Espelho, parque sutil onde árvores distantes se entrecruzam. Sob essas duas figuras provisórias, um espaço difícil (apesar de sua leveza), regular (em sua ilegalidade aparente) está começando a se abrir. Mas qual é ele, se não é inteiramente de reflexo nem de sonho, de imitação nem de devaneio? De ficção, diria Sollers; mas deixemos no momento essa palavra tão pesada e menor.

Preferiria emprestar de Klossowski uma palavra muito bela: simulacro. Seria possível dizer que, se em Robbe-Grillet as coisas insistem e se obstinam, em Sollers elas se simulam; quer dizer, seguindo o dicionário, que elas são delas próprias a imagem (a vã imagem), o espectro inconsistente, o pensamento enganador; elas se representam fora de sua presença divina, mas, no entanto, com ela se comunicando – objetos de uma piedade que se dirige ao longínquo. Mas talvez fosse necessário ouvir a etimologia com mais atenção: simular não é "vir junto", ser ao mesmo tempo que si e separado de si? Ser si mesmo nesse outro lugar, que não é o lugar de nascimento, o solo nativo da percepção, mas a uma distância sem medida, no exterior mais próximo? Estar fora de si, consigo, em um "com" no qual se cruzam as distâncias. Penso no simulacro sem fundo e perfeitamente circular de *La cérémonie royale*, ou naquele, prescrito também por Thibaudeau, do *Match de football*: a partida de futebol mal separada dela mesma pela voz dos repórteres encontra nesse parque sonoro, nesse ruidoso espelho seu lugar de encontro com tantas outras falas refletidas. Talvez seja nessa direção que é preciso entender o que diz o mesmo Thibaudeau quando ele opõe ao teatro do tempo um outro, o do espaço, mal esboçado até aqui por Appia ou Meyerhold.

3) Trata-se, portanto, de um espaço defasado, ao mesmo tempo recuado e avançado, jamais inteiramente no mesmo nível; e, na verdade, nenhuma intrusão é nele possível. Os espectadores em Robbe-Grillet são homens de pé e caminhando, ou também à espera, espreitando as sombras, os traços, as fendas, os deslocamentos; eles penetram, já penetraram no meio das coisas que se apresentam a eles de perfil, girando à medida

1963 – Distância, Aspecto, Origem   65

que eles as contornam. Os personagens do *Parc*, das *Images* estão sentados, imóveis, em regiões um pouco desprendidas do espaço, como que suspensas, varandas de café, balcões. Regiões separadas, mas pelo quê? Por nada mais, sem dúvida, do que uma distância, sua distância; um vazio imperceptível, mas que nada pode eliminar, nem povoar, uma linha que não se pára de transpor sem que ela se apague, como se, pelo contrário, fosse cruzando-a sem parar que se a marcaria mais. Pois esse limite não isola duas partes do mundo: um sujeito e um objeto ou as coisas diante do pensamento; ele é de preferência a relação universal, a muda, laboriosa e instantânea relação pela qual tudo se ata e se desata, pela qual tudo aparece, cintila e se apaga, pela qual no mesmo movimento as coisas se mostram e escapam. É esse sem dúvida o papel que desempenha, nos romances de J. P. Faye, a forma obstinadamente presente do corte (lobotomia, fronteira no interior de um país) ou em *Les images*, de Baudry, a transparência intransponível das vidraças. Mas o essencial, nessa distância milimétrica como uma linha, não é que ela exclui, mas antes fundamentalmente que ela abre; ela libera, de um lado e de outro de sua lança, dois espaços que têm o segredo de serem o mesmo, de estarem inteiramente aqui e lá; de estarem onde eles estão a distância; de oferecerem sua interioridade, sua tépida caverna, seu rosto noturno fora deles mesmos e, no entanto, na mais próxima vizinhança. Em torno dessa invisível faca giram todos os seres.

4) Essa torção tem a maravilhosa propriedade de restaurar o tempo: não para fazer nele coabitarem as formas sucessivas em um espaço de percurso (como em Robbe-Grillet), mas de preferência para deixá-las vir em uma dimensão sagital – flechas que atravessam a densidade diante de nós. Ou, também, elas vêm em acréscimo, o passado não sendo mais o solo sobre o qual estamos, nem uma ascensão até nós sob as formas da lembrança, mas, pelo contrário, *sobrevindo* a despeito das mais velhas metáforas da memória, chegando do fundo de tão próxima distância e com ela: ele adquire uma estatura vertical de sobreposição em que o mais antigo é paradoxalmente o mais próximo do cume, crista e linha de fuga, alto lugar da inversão. No início de *Images* encontramos o desenho preciso e complexo dessa curiosa estrutura: uma mulher está sentada em uma varanda de um café, tendo diante dela as grandes janelas envidraçadas de um prédio que se eleva à sua frente; e através dessas super-

66   Michel Foucault – Ditos e Escritos

fícies de vidro lhe chegam ininterruptamente imagens que se sobrepõem, enquanto sobre a mesa está colocado um livro cujas páginas ela faz rapidamente deslizar entre o polegar e o indicador (de baixo para cima, portanto, ao contrário): aparecimento, apagamento, sobreposição que corresponde de um modo enigmático, quando ela baixa os olhos, às imagens envidraçadas que se amontoam acima dela quando levanta os olhos.

5) Comparado a si mesmo, o tempo de *La jalousie*[3] e de *O Voyeur*[4] deixa traços que são diferenças, portanto finalmente um sistema de signos. Mas o tempo que sobrevém e se sobrepõe faz alternar as analogias, não manifestando nada além das figuras do Mesmo. Embora, em Robbe-Grillet, a diferença entre o que ocorre e o que não ocorre, mesmo que (e na medida em que) ela seja difícil de estabelecer, permaneça no centro do texto (pelo menos em forma de lacuna, de página branca ou de repetição): ela é seu limite e seu enigma; em *La chambre secrète*,[5] a descida e a subida do homem pela escada até o corpo da vítima (morta, ferida, sangrando, debatendo-se, morta de novo) é afinal a leitura de um acontecimento. Thibaudeau, na sequência do atentado, parece seguir um esquema semelhante: trata-se, de fato, no desfile circular de cavalos e carroças, do transcurso de uma série de acontecimentos virtuais (movimentos, gestos, aclamações, urros que talvez se produzam ou não) e que têm a mesma densidade que a "realidade", nem mais nem menos do que ela, já que eles são levados com ela quando, no último momento da parada, o sol, a música, os gritos, os últimos cavalos desaparecem na poeira com a grade que se fecha. Não se decifram signos através de um sistema de diferenças; seguem-se os isomorfismos, através de uma densidade de analogias. Não leitura, mas antes contemplação do idêntico, marcha imóvel na direção do que não tem diferença. Ali, as repartições entre real e virtual, percepção e sonho, passado e fantasma* (quer sejam mantidas ou transpostas) têm apenas o valor de serem momentos de passagem, mediadores

---

3 Robbe-Grillet (A.), *La jalousie*, Paris, Éd. de Minuit, 1957.
4 *Id.*, *Le voyeur*, Paris, Éd. de Minuit, 1955.
5 Robbe-Grillet (A.), *La chambre secrète*, in *Dans le labyrinthe*, Paris, Éd. de Minuit, 1959.
* (N.R.) Preferimos a tradução de *fantasme* por fantasma em português, como se fez em espanhol, de acordo com o significante da língua francesa.

mais do que sinais, rastros de passos, praias vazias onde não se fica, mas por onde se anuncia de longe, e já se insinua, o que de início era o mesmo (invertendo no horizonte, mas igualmente aqui mesmo a cada instante, o tempo, o olhar, a repartição das coisas e não deixando de fazer dele aparecer o outro lado). O intermediário é isso, precisamente. Escutemos Sollers: "Encontraremos aqui alguns textos aparentemente contraditórios, mas nos quais o sujeito, definitivamente, mostrava-se *o mesmo*. Quer se trate de pinturas ou de acontecimentos, intensamente reais (embora no limite do sonho), de reflexões ou de descrições arriscadas, é sempre o estado intermediário na direção de um lugar de inversão que é provocado, suportado, buscado." Esse movimento quase imóvel, essa atenção concentrada no Idêntico, essa cerimônia na dimensão suspensa do Intermediário descobrem não um espaço, não uma região ou uma estrutura (palavras muito engajadas em um modo de leitura que não convém mais), mas uma relação constante, móvel, interior à própria linguagem, e que Sollers nomeia com a palavra decisiva – "ficção".[6]

*

Se me detive nessas referências a Robbe-Grillet, um pouco meticulosas, é por que não se tratava de levar em conta as originalidades, mas de estabelecer, de uma obra a outra, uma relação visível e nomeável com cada um dos seus elementos e que não seja nem da ordem da semelhança (com toda uma série de noções malpensadas e na verdade impensáveis, de influências, de imitação) nem da ordem da substituição (da sucessão, do desenvolvimento, das escolas): uma relação tal que as obras possam se definir algumas diante, ao lado e a distância das outras, baseando-se ao mesmo tempo em sua diferença e em sua simultaneidade e definindo, sem privilégio nem apogeu, a extensão de uma *rede*. Essa rede, mesmo que a história faça aparecerem sucessivamente seus trajetos, cruzamentos e nós, pode e deve ser percorrida pela crítica segundo um movimento reversível (essa reversão modifica certas propriedades; mas ela não contesta a existência da rede, por ser justamente uma

---

6 (N.A.) Sollers (P.), "Logique de la fiction", *Tel quel*, n. 15, outono de 1963, p. 3-29.

68 Michel Foucault – Ditos e Escritos

de suas leis fundamentais); e se a crítica tem um papel, quero dizer, se a linguagem necessariamente secundária da crítica pode deixar de ser uma linguagem derivada, aleatória e fatalmente dominada pela obra, se ela pode ser ao mesmo tempo secundária e fundamental, é na medida em que ela faz chegar pela primeira vez até as palavras essa rede de obras que é para cada uma delas seu próprio mutismo.

Em um livro cujas ideias, por muito tempo ainda, terão valor diretivo,[7] Marthe Robert mostrou que relações as *Dom Quixote* e *O castelo* estabeleceram, não com tal história, mas com o que diz respeito ao próprio ser da literatura ocidental, com suas condições de possibilidade na história (condições que são obras, permitindo, assim, uma leitura *crítica* no sentido mais rigoroso do termo). Mas se essa leitura é possível, isto se deve às obras atuais: o livro de Marthe Robert é, entre todos os livros de crítica, o que mais se aproxima do que é hoje a literatura: uma certa relação consigo mesma, complexa, multilateral, simultânea, em que o fato de vir depois (de ser novo) não se reduz de forma alguma à lei linear da sucessão. Sem dúvida, semelhante desenvolvimento em linha histórica foi, do século XIX aos nossos dias, a forma de existência e de coexistência da literatura; ela tinha seu lugar claramente temporal no espaço ao mesmo tempo real e fantástico da Biblioteca; ali, cada livro era feito para retomar todos os outros, consumi-los, reduzi-los ao silêncio e, finalmente, vir se instalar ao lado deles – fora deles e no meio deles (Sade e Mallarmé com seus livros, com O Livro, são por definição o Inferno das bibliotecas). De uma maneira ainda mais arcaica, antes da grande mutação que foi contemporânea de Sade, a literatura refletia e criticava a si própria sob o modo da Retórica; porque ela se apoiava a distância em um Discurso, recuado, mas insistente (Verdade e Lei), que lhe era preciso restabelecer através de figuras (donde o face a face indissociável da Retórica e da Hermenêutica). Talvez se pudesse dizer que hoje (após Robbe-Grillet, o que o torna único) a literatura, que já não existia mais como retórica, desaparece como biblioteca. Ela se constitui em rede – em uma rede na qual não podem mais atuar a verdade da palavra nem a série da história, na qual o único *a priori* é a linguagem. O que me parece importante em *Tel quel* é que a existência da literatura

---

7 (N.A.) Robert (M.), *L'ancien et le nouveau*, Paris, Grasset, 1963.

1963 – Distância, Aspecto, Origem 69

como rede não pára mais de se esclarecer, desde o momento preliminar em que já se dizia: "O que é preciso dizer, hoje, é que a literatura não é mais concebível sem uma clara previsão dos seus poderes, um sangue frio proporcional ao caos em que ela desperta, uma determinação que colocará a poesia no mais alto lugar do pensamento. Todo o resto não será literatura."[8]

*

Para essa palavra ficção, várias vezes trazida, depois abandonada, é preciso voltar finalmente. Não sem um pouco de temor. Porque ela soa como um termo de psicologia (imaginação, fantasma, devaneio, invenção etc.). Porque parece pertencer a uma das duas dinastias do Real e do Irreal. Porque parece reconduzir – e isso seria tão simples após a literatura do objeto – às flexões da linguagem subjetiva. Porque ela oferece tanta apreensão e escapa. Atravessando, de viés, a incerteza do sonho e da espera, da loucura e da vigília, a ficção não designa uma série de experiências às quais o surrealismo já havia emprestado sua linguagem? O olhar atento que *Tel quel* dirige a Breton não é retrospecção. E, no entanto, o surrealismo havia empenhado essas experiências na busca de uma realidade que as tornasse possíveis e lhes desse acima de qualquer linguagem (atuando sobre ela, ou com ela, ou apesar dela) um poder imperioso. Mas e se essas experiências, pelo contrário, pudessem ser mantidas onde estão, em sua superfície sem profundidade, nesse volume impreciso de onde elas nos vêm, vibrando em torno do seu núcleo indeterminável, sobre seu solo que é uma ausência de solo? E se o sonho, a loucura, a noite não marcassem o posicionamento de nenhum limiar solene, mas traçassem e apagassem incessantemente os limites que a vigília e o discurso transpõem, quando eles vêm até nós e nos chegam já desdobrados? Se o fictício fosse, justamente, não o mais além, nem o segredo íntimo do cotidiano, mas esse trajeto de flecha que nos salta aos olhos e nos oferece tudo o que aparece? Então, o fictício seria também o que nomeia as coisas, fá-las falar e oferece na linguagem seu ser

---

8 (N.A.) E depois, justamente, J. P. Faye se aproximou de *Tel quel*, ele que sonha escrever romances não "em série", mas estabelecendo uns em relação aos outros uma certa relação de proporção.

70   Michel Foucault – Ditos e Escritos

já dividido pelo soberano poder das palavras: "Paisagens em dois", diz Marcelin Pleynet. Não dizer, portanto, que a ficção é a linguagem: o giro seria muito simples, embora seja familiar atualmente. Dizer, com mais prudência, que há entre elas uma dependência complexa, uma confirmação e uma contestação; e que, mantida por tanto tempo quanto possa abster-se da fala, a simples experiência que consiste em pegar uma caneta e escrever franqueia (como se diz: liberar, desenterrar, retomar um penhor ou retornar a uma fala) uma distância que não pertence nem ao mundo, nem ao inconsciente, nem ao olhar, nem à interioridade, uma distância que, em sua nudez, oferece um quadriculado de linhas de tinta e também um emaranhado de ruas, uma cidade começando a nascer já ali há muito tempo:

> Os meses são linhas, fatos quando elas se cruzam representaríamos desta maneira uma série de retas cortadas em ângulo reto por uma série de retas uma cidade.[9]

> (Les mois sont des lignes, des faits lorsqu'elles se croisent nous représenterions de cette façon une série de droites coupées à angle droit par une série de droites une ville.)

E se me pedissem para definir, enfim, o fictício eu diria, sem firulas: a nervura verbal do que não existe, tal como ele é.

Apagarei, para remeter essa experiência ao que ela é (para tratá-la, portanto, como ficção, pois ela não existe, é sabido), apagarei todas as palavras contraditórias pelas quais facilmente se poderia dialetizá-la: nivelamento ou abolição do subjetivo e do objetivo, do interior e do exterior, da realidade e do imaginário. Seria necessário substituir todo esse léxico da mistura pelo vocabulário da distância, e mostrar então que o fictício é um afastamento próprio da linguagem – um afastamento que tem nela seu lugar mas que também a expõe, dispersa, reparte, abre. Não há ficção porque a linguagem está distante das coisas; mas a linguagem é sua distância, a luz onde elas estão e sua inacessibilidade, o simulacro em que se dá somente sua presença; e qualquer linguagem que, em vez de esquecer essa distância, se mantém nela e a mantém nela, qualquer linguagem que fale

---

9 (N.A.) Pleynet (M.), *Paysages en deux: les lignes de la prose*, Paris, Éd. du Seuil, 1963, p. 121.

dessa distância avançando nela é uma linguagem de ficção. É possível então atravessar qualquer prosa e qualquer poesia, qualquer romance e qualquer reflexão, indiferentemente. O estilhaçamento dessa distância, *Pleynet* o designa com uma palavra: "Fragmentação é a fonte." Dito de outra forma, e pior: um primeiro enunciado absolutamente inicial dos rostos e linhas nunca é possível, não mais do que essa vinda primitiva das coisas que a literatura às vezes se impôs como tarefa acolher, em nome ou sob o signo de uma fenomenologia desorientada. A linguagem da ficção se insere em uma linguagem já dita, em um murmúrio que nunca começou. A virgindade do olhar, a marcha atenta que eleva as palavras à medida das coisas descobertas e contornadas, não lhe importa; mas antes a usura e o afastamento, a palidez do que já foi pronunciado. Nada é dito na aurora (*Le parc* começa em uma noite; e de manhã, uma outra manhã, ele recomeça); o que deveria ser dito pela primeira vez não é nada, não é dito, ronda nos confins das palavras, nestas falhas de papel branco que esculpem e vazam (abrem para o dia) os poemas de Pleynet. Há, entretanto, nessa linguagem da ficção um instante de origem pura: é o da escrita, o momento das próprias palavras, da tinta mal seca, o momento em que se esboça aquilo que por definição e em seu ser mais material só pode ser traço (signo, em uma distância, para o anterior e o posterior):

Como escrevo (aqui) sobre esta página de linhas desiguais justificando a prosa (a poesia) as palavras designam palavras e remetem umas às outras o que vocês ouvem.[10]

(Comme j'écris (ici) sur cette page aux lignes inégales justifiant la prose (la poésie) les mots désignent des mots et se renvoient les uns aux autres ce que vous entendez.)

Por várias vezes, *Le parc* invoca esse gesto paciente que preenche com uma tinta azul-escuro as páginas do caderno de capa laranja. Mas esse gesto, ele próprio só é apresentado, em sua atualidade precisa, absoluta, no último momento: apenas as últimas linhas do livro o trazem e o encontram. Tudo o que foi dito anteriormente e por essa escrita (a própria nar-

---

10 (N.A.) Pleynet (M.), "Grammaire I", *Tel quel*, n. 14, verão de 1963, p. 11.

72 Michel Foucault – Ditos e Escritos

rativa) é remetido a uma ordem comandada por este minuto, este segundo atual; termina nessa origem que é o único presente e também o fim (o momento de se calar); concentra-se inteiramente nela; mas também é, em seu desenvolvimento e percurso, sustentado a cada instante por ela; distribui-se em seu espaço e tempo (a página por terminar, as palavras que se alinham); encontra nela sua constante atualidade.

Não há, portanto, uma série linear, indo do passado que se rememora ao presente atual, que defina a lembrança vinda e o instante de escrevê-la. Mas, antes, uma relação vertical e arborescente em que uma atualidade paciente, quase sempre silenciosa, jamais dada por si mesma, sustenta figuras que, em vez de se ordenarem pelo tempo, distribuem-se de acordo com outras regras: o próprio presente só aparece uma vez, quando a atualidade da escrita é finalmente dada, quando o romance termina e a linguagem não é mais possível. Antes e para além, em todo o livro, é uma outra ordem que reina: entre os diferentes episódios (mas a palavra é bastante cronológica; talvez ele tivesse querido dizer "fases", mais próxima da etimologia), a distinção dos tempos e dos modos (presente, futuro, imperfeito ou condicional) remete apenas muito indiretamente a um calendário; ela designa referências, índices, anotações em que atuam as categorias da perfeição, da imperfeição, da continuidade, da iteração, da iminência, da proximidade, do afastamento, que os gramáticos chamam de categorias do *aspecto*. Sem dúvida, é preciso dar um sentido forte a essa frase de aspecto discreto, uma das primeiras do romance de Baudry: "Disponho do que me cerca por um tempo *indeterminado*." Ou seja, que a repartição do tempo – dos tempos – é tornada não imprecisa em si mesma, mas inteiramente relativa e comandada pelo jogo do aspecto – por esse jogo em que o que está em questão é o afastamento, o trajeto, a vinda, o retorno. O que instaura secretamente e determina esse tempo indeterminado é, portanto, uma rede mais espacial do que temporal; seria também preciso retirar dessa palavra espacial o que a assemelha a um olhar imperioso ou a uma abordagem sucessiva; trata-se, antes, desse espaço por baixo do espaço e do tempo, que é o da distância. E se me detenho de boa vontade na palavra aspecto, depois de ficção e de simulacro, é ao mesmo tempo por sua precisão gramatical e por todo um núcleo semântico que gira em torno dela (a *species* do espelho e a espécie da analogia; a difração do espectro; o desdobramento dos espectros; o aspecto exterior, que não é nem a própria coisa nem seu contorno exato; o aspecto que se modifica com a distância, o aspecto que frequentemente engana mas que não se apaga etc.).

Linguagem do aspecto que tenta fazer chegar às palavras um jogo mais soberano do que o tempo; linguagem da distância que distribui de acordo com uma outra profundidade as relações do espaço. Mas a distância e o aspecto estão ligados entre si de maneira mais estreita que o espaço e o tempo; formam uma rede que nenhuma psicologia pode desenredar (o aspecto oferecendo não o próprio tempo, mas o movimento de sua *vinda*; a distância oferecendo não as coisas em seu lugar, mas o movimento que as *apresenta* e as faz passar). E a linguagem que revela essa profunda dependência não é uma linguagem da subjetividade; ela se abre e, no sentido estrito, "produz" alguma coisa que se poderia designar com a palavra neutra experiência: nem verdadeira nem falsa, nem vigília nem sonho, nem loucura nem razão, ela suprime tudo o que Pleynet chama de "vontade de qualificação". Pois o afastamento da distância e as relações do aspecto não provêm da percepção, das coisas, nem do sujeito, muito menos do que se designa de boa vontade e bizarramente como o "mundo"; eles pertencem à dispersão da linguagem (a esse fato originário de que jamais se fala na origem, mas no longínquo). Uma literatura do aspecto como essa é, portanto, interior à linguagem; não que ela a trate como um sistema fechado, mas porque nela experimenta o distanciamento da origem, a fragmentação, a exterioridade esparsa. Ela aí encontra sua referência e sua contestação.

Donde alguns traços característicos de tais obras: apagamento, inicialmente, de qualquer nome próprio (mesmo que reduzido à sua letra inicial) em proveito do pronome pessoal, ou seja, de uma simples referência ao já nomeado em uma linguagem começada desde sempre; e os personagens que recebem uma designação só têm direito a um substantivo infinitamente repetido (o homem, a mulher), modificado somente por um adjetivo enterrado ao longe na densidade das familiaridades (a mulher de vermelho). Daí, também, a exclusão do inaudito, do jamais visto, as precauções contra o fantástico: o fictício apenas aparecendo nos suportes, nas insinuações, na sobrevinda das coisas (não nas próprias coisas) – nos elementos neutros desprovidos de qualquer prestígio onírico que conduzem de uma orla da

74 Michel Foucault – Ditos e Escritos

narrativa à outra. O fictício tem seu lugar na articulação quase muda: grandes interstícios brancos que separam os parágrafos impressos ou tênue partícula quase pontual (um gesto, uma cor em *Le parc*, um raio de sol em *La cérémonie*) em torno da qual a linguagem gira, constitui-se, recompõe-se, assegurando a passagem por sua repetição ou sua imperceptível continuidade. Figura oposta à imaginação que abre o fantasma para o próprio âmago das coisas, o fictício habita o elemento vetor que se apaga pouco a pouco na precisão central da imagem – simulacro rigoroso do que se pode ver, duplo único.

Mas jamais poderá ser restituído o momento anterior à dispersão; jamais o aspecto poderá ser conduzido à pura linha do tempo; jamais se reduzirá a difração que *Les images* significam pelas mil aberturas envidraçadas do imóvel, que *Le parc* relata em uma alternativa suspensa ao "infinitivo" (cair do balcão e se tornar o silêncio que segue o barulho do corpo, ou *bem* rasgar as páginas do caderno em pequenos pedaços, vê-los oscilar um instante no ar). Assim, o sujeito falante encontra-se banido para as bordas exteriores do texto, nele deixando apenas um entrecruzamento de sulcos (Eu ou Ele, Eu e Ele simultaneamente), flexões gramaticais entre outras dobras da linguagem. Ou também, em Thibaudeau, o sujeito vendo a cerimônia, e vendo aqueles que a veem, provavelmente não está situado em nenhum outro lugar a não ser nos "vazios deixados entre os passantes", na distância que torna o espetáculo longínquo, na cesura cinzenta das paredes que oculta os preparativos, a toalete, os segredos da rainha. De todos os lados se reconhece, mas às cegas, o vazio essencial no qual a linguagem toma seu lugar; não lacuna como aquelas que a narrativa de Robbe-Grillet não pára de cobrir, mas a ausência de ser, brancura que é, para a linguagem, meio paradoxal e também exterioridade indelével. A lacuna não é, fora da linguagem, o que ela deve mascarar nem é nela o que a dilacera irreparavelmente. A linguagem é esse vazio, esse exterior no interior do qual ela não pára de falar: "O eterno escoamento do fora." Talvez seja em um tal vazio que ecoe, a um tal vazio que se dirija o tiro central de *Le Parc*, que detém o tempo no ponto intermediário entre o dia e a noite, matando o outro e também o sujeito falante (de acordo com uma figura que não deixa de ter parentesco com a comunicação tal como a concebia Bataille). Mas esse assassinato não atinge a linguagem; talvez mesmo, nessa hora que não é sombra nem luz, nesse limite de tudo (vida e morte, dia e noite, fala e silêncio) abra-se a saída de uma linguagem que havia começado desde sempre. Pois, sem dúvida, não é da morte que se trata nessa ruptura, mas de alguma coisa que está na retaguarda de qualquer acontecimento. Pode-se dizer que esse tiro, que cava o mais vazio da noite, indica o recuo absoluto da origem, o apagamento essencial da manhã em que as coisas estão ali, em que a linguagem nomeia os primeiros animais, em que pensar é falar? Esse recuo nos condena à repartição (repartição primeira e constitutiva de todas as outras) entre o pensamento e a linguagem; nessa bifurcação na qual estamos presos se delineia um espaço no qual o estruturalismo de hoje põe sem duvidar o olhar na superfície mais meticuloso. Mas se interrogarmos esse espaço, se lhe perguntarmos de onde ele nos vem, ele e as mudas metáforas sobre as quais obstinadamente ele repousa, talvez vejamos se delinearem figuras que não são mais as da simultaneidade: as relações do aspecto no jogo da distância, o desaparecimento da subjetividade no recuo da origem; ou, pelo contrário, essa retaguarda oferecendo uma linguagem já esparsa em que o aspecto das coisas brilha a distância até nós. Essas figuras, nessa manhã em que estamos, mais de um as espreita ao nascer do dia. Talvez anunciem uma experiência em que uma única Divisão reinará (lei e vencimento de todas as outras): pensar e falar – esse "e" designando o *intermediário* que nos coube na repartição e no qual algumas obras atualmente tentam se manter.

"Da terra que não passa de um desenho", escreve Pleynet sobre uma página branca. E, no outro extremo dessa linguagem que faz parte dos séculos milenares de nossa terra e que também ela, não mais do que a terra, jamais começou, uma última página, simétrica e também intacta, deixa chegar até nós esta outra frase: "A parede do fundo é uma parede de cal", designando com isso a brancura do fundo, o vazio visível da origem, essa explosão incolor de onde nos chegam as palavras – precisamente estas palavras.

1964

Posfácio a Flaubert (*A Tentação de Santo Antão*)

Posface à Flaubert (G.), *Die Versuchung des Heiligen Antonius*, Frankfurt, Insel Verlag, 1964, p. 217-251. O mesmo texto, em francês, foi publicado, com as gravuras aqui reproduzidas, em *Cahiers de la compagnie Madeleine Renaud-Jean-Louis Barrault*, n. 59, março de 1967, p. 7-30, com o título "Um 'fantástico' de biblioteca".

M. Foucault publicou uma nova versão deste artigo em 1970 (ver n. 75, vol. II da edição francesa desta obra). As passagens entre colchetes não figuram na versão de 1970. As diferenças entre os dois textos estão assinaladas por notas.

I

Três vezes, Flaubert escreveu, reescreveu *La tentation*:[1] em 1849 – antes de *Madame Bovary* –, em 1856, antes de *Salammbô*, em 1872, no momento de redigir *Bouvard et Pécuchet*. Em 1856 e em 1857, ele havia publicado dele apenas extratos. Santo Antão acompanhou Flaubert durante 25 ou 30 anos – por tanto tempo quanto o herói de *L'éducation*. Duas figuras ao mesmo tempo gêmeas e opostas: é bem possível que através dos séculos o velho anacoreta do Egito, ainda assaltado por desejos, responda ao jovem de 18 anos que, no barco de Paris ao Havre, é surpreendido pela aparição da Sra. Arnoux. E esta noite, em que Frédéric – silhueta já meio apagada – afasta-se, como por medo de um incesto, daquela que ele não deixou de amar, é preciso talvez nela encontrar a sombra da noite em que o eremita vencido se pôs enfim a amar a própria

---

1 Primeira versão em *Oeuvres*, Paris, Gallimard, Col. "Bibliothèque de la Pléiade", 1936, t. I, p. 229-257. Segunda versão em *op. cit.*, p. 258-302. Terceira versão em *op. cit.*, p. 57-198.

1964 – Posfácio a Flaubert (*A Tentação de Santo Antão*)   **77**

matéria da vida.[2] O que foi "tentação" entre as ruínas de um mundo antigo ainda povoado de fantasmas se tornou "educação" na prosa do mundo moderno.

Nascida muito cedo – e talvez de um espetáculo de marionetes –, *La tentation* percorre toda a obra de Flaubert. Ao lado dos outros textos, por trás deles, parece que *La tentation* constitui uma prodigiosa reserva de violências, fantasmagorias, quimeras, pesadelos, perfis cômicos. Esse tesouro incomensurável, seria possível dizer que Flaubert o passou sucessivamente à grisalha dos devaneios provincianos em *Madame Bovary*, modelado e esculpido pelos cenários de *Salammbô*, reduzido ao grotesco cotidiano com *Bouvard*. Sentimos que *La tentation* é, para Flaubert, o sonho de sua escrita: o que ele teria querido que ela fosse [– dócil, suave, espontânea, harmoniosamente desfeita na embriaguez das frases, bela –], mas também o que ela devia deixar de ser para despertar enfim na forma atual.[3] *La tentation* existiu antes de todas as obras[4] de Flaubert (seu primeiro esboço, encontramo-no nas *Mémoires d'un fou, no Rêve d'enfer*, na *Danse des morts* e, sobretudo, em *Smahr*); e foi repetida – ritual, purificação, exercício, "tentação" repelida? – antes de cada uma delas.[5] Em desaprumo acima da obra, ela a ultrapassa com seus excessos tagarelas, com sua superabundância inculta, com sua população bestial; e, na retaguarda de todos os textos, ela oferece, com o negativo de sua escrita, a prosa sombria, murmurante que ele precisou recalcar e pouco a pouco reconduzir ao silêncio para elas próprias poderem emergir. [Toda a obra de Flaubert é o incêndio desse discurso primeiro: sua cinza preciosa, seu negro, duro carvão.]

II

Prazerosamente, lê-se *La tentation* como o protocolo de um devaneio liberado. [Ela seria para a literatura o que Bosch,

---

2 E nesta noite, em que Frédéric afasta-se, como por medo de um incesto, daquela que ele não deixou de amar, é preciso talvez reconhecer o oposto da noite em que o eremita vencido se pôs a amar a matéria maternal da vida.

3 ..., mas também o que ela deveria deixar de ser para receber sua forma final.

4 ...antes de todos os livros...

5 ...antes de cada um deles.

Brueghel ou o Goya dos *Caprices* puderam ser para a pintura.] Tédio dos primeiros leitores (ou ouvintes) diante deste desfile monótono de grotescos: "Escutamos o que diziam a Esfinge, a quimera, a rainha de Sabá, Simão o Mágico..."; ou também – é sempre Du Camp que fala – "Santo Antão espantado, um pouco ingênuo, ousaria dizer, um pouco simplório, vê desfilarem diante dele as diferentes formas da tentação". Os amigos se encantam com a "riqueza da visão" (Coppée), "dessa floresta de sombras e de claridade" (Hugo), do "mecanismo da alucinação" (Taine). [Mas o mais estranho não está aí.] O próprio Flaubert invoca loucura e fantasma; ele sente que trabalha sobre as grandes árvores abatidas do sonho: "Passo minhas tardes com as janelas fechadas, as cortinas cerradas e sem camisa, em uma roupa de carpinteiro. Grito! Suo! É soberbo! Há momentos em que, decididamente, é mais que delírio." No momento em que a tarefa chega ao fim: "Eu me lancei furioso em *Saint Antoine* e cheguei a gozar de uma exaltação assustadora... Jamais alguma coisa me subiu tanto à cabeça."

Ora, no que se refere a sonhos e delírios, sabe-se agora[6] que *La tentation* é um monumento de saber meticuloso. Para a cena dos heréticos, exame minucioso das *Mémoires ecclésias-*

---

6 (N.A.) Graças aos notáveis estudos de Jean Seznec [sobre a bibliografia e a iconografia de *La tentation*; cf., particularmente, *Nouvelles études sur la "Tentation de Saint Antoine"*, Londres, *Studies of the Warburg Institute*, t. XVIII, 1949].

1964 – Posfácio a Flaubert (*A Tentação de Santo Antão*)   79

tiques de Tillemont, leitura dos três volumes de Matter sobre a *Histoire du gnosticisme*,[7] da *Histoire de Manichée* por Beausobre, da Théologie chrétienne de Reuss; a que é preciso acrescentar Santo Agostinho, certamente, e a *Patrologie de* Migne (Atanásio, Jerônimo, Epifânio). Os deuses, Flaubert foi buscá-los em[8] Burnouf, [em] Anquetil-Duperron, [em] Herbelot e [em] Hottinger, nos volumes de *L'univers pittoresque*, nos trabalhos do Anglais Layard, e sobretudo na tradução de Creuzer, as *Religions de l'Antiquité*. As *Traditions tératologiques* de Xivrey, o *Physiologus* que Cahier e Martin haviam reeditado, as *Histoires prodigieuses* de Boaistuau, o Duret dedicado às plantas e à sua "história admirável" deram informações sobre os monstros.[9]

---

7 ...*du gnosticisme, consulta da Histoire...*

8 ...*foi redescobri-los em Burnouf...*

9 Le Nain de Tillemont (S.), *Mémoires pour servir à l'histoire ecclésiastique des six premiers siècles*, Paris, Robustel, 1693-1712, 16 vol. Matter (J.), *Histoire critique du gnosticisme et de son influence sur les sectes religieuses et philosophiques des six premiers siècles de l'ère chrétienne*, Paris, G. Levrault, 1828, 3 vol. Beausobre (I. de), *Histoire critique de Manichée et du manichéisme*, Amsterdam, J. F. Bernard, 1734 e 1739, 2 vol. Reuss (E.), *Histoire de la théologie chrétienne au siécle apostolique*, Strasbourg, Treutel e Würtz, 1852, 2 vol. Migne (abade J.-P.), Atanásio (patriarca de Alexandria), *in Patrologie grecque*, Paris, Petit-Montrouge, t. XXV, XXVI, XXVII e XXVIII, 1857; Epifânio (bispo de Constantia), *ibid.*, t. XLI, XLII e XLIII, 1863-1864; São Jerônimo, *Patrologie latine*, t. XXII a XXX, 1845-1846. Burnouf (E.), *Commentaire sur le Yaçna, l'un des livres religieux des Perses*, Paris, Imprimerie Royale, 1833; *Introduction à l'histoire du bouddhisme indien*, Paris, Imprimerie Royale, 1844. Anquetil-Duperron (A.), *Zend-Avesta, ouvrage de Zoroastre, avec une vie de Zoroastre, un commentaire et des études sur les usages civils et religieux des Parsis et sur le cérémonial des livres Zends*, Paris, M. Lambert, 1771, 3 vol. Herbelot de Molainville (B. d'), *Bibliothèque orientale, ou Dictionnaire universel contenant tout ce qui regarde la connaissance des peuples de l'Orient, leurs religions, leur mythologie*, Paris, Compagnie des Libraires, 1697. Hottinger (J. H.), *Historia orientalis*, Tiguri, J. Bodmeri, 1651. *L'univers pittoresque. Histoire et description de tous les peuples, de leurs religions, moeurs, coutumes*, Paris, Firmin-Didot, 1835-1863, 70 vol. Layard (A.), *Discoveries in the ruins of Nineveh and Babylon*, Londres, Murray, 1853; *Early adventures in Persia, Susiana and Babylonia*, Londres, Murray, 1887, 2 vol. Creuzer (G. F.), *Symbolik und Mythologie der alten Völker*, Leipzig, K. Leske, 4 vol., 1810-1812; *Les religions de l'Antiquité considérées principalement dans leurs formes symboliques et mythologiques* (trad. Guigniaut), Paris, Firmin-Didot, 1825-1851, 4 vol. Berger de Xivrey (J.), *Traditions tératologiques, ou Récits de l'Antiquité et du Moyen Âge en Occident sur quelques points de la fable, du merveilleux et de l'histoire naturelle*, Paris, Imprimerie Royale, 1836. *Physiologus, poème sur la nature des animaux*, Éd. Charles Cahier e Arthur Martin, *in Nouveaux mélanges d'archéologie, d'histoire et de*

80 Michel Foucault – Ditos e Escritos

Spinoza havia inspirado a meditação metafísica sobre a substância extensa. Mas isso não é tudo. Nesse texto há evocações que parecem todas carregadas de onirismo: uma grande Diana de Éfeso, por exemplo, com leões nos ombros, frutas, flores, estrelas entrecruzadas sobre o peito, cachos de tetas, uma cinta que a envolve até a cintura e da qual sobressaem grifos e touros. Mas essa "fantasia" se encontra, palavra por palavra, linha por linha, no último volume de Creuzer, na prancha 88: basta seguir com o dedo os detalhes da gravura para que surjam fielmente as próprias palavras de Flaubert. Cibele e Atis (em uma pose lânguida, o cotovelo apoiado em uma árvore, sua flauta, sua roupa recortada em losangos) podem ser vistos em pessoa na prancha 58 da mesma obra, [tal e qual] o retrato de Ormuz se encontra na Layard, [e] assim como os medalhões de Oraïos, de Sabaoth, de Adonaï, de Knouphis podem ser facilmente descobertos em Matter.[10] Podemos nos espantar que tanta meticulosidade erudita produza uma tal impressão de fantasmagoria. Mais precisamente que o próprio Flaubert tenha concebido como vivacidade de uma imaginação em delírio o que pertencia de forma tão manifesta à paciência do saber.

A não ser que Flaubert tenha talvez feito aí a experiência de um fantástico singularmente moderno [e ainda pouco conhecido até ele]. Porque o século XIX descobriu um espaço de imaginação cuja potência as épocas precedentes não haviam sem dúvida pressuposto. Esse novo lugar dos fantasmas não é mais a noite, o sono da razão, o vazio incerto aberto diante do desejo; pelo contrário, é a vigília, a atenção infatigável, o zelo

---

littérature sur le Moyen Âge, Paris, Firmin-Didot, t. IV, 1877. Boaistuau (P.), *Histoires prodigieuses les plus mémorables qui aient été observées depuis la nativité de Jésus-Christ jusqu'à notre siècle*, Paris, Annet Brière, 1560. Duret (C.), *Histoire admirable des plantes et herbes miraculeuses en nature*, Paris, Nicolas Buon, 1605.

---

10 Na versão de 1970, M. Foucault havia acrescentado aqui a seguinte nota: o jovem deus em seu berço flutuante e que deve exprimir a "dualidade primordial dos brâmanes" descreve com muita exatidão uma gravura que se encontra no tomo IV da tradução de Creuzer (prancha 9); o deus rosa que morde seu dedo do pé e o azul, que agita seus quatro braços, vêm provavelmente de Burnouf (*L'Inde française ou Collection de dessins lithographiés réprésentant les divinités, temples, costumes des peuples indous*, Paris, Chabrelie, t. I, 1835). O Fogo devorador, príncipe dos exércitos, encontra-se em Creuzer, t. IV, prancha 8. Seria possível citar outros exemplos.

erudito, a atenção às emboscadas. Daí em diante, o quimérico nasce[11] da superfície negra e branca dos signos impressos, do volume fechado e poeirento que se abre para um voo de palavras esquecidas; ele se desdobra cuidadosamente na biblioteca aturdida, com suas colunas de livros, seus títulos alinhados e suas prateleiras que a fecham de todos os lados, mas entreabrem do outro lado para mundos impossíveis. O imaginário se aloja entre o livro e a lâmpada. Não se traz mais o fantástico no coração; tampouco se o espera das incongruências da natureza; extraímo-lo da exatidão do saber; sua riqueza está à espera no documento. Para sonhar, não é preciso fechar os olhos, é preciso ler. A verdadeira imagem é conhecimento. São palavras já ditas, recensões exatas, massas de informações minúsculas, ínfimas parcelas de monumentos e reproduções de reproduções que sustentam na experiência moderna os poderes do impossível. Nada mais há, além do rumor assíduo da repetição, que possa nos transmitir o que só ocorre uma vez. O imaginário não se constitui contra o real para negá-lo ou compensá-lo; ele se estende entre os signos, de livro a livro, no interstício das repetições e dos comentários; ele nasce e se forma no entremeio dos textos. É um fenômeno de biblioteca.[12]

Michelet, em *La sorcière*, Quinet, em *Ahasvérus*, haviam[13] também explorado essas formas do onirismo erudito. Mas *La tentation* não é um saber que pouco a pouco se eleva à grandeza de uma obra. É uma obra que se constitui de início no espaço do saber: ela existe em uma certa relação fundamental com os livros. Porque ela talvez seja mais do que um episódio na história da imaginação ocidental; ela abre o espaço de uma literatura que só existe no e pelo entrecruzamento do já escrito: livro em que se realiza a ficção dos livros. Diremos que já *Dom Quixote*, e toda a obra de Sade... Mas é sob a forma da ironia que *Dom Quixote* está ligado às narrativas de cavalaria, *La nouvelle Justine*, aos romances virtuosos do século XVIII: pois bem! São apenas[14] livros... *La*

---

11 Uma quimera pode nascer...

12...biblioteca. De um modo totalmente novo, o século XIX reata com uma forma de imaginação que a Renascença tinha sem dúvida conhecido antes dele, mas que tinha sido por um tempo esquecida.

13 ...*Ahasvérus*, têm...

14 ...não eram...

82   Michel Foucault – Ditos e Escritos

tentation está seriamente concernida ao imenso domínio do impresso; ela tem lugar na instituição reconhecida da escrita. É menos um livro novo, a ser colocado ao lado dos outros, do que uma obra que se desenvolve no espaço dos livros existentes. Ela os recobre, os esconde, os manifesta, com um só movimento os faz cintilar e desaparecer. Ela não é apenas um livro que Flaubert por muito tempo sonhou escrever; é o sonho de outros livros: todos os outros livros, sonhadores, sonhados – retomados, fragmentados, combinados, deslocados, [afastados], colocados a distância pelo sonho, mas por ele também aproximados até a satisfação imaginária e cintilante do desejo. [Com *La tentation*, Flaubert escreveu, sem dúvida, a primeira obra literária que tem seu lugar próprio unicamente no espaço dos livros:] Após *Le livre*, Mallarmé se tornará possível, depois Joyce, Roussel, Kafka, Pound, Borges. A biblioteca está em chamas.

É bem possível que *Le Déjeuner sur l'Herbe* e *Olympia* tenham sido as primeiras pinturas "de museu": pela primeira vez na arte europeia, telas foram pintadas – não exatamente para reproduzir Giorgione, Rafael e Velásquez, mas para expressar, ao abrigo dessa relação singular e visível, sob essa decifrável referência, uma relação nova [e substancial] da pintura consigo mesma, para manifestar a existência dos museus e o modo de ser e de parentesco que os quadros adquirem neles. Na mesma época, *La tentation* é a primeira obra literária que leva em conta essas instituições imaturas nas quais os livros se acumulam e onde sutilmente cresce a lenta, a indubitável vegetação de seu saber. Flaubert é para a biblioteca o que Manet é para o museu. Eles escrevem, eles pintam, em uma relação fundamental com o que foi pintado, com o que foi escrito – ou melhor, com aquilo que da pintura e da escrita permanece perpetuamente aberto. Sua arte se erige onde se forma o arquivo. Não absolutamente que eles assinalem o caráter tristemente histórico – juventude encurtada, ausência de frescor, inverno das invenções – pelo qual gostamos de estigmatizar nossa época alexandrina; mas eles fazem emergir um fato essencial em nossa cultura: cada quadro pertence desde então à grande superfície quadrilátera da pintura; cada obra literária pertence ao murmúrio infinito do escrito. Flaubert e Manet fizeram existir, na própria arte, os livros e as telas.

III

A presença do livro é curiosamente manifestada e escamoteada em *La tentation*. O texto é imediatamente desmentido como livro. Mal aberto, o volume contesta os signos impressos com os quais ele é povoado e se dá[15] a forma de uma peça de teatro: transcrição de uma prosa que não seria destinada a ser lida, mas recitada e encenada. Flaubert havia por um instante imaginado em fazer de *La tentation* uma espécie de grande drama, um Fausto que teria engolido todo o universo das religiões e dos deuses. Muito cedo Flaubert renunciou a isso; mas conservou no interior do texto tudo o que podia marcar uma representação eventual: recorte em diálogos e em quadros, descrição do lugar da cena, dos elementos do cenário e de sua modificação, indicação do movimento dos "atores" no palco – e tudo isso conforme as disposições tipográficas tradicionais (caracteres menores e margens maiores para as notações cênicas, nome do personagem, em grandes letras, acima do seu discurso etc.). Por uma duplicação significativa, o primeiro cenário indicado – aquele que servirá de lugar a todas as modificações posteriores – tem ele próprio a forma de um teatro natural: o retiro do eremita foi colocado "no alto de uma montanha, sobre um platô arredondado em meia-lua fechado por grandes pedras"; supõe-se, portanto, que o livro descreva uma cena que representa um "palco" preparado pela natureza e no qual novas cenas virão por sua vez estabelecer seu cenário. Mas essas indicações não determinam a utilização futura do texto (são quase todas incompatíveis com uma encenação real); elas marcam apenas seu modo de ser: o impresso deve ser apenas o suporte discreto do visível; um insidioso espectador virá tomar o lugar do leitor, e o ato de ler se atenuará em [o triunfo de] um outro olhar. O livro desaparece na teatralidade que ele revela.

Mas para logo reaparecer no interior do espaço cênico. Os primeiros sinais da tentação não tinham ainda apontado através das sombras que se alongam, os focinhos tampouco haviam perfurado a noite quando Santo Antão, para deles se proteger, acendeu o archote e abriu "um grande livro". Postura de acordo com a tradição iconográfica: no quadro de Brueghel, o Jovem – que Flaubert tanto havia admirado visitando em

---

15 ...e se mostra sob a forma...

84 Michel Foucault – Ditos e Escritos

Gênova a coleção Balbi e que, como ele diz, teria feito nascer nele o desejo de escrever *La tentation* –, o eremita, embaixo, no lado direito da tela, está ajoelhado diante de um imenso in-fólio, a cabeça um pouco inclinada, os olhos dirigidos para as linhas escritas. Em torno dele mulheres nuas abrem os braços, a enorme gula estende um pescoço de girafa, os homens-tonéis fazem seu alarido, bestas sem nome se entredevoram, enquanto desfilam todos os grotescos da Terra, bispos, reis e poderosos; mas o Santo nada vê de tudo isso, já que está absorvido em sua leitura. Ele nada vê, a menos que perceba, em diagonal, o grande charivari. [A menos que faça apelo, para dele se defender, à potência enigmática desse livro mágico.] A menos que o balbucio que soletra os signos escritos evoque todas essas pobres figuras informes, que não receberam nenhuma língua, que nenhum livro jamais acolhe, e que se comprimem, inominadas, nas pesadas folhas do volume. A menos também que do entreabrir das páginas e do próprio interstício das letras escapem todas essas existências que não podem ser filhas da natureza. Mais fecundo que o sono da razão, o livro talvez engendre o infinito dos monstros. Longe de preparar um espaço protetor, ele liberou uma obscura efervescência, e toda uma sombra duvidosa na qual se mesclam a imagem e o saber. Em todo caso, qualquer que seja a significação do in-fólio aberto no quadro de Brueghel, o Santo Antão de Flaubert, para se proteger do mal que começa a obcecá-lo, empunha seu livro e lê ao acaso cinco passagens dos livros santos. Mas, pela astúcia do texto, eis que logo se elevam no ar da tarde o aroma da gula, o odor do sangue e da cólera, o incenso do orgulho, os aromas que valem mais que seu peso em ouro e os perfumes culpáveis dos reinos do Oriente. O livro é o lugar da Tentação. E não importa absolutamente qual livro: se o primeiro dos textos lidos pelo eremita pertence aos Atos dos Apóstolos, os quatro últimos foram inteiramente tirados do Antigo Testamento[16] – na própria Escritura de Deus, no livro por excelência.

Nas duas primeiras versões da obra, a leitura dos textos sagrados não desempenhava nenhum papel. Diretamente assaltado pelas figuras canônicas do mal, o eremita buscava refúgio em seu oratório; os Sete Pecados, excitados por Satanás,

---

16 (N.A.) *Atos dos Apóstolos*, X, 11. Daniel, II, 46. II *Livre des Rois*, XX, 13; I *Livre des Rois*, X, 1.

1964 – Posfácio a Flaubert (*A Tentação de Santo Antão*)   85

lutavam contra as Virtudes e, conduzidos pelo Orgulho, abriam brecha sobre brecha no recinto protegido. Estatuária de portal, encenação de mistério que desapareceu da versão publicada. Nesta, o mal não está encarnado nos personagens, está incorporado às palavras. O livro que deve levar ao limiar da salvação abre ao mesmo tempo as portas do Inferno. Toda a fantasmagoria que vai se desprender diante dos olhos do eremita – palácios orgíacos, imperadores embriagados, heréticos furiosos, formas desfeitas dos deuses em agonia, naturezas aberrantes –, todo esse espetáculo nasceu do livro aberto por Santo Antão, como ele emergiu, de fato, das bibliotecas consultadas por Flaubert. Para conduzir este baile, não é de se espantar que as duas figuras simétricas e opostas da Lógica e do porco tenham desaparecido do texto definitivo, e que elas tenham sido substituídas por Hilarion, o discípulo sábio, iniciado pelo próprio Antão na leitura dos textos sagrados.

Essa presença do livro, escondida de início sob a visão do teatro, depois exaltada de novo como lugar de um espetáculo que vai torná-la novamente imperceptível, constitui para *La tentation* um espaço muito complexo. Aparentemente, trata-se de uma frisa de personagens matizados diante de um cenário de papelão; na margem da cena, em um ângulo, a silhueta encapuzada do Santo imóvel: qualquer coisa como uma cena de marionetes. Flaubert, criança, tinha frequentemente visto o *Mistério de Santo Antão* que o padre Legrain encenava em seu teatro de bonecos; mais tarde, ele aí levou George Sand. Desse parentesco, as duas primeiras versões tinham conservado sinais evidentes (o porco certamente, mas também o personagem dos pecados, o assalto contra a capela, a imagem da Virgem). No texto definitivo, apenas a sucessão linear das visões mantém o efeito "marionetes": diante do eremita quase mudo, desfilam pecados, tentações, divindades, monstros – cada um saindo por sua vez de um inferno onde todos estão deitados como em uma caixa. Mas esse não é senão um efeito de superfície que repousa sobre todo um escalonamento de profundidades [(aqui, é a planificação que é uma ilusão de ótica)].

Para sustentar as visões que se sucedem e estabelecê-las em sua realidade irreal, Flaubert dispôs um certo número de relés, que prolongam na dimensão sagital a pura e simples leitura das frases impressas. Temos de início o leitor (1) – o leitor real que somos quando lemos o texto de Flaubert – e o livro

86 Michel Foucault – Ditos e Escritos

que ele tem sob os olhos (1 *bis*); esse texto, desde as primeiras linhas ("*Está na Tebaida... a cabana do eremita ocupa o fundo*"), convida o leitor a se fazer espectador (2) de um palco de teatro cujo cenário está cuidadosamente indicado (2 *bis*); pode-se ver aí, em pleno centro, o velho anacoreta (3) sentado de pernas cruzadas, e que logo vai se levantar e apanhar um livro (3 *bis*), de onde vão escapar pouco a pouco visões inquietantes: ágapes, palácios, rainha voluptuosa, e finalmente Hilarion, o insidioso discípulo (4); este abre para o Santo todo um espaço de visão (4 *bis*) onde aparecem as heresias, os deuses e a proliferação de uma vida improvável (5). Mas isso não é tudo: os heréticos falam, narram seus ritos sem vergonha; os deuses evocam seu meio cintilante e lembram o culto que se lhes rendia; os monstros proclamam sua própria selvageria; assim, impondo-se pela força de suas palavras ou de sua única presença, surge uma nova dimensão, visão interior àquela que faz surgir o satânico discípulo (5 *bis*); aparecem assim o culto abjeto dos Ophitos, os milagres de Apolonius, as tentações de Buda, o antigo e feliz reino de Ísis (6). A partir do leitor real, temos então cinco níveis diferentes, cinco "regimes" de linguagem, marcados pelas cifras bis: livro, teatro, texto sagrado, visões e visões das visões; temos também cinco séries de personagens, de imagens, de paisagens e formas:[17] o espectador invisível, Santo Antão em seu retiro, Hilarion, depois os heréticos, os deuses e os monstros, enfim, as sombras que nascem de seus discursos ou de suas memórias.

Essa disposição de acordo com os recobrimentos sucessivos é modificada – na verdade, confirmada e completada por duas outras. A primeira é a do recobrimento retrógrado: as figuras do nível 6 – visões de visões – deveriam ser as mais pálidas, as mais inacessíveis a uma percepção direta. Ora, elas estão, na cena, tão presentes, densas e coloridas, tão insistentes quanto aquelas que as precedem, ou quanto o próprio Santo Antão: como se as lembranças brumosas, os desejos inconfessáveis que as fazem nascer do âmago das primeiras visões tivessem poder de agir, sem intermediário, no cenário onde elas apareceram, na paisagem onde o eremita e seu discípulo desenvolvem seu diálogo imaginário, na encenação que o espectador fictício é suposto ter sob seus olhos enquanto se

---

17 ...de personagens, marcados pelos números simples: o espectador...

desenrola esse quase mistério. Assim, as ficções de último nível se redobram sobre si mesmas, recobrem as imagens que as fizeram nascer, logo ultrapassam o discípulo e o anacoreta, e terminam por se inscrever na materialidade suposta do teatro. Por esse recobrimento recorrente, as ficções mais longínquas se oferecem conforme o regime da linguagem mais direta: nas indicações cênicas fixadas por Flaubert e que devem circunscrever, do exterior, seus personagens.

Essa disposição permite então ao leitor (1) ver Santo Antão (3) por cima do ombro do suposto espectador (2), que se supõe assistir ao drama: e por aí o leitor se identifica ao espectador. Quanto ao espectador, ele vê Antão na cena, mas por cima do ombro de Antão ele vê, [como] tão reais quanto o eremita, as aparições que se apresentam para ele: Alexandria, Constantinopla, a rainha de Sabá, Hilarion; seu olhar se funde no olhar alucinado do eremita.[18] Este, por sua vez, se inclina por cima do ombro de Hilarion, vê, com o mesmo olhar que ele, as imagens evocadas pelo mau discípulo; e Hilarion, através dos discursos dos heréticos, percebe o rosto dos deuses e o grunhido dos monstros, contempla as imagens que os obcecam. Assim, de imagem em imagem, se enlaça e se desenvolve uma cadeia que liga os personagens mais além daqueles que lhes servem[19] de intermediários, [mas que], por aproximações, os identifica uns aos outros e funde seus diferentes olhares em um único deslumbramento.

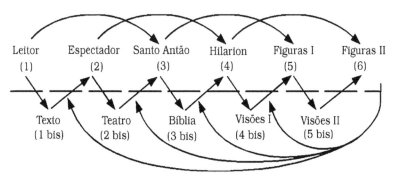

Entre o leitor e as últimas visões que fascinam as aparições fantásticas, a distância é imensa: regimes de linguagem

---

18 ...o olhar alucinado do solitário.
19 ...para além das imagens de intermediários, pouco a pouco...

subordinados uns aos outros, personagens-relés olhando uns por cima dos outros recuam, para o mais profundo desse "texto-representação", toda uma população abundante de quimeras. [Mas] a isso se opõem dois movimentos: um, afetando os regimes de linguagem, faz aparecer em estilo direto a visibilidade do invisível; o outro, afetando as imagens, assimilando pouco a pouco seu olhar e a luz que as ilumina, aproxima, até fazê-las surgir na margem da cena, as imagens mais longínquas. É esse duplo movimento que faz com que a visão seja, propriamente falando, tentadora: o que há de mais indireto e de mais encoberto na visão[20] se mostra com todo o brilho do primeiro plano; enquanto o visionário é atraído pelo que vê, se precipita nesse lugar ao mesmo tempo vazio e cheio, se identifica a essa figura de sombra e de luz, e por sua vez se põe a ver com esses olhos que não são de carne. A profundidade das aparições encaixadas umas dentro das outras e o desfile ingenuamente sucessivo das figuras não são absolutamente contraditórios. Seus eixos perpendiculares constituem a forma paradoxal e o espaço singular de *La tentation*. A frisa de marionetes, a compactação violentamente colorida das figuras que se empurram umas às outras na sombra dos bastidores, tudo isto não é lembrança de infância, resíduo de uma viva impressão: é o efeito composto de uma visão que se desenvolve em planos sucessivos, cada vez mais longínquos, e de uma tentação que atrai o visionário para o lugar daquilo que ele vê, e o envolve subitamente com tudo o que lhe aparece.

IV

[*La tentation* é como um discurso cuja ordem não teria por função estabelecer um sentido e um só (suprimindo todos os outros), mas lhe impor simultaneamente vários. A sequência visível das cenas é muito simples: as lembranças do velho monge, as miragens e os pecados, que se resumem todos na rainha milenar que vem do Oriente (I e II); depois o discípulo que, discutindo a Escritura, faz surgir a proliferação das heresias (III e IV); vêm então os deuses que aparecem um a um na cena (V); uma vez despovoado o espaço do mundo, Antão pode percorrê-lo, guiado por seu discípulo tornado por sua vez

---

20 ...e de mais envolvido no espetáculo se mostra...

1964 – Posfácio a Flaubert (*A Tentação de Santo Antão*)   89

Satanás e Saber, medir-lhe a extensão, ver aí levar ao infinito a emboscada dos monstros (VI, VII). Sequência visível que repousa sobre várias séries subjacentes.[21]]

1) [22]A Tentação nasce no coração do eremita; hesitante, ela evoca os companheiros de retiro, as caravanas de passagem; depois ganha regiões mais vastas: Alexandria superpovoada, o Oriente cristão dilacerado pela teologia, todo esse Mediterrâneo sobre o qual reinaram deuses vindos da Ásia, e depois o universo sem limites – as estrelas no fundo da noite, a imperceptível célula onde desperta o vivente. Mas essa última cintilação conduz o eremita ao princípio material dos seus primeiros desejos. O grande percurso tentador, tendo podido ganhar os confins do mundo, retorna ao seu ponto de partida. Nas duas primeiras versões do texto, o Diabo devia explicar a Antão "que os pecados estavam em seu coração e a desolação em sua cabeça". Explicação agora inútil: levadas até as extremidades do universo, as grandes ondas da tentação refluem para mais perto: no ínfimo organismo onde despertam os primeiros desejos da vida, Antão reencontra seu velho coração, seus apetites mal refreados; mas deles, ele não mais experimenta o avesso revestido de fantasmas; ele tem, sob os olhos, a verdade material. Sob essa luz vermelha se forma lentamente a larva do Desejo.[23]
[O centro da Tentação não se moveu: ou melhor, ele foi muito levemente deslocado de alto a baixo – passando do coração à fibra, do sonho à célula, da cintilação da imagem à matéria. Aquilo que, do interior, povoava a imaginação do eremita pode se tornar agora objeto de uma contemplação encantada; e o que ele repelia com medo é agora o que o atrai e o convida a uma entorpecida identificação: "Descer até o fundo da matéria – ser a matéria." É apenas aparentemente que a tentação ar-

---

21 A ordem do desfile é aparentemente simples: parece obedecer às leis da semelhança e da proximidade (os deuses chegam por famílias e regiões) e seguir um princípio de monstruosidade crescente. Começa pelos pecados e miragens que frequentam a imaginação do eremita e todos se resumem na rainha de Sabá (cenas I e II); depois vêm as heresias (III e IV), os deuses que vêm do Oriente (V); enfim, no mundo despovoado, Antão, conduzido pelo Saber- -Satanás, vê pulular os monstros (VI e VII). Esta ordem simples compõe de fato várias séries que é possível fazer aparecer, e que determinam o lugar de cada episódio segundo um sistema complexo.
22 1) *Série cosmológica*. A Tentação...
23 ...material. Ele olha lentamente como um ponto minúsculo a larva do Desejo.

90 Michel Foucault – Ditos e Escritos

ranca o eremita da solidão para povoar seu olhar de homens, de deuses e de animais. De fato, ela compõe, de acordo com uma grande curva, vários movimentos distintos: expansão progressiva até os confins do universo, elo que conduz o desejo à sua verdade, defasagem que faz passar das violências do fantasma à calma suavidade da matéria, passagem do dentro para fora – das nostalgias do coração ao espetáculo exato da vida; transformação do medo em desejo de identificação.]

2)[24] Sentado na soleira de sua cabana, o eremita é um velho obcecado por suas lembranças: antigamente, o isolamento era menos penoso, o trabalho, menos fastidioso, o rio, menos distante. Também outrora houve o tempo da juventude, das moças na beira das fontes, o tempo também do retiro e dos companheiros, o do discípulo favorito. Essa leve oscilação do presente, ao cair da tarde, dá lugar à inversão geral do tempo: inicialmente, as imagens do crepúsculo na cidade que murmura antes de adormecer – o porto, os gritos da rua, os tamborins nas tavernas; depois, Alexandria na época dos massacres, Constantinopla com o Concílio, e logo todos os heréticos que vieram insultar o dia desde a origem do cristianismo; atrás deles, as divindades que tiveram seus templos e seus fiéis do interior da Índia às bordas do Mediterrâneo; enfim, as imagens que são tão velhas quanto o tempo – as estrelas no fundo do céu, a matéria sem memória, a luxúria e a morte, a Esfinge ereta, a quimera, tudo o que faz nascer, em um só movimento, a vida e as ilusões da vida. E mais além da célula primeira – mais além dessa origem do mundo que é seu próprio nascimento, Antão também deseja o impossível retorno à imobilidade de antes da vida: assim, toda a sua existência adormeceria, encontraria novamente sua inocência, mas despertaria de novo no sussurro dos animais e das fontes, no brilho das estrelas. Ser um outro, ser todos os outros e que tudo identicamente recomece, remontar ao princípio do tempo para que se feche o círculo dos retornos, aí está o auge da Tentação. A visão de Engadine não está longe.

Nesse retorno do tempo, cada etapa é anunciada por uma figura ambígua – simultaneamente duração e eternidade, fim e recomeço. As heresias são conduzidas por Hilarion – pequeno como uma criança, curvado como um velho, tão jovem quanto o conhecimento, quando ele desperta, tão velho quanto o saber,

---

24 2) *Série histórica*. Sentado...

1964 – Posfácio a Flaubert (*A Tentação de Santo Antão*) 91

quando ele reflete. Quem introduz os deuses é Apolonius; ele conhece as metamorfoses sem fim das divindades, seu nascimento e sua morte, mas ele próprio encontra em um salto "o Eterno, o Absoluto e o Ser". A Luxúria e a Morte conduzem a ronda dos vivos, sem dúvida porque elas representam o fim e o começo, as formas que se desfazem e a origem de todas as coisas. A larva-esqueleto, o Taumaturgo eterno e o velho-criança funcionam em *La tentation* cada um por sua vez como os "alternadores" da duração; através do tempo da História, do mito e, finalmente, de todo o cosmos, eles asseguram esse retorno que conduz o velho eremita ao princípio celular da sua vida. Foi preciso que o fuso do mundo girasse ao contrário para que a noite de *La tentation* se abrisse para a novidade idêntica do dia que começa.

3)[25] Esse refluxo do tempo é também visão [profética] dos tempos futuros. Mergulhando em suas lembranças, Antão havia reencontrado a imaginação milenar do Oriente: do fundo dessa memória que não mais lhe pertencia, ele vira surgir a figura em que estava encarnada a tentação do mais sábio dos reis de Israel. Por trás da rainha de Sabá se perfila esse anão ambíguo no qual Antão reconhece tanto o servidor da rainha quanto seu próprio discípulo. Hilarion pertence, indissociavelmente, ao Desejo e à Sabedoria; carrega consigo todos os sonhos do Oriente, mas conhece exatamente a Escritura e a arte de interpretá-la. Ele é avidez e ciência – ambição de saber, conhecimento condenável. Esse gnomo não cessará de crescer ao longo da liturgia; no último episódio, ele será imenso, "belo como um arcanjo, luminoso como um sol"; estenderá seu reino às dimensões do Universo; será o Diabo no clarão da verdade. É ele quem serve de corifeu ao saber ocidental: ele guia inicialmente a teologia, e suas infinitas discussões; depois ressuscita as antigas civilizações com suas divindades logo reduzidas a cinzas; depois instaura o conhecimento racional do mundo; demonstra o movimento dos astros, e manifesta a potência secreta da vida. No espaço dessa noite de Egito que povoa o passado do Oriente, toda a cultura da Europa se desdobra: a Idade Média com sua teologia, a Renascença com sua erudição, a época moderna com sua ciência do mundo e do ser vivo. Como um sol noturno, *La tentation* vai do leste ao oeste, do desejo ao saber, da imaginação à verdade, das mais velhas nostalgias

---

25 3) *Série profética*. Esse refluxo...

92 Michel Foucault – Ditos e Escritos

às determinações da ciência moderna. O Egito cristão, e com ele Alexandria, e Antão aparecem no ponto zero entre a Ásia e a Europa, e como na dobra do tempo: ali onde a Antiguidade, empoleirada no cume do seu passado, vacila e mergulha em si mesma, revelando seus monstros esquecidos, ali onde o mundo moderno encontra seu germe, com as promessas de um saber infinito. Estamos no oco da história.

A "tentação" de Santo Antão é a dupla fascinação do cristianismo pela fantasmagoria suntuosa do seu passado e as aquisições sem limites do seu futuro. Nem o Deus de Abraão, nem a Virgem, nem as virtudes (que aparecem nas primeiras versões do mistério) têm lugar no texto definitivo. Mas não absolutamente para protegê-los da profanação; mas porque eles estão diluídos nas figuras das quais eles eram a imagem – no Buda, deus tentado, em Apolonius, o taumaturgo, que se assemelha ao Cristo, em Ísis, mãe de dor. *La tentation* não mascara a realidade sob a cintilação das imagens; ela revela, na verdade, a imagem de uma imagem. O cristianismo, mesmo em sua primitiva pureza, é formado apenas pelos últimos reflexos do mundo antigo sobre a sombra ainda cinzenta de um universo começando a nascer.

4)[26] Em 1849 e em 1856, *La tentation* começava por uma luta contra os Sete Pecados capitais e as três virtudes teologais: Fé, Esperança e Caridade. No texto publicado, toda essa imaginária tradicional dos mistérios desapareceu. Os pecados não mais aparecem a não ser em forma de miragens. Quanto às virtudes, elas subsistem em segredo, como princípios organizadores das sequências. Os jogos perpetuamente recomeçados da heresia comprometem a Fé pela onipotência do erro; a agonia dos deuses, que os faz desaparecer como cintilações da imaginação, torna inútil qualquer forma de Esperança; a necessidade imóvel da natureza ou o desencadeamento selvagem de suas forças reduzem a caridade a um escárnio. As três grandes virtudes são vencidas. O Santo então se afasta do céu, "ele se deita de bruços, se apoia sobre os dois cotovelos e, retendo o fôlego, ele vê... Fetos dessecados tornam a florir". Diante do espetáculo da pequena célula que palpita, ele transforma a Caridade em curiosidade deslumbrada ("Oh, felicidade! Felicidade! Vi nascer a vida, vi o movimento começar"), a Esperança, em desejo desmedido de se incorporar à violência do mundo ("Quero voar,

---

26 4) *Série teológica*. Em 1849...

1964 – Posfácio a Flaubert (*A Tentação de Santo Antão*) 93

nadar, ladrar, mugir, uivar"), a Fé, em vontade de se identificar com o mutismo da natureza, com a morna e doce estupidez das coisas ("Queria me agachar sobre todas as formas, penetrar cada átomo, descer até o fundo da matéria – ser a matéria").[27]

Nessa obra que, à primeira vista, se percebe como uma sequência um pouco incoerente de fantasmas, a única dimensão inventada, mas com um cuidado meticuloso, é a ordem.[28] O que passa por fantasma nada mais é do que documentos transcritos: desenhos ou livros, figuras ou textos. Quanto à sequência que os reúne, ela é prescrita de fato[29] por uma composição bastante complexa – que, conferindo um certo lugar a cada um dos elementos documentários, os faz figurar em várias séries simultâneas. A linha visível ao longo da qual desfilam pecados, heresias, divindades e monstros não passa da crista superficial de toda uma organização vertical. Essa sucessão de figuras, que prosseguem como em uma farândola de marionetes, é ao mesmo tempo: trindade canônica das virtudes; geodésica da cultura nascendo entre os sonhos do Oriente e concluindo no saber ocidental; retorno da História até a origem do tempo e das coisas; pulsação do espaço que se dilata até os confins do mundo e retorna subitamente ao elemento simples da vida. Cada elemento ou cada figura tem, portanto, seu lugar não somente em um desfile visível, mas na ordem das alegorias cristãs, no movimento da cultura e do saber, na cronologia invertida do mundo, nas configurações espaciais do universo.

Se agregarmos que *La tentation* se desenvolve conforme uma profundidade que envolve as visões umas dentro das outras e as escalona em direção ao longínquo, vê-se que, por trás do fio do discurso e por baixo da linha das sucessões, um volume se constitui: cada um dos elementos (cenas, personagens, discursos, modificação do cenário) se encontra em um ponto determinado da série linear; mas ele tem além disso seu sistema de correspondências verticais; e está situado em uma determinada profundidade na ficção. Compreende-se como *La tentation* pode ser o livro dos livros: ela compõe em um "volume" uma série de elementos de linguagem que foram constituídos

---

27 ...ser a matéria"). Podemos, portanto, ler *La tentation* como a luta e a derrota das três virtudes teologais.

28 ...de fantasmas, a ordem, vê-se, é estabelecida com um cuidado meticuloso.

29 ...ou textos. Mas a sequência que os reúne é prescrita por uma composição...

94   Michel Foucault – Ditos e Escritos

a partir dos livros já escritos, e que são, por seu caráter rigorosamente documentário, a repetição do já dito; a biblioteca é aberta, inventariada, recortada, repetida e combinada em um novo espaço: e esse "volume" em que Flaubert a faz entrar é, ao mesmo tempo, a densidade de um livro que desenvolve o fio necessariamente linear do seu texto e um desfile de marionetes que abre para toda uma profundidade de visões articuladas.

V

Há em *La tentation* alguma coisa que remete a *Bouvard et Pécuchet*, como sua sombra grotesca, seu duplo ao mesmo tempo minúsculo e desmesurado. Logo depois de ter concluído *La tentation*, Flaubert inicia a redação do seu último texto. Mesmos elementos: um livro feito de livros; a enciclopédia erudita de uma cultura; a tentação em meio ao retiro; a longa sequência das provações; os jogos da quimera e da crença. Mas a configuração geral é modificada. E de início a relação do Livro com a série infinita dos livros: *La tentation* era composta de fragmentos de linguagem, retirados de invisíveis volumes e transformados em puros fantasmas para o olhar; somente a Bíblia – o Livro por excelência – manifestava no interior do texto e no próprio centro da cena a presença soberana do Escrito; ela enunciava de uma vez por todas o poder tentador do Livro. Bouvard e Pécuchet são tentados diretamente pelos livros, por sua multiplicidade infinita, pela sucessão das obras no espaço cinzento da biblioteca; esta, em *Bouvard*, é visível, inventariada, nomeada e analisada. Ela não tem necessidade, para exercer suas fascinações, de ser sacralizada em um livro, nem de ser transformada em imagens. Seus poderes, ela os possui apenas por sua existência – pela proliferação infinita do papel impresso.

A Bíblia se transformou em livraria; a magia das imagens, em apetite de leitura. Por isso mesmo, a forma da tentação mudou. Santo Antão estava retirado em uma solidão ociosa; toda presença tinha sido afastada: um túmulo não teria bastado, nem uma fortaleza murada. Todas as formas visíveis haviam sido conjuradas; mas elas voltavam com violência, colocando o santo à prova. Prova de sua proximidade, mas também de seu afastamento: elas o envolviam, investiam sobre ele de todas as partes e, no momento em que ele estendia a mão, elas se desvaneciam. De maneira que diante delas o Santo só podia ser pura passividade:

1964 – Posfácio a Flaubert (*A Tentação de Santo Antão*) **95**

bastava que ele as provocasse, através do Livro, pelas condescendências de sua memória ou de sua imaginação. Qualquer gesto vindo dele, qualquer palavra de piedade, qualquer violência dissipava a miragem, mostrando a ele que havia sido tentado (que a irrealidade da imagem fora realidade apenas em seu coração). Bouvard e Pécuchet, em compensação, são peregrinos aos quais nada fatiga: eles tentam tudo, aproximam-se de tudo, tocam em tudo; colocam tudo à prova de sua pequena iniciativa. Se eles se retiraram, como o monge do Egito, era um retiro ativo, uma ociosidade empreendedora em que eles convocavam, com grande reforço de leituras, toda a seriedade da ciência, com as verdades mais solenemente impressas. O que eles leram, querem fazê-lo, e se a promessa recua diante deles, como as imagens diante de Santo Antão, isto não ocorre desde o primeiro gesto, mas ao termo de sua obstinação. Tentação pelo zelo.

Porque, para os dois simplórios, ser tentado é crer. Crer no que leem, crer no que ouvem dizer, crer imediatamente e infinitamente no murmúrio do discurso. Toda a sua inocência se precipita no espaço aberto pela linguagem já dita. O que é *lido* e *ouvido* logo se torna o que *deve ser feito*. Mas tão grande é a pureza do seu empreendimento que seu fracasso não abala jamais a solidez da sua crença[30] [: eles não avaliam o verdadeiro do que sabem com a medida de um sucesso; eles não testam suas crenças experimentando-as na ação]. Os desastres permanecem exteriores à soberania de sua fé: esta permanece intacta. Quando Bouvard e Pécuchet renunciam, não é a crer, mas a fazer o que eles crêem. Eles se afastam das obras para conservar, deslumbrante, sua fé na fé.[31] Eles são a imagem de Job no mundo moderno: atingidos menos em seus bens do que em seu saber, abandonados não por Deus mas pela Ciência, eles mantêm como ele sua fidelidade; são santos. Para Santo Antão, pelo contrário, ser tentado é ver aquilo em que ele não crê: é ver o erro confundido com a verdade, a miragem dos falsos deuses com a similitude do único Deus, a natureza

---

30 Mas tão grande é a pureza do seu empreendimento que seu fracasso, se lhes mostra a incerteza de tal proposição ou de tal ciência, não abala jamais a solidez de sua crença no saber em geral. Os desastres...
31 Quando Bouvard e Pécuchet renunciam, não é a saber nem a crer no saber, mas a fazer o que eles sabem. Eles se afastam das obras, para conservar sua fé na fé.

96   Michel Foucault – Ditos e Escritos

abandonada, desamparada, com a imensidão de sua extensão ou a selvageria de suas forças vivas. E, paradoxalmente, quando essas imagens são remetidas à sombra de que são feitas, levam com elas um pouco dessa crença que Santo Antão, por um instante, tinha nelas – um pouco dessa crença que ele tinha no Deus dos cristãos. Embora o desaparecimento dos fantasmas mais contrários à sua fé, longe de confirmar o eremita em sua religião, a destrua pouco a pouco e finalmente a elimine. Matando-se entre si, os hereges dissipam a verdade; e os deuses moribundos envolvem em suas trevas um fragmento da imagem de verdadeiro Deus. A santidade de Antão é vencida pelo fracasso daquilo em que ele não crê; a de Bouvard e de Pécuchet triunfa na derrota de sua fé. Os verdadeiros eleitos são eles, que receberam a graça da qual o Santo foi privado.

A relação entre a santidade e a tolice foi, sem dúvida, fundamental para *Flaubert*; ela é reconhecível em Charles Bovary; é visível em Un coeur simple, talvez em *L'éducation sentimentale*; é constitutiva de *La tentation* e de *Bouvard*. Mas, aqui e lá, ela assume duas formas simétricas e opostas. Bouvard e Pécuchet ligam a santidade à tolice no modo do querer fazer: eles, que se sonharam ricos, livres, capitalistas, proprietários e se o tornaram, não são capazes de sê-lo pura e simplesmente sem entrar no ciclo do trabalho infinito; os livros que devem aproximá-los do que eles devem ser os afastam, prescrevendo-lhes o que devem fazer – estupidez e virtude, santidade e tolice daqueles que tentam com zelo fazer isso mesmo que eles já são, transformar em atos as ideias que eles obtiveram e cuja natureza se esforçam silenciosamente para encontrar, por toda a sua existência, em uma cega obstinação. Santo Antão, em contrapartida, liga tolice e santidade no modo do querer ser: na pura inércia dos sentidos, da inteligência e do coração, ele quis ser um santo e se fundir, por intermédio do Livro, nas imagens que lhe eram dadas. É por aí que a tentação vai pouco a pouco agir sobre ele: recusa ser os hereges, mas logo se apieda dos deuses, reconhece-se nas tentações do Buda, experimenta em surdina as bebedeiras de Cibele, chora com Ísis. Mas é diante da matéria que triunfa nele o desejo de ser o que ele vê: ele queria ser cego, sonolento, guloso, estúpido como os catóblepas; gostaria de não poder levantar a cabeça mais alto do que seu próprio ventre, e ter pálpebras tão pesadas que nenhuma luz chegasse aos seus olhos. Ele queria ser "bicho" – animal,

1964 – Posfácio a Flaubert (*A Tentação de Santo Antão*) 97

planta, célula. Queria ser matéria. Neste sono do pensamento, e na inocência de desejos que seriam apenas movimento, encontraria, enfim, a estúpida santidade das coisas.

Nesse ponto de realização, o dia nasce de novo, o rosto do Cristo resplandece ao sol, Santo Antão se ajoelha e recomeça suas preces. Será porque ele triunfou sobre as tentações, ou, pelo contrário, foi vencido, que, para sua punição, o mesmo ciclo infinitamente recomeça? Ou será que ele encontrou a pureza através do mutismo da matéria, será que se tornou realmente santo, encontrando, através do perigoso espaço do livro, a palpitação das coisas sem pecado, podendo *fazer* então, com suas orações, genuflexões e leituras, esta santidade estúpida que ele se tornou? Bouvard e Pécuchet também recomeçam: ao final das provas, eles renunciam (são constrangidos a renunciar) a *fazer* o que eles tinham começado para se tornarem o que eles eram. Eles o são pura e simplesmente: eles mandam fabricar uma grande carteira dupla, para se reconciliar com aquilo que eles não tinham deixado de ser, para fazer de novo aquilo que eles tinham feito durante dezenas de anos – para copiar. Copiar o quê? Livros, seus livros, todos os livros, e este livro, sem dúvida, que é *Bouvard et Pécuchet*: pois copiar é nada *fazer*; é ser os livros que são copiados, ser esta ínfima distensão da linguagem que se reduplica, ser a dobra do discurso sobre si mesmo, ser esta existência invisível que transforma a palavra passageira no infinito do rumor. Santo Antão triunfou sobre o Livro eterno se tornando o movimento sem linguagem da matéria; Bouvard e Pécuchet triunfam sobre tudo o que é estranho ao livro e lhe resiste, tornando-se eles próprios o movimento contínuo do Livro. O livro aberto por Santo Antão, de onde voaram todas as tentações, os dois simplórios o prolongarão perpetuamente, sem ilusão, sem gulodice, sem pecados, sem desejo.

Ajoelhada sobre as costas de um papagaio, a deusa da Beleza oferece ao Amor, seu filho, seu seio redondo (p. 168).

1964 – Posfácio a Flaubert (*A Tentação de Santo Antão*) 99

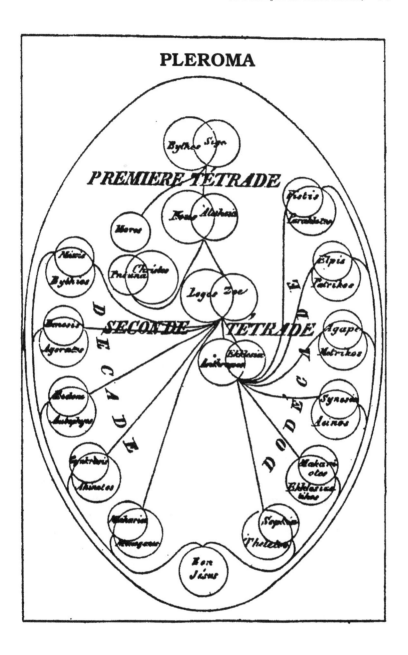

VALENTIN – *O mais perfeito dos seres, dos Éons, o Abismo, repousava no seio da Profundidade com o Pensamento. De sua união nasceu a Inteligência, que teve por companheira a Verdade.*

A Inteligência e a Verdade engendraram o Verbo e a Vida que, por sua vez, engendraram o Homem e a Igreja; e isso faz oito Éons!

O Verbo e a Verdade produziram 10 outros Éons, ou seja, cinco pares. Os homens e a Igreja haviam produzido 12 outros, entre os quais o Paracleto e a Fé, a Esperança e a Caridade, o Perfeito e a Sabedoria, Sofia.

O conjunto dos 30 Éons constitui o Pleroma, ou Universalidade de Deus. Assim, como os ecos de uma voz que se afasta, como os eflúvios de um perfume que se evapora, como os raios do sol que se esconde, as Potências emanadas do Príncipe vão sempre se enfraquecendo.

Mas, Sofia, desejosa de conhecer o Pai, atirou-se para fora do Pleroma; e o Verbo fez então um outro par, o Cristo e o Espírito Santo, que haviam ligado entre eles todos os Éons; e todos juntos formaram Jesus, a flor do Pleroma (p. 77-78).

1964 – Posfácio a Flaubert (*A Tentação de Santo Antão*)

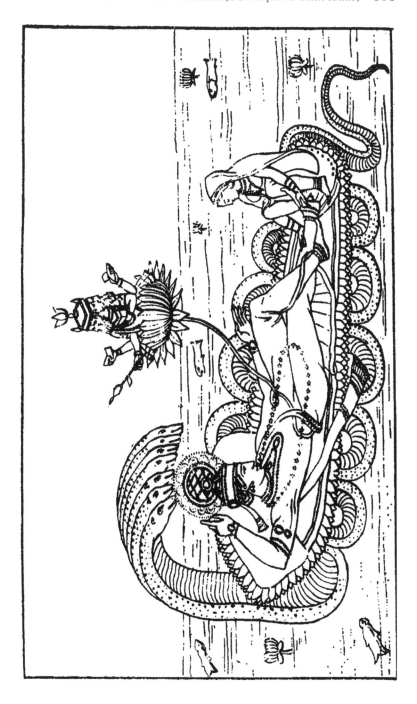

102 Michel Foucault – Ditos e Escritos

O vale se torna um mar de leite, imóvel e sem bordas.

No meio flutua um longo berço, composto pelos enrolamentos de uma serpente cujas cabeças, inclinando-se ao mesmo tempo, sombreiam um deus adormecido sobre seu corpo.

Ele é jovem, imberbe, mais belo do que uma moça e coberto de véus diáfanos. As pérolas de sua tiara brilham docemente como luas, um rosário de estrelas dá várias voltas sobre seu peito; uma mão sob a cabeça, o outro braço estendido, ele repousa, com um ar sonhador e inebriado.

Uma mulher agachada diante dos seus pés espera que ele desperte.

...

Sobre o umbigo do deus cresceu um caule de lótus; e, em seu cálice, aparece um outro deus com três faces (p. 165).

1964 – Posfácio a Flaubert (*A Tentação de Santo Antão*) 103

O primeiro, que é rosa, morde o dedão do pé (p. 166).

O segundo, que é azul, agita quatro braços (p. 166).

1964 – Posfácio a Flaubert (*A Tentação de Santo Antão*) 105

Aquele que coça a barriga com sua tromba de elefante é o deus solar, o inspirador da sabedoria (p. 167).

Este outro, cujas seis cabeças portam torres e os 14 braços, dardos, é o príncipe dos exércitos, o Fogo devorador (p. 167).

1964 – Posfácio a Flaubert (*A Tentação de Santo Antão*) 107

O BUDA – ... *Eu passava os dias em meu palácio de rei, vestido de pérolas, sob a chuva de perfumes, abanado pelos abanos de 33 mil mulheres, olhando meus povos do alto dos meus terraços, ornados de campainhas retumbantes* (p. 171).

1964 – Posfácio a Flaubert (*A Tentação de Santo Antão*) 109

O velho cavalgando um crocodilo vai lavar na margem do rio as almas dos mortos (p. 167).

ÍSIS – *É ele! São seus olhos; são seus cabelos, trançados em chifres de carneiro! Recomeçará suas obras. Nós floresceremos como lótus. Sou sempre a grande Ísis! Ninguém ainda levantou meu véu! Meu fruto é o sol!* (p. 197).

Então aparece A GRANDE DIANA DE ÉFESO negra com olhos esmaltados, cotovelos nos flancos, antebraços afastados, mãos abertas.

Leões sobem pelos seus ombros; frutos, flores e estrelas se entrecruzam sobre seu peito; abaixo se desenvolvem três fileiras de mamas; e do ventre aos pés, ela está presa em uma cinta estreita de onde saem troncos de touros, cervos, grifos e abelhas. – Podemos percebê-la sob o branco clarão que forma um disco de prata, redondo como a lua cheia, colocado atrás de sua cabeça (p. 184-185).

1964

A Prosa de Acteão

"La prose d'Actéon", *La nouvelle revue française*, n. 135, março de 1964, p. 444-459.

Klossowski reata com uma experiência há muito tempo perdida. Dessa experiência quase não restam hoje mais vestígios para que possamos demonstrá-la; e eles permaneceriam, sem dúvida, enigmáticos se não tivessem retomado nessa linguagem vivacidade e evidência. E se, a partir daí, eles não tivessem recomeçado a falar, dizendo que o Demônio não é o Outro, o polo longínquo de Deus, a Antítese sem recursos (ou quase), a matéria demoníaca, mas antes alguma coisa estranha, desconcertante, que se mantém quieta e no mesmo lugar: o Mesmo, o exatamente semelhante.

O dualismo e a gnose, apesar de tantas recusas e de perseguições, pesaram de fato na concepção cristã do Mal: seu pensamento binário (Deus e Satanás, a Luz e a Sombra, o Bem e a Inércia, o grande combate, uma certa maldade radical e obstinada) organizou para o nosso pensamento a ordem das desordens. O cristianismo ocidental condenou a gnose; mas dela guardou uma forma leve e promissora de reconciliação; por muito tempo, manteve em seus fantasmas os duelos simplificados da Tentação: por entre as fendas do mundo, toda uma população de animais estranhos se eleva diante dos olhos semicerrados do anacoreta ajoelhado – figuras sem idade da matéria.

Mas, e se o Diabo, pelo contrário, se o Outro fosse o Mesmo? E se a Tentação não fosse um dos episódios do grande antagonismo, mas a tênue insinuação do Duplo? Se o duelo se desenvolvesse em um espaço de espelho? Se a História eterna (da qual a nossa não passa da forma visível e logo apagada) não fosse simplesmente sempre a mesma, mas a identidade desse Mesmo: ao mesmo tempo imperceptível afastamento e aproximação do não dissociável? Houve uma experiência cristã que

112 Michel Foucault – Ditos e Escritos

conheceu bastante esse perigo – tentação de experimentar a tentação sob a forma do indiscernível. As querelas da demonologia são orientadas para esse profundo perigo; e minadas, ou melhor, animadas e multiplicadas por ele, relançam ao infinito uma discussão sem fim: ir ao Sabbat é se entregar ao Diabo, ou talvez também se devotar ao simulacro do Diabo que Deus, para tentá-los, envia aos homens de pouca fé – ou de muita fé, aos crédulos que se convencem de que há um outro deus além de Deus. E os juízes que queimam os endemoninhados são eles próprios vítimas dessa tentação, dessa armadilha onde se embaraça sua justiça: pois os possuídos são apenas uma verdadeira imagem do falso poder dos demônios; imagem pela qual o Demônio se apodera não do corpo das feiticeiras, mas da alma dos seus carrascos. Se não for também o caso de o próprio Deus ter assumido a face de Satanás para obnubilar o espírito daqueles que não creem em sua solitária onipotência; de modo que Deus, simulando o Diabo, teria coordenado os estranhos esponsais da bruxa com seu perseguidor, daquelas duas figuras condenadas: destinadas consequentemente ao Inferno, à realidade do Diabo, ao verdadeiro simulacro de Deus simulando o Diabo. Nessas idas e vindas se multiplicam os jogos perigosos da extrema semelhança: Deus, que tanto se assemelha a Satanás, que imita tão bem Deus...

Foi preciso nada menos que o Gênio Maligno de Descartes para dar fim a esse grande perigo das Identidades que o pensamento do século XVI ainda continuava a "sutilizar". O Gênio Maligno da III Meditação não é o resumo ligeiramente realçado das potências enganosas que habitam o homem, mas o que mais se assemelha a Deus, o que pode imitar todos os Seus poderes, pronunciar como Ele verdades eternas e fazer, se quiser, com que 2 + 2 = 5. Ele é seu maravilhoso gêmeo. De uma tal malignidade que o faz perder imediatamente qualquer existência possível. Desde então, a inquietação dos simulacros silenciou. Esqueceu-se mesmo de que eles foram até o início da Idade Clássica (vejam a literatura e sobretudo o teatro barrocos) uma das grandes ocasiões de vertigem do pensamento ocidental. Continuou-se a se preocupar com o Mal, com a realidade das imagens e com a representação, com a síntese do diverso. Não se pensava mais que o Mesmo pudesse transtornar a cabeça.

Incipit Klossowski, como Zaratustra. Nesse aspecto um pouco obscuro e secreto da experiência cristã, ele subitamente

1964 – A Prosa de Acteão **113**

descobre (como se ela fosse dela o duplo, talvez o simulacro) a teofania resplandecente dos deuses gregos. Entre o Bode ignóbil que se mostra no Sabbat e a deusa virgem que se esconde no frescor da água, o jogo é invertido: no banho de Diana, o simulacro se dá na fuga da extrema proximidade e não na irrupção insistente do outro mundo; mas a dúvida é a mesma, assim como o risco da duplicação: "Diana pactua com um demônio intermediário entre os deuses e os homens para se manifestar a Acteão. Com seu corpo etéreo, o *Demônio simula* Diana em sua teofania e inspira em Acteão o desejo e a insensata esperança de possuir a deusa. Ele se torna a imaginação e o espelho de Diana." E a última metamorfose de Acteão não o transforma em um cervo dilacerado, mas em um bode impuro, frenético e deliciosamente profanador. Como se, na cumplicidade do divino com o sacrílego, qualquer coisa da luz grega sulcasse em um clarão o fundo da noite cristã.

Klossowski está situado no cruzamento de dois caminhos bastante afastados e no entanto bem semelhantes, vindo todos os dois do Mesmo, e ambos talvez indo para lá: o dos teólogos e o dos deuses gregos, dos quais Nietzsche logo anunciava o cintilante retorno. Retorno dos deuses que é também, e sem dissociação possível, insinuação do Demônio na tepidez turva da noite: "Que diria você se um dia, se uma noite, um *demônio* se insinuasse na sua mais recôndita solidão e lhe dissesse: 'Esta vida tal como você a vive agora e tal como a tem vivido, você deverá vivê-la ainda uma vez e inúmeras vezes; e nela não haverá nada de novo, a não ser cada dor e cada prazer, cada pensamento e cada gemido e tudo o que há de indizivelmente pequeno e grande em sua vida deverá retornar para você e o tudo na mesma ordem e na mesma sucessão – aquela aranha igualmente, este instante *e eu*. A eterna ampulheta da existência não cessa de ser invertida de novo e você com ela, ó grão de poeira da poeira.' Você não se jogaria sobre o solo rangendo os dentes, maldizendo o demônio que lhe fala dessa maneira? Ou bem lhe ocorreria viver um instante formidável em que você teria podido lhe responder: 'Você é um *deus* e jamais ouvi coisas mais divinas.'"[1]

---

1 (N.A.) Grifei *demônio, eu* e *deus*. Este texto é citado em *Un si funeste désir*, compilação fundamental que contém páginas de uma grande profundidade sobre Nietzsche e permite toda uma releitura de Klossowski. (*Sur quelques thèmes fondamentaux de la "Gaya Scienza"* de Nietzsche, *in Un si funeste désir*, Paris, Gallimard, "Collection Blanche", 1963, p. 21-22 (N.E).)

114 Michel Foucault – Ditos e Escritos

*

A experiência de Klossowski se situa mais ou menos aí: em um mundo onde reinaria um gênio maligno que não teria encontrado seu deus, ou que poderia também se fazer passar por Deus, ou que talvez fosse o próprio Deus. Esse mundo não seria nem o Céu, nem o Inferno, nem o limbo; mas nosso mundo, simplesmente. Um mundo, finalmente, que seria o mesmo que o nosso, salvo justamente que ele é o mesmo. Nesse afastamento imperceptível do Mesmo, um movimento infinito encontra seu lugar de nascença. Este movimento é perfeitamente estranho à dialética; pois não se trata da prova da contradição, nem do jogo da identidade afirmada, depois negada; a igualdade A = A se anima por um movimento interior e sem fim que separa cada um dos dois termos de sua própria identidade e os remete um ao outro pelo jogo (a força e a perfídia) desse próprio afastamento. De forma que nenhuma verdade pode ser engendrada por esta afirmação; mas um espaço perigoso está em vias de se abrir onde os discursos, as fábulas, as artimanhas cheias de armadilhas e esparrelas de Klossowski vão encontrar sua linguagem. Uma linguagem para nós tão essencial quanto a de Blanchot e de Bataille, já que por sua vez ela nos ensina como a dimensão mais séria do pensamento deve encontrar fora da dialética sua leveza iluminada.

Na verdade, nem Deus nem Satanás jamais se manifestam neste espaço. Ausência estrita que é também seu entrelaçamento. Mas nem um nem outro são nomeados, talvez porque eles sejam "apelantes", não apelados. É uma região estreita e numinosa, onde as figuras estão todas no índex de alguma coisa. Atravessa-se aí o espaço paradoxal da presença real. Presença que só é real na medida em que Deus se ausentou do mundo, ali deixando apenas um traço e um vazio, de sorte que a realidade dessa presença é a ausência onde ela ocorre e onde pela transubstanciação se irrealiza. *Numen quod habitat simulacro.*

Por isso Klossowski dificilmente aprova Claudel ou Du Bos[2] intimando Gide a se converter; ele certamente sabe que se enganavam aqueles que colocavam Deus de um lado e o Diabo

---

2 (N.A.) *Gide, Du Bos et le Démon, in Un si funeste désir*, Paris, Gallimard, "Collection Blanche", 1963, p. 37-54, e "En marge de la correspondance de Claudel et de Gide", *ibid.*, p. 55-88.

do outro, fazendo-os combater em carne e osso (um deus de osso contra um diabo de carne), e que Gide estava mais perto de ter razão quando sucessivamente ele se aproximava e se esquivava, representando, a pedido dos outros, o simulacro do diabo, mas não sabendo absolutamente, ao fazê-lo, se ele era dele o joguete, o objeto, o instrumento, ou se não era também o eleito de um deus atento e ardiloso. Talvez ele seja a essência da salvação, não por se anunciar por signos, mas por operar na profundeza dos simulacros.

Já que todas as figuras que Klossowski delineia e faz mover em sua linguagem são simulacros, é preciso entender esta palavra com a ressonância que agora podemos lhe dar: vã imagem (em oposição à realidade); representação de alguma coisa (em que essa coisa se delega, se manifesta, mas se retira e em um certo sentido se esconde); mentira que faz tomar um signo por um outro;[3] signo da presença de uma divindade (e possibilidade recíproca de tomar este signo pelo seu contrário); vinda simultânea do Mesmo e do Outro (simular é, originariamente, vir junto). Assim é estabelecida esta constelação característica de Klossowski, e maravilhosamente rica: simulacro, similitude, simultaneidade, simulação e dissimulação.

*

Para os linguistas, o signo só detém seu sentido pelo jogo e pela soberania de todos os outros signos. Não há relação autônoma, natural ou imediata com o que ele significa. Ele vale não apenas por seu contexto, mas também por toda uma extensão virtual que se desdobra em pontilhado sobre o mesmo plano que ele: através dessa união de todos os significantes que definem a língua em um dado momento, ele é obrigado a dizer o que diz. No âmbito religioso, encontra-se frequentemente um signo com uma estrutura completamente diferente; o que ele diz, o diz por uma profunda vinculação com a origem, por uma consagração. Não há uma árvore na Escritura, nenhuma planta viva ou dessecada que não remeta à árvore da Cruz – a esta madeira cortada da Primeira Árvore ao pé da qual Adão sucumbiu. Tal imagem se sobrepõe em profundidade através

---

3 (N.A.) Marmontel dizia admiravelmente: "Fingir exprimiria as mentiras do sentimento e do pensamento" (*Oeuvres*, Paris, Verdière, 1819, t. X, p. 431).

116 Michel Foucault – Ditos e Escritos

de formas movediças, o que lhe confere essa dupla e estranha propriedade de não designar nenhum sentido, mas de se referir a um modelo (a um único do qual ele seria o duplo, mas que o retomaria em si como sua difração e sua transitória duplicação) e de estar ligada à história de uma manifestação que não é jamais consumada; nessa história, o signo pode ser sempre remetido a um novo episódio em que um único mais único, um modelo mais primordial (mais ulterior na Revelação) aparecerá, dando-lhe um sentido totalmente oposto: assim, a árvore da Queda se tornou um dia o que ela sempre foi, a da Reconciliação. Tal signo é ao mesmo tempo profético e irônico: inteiramente suspenso a um futuro que repete de antemão e que o repetirá por sua vez em plena luz; ele diz isso mais aquilo, ou melhor, ele já dizia, sem que se tenha podido sabê-lo, isso e aquilo. Em sua essência ele é simulacro – dizendo simultaneamente e simulando sem cessar uma coisa diferente do que ele diz. Oferece uma imagem dependente de uma verdade sempre em recuo – *Fabula*; ele liga em sua forma, como em um enigma, os avatares da luz que lhe advirá – *Fatum*. *Fabula* e *Fatum*, ambos remetem à enunciação primeira de onde eles vêm, à raiz que os latinos entendem como palavra, e onde os gregos veem, também, a essência da visibilidade luminosa.

É preciso estabelecer, sem dúvida, uma distinção rigorosa entre signos e simulacros. Eles não provêm absolutamente da mesma experiência, mesmo se estiverem às vezes superpostos. Pois o simulacro não determina um sentido; ele é da ordem do aparecer na fragmentação do tempo: iluminação de Meio-dia e retorno eterno. Talvez a religião grega só conhecesse simulacros. Inicialmente, os sofistas, depois os estóicos e os epicuristas, quiseram ler esses simulacros como signos, leitura tardia em que os deuses gregos se apagaram. A exegese cristã, que é de pátria alexandrina, obteve por herança essa interpretação.

No grande desvio que é o nosso hoje e pelo qual tentamos contornar todo o alexandrinismo de nossa cultura, Klossowski é aquele que, do fundo da experiência cristã, encontrou as seduções e as profundezas do simulacro, para além de todos os jogos de antigamente: os do sentido e do não sentido, do significante e do significado, do símbolo e do signo. É sem dúvida o que dá à sua obra seu aspecto sagrado e solar, desde que se encontre nela o movimento nietzschiano em que se trata de Dionísio e do Crucificado (pois eles são, como o viu Nietzsche, simulacros um do outro).

O reino dos simulacros obedece, na obra de Klossowski, a regras precisas. O retorno das situações se faz imediatamente e do pró ao contra de um modo quase policial (os bons se tornam maus, os mortos revivem, os rivais se revelam cúmplices, os carrascos são sutis salvadores, os encontros são preparados com antecedência, as frases mais banais têm duplo sentido). Cada inversão parece apontar para uma epifania; mas, de fato, cada descoberta torna o enigma mais profundo, multiplica a incerteza, e só desvela um elemento para velar a relação que existe entre todos os outros. Mas o mais singular e difícil do assunto é que os simulacros não são absolutamente coisas nem traços, nem as belas formas imóveis que eram as estátuas gregas. Os simulacros, aqui, são seres humanos.

O mundo de Klossowski é avaro de objetos; estes também não passam de frágeis relés dos homens, dos quais eles são o duplo e como que a pausa precária: retratos, fotografias, vistas estereoscópicas, assinaturas em cheques, cintas abertas que são como a concha vazia e ainda rígida de uma silhueta. Em compensação, os Homens-Simulacros proliferam: ainda pouco numerosos em *Roberte*,[4] multiplicam-se em *La révolution*[5] e sobretudo em *Le souffleur*,[6] a ponto de este texto, quase despojado de qualquer cenário, de qualquer materialidade que pudesse trazer signos estáveis oferecidos à interpretação, dar apenas forma a um encadeamento sucessivo de diálogos. Porque os homens são simulacros bem mais vertiginosos do que os rostos pintados das divindades. São seres perfeitamente ambíguos, pois falam, fazem gestos, piscam os olhos, agitam seus dedos e surgem nas janelas como semáforos (para lançar signos ou dar a impressão de que os enviam quando fazem apenas simulacros de signos?).

Tais personagens nada têm a ver com os seres profundos e contínuos da reminiscência, mas com seres condenados, como os de Nietzsche, a um profundo esquecimento, aquele esqueci-

---

4 Klossowski (P.), *Roberte, ce soir, in Les lois de l'hospitalité*, Paris, Gallimard, col. "Le Chemin", 1965.

5 *Id., Sade et la révolution* (conferência no Colégio de Sociologia, fevereiro de 1939), *in Sade* (D. A., marquês de), *Oeuvres complètes*, t. III, Paris, Jean-Jacques Pauvert, 1962, p. 349-365.

6 *Id., Le souffleur ou le théâtre de société*, Paris, Jean-Jacques Pauvert, 1960.

118 Michel Foucault – Ditos e Escritos

mento que permite no *"sous-venir"** o surgimento do Mesmo.
Tudo neles se fragmenta, explode, se oferece e logo se retira;
podem estar vivos ou mortos, pouco importa; o esquecimento neles protege o Idêntico. Eles nada significam, se fazem de
simulacros deles próprios: Vittorio e von A., o tio Florence e
o monstruoso marido, Théodore que é K., Roberte sobretudo,
que simula Roberte na distância ínfima, intransponível, pela
qual Roberte é tal como ela é, *esta* tarde.

*

Todas essas figuras-simulacros giram no mesmo lugar: os
devassos se tornam inquisidores, os seminaristas, oficiais nazistas, os obscuros perseguidores de Théodore Lacase se encontram em um semicírculo amigável em torno do leito de K.
Essas torções instantâneas se produzem unicamente pelo jogo
dos "alternadores" de experiência. Estes alternadores constituem nos romances de Klossowski as únicas peripécias, mas
no sentido estrito da palavra: o que assegura o desvio e o retorno. Assim: a prova-provocação (a pedra de verdade que é ao
mesmo tempo a tentação do pior: o afresco de *La vocation*,[7]
ou a tarefa sacrílega confiada por von A.); a inquisição suspeita
(os censores que se fazem passar por antigos devassos, como
Malagrida, ou o psiquiatra de intenções suspeitas); o complô
de face dupla (a rede de "resistência" que executa o Dr. Rodin).
Mas sobretudo as duas grandes configurações que fazem alternar a aparência são a hospitalidade e o teatro: duas estruturas
que se confrontam em simetria invertida.

O hospedeiro (a palavra já turbilhona sobre seu eixo interior, dizendo a coisa e seu complementar),* o hospedeiro oferece o que possui, porque só pode possuir o que propõe – o
que está ali diante dos seus olhos e para todos. Ele é, como
se diz em uma palavra maravilhosamente equívoca, "olhador".
Sub-repticiamente e com avareza total, esse olhar que dá ante-
cipa sua parte de delícias e confisca com toda soberania uma

---

* (N.T.) Foucault usa *"sous-venir"*, que expressa um jogo de palavras entre: vir
sob e lembrança (*souvenir*).
7 Klossowski (P.), *La vocation suspendue*, Paris, Gallimard, "Collection
Blanche", 1950.
* (N.T.) O autor se refere aqui à homofonia entre as palavras *hôte* = hospedeiro
e *ôte*, do verbo *ôter* = retirar, suprimir.

face das coisas que só *olha* para ele. Mas esse olhar tem o poder de se ausentar, de deixar vazio o lugar que ocupa e oferecer aquilo que ele envolve com sua avidez. De sorte que o seu presente é o simulacro de uma oferenda, uma vez que ele só guarda do que dá a débil silhueta distante, o simulacro visível. Em *Le souffleur*, o teatro toma o lugar desse olhar que dá, exatamente como ele reinava em *Roberte* e *La révocation*.[8] O teatro impõe a Roberte o papel de Roberte: ou seja, tende a reduzir a distância interior que se abria no simulacro (sob o efeito do olhar que dá) e a fazer habitar pela própria Roberte o duplo que dela destacou Théodore (talvez K.). Mas, se Roberte desempenha seu papel com naturalidade (o que lhe ocorre ao menos para uma réplica), isso não é mais que um simulacro de teatro, e se Roberte em compensação balbucia seu texto, é Roberte-Roberte que se esquiva sob uma pseudo-atriz (que é deplorável na medida em que ela não é atriz, mas Roberte). Porque só pode desempenhar esse papel um simulacro de Roberte que de tal forma se assemelhe a ela, que Roberte talvez seja ela própria esse simulacro. É preciso então ou que Roberte tenha duas existências ou que ali haja duas Roberte com uma existência; é preciso que ela seja puro simulacro de si. No olhar, é o Olhador que é duplicado (e até a morte); sobre a cena do falso teatro, é a que é Olhada que é atingida por uma irreparável cisão ontológica.[9]

Mas, por trás de todo este grande jogo das experiências alternantes que fazem mover convulsivamente os simulacros, haverá um Operador absoluto que envie dali signos enigmáticos? Em *La vocation suspendue*, parece que todos os simulacros e suas alternâncias são organizados em torno de um apelo maior que neles se faz ouvir, ou que talvez também continue mudo. Nos textos seguintes, esse Deus imperceptível mas apelante foi substituído por duas imagens visíveis, ou melhor, duas séries de imagens que estão, em relação aos simulacros, ao mesmo tempo no mesmo nível e em perfeito desequilíbrio: duplicadores e duplicados. Em uma extremidade, a dinastia dos personagens monstruosos, no limite da vida e da morte:

---

8 Klossowski (P.), *La révocation de l'édit de Nantes, in Les lois de l'hospitalité*, *op. cit.*

9 (N.A.) Encontramos ali, mais como forma pura e no jogo despojado do simulacro, o problema da presença real e da transubstanciação.

120 Michel Foucault – Ditos e Escritos

o professor Octave, ou este "velho mestre" que se vê no início de *Le souffleur* comandar as manobras das agulhas de uma estação de trem de subúrbio, em um vasto saguão envidraçado anterior ou posterior à existência. Mas este "operador" intervém realmente? Como ele amarra a trama? O que é ele precisamente? O Mestre, o tio de Roberte (aquele que tem duas caras), o Dr. Rodin (aquele que morreu e ressuscitou), o aficionado por espetáculos estereoscópicos, o quiroprático (que molda e massageia o corpo), K. (que rouba as obras e talvez a mulher dos outros, a menos que ele ofereça a sua) ou Théodore Lacase (que põe Roberte em movimento)? Ou o marido de Roberte? Imensa genealogia que vai do Todo-Poderoso àquele que é crucificado no simulacro que ele é (pois ele, que é K., diz "eu" quando fala Théodore). Mas, na outra extremidade, Roberte também é a grande operadora dos simulacros. Sem descanso, com suas mãos, suas longas e belas mãos, ela acaricia ombros e cabeleiras, desperta desejos, evoca antigos amantes, desamarra um corpete de lantejoulas ou um uniforme do Exército da Salvação, se entrega a soldados ou implora pelas misérias ocultas. É ela, sem dúvida, quem difrata seu marido em todos os personagens monstruosos ou lamentáveis em que ele se dispersa. Ela é legião. Não a que sempre diz não. Mas aquela, oposta, que diz sim sem parar. Um sim fendido que faz nascer este espaço do entremeio onde cada um está ao lado de si. Não digamos Roberte-o-Diabo e Théodore-Deus. Mas digamos, antes, que um é o simulacro de Deus (o mesmo que Deus, portanto, o Diabo) e que o outro é o simulacro de Satanás (o mesmo que o Maligno, portanto, Deus). Mas um é o Inquisidor Esbofeteado (irrisório investigador de signos, intérprete obstinado e sempre desiludido: pois não há signos, mas unicamente simulacros), e o outro é a Santa Feiticeira (sempre de partida para um Sabbat, onde seu desejo invoca os seres em vão, pois não há jamais homens, mas apenas simulacros). É da natureza dos simulacros não sofrer nem a exegese que crê nos signos nem a virtude que ama os seres.

Os católicos escrutam os signos. Os calvinistas não lhes dão o menor crédito, porque só acreditam na eleição das almas. Mas, se nós não fôssemos signos nem almas, mas simplesmente os mesmos que nós mesmos (nem fios visíveis de nossas obras nem predestinados) e por isso esquartejados na sua distância do simulacro? Pois bem, os signos e o destino dos

1964 – A Prosa de Acteão   121

homens não teriam mais pátria comum; o édito de Nantes teria sido revogado; estaríamos daí em diante no vazio deixado pela divisão da teologia cristã;[10] nessa terra deserta (ou talvez rica devido a esse abandono) poderíamos voltar a atenção para a palavra de Hölderlin: "*Zeichen sind wir, bedeutungslos*" e talvez, ainda mais além, para todos esses grandes e fugitivos simulacros que faziam cintilar os deuses no sol nascente, ou como grandes arcos de prata na profundeza da noite.

Porque *Le bain de Diane*[11] é, sem dúvida, de todos os textos de Klossowski o que mais se avizinha dessa luz ofuscante, mas para nós bastante sombria, de onde nos vêm os simulacros. Encontra-se de novo, nessa exegese de uma lenda, uma configuração semelhante à que organiza as outras narrativas, como se todas elas encontrassem ali seu grande modelo mítico: um afresco anunciador como em *La vocation*; Acteão, sobrinho de Artemis, como Antoine o é de Roberte; Dionísio, tio de Acteão, e velho senhor da embriaguez, da discórdia, da morte para sempre renovada, da perpétua teofania; Diana, duplicada por seu próprio desejo, Acteão, metamorfoseado ao mesmo tempo pelo seu e pelo de Artemis. E, entretanto, nesse texto consagrado à interpretação de uma lenda longínqua e de um mito da distância (o homem castigado por ter tentado se aproximar da divindade nua), a oferenda está cada vez mais próxima. Ali, os corpos são jovens, belos, intactos; eles fogem um na direção do outro com total convicção. Porque o simulacro também se mostra em seu frescor cintilante, sem recurso ao enigma dos signos. Os fantasmas são ali o acolhimento da aparência na luz original. Mas é uma origem que, por seu próprio movimento, recua em um longínquo inacessível. Diana no banho, a deusa se disfarçando na água no momento em que se oferece ao olhar, não é apenas a evasiva dos deuses gregos, é o momento em que a unidade intacta do divino "reflete sua divindade em um corpo virginal", e então se desdobra em um demônio que a faz, a distância dela mesma, aparecer casta e ao mesmo tempo a oferece à violência do Bode. E quando a divindade cessa de cintilar nas clareiras

---

10 (N.A.) Quando Roberte calvinista viola, para salvar um homem, um tabernáculo onde não se esconde para ela a presença real, ela é bruscamente agarrada, no meio deste templo minúsculo, por duas mãos que são as suas mesmas: no vazio do signo e da obra triunfa o simulacro de Roberte desdobrada.

11 Klossowski (P.), *Le bain de Diane*, Paris, Jean-Jacques Pauvert, 1956.

122 Michel Foucault – Ditos e Escritos

para se desdobrar na aparência em que ela sucumbe se justificando por isso, ela sai do espaço mítico e entra no tempo dos teólogos. O vestígio desejável dos deuses se recolhe (ou talvez se perca) no tabernáculo e no jogo ambíguo dos seus signos.

A pura fala do mito deixa, então, de ser possível. Como transcrever daí em diante, em uma linguagem parecida com a nossa, a ordem perdida mas insistente dos simulacros? Fala inevitavelmente impura, que sai de tais sombras para a luz e quer restituir a todos esses simulacros, do outro lado do rio, alguma coisa que seria como um corpo visível, um signo ou um ser. *Tam dira cupido*. É esse desejo que a deusa colocou no coração de Acteão no momento da metamorfose e da morte: se você pode descrever a nudez de Diana, tem o direito.

A linguagem de Klossowski é a prosa de Acteão: fala transgressora. Essa não é a característica de qualquer fala, quando se trata do silêncio? Gide e com ele muitos outros queriam transcrever um silêncio impuro em uma linguagem pura, certamente sem ver que tal fala só deve sua pureza a um silêncio mais profundo que ele não nomeia e que fala nele, apesar dele – tornando-o assim turvo e impuro.[12] Sabemos agora, desde Bataille e Blanchot, que a linguagem deve seu poder de transgressão a uma relação inversa, a de uma fala impura com um silêncio puro, e que é no espaço infinitamente percorrido por essa impureza que a fala pode se dirigir a um tal silêncio. Em Bataille, a escrita é uma consagração desfeita: uma transubstanciação ritualizada em sentido inverso, em que a presença real se torna novamente corpo jacente e se vê reconduzida ao silêncio em um vômito. A linguagem de Blanchot se dirige à morte: não para triunfar sobre ela com palavras de glória, mas para permanecer na dimensão órfica onde o canto, tornado possível e necessário através da morte, não pode jamais olhar a morte face a face nem torná-la visível: de tal modo que ele lhe fala e fala dela em uma impossibilidade que o condena ao perpétuo murmúrio.

Essas formas de transgressão, Klossowski as conhece. Mas ele as modifica em um movimento que lhe é característico: trata sua própria linguagem como um simulacro. *La vocation suspendue* é um comentário simulado de uma narrativa que é ela mesma simulacro, pois ela não existe, ou melhor, reside

---

12 (N.A.) Sobre a fala e a pureza, ver *La messe de Georges Bataille, in Un si funeste désir*, Paris, Gallimard, "Collection Blanche", 1963, p. 123-125

1964 – A Prosa de Acteão 123

inteiramente nesse comentário que se faz dela. De modo que, em uma única dimensão de linguagem, se abre essa distância interior da identidade que permite ao comentário de uma obra inacessível se mostrar na própria presença da obra e à obra se esquivar dentro desse comentário, que é no entanto sua única forma de existência: mistério da presença real e enigma do Mesmo. A trilogia de Roberte é tratada diferentemente, pelo menos em aparência: fragmentos de diários, cenas dialogadas, longas conversas que parecem fazer transferir a fala para a atualidade de uma linguagem imediata e superficial. Mas entre esses três textos se estabelece uma relação complexa. *Roberte ce soir* já existe no interior do próprio texto, pois este narra a decisão de censura tomada por Roberte contra um dos episódios do romance. Mas essa primeira narrativa existe também na segunda, que a contesta desde o interior pelo diário de Roberte, depois na terceira, onde se vê a preparação de sua representação teatral, representação que escapa no próprio texto de *Le souffleur*, onde Roberte, chamada para animar Roberte com sua presença idêntica, se desdobra em um hiato irredutível. Ao mesmo tempo, o narrador da primeira narrativa, Antoine, se dispersa na segunda entre Roberte e Octave, depois se dispersa na multiplicidade do *Souffleur*, onde aquele que fala é, sem que se possa determiná-lo, Théodore Lacase, ou K., seu duplo, que se faz tomar por ele, quer atribuir a si seus livros, se reconhece finalmente em seu lugar, ou talvez também o Velho, que comanda a manobra das agulhas e permanece de toda essa linguagem o invisível Soprador. Soprador já morto, Soprador Soprado, Octave talvez falando outra vez além da morte?

Nem uns nem outros, sem dúvida, mas sim a superposição de vozes que se "sopram" umas às outras: insinuando suas falas no discurso do outro e o animando sem cessar com um movimento, com um "pneuma" que não é o seu; mas soprando também no sentido de um bafejo, de uma *expiração* que apaga a luz de uma vela; soprando, enfim, no sentido em que se apodera de uma coisa destinada a um outro (soprar-lhe seu lugar, seu papel, sua situação, sua mulher). Assim, à medida que a linguagem de Klossowski é retomada, ela se projeta sobre o que acaba de dizer na voluta de uma nova narrativa (há três delas, tantas quantas espirais há na escada em caracol que orna a cobertura do *Souffleur*), o sujeito falante se dispersa em vozes que se sopram, se sugerem, se apagam, se substituem

124 Michel Foucault – Ditos e Escritos

umas às outras – dispersando o ato de escrever e o escritor na distância do simulacro em que ele se perde, respira e vive.

Usualmente, quando um autor fala de si mesmo como autor, é segundo a confissão do "diário" que diz a verdade cotidiana – esta impura verdade em uma linguagem despojada e pura. Klossowski inventa, nessa retomada de sua própria linguagem, nesse recuo que não tende para nenhuma intimidade, um espaço de simulacro que é, sem dúvida, o lugar contemporâneo, mas ainda escondido, da literatura. Klossowski escreve uma obra, uma dessas raras obras que revelam: nela nos apercebemos que o ser da literatura não concerne nem aos homens nem aos signos, mas ao espaço do duplo, ao vazio do simulacro onde o cristianismo se encantou com seu Demônio, e onde os gregos temeram a presença cintilante dos deuses com suas flechas. Distância e proximidade do Mesmo em que nós, agora, reencontramos nossa única linguagem.

1964

Debate sobre o Romance

"Débat sur le roman" (dirigido por M. Foucault, com G. Amy, J.-L. Baudry, M.-J. Durry, J. P. Faye, M. de Gandillac, C. Ollier, M. Pleynet, E. Sanguineti, P. Sollers, J. Thibaudeau, J. Tortel), *Tel quel*, n. 17, primavera de 1964, p. 12-54. (Cerisy-la-Salle, setembro de 1963; debate organizado pelo grupo de *Tel quel* sobre o tema "*Une littérature nouvelle?*".)

M. Foucault: De alguma maneira, nada tenho absolutamente para falar a não ser de minha ingenuidade, e gostaria de dizer duas ou três palavras sem outra ligação a não ser com a minha curiosidade. O que gostaria de fazer é dizer como compreendi ontem o texto de Sollers,[1] a razão na realidade pela qual eu leio *Tel quel*, pela qual eu leio todos os romances desse grupo cuja coerência é igualmente muito evidente, sem que talvez se possa ainda formulá-la em termos explícitos e em um discurso. O que interessa a mim, homem ingênuo, com meus tamancos de filósofo? Fiquei surpreso com uma coisa, é que, no texto de Sollers e nos romances que pude ler, faz-se incessantemente referência a um certo número de experiências – chamarei isso, se quiserem, com muitas aspas, de experiências espirituais (mas afinal a palavra espiritual não é boa) –, como o sonho, a loucura, a demência, a repetição, o duplo, a desorientação do tempo, o retorno etc. Essas experiências formam uma constelação que provavelmente é muito coerente. Fiquei impressionado com o fato de que essa constelação já é encontrada quase delineada da mesma maneira nos surrealistas. E, na realidade, acredito que a referência frequentemente feita por Sollers a André Breton não é mero acaso. Entre o que se faz atualmente em *Tel quel* e o que os surrealistas faziam me parece que há como uma dependência, uma espécie de isomorfismo. A pergunta

---

1 (N.A.) Trata-se da "Logique de la fiction", ver *Tel quel*, n. 15, outono de 1963, p. 3-29.

126 Michel Foucault – Ditos e Escritos

que então me faço é: qual é a diferença? Quando Sollers fala do retorno ou da reminiscência, ou quando nos textos se fala do dia e da noite e do movimento pelo qual o dia e toda luz se perdem na noite etc., em que isto é diferente das experiências que se podem encontrar nos surrealistas?... Parece-me – mas sem que esteja muito certo disso – que os surrealistas haviam colocado essas experiências em um espaço que se poderia chamar de psicológico; elas eram, em todo caso, domínio da psique; fazendo essas experiências, eles descobriam esse atrás do mundo, esse mais além ou aquém do mundo que era para eles o fundamento de toda razão. Eles reconheciam ali uma espécie de inconsciente, coletivo ou não. Creio que isso não é absolutamente o que se encontra em Sollers e no grupo *Tel quel*; parece-me que as experiências de que Sollers falou ontem, ele não as localiza no espaço da psique, mas no do pensamento; isto é, para aqueles que fazem filosofia, o que há de absolutamente notável aqui é que se tenta manter no nível de uma experiência muito difícil de formular – a do pensamento – um certo número de experiências-limites como as da razão, do sonho, da vigília etc., mantê-las nesse nível do pensamento – nível enigmático que os surrealistas haviam, na realidade, mergulhado em uma dimensão psicológica. Até certo ponto, acredito que pessoas como Sollers retomam um esforço que foi muito frequentemente interrompido, rompido, que é também o de Bataille e de Blanchot. Por que será que Bataille foi para a equipe de *Tel quel* alguém tão importante, a não ser porque Bataille fez emergir das dimensões psicológicas do surrealismo alguma coisa que ele chamou de "limite", "transgressão", "riso", "loucura", para fazer delas experiências do pensamento? Direi de boa vontade que se coloca então a questão: o que é pensar, o que é essa experiência extraordinária do pensamento? E a literatura, atualmente, redescobre essa questão próxima mas diferente daquela que foi recentemente inaugurada pela obra de Roussel e de Robbe-Grillet: o que é ver e falar?

Parece-me que há uma segunda coisa: para os surrealistas, a linguagem, na realidade, não passava de um instrumento de acesso ou também de uma superfície de reflexão para suas experiências. O jogo ou a densidade das palavras eram simplesmente uma porta entreaberta para esse pano de fundo simultaneamente psicológico e cósmico; e a escrita automática era a superfície sobre a qual vinham se refletir essas experiências.

1964 – Debate sobre o Romance   127

Tenho a impressão de que para Sollers a linguagem é, pelo contrário, o denso espaço no qual e dentro do qual essas experiências são feitas; é no elemento da linguagem – como na água, ou no ar – que todas essas experiências são feitas; donde a importância para ele de alguém como Ponge. E o duplo apadrinhamento Ponge-Bataille, que pode parecer um tanto curioso e incoerente, encontraria ali seu sentido; um e outro arrancaram do domínio psicológico, para restituí-las ao do pensamento, uma série de experiências que têm seu lugar de origem, seu espaço próprio na linguagem; eis por que as referências filosóficas citadas por Philippe Sollers me pareceram coerentes. Todo o antipsicologismo da filosofia contemporânea, é certamente nessa linha que Philippe Sollers se situa. Eis finalmente a questão que eu gostaria de propor através dessa exposição que talvez seja um pouco confusa; essa questão é, ao mesmo tempo, minha escuta do texto de Sollers de ontem e minha leitura de seus romances: para você, na realidade, a obra, o livro não será essa trajetória no volume da linguagem que o desdobra e faz aparecer no interior dessa linguagem um espaço próprio, um espaço simultaneamente vazio e pleno, que é o do pensamento? E como você disse essa coisa fundamental que toda obra tem um duplo, não será precisamente essa distância aberta na positividade da linguagem que você quis indicar? Na realidade, seu problema – como o da filosofia atualmente – é pensar e falar, e suas obras se situam exatamente na dimensão desta pequena partícula de ligação ou conjunção, desse e, que está entre pensar e falar; e talvez seja mais ou menos isso que você chama de *intermediário*. Todas as suas obras são esse intermediário, esse espaço simultaneamente vazio e pleno do pensamento que fala, da fala que pensa.

P. Sollers: Sim, creio que eu não poderia dizer melhor e, de fato, foi o que tentei definir dizendo que de um só ponto de vista seria preciso que o espírito, que está exposto à linguagem, e a linguagem, que está exposta ao espírito – o pensamento –, acabem por encontrar esse lugar-comum.

M. Foucault: Eis por que as categorias da espiritualidade, do misticismo etc. não parecem absolutamente se aplicar.[2] Atualmente se começa, mas com muita dificuldade, mesmo e

---

2 (N.A.) A objeção, apresentada de uma forma claramente marxista, vinha de Edoardo Sanguineti.

128 Michel Foucault – Ditos e Escritos

principalmente na filosofia, a buscar o que é o pensamento sem aplicar as velhas categorias, tentando sobretudo sair afinal dessa dialética do espírito que foi uma vez definida por Hegel. Querer pensar dialeticamente alguma coisa que é tão nova em relação à dialética me parece ser um modo de análise completamente inadequado ao que você faz.

P. Sollers: Ou seja, que eu procedo totalmente intuitiva e talvez confusamente para quem é filósofo.

M. Foucault: Talvez já se tenha falado muito de filosofia, e eu não tenha feito mais do que agravar seu caso. Peço desculpas. Acabo de enunciar ali proposições muito abstratas, não muito claras, um pouco confusas em relação a esse texto tão bonito que você leu ontem para nós. Enfim, eu devia, já que você teve a gentileza de me convidar, dizer como eu compreendia, por que eu estava lá, por que aquilo me interessava. Vou, sempre do fundo da minha curiosidade, tentar orientar o discurso para coisas muito mais importantes, internas às suas obras, deixando agora de lado a filosofia e os circuitos conceituais. São as próprias obras que é preciso interrogar. Acredito que Faye tem, precisamente, alguma coisa para dizer.

J. P. Faye: Pensava em dizer duas palavras sobre o que se discutia ontem, ou seja, sobre o texto de Sollers. É bastante curioso, eu fiquei impressionado, durante a leitura, precisamente por esse tema do duplo que Sollers retoma de Paulhan e explora novamente. Gostaria de ter detido as coisas nesse tema, mas derivamos para uma outra perspectiva. O fato de que um livro, um livro não discursivo, enfim, uma narrativa, uma ficção, engendre uma espécie de imagem de si próprio, uma espécie de duplo, é a sugestão que nos propõe Paulhan; e Sollers acrescentava que se trataria justamente de considerar um livro que fosse capaz de controlar seu próprio duplo, de vê-lo nascer e de impedi-lo de se tornar rapidamente outra coisa – alguma coisa mais deteriorada. Isso me parecia um tema ao mesmo tempo muito estranho e pregnante. Eu mesmo me perguntava nesses momentos: o que se passa quando um livro, uma série de livros independentes engendram duplos que, curiosamente, se aglomeram, criam uma espécie de estrutura, de constelação, e acabam engendrando um movimento literário, uma estética, uma forma ou, igualmente, se quisermos, uma ideologia – não no sentido político nem filosófico –, mas como uma estrutura de pontos de vista, discernidos na realidade visível, e

1964 – Debate sobre o Romance 129

pelos quais se pode ver aparecer coisas que eram até ali invisíveis ou imperceptíveis? Por exemplo, fala-se muito do romance como uma coisa evidente, antes de todas as recentes querelas aparecerem. Havia, para a crítica do século XIX, um romance que havia obtido uma espécie de estatuto eterno, mas isso não impede que esse romance, o romance balzaquiano, e depois seu inverso mais sutil, o romance stendhaliano, não fossem visíveis para uma consciência do século XVII ou da Idade Média, isso é evidente, embora o romance tenha aparecido na Idade Média, como todos sabem. Para a consciência do século XIII era impossível perceber as próprias coisas que eram visíveis na narrativa balzaquiana ou stendhaliana. Como nascem então essas espécies de enxames de olhares sobre a realidade e como eles acabam confluindo, e depois a seguir novamente divergindo, é o que me intriga desde sempre e do que, talvez, se pudesse falar.

De minha parte, vejo uma dupla série dessas visões, desses desdobramentos que se aglomeram uns com os outros, formam uma espécie de bola de neve, no século XX, e acabam quase convergindo, se chocando um contra o outro, depois se separando novamente. Há toda uma família que começa (uma família em que, certamente, cada um é distinto e sem parentesco com o outro) com Henry James; que renasce com Proust, que recomeça com Joyce; depois com seus grandes epígonos, Faulkner – se é possível chamá-lo assim – ou melhor, esta espécie de terceira corrente, se vocês querem, Faulkner e Woolf; e enfim, talvez, uma quarta corrente, que seria Claude Simon. Ali, justamente, existe alguma coisa em comum. Há essa narrativa do fluxo, do movediço, ao mesmo tempo do subterrâneo, da corrente subterrânea; cada um desses sistemas de formas romanescas se baseia em um pensamento, em uma filosofia, em um sistema de pensamento mais ou menos elaborado. James, Henry, como se sabe muito bem, é o irmão do outro James, que parecia a Henry ser muito mais velho do que ele (um ano a mais). É um fato: William James parecia ser para Henry James o grande homem da família James. Para nós, agora, o grande homem é evidentemente Henry James. Mas, apesar de tudo, não é totalmente sem importância que ambos se chamem James: uma mesma melopeia da consciência se articula (bem diferentemente) nos dois irmãos. O par Proust-Bergson é também evidente, embora Proust, ali também, por sua riqueza,

130 Michel Foucault – Ditos e Escritos

ultrapasse largamente a fineza do bergsonismo. A seguir, com Joyce, há tudo. Há a escolástica, há também o fato de que Joyce, como por acaso, mora nos lugares em que morava Freud. Há assim toda uma série de cruzamentos. Isso para a primeira família. A segunda família é aparentemente mais heteróclita, mas, na realidade, ela também tem muitas ligações secretas, ela é, se vocês querem, a família Kafka. É o romance do ali, do estar ali, este tema que subitamente teve tanta repercussão após a Segunda Guerra Mundial. Ele já está implícito em Kafka, e assume uma expressão abstrata em Heidegger, que é como o seu espelho, embora não seja certo que Heidegger se interessasse por Kafka no momento em que escrevia *Sein und Zeit*.[3] A seguir, há a corrente pós-Heidegger com Sartre, *A náusea*,[4] *O estrangeiro*[5] e depois *Le voyeur*,[6] que é o ponto de convergência dessas diferentes linhas de força com um outro ancestral: Roussel. O que mostra bem a independência, o lado não deliberado desses "aglomerados"... Ninguém se deu a palavra, aqui. Roussel e Kafka, não mais do que Joyce e Proust, não pensaram: vamos fazer um certo tipo de romance. Não vale a pena insistir nisso, é bastante evidente. Mas se tomarmos o início de *O Castelo*,[7] o que surpreende imediatamente? K. entra no albergue e há camponeses que ali estão, em volta da mesa. Ele adormece imediatamente – K. tem uma grande aptidão para adormecer, embora esteja muito angustiado –, ele adormece, depois desperta e os camponeses estão sempre ali. Só que alguma coisa a mais também se passou, é que alguns dentre eles viraram suas cadeiras para vê-lo, de maneira que ele, K., está duas vezes ali. Ele está ali, os camponeses também estão ali e, além disso, os outros veem que ele está ali. Trata-se, portanto, de uma espécie de reduplicação, de multiplicação do "ali", do *Da*. Isso é o que se passa nesse monstruoso reflexo que é a obra de Heidegger, *Sein und Zeit*, a primeira obra de Heidegger. Que se reflete ela própria na lite-

---

3 Heidegger (M.), *Sein und Zeit*, Tübinguen, Niemeyer, 1927 (*Être et temps*, trad. F. Vezin, Paris, Gallimard, 1986).

4 Sartre (J.-P.), *La nausée*, Paris, Gallimard, "Collection Blanche", 1938.

5 Camus (A.), *L'étranger*, Paris, Gallimard, "Collection Blanche", 1942.

6 Robbe-Grillet (A.), *Le voyeur*, Paris, Éd. de Minuit, 1955.

7 Kafka (F.), *Das Schloss*, Munique, K. Wolff, 1927 (*Le château*, trad. A. Vialatte, *in Oeuvres complètes*, Paris, col. "Bibliothèque de la Pléiade", t. I, 1976, p. 491-808).

ratura francesa do pós-guerra. Embora *A náusea* seja anterior à guerra, para nós é o grande livro que domina o pós-guerra. Passemos por *A náusea*, *O estrangeiro*, que são coisas agora totalmente homologadas: há a raiz do castanheiro que ali está, que está mesmo em demasia, há os parafusos do caixão de *O estrangeiro*, além disso, há Robbe-Grillet.

Ontem, abordamos superficialmente Robbe-Grillet, e como Robbe-Grillet é alguma coisa que não se pode simplesmente abordar superficialmente, acredito que é necessário nos aprofundarmos nisso, se a plateia quiser... Talvez fosse interessante ver se não existem vários duplos que Robbe-Grillet extraiu de si mesmo; parece que se pode perceber, através de certos textos críticos, que ele escreveu sobre si mesmo uma espécie de multiplicação das imagens que ele oferece de si mesmo: aparentemente, elas se contradizem, mas talvez também conduzam para além dele, apesar dele, para outro lugar.

A primeira imagem que se impõe liga-o totalmente, parece-me, à linha Kafka-Heidegger. Isso mais ou menos explicitamente. Quando se pergunta a Robbe-Grillet: o que é o novo romance?, ele responde: o novo romance é muito antigo, é Kafka. Em relação a Heidegger, não sei se Robbe-Grillet é um heideggeriano fanático mas, em todo caso, ele pelo menos citou Heidegger em um texto, aliás, muito inicial, sobre Beckett (em uma época em que quase não se falava de Beckett); em epígrafe a um artigo sobre *Godot* ele colocou uma frase, um pouco símile-Heidegger, se quiserem, mas que era atribuída por ele especialmente a Heidegger: "A condição do homem é ser ali."[8] E há textos muito mais surpreendentes nos artigos da *N.R.F.* Há verdadeiramente momentos em que Robbe-Grillet parece redescobrir, talvez sem tê-las lido, frases que estão textualmente "ali", em ordem dispersa, em *Être et temps*. Assim, há um texto de Heidegger no qual nos é dito: "o ser-qualquer-coisa", o *Was sein* – isto é, a essência do ser humano – "deve ser compreendido a partir do seu ser ou existência", que é o "ter que ser seu próprio ali" – *sein Da*. Assim, há uma oposição entre ser-ali, a existência nua, seca e sem justificativa, sem significação, e o "ser-qualquer-coisa", o ser um sentido, o *Was*. Robbe-Grillet

---

8 Robbe-Grillet (A.), Samuel Beckett ou *la présence sur la scène* (1953), retomado em *Pour un nouveau roman*, Paris, Éd. de Minuit, 1961, p. 95-107.

132 Michel Foucault – Ditos e Escritos

encontra isso de passagem, um belo dia, em 1955 ou 1956.[9] (De minha parte, eu o li com muito atraso, dois ou três anos de atraso.) "Nesse universo romanesco, dizia ele em julho de 1956, gestos e objetos estarão ali antes de serem qualquer coisa", e, a seguir, "o herói futuro, diz ele, permanecerá ali em vez de buscar sua justificativa ética". Seria possível encontrar toda uma série desses textos que se articulariam com a dimensão kafkiana, sem falar do tema de O estrangeiro, que volta e meia encontramos: "trata-se de encontrar os objetos duros e secos que estão por trás inatingíveis, tão estranhos quanto antes", isso está em um texto contra Ponge. Ponge, segundo ele, é um jogo de espelhos, em que as coisas remetem ao homem. Então, tratar-se-ia de romper essa crosta e encontrar os objetos que estão por trás, que são estranhos. Há um texto muito curto de Kafka, traduzido por Starobinski, que se chama Retour au foyer.[10] O filho volta à casa do pai, não ousa entrar, olha pela janela e vê a cozinha, tudo está ali... "Ali está certamente a casa do meu pai, mas cada parte está friamente colocada ao lado da outra", "Stück neben Stück". É exatamente o que nos diz um outro texto de Robbe-Grillet – trata-se de registrar a distância, de estabelecer que as coisas estão ali e que não passam de coisas, cada uma limitada a si mesma, e imobilizada. Em suma, temos ali um caso privilegiado desses ecos de linguagem. Todos esses escritores de que falamos se ignoram mais ou menos uns aos outros. Ele é desses que certamente se ignoram. Roussel e Kafka não têm nenhuma relação. Roussel só pensa em Júlio Verne; Kafka acredita transcrever uma cabalística mais ou menos à maneira de Meyrink. Entre Meyrink e Júlio Verne, evidentemente, há muito pouca relação... De um lado, temos um engenheiro; do outro, um cabalista. (Qual é o mais "irracional" dos dois, aliás, é uma pergunta que se pode fazer, talvez seja Roussel, mas pouco importa.)

O que constituiria uma segunda imagem de Robbe-Grillet por ele mesmo, se vocês querem, apareceria em um outro texto – ela emerge aqui e ali, mas há um outro texto que me parece já bastante diferente e que muito me impressionou, porque foi

---

9 Id., "Une voie pour le roman futur", La nouvelle revue française, 4° ano, n. 43, julho de 1956, p. 77-84.
10 Kafka (F.), Der Nachhausweg (1908), in Betrachtung, Leipzig, Ernst Rowohlt, 1913.

o único que eu li em sua época. Trata-se de um texto que foi publicado em 1958 na *N.R.F.*, que se chamava "Nature, humanisme et tragédie"[11] (e que, na verdade, era essencialmente uma crítica da analogia). Havia ali vários níveis de críticas. O que havia de curioso é que era um texto ingrato, um manifesto de ingratidão em que Robbe-Grillet se punha a destroçar seus pais, Sartre e Camus, com uma ferocidade exemplar. Essa crítica implacável da linguagem romanesca, particularmente da linguagem descritiva de *A náusea*, e mais ainda de *O estrangeiro*, era surpreendente, pois ao mesmo tempo ela apresentava em Robbe-Grillet a expressão radical do que quiseram fazer Sartre e Camus, ou seja, um relato das coisas que estão ali simplesmente, sem nada acrescentar à sua pura e simples exposição. Entretanto, vejam, à medida que se lê o artigo, tem-se a impressão de que alguma outra coisa se passa, de que o conjunto dessa autointerpretação dele mesmo parece tender para alguma coisa que talvez esteja finalmente muito longe da fenomenologia da existência derivada de Sartre. Teríamos uma obra que, a partir dela, engendra novamente um segundo duplo. Tomo um trecho desse texto, uma frase particularmente típica: "Limitar-se à descrição, diz Robbe-Grillet, é evidentemente recusar todos os outros modos de aproximação do objeto". Ora, eis que muito recentemente eu lia um artigo publicado em uma revista literária. Era um artigo de filosofia científica, de interpretação da ciência por um grande físico, Max Planck. Trata-se de um texto muito antigo, que data do início do século, já que Max Planck é o homem que criou a teoria dos quanta, que introduziu o descontínuo na física da energia, particularmente da energia luminosa,e isso por volta de 1900, antes de Einstein e de seus fótons. *Médiations*, por razões que desconheço, publicou esse texto, nesse verão, com o título "Positivisme et monde extérieur réel".[12] Neste texto de Planck há uma crítica ao positivismo científico, ou seja, à filosofia científica então dominante. Ora, cada vez que Planck fala do positivismo científico do seu tempo, um leitor sensível aos problemas romanescos derivados de Robbe-Grillet terá a

---

11 Robbe-Grillet (A.), "Nature, humanisme et tragédie", *La nouvelle revue française*, 6º ano, n. 70, outubro de 1958, p. 580-604.

12 Planck (M.), "Positivisme et monde extérieur réel", (trad. C. Heim), *Médiations, Revue des expressions contemporaines*, n. 6, verão de 1963, p. 49-68.

134   Michel Foucault – Ditos e Escritos

impressão de que ele fala de Robbe-Grillet... Tem-se a impressão de que há imediatamente um parentesco implícito entre os dois e que uma espécie de positivismo romanesco, se vocês querem, poderia se revelar nesse tipo de aproximação. Citarei, para ter alguns pontos de apoio, passagens do texto de Planck: "Restringir-se à descrição das experiências realizadas", escreve Planck, "e além do mais fazer disso glória", afirmar que se vai limitar a essa descrição das experiências "é o que caracteriza o positivismo": dito de outro modo, o mundo não passa da minha descrição. "Assim", diz Planck, "a mesa nada mais é, à luz do positivismo, que a soma das percepções que ligamos novamente entre elas pela palavra *mesa*. Nessa ótica, a questão de saber o que uma mesa é na realidade não tem nenhum sentido". E, mais adiante, em uma outra passagem, ele nos diz: "O positivismo recusa a hipótese de que nossas percepções nos informam sobre outra coisa que se manteria por trás delas e que delas se distinguiria." Então, eis que Robbe-Grillet, agora, nesse texto de 1958, vai desenvolver sua energia particular, muito clara, muito incisiva no esboço que ele oferece do seu projeto: "A descrição formal", diz Robbe-Grillet, "é antes de tudo uma limitação; quando diz paralelepípedo, ela sabe que não atinge nenhum além, mas ao mesmo tempo elimina qualquer possibilidade de se buscar um". Ora, ali, é possível se perguntar o que aconteceu então com a fenomenologia da existência, com essa espécie de corrente romanesca que está em sintonia com a corrente filosófica da fenomenologia e do existencialismo, o que ocorreu então para que ela, como se não o soubesse, tenha se voltado para outra coisa totalmente diferente, para esse universo do neopositivismo. Pois bem, acredito que isso poderia adquirir seu sentido se avançarmos um pouco mais. Existe, por exemplo, no texto de Max Planck, toda uma análise da medida que me impressionou muito e que me parece bastante esclarecedora não somente para criticar talvez essa auto-imagem que Robbe-Grillet se dá, mas igualmente para ver o que ele faz em parte inconscientemente e que outros, paralelamente a ele, talvez tenham da mesma forma feito espontaneamente, mas talvez também com uma certa consciência deles próprios, ou com uma maior consciência. Planck nos diz sobre a medida: "Na concepção positivista, a medida é o elemento primeiro e incontestável, o positivismo só considera a medida", é o ato absoluto, não há nada antes da medida...

Será que esse é verdadeiramente um ato absoluto, será que é verdadeiramente uma espécie de elemento primeiro e incontestável? Planck nos diz: não. Na verdade, para ele, para a física que lhe parece verdadeira, aquela que ele contribuiu para fundar, as medidas são apenas o resultado mais ou menos compósito de uma interação: uma espécie de encontro entre, de um lado, os processos físicos que estão do outro lado, e a seguir, do lado do físico, os processos da visão, os processos cerebrais. Há, por um lado, processos físicos, e, por outro, os instrumentos e o sistema nervoso do físico, do experimentador, digamos, do observador (é uma palavra muito Ricardou, uma palavra que pode passar por "tel-quelista"). A medida, na verdade, é uma espécie de encontro. Já que é um encontro, se diz: mas, há muitos outros encontros entre o cérebro e o mundo, digamos: entre o homem e o mundo exterior. Eu pensava de novo em uma frase de Cézanne, citada por Pleynet em um artigo que ele escrevera sobre a pintura de Rothko e sobre o uso da cor.[13] Cézanne dizia: "A cor é o lugar onde nosso cérebro e o universo se encontram." É também, portanto, um ponto de encontro. O que há de diferente? Há, certamente, alguma coisa muito diferente. Robbe-Grillet, muito curiosamente, privilegia claramente a medida em relação à cor. O olhar, para ele, é o sentido privilegiado; mas não importa qual olhar. É o olhar voltado mais para os contornos do que para as cores, os brilhos ou as transparências. Uma forma será geralmente mais precisa do que uma cor, que muda com a iluminação. De qualquer maneira, é muito surpreendente porque ali, subitamente, Robbe-Grillet encontra, sem dúvida sem o saber, a posição dos cartesianos do século XVII. Por exemplo, Malebranche. Acredito que essa abordagem o espantaria um pouco. Malebranche, cartesiano fiel, que elabora para além do cartesianismo toda uma teologia, é inimigo da cor. Para ele, a extensão revela a verdade, mas a cor não passa de uma "modalidade tenebrosa e confusa"; o branco e o preto não passam de "modalidades confusas dos nossos sentidos". Nas *Entretiens sur la métaphysique et la religion*,[14] há dois personagens: um, que representa

---

13 Pleynet (M.), "Exposition Mark Rothko", *Tel quel*, n. 12, inverno de 1963, p. 39-41.
14 Malebranche (N. de), *Entretiens sur la métaphysique et la religion* (Rotterdam, R. Leers, 1688), *in Oeuvres complètes*, Éd. André Robinet, Paris, Vrin, t. XII-XIII, 1965.

136 Michel Foucault – Ditos e Escritos

o aristotélico, o homem da Idade Média, e o outro, o cartesiano. O cartesiano afirma que antes do pecado o homem não via cores, ele não estava na confusão da cor; "é o que o primeiro homem não fazia antes do seu pecado"; "sem a queda, veríamos então claramente que a cor, a dor, o sabor e outros sentimentos da alma nada têm em comum com a extensão que ligamos, que sentimos ligada a eles". Dito de outra forma, sem o pecado original, há muito tempo o novo romance e Robbe-Grillet teriam sido descobertos. Essa oposição entre cor e extensão não é uma oposição fortuita; acredito que ela deva exprimir alguma coisa, pois Malebranche não se enganou totalmente, muito menos Descartes: a medida tinha um privilégio sobre a cor, já que, finalmente, foi a medida que permitiu uma ciência e, particularmente, uma ciência da cor. Finalmente, o que é a cor? Para os homens do século XX, embora fossem muito pouco físicos, a cor é uma frequência, alguma coisa mensurável, uma oscilação. A medida, finalmente, venceu a cor, mas a cor se defendeu, já que, por sua vez, ela revelou que era alguma coisa muito resistente. Não é simplesmente um "sentimento da alma", é alguma coisa que está no universo e que representa a energia, uma espécie de agressão que o homem sofre por parte do mundo. Dito de outra forma, na medida e na cor, o homem, o sujeito, o observador, o herói, se quisermos – o herói científico ou romanesco –, tem funções opostas. Na medida, o observador desloca o mundo, desloca um metro – como o Agrimensor de Kafka (muito se criticou Robbe-Grillet por sua escrita de agrimensor). Há também um agrimensor original que mede o mundo. Como ele faz? Ele desloca sempre um metro, um duplo decímetro. Em relação à cor é outra coisa, é o mundo que desloca o observador, que incide sobre ele, que o atinge, que o transforma de uma certa maneira, que lhe envia grandes quantidades de energia, ou de oscilações. E ao final dessa agressão vem explodir, de maneira bastante misteriosa, é preciso dizer – e isso permanece para nós, e mesmo para a ciência mais elaborada, bastante irracional –, a cor. Quando frequências luminosas atingem um certo limiar, alguma coisa em nossas células cerebrais produz na realidade uma espécie de vapor, de fogo de artifício, produz a cor. Na cor, somos deslocados, transformados; na medida, somos nós que deslocamos e transformamos.

Finalmente, ao fim de tudo isso, o que se depreenderia? O interessante, através de todas essas investigações um pouco sinuosas, às vezes um pouco em ziguezague, em linha quebrada, de que Robbe-Grillet ou outros escritores contemporâneos procuram lançar mão, talvez não sejam somente os objetos (ou os homens). A oposição talvez não esteja entre saber se é preciso fazer romances humanos ou romances "objetivos", se é preciso falar dos objetos ou dos homens, como se houvesse uma espécie de escolha a fazer (de um lado, os ratos e, do outro, os homens, diria Burns). Lembro-me de uma discussão, em Royaumont, onde se atacava Robbe-Grillet com uma ferocidade espantosa, dizendo: este homem renega o homem, mas eu não amo os objetos, amo os homens; Robbe-Grillet é o homem que prefere aos homens os cinzeiros, os cigarros, uma espécie de inimigo do gênero humano. Mas, finalmente, o que é buscado em tudo isso talvez sejam mais os deslocamentos do que os objetos, são os deslocamentos dos objetos, mas também gestos e papéis. Talvez seja o que há de comum a toda uma série de perfurações estéticas, de brechas que têm sido tentadas aqui e ali. Há um universo onde se deslocam os objetos e igualmente os observadores, e, em seguida, há os papéis que os observadores desempenham uns em relação aos outros ou em relação aos objetos. Pois esses observadores, exceto no mundo de Einstein, não fazem mais do que observar. No mundo efetivo, eles fazem outra coisa, eles observam, e essa observação influencia perpetuamente a observação dos outros, e isso se chama ação, isso se chama conversação, isso se chama guerra e se chama combate pela vida e pela morte, se chama assassinato no romance policial. Finalmente, eu me pergunto se não é isso que está em causa em todas essas tentativas, e talvez seja o que atravessa, o que percorre certos romances de Robbe--Grillet. Desse ponto de vista, parece-me que *La jalousie*[15] é o romance mais ambíguo e o que constitui o maior avanço em relação ao que o autor quis fazer. É alguma coisa que Ricardou havia enfatizado de uma maneira muito surpreendente em um artigo de *Médiations* publicado a respeito de um texto muito belo de *Claude Ollier*.[16] Ricardou retomava esse texto de Ollier fazendo nele aparecer seus perfis sutis e sucessivos; esses perfis

---

15 Robbe-Grillet (A.), *La jalousie*, Paris, Éd. de Minuit, 1957.
16 Ricardou (J.), "Aspects de la description créatrice. Comme à une postface à *Description panoramique d'un quartier moderne*, de *Claude Ollier*", *Médiations. Revue des expressions contemporaines*, n. 3, outono de 1961, p. 13-32.

138 Michel Foucault – Ditos e Escritos

que, em uma primeira abordagem, parecem completamente cristalizados e que depois se movem lentamente e, sobretudo, indicam que alguma coisa se move por trás, alguma coisa que não se vê.

M. Foucault: Desculpe-me interrompê-lo, mas talvez fosse possível, a partir disso, retomar uma pergunta que se dirigiria a Claude Ollier.

J. P. Faye: Mas ali eu provoco Ollier. Ele lhe dirá se tenho razão ou não.

M. Foucault: Se você quiser, passaremos a palavra a Claude Ollier.

J. P. Faye: É o que eu desejava. Talvez eu esteja completamente enganado, mas me parece que é isso que Ricardou extrai desse texto de Ollier. Ao mesmo tempo, ele relacionava a isso toda uma retomada de *La jalousie*. O que é, finalmente, *La jalousie*? Ricardou se prendeu um pouco ao que havia dito Bruce Morissette, procurando uma intriga escondida por trás de *La jalousie*, uma intriga à Graham Greene. Ela talvez exista, talvez se possa fabricá-la. E quanto a saber se Robbe-Grillet havia pensado nisso? Ricardou, por seu lado, vê em *La jalousie* de Robbe-Grillet uma descrição que, simplesmente pela anotação das translações sucessivas, realiza uma montagem: pouco a pouco, a situação de ciúme é *montada*, depois a descrição continua e ela desmonta essa situação. Uma espécie de fluxo e refluxo. Um movimento de translação, de deslocamento e de reposicionamento. Acredito que é alguma coisa que se destaca ainda mais claramente no romance de Ollier. Penso em *O Maintien de l'ordre*[17] e nesse pedido de acrescentar que é um texto verdadeiro, que não é apenas um texto comercial, mas um texto breve.

C. Ollier: Sim, um texto comercial...

J. P. Faye: Um pouco comercializado pelo editor...

C. Ollier: Feito para vender...

J. P. Faye: Sim, mas esse texto certamente mostra que o que esse livro descreve não é um romance sobre as coisas, é a oscilação das coisas em torno dos homens e dos homens em torno das coisas, e dos homens uns em relação aos outros. Ou seja, é esse perpétuo deslocamento dos jogos. Aí está, então, o verdadeiro terreno sobre o qual se poderia discutir.

C. Ollier: Sim, é um livro que Ricardou condena...

---

17 Ollier (C.), *Le maintien de l'ordre*, Paris, Éd. de Minuit, 1961.

1964 – Debate sobre o Romance **139**

J. P. Faye: Ah! Sim! Então aí, isso me parece muito mais misterioso. Gostaria que Ricardou estivesse aqui para nos falar disso.

M. Foucault: Você gostaria de falar sobre o que você faz?

C. Ollier: Sinto-me muito pobre em palavras após a eloquência e a cultura de Jean Pierre Faye. Não tenho nenhuma formação filosófica nem literária especial. Tudo o que posso dizer é tentar explicar muito brevemente o que quis fazer. Parece-me que há duas perguntas que podem ser feitas, muito simples. Não é: o que quis fazer?, mas: o que fiz?, e, consequentemente, o que é a obra de arte? São duas perguntas com as quais eu sempre me confrontei e me confronto sempre, sem chegar a encontrar resposta satisfatória. Se busco o que eu queria fazer na época em que escrevi meu primeiro livro, constato que eu estava obnubilado por problemas de expressão. Parecia-me que escrever um romance era, antes de tudo, se exprimir, traduzir um conjunto de sensações, de percepções, de imagens, de anotações, de reflexões, de sonhos, todo um panorama de aparições ou de "epifanias", como dizem os filósofos. Em suma, como traduzir essas emoções? Naquela época, há sete ou oito anos, eu pensava que a isso se resumia o ato de escrever, e, consequentemente, em um certo sentido, a obra de arte, sem que eu seja capaz, aliás, de levar adiante minhas reflexões, nem mesmo de colocar claramente a questão "o que é uma obra de arte?". Esta é, no entanto, uma questão muito importante, que não se deve deixar de tentar formular. Uma outra questão, mais trágica, é: para que serve a arte? E, ali, a indeterminação é ainda maior. Eu estava, portanto, mergulhado nos ditos problemas de "expressão", e as técnicas que eu empregava me levavam a refletir sobre um problema próximo, o do realismo. Se tento de fato traduzir um mundo de emoções ou de visões, é porque eu suponho que este último preexista. Faço um decalque, de qualquer maneira, uma imitação da vida. Eu me dava conta, entretanto, de que não era unicamente isso que eu começava a fazer, mas provavelmente uma coisa totalmente diferente. Assim, escrevi *La mise en scène*[18] quase inteiramente dentro dessa perspectiva, sentindo confusamente que alguma outra coisa se passava, que não se podia remontar a um simples problema de expressão nem de realismo.

---

18 Ollier (C.), *La mise en scène*, Paris, Éd. de Minuit, 1958.

140 Michel Foucault – Ditos e Escritos

A seguir, escrevi *Le maintien de l'ordre*, e as coisas também se complicaram, porque eu quis integrar em um universo de emoções e de "olhares" uma situação social e política precisa, particularmente um clima revolucionário em um país árabe colonizado; e é possível que naquele momento eu tenha misturado tudo sob o álibi do realismo. Apesar de tudo, parecia-me também que eu tendia para uma outra direção; e esse outro objetivo, no livro que eu acabo de concluir, *Été indien*,[19] parece-me agora começar a se destacar.

Se escrevo, é para inventar um outro mundo, um segundo mundo que equilibra o mundo visível, digamos, o mundo da experiência, e, nessa perspectiva, os problemas de expressão e de realismo talvez me pareçam agora não secundários, mas certamente acessórios. Eu quase consideraria nesse momento a questão do maior ou do menor "realismo" desses livros como uma espécie de subproduto de todo o meu trabalho. E a coisa primordial para mim – é possível que para outros seja completamente diferente – é colocar, de qualquer forma, a qualquer preço, um mundo válido ao lado do mundo da experiência. Talvez não forçosamente para equilibrá-lo, como disse de início, mas apenas para compará-lo ao primeiro. E percebo que esses elementos expressivos que eu considerava primordiais, há alguns anos, têm provavelmente apenas valor de "materiais". Se, como continuo acreditando, um romance não somente pode, mas deve, se "verificar" em várias cenas, em vários níveis realistas – individual, social, geográfico, histórico –, essa não é certamente a condição suficiente, é provavelmente uma condição necessária, mas o essencial se tornou a invenção do livro, desse equivalente emocional ao mundo da emoção e, por esse fato, todos os problemas iniciais se acham deslocados.

Eu gostaria de ter perguntado a *Faye*, a propósito de Battement, qual era a sua opinião sobre este problema: expressão, realismo e obra de arte. Tudo o que sou levado a pensar e, eventualmente, a dizer gira em torno desse ponto. É possível que esta seja uma falsa maneira de colocar o problema sem restrições, mas é a minha, e eu gostaria de saber se Jean Pierre Faye, quando escreve um livro como *Battement*,[20] se propõe uma finalidade realista ou se ele considera o realismo como

---

19 *Id.*, *Été indien*, Paris, Éd. de Minuit, 1963.
20 Faye (J. P.), *Battement*, Paris, Éd. du Seuil, 1962.

1964 – Debate sobre o Romance **141**

um resultado secundário do seu trabalho. Porque, justamente, *Battement* é um livro muito realista e, como eu dizia, "verificável" em todos os planos do "realismo".

J. P. Faye: Quando se fala de realismo, tem-se como primeira imagem alguma coisa muito exaustiva, mas um exaustivo de qualquer forma explícito. Se o realismo é isso, tenho a impressão de que, como Ollier, fica-se pouco à vontade, atualmente, e tem-se o desejo de fazer alguma coisa a mais, mas o quê? No caso do livro que você põe em discussão, se ali houvesse realismo, seria um realismo que buscaria "virar" o tempo todo o que se passa no campo. Tal como o acontecimento, ou a coisa, ou o homem, o indivíduo que passa no campo da situação e do enquadre romanesco tem todo um avesso. É possível fazer o tempo todo o jogo de balanço que permite perceber isso, sem, no entanto, ostentar o olhar de Deus, esse famoso olhar que Sartre imputava a Mauriac, que ele julgava não artístico? Considerar-se Deus-pai diante de seu mundo é um truque muito fácil, e isso não se pode mais fazer. Desse ponto de vista, os textos de Sartre publicados nas *Situations* e em *La N.R.F.*, creio, previamente, em 1939, têm um valor irreversível. Todo Robbe-Grillet, certamente, começa a partir daí e, paralelamente a Robbe-Grillet, acredito que seja o caso de muitos outros.

Mas, então, como fazer? É aí que intervém o aspecto oscilante: por exemplo, ver ao mesmo tempo as coisas pelo "eu" e pelo "ele", pelo "presente" e pelo "passado". Mas o presente e o passado imediato, não simplesmente o passado da memória (essa seria uma conduta como a de Claude Simon, que estaria muito mais na linhagem proustiana). Ver, no mesmo momento, a coisa ou o personagem em seu presente e depois nesse imperfeito imediato que vivemos o tempo todo: como pensamos sempre em uma só coisa, de uma maneira dominante, e ao mesmo tempo observamos o resto, de uma certa maneira, o "resto" é colocado o tempo todo no imperfeito. Em certos casos, é o objeto que fixamos que relega nossa própria vida ao imperfeito; em outros casos, é nossa experiência vivida que relega o cenário ao imperfeito, isto é, coloca-o já no passado. No momento em que dizemos: "É uma pena que há três anos eu não tenha feito isso", pois bem, o relógio soa e o percebemos muito tarde, chega-se atrasado, por exemplo, perde-se o trem, faz-se qualquer coisa defasada, deslocada em relação ao que se deveria fazer. Portanto, naquele momento, é a experiência

142 Michel Foucault – Ditos e Escritos

interior que desloca o presente e o relança já no passado, em outros casos, é o inverso.

Será que um certo jogo de linguagem, ou um certo modo de narrativa poderiam chegar a dizer tudo isso simultaneamente? Se isso é realismo, seria realismo ativado, articulado em vários níveis, mas isso não corresponderia ao que se supõe que o realismo seja. A expressão, portanto, destrói o realismo.

C. Ollier: O que você expõe aí é, certamente, um projeto realista.

J. P. Faye: A expressão destrói de qualquer forma o realismo: se quisermos exprimir tudo verdadeiramente, tomando apenas os aspectos parciais percebidos. Quando se quer tentar dizer tudo, destrói-se o realismo.

C. Ollier: Trata-se de dizer ou de perguntar? Ou seja, quais são as relações entre a estrutura da obra e o mundo? Trata-se simplesmente de enunciar, de descrever, de traduzir emoções e olhares, ou de interrogar seu sentido e seu alcance? Parece-me que *Battement* vai muito além da descrição, da narrativa existencial.

J. P. Faye: Se vai além, então pertence ao duplo, não pertence mais ao projeto; mas é certo que, se quisermos tentar manipular o que aparece, interrogamo-lo mais do que deveríamos – há uma espécie de indiscrição que destrói a simples narrativa.

C. Ollier: Há uma descrição, um discurso que se sente através dos personagens. Há um discurso implícito em várias vozes que a mim, leitor, dá a impressão de uma interrogação contínua sobre as origens do mundo e seu valor como signos. É isso que me parece importante. Naquele momento, isso ia mais além do realismo, não se pode chamar aquilo de realismo. Talvez seja a exegese.

M.-J. Durry: Sim, estou muito surpreso porque o que você diz se liga a uma impressão muito forte, e, no entanto, é ao mesmo tempo diferente, mas me parece que se relaciona com isso. Eu sou um leitor e um espectador extremamente atento a tudo o que você está começando a criar e estou certo de que se trata de alguma coisa extremamente importante. Uma das impressões mais fortes que tenho na leitura desse, digamos, novo romance, se você quiser, enfim, pouco importa, é que quanto mais ele é *real*, mais tenho a impressão de *irreal*.

1964 – Debate sobre o Romance   143

Gostaria de tentar especificar o que quero dizer. Ocorre alguma coisa análoga, embora muito diferente, quando leio Balzac – esses inventários intermináveis de Balzac, aqueles que fizeram com que se dissesse que ele era visual; quanto mais os leio e mais precisamente nesse momento, mais tenho a impressão de que ele é visionário. É diferente, mas mesmo assim tem relação. Você dizia há pouco, atacou-se Robbe-Grillet, será ele o objeto? Será o homem? Pouco importa... Quando leio essas descrições muito precisas, muito exatas, muito minuciosas do romance atual, sinto-me fora dos objetos e fora do mundo. Procuro o porquê. Acredito que isso se deve a várias coisas. Parece-me que o homem até ali sempre teve tendência a se considerar como o único existente no mundo – senhor dos objetos, deles se servir, subjugá-los, criá-los ele próprio, consequentemente, esses objetos eram muito pouca coisa em relação a ele. Então, no momento em que ele é projetado em um mundo onde se dá aos objetos um lugar considerável, ele é totalmente expatriado, e não se sente mais em casa. E, depois, há uma outra experiência. Deixemos talvez a experiência do romancista; creio que é uma experiência que cada um de nós pôde fazer. Se olhamos um objeto, estamos sós em algum lugar diante de um objeto, e a seguir tentamos descrevê-lo para nós mesmos de uma maneira mais objetiva, mais neutra, então, pouco a pouco, esse objeto ocupa todo o espaço e se torna absolutamente enorme, nos esmaga, nos oprime, entra em nós, toma nosso lugar, e isso nos incomoda horrivelmente. Ou, um fenômeno completamente diferente, por olhar muito esse objeto – em vez de tornar-se uma espécie de monstro – pois bem, torna-se alguma coisa fantástica, que nos escapa e que é irreal; e acredito que se passe então com o objeto exatamente o que se passa quando nos confrontamos com uma palavra. Isso já ocorreu com todos, acredito, pensamos em uma palavra, essa palavra está diante de nós, nos concentramos nela e podem se produzir dois fenômenos absolutamente opostos: ou um fenômeno de obsessão extraordinário, é a penúltima de Mallarmé ou, pelo contrário, essa palavra não quer absolutamente dizer mais nada, parece um ajuntamento de sílabas vãs, não sabemos mais absolutamente por que essa palavra existe e por que ela quer dizer o que quer dizer.

Tenho a impressão de que quanto mais esse romance – é ali que tento explicar essa impressão – tenta descrever, ser realista,

144 Michel Foucault – Ditos e Escritos

mais ele é irreal em um certo sentido; e é ali que eu acrescentaria o que Sollers citava em um dos seus últimos artigos, ao citar Ésquilo, dizendo: "Erramos como um sonho ocorrido em pleno dia." Isso me parece um pouquinho a mesma coisa, e me parece que é daí que decorre o fato de que esse mundo de Robbe-Grillet é frequentemente esse mundo de reflexo, de duplo, de defasagem, como foi dito, e todas as borrachas que apagam o mundo à medida que se o faz nascer, e todos os romances de não comunicação essencial – o diálogo de Marguerite Duras –, ou então tudo se torna nada, ou o objeto do livro será o próprio livro, como em *Les fruits d'or*[21] – esse livro sobre o qual nunca se sabe o que ele é e além disso sobre o qual não se sabe mais, após torrentes de elogios como após críticas acerbas, se é preciso ou não exaltá-lo, que acaba por se apagar à medida que os elogios e as próprias críticas se apagam. Então, isso me faz compreender também o aspecto de romance policial que existe em tantos desses romances, sejam os primeiros de Robbe-Grillet, seja... busca-se, volto ao meu ponto de partida, busca-se alguma coisa que me parece se tornar cada vez mais irreal na própria medida em que é cada vez mais real. Não sei, será que você pensa que isso se relaciona com o que você dizia ou é totalmente diferente?

J. Thibaudeau: Gostaria simplesmente de apontar que semelhante questão não se dirige a mim. Não faço parte do novo romance. Meu problema é totalmente diferente.

M. Foucault: Acredito que o que Thibaudeau começa a nos dizer de uma forma negativa é igualmente muito importante. Será que ele poderia nos dizer duas palavras sobre esse tema?

J. Thibaudeau: Acredito que o romance – é o método que eu conheço, há outros, há a poesia – é uma espécie de experiência. Manipula-se o maior número possível de palavras e de ideias, de todas as maneiras possíveis, organiza-se pouco a pouco uma matéria dentro da qual se está, e depois chega um momento em que esse conjunto verbal deve resultar em livro, e talvez em narrativa; quanto a mim, como estou dentro do que escrevo, do que não encontrei ainda a narrativa, não posso falar disso antecipadamente.

---

21 Sarraute (N.), *Les fruits d'or*, Paris, Gallimard, "Collection Blanche", 1963.

1964 – Debate sobre o Romance   145

Mas, em todo caso, não me dizem respeito esses problemas de psicologia que Jean Pierre Faye evocava. Jean Pierre Faye, você tenta fazer um realismo psicológico em *Battement*, conforme o que você disse, não é? Você evocava a experiência comum? Não penso que a literatura tenha que evocar a experiência comum, acredito que seja outra coisa... Um campo de experiências, não? Radicalmente outro, enfim. Assim, os matemáticos nada têm a ver com a experiência cotidiana.

J. P. Faye: Para os matemáticos, há uma definição de Valéry que é muito bela, em que ele diz: "Chamo de geometria as figuras que são traços do movimento que se pode exprimir em poucas palavras." Por exemplo, um círculo. Pode-se dizer: é uma palavra, e os traços desse movimento que eu posso dizer em poucas palavras. A literatura, romanesca ou não, também tenta apreender certos traços...

J. Thibaudeau: Mas eu gostaria de dizer que a literatura cria de início a matéria que ela estuda a seguir.

J. P. Faye: Ela a cria?

J. Thibaudeau: Para mim.

J. P. Faye: Para você, certamente, mas além disso para todos...

J.- L. Baudry: O que me pareceu é que justamente, quando se escreve, se estabelece pouco a pouco uma espécie de diálogo entre uma matéria que está começando a se formar, que é justamente a coisa escrita, e a intenção inicial; e que não se pode absolutamente dizer que haja no começo uma matéria informe que se tenta exprimir ou uma intenção bem-definida que se tenta escrever, mas que existe uma espécie de diálogo constante entre uma expressão – um verbo que se forma e que demanda ser formado mais vezes, isto é, que se encontra um pouco o ponto de vista de Thibaudeau – e igualmente uma intenção e uma experiência, uma visão particular que demanda ser dita.

J. Thibaudeau: Tenho uma pequena fórmula: não estou em uma torre de marfim nem na rua, estou em um laboratório; e a seguir, no final, há as explosões, enfim, alguma coisa se passa, se eu conseguir.

P. Sollers: Um lado Roussel...

M. Foucault: Talvez Sanguineti, cuja filosofia agora conhecemos, tenha qualquer coisa a nos dizer sobre sua obra, pessoalmente.

146 Michel Foucault – Ditos e Escritos

E. Sanguineti: Gostaria de falar, muito resumidamente, sobre algumas impressões que tive ouvindo tudo o que foi dito até agora.

Gostaria que se soubesse antecipadamente que eu não queria ser agressivo como ontem, mas é a única coisa maligna que tenho a dizer.

Estou espantado com o fato de que quando M. Foucault começou a falar...

M. Foucault: Fico satisfeito com o fato de que a maldade seja para mim.

E. Sanguineti: Não, é para todos... ele fala justamente de relações entre uma busca que não é mais de ordem psicológica à maneira do surrealismo, mas da ordem do pensamento: enquanto, à medida que a discussão progredia, isso retornava sempre mais para a psicologia no velho sentido, e não na ordem do pensamento, pelo menos no sentido em que posso suspeitar que M. Foucault empregava o termo.

A exposição de Faye me pareceu excelente, devo dizer, e pensei o tempo todo na possibilidade de aproximações – é uma hipótese, decerto – de um certo paralelismo possível, a ser estudado, entre a simetria e a dissonância por ele estabelecidas e a distinção feita por Adorno, na música moderna, entre Stravinski e Schönberg. Ou seja, que a rigor seria possível dizer que há duas possibilidades de reação diante da situação de sublimação da interioridade, isto é, a psicologia como busca do absoluto. Considerando verdadeira sua exposição e considerando verdadeira a exposição de Adorno, há, então, uma certa simetria surpreendente entre a maneira com que Adorno interpreta Schönberg e a maneira com que você interpreta Proust. Isto é, a contemplação metafísica a partir do choque psicológico – o choque psicológico como o último recurso para reencontrar a via da liberação do eu – é de qualquer maneira paralela nas duas posições. Por outro lado, o lado da objetividade e da reificação, se é possível dizer que ele existe em Stravinski e que cada um possui evidentemente em sua linguagem, em suas posições etc., trata-se do que se encontra, como tipologia última, em Kafka.

Bem, é uma hipótese. O que me agradou muito é a referência a esse texto de Robbe-Grillet, "Humanisme, tragédie..."[22] etc.

---

22 *Op. cit.*

1964 – Debate sobre o Romance   147

Eu o conheço, mas creio que você – se tenho uma crítica a fazer – deslocou a ênfase que, em Robbe-Grillet, estava no tema da tragédia. O que Robbe-Grillet, justamente nesse texto, queria refutar – o que termina, aliás, de uma maneira muito curiosa, talvez vocês se lembrem, a última linha diz: "Mas talvez a abolição da tragédia não seja possível, entretanto..." e isso termina com...

P. *Sollers*: Pascal. Esta é uma aposta pascaliana.

E. *Sanguineti*: Sim, é uma analogia, não sei...

P. *Sollers*: Sim, sim, ele o disse.

E. *Sanguineti*: Eu me pergunto se, tomando essa tipologia que conduz de Kafka a Robbe-Grillet, não seria possível fazer uma certa história, isto é, se o que se apresenta no universo de Kafka em forma de tragédia não tende a se apresentar no universo de Robbe-Grillet em forma de normalidade absoluta. Não é mais a tragédia, é simplesmente a realidade do mundo, a posição natural do homem. Haveria, evidentemente, toda uma série de reflexões a fazer sobre essa degradação do lado trágico em uma certa tipologia. Então, naquele caso – eu retomo ainda a hipótese adorniana –, seria muito interessante, pois, a rigor, quando em Stravinski cada vez mais se define uma posição do tipo neoclássica, há um universo que é coerente em si mesmo mas que, ao mesmo tempo, só é significante como música. Seria quase possível dizer que Robbe-Grillet é a verdade última de Kafka, ou seja, que ele leva ao extremo do neoclassicismo tudo aquilo que em Kafka também é representado de uma maneira romântica, isto é, sob a forma da tragédia.

Eu me pergunto se esse resultado não seria a última consequência de certos processos, justamente, de uma consciência inconsciente – permita-me o jogo de palavras – da reificação. A rigor, uma alegoria, não é?

O que me pareceu muito interessante na intervenção de Durry é que, justamente, rompendo por um momento o círculo fechado da reflexão teórica, viu-se imediatamente o efeito produzido por uma coisa como aquela. Ou seja, há um leitor, e esse leitor diz: "Quando vejo essa descrição que torna uma aparência totalmente objetiva, completamente verdadeira e precisa etc..., então quanto mais a descrição se torna objetiva, quanto mais ela assume um aspecto que deveria ser verdadeiro, mais isso dá, pelo contrário, a impressão de um pesadelo, do lado visionário, lírico" etc...

148 Michel Foucault – Ditos e Escritos

Você falava da posição de Planck e desse lado que se poderia chamar de positivismo de Robbe-Grillet. O que é muito interessante é que jamais se leve muito em conta, acredito, falando de Robbe-Grillet, o fato de que quando – por exemplo – ele deve justificar em *La jalousie* a volta para trás, a repetição do mesmo episódio, ele tome como justificativa teórica o fato muito surpreendente de que, quando conto uma história, na vida cotidiana, jamais começo exatamente pelo começo e jamais termino exatamente no fim, mas sempre vou para frente e para trás; ou seja, há em Robbe-Grillet uma referência muito forte à experiência comum, ao realismo no sentido naturalista do termo. Creio então que seria muito interessante confrontar essa posição com a de Thibaudeau, que exclui completamente, em princípio...

J. Thibaudeau: Não, não, não, eu viso ao realismo, mas como hipótese de trabalho.

E. Sanguineti: O que eu apreendo da sua exposição é somente um ponto: a recusa da experiência comum.

J. Thibaudeau: Talvez. Mas não é tão simples.

E. Sanguineti: Enquanto para Robbe-Grillet, em todo caso, é a verificação fundamental da constituição da obra. Isso é muito importante. Mas você jamais ouvirá Robbe-Grillet dizer: "Quando faço um livro sobre o ciúme, quero colocar em evidência o lado patológico do ciúme, busco alguma coisa da qual, de qualquer forma, se pode aproximar pela emoção, que tem todo um lado patológico" etc. Robbe-Grillet, ao contrário, diz: "O ciúme é alguma coisa mensurável", e isso retorna sempre à questão do espaço contra a cor. Ele diz: "O ciúme é mensurável em centímetros: estou em um quarto, uma mulher está na varanda, um amigo está ao lado dessa mulher; se ele está a 50 centímetros, não sinto nenhum ciúme, a 30 centímetros, isso começa, e a dois, fico louco."

J. Thibaudeau: Sim, mas, afinal, para Robbe-Grillet o ciúme é uma maneira de escrever. Ele não escreve por ciúme.

E. Sanguineti: Não, mas o que é muito interessante é que também é verdade que Robbe-Grillet escolheu *La jalousie*, que ele escolheu *Le voyeur*.

C. Ollier: Não é absolutamente o que diz Robbe-Grillet quando lhe perguntam como ele começou a escrever o livro. O tema do ciúme só surgiu muito depois das primeiras descrições e, quando lhe perguntam o que ele quis fazer no início, quando pousou sua caneta na primeira folha branca, ele res-

1964 – Debate sobre o Romance 149

ponde: "Quis simplesmente descrever o gesto de uma mulher se penteando", o que fez por várias páginas. Foi muito tempo depois que surgiu, a respeito da relação particular dessa mulher, atrás de tal janela, em tal ângulo de tal casa de campo, um possível tema que seria o do ciúme, decorrente do fato de que alguém a observava. Mas de início não havia nele certamente o tema que foi o ciúme, nem mesmo o projeto preciso para contar uma história.

J. Thibaudeau: A narrativa só intervém em um certo momento.

C. Ollier: E muito me espanta que você fale de volta para trás, o que me levaria a pensar que você faz uma distinção entre a história preexistente que Robbe-Grillet queria contar e, a seguir, a maneira, a estrutura segundo a qual ele a contou. Não há absolutamente volta para trás em *La jalousie*; trata-se de um panorama de emoções, o desenvolvimento de uma obsessão sem nenhuma referência temporal. Há apenas referências espaciais.

J. Thibaudeau: Há a anulação dos sentidos, enfim.

C. Ollier: Esse ponto é extremamente importante em toda análise de Robbe-Grillet.

E. Sanguineti: Sem dúvida. Mas há duas possibilidades. Considero o ciúme como Robbe-Grillet escreve e, então, é um caso; do lado psicológico, é muito interessante ver como ele conhecia etc. Há uma outra possibilidade, a de ver o que Robbe-Grillet declara: de fato, então, nesse momento, não sou eu, mas é Robbe-Grillet quem fala de volta para trás.

J. Thibaudeau: Sim, mas ele fala depois do livro, e fala para os leitores.

E. Sanguineti: Entretanto, ele fala de volta para trás. O fato é que, quando um episódio é contado várias vezes, como aquele do esmagamento do animal contra a parede, esse fato que volta volta justamente, pois se recupera – isso, para Robbe-Grillet ou não importa que autor – (espero que também para Ollier) uma mesma dimensão temporal na consciência, ou seja, verdadeiramente, tudo é fato, mas, se eu conto tudo no tempo presente, há verdadeiramente uma volta para trás.

C. Ollier: Pode-se também dizer que não há nenhuma dimensão temporal em *La jalousie*, e isso dá no mesmo.

E. Sanguineti: Sim, mas pode-se dizer tudo. Mas o fato é justamente o que há em *La jalousie*, ou seja, quando o animal

150 Michel Foucault – Ditos e Escritos

é esmagado uma vez para Robbe-Grillet, ele é esmagado uma vez e somente uma vez. A repetição está na maneira de contar, o que vai me revelar, evidentemente, alguma coisa mais profunda do que contar uma só vez. Mas se perguntássemos, a rigor, a Robbe-Grillet quantas vezes esse animal foi esmagado, ele responderia: "Uma." Por que você conta essa história várias vezes, se o animal foi esmagado uma só vez? Robbe-Grillet responde: "Porque, quando conto uma história – conto, por exemplo, que matei um homem –, nunca o digo uma só vez. Conto coisas que precedem, que se seguem, e depois volto ao ponto..."

J.-L. Baudry: Parece que justamente essa mesma imagem aparece sempre de forma diferente. Isso é o que é importante. É o que mostra que não se trata de volta para trás, mas de "agoras" sucessivos.

E. Sanguineti: "Agoras" sucessivos do ponto de vista da forma do conto. Enfim, creio que apesar disso é necessário distinguir esses dois pontos, no sentido em que Aristóteles os distingue, quando diz: "Nunca é preciso começar pelo começo", ao exaltar Homero por começar em um certo ponto da guerra de Tróia e não contar toda a história. Quando há volta para trás em *A Odisséia*, Homero diz: "Isso se passou há um certo tempo, em uma certa sucessão." Homero, em *A Odisséia*, emprega a volta para trás. Nesse ponto, sou aristotélico.

J.-L. Baudry: O que explica o seu ponto de vista é que acredito que você parte do fato de que Robbe-Grillet quis fazer uma narrativa. Mas talvez ele não tenha querido fazer uma narrativa, você compreende? De fato, se partirmos do ponto de vista de que Robbe-Grillet quis fazer uma narrativa, há efetivamente voltas para trás, mas se Robbe-Grillet não quisesse fazer uma narrativa, de repente, talvez não houvesse voltas para trás.

E. Sanguineti: Nunca me fiz tal pergunta.

C. Ollier: É a principal pergunta a ser feita sobre *La jalousie*. Ele não quis contar história. Se há diferentes aparições da lacraia esmagada contra a parede, correspondem a reiterações, imagens de uma obsessão que não são absolutamente localizadas no tempo, mas unicamente no espaço, donde as deformações do objeto contra a parede. Não há começo nem fim em *La jalousie*. Há, como na música, vários movimentos marcados de forma diferente, e o tema da lacraia, como outros, retorna como um tema musical ou como um elemento de tema serial, mas a noção de história ou de caso não deve, a meu ver, ser levada em conta.

E. Sanguineti: O problema que gostaria de propor é apenas esse. Levando em conta que minha hipótese seja válida, ou seja, que há volta para trás (essa hipótese está em discussão), eu me pergunto, quando ele escolhe essa estrutura, se isso não redunda no que dizia Durry, isto é, que o escritor adota uma certa ótica, uma técnica etc.; em Kafka, há referência ao sonho, a uma mitologia religiosa; em Robbe-Grillet, isso volta, pelo contrário, a uma experiência cotidiana, que quer abolir o sentido do trágico. Entretanto, ele se coloca em um campo muito preciso, que é o que você chama de obsessão, ou seja, isso volta àquela posição. Minha questão final é somente esta. Como hipótese, adoto uma técnica desse tipo, acredito poder a rigor tudo descrever, faço uma fenomenologia em relação à experiência comum e digo: com uma técnica como esta, posso descrever não importa o quê. Pois, na verdade, quando faço um conto, é fatal, volto para trás... no final, tenho uma chance absolutamente condicional, posso somente narrar essa pequena história. O ciúme, que nunca existe como conteúdo experimental, não deixa de ser a forma transcendental como experimentação de certos tipos de obsessão ou de visionismo do único conteúdo possível desse tipo de conto. Esse é o problema.

J.-L. Baudry: Parece-me que, se a obsessão aparece, ela aparece depois, mas não antes, ou seja, é o leitor que pode falar de obsessão, mas não é o próprio livro que fala de obsessão.

J. Thibaudeau: Quando leio *La jalousie*, não fico obcecado, mas maravilhado.

Gostaria que Sanguineti nos falasse sobretudo do seu livro, do seu trabalho, que nos encontrássemos de uma maneira mais positiva.

Pausa...

M. Foucault: Creio que a discussão havia chegado há pouco a problemas que, através de Robbe-Grillet, se referiam a alguma coisa que se poderia chamar de morfologia do romance. Talvez fosse ocasião de restituir a Faye a palavra que sempre lhe pertenceu e lhe pedir para nos falar da analogia. O que, no sentido em que o entendo, tanto quanto eu saiba, é um problema de morfologia.

J. P. Faye: Isso é um pouco complicado, porque se tem vontade de reatar os fios de agora há pouco... Por exemplo, Thibaudeau falava da experiência comum e, sobre isso, tive vontade de dizer que se a verdadeira medida não passa de uma

152 Michel Foucault – Ditos e Escritos

interação entre duas bordas, entre dois campos opostos, com mais razão se poderia dizer isso das palavras, da linguagem. Portanto, uma linguagem, quando descritiva, mesmo quando quer ser muito descritiva e aparentemente muito neutralizada, nunca passa de uma linha – fronteira entre permutadores em conflito, avançando um sobre o outro. De um lado, o objetivo, do outro, o observador. De tal forma que, finalmente, o que talvez seja a linha mediana entre o hiper-realismo e o visionário, o presente e o passado, o "eu" e o "ele" é um ponto que está sempre ali e que, ao mesmo tempo, não é apreensível, é invisível, não está na experiência comum; que – de uma certa maneira – é um ponto imaginário. Mas é isso que se tem, sem dúvida, vontade de dizer e agarrar – ou "inventar". E, como só se pode agarrá-lo em pleno voo, se é levado a movimentar de mil maneiras o que já se move. Na medida, justamente, em que a linguagem é sempre essa interferência, creio que se está condenado a ver o realismo se desgastar à medida que ele se refaz.

Dito isto, já que Foucault volta à analogia, vou tentar relacioná-la ao que se dizia de *La jalousie*, porque o que me surpreende em *La jalousie*, entre muitas outras coisas, é uma construção tipicamente analógica. Isso talvez contrariasse Robbe-Grillet, porque ele tem uma antipatia, parece, profunda pela palavra "analogia". Mas o que é a analogia? Isso depende do sentido em que ela é entendida. Se tomarmos a palavra no sentido próprio, isto é, no sentido que ela tem entre os gregos – já que é uma palavra grega –, é a relação, não entre duas coisas, não entre dois termos, mas entre duas relações entre duas proporções, portanto, entre quatro termos. A analogia típica é: A está para B assim como C está para D. Ou: A está para B assim como o próprio B está para C. (Nesse momento, aquele que está no meio é a média proporcional ou, como diziam os velhos gregos na Alexandria, é a média análoga, ele está para um assim como outro está para ele.) Por que Robbe-Grillet se prende à analogia com tanto ardor? Porque Robbe-Grillet toma a analogia no sentido habitual, ela é para ele a metáfora, é a comparação romântica, é o vale de Lamartine, que é a imagem da solidão; há todo um vocabulário antropomórfico, mitológico, que se acumulou, que depositou uma espécie de sedimentação, de cascão na linguagem literária – e quanto mais uma linguagem é "literária", mais ela carrega esse cascão (a linguagem literária no mau sentido da palavra). Ora, esse cascão –

é também uma pátina, se quisermos – ao mesmo tempo carrega consigo toda uma carga de moralismo; é a maneira que o homem teve de tornar seu mundo mais delicado, mais humano, mais confortável. Quando vê a floresta, ele pensa que ela é majestosa, e isso lhe traz boas lembranças, desde que seja um pouco monarquista. Quando vê a aldeia aconchegada, isso o reanima... Isso é tudo que Robbe-Grillet busca em seu artigo de 1958 e, como lembrava Sanguineti, ele o relaciona com a tragédia: a tragédia é também uma maneira de querer colocar o homem nas coisas, lá onde absolutamente ele não está. Essa crítica, que já era percebida por Roland Barthes, é inteiramente pertinente em seu plano; essa limpeza a que se dedica Robbe-Grillet foi certamente a aceleração de qualquer coisa que provavelmente já se fazia ao lado, aqui ou ali. Mas, quando Robbe-Grillet chama isso de analogia, é porque ele toma a palavra analogia no sentido vulgar. Se a tomarmos em seu sentido rigoroso, é então Robbe-Grillet que está na analogia. *La jalousie* me parece, desse ponto de vista, um belíssimo modelo de analogia. Talvez não haja personagens em *La jalousie*, não haja intriga, não haja narrativa, não haja tempo, mas, enfim, se contarmos nos dedos, há mesmo assim A., a mulher, Franz, que é o homem, há o olhar, que não está em lugar algum, que não fala, que diz tudo, depois há um quarto personagem, a centopeia, a lacraia, que é um personagem na medida em que ela é...

J. *Thibaudeau*: Há também os negros, as bananeiras...

J. P. *Faye*: Sim, mas esses são comparsas... Acredito que a centopeia é muito mais importante. É assim que eu a vejo. Este drama será contado a quatro. O tempo todo, a brava centopeia, o animal, a mancha está para um dos outros três assim como os outros dois estão entre eles, e isso se movimenta o tempo todo. A mancha é, do ponto de vista impessoal do homem, do observador (do "marido") o que Franz é para A., e depois, em outros casos, as relações mudam. Essa mancha está sempre ali como o análogo dessa marca que seria a relação de Franz com a mulher. Isso pode ser discutido de mil maneiras, mas esse sistema da analogia a quatro, o que é em si mesmo? No fundo, é uma das chaves da razão, porque, de Tales até a teoria dos conjuntos, este é o modelo mais simples do conjunto de transformações, de permutações. Mas é, ao mesmo tempo, uma das cifras de muitos grandes romances: como *A cartuxa*

154   Michel Foucault – Ditos e Escritos

de Parma ou mesmo obras literárias não romanescas, começando por *Andrômaca*. Em *À procura do tempo perdido*, há o tempo todo retomadas de relações simétricas.

M. de Gandillac: *As afinidades eletivas*, de Goethe, são um exemplo surpreendente disso.

J. P. Faye: É um texto que não conheço bem... Enfim, *À procura do tempo perdido* é uma espécie de cascata analógica. O que eu poderia fazer agora é, tal como Sollers ontem, imaginar livros possíveis. Livros que não somente conteriam neles mesmos, eventualmente, grupos de permutadores a quatro (ou mais), em que os papéis estariam, uns em relação aos outros, em estado de transformação quanto a certas articulações, a certos elementos neutros, a certos pontos invisíveis e presentes. Mas que, igualmente, estariam entre eles em rede. Dito de outra forma, na sequência romanesca, que foi a grande obra do romance francês, inglês ou alemão de *A comédia humana* a *À procura do tempo perdido*, passando principalmente por Zola, e que se prolongou inclusive no entre-duas-guerras, eu me pergunto se não se pode substituir, para relançar esse grande empreendimento, redes de romances, entrecruzamentos de romances em que os personagens poderiam estar uns em relação aos outros em relações analógicas. E não somente os personagens, mas as situações, os objetos que enquadram essas situações. Nesse momento, os entrecruzamentos, que ocorrem incessantemente, e a experiência comum e a experiência imaginária poderiam passar de um universo a outro – ficando claro que se trataria de narrativas bastante distintas. O que me parece essencial é isto: diante dessa exclusão de que falava Robbe-Grillet há cinco anos, se é levado a ver que a analogia foi purificada e surge, emerge novamente diante dos nossos olhos. E me parece que isto se relaciona com o que Sollers dizia há pouco, à parte, e que talvez devesse dizer diante de todos...

P. Sollers: A respeito do ponto cego... da mancha cega... Sim, me parece curioso que se fale de *La jalousie* e dos livros de Robbe-Grillet há um bom tempo; ora, *Le voyeur* e *La jalousie* têm um ponto comum (em *La jalousie*, isso é particularmente visível, e talvez seja visível em toda a obra de Robbe-Grillet), é que os livros são construídos a partir de uma *falta* que é constante. Na obra, há essa mancha cega, que está lá e que permite justamente ao que é visto ser visto, e que talvez seja a origem da visão analógica. É esse ponto invisível e presente de que você falava, Jean Pierre Faye, mas me parece estranho que se fale dos livros de Robbe-Grillet de uma maneira absolutamente superficial, como se fez até agora, que se os projete, que se os desenvolva sem lhes dar esta dimensão vertical que eles, a meu ver, possuem – que talvez recorte efetivamente os fenômenos de obsessão –, dimensão, no entanto, sempre irredutível. A posição de Sanguineti e a de Ollier sobre Robbe-Grillet me parecem inevitáveis tanto uma como a outra, falsa em Sanguineti, na minha opinião, quando ele fala de volta para trás – porque há, de fato, esse elemento de diferença constante que, creio, Jean-Louis Baudry apontou.

J.-L. Baudry: Gostaria de perguntar a Sollers se ele poderia chegar a uma definição mais precisa da "mancha cega".

P. Sollers: Isso se define por si, enfim, é o que permite ver.

J. P. Faye: Por exemplo, se tomarmos os personagens, esses quatro heróis de *La jalousie*, de uma certa maneira, o simétrico de Franz é a mancha – não cega, mas a mancha visível –, é a centopeia, é a lacraia esmagada. Se combinarmos os dois – Franz e a mancha da lacraia na parede, a mancha esmagada –, se os pensarmos juntos, se os virmos juntos, obteremos o marido, obteremos *Le voyeur*; porque, se alguém pensa Franz como uma mancha que engole a parede ou o lençol etc., é porque ele é o marido, porque ele é "o observador", o homem que se inquieta e vê tudo isso girar sem cessar – mas em torno de uma mancha cega, porque ele jamais diz tudo isso.

P. Sollers: Ali, aquilo me parece, no entanto, um espaço que é delimitado, mas o que também me espanta é que nunca se fale da posição do leitor em relação a esses livros, que é fundamental; ou seja, que esse espaço, essa mancha cega, esse elemento faltante, na realidade, está reservado ao leitor. As leituras de *La jalousie* provam amplamente que vários leitores são possíveis, que talvez todas sejam justificadas...

J. P. Faye: Em *Le voyeur*, isso é materializado pela *lacuna* entre as duas partes do livro, ali onde se comete o crime...

P. Sollers: Sim, é isto, ali onde este problema da realidade se dissipa.

M. de Gandillac: Falta uma hora...

P. Sollers: Esta noção de *falta* me parece essencial; é preciso enfatizá-la, porque ela me parece ser a própria morfologia dos livros, seu ponto de fuga. Nos romances de Faye, por exemplo, em *Battement*, com exceção dessas redes de analogias

156 Michel Foucault – Ditos e Escritos

muito visíveis, de cores, de sons, de sabores etc., o que é apaixonante é também, ali, não mais essa mancha cega, mas o que você chama, Faye, de fronteira – que é ao mesmo tempo muito concretamente o que separa os dois países, mas ao mesmo tempo essa espécie de dor que perpassa a cabeça do narrador –, e onde, ali também, tudo parece se perder e desaparecer. Essa noção de *fronteira* me parece ser também o elemento morfológico mais importante do livro. Parece-me que todo o livro se organiza em torno disso, que é justamente o que permite a rede analógica de que você falava. Ali, atingiríamos um ponto da literatura mais interessante atualmente, que distingue Robbe-Grillet de Faye.

M. Foucault: Parece-me que há um esconderijo, um ponto cego, alguma coisa a partir da qual se fala e que nunca está ali, é Robbe-Grillet. Eu me pergunto se não se poderia perguntar a você sobre você mesmo em relação a Robbe-Grillet. Ele afirma que essa primeira pessoa emerge.[23] Sollers perguntou o que é para você o limite em oposição à ausência que é central em Robbe-Grillet; ou seja, sobre a própria morfologia da sua obra.

P. Sollers: Gostaria de insistir, enfim, sobre essa coisa proibida que possibilita a obra. Proibida, onde tudo parece convergir, desaparecer, e que, no entanto, se manifesta novamente e produz o livro, sem cessar. Como você a sente, em seu livro?

J. P. Faye: Trata-se de um outro setor, mas estou mais à vontade para falar de Robbe-Grillet quanto mais o vejo totalmente de fora; não me sinto absolutamente influenciado por ele, tendo-o lido tardiamente, "muito" tarde, em um momento em que já havia se desencadeado um processo que, através de dois livros precedentes, resultou no livro de que você fala. Mas aquele livro se relaciona analogicamente com os outros dois... No primeiro, que é o "pai gerador" dos seguintes, a linha que recortava toda a narrativa passava começando pelo próprio observador, antes mesmo que ele observasse o que quer que fosse – porque era um herói que já estava dividido no mais íntimo de si mesmo, que havia sido atingido por uma operação de psicocirurgia. Ora, o paradoxo dessa psicocirurgia é que ela parecia simplificar o mundo – já que fazia do personagem, aparentemente curado por essa operação, um ser indiferente, um observador que vê as coisas ao "natural" e "tranquilamente" e,

---

23 Frase provavelmente maltranscrita.

no entanto, essa linha separa, o tempo todo, suas relações com tudo o que interfere, com todos os personagens que ele encontra. De uma certa maneira, isso o colocava antecipadamente fora do jogo e fazia dele o jogador que está a mais, que é um intruso, que é fictício, que não joga verdadeiramente, mas que vai acumular todos os maus papéis, finalmente, em torno do qual os papéis dos outros vão mudar, de maneira que no fim ele quem assumirá, sem dúvida, as culpas dos outros. No final, ele está completamente neutralizado, ele nem mesmo está morto, está condenado antecipadamente porque está incluído em todas as provas que foram planejadas à sua volta, ao mesmo tempo sob seus olhos – diante do olhos que observavam muito lucidamente tudo o que se passava – e, ao mesmo tempo, sem que ele participe disso, sem que ele se inquiete com isso. De forma que a rede estava feita, simultaneamente, de maneira evidente e desapercebida.

P. Sollers: O que me surpreende – para retomar essa espécie de ponto cego – por exemplo, no livro de Foucault sobre Roussel, é como, a partir do estudo da linguagem de Roussel e utilizando esse ponto – o que você chama de morte, em suma – você obtém alguma coisa da mesma ordem.

M. Foucault: Talvez se pudesse pedir a Thibaudeau e a Baudry para falar sobre a morfologia de suas obras.

J.-L. Baudry: Talvez eu pudesse inicialmente dizer que, em relação a Robbe-Grillet, o que sempre me intrigou é o fato de que, constantemente, se tem a impressão de que há uma consciência que vive alguma coisa, que experimenta alguma coisa e que essa consciência jamais toma consciência dela mesma, jamais toma consciência do que experimenta. Ou seja, que tudo se desenvolve às vezes como em um plano cinematográfico e que jamais se chega, se vocês querem, a uma espécie de reflexão. Este é um primeiro ponto que não gostaria de desenvolver muito, mas que inicialmente me impressionou.

Penso que se poderia, em relação ao problema da analogia, falar da metáfora. Parece-me que talvez não fosse ruim falar da metáfora e do fato de que um certo número de escritores tenham desconfiado a tal ponto da metáfora.

P. Sollers: Será que a supressão da metáfora não faz justamente de um livro, que dela contém ele próprio tão pouco quanto possível, uma enorme metáfora, por uma espécie de paradoxo?

158 Michel Foucault – Ditos e Escritos

M. Foucault: Talvez a linguagem do mundo seja uma metáfora.

J.-L. Baudry: Eu lançava um problema, mas, enfim, não vejo como é possível, pessoalmente, prescindir da metáfora. Parece-me que a metáfora faz um pouco o papel da analogia, ou seja, que ela estabelece uma relação em torno de um "X" desconhecido que se trata sempre de definir mais precisamente; nesse sentido, parece-me que isso é se privar de um meio de expressão muito importante.

C. Ollier: Sim, mas é apenas contra uma só categoria de metáforas que Robbe-Grillet se insurge.

P. Sollers: Em suma, ele pretende que se façam boas metáforas.

C. Ollier: Ele se insurge contra todas as metáforas que implicam uma confortável apropriação do mundo pelo homem, não absolutamente contra as outras.

P. Sollers: Em "Grandes florestas, vocês me amedrontam como catedrais...", será que isso parece ser possível para vocês? É totalmente o contrário do conforto?

C. Ollier: Isso é, no entanto, um conforto, uma apropriação confortável do mundo pela linguagem. Por isso ele se insurgiu tão vigorosamente contra todas as metáforas que ele chamou de "humanistas", mais ou menos justamente.

J.-L. Baudry: Ele critica a metáfora por chegar sempre a uma espécie de antropocentrismo.

C. Ollier: Por trás de todos os romances de Robbe-Grillet há um pano de fundo quase metafísico que questiona as relações do autor com o mundo. Ele considera que essas relações não são mais atualmente relações de apropriação, como elas eram durante o que se chama de período clássico do romance dos 150 últimos anos. Constata uma fratura total entre o mundo, de um lado, e o homem, portanto, o escritor, de outro e, para tentar analisar essa fenda, para dimensioná-la, pareceu-lhe que a operação clínica mais simples e mais imediata consistia em purificar a literatura, purificar a escrita de todas as metáforas antropomórficas que, incessantemente, introduziam novamente essa noção de habitabilidade do mundo. O mundo lhe parece fundamentalmente inabitável, ele tenta compreender por que, esta é a razão dos seus livros, a meu ver. É preciso ver o pano de fundo sobre o qual sua escrita se destaca. É preciso ver as significações das analogias em Robbe-Grillet. O que dizia Jean

1964 – Debate sobre o Romance   159

Pierre Faye a respeito dos quatro personagens de *La jalousie* é muito interessante, e provavelmente muito justo – embora a lacraia, para mim, faça parte do espaço e não seja um personagem, mas ela pode também ser analisada como personagem. A análise é uma primeira etapa, a segunda é a seguinte: o que isso significa? Quais são as relações que Robbe-Grillet pretende estabelecer entre ele e o mundo, as novas relações que ele pretende estabelecer entre o homem e o mundo, é disso que se trata. Na verdade, não se trata verdadeiramente de escrever.

M. Foucault: Você me disse há pouco, Claude Ollier, que gostaria de falar sobre o que é para você o romance, sobre o que é escrever um romance. Você não acha que este seria o momento de fazê-lo?

C. Ollier: Não penso, atualmente, ter ideias muito claras sobre a questão. Tento compreender o que fiz há alguns anos, e isso permanece bastante obscuro. Percebo que tudo gira em torno da noção de acontecimento e de signo. Os acontecimentos, as aparições são signos? Não o são? Esses signos se referem a um mundo preexistente, a um documento, a um pergaminho a decifrar? Ou não se referem absolutamente a nada? Se eles se referem a alguma coisa, essa alguma coisa, esse mundo que talvez exista é coerente? Parece-me que o que escrevi gira em torno disso, mas não é certo, não tenho ainda disso suficiente distância. Uma última questão seria: que valor positivo essa tripla interrogação apresenta literariamente? Que valor positivo nossos livros podem instituir? Não sei, evidentemente. Mas, para mim, isso gira em torno da noção de signo, de significação, relativamente a um mundo que talvez exista, e qual? Em todo caso, me parece que tento imaginar um para compará-lo a outro, e talvez surgisse uma realidade tangível de suas relações. Talvez também nem um nem outro exista, mas a relação existirá. Tudo isso, certamente, deve ser posto no futuro.

M. Foucault: Não lamento, na realidade, a respeito da metáfora, ter feito para você a pergunta que evocamos há pouco, porque acredito que ali se chega a alguma coisa que devia ser fatalmente – no meio do nosso debate – abordada e que é o problema do *signo*. Parece-me, isso dito de uma maneira muito empírica, que toda uma literatura que tenha tido uma pretensão humanista, logo após a guerra, de 1945 até talvez 1955, foi essencialmente uma literatura da significação. O que significa o mundo, o homem etc.? Igualmente houve, correspondente a isso, uma

160 Michel Foucault – Ditos e Escritos

filosofia da significação – da qual Merleau-Ponty foi o representante. E então, eis que agora surge alguma coisa estranhamente diferente, como que resistente à significação, e que é o *signo*, a própria linguagem. Eu me pergunto se um grande número de perguntas feitas aqui não foram provocadas por dificuldades internas a esse problema da relação entre o que se chamou – após uma certa fenomenologia – de significações e o que se começa a descobrir agora como o campo do significante e do significado, o domínio do signo. Seria possível talvez falar disso?

J. P. Faye: Há um paradoxo que sempre me impressionou. Robbe-Grillet foi pensado, pela primeira vez, de maneira crítica e de forma muito profunda e penetrante por Barthes – que é um dos teóricos do signo e dessa relação significante-significado, um daqueles que introduziram na crítica literária essa oposição entre significante e significado, herdada de Saussure e da linguística estrutural. Ora, o próprio Robbe-Grillet, pelo contrário, tentou retirar o significado do seu universo romanesco. Não foi por acaso. Isso parece, aparentemente, contraditório. Mas essa neutralização do signo, da significação do mundo em Robbe-Grillet é justamente uma espécie de tabu, de experiência preliminar, de limpeza que delineia uma tela de fundo, sobre a qual a iminência do signo se torna particularmente ameaçadora e inquietante. Há uma inversão singular em Robbe-Grillet. Robbe-Grillet pretendeu, portanto, desumanizar o mundo das coisas para torná-lo desconfortável e poupar essa habitação muito fácil pelo homem...

C. Ollier: Não, para torná-lo desconfortável.

J. P. Faye: ... para remetê-lo ao seu desconforto verdadeiro, para mostrá-lo como ele é, ou seja, de forma alguma acolhedor nem preparado para o homem e muito estranho, muito exterior. Ora, graças ao aumento da distância homem-coisa, ele chegou em *Le labyrinthe*[24] a uma apresentação em que o observador está curiosamente imunizado. Em *Le labyrinthe*, o espectador não é mais um homem que matou, como em *Le voyeur*, não é mais um marido potencial, um marido virtual, é, ao mesmo tempo, um narrador e um soldado. A impressão inicial é a de um narrador absolutamente imunizado, uma espécie de "Ego" puro e husserliano. O lado vulnerável do observador só é inteiramente apresentado no final. A oscilação

---

24 Robbe-Grillet (A.), *Dans le labyrinthe*, Paris, Éd. de Minuit, 1959.

do espectador-que-é-visível, daquele que manipula e que pode ser manipulado se passa em uma frequência tão longa que é dificilmente apreensível. É nisso, me parece, que ela se opõe ao livro de Ollier. Em *Le maintien de l'ordre*, pelo contrário, a cada instante aquele que vê é visto, a cada instante aquele que pode se defender pode ser abatido – portanto, ele já está virtualmente morto (no sentido mais material). Há uma espécie de afastamento crescente entre o universo do *Labyrinthe* e o universo do *Maintien de l'ordre*. Talvez seja em função desse afastamento que Ricardou se sentiu constrangido.

C. Ollier: O que incomodou sobretudo Ricardou é que eu tenha dado a impressão de contar uma história que preexistia ao primeiro gesto da escrita. Ele tomou meu livro como um romance tradicional, e mesmo como um romance "engajado" do tipo sartriano – o que ele evidentemente achou escandaloso.

P. Sollers: O que é curioso, em *Le labyrinthe*, é que a primeira palavra do livro é *"je"*, e a última é *"moi"*. Creio que é Morissette quem fala do *Labyrinthe*, reduzindo-o a uma simples alegoria do próprio livro. Quase seria possível dizer que ora um dos protagonistas desse desdobramento principal é escrito, ora escreve. Em suma, é isso que me parece ser o centro do próprio livro. Ora o narrador é escrito – e, nesse momento, ele se torna o soldado que é projetado no espaço que é o da narrativa – e ora ele escreve – e, nesse momento, ele está isolado nessa câmara imunizada que é a da prática no fundo da linguagem.

C. Ollier: Mas me parece que, em *Le labyrinthe*, há um desdobramento da subjetividade no nível do autor, e não do personagem. Isso indica um aprofundamento na subjetividade criadora que se encontra a seguir, muito pronunciada, em *Marienbad*[25] e em *L'immortelle*.[26] Trata-se de um aprofundamento progressivo na subjetividade criadora. Quando, talvez, na origem, o projeto de Robbe-Grillet fosse sair dessa subjetividade.

J. P. Faye: Quando falava dos seus romances, ele falava de objetividade, e quando fala de filmes, fala de subjetividade.

C. Ollier: Ele começou na pura subjetividade a partir do *Labyrinthe*, creio. Em relação à palavra "objetal", foi Roland Barthes quem a empregou, e não Robbe-Grillet. Ela se presta a

---

25 Robbe-Grillet (A.), *L'année dernière à Marienbad*, Paris, Éd. de Minuit, 1961.

26 *Id.*, *L'immortelle* (*ciné-roman*), Paris, Éd. de Minuit, 1963.

162 Michel Foucault – Ditos e Escritos

muitas confusões. Atualmente, Robbe-Grillet insiste na subjetividade generalizada de suas obras. Mas, no início, é possível que ele tenha querido fazer outra coisa, e *La jalousie* seria o ponto de encontro daquilo que ele teria alcançado de melhor em seu projeto, e também o começo de uma queda na dupla subjetividade, cujo resultado se vê em *L'immortelle*.

M. de Gandillac: Talvez fosse o caso de tratar outros escritores que não Robbe-Grillet. Nós gostamos muito dele, mas enfim...

M. Foucault: Seria possível perguntar a um de vocês o que é para ele o problema da linguagem, já que foi a propósito da metáfora que essa discussão começou?

P. Sollers: A respeito da metáfora, e para chegar a Breton, ele sempre insistiu na importância da metáfora e se ele se insurgiu violentamente contra Fourier e Toussenel, que, diz ele, inutilmente preferiram o uso da analogia *pré-fabricada* ao uso da metáfora. A diferença entre a metáfora e a analogia é, para Breton, aquela "que separa o alto voo do terra-a-terra". Seria possível encontrar a mesma defesa da metáfora em Hugo, por exemplo, no *William Shakespeare*, onde ele explica por que – mesmo na época – havia toda uma categoria de pessoas para quem não era absolutamente necessário empregar metáforas; o grande poeta era Chénier, porque ele não empregava metáforas, comparações – ou Juvenal era lançado no "estrume romântico" porque ele empregava metáforas; ou a própria Bíblia era lançada no estrume porque ela estava toda na palavra "como" para um professor da época. Mesmo em Lautréamont, seria possível encontrar uma belíssima defesa da metáfora como, diz ele, "aspiração ao infinito". E Baudelaire, em uma carta a *Toussenel*,[27] opõe justamente à analogia do tipo Fourier a "universal analogia" na qual se incluiria certamente a metáfora.

M. Foucault: Mas, será que eu poderia perguntar o que é para você a metáfora?

P. Sollers: O que me alertou, antes de tudo, é que a contestação de Robbe-Grillet tenha recaído sobre a metáfora; como se houvesse um escândalo particular no fato de que a metáfora seja má...

---

27 Baudelaire (C.), "Lettre à Alphonse Toussenel" (21 de janeiro de 1856), *in Correspondance*, Paris, Gallimard, col. "Bibliothèque de la Pléiade", t. I, 1973, p. 335-337.

Troca de fita...

M. *Foucault*: Se compreendo bem, acredito que, para Robbe-Grillet, a metáfora foi expurgada, não inteiramente tornada "tabu", na medida em que ele a concebia como uma certa relação do sujeito escritor com o mundo. Metaforizar era se apropriar do mundo, como se a metáfora estivesse entre o sujeito escritor e o mundo – quando a metáfora é uma estrutura interna à linguagem. Consequentemente, acredito que a liberdade que você restitui à metáfora, em seus textos, é esta redescoberta de que finalmente as figuras da linguagem só podem ser compreendidas a partir da linguagem e de forma alguma a partir do mundo.

P. *Sollers*: Absolutamente. É totalmente fundamental.

M. *Foucault*: Alguém, do público, gostaria de fazer uma pergunta?

E. *Sanguineti*: Eu não quero tirar a palavra do público, mas, a respeito da metáfora, eu me pergunto se não se poderia levantar a hipótese de que a metáfora seja o lado histórico da linguagem. Na medida em que, no caso de Robbe-Grillet, há essa recusa da metáfora, há, não digo a recusa da história, seria muito simplista, mas pelo menos a recusa de uma posição histórica muito precisa. A linguagem está tão cristalizada em certas metáforas, que condicionam tanto em uma perspectiva histórica, que, se quisermos sair de uma projeção daí por diante inteiramente imobilizada, inexpressiva, é preciso abolir a metáfora. Isso é evidentemente impossível, mesmo que se limite a coisa ao lado humanizante, pois, nesse momento, se propõem outras metáforas. Sou aristotélico. Ora, para Aristóteles, a metáfora é o sentido da poesia. Nesse momento, quando faço a proporção que está na base (A-B como C-D) da metáfora, a linguagem assume sua responsabilidade, estabeleço ligações. Gostaria de saber de Sollers em que sentido ele diz que a metáfora é interna à linguagem, e não uma relação. Se analiso a linguagem como tal, não encontro nenhuma metáfora ou, como você dizia há pouco, tudo é metáfora, o que dá no mesmo. Só compreendo que uma metáfora seja uma metáfora quando estabeleço uma relação, não entre as palavras, mas entre significante e significado, ou seja, quando entro na história; se a metáfora se esgota, isso quer dizer evidentemente que ela não é interna à linguagem – quando digo "a cabeça do trem" emprego uma metáfora, a cabeça é para o corpo humano o que a locomotiva é para o trem, mas, nesse momento, faço uma es-

164 Michel Foucault – Ditos e Escritos

colha, e essa escolha fui eu quem a fez; mas isso se esgota, ou seja, a rigor, quando digo "a cabeça do trem", de forma alguma penso em uma cabeça de homem, é a humanização contra a qual protesta Robbe-Grillet. É a recusa da tragédia, como eu dizia há pouco.

O que me impressiona é que, em Kafka, é a mesma coisa. Pois, mesmo na linguagem de Kafka, sem ser teorizada, existe a recusa da metáfora. O que também me impressiona é que – e esta é toda a diferença – há, no entanto, a tragédia. Qual é a diferença? Acredito que ela está no ponto cego. Para Kafka, o ponto cego é bastante significante, ele significa alguma coisa em relação à qual eu sempre faço uma referência. Sei, mesmo que isso não seja declarado, mesmo que eu tenha muitas dúvidas sobre a identificação definitiva particular, sei exatamente o que é. Enquanto, em Robbe-Grillet, não o sei, nem o próprio Robbe-Grillet, nem ninguém. O que é a mancha na parede? É o ponto morto; isso não é dito, absolutamente. Mas o que é, não se sabe. Por que o novo romance emprega tão frequentemente a forma do policial? Há, também, nos romancistas ingleses, muitas teorizações sobre a forma do policial; Kafka é inteiramente policial; se pego *O processo*, eu me pergunto imediatamente o que fez esse homem para ser preso, ou qual é o erro que conduz a essa prisão. Leio todo o romance e não o apreendo, não posso apreendê-lo. Mas a técnica que eu utilizo é a do romance policial. Eu sempre espero descobrir qual é o crime. Se tomo a teoria de Ferguson sobre os dramas modernos, vejo que ele teria quase feito esta história: ele descobre, por exemplo, que o *Édipo* de Sófocles é um drama policial – há o sujeito que cometeu o crime e que não sabe que o cometeu, todo o drama se desenvolve na medida em que eu sei, em que o público sabe, os outros têm consciência da coisa, mas justamente o herói não o sabe. Acredito que há uma analogia impressionante, pois a forma sublime da tragédia é o *Édipo rei*; é a forma, seja policial, seja trágica – que é o termo de Robbe-Grillet – que se encontra em *O processo* ou mesmo em *O castelo*; mas, quando chego a Robbe-Grillet, encontro-me evidentemente na presença de alguém que emprega exatamente o mesmo sistema, com as mesmas reduções do ponto cego, a abolição das metáforas, a desumanização da apropriação do real; apenas não há mais tragédia, pois o que falta – e não sou eu quem o diz, é Ferguson –, nesse caso, é o sacrifício pela coletividade; o que quer dizer que a verdadeira forma da tragédia é o fato de que Édipo cometeu o crime, que ele se sacrificou pela cidade, como no *Hamlet*, de Shakespeare, em que é preciso descobrir o mal que reina no reino da Dinamarca e, quando o herói se sacrifica, quando ele morre no final, o mal acaba como a peste em Tebas. Já em Kafka, se vê bem a passagem; não há conclusão em *O processo*, mas, no fim de *O Processo*, o herói é morto; ele diz uma frase que é muito significativa: "Ele morre como um cão"; essa morte não é mais a redenção, é verdadeiramente alguma coisa absolutamente insignificante. Seria possível dizer que é para acabar com ela que o herói morre como um cão. Em Kafka, há a ambiguidade fundamental – e é sempre uma passagem da ordem social à subjetividade, isto é, K. é evidentemente Kafka, da mesma maneira que Kafka funciona quando ele escreve *A metamorfose*; há Samsa que é a transcrição de Kafka, há K. etc.; ou seja, o herói não pode mais ser a vítima redentora na medida em que ele é o escritor, é um eu inteiramente privado, o sacrifício só é significante como alegoria.

Não proponho aqui o problema muito complexo das relações metáfora-analogia-alegoria, mas trata-se evidentemente de que *Édipo rei* não é uma alegoria, *Hamlet* não é uma alegoria, mas *O castelo* e *O processo* são verdadeiramente alegorias. Quando chego a Robbe-Grillet, tenho uma alegoria de nada, ou seja, eu me encontro diante de alguma coisa que evidentemente deve ter uma significação, mas que não tem uma significação que possa ser referida ao real. A desumanização, a recusa da metáfora são a recusa da história nesse sentido. No sentido de que há uma história trágica possível – quer dizer, uma vítima que redime o mundo – mas, naquele momento, o eu do escritor ocupa todo o lugar, ele é seu olhar, ele está para além das coisas, com todas as ambiguidades possíveis, mas o último vínculo que estava na passagem de Kafka, isto é, que o herói está identificado com o sujeito, mas mantido de qualquer maneira igualmente distinto; K. é Kafka, mas não inteiramente, ou seja, é uma alegoria – eu sou uma alegoria para o mundo –, e então se pode ler, no mesmo sentido, tanto o *Diário* de Kafka quanto um dos seus romances, pois trata-se sempre da mesma história. Em Robbe-Grillet, evidentemente, não há diário possível.

J. Tortel: Em um dado momento, me parecia ter vontade de dizer alguma coisa, no momento em que Sanguineti começava

166 Michel Foucault – Ditos e Escritos

a falar da metáfora, e, mais adiante, você falou de uma outra coisa totalmente diferente da qual não sei mais absolutamente nada... Mas creio me lembrar. Foi no momento em que você deu o exemplo de uma metáfora, uma metáfora cristalizada, "a cabeça do trem", você teria podido dizer "a folha de papel". Você disse, acredito, "no entanto escolhi". Falou-se da metáfora como de uma entidade. No momento em que você diz "a cabeça do trem" ou "a folha de papel", você não escolhe mais. A metáfora entrou na linguagem comum, na linguagem cristalizada, ela não é mais uma invenção verbal. Enquanto a metáfora que você escolhe é a que você inventa, é a nova metáfora, é aquela que nunca foi dita, ou que jamais foi dita exatamente dessa forma, é, se você quiser, a metáfora poética. Parece-me que, quando se fala da metáfora, seria preciso distinguir; há metáforas inteiramente fixadas na linguagem, não se sabe mesmo mais que são metáforas – a folha de papel, o dia se levanta –, e metáforas das quais se sabe também um pouco que são metáforas, e são provavelmente essas metáforas que foram inventadas, mas que foram enfraquecidas, repetidas, atenuadas, tornadas confortáveis etc. Talvez sejam aquelas contra as quais se insurge Robbe-Grillet, nada sei sobre isso, mas, enfim, me parece que este deve ser contra aquelas.

Quanto à metáfora que reinventa o mundo, e que o reinventa por sua própria conta e com o risco absoluto de não dizer nada, contra aquela, me parece que é impossível que se possa se insurgir. Se formos contra aquela, agora, é certo que a linguagem de Robbe-Grillet é uma linguagem banal, no sentido em que Sollers, há pouco, empregava a palavra "banal", como o banal de Valéry. Compreendo muito bem que a metáfora tendo se tornado, em um dado momento, invasiva a um ponto extraordinário – tornou-se a imagem surrealista, tornou-se a própria linguagem –, compreendo muito bem que tenha havido essa espécie de reação que todos nós mais ou menos temos – pois o poeta atual faz a poesia com muito menos imagens do que há 25 anos. E então ali, acredito que seria preciso fazer uma história da metáfora, uma anatomia da metáfora ou uma psicose da metáfora, pois, enfim, a questão da metáfora se coloca desde que a literatura existe. Lembrem-se de Boileau, quando ele se insurge contra os maus poetas:

...Vaiar a metáfora e a metonímia
(Grandes palavras que Pradon considera termos de química)...

1964 – Debate sobre o Romance   **167**

O problema da metáfora não é um problema atual. Ele é atual porque é perpétuo, e este problema não é diferente do que ele era em Baudelaire e Boileau.

M. Pleynet: Fiquei surpreso com a diferença que Sanguineti estabelece entre o mundo dos signos e a linguagem. Gostaria também de enfatizar que, quando ele diz "a cabeça do trem", na realidade ele não escolhe. Binswanger diz justamente em *Le rêve et l'existence*[28] que, quando empregamos certas metáforas na linguagem corrente, não as escolhemos. Quando indicamos, por exemplo, uma ruptura com outro, dizemos "caí das nuvens"; então não escolhemos as metáforas, nós somos a metáfora. Isso me parece muito importante, e me parece contestar o que dizia Sanguineti a respeito...

J. Tortel: Gostaria de acrescentar outra coisa. Penso que se está de acordo que não escolhemos mais, que não podemos mais escolher porque a metáfora se tornou linguagem cristalizada, ela se tornou linguagem que não mais nos pertence, linguagem banal.

J.-L. Baudry: Ela não é linguagem cristalizada...

J. Tortel: Se a repensarmos profundamente, ela retoma toda sua novidade. Digamos, por exemplo, "o dia se levanta" e, como dizia Breton: "Pensem nessa expressão, peço a vocês", pensem no que quer dizer "o dia se levanta".

E. Sanguineti: Concordo perfeitamente que é preciso fazer a história da metáfora, pois justamente eu dizia: "A metáfora é o único lado histórico da linguagem"; para mim, afinal, a metáfora é a linguagem. Talvez eu tenha me explicado mal, mas quando disse que sempre escolho é porque, tacitamente, sem o dizer, faço a apologia de Robbe-Grillet. Pois a descoberta por Robbe-Grillet (ou por Kafka, bem mais, evidentemente) da recusa da analogia humanizante é a descoberta de que a linguagem nunca é inocente no sentido de que se emprego – sem escolher – a metáfora conhecida que torna o mundo habitável para mim creio não escolher, creio dar a imagem verdadeira do mundo, enquanto, para dizer uma verdade, até certo ponto, é absolutamente necessário recusar a linguagem tal como foi construída historicamente.

---

28 Binswanger (L.), *Traum und Existenz, in Neue Schweizer Rundschau*, v. XIII, n. 9, setembro de 1930, p. 673-685; n. 10, outubro de 1930, p. 776-779 (*Le rêve et l'existence*, trad. J. Verdeaux, introdução e notas de M. Foucault, Paris, Desclée de Brouwer, 1954; ver *Introdução* (in *Binswanger*), vol. I desta obra).

168 Michel Foucault – Ditos e Escritos

J. Thibaudeau: É preciso também se servir da linguagem...

E. Sanguineti: Mas sim, evidentemente, é preciso criar uma outra metáfora.

J. Thibaudeau: É preciso situar novamente a mesma metáfora...

E. Sanguineti: Mas situá-la novamente pode querer dizer duas coisas: ou o que faço agora – se vocês permitem –, ou seja, refletir sobre a natureza da metáfora, fazer a história da metáfora e de sua significação etc., ou, se estou começando a escrever um livro, recusar, por exemplo – é uma solução, é a solução Kafka –, a metáfora como tal. Nessa medida, é fatal que, quando recuso a metáfora, eu empregue a alegoria.

P. Sollers: Ou a alusão...

E. Sanguineti: A alegoria. Este é o problema.

Gostaria de retomar o ponto de partida de Jean Pierre Faye, ou seja, a oposição Proust-Kafka. Por um lado, seja em Proust, seja em Joyce, vê-se que tudo se torna metáfora; a rigor, obtenho um *Work in progress* onde não há mais linguagem, a não ser sob a forma da metáfora: tudo é metáfora de tudo. O livro se constituiu na medida em que ele provoca no tempo essa reação limite, é o devir, e é a grande imagem do fluxo universal da coisa; isso é tão verdadeiro que na base da construção de *Work in progress*, ou seja, no fundo da concepção da história no sentido moderno da palavra, portanto do fluxo perpétuo, se encontra a grande imagem fundamental da água: tudo flui; trata-se de uma metáfora. Vocês veem que, em Proust, essa hiperbólica construção metafórica retorna seja na linguagem, seja nas coisas; isto é, até um certo ponto, há uma crise no equilíbrio da metáfora tal como a tradição da experiência comum da sociedade a havia constituído; por um lado, há uma recusa da realidade, pois a realidade é sempre transformável em metáfora...

M. Pleynet: O que é essa realidade? Que diferença você estabelece entre esse mundo de signos e a linguagem? O que é essa realidade que não é uma linguagem?

M.-J. Durry: Não compreendo quando você diz que é a recusa de algumas coisas que a sociedade constituiu; mas não! O universo de Proust é ainda um universo simbolista, simbólico, é igualmente naquele sentido, penso, que a analogia é recusada, o sentido de um microcosmo, macrocosmo, é aquilo que é recusado, mas a metáfora é também outra coisa. Aquilo que não se pode dispensar.

E. Sanguineti: Quero apenas recorrer a um exemplo para explicar o que tentei fazer, há pouco, sem, no entanto, consegui-lo. Seja a "cabeça do trem". É o exemplo dado; eu posso, a rigor, recusar a imagem e dizer somente é a locomotiva. Essa é a operação Robbe-Grillet. Se essa operação – que é bastante banal, nesse sentido, se quisermos – se torna sistemática, ela não é mais nem banal, nem simples. Quando dou uma imagem muito condicionada, muito estabelecida, muito coerente do mundo, coloco, então, para simplificar, que a realidade é a cabeça do trem – realidade, isso quer dizer o meio social em que vivo, só conheço essa realidade. Por outro lado, pego a cabeça do trem, dou-lhe cabelos, dou-lhe olhos etc. Estes são os dois processos fundamentais para recusar a cabeça do trem. Se o problema da metáfora se coloca para mim hoje, ele só se coloca dessa maneira. Só posso – e esta será minha miopia – compreendê-lo a partir disto: a cabeça do trem; de um lado, os cabelos e, do outro, a locomotiva.

M. Pleynet: Então, não podemos nos compreender.

M. Foucault: Talvez você possa nos dizer, exatamente, por que não pode compreendê-lo.

M. Pleynet: Porque, desde o início desta década, houve a questão da *realidade*. Sollers leu um texto, em seguida falamos muito de realidade em torno desse texto, depois se fez uma diferença; como você faz passar a realidade na linguagem? Gostaria de saber como aqueles que se perguntam sobre a realidade chegam a encontrá-la em outro lugar além da linguagem, e como eles vão dizê-lo para mim. Se há uma realidade fora da linguagem, gostaria de saber onde ela se exprime, como ela se exprime e onde vou encontrá-la.

M.-J. Durry: Talvez um surdo-mudo não tenha a impressão da realidade.

M. Foucault: Acredito que o exemplo do surdo-mudo não é, igualmente, pertinente porque, apesar de tudo, vivemos em um mundo de signos e de linguagem, é precisamente este, acredito, o problema. Pleynet considera, e um certo número, creio, dentre nós, eu mesmo afinal, que a realidade não existe, que só existe a linguagem, e isso de que falamos é linguagem, falamos no interior da linguagem etc. Acredito que, para Sanguineti, a linguagem é um fenômeno histórico, social, no qual as escolhas

170   Michel Foucault – Ditos e Escritos

individuais podem se realizar, escolhas que remetem a uma história, que remetem a um estilo etc.

E. Sanguineti: Quero somente dizer a Pleynet que, para a realidade do trem, não tenho outra experiência a sugerir – e talvez seja uma alegoria – do que aquela mesma que Joyce recolocava em causa em *Ulisses* quando ele descreve o passeio de Stephen na praia, e onde se trata do visível e do invisível. Então, como verificar a realidade da parede? Batendo a cabeça contra ela...

M. Pleynet: Até um certo ponto.

E. Sanguineti: Até um certo ponto, é isso que me interessa.

Quando eu dou um grande golpe – ou melhor, um pequeno golpe – com a cabeça contra a parede, só posso tomar consciência desse fenômeno muito simples, mas muito fundamental, verificando-o no interior da linguagem.

M. Pleynet: Você pensa que uma máquina lançada contra uma parede afronta a realidade, que essa locomotiva lançada contra uma outra locomotiva, cujos condutores saltaram a tempo, que essas duas locomotivas afrontam a realidade? Que elas estão bruscamente conscientes da realidade?

E. Sanguineti: Conscientes... Isso é muito, evidentemente, mas as locomotivas... Não creio que não haja realidade, acredito na realidade, sou materialista...

M. Foucault: Mas nós também. Sou materialista, porque nego a realidade...

E. Sanguineti: Sobre as duas locomotivas que se encontram, nada sei, se não vejo ou se não sou informado, de qualquer maneira, do fato do encontro das locomotivas...

J.-L Baudry: Você quer dizer, se este acontecimento não passa pela linguagem.

E. Sanguineti: Sim, no final, pelo menos na condição histórica em que vivemos. Não sei se o primitivo fazia muitas reflexões sobre os animais que ele ia matar, mas quando o *homo sapiens* intervém, começa então esse bricabraque da linguagem. Quando isso começa, acabou-se, isto é, começo a metaforizar. Mesmo para Vico, do qual justamente eu falava, pois esse é o ponto de partida da visão do mundo de Joyce, há a identificação do poético com a metáfora, como em Aristóteles. A linguagem é poética na medida em que é metafórica. O que é bem mais interessante é que em Vico isso se torna condicionado historicamente, ou seja, para ele, a poesia está destinada a acabar, pois sobrevém a

1964 – Debate sobre o Romance 171

seguir a idade da razão, para todos os homens, seja individualmente, seja no transcurso histórico das nações; então, naquele momento, a metáfora acaba, a poesia acaba.

M. Pleynet: Não é a metáfora que é condicionada para Vico, me parece, mas a poesia.

E. Sanguineti: Para ele, é exatamente a mesma coisa.

M. Pleynet: Ah! mas acredito que não.

M. Foucault: Estamos aí, creio, no próprio cerne de um debate muito importante e me parece que há um domínio – a cultura – em que o problema do signo material foi abordado com técnicas que estão (pode-se dizê-lo se a própria metáfora não for absurda) adiantadas em relação ao que a literatura e a filosofia puderam fazer – é o domínio da música. Maurice Roche ou Gilbert Amy poderiam nos dizer se, para eles, no emprego do que se chama de linguagem musical, no uso que eles fazem dela, não há alguma coisa que poderia responder, corresponder aos problemas que foram evocados pelos romancistas?

G. Amy: Sim, acredito, de uma certa maneira, mas não vi, a esse respeito, analogia durante esse debate.

M. Foucault: Se compreendo bem o debate tal como ele se desenvolveu aproximadamente, me parece que a tese de Sanguineti consiste em dizer que houve, em um dado momento, ligação entre uma certa linguagem – que era essencialmente metafórica – e, por outro lado, uma certa percepção trágica; agora – e é o que Faye quis dizer – avançamos na direção de um mundo de análise universal em que a metáfora como tal não tem um lugar particular, não é o recurso da linguagem, mas a linguagem se revela como meio universal de analogias com todo um sistema de repercussões, de estruturas que se encontram, se modificam etc., e aquele mundo é para você um mundo não trágico, portanto não significante, portanto insignificante.

E. Sanguineti: Disse apenas isto: eu fazia uma constatação histórica, ou procurava fazê-la; questionava o sentido que a recusa da metáfora tem; eu dizia (sempre mal) em Robbe-Grillet, digo, melhor, em Kafka. Eu me pergunto se as duas projeções, ou seja, o abuso da metáfora Proust-Joyce, ou a recusa da metáfora – a solução Kafka –, que são evidentemente simétricas, que indicam uma crise de comunicação com a sociedade, que evidentemente, a rigor, é uma recusa da condição da sociedade, projetada na forma da linguagem, não são totalmente equivalentes. Qual é a verdadeira diferença entre

172 Michel Foucault – Ditos e Escritos

as duas posições? Vou me referir, uma vez mais, à hipótese de Adorno, e esta Talvez seja uma sugestão que proponho aos músicos: não haverá aí justamente analogia entre os processos de Schönberg, de um lado, e de Stravinski, de outro, e justamente essa diferença entre os dois? Quanto ao valor, suspendo qualquer julgamento; seria preciso antes ver exatamente... O que constato é que há uma diferença muito grande. Estamos no limite – se você me permite retomar um termo de ontem, quando eu dizia que a burguesia é o romantismo – da forma romântica; pois creio que isto é uma alegoria; no momento em que Robbe-Grillet toma consciência do que está implícito em Kafka, ou seja, da possibilidade, a partir da recusa da metáfora, da recusa do trágico, há, evidentemente, nesse momento, a recusa do romantismo; estamos verdadeiramente no limite possível do romantismo como tal. Não que eu acredite que o romantismo seja a metáfora; a coisa não é tão simples, não é, mas certas possibilidades de trágico que estão absolutamente ligadas às concepções românticas burguesas só são possíveis a partir de certas condições dadas. O que me impressiona, por exemplo, em Robbe-Grillet, é que essa espécie de suspensão, de colocação entre parênteses do mundo em geral, ou da humanização do mundo em particular, necessariamente implica, previamente, uma colocação entre parênteses das relações sociais. O que não é absolutamente o caso de Kafka.

M. Foucault: Acaba-se de falar, essencialmente, sobre esse problema da metáfora que é, acredito, central, pois, afinal, é o próprio estatuto que se dá à linguagem que aí se encontra em causa. Não haverá, sobre outros problemas de morfologia, ou sobre problemas próximos, questões que poderiam ser abordadas, ou então o público desejaria, ele próprio, fazer perguntas?

X....: Gostaria de voltar à impressão expressa por Durry, há pouco, impressão da qual compartilho, a impressão de que o esforço de realismo de uma certa parte do novo romance nos dá uma impressão de irrealidade. Parece-me que essa impressão foi insuficientemente analisada, insuficientemente explicada, que por outro lado simplesmente se rejeitou Alain Robbe-Grillet por um outro lado, então a primeira impressão – quando se lê um novo romance, qualquer que seja – é essa impressão de irrealidade. Parece-me que essa impressão de irrealidade vem do fato de os escritores se recusarem a acentuar. O que os distingue, pelo contrário, o que distingue Robbe-Grillet de

1964 – Debate sobre o Romance **173**

alguns dentre vocês, de Thibaudeau, por exemplo, talvez seja que vocês esperam que os leitores acentuem; mas, se colocarmos os acentos em Robbe-Grillet, talvez não compreendamos nada em Robbe-Grillet, mas se leio em Thibaudeau "dormir" em um certo lugar da página, "dormir" em uma outra página, é preciso que eu lhe dê um acento diferente, que compreenda que em um certo momento Thibaudeau me faz pensar, que ele simplesmente situa o sono como fato e que em um outro momento "dormir" é um passado, um fenômeno de memória. Será que entendi bem?

P. Sollers: O que você chama de "impressão" ao opor a impressão de irrealidade à impressão de realidade? Gostaria de ouvi-lo falar sobre isso.

X...: Quero dizer que, como Durry, tenho a impressão de que na vida acentuamos – se dou uma importância afetiva a esse tamborete, vou ver apenas o tamborete na sala ou, em todo caso, ele vai se distinguir entre as outras coisas –, enquanto nos romances de Robbe-Grillet tudo está no mesmo plano; e qualquer que seja o novo romance que eu leia – digo que é uma impressão, não é, ela talvez seja ruim, talvez seja falsa, devo mudar meu ponto de vista – tenho uma impressão "banal"; e, *a posteriori*, me digo em certos casos que devo relê-lo para colocar os acentos, e compreender justamente as perspectivas do escritor.

P. Sollers: Para realizá-lo, em suma.

X...: Para realizá-lo. Penso também que a impressão de irrealidade vem de outra coisa. Na vida, vivemos simultaneamente no tempo e no espaço; frequentemente os novos romancistas – enfim, na falta de um outro termo – nos fazem viver unicamente no tempo, ou unicamente no espaço.

M. de Gandillac: Talvez fosse preciso acrescentar uma questão – que vai inteiramente no sentido do que acaba de ser dito, que simplesmente o completa. Eu me perguntei se esse sentimento de irrealidade – para retomar a expressão – não se deveria muito simplesmente, em um certo número de casos, à utilização da justaposição. Isso quase retorna ao que você disse, mas eu especifico me referindo a uma frase de Sartre, a respeito de Camus, e a respeito do que se chamou, em um certo momento, de absurdo. Sartre dizia mais ou menos isto: o que se chama absurdo é muito simplesmente a supressão (quando você diz "acentos", não sei se é exatamente a palavra "acento" que conviria, mas, enfim, é um aspecto das coisas)

174 Michel Foucault – Ditos e Escritos

daquilo que normalmente é o veículo da significação, sejam, por exemplo, as preposições, as conjunções, mas, sobretudo, as preposições, *os por causa de, os portanto* etc. Se você justapõe objetos, uns ao lado dos outros, uns atrás dos outros, há isso, e depois há aquilo, caímos naquilo que chamamos imediatamente de absurdo. Há o ovo, há a galinha e há o ovo. A partir do momento em que dizemos que a galinha pôs o ovo, isso se torna perfeitamente claro, e nada mais há de absurdo. Enquanto, se justapusermos fatos uns após os outros: há essa ponta de cigarro, há essa onda – e então, se falássemos de Butor, há páginas e páginas sobre o que se encontra nas ranhuras do vagão do trem –, se tudo isso for simplesmente reunido, se não nos é explicado por que aquilo ali está – *por que*, no duplo sentido, *hénéka*, ou *télos*, a partir de que e em vista de que, se há uma ideia qualquer, uma totalidade, uma finalidade ou, em todo caso, uma causalidade que já é um primeiro começo de uma significação, ou uma referência a uma certa significação já muito mais subjetiva que pode ser de ordem afetiva, pouco importa –, se recusarmos justamente esse recurso à linguagem tradicional da significação pela causalidade, pela finalidade, pela totalidade etc., me parece que temos necessariamente uma impressão de irrealidade.

X...: Sim, é o que me parecia, que não se deveria fazer a oposição muito rápido.

J. Thibaudeau: Em Robbe-Grillet, há uma sensação de dupla realidade, não há absolutamente sensação de irrealidade.

X...: Sim, mas então, nesse momento, seria preciso explicar o que você entende como realidade. Voltamos às definições. Concordo com Pleynet ao pensar que nós insistimos nisso...

J. Tortel: Será que você entende a palavra "irrealidade" no sentido de "insólito", de "não habitual", do que "rompe nossos hábitos" etc.?

M. Pleynet: Creio simplesmente que a realidade, aquela em que você vive...

X...: Em que todos vivemos...

M. Pleynet: Ah! Mas não!

X...: Você vive em um mundo banal, à primeira vista...

M. Pleynet: Isso não significa nada, um mundo banal...

X...: Mas sim, é um mundo banal...

M. Pleynet: Então, é um mundo banal para você, uma vez mais, você compreende.

X...: Quero pensar que é preciso restabelecer os acentos em Robbe-Grillet, mas a primeira impressão de quem quer que leia Robbe-Grillet, sem esnobismo, é a de um "mundo banal".

M. Pleynet: Essa outra realidade da qual você fala significa muito claramente que não é a sua, é uma outra realidade – você a chama de realidade, admito –, mas não é a sua. Talvez a obra de Robbe-Grillet se construa precisamente sobre a ruptura que se dá entre a sua realidade e a dela. Talvez seja isso, sua verticalidade.

X...: Nesse momento, todos temos um mundo diferente.

M. de Gandillac: Digamos, se você quiser, que é sua realidade como escritor. Mesmo quando escreve, ele esquece que é Robbe-Grillet, escreve como todo mundo. Quando ele se interessa por seus direitos autorais, quando assina seu contrato de edição, ele está na realidade de todo mundo.

M. Pleynet: Você está dizendo precisamente que, quando ele não escreve, escreve como todo mundo; mas, justamente, trata-se de um escritor.

M. de Gandillac: Há, portanto, uma realidade comum a todos, e se tem o direito de compará-la à do escritor.

M. Foucault: Acredito que a palavra "realidade" que foi lançada – protesta-se em diferentes direções – talvez não seja exatamente aquela que se deveria empregar. O que se dizia, há pouco, a respeito do insólito, me pareceu pertinente; não é por ser insólito que não é real. Temos então ali, se vocês querem, sobre a realidade, uma primeira distinção. A segunda é a seguinte: não é por ser banal que um mundo não é real.

A resposta que eu daria à questão de Pleynet: o que será então essa realidade da qual se pode falar a respeito de alguém que escreve? Será que, a partir do momento em que alguém escreve como escritor, sua realidade é comparável à realidade cotidiana, à vida cotidiana?

M.-J. Durry: Não sei se conseguirei exprimir o que quero dizer. Parece-me que todos temos – eu o sinto muito violentamente, mas não sei se poderia chegar a descrevê-lo – momentos em que – mas isso pode ocorrer entre as coisas mais consistentes, mais densas, isso poderia ocorrer com todos nós –, momentos de vertigem (não sei se esta é a expressão conveniente), momentos, verdadeiramente, em que tudo se põe a mudar como se fosse desprovido de consistência, como se isso se tornasse uma espécie de fumaça, enfim – recorri a me-

176 Michel Foucault – Ditos e Escritos

táforas das quais nenhuma, talvez, diga tudo –, quando eu me movo nesses universos de objetos descritos no entanto de uma maneira tão precisa, frequentemente tenho, exatamente, essa sensação; apenas não sei se posso partilhá-la, porque não sei se eu a exprimo convenientemente.

X...: É a palavra "realidade" que é ruim. Gostaria de falar do "mundo comum".

M. Pleynet: Também me surpreende que se coloque esse problema de realidade – é verdade que ele foi colocado no final de semana –, mas acredito que ele vai ser formulado de uma maneira muito incisiva diante da pintura contemporânea. Que realidade você experimenta diante da pintura contemporânea?

X...: Mas eu gosto muito da pintura abstrata. Você não me compreende, ela faz parte da realidade, certamente. O que eu entendia como realidade, há pouco, era o mundo comum. Por isso eu buscava definições.

M. de Gandillac: Acredito que na pintura abstrata haja tantas correlações quanto na pintura concreta. Acredito que o fenômeno no qual pensa Durry é o problema da supressão das correlações. Quando uma palavra não tem mais significação para nós, é porque perdeu sua imagem, é inicialmente – no sentido da psicologia da forma – porque não tem mais forma, não é mais apreendida como forma; é o que acontece quando não sabemos mais ortografia, por exemplo, e a palavra não passa de uma justaposição de letras indiferentes; nesse momento, não há mais nenhuma razão para que haja dois "r" ou dois "l"; a palavra se dissolveu, faltam-lhe então as correlações internas que lhe permitem formar uma totalidade, ser uma "boa forma" no sentido da *Gestalttheorie*; e, em segundo lugar, esse universo é também um universo onde as coisas não têm mais ligação significante entre elas. Creio que esse é um problema completamente diferente do da "realidade" no sentido vulgar, ou no sentido requintado, porque qualquer realidade, seja ela a do poeta, a do escritor ou a do pintor – seja esse pintor abstrato ou concreto – é uma realidade estruturada, que possui uma certa forma de estrutura.

M. Foucault: Esse problema da realidade estaria de fato bem colocado – como você o diz – em uma estética que seria uma estética da percepção. Mas acredito que tudo o que foi dito tende a provar que o problema das pessoas que escrevem para *Tel quel* é o de uma estética da linguagem, interior à linguagem. Nessa medida, questioná-los, colocá-los em causa, com problemas como os da percepção não traz...

M. de Gandillac: Foi para Durry que eu tentei trazer um pequeno elemento de resposta, não foi para *Tel quel.*

M. Foucault: Respondo de um ponto de vista que não é inteiramente o meu. Em filosofia, não sou somente materialista, sou...

M. Pleynet: Creio que esse exemplo da palavra que não tem sentido era muito curioso, porque me parece que isso indica mais um caso patológico do que qualquer outra coisa.

M. de Gandillac: Mas, o que você chama de "patológico", o que é a patologia? Muito simplesmente, a palavra perdeu, em um dado momento, sua significação de símbolo. Isso seria muito grave, por exemplo, se ocorresse com o condutor de um trem; bruscamente, ele não reconheceria o sinal vermelho, ou muito simplesmente no caso de um motorista para quem o sinal vermelho não passasse de uma mancha, ele pensaria: mas o que é isso? Sim, ela talvez tenha uma certa cor etc., mas não é significante, em um dado momento ela não desempenha mais seu papel de sinal, não produz mais o desencadeamento de um reflexo condicionado; ora, a linguagem põe em ação, a cada momento, reflexos condicionados; sem ser um pavloviano fanático, pode-se admitir isso; e penso que é o que se produz continuamente em nossa relação com o universo, a partir do momento em que essas conexões são, por assim dizer, cortadas, em que o sinal não atua mais, em que a palavra ou o sinal vermelho aparecem como sem significação.

M. Pleynet: O que você fará com esse condutor? Você certamente não o colocará em uma locomotiva.

M. de Gandillac: É um problema que concerne aos engenheiros da S. N. C. F.

M. Pleynet: Mas, não! É um problema que diz respeito aos homens das letras, me parece; eles se servem da linguagem...

M. de Gandillac: Sobre o escritor que fizer coisas que me pareçam sem significação, eu me contentarei em não lê-lo; tudo isso não tem nenhuma importância.

G. Amy: Para voltar ao que você dizia há pouco, refleti no intervalo, e além disso M. de Gandillac traz também um elemento. Efetivamente, na linguagem musical, é muito arriscado estabelecer relações, mas produziu-se uma dissociação de um

178 Michel Foucault – Ditos e Escritos

certo número de elementos que não se pode aproximar da metáfora, mas que são de preferência hierarquias, essas hierarquias que eram símbolos – no sentido em que uma cadeira é um símbolo –, a terça maior ou a quinta na tonalidade, e que esses símbolos tinham qualquer coisa de intangível...

Admitamos uma linguagem em que a metáfora tenha desaparecido, esta talvez fosse uma certa linguagem de estrita obediência serial, talvez por exemplo certos Webern, nos quais conta apenas a relação dos intervalos entre eles, dos sons entre eles, isto é, sem referência a um sistema de hierarquia. Penso que, em Sanguineti, há uma análise marxista bastante curiosa – um pouco infantil, é preciso dizer – da tonalidade como representante do imperialismo, o tom principal sendo o rei, a quarta (a subdominante) sendo o primeiro-ministro, todo um sistema de hierarquia, e a queda da tonalidade correspondendo ao apogeu...

M. Foucault: Embora – esta é a questão que queremos colocar para vocês –, na música, você esteja em um mundo de relações, um mundo de analogias completamente despojado de qualquer simbolismo: ou seja, uma metáfora que seria pura analogia.

G. Amy: Enfim, talvez fossem outras analogias, mas que não são mais as mesmas.

X...: Mas a música atonal não é admitida nos países marxistas.

G. Amy: Isso é um outro problema. Há aí, inclusive, uma contradição.

M. Foucault: Talvez se pudesse pedir a Faye para retomar o problema da analogia, que serviu, finalmente, de uma maneira aliás muito curiosa, de tema comum a essas proposições sobre a morfologia.

J. P. Faye: Esse é certamente um tema excitante, mas, para apurá-lo um pouco, poder-se-ia submetê-lo a dois esclarecimentos sucessivos. Falamos, uma após a outra, sobre a analogia no sentido rigoroso, no sentido dos geômetras, e sobre a analogia que passeia pelos universos estéticos da linguagem, e que é alguma coisa infinitamente mais plástica, muito mais maleável, e aparentemente em desacordo em relação a nós. Talvez seja um meio de reunir as dificuldades que foram semeadas aqui e ali.

O que distingue a analogia rigorosa, "geométrica", como diziam os gregos, da analogia aproximativa, aquela que busca formas estéticas através das linguagens literárias, pictóricas ou musicais? Na geometria se buscam relações entre os traços impressos por um observador que, ele próprio, permanece intacto. O objeto geométrico de que nos fala Valéry, em *Eupalinos*, é traçado por um homem que é um demiurgo soberano. Como o narrador do *Labyrinthe*, ele está absolutamente imunizado, e grava figuras que não o atingem; de qualquer maneira, ele próprio não está comprometido pelo fato de ter traçado em poucas palavras um círculo em torno de um ponto, ou de ter deslocado uma reta para fazer dela um ângulo ou um triângulo. A partir daí, essas analogias se constroem sem modificá-lo. Já na existência (não diria "real", porque eu provocaria novamente tempestades), aquela que vivemos bem ou mal, cada manipulação do que quer que seja acarreta nossa própria deformação, e talvez aí esteja o que confere às dimensões que a linguagem procura dar de seus universos, e dela mesma, a propriedade de serem perpetuamente impróprias para a busca delas próprias, perpetuamente defasadas. Por que precisamente o herói de Butor torna a medir perpetuamente o losango de ferro estriado que retorna como uma espécie de refrão, refrão que quase cadencia a roda do trem? Porque ele próprio, no momento em que vê esse losango, não o dimensiona em relação à finalidade de aquecimento central do trem, certamente, mas para dar uma referência e uma "medida" à sua própria modificação. Talvez seja o que faz com que a analogia estética, a analogia artística – mas a palavra "artística" é incômoda –, a analogia que decorre da "arte" (entre aspas), em oposição à da ciência, esteja perpetuamente encerrada nessa oscilação deformante-deformado. Por isso mesmo a arte se mostra tanto mais materialista quanto mais ela busca apreender o espírito. Há, por isso, uma espécie de relação inversa entre ciência e arte. A ciência – da geometria à física, que se aplica aos objetos ditos materiais, ou seja, justamente aqueles cujos deslocamentos são bem distintos daquele que os pratica – supõe que o observador seja "espírito" e esteja de qualquer forma livre de qualquer suspeita de conivência com essa matéria.

M. de Gandillac: É a física cartesiana que você descreve...

J. P. Faye: Não, pois mesmo o princípio de indeterminação supõe que, se o observador deforma o que vê, se ele o vê deformado, ele próprio permanece incólume – enquanto as buscas efetuadas pelas formas artísticas através da linguagem literária

180 Michel Foucault – Ditos e Escritos

são *elas próprias* tão mais permeáveis às deformações quanto mais elas buscam apreender essa espécie de invariante que é igualmente a comunicação. Apesar de tudo, através de tudo o que se move e se entrecruza, há, no entanto, alguma coisa que se passa entre os observadores, alguma coisa que é a própria comunicação, que se pode chamar de "espírito". O denominador comum de qualquer linguagem é que ela se passa entre dois falantes, e é isso mesmo, novamente, que a analogia artística busca cernir.

Para concluir, creio que se poderia dizer: aí está o movimento permanente no qual estamos todos envolvidos.

1964

Por que se Reedita a Obra de Raymond Roussel? Um Precursor de Nossa Literatura Moderna

"Pourquoi réédite-t-on l'OEuvre de Raymond Roussel? Un précurseur de notre littérature modérne", *Le monde*, n. 6.097, 22 de agosto de 1964, p. 9.

A obra de Raymond Roussel corre por baixo de nossa linguagem há anos, e quase não o sabemos. Foram necessários os *Biffures* de Leiris,[1] foram necessários Robbe-Grillet e Butor para que a insistência dessa voz, que já havia parecido aos surrealistas tão estranha e tão próxima, se tornasse perceptível para nós. Mas ela nos retorna bem diferente do que era para Breton quando ele compunha a *Anthologie de l'humour noir*.[2] Diferente e bem mais acessível, a julgar pelas reedições maciças,[3] pelos inéditos que se redescobrem,[4] pelas traduções[5] e pelos inumeráveis artigos[6] atualmente em todas as línguas.

Essa obra, no entanto, só está aberta à maneira de corredores que se desdobrariam infinitamente, levando talvez a nada mais que a novas ramificações, elas próprias segmentadas. Primeiro ramo: obras descritivas (*La doublure*,[7] em 1897 e,

---

1 Leiris (M.), *Biffures* (*La règle du jeu*, I), Paris, Gallimard, "Collection blanche", 1948.

2 Breton (A.), *Anthologie de l'humour noir, in Le Minotaure*, n. 10, 1937 (reed. Paris, Éd. du Sagittaire, 1940).

3 (N.A.) Em Jean-Jacques Pauvert, Paris. Já apareceram cinco volumes.

4 (N.A.) *À La Havane*, inédito de Raymond Roussel apresentado por John Asherby em *L'arc*, n. 19, verão de 1962, p. 37-47. *Bizarre*, número especial: *Raymond Roussel* (sob a direção de Jean Ferry), n. 34-35, 2o trimestre de 1964.

5 (N.A.) *Impressions d'Afrique*, em italiano, em Rizzoli.

6 (N.A.) Ver um excelente artigo de Lundquist, no *Bonniers Litterare Magasin de Estocolmo*.

7 Roussel (R.), *La doublure*, Paris, Lemerre, in 1897 (reed. Paris, Jean-Jacques Pauvert, 1963).

182 Michel Foucault – Ditos e Escritos

sete anos mais tarde, *La vue*);[8] é o carnaval de Nice, é o cabeçalho de um papel de cartas, a etiqueta de uma garrafa d'água de Évian, o que se vê na pequena lentícula de uma caneta, recordação comprada no bazar. Tudo isso em alexandrinos. A linguagem é estendida sobre as coisas; meticulosamente, ela lhes percorre os detalhes, mas sem perspectiva nem proporções; tudo é visto de longe, mas com um olhar tão penetrante, soberano e neutro que mesmo o invisível nela faz superfície em uma única luz imóvel e uniforme.

Segundo ramo, as maravilhas das *Impressions d'Afrique*[9] e de *Locus solus*.[10] A mesma linguagem, estendida como uma toalha de mesa, serve para descrever o impossível: um anão que mora em uma gaveta, um adolescente que, com os coágulos do seu sangue glauco, alimenta medusas, cadáveres gelados que repetem mecanicamente dentro de geladeiras o instante em que são mortos. Em seguida, outros corredores se formam: peças de teatro (que deram lugar a alguns belos escândalos surrealistas), um poema de parênteses encaixados, um curto fragmento autobiográfico.

Para nos orientar nesse labirinto, pouca coisa nos resta – salvo algumas maravilhosas anedotas contadas por Leiris. Há a hipótese preguiçosa da linguagem esotérica. Para texto difícil, autor iniciado. Mas eis o que pouco nos adianta, nem tampouco saber que Roussel era louco, que ele apresentava belos sintomas obsessivos, que Janet o tratou, mas não curou. Loucura ou iniciação (os dois, talvez), tudo isso nada nos diz sobre a parte dessa obra que concerne à linguagem atual: lhe concerne e ao mesmo tempo recebe dela sua luz.

La vue e *Le voyeur*[11] são dois textos aparentados. Tanto em Roussel como em Robbe-Grillet, a descrição não é de forma alguma a fidelidade da linguagem ao objeto, mas o nascimento perpetuamente renovado de uma relação infinita entre as palavras e as coisas. A linguagem avançando produz sem parar novos objetos, faz emergir a luz e a sombra, faz rachar a super-

---

8 Roussel (R.), *La vue*, Paris, Lemerre, 1904 (reed. Paris, Jean-Jacques Pauvert, 1963).
9 Roussel (R.), *Impressions d'Afrique*, Paris, Lemerre, 1910 (reed. Jean-Jacques Pauvert, Paris, 1963).
10 *Id.*, *Locus solus*, Paris, Lemerre, 1914 (reed. Paris, Gallimard, "Collection Blanche", 1963).
11 Robbe-Grillet (A.), *Le voyeur*, Paris, Éd. de Minuit, 1955.

fície, desarruma as linhas. Ela não obedece às percepções, traça-lhes um caminho e, em seu rastro tornado mudo, as coisas se põem a cintilar por elas mesmas, esquecendo que tinham sido, previamente, "faladas". Modificadas desde o início pela linguagem, as coisas não têm mais segredo; e elas aparecem uma ao lado da outra, sem densidade, sem proporções, em um "palavra a palavra" que as deposita, todas iguais, todas igualmente desprovidas de mistério, todas laqueadas, todas tão angustiadas e obstinadas em estarem ali, na fina superfície das frases. Robbe-Grillet acaba de analisar admiravelmente, a propósito de Roussel, esse "lugar-comum" do olhar e da linguagem, além do qual não há nada a dizer nem a ver.[12]

A outra face da obra de Roussel descobre uma forma de imaginação que quase não se conhecia. Os jogos das *Impressions d'Afrique*, os mortos de *Locus solus* não pertencem ao sonho nem ao fantástico. Estão mais próximos do "extraordinário", à maneira de Júlio Verne; mas é um extraordinário minúsculo, artificial e imóvel: maravilhas da natureza fora de qualquer natureza, e construídas por engenheiros todo-poderosos que teriam apenas o propósito de esculpir a história grega na espessura diáfana de um bago de uva. Júlio Verne, que não viajou, inventou o maravilhoso do espaço. Roussel, que deu a volta ao mundo (de cortinas fechadas, certamente, pois ele não gostava de olhar, e sua obra não lhe deixava tempo para o lazer), quis reduzir o tempo e o espaço ao glóbulo de uma mônada; e talvez, como Leibniz, tenha visto lagos tremerem em pedaços de mármore. Sabemos o que pode haver de perverso em uma imaginação retraída que não é irônica – quando o lirismo nos acostumou ao crescimento infinito, às estepes, aos grandes tédios siderais (mas quão nobres).

Mas Roussel, pouco antes de seu suicídio, preparou uma armadilha suplementar. Ele "revelou" como havia escrito essas narrativas maravilhosas cujo encantamento parecia, no entanto, residir somente nele mesmo. Ao mesmo tempo explicação e conselho para quem gostaria de fazer o mesmo: tomar uma frase ao acaso – em uma canção, um anúncio, um cartão de visitas; reduzi-la em seus elementos fonéticos, e com eles reconstruir outras palavras que devem servir de trama obrigatória.

---

12 Robbe-Grillet (A.), "Énigme et transparence chez Raymond Roussel", *Critique*, n. 199, dezembro de 1963, p. 1.027-1.033.

184 Michel Foucault – Ditos e Escritos

Todos os milagres microscópicos, todas as vãs maquinarias das *Impressions* e de *Locus solus* são apenas os produtos da decomposição e da recomposição de um material verbal pulverizado, lançado ao ar, e redundando em figuras que podem ser chamadas, no sentido estrito, de "disparates". Mas o disparate rousseliano não é absolutamente bizarria da imaginação: é o acaso da linguagem instaurado em sua onipotência no interior do que ele diz; e o acaso é apenas uma maneira de transformar em discurso o improvável encontro das palavras. Toda a grande inquietude mallarmeana diante das relações da linguagem com o acaso anima metade da obra de Roussel.

E quanto à outra metade, à parte descritiva? Pois bem, ela descreve apenas máscaras, cartões, imagens, reproduções: é a linguagem sobre os duplos. E se imaginamos que todos os relatos maravilhosos fazem nascer impossíveis imagens sobre a linguagem duplicada, compreende-se que se trata, na realidade, nas duas partes, de uma só e mesma figura invertida pela fina reduplicação de um espelho.

Talvez haja outros segredos em Roussel. Entretanto, como em qualquer segredo, o tesouro não é o que se esconde, mas as visíveis trapaças, as defesas eriçadas, os corredores que hesitam. É o labirinto que faz o Minotauro: não o inverso. A literatura moderna não cessa de nos ensinar. É por decifrar a obra de Roussel que ela nos autoriza ao mesmo tempo a lê-la: seus mecanismos, como diria Sollers, "remontam" um ao outro.

1964

O *Mallarmé* de J.-P. Richard

"Le *Mallarmé* de J.-P. Richard", *Annales. Économies, sociétés, civilisations,* n. 5, setembro-outubro de 1964, p. 996-1.004. (Sobre J.-P. Richard, *L'univers imaginaire de Mallarmé,* Paris, Éd. du Seuil, 1962.)

Já que este livro[1] completou dois anos, ei-lo responsável pelos seus efeitos. Ainda não é previsível o prolongamento de suas consequências, mas pelo menos, em seu conjunto, as reações que ele provocou. Um livro não é importante porque ele movimenta as coisas, mas quando a linguagem, em torno dele, se desloca, preenchendo um vazio que se torna seu lugar de permanência.

Jamais criticarei aqueles que criticaram Richard. Queria apenas chamar a atenção para o espaço que se delineou em torno de seu texto: nessas margens que estão aparentemente cobertas com os signos da polêmica mas que, de forma muda, definem o vazio de sua localização. Quando ele é remetido, por um maior rigor ou atualidade, a um método evidentemente psicanalítico[2] ou à leitura das descontinuidades estruturais,[3] será que de fato não se revela o que nele está mais próximo do futuro do que essas próprias objeções? Será que não se delineia do exterior o novo lugar de onde ele subitamente, apenas ele, começou a falar e que sua linguagem não podia enunciar, pois desde a origem falava nele?

*

De que Richard precisamente fala? De Mallarmé. Mas é isso que não está absolutamente claro. O domínio em que Richard

---

1 (N.A.) *L'univers imaginaire de Mallarmé,* Paris, Éd. du Seuil, 1962.

2 (N.A.) Mauron (C.), *Des métaphores obsédantes au mythe personnel. Introduction à la psychocritique,* Paris, José Corti, 1963.

3 (N.A.) Genette (G.), "Bonheur de Mallarmé?", *Tel quel,* n. 10, 1962.

186 Michel Foucault – Ditos e Escritos

exerce sua atividade de analista é uma certa quantidade de linguagem com limites um pouco esgarçados, à qual se acrescentam poemas, prosas, textos críticos, observações sobre a moda, palavras e temas ingleses, fragmentos, projetos, cartas, rascunhos. Massa instável, na verdade, sem lugar próprio e sabe-se lá o que ela é: *Opus* cercado por seus esboços, suas primeiras manifestações, seus ecos biográficos, suas correspondências anedóticas e sutis? Ou então areia de uma linguagem incessante que é preciso tratar como uma obra esparsa mas virtualmente única? Pode-se estudar, por ela mesma ou só nela, essa linguagem que ultrapassa os limites consumados de uma obra, e que, no entanto, é do próprio *Mallarmé* apenas a parte gráfica?

Criticou-se Richard por ter sido tentado pela metáfora da profundidade e por ter desejado surpreender para além de uma linguagem em fragmentos um "reflexo subjacente": ou seja, o que 200 anos de psicologismo nos ensinaram existir antes da linguagem – alguma coisa como a alma, a psique, a experiência, o vivido. Assim, ter-se-ia produzido em Richard um perpétuo deslizamento em direção a Mallarmé (não mais a obra, mas o homem), na direção do seu sonho, de sua imaginação, de sua relação onírica com a matéria, do espaço e das coisas, em suma, na direção do movimento (meio-acaso, meio-destino) de sua vida. Ora, sabe-se que a análise literária chegou a essa idade adulta que a libertou da psicologia.

Além disso, há a censura frontal: por que Richard sistematicamente encurtou e como que reduziu suas análises? Para estabelecer o princípio de coerência da linguagem mallarmeana e o jogo de suas transformações, ele se serviu de métodos quase freudianos. Mas podemos nos ater a isso? Os conceitos da psicanálise preservam seu sentido quando se limita sua aplicação às relações da linguagem consigo mesma e com suas tramas internas? Desde que se fala, a respeito de *Igitur*, da experiência depressiva de Tournon, a análise tem muitas chances de permanecer precária e não fundamentada se, na preocupação de respeitar a dimensão do puro literário, não se utilizam as categorias agora conhecidas da perda do objeto, da identificação e da punição suicida. Impossível permanecer nesses limites imprecisos, em que não se trata mais da obra, nem ainda da psique, mas apenas, em um vocabulário um pouco hegeliano, da experiência, do espírito ou da existência.

1964 – O *Mallarmé* de J.-P. Richard   187

Em torno dessas duas censuras se organizaram finalmente todas as críticas feitas a Richard: a ambiguidade de uma psicologia existencial, o incessante equívoco mantido entre a obra e a vida, a lenta fusão e a mistura das estruturas na continuidade temporal de suas metamorfoses, a hesitação entre o ponto de vista do significante e o do significado. Imprecisões que vêm todas se reunir na noção de "tema" (ao mesmo tempo rede manifesta da linguagem, forma constante da imaginação e muda obsessão da existência).

Ora, a temática de Richard não é absolutamente essa oscilação, nomeada e mascarada. Na ordem do método, ela é correlativa a um novo objeto proposto à análise literária.

Até o século XIX, tivemos da obra de linguagem (entendida em sua extensão) uma noção pelo menos prática, mas bastante clara e bem delimitada: era o *Opus*, que podia incluir, além da obra publicada, fragmentos interrompidos, cartas, textos póstumos; mas eram todos reconhecidos com uma certa evidência hoje perdida: era a *linguagem* voltada para o exterior, destinada pelo menos a uma forma de consumação; era a *linguagem circulante*. Ora, o século XIX inventou a conservação documentária absoluta: criou, com os "arquivos" e a "biblioteca", um fundo de *linguagem estagnante* que está aí apenas para ser redescoberta por si mesma, em seu estado bruto. Essa massa documentária da linguagem imóvel (feita de um maço de rascunhos, fragmentos, rabiscos) não é apenas um acréscimo ao *Opus*, como uma linguagem circunvizinha, satélite e balbuciante, destinada apenas a melhor fazer compreender o que é dito no *Opus*; não é dela a exegese espontânea; tampouco um acréscimo à biografia do autor, permitindo descobrir seus segredos, ou fazer surgir uma trama ainda não visível entre "a vida e a obra". O que emerge de fato com a linguagem estagnante é um terceiro objeto, irredutível.

Há muito tempo, certamente, os críticos e historiadores da literatura adquiriram o hábito de se servir dos documentos. O recurso ao documento se tornou, há muitos anos, uma prescrição moral. Moral, justamente, e nada mais. Ou seja, se o século XIX instaurou a conservação documentária absoluta, o século XX ainda não definiu os dois correlativos desse acontecimento: o modo de tratamento exaustivo do documento verbal e a consciência de que a linguagem estagnante é para a nossa cultura um objeto novo. Paradoxalmente, esse objeto, após

188 Michel Foucault – Ditos e Escritos

vários decênios, tornou-se familiar para nós: e, no entanto, jamais nos demos conta claramente de que ele não era feito de fragmentos mais ingênuos ou arcaicos do que o *Opus*; que tampouco era um simples monumento da vida; que não era nem mesmo o lugar de encontro de uma obra e de uma existência; em suma, que ele não preenchia a página tradicionalmente deixada em branco nos velhos livros entre as últimas linhas do *Éloge* ou da *Vie* e a primeira das *Oeuvres complètes*.

Essa consciência e o método que se articularia sobre ela ainda nos fazem falta atualmente.[4] Pelo menos nos faziam falta, pois certamente me parece que é ali que vêm se alojar a originalidade do livro de Richard e a solitária dificuldade do seu empreendimento. É fácil criticá-lo em nome das estruturas ou da psicanálise. Porque seu domínio não é nem o *Opus* nem a *Vie* de *Mallarmé*, mas aquele bloco de linguagem imóvel, conservado, jacente, destinado não a ser consumido, mas iluminado – e que se chama Mallarmé.

Trata-se, então, de mostrar "que os *Contes indiens* prolongam tal *Sonnet funèbre*, que *Hérodiade* é a irmã do *Faune* e que *Igitur* desemboca diretamente na *Dernière mode*"; há o sonho de instituir, "entre todas as obras particulares e todos os registros – sério, trágico, metafísico, precioso, amoroso, estético, ideológico, frívolo – desta obra, uma relação de conjunto que as obrigue a se esclarecerem mutuamente".[5] Ou seja, antes de determinar um método de análise ou de deciframento, antes de optar por um "estruturalismo" ou uma "psicanálise", antes mesmo de anunciar sua escolha (o que é um sinal de honestidade intelectual, mas não é em nada um gesto fundador), Richard dá explicitamente este passo essencial, que consiste em constituir um objeto: volume verbal aberto, já que todo novo traço encontrado poderá aí se instalar, mas absolutamente fechado, pois ele existe apenas como linguagem de Mallarmé.

---

4 (N.A.) O problema é o mesmo no domínio do que se chama de história das ideias. A conservação documental fez aparecer, ao lado das ciências, das filosofias, das literaturas, uma massa de textos, que se trata sem razão como falsas ciências ou quase filosofias, ou opiniões vagamente expressas, ou ainda como o esboço prévio e o reflexo ulterior do que vai se tornar e do que era antes literatura, filosofia ou ciência. Efetivamente, trata-se aí também de um novo objeto cultural que aguarda sua definição e seu método, e que recusa ser tratado sob o modo analógico do "quase".

5 (N.A.) P. 15.

Sua extensão, por direito, é quase infinita. Sua compreensão, em contrapartida, é tão restrita quanto possível: ela é limitada à sigla mallarmeana.

*

Desde então, é prescrito um certo número de caminhos que excluem todos os outros.

1) Não se trata mais de opor nem mesmo de distinguir o fundo e a forma. Não que se tenha enfim encontrado o lugar de sua unidade, mas porque o problema da análise literária se deslocou: trata-se agora de confrontar a *forma* e o *informe*, de estudar o movimento de um murmúrio. Em vez de analisar o formal por esse lado diurno, orientado para o sentido, em vez de tratá-lo em sua função frontal de significante, ele é considerado pelo seu lado sombrio e noturno, pela sua faceta voltada para seu próprio desenlace: de onde ele vem e onde vai de novo se perder. A forma não é senão um modo de aparecimento da não forma (talvez o único, mas ela não passa dessa transitória fulguração). É preciso ler a belíssima análise feita por Richard do Túmulo mallarmeano:[6] trata-se de construir com palavras vivas, frágeis, passageiras a estela para sempre ereta do que não é mais. O Túmulo, esculpindo as palavras que ele emprega, as levará à morte, tornando-se assim duplamente forma: ele diz (por seu sentido) o túmulo, e ele é (por suas palavras) o monumento. Mas ele jamais diz a morte sem dizer fatalmente (já que é feito de palavras reais) a ressurreição na linguagem: a pedra negra, então, se volatiza; seus valores se invertem; seu mármore, que era sombrio sob o céu claro, se torna clarão infinito na noite; ele é agora luz turva do revérbero ou ainda "pouco profundo riacho difamado". A forma-signo do Túmulo se dissipa a partir de si mesma; e as palavras que formavam o monumento se desenlaçam, não sem carregar com elas o vazio em que a morte está presente. De forma que o Túmulo vem a ser ou volta a ser o murmúrio da linguagem, o ruído de sons frágeis condenados a perecer. O Túmulo foi apenas a forma cintilante do informe e a relação incessantemente devastada da palavra com a morte.

Injusta, portanto, é a crítica feita a Richard de se esquivar do rigor das formas tornando-as contínuas e absolutamente

---

6 (N.A.) P. 243-283.

190   Michel Foucault – Ditos e Escritos

plásticas. Pois seu projeto é dizer justamente a dissolução das formas, sua perpétua derrota. Ele narra o jogo da forma e do informe; ou seja, o momento essencial, tão difícil de enunciar, em que se enlaçam e se desenlaçam a literatura e o murmúrio.

2) Mas, quem então fala nessa massa de linguagem entendida segundo seu murmúrio descontínuo e repetido? Ninguém? Ou este homem real que foi Stéphane Mallarmé, e que deixou de sua vida, de seus amores, de suas comoções, de sua existência histórica esses traços que hoje lemos? A resposta a essa questão é importante: é aí que espreitam com igual impaciência os antipsicologistas, que têm bastante razão de pensar que as biografias têm pouco peso, e os psicanalistas, que sabem claramente que não se pode limitar a tarefa, uma vez empreendida, da interpretação. Ora, que faz Richard? O Mallarmé ao qual ele refere suas análises não é nem o sujeito gramatical puro nem o denso sujeito psicológico; mas aquele que diz "eu" nas obras, cartas, rascunhos, esboços, confidências; ele é, portanto, aquele que, de longe e por aproximações sucessivas, põe à prova sua obra sempre futura, de qualquer modo jamais concluída através das brumas contínuas de sua linguagem; e, nesse sentido, ele sempre transpõe os limites de sua obra, contornando suas fronteiras, só se aproximando e penetrando nela para ser por ela imediatamente repelido, como o vigia mais próximo e o mais excluído; mas, inversamente, ele é aquele que, na trama da obra e a ultrapassando desta vez em profundidade, descobre nela e a partir dela as possibilidades ainda futuras da linguagem; de tal forma que ele próprio é, dessa obra necessariamente fragmentária, o ponto virtual de unidade, a única convergência no infinito. O Mallarmé que Richard estuda é, portanto, exterior à sua obra, mas de uma exterioridade tão radical e pura que ele não passa do sujeito dessa obra; ele é sua única referência; mas só tem a ela como todo conteúdo; ele só mantém relação com essa forma solitária. De forma que Mallarmé é, também, nessa camada de linguagem, a dobra interior que ela desenha e em torno da qual ela se reparte – a forma mais interior dessa forma.

Certamente, cada ponto da análise de Richard está ameaçado por duas injunções possíveis e perpendiculares: uma para formalizar, outra para psicologizar. Mas o que surge, na linha sempre reta do seu discurso, é uma nova dimensão da crítica literária. Dimensão quase desconhecida até ele (salvo, sem dúvida, por *Starobinski*), e que se poderia opor tanto ao "Eu" literário quanto à subjetividade psicológica, designando-o somente como *sujeito falante*. Sabe-se das dificuldades que ela opõe (ou propõe) às teorias lógicas, linguísticas e psicanalíticas; e, no entanto, é em direção a ela que todas as três, por diversos caminhos e a propósito de diferentes problemas, começam a retornar atualmente. Talvez ela seja igualmente para a análise literária uma categoria fundamental.

3) É ele em todo caso quem permite reconhecer na *imagem* algo além de uma *metáfora* ou um *fantasma* e analisá-la talvez pela primeira vez como *pensamento poético*. Curiosamente, Richard foi criticado por ter sensualizado a experiência intelectual de Mallarmé e por ter restabelecido em termos de gozo o que foi antes a secura e o desespero da Ideia: como se a suculência do prazer pudesse ser o paraíso, perdido mas sempre buscado, daquele cuja obra foi muito cedo marcada pela noite de *Igitur*. Mas nos reportemos à análise de Richard.[7] A história deste Elbehnon ("*I'll be none*") não é para ele nem a transcrição de uma crise melancólica nem o equivalente filosófico de um suicida libidinal. Nela vê antes a instalação ou a liberação da linguagem literária em torno de uma vacância central – lacuna que não é outra senão aquele mesmo que fala: daí em diante, a voz do poeta não virá de nenhum lábio; no oco do tempo, ela será a palavra da Meia-noite. Vela soprada.

É por isso que Richard não pode dissociar a experiência de Mallarmé das duas imagens opostas e solidárias que são a gruta e o diamante: o diamante que cintila no espaço circunvizinho a partir de um coração secretamente sombrio; e a gruta, imenso volume de noite que repercute o eco das vozes no contorno interior dos rochedos. Mas essas imagens são mais do que objetos privilegiados; são as próprias imagens de todas as imagens; elas dizem por sua configuração qual é a necessária relação do pensamento com o visível; mostram como a palavra, desde que ela se torne palavra pensativa, se esvazia em seu centro, deixa perder-se na noite seu ponto de partida e sua coerência subjetiva, e só reata consigo mesma na periferia do sensível, na cintilação ininterrupta de uma pedra que gira lentamente sobre si mesma, ou no prolongamento do eco que duplica com sua voz os rochedos da caverna. A imaginação

---

7 (N.A.) P. 184-208.

192 Michel Foucault – Ditos e Escritos

mallarmeana, tal como Richard a analisa a partir dessas duas metáforas fundamentais em que se alojam todas as outras imagens, não é, portanto, a superfície feliz do contato entre o pensamento e o mundo; é, antes, este volume de noite que só cintila e vibra em seus confins. A imagem não manifesta a oportunidade de um pensamento que teria enfim encontrado seu paraíso sensível; sua fragilidade mostra um pensamento mergulhado em sua noite e que só pode daí em diante falar a distância dele mesmo, em direção a este limite no qual as coisas são mudas. É por isso que Richard analisa as imagens de Mallarmé de uma maneira tão singular e inquietante para a tradição contemporânea: ele não vai da metáfora à impressão, nem do elemento sensível ao seu valor significante; ele vai da figura nomeada à morte do poeta que nela se pronuncia (como se vai do brilho do diamante ao seu núcleo carbônico); e a imagem então aparece como o outro lado, o avesso visível da morte: depois que está morto aquele que fala, sua palavra ronda na superfície das coisas, não lhes arrancando outro sentido a não ser o de sua desaparição. A coisa percebida ou sentida se torna imagem, não quando ela funciona como metáfora ou esconde uma lembrança, mas quando revela que aquele que a vê e a designa e a faz vir à linguagem está, para sempre, irremediavelmente ausente. O "sensualismo" de Richard, se quisermos empregar esta palavra, nada tem de comum com a felicidade cosmológica de Bachelard; é um sensualismo "esvaziado", furado em seu centro; imaginar, para ele, é o ato de um pensamento que atravessa sua própria morte para ir se abrigar na distância de sua linguagem.

4) Se a morte ou a negação do sujeito falante são o poder que constitui as imagens, qual será o princípio de coerência delas? Nem o jogo metafórico dos fantasmas nem as proximidades metonímicas do mundo. As imagens se harmonizam e se articulam de acordo com um espaço profundo; Richard percebeu que não se deve relacionar um tal espaço nem com o mundo nem com a psique, mas com essa distância que a linguagem traz consigo quando nomeia ao mesmo tempo o sensível e a morte. É da natureza da palavra mallarmeana ser "asa" (asa que, se desdobrando, esconde o corpo do pássaro; ela mostra seu próprio esplendor, mas logo o esconde em seu movimento e o leva ao fundo do céu, para só finalmente trazê-lo sob a forma de uma plumagem murcha, caída, prisioneira, na própria ausência do

1964 – O *Mallarmé* de J.-P. Richard   193

pássaro do qual ela é a forma visível); também é de sua natureza ser "leque" e contraditório pudor (o leque esconde o rosto, mas não sem mostrar o segredo que ele mantinha dobrado, de modo que seu poder de ocultamento é manifestação necessária; inversamente, quando ele torna a se fechar em suas nervuras de nácar, esconde os enigmas pintados sobre sua membrana, mas deixando à mostra o decifrável rosto que ele tinha por função abrigar). Por isso a palavra, a verdadeira palavra é pura: ou melhor, ela é a própria virgindade das coisas, sua integridade manifesta e como oferecida mas também seu inacessível distanciamento, sua distância sem transgressão possível. A palavra que faz surgir a imagem diz ao mesmo tempo a morte do sujeito falante e a distância do objeto falado.

Desenvolvendo uma análise como essa, o livro de Richard, ainda assim, constitui obra exemplar: ele estuda, sem recorrer a conceitos alheios, este domínio ainda malconhecido da crítica literária que se poderia chamar de *espacialidade de uma obra*. A queda, a separação, a vidraça, o jorro da luz e do reflexo, Richard não os decifra como as dimensões de um mundo imaginário refletido em uma poesia, mas como uma expe-riência muito mais surda e retirada: o que tomba ou o que se desdobra é, ao mesmo tempo, as coisas e as palavras, a luz e a linguagem. Richard quis unir de novo a região anterior a qualquer separação, na qual o lance de dados joga com um mesmo movimento, sobre a página branca, as letras, as sílabas, as frases dispersas e o fluir fortuito da aparência.

*

Para falar de uma obra literária, existe atualmente um certo número de modelos de análise. Modelo lógico (metalinguagem), modelo linguístico (definição e funcionamento dos elementos significantes), modelo mitológico (segmentos da narrativa fabulosa e correlação desses segmentos), modelo freudiano. Existiram outrora muitos outros (os modelos retórico, exegético); existirá certamente ainda (talvez um dia o modelo informacional). Mas nenhum ecletismo pode se satisfazer em utilizá-los sucessivamente. E ainda não se pode dizer se a análise literária em breve descobrirá um modelo exaustivo ou a possibilidade de não utilizar nenhum deles.

194 Michel Foucault – Ditos e Escritos

Que modelo Richard utilizou? E, afinal de contas, será que ele se serviu de um modelo? Se é verdade que ele quis tratar Mallarmé como uma massa cúbica de linguagem, e se é verdade que ele quis nela definir uma certa relação com o informe, encontrar nela a voz de um sujeito que está como ausente de sua palavra, nela desenhar imagens que são o avesso e o limite do pensamento, nela seguir o percurso de uma espacialidade que é mais profunda do que a do mundo ou a das palavras, não se expôs ele ao arbitrário? Não se deu ele a liberdade de traçar o percurso que escolheria ou de privilegiar, sem censura, as experiências do seu gosto? Por que ter reconstituído um Mallarmé da fulguração, da cintilação, do reflexo ao mesmo tempo precário e contínuo, quando há também o do poente, o do drama e o do riso – ou ainda o do pássaro sem ninho?

A análise de Richard, de fato, obedece a uma necessidade muito estrita. O segredo desse livro tão contínuo é que em suas últimas páginas ele se desdobra. O último capítulo, "Formas e meios da literatura", não é o prolongamento dos nove primeiros: ele é dele em um certo sentido a repetição, a imagem em espelho, o microcosmo, a configuração similar e reduzida. Todas as figuras analisadas precedentemente por Richard (a asa, o leque, o túmulo, a gruta, o clarão luminoso) são aí retomadas, mas em sua necessidade de origem. Vê-se, por exemplo, que, para Mallarmé, a palavra enraizada na natureza da coisa significada, oferecendo seu ser mudo através do jogo de sua sonoridade, é contudo submetida ao arbitrário das línguas: ela não nomeia sem mostrar e esconder ao mesmo tempo; ela é a imagem mais próxima da coisa e sua distância indelével. Eis, portanto, que ela é, em si mesma, em seu ser, antes de todas as imagens que por sua vez pode suscitar, fuga da presença e visível túmulo. Igualmente, não é o diamante com seus valores cosmológicos que vem se alojar em um livro; a forma do diamante era, no fundo, apenas o duplo interior e derivado do próprio livro cujas folhas, palavras, significações liberam a cada cerimônia da leitura um reflexo temerário que se apoia nos outros, remete aos outros, e só se manifesta em um instante abolindo dele os outros e logo os confirmando.

Assim, todas as análises de Richard se encontram fundamentadas e tornadas necessárias por uma lei claramente revelada no final, embora sua formulação tenha corrido de uma maneira insensível ao longo do livro, duplicando-o e justificando-o em cada um dos seus pontos. Esta lei não é a estrutura da linguagem (com suas possibilidades retóricas) nem o encadeamento do vivido (com suas necessidades psicológicas). Poderíamos designá-la como a experiência nua da linguagem, a relação do sujeito falante com o próprio ser da linguagem. Essa relação recebeu em Mallarmé (nessa massa de linguagem chamada por nós de "Mallarmé") uma forma historicamente única: foi ele quem dispôs soberanamente as palavras, a sintaxe, os poemas, os livros (reais ou impossíveis) de Mallarmé. No entanto, é somente nessa linguagem ajustada e arruinada, que nos foi efetivamente transmitida, que se pode descobri-lo; e foi somente nela que ela foi estabelecida por Mallarmé. Dessa forma, o "modelo" que Richard seguiu em sua análise, ele o encontrou em Mallarmé: era essa relação com o ser da linguagem que as obras tornam visível, mas que a cada instante tornava as obras possíveis em sua cintilante visibilidade.

É neste ponto, parece-me, que o livro de Richard descobre seus mais profundos poderes. Ele revelou, fora de qualquer referência a uma antropologia constituída em outro lugar, o que deve ser o objeto próprio de todo discurso crítico: a relação não de um homem com um mundo, não de um adulto com seus fantasmas ou com sua infância, não de um literato com uma língua, mas de um sujeito falante com este ser singular, difícil, complexo, profundamente ambíguo (pois ele designa e concede seu ser a todos os outros seres, inclusive a ele mesmo) e que se chama linguagem. E nela mostrando que essa relação não é de pura aceitação (como nos tagarelas e homens cotidianos), mas que em uma obra verdadeira ela questiona novamente e subverte o ser da linguagem, Richard torna possível uma crítica que é ao mesmo tempo uma história (ele faz o que se poderia chamar, no sentido estrito, de "análise literária"): seu *Mallarmé* torna visível de fato o que se tornou, desde os acontecimentos dos anos 1865-1895, a linguagem com a qual tem de se haver qualquer poeta. Por isso, as análises publicadas mais recentemente por Richard (sobre Char, Saint-John Perse, Ponge, Bonnefoy) se localizam no espaço descoberto por seu *Mallarmé*: nelas ele põe à prova a continuidade do seu método, e a unidade dessa história inaugurada na densidade da linguagem por Mallarmé.[8]

---

8 Richard (J.-P.), *Onze études sur la poésie moderne*, Paris, Éd. du Seuil, col. "Pierres Vives", n. 7, 1964.

1965

"As Damas de Companhia"

"Les suivantes", *Le Mercure de France,* n· 1.221-1.222, julho-agosto de 1965, p. 368-384.

O quadro de Velásquez é universalmente conhecido com o título *Las Meninas,* o que significa "as damas de companhia". De fato, este título só apareceu em 1843 no catálogo do Prado, sendo designado pelos inventários da corte de Madri como *El cuadro de la família,* ou "a família real". Michel Foucault parece ter hesitado em incluir esse ensaio em *Les mots et les choses* (Paris, Gallimard, 1966). Ele havia começado a resumi-lo sucintamente no Capítulo IX. Depois, suprimindo certas passagens e modificando a forma do artigo, ele fez a partir dele o Capítulo I, que ainda simplificou nas provas.

O pintor está ligeiramente retirado no quadro. Ele lança um olhar para o modelo; talvez se trate de acrescentar um último toque, mas é também possível que o primeiro traço ainda não tenha sido dado. O braço que sustenta o pincel está dobrado para a esquerda, na direção da palheta; ele está, por um momento, imóvel entre a tela e as cores. Essa mão hábil está suspensa ao olhar; e o olhar, retroativamente, repousa sobre o gesto detido. Entre a fina ponta do pincel e o aço do olhar, o espetáculo vai liberar seu volume.

Não sem um sutil sistema de esquivas. Tomando um pouco de distância, o pintor se colocou ao lado da obra em que ele trabalha. Ou seja, para o espectador que atualmente o observa, ele está à direita do seu quadro, que ocupa toda a extrema esquerda. A esse mesmo espectador o quadro vira as costas: dele só se pode perceber o avesso, com o imenso chassi que o sustenta. O pintor, em compensação, é perfeitamente visível em toda a sua estatura; em todo caso, ele não está escondido pela alta tela que, talvez, logo vá absorvê-lo quando, dando um passo em direção a ela, voltar ao seu trabalho; sem dúvida, ele acaba, nesse instante, de aparecer aos olhos do espectador, surgindo dessa espécie de grande gaiola virtual, que projeta para trás a superfície que está começando a pintar. É possível

1965 – "As Damas de Companhia" 197

vê-lo agora, em um momento de parada, no centro neutro dessa oscilação. Sua silhueta sombria, seu rosto claro são intermediários entre o visível e o invisível: saindo dessa tela que nos escapa, ele emerge aos nossos olhos; mas quando, em breve, der um passo para a direita, se escondendo dos nossos olhares, ele se encontrará localizado justamente de frente para a tela que está começando a pintar; entrará nessa região onde seu quadro, esquecido por um instante, vai para ele se tornar visível, sem sombra nem reticência. Como se o pintor não pudesse ao mesmo tempo ser visto sobre o quadro em que está representado e ver aquele onde se empenha em representar alguma coisa. Ele reina no limiar dessas duas visibilidades incompatíveis.

O pintor observa, o rosto ligeiramente virado e a cabeça inclinada em direção ao ombro. Ele fixa um ponto invisível, mas que nós, espectadores, podemos facilmente designar, pois esse ponto somos nós mesmos: nosso corpo, nosso rosto, nossos olhos. O espetáculo que ele observa é, portanto, duas vezes invisível: já que ele não está representado no espaço do quadro, e se situa precisamente nesse ponto cego, nesse esconderijo essencial onde se oculta para nós mesmos nosso olhar no momento em que olhamos. E, no entanto, essa invisibilidade, como poderíamos evitar vê-la, ali sob nossos olhos, já que ela tem no próprio quadro seu sensível equivalente, sua imagem selada? Seria de fato possível adivinhar o que o pintor observa, se fosse possível lançar os olhos sobre a tela na qual ele se concentra; mas desta só se percebe a trama, os montantes negros na horizontal e, na vertical, o oblíquo do cavalete. O alto retângulo monótono que ocupa toda a parte esquerda do quadro real, e que figura o avesso da tela representada, restitui na qualidade de uma superfície a invisibilidade em profundidade daquilo que o artista contempla: esse espaço em que estamos, que somos. Dos olhos do pintor ao que ele olha, é traçada uma linha imperiosa que não poderíamos evitar, nós que a olhamos: ela atravessa o quadro real e encontra diante de sua superfície esse lugar de onde vemos o pintor que nos observa; esse pontilhado infalivelmente nos alcança e nos liga à representação do quadro.

Aparentemente, esse lugar é simples: ele é de pura reciprocidade. Olhamos um quadro de onde um pintor, por sua vez, nos contempla. Nada mais que um face a face, olhos que se

Las Meninas de Velásquez. Museu do Prado, Madri.

Las Meninas ou As Damas de Companhia foi chamado pelo pintor maneirista Luca Giordano "a teologia da pintura". Ele marcou a história da pintura desde o século XVII até o século XX com as 48 variações feitas por Picasso em torno da obra prima de Velásquez.

A análise desta obra abre o livro de Foucault As palavras e as coisas, de que ele é como que o emblema do problema fundamental que ele analisa. Assim, esta pintura dá conta de problemas específicos da pintura e também do sistema de pensamento da Idade Clássica ou da idade da representação, e também da era do Homem que a sucede. Há neste quadro uma representação da representação clássica e do espaço que ela abre.

Nela vemos o pintor no seu estúdio no palácio Escorial diante de uma tela onde não se vê o que representa. Ao fundo um espelho que reflete o casal real, Felipe IV e sua esposa Marianna. À direita vê-se a infanta Margarita, repetidas vezes pintada por Velásquez, como que no meio de um turbilhão onde se encontram suas damas de companhia, uma anã e um anão, um cão e Nieto, tio do pintor, que se dirige para uma porta como que saindo da cena.

200 Michel Foucault – Ditos e Escritos

surpreendem, olhares diretos que, se cruzando, se sobrepõem. E, no entanto, essa tênue linha de visibilidade em contrapartida envolve toda uma complexa trama de incertezas, trocas e esquivas. O pintor só dirige os olhos para nós na medida em que nos encontramos no lugar do seu motivo. Nós, espectadores, estamos a mais. Acolhidos por esse olhar, somos caçados por ele, substituídos pelo que esteve o tempo todo diante de nós: pelo próprio modelo. Mas, inversamente, o olhar do pintor, dirigido fora do quadro ao vazio que tem diante de si, aceita tantos modelos quantos espectadores lhe chegam; nesse lugar preciso, mas indiferente, aquele que olha e o olhado se permutam sem cessar. Nenhum olhar é estável, ou melhor, no sulco neutro do olhar que atravessa a tela na perpendicular, o sujeito e o objeto, o espectador e o modelo invertem seu papel infinitamente. E a grande tela virada na extrema esquerda do quadro exerce ali sua segunda função: obstinadamente invisível, ela impede que jamais seja observável nem definitivamente estabelecida a relação dos olhares. A fixidez opaca que ela faz reinar de um lado torna para sempre instável o jogo das metamorfoses que, no centro, se estabelece entre o espectador e o modelo. Porque vemos apenas este avesso, não sabemos quem somos nem o que fazemos. Vistos ou videntes? O pintor fixa atualmente um lugar que, de instante em instante, não para de trocar de conteúdo, de forma, de rosto, de identidade. Mas a imobilidade atenta dos seus olhos remete a uma outra direção que eles muitas vezes já seguiram e que cedo, sem dúvida, vão retomar: a da tela imóvel sobre a qual se traça, é traçado talvez há muito tempo e para sempre um retrato que nunca mais se apagará. Embora o olhar soberano do pintor comande um triângulo virtual que define em sua essência este quadro de um quadro: no vértice – único ponto visível –, os olhos do artista; na base, de um lado, o lugar invisível do modelo; do outro, a imagem provavelmente esboçada sobre a tela virada.

No momento em que eles colocam o espectador no campo do seu olhar, os olhos do pintor o apreendem, obrigam-no a entrar no quadro, designam-lhe um lugar ao mesmo tempo privilegiado e obrigatório, retiram dele sua luminosa e visível natureza, e projetam-na sobre a superfície inacessível da tela virada. Ele vê sua invisibilidade tornada visível para o pintor e transposta em uma imagem definitivamente invisível para ele mesmo. Surpresa que é multiplicada e tornada mais inevitável ainda por uma armadilha marginal. Na extrema direita, o quadro recebe sua luz de uma janela representada de acordo com uma perspectiva muito curta; dela quase nada vemos a não ser o vão; toda a parte visível ultrapassa o quadro, embora o fluxo de luz que ela derrama largamente se encontre dividido; ou melhor, ele banha ao mesmo tempo, com uma mesma generosidade, dois espaços vizinhos, entrecruzados, mas irredutíveis: a superfície da tela, com o volume que ela representa (ou seja, o ateliê do pintor ou o salão onde ele instalou seu cavalete), e, na frente dessa superfície, o volume real que o espectador ocupa (ou também o lugar irreal do modelo). E, percorrendo a peça da direita para a esquerda, a vasta luz dourada leva ao mesmo tempo o espectador para o pintor e o modelo para a tela; é também ela que, iluminando o pintor, torna-o visível ao espectador e faz brilhar, como tantas linhas de ouro aos olhos do modelo, a moldura da tela enigmática em que sua imagem, transportada, vai estar encerrada. Essa enorme janela, parcial, apenas indicada, libera uma claridade plena e mista que serve de lugar-comum à representação. Ela equilibra, na outra extremidade do quadro, a tela invisível: assim como esta, virando as costas para os espectadores, se reduplica contra o quadro que a representa e forma, pela sobreposição do seu avesso visível sobre a superfície do quadro portador, o lugar, para nós inacessível, onde cintila a Imagem por excelência, da mesma forma a janela, pura abertura, instaura um espaço tão manifesto quanto o outro é oculto, tão comum ao pintor, aos personagens, aos modelos, aos espectadores quanto o outro é solitário (pois ninguém o olha, nem mesmo o pintor); ele está dividido entre os diversos momentos do quadro (o cubo fictício que ele representa, a superfície colorida que representa o lugar real onde ele está colocado diante dos seus espectadores e lhe permite ser uma representação), enquanto o outro está colocado no cume mais rarefeito da representação (ele é pintado, mas de forma invisível, pela mão de um pintor ele próprio representado, em um quadro, por um artista que ali fez seu autorretrato). À direita se derrama, por uma janela invisível, o puro volume de uma luz que torna visível qualquer representação; à esquerda se estende a superfície que oculta, do outro lado de sua muito visível trama, a representação que ela contém. A luz, inundando a cena (quero dizer tanto o salão quanto a tela, o salão representado sobre a tela, e o salão onde a tela

202 Michel Foucault – Ditos e Escritos

está colocada), envolve os personagens e os espectadores e os transporta, sob o olhar do pintor, para o lugar onde seu pincel vai representá-los. Mas esse lugar nos é oculto. Nós nos vemos olhados pelo pintor e tornados visíveis aos seus olhos pela mesma luz que nos faz vê-lo. E, no momento em que vamos nos apreender transcritos por sua mão como em um espelho, só poderemos surpreender deste o avesso sombrio. O outro lado de uma psique.

Ora, exatamente diante dos espectadores – de nós mesmos –, sobre a parede que constitui o fundo do salão, o autor representou uma série de quadros; deles, vemos dois por inteiro; e de dois outros, fragmentos. Sua moldura escura contrasta com a madeira clara do chassi e do cavalete que se pode ver em primeiro plano; mas as formas muito vagas que aí se desenham se opõem à evidente monotonia da tela da qual só apreendemos o avesso. Aqui, a representação é inacessível porque está virada: lá, ela é bastante oferecida, mas a extrema distância a embaralha e retém. De perto, apenas o suporte do quadro é visível; de longe, a espessa camada de pintura com a qual ele é ornado para se tornar representação está fundida na noite. Entre esses dois extremos, a clara representação encontrou certamente seu lugar mais favorável, lugar interno ao quadro, do qual estamos excluídos, nós espectadores. Estamos ali para ver, mas a boa distância, o ponto de onde poderíamos olhar a tela em execução e aquelas que já estão pintadas, nos é recusado; pois nós não fazemos parte do quadro. Nós lhe pertencemos, pois ele nos pinta; ele nos pertence, pois nós o contemplamos. Mas não se pode estar no espaço que se vê nem ver o que pode ver cada ponto desse espaço visível e vidente. Um quadro nos é oferecido, mas não o quadro do quadro, não os quadros que aí encontram sua morada.

Mas eis que, entre todas essas telas suspensas, uma dentre elas brilha com uma luminosidade singular. Sua moldura é mais larga, mais escura do que as das outras; entretanto, uma fina linha branca a duplica para o interior, difundindo sobre toda a sua superfície uma claridade difícil de determinar; pois ela não vem de nenhum lugar, a não ser de um espaço que lhe seria interno. Nessa luminosidade estranha aparecem duas silhuetas e, acima delas, um pouco atrás, uma pesada cortina púrpura. Os outros quadros quase nada mostram a não ser algumas manchas mais pálidas no limite de uma noite sem profundidade. Aquele, pelo contrário, se abre para um espaço recuado onde formas reconhecíveis se sobrepõem em uma claridade que pertence apenas a ele. Entre todos esses elementos destinados a oferecer representações, mas que as contestam, as ocultam, as escamoteiam por sua posição ou sua distância, aquele é o único que funciona com toda honestidade e que mostra o que deve mostrar. Apesar do seu afastamento, apesar da sombra que o envolve. Mas esse não é um quadro: é um espelho. Ele oferece, enfim, esse encantamento do duplo que era recusado tanto pelas pinturas afastadas quanto pela luz do primeiro plano com a tela irônica.

De todas as representações que o quadro representa, ele é a única visível; mas ninguém o olha. De pé ao lado de sua tela, e com a atenção totalmente voltada para o seu modelo, o pintor não pode ver esse espelho que brilha suavemente atrás dele. Os outros personagens do quadro também estão em sua maior parte voltados para o que deve se passar na frente – para a clara invisibilidade que envolve a tela, para o balcão de luz onde seus olhares têm para ver aqueles que os veem, e não para esse vazio sombrio pelo qual se fecha o aposento em que eles estão representados. Algumas cabeças se oferecem de perfil: mas nenhuma está suficientemente virada para olhar, no fundo do salão, esse espelho desolado, pequeno retângulo luminoso, que nada mais é que visibilidade, mas sem nenhum olhar que possa dela se apoderar, torná-la efetiva e gozar do fruto, subitamente maduro, de seu espetáculo.

É preciso reconhecer que essa indiferença só se iguala à sua. Ele nada reflete, de fato, daquilo que se encontra no mesmo espaço que ele; nem o pintor que lhe dá as costas nem os personagens no centro do aposento. Em sua clara profundidade, não é o visível que ele reflete. Na pintura holandesa, era tradição os espelhos desempenharem um papel de reduplicação: eles repetiam o que era mostrado uma primeira vez no quadro, mas no interior de um espaço irreal, modificado, retraído, recurvado. Refletindo, era seu jogo fletir e multiplicar: via-se aí a mesma coisa que na primeira instância do quadro, mas decomposta e recomposta de acordo com uma outra lei. Eles eram como um outro olhar que pudesse apreender os objetos por trás ou de viés, olhar imprevisto, sub-reptício, embora não inteiramente autônomo, pois ele se subordinava ao olhar soberano do pintor, ao qual ele oferecia o já visto, mas contemplado de outro lugar. Eles faziam oscilar a visibilidade das coisas para restituí-la à

204 Michel Foucault – Ditos e Escritos

ordem do quadro. Aqui, o espelho nada diz do que já foi dito. Sua posição, no entanto, é quase central: sua borda superior está exatamente na linha que divide em dois a altura do quadro, e ocupa na parede do fundo (ou, pelo menos, em sua parte visível) uma posição mediana; ele deveria, portanto, ser atravessado pelas mesmas linhas perspectivas que o próprio quadro; ou se poderia esperar que um mesmo ateliê, um mesmo pintor, uma mesma tela se dispusessem nele de acordo com um espaço idêntico; ele poderia ser o duplo perfeito. Por sua posição, ele possui um direito de multiplicação que nada deveria deter.

Ora, ele nada mostra daquilo que o próprio quadro representa. Seu olhar imóvel vai apreender na frente do quadro, nessa região necessariamente invisível que forma sua face exterior, os personagens que nele estão dispostos. Em vez de girar em torno dos objetos visíveis, esse espelho atravessa todo o campo da representação, negligenciando o que ele poderia ali captar, e restitui a visibilidade ao que permanece fora de qualquer olhar. Mas essa invisibilidade que ele supera não é a do escondido: ele não contorna um obstáculo, não altera uma perspectiva. Ele se dirige ao que está invisível simultaneamente pela estrutura do quadro e por sua existência como pintura. O que nele se reflete é o que todos os personagens da tela estão fixando, o olhar direto adiante deles; é, portanto, o que se poderia ver se a tela se prolongasse para a frente, descendo mais para baixo, até envolver os personagens que servem de modelos ao pintor. Mas é, também, já que a tela termina ali, mostrando o pintor e seu ateliê, aquilo que é exterior ao quadro, na medida em que ele é quadro, ou seja, fragmento retangular de linhas e cores encarregadas de representar qualquer coisa aos olhos de qualquer espectador possível. No fundo da sala, ignorado por todos, o espelho inesperado faz brilhar as imagens que o pintor olha (o pintor em sua realidade representada, objetiva, de pintor trabalhando); mas também essas figuras que olham o pintor (nessa realidade material que as linhas e cores depositaram sobre a tela). Essas duas figuras, tanto uma quanto a outra, são também inacessíveis, mas de maneira diferente: a primeira, por um efeito de composição próprio do quadro; a segunda, pela lei que preside a própria existência de todo quadro em geral. Aqui, o jogo da representação consiste em conduzir essas duas formas de invisibilidade uma para o lugar da outra, em uma sobreposição instável – e levá-las logo à outra extremidade do quadro, a este polo que é o mais perfeitamente representado: o de uma profundidade de reflexo no interior de uma profundidade de quadro. O espelho assegura uma metátese da visibilidade que abrange, ao mesmo tempo, o espaço representado no quadro e sua natureza de representação; ele faz ver, no centro da tela, aquilo que no quadro é duas vezes necessariamente invisível.

Estranha maneira de aplicar ao pé da letra, mas invertendo-o, o conselho que o velho Pacheco havia dado, ao que parece, ao seu aluno, quando trabalhava em seu ateliê de Sevilha: "A imagem deve sair do quadro."

*

Mas talvez seja o momento de nomear essa imagem que aparece no fundo do espelho e que o pintor contempla na frente do quadro. Talvez seja melhor determinar, de uma vez por todas, as identidades dos personagens presentes ou indicados, do que se embaralhar permanentemente nessas designações flutuantes, um pouco abstratas, sempre suscetíveis de equívocos e desdobramentos: "o pintor", "os personagens", "os modelos", "os espectadores", "as imagens". Em vez de persistir incessantemente em uma linguagem fatalmente inadequada ao visível, bastaria dizer que Velásquez compôs um quadro; que nesse quadro ele próprio se representou, em seu ateliê, ou em uma sala do Escorial, pintando dois personagens que a infanta Margarida vem contemplar, cercada de aias, damas de companhia, cortesãos e anões; que a esse grupo é possível atribuir nomes: a tradição reconhece aqui dona Maria Agustina Sarmiente, no fundo, Nieto, no primeiro plano, Nicolaso Pertusato, bufão italiano. Bastaria acrescentar que os dois personagens que servem de modelo ao pintor não estão visíveis, pelo menos diretamente; mas que podemos percebê-los em um espelho; que se trata, sem dúvida, do rei Felipe IV e de sua esposa, Marianna.

Esses nomes próprios constituiriam referências úteis, evitariam designações ambíguas; dir-nos-iam, em todo caso, o que o pintor vê, e com ele a maior parte dos personagens do quadro. Mas a relação da linguagem com a pintura é uma relação infinita. Não que a fala seja imperfeita e, diante do visível, se encontre em um déficit que ela em vão se esforçaria para superar. Elas são irredutíveis uma à outra: por mais que se diga o que

206 Michel Foucault – Ditos e Escritos

se vê, o que se vê não está jamais no que se diz, e por mais que se faça ver por imagens, metáforas, comparações o que se vai dizer, o lugar onde elas resplandecem não é aquele que os olhos percorrem, mas aquele que as sucessões da sintaxe definem. Ora, o nome próprio nesse jogo constitui apenas um artifício: ele permite apontar com o dedo, quer dizer, fazer passar sub-repticiamente do espaço em que se fala para o espaço em que se vê, ou seja, ajustá-los comodamente um ao outro como se eles fossem adequados. Mas, se quisermos manter aberta a relação entre a linguagem e o visível, se quisermos falar não contra, mas a partir de sua incompatibilidade, de modo a ficarmos o mais perto possível de uma e de outro, então é preciso apagar os nomes próprios e se manter no infinito da tarefa. Talvez seja por meio dessa linguagem cinzenta, anônima, sempre meticulosa e repetitiva, porque muito vasta, que a pintura, pouco a pouco, acenderá suas luzes.

É preciso então fingir não saber quem se refletirá no fundo do espelho e interrogar esse reflexo no próprio nível de sua existência.

Antes de mais nada, ele é o avesso da grande tela representada à esquerda. O avesso, ou melhor, o direito, pois mostra de frente o que ela esconde por sua posição. Além disso, ele se opõe à janela e a reforça. Tal como ela, ele é um lugar comum ao quadro e ao que lhe é exterior. Mas a janela opera pelo movimento contínuo de uma efusão que, da direita para a esquerda, incorpora aos personagens atentos, ao pintor, ao quadro, o espetáculo que eles contemplam; o espelho, por um movimento violento, instantâneo e de pura surpresa, vai buscar na frente do quadro o que é olhado, mas não visível, para torná-lo, no extremo da profundidade fictícia, visível, mas indiferente a todos os olhares. O pontilhado imperioso traçado entre o reflexo e aquilo que ele reflete corta na perpendicular o fluxo lateral da luz. Enfim – e esta é a terceira função desse espelho –, ele está próximo de uma porta que se abre, como ele, na parede do fundo. Ela também recorta um retângulo claro cuja luz opaca não irradia pela sala. Seria apenas uma superfície dourada, se não estivesse aberta para o interior por um batente esculpido, pela curva de uma cortina e pela sombra de vários degraus. Ali começa um corredor; mas, em vez de se perder na escuridão, ele se dissipa em um brilho amarelo no qual a luz, sem entrar, turbilhona sobre si mesma e repousa. Sobre esse fundo, ao mesmo tempo próximo e sem limites, um homem se destaca por sua alta silhueta; ele é visto de perfil; com uma mão, sustenta o peso de uma cortina; seus pés estão colocados sobre dois degraus diferentes; tem um joelho dobrado. Talvez vá entrar na sala; talvez se limite a espiar o que se passa no interior, contente por surpreender sem ser observado. Como o espelho, fixa o avesso da cena; como ao espelho, ninguém lhe presta atenção. Não se sabe de onde vem; pode-se supor que, seguindo incertos corredores, ele contornou a sala onde os personagens estão reunidos e onde trabalha o pintor; talvez ele também estivesse, há pouco, defronte da cena, na região invisível que todos os olhos do quadro contemplam. Como as imagens que são percebidas no fundo do espelho, é possível que ele seja um emissário desse espaço evidente e oculto. Há, entretanto, uma diferença: ele está lá em carne e osso; surgiu de fora, no limiar da área representada; é incontestável – não um reflexo provável, mas irrupção. O espelho, mostrando, mais além das paredes do ateliê, o que se passa na frente do quadro faz oscilar, em sua dimensão sagital, o interior e o exterior. Um pé sobre o degrau e o corpo inteiramente de perfil, o ambíguo visitante entra e sai ao mesmo tempo, em um balanço imóvel. Repete, imóvel, mas na realidade sombria do seu corpo, o movimento instantâneo das imagens que atravessam a sala, penetram no espelho, nele se refletem e dali brotam como espécies visíveis, novas e idênticas. Pálidas, minúsculas, essas silhuetas no espelho são recusadas pela alta e sólida estatura do homem que surge no vão da porta.

Sua própria fragilidade, no entanto, é de um temível poder. Se essas imagens são pequenas, a ponto de estarem no limite do apagamento, é porque elas vêm de longe, muito mais longe do que o homem ao lado. Chegam a ele do exterior, mas de um exterior muito próximo, que o quadro não tem dificuldade em representar: um corredor, a escada, uma luz compacta. As faces improváveis enviadas pelo espelho vêm de um lugar diferentemente distante; ele escapa de fato a qualquer representação possível, porque marca o ponto a partir do qual e para o qual há uma representação. Embora o visitante negro envolva com seu olhar toda a cena do quadro que ele surpreende, o reflexo cinza localizado no centro da tela envolve por sua vez a cena; enquanto reflexo, ele a captura, como o personagem imprevisto, por trás; mas enquanto olhar refletido e vindo de fora,

208 Michel Foucault – Ditos e Escritos

ele a incorpora sem nenhum resíduo, de frente, com todos os personagens, a parede do fundo, os quadros que ali estão pendurados, o espelho e suas pálidas imagens, a porta aberta e o próprio homem apreendendo a cena. Aos olhos desse não representável refletido na representação, tudo, até mesmo o exterior, a luz estranha, o olhar do intruso, é um visível jogo de sombra e claridade. Finalmente, na ordem da representação, o reflexo irreal é mais envolvente que o olhar hábil e desviado que ali penetra. Mais envolvente, portanto, mais soberano; a ele somos fatalmente remetidos, desde o momento em que o percebemos pela primeira vez.

É preciso, portanto, descer do fundo do quadro para a parte dianteira da cena; é preciso sair desse circuito cuja volta acabamos de percorrer. Partindo do olhar do pintor, que, à esquerda, constitui como um centro deslocado, percebe-se primeiro o avesso da tela, depois os quadros expostos, com o espelho no centro, depois a porta aberta, novos quadros, cuja perspectiva, muito aguda, mostra apenas as molduras em sua espessura, enfim, na extrema direita, a janela, ou melhor, a abertura por onde se derrama a luz. Essa concha em hélice oferece todo o ciclo da representação: o olhar, a palheta e o pincel, a tela inocente de signos (são os instrumentos materiais da representação), os quadros, os reflexos, o homem real (a representação concluída, mas como que liberta de seus conteúdos ilusórios ou verdadeiros que lhe são justapostos); depois a representação se desfaz: dela não se vê mais do que as molduras e essa luz que banha os quadros do exterior, mas que estes, em contrapartida, devem reconstituir em sua própria natureza, como se ela viesse de fora, atravessando suas molduras de madeira escura. Essa luz, que vemos de fato sobre o quadro, parece surgir do interstício da moldura; e dali ela atinge a fronte, as maçãs do rosto, os olhos, o olhar do pintor que segura com uma mão a palheta, com a outra o fino pincel... Assim se fecha a voluta, ou melhor, por essa luz ela se abre.

Essa abertura não é mais, como no fundo, uma porta que se empurrou; é a própria largura do quadro, e os olhares que por ela passam não são os de um visitante longínquo. O friso que ocupa o primeiro e o segundo plano do quadro representa – se incluirmos o pintor – oito personagens. Cinco dentre eles, com a cabeça mais ou menos inclinada, virada ou pendida, olham na perpendicular do quadro. O centro do grupo está ocupado pela pequena infanta, com sua ampla saia cinza e rosa. A princesa inclina a cabeça para a direita do quadro, enquanto seu tronco e os grandes folhos do vestido fogem ligeiramente para a esquerda; mas o olhar se dirige diretamente em direção ao espectador que se encontra diante do quadro. Uma linha mediana dividindo a tela em duas partes iguais passaria entre os dois olhos da menina. Seu rosto está a um terço da altura total do quadro. Embora ali, sem dúvida, resida o tema principal da composição; ali, o próprio objeto dessa pintura. Para prová-lo e enfatizá-lo ainda mais, o autor recorreu a uma figura tradicional: ao lado da personagem central, colocou uma outra, ajoelhada, que a contempla. Como o doador em prece, como o Anjo saudando a Virgem, uma governanta de joelhos estende as mãos para a princesa. Seu rosto se recorta em um perfil perfeito. Ele está na mesma altura do da criança. A *dueña* contempla a princesa e olha apenas para ela. Um pouco mais para a direita, uma outra dama de companhia, também voltada para a infanta, ligeiramente inclinada acima dela, mas com os olhos claramente voltados para diante, para onde já olham o pintor e a princesa. Enfim, dois grupos de dois personagens: um está afastado e o outro, composto de anões, está em primeiro plano. Em cada par, um personagem olha de frente e o outro, para a direita ou para a esquerda. Por sua posição e estatura, esses dois grupos se correspondem e formam pares: atrás, os cortesãos (a mulher, à esquerda, olha para a direita); na frente, os anões (o rapaz que está à extrema direita olha para o interior do quadro). Esse conjunto de personagens, assim disposto, pode constituir, conforme a atenção que se presta ao quadro ou o centro de referência que se escolhe, duas figuras. Uma seria um grande X; no ponto interior esquerdo, estaria o olhar do pintor e, à direita, o do cortesão; na ponta inferior, do lado esquerdo, há o canto da tela representada pelo avesso (mais exatamente o pé do cavalete); do lado direito, o anão (com o sapato sobre as costas do cachorro). No cruzamento dessas duas linhas, no centro do X, o olhar da infanta. A outra figura seria mais a de uma vasta curva; as duas extremidades seriam determinadas pelo pintor, à esquerda, e pelo cortesão, à direita – extremidades altas e recuadas; a parte interna, bem mais aproximada, coincidiria com o rosto da princesa e o olhar que a *dueña* dirige para ele. Essa linha flexível e côncava forma uma espécie de taça que, ao mesmo tempo, encerra e libera, no meio do quadro, o lugar do espelho.

210 Michel Foucault – Ditos e Escritos

Há, portanto, dois centros que podem estruturar o quadro, conforme a atenção do espectador divague ou se detenha aqui e ali. A princesa está de pé no meio de uma cruz de Santo André que gira em torno dela, com o turbilhão dos cortesãos, das damas de companhia, dos animais e dos bufões. Mas esse giro está paralisado. Paralisado por um espetáculo que seria absolutamente invisível se esses mesmos personagens, subitamente imóveis, não oferecessem como dentro de uma taça a possibilidade de olhar no fundo de um espelho o duplo imprevisto de sua contemplação. No sentido da profundidade, a princesa se sobrepõe ao espelho; no da altura, é o reflexo que se sobrepõe ao seu rosto. Mas a perspectiva os torna muito próximos um do outro. Ora, de cada um deles sai uma linha inevitável; uma, saída do espelho, transpõe toda a densidade representada (e até algo mais, pois o espelho abre a parede do fundo e faz nascer atrás dele um outro espaço); a outra é mais curta; ela vem do olhar da criança e atravessa apenas o primeiro plano. Essas duas linhas sagitais são convergentes, de acordo com um ângulo muito agudo, e seu ponto de convergência, saltando da tela, se fixa na frente do quadro, quase ali de onde nós o vemos. Ponto duvidoso, pois não o vemos; ponto inevitável e, no entanto, perfeitamente definido, pois é prescrito por essas duas figuras principais, e além disso confirmado por outros pontilhados adjacentes que nascem do quadro e também saem dele. Seus diversos pontos de origem varrem toda a extensão representada em um ziguezague que, da direita para a esquerda, inicialmente se afasta e finalmente se aproxima: são os olhos do pintor (no plano médio), os do visitante (no fundo), os da dama de companhia (à direita, quase atrás da infanta), os do cortesão (bem mais atrás na sombra) e, no primeiro plano, os da anã que junta as mãos. Todos esses olhares se dirigem para onde a princesa tem os olhos voltados e para onde retornam as imagens do espelho.

O que há, enfim, nesse lugar totalmente inacessível, já que é exterior ao quadro, mas prescrito por todas as linhas de sua composição? Que espetáculo é esse, que rostos são esses que se refletem primeiro no fundo das pupilas da infanta, depois dos cortesãos e do pintor e, finalmente, na claridade longínqua do espelho? Mas a questão logo se desdobra: o rosto que o espelho reflete é igualmente aquele que o contempla; o que todos os personagens do quadro olham são também personagens, aos olhos dos quais eles são oferecidos como uma cena a ser contemplada. O quadro em sua totalidade vê uma cena em relação à qual ele é, por sua vez, uma cena. Pura reciprocidade que o espelho manifesta olhando e sendo olhado, em que esses dois momentos são desfeitos nos dois ângulos do quadro: à esquerda, a tela virada, através da qual o ponto exterior se torna puro espetáculo; à direita, o cão deitado, único elemento do quadro que não olha nem se move porque, com seus grandes relevos de sombra e a luz que brilha em seu pelo sedoso, foi feito apenas para ser um objeto a ser olhado.

Esse espetáculo-para-olhar, o primeiro olhar lançado sobre o quadro nos ensinou de que ele é feito. São os soberanos. Já se pode pressenti-los no olhar respeitoso da assistência, no espanto da criança e dos anões. Pode-se reconhecê-los, no fundo do quadro, nas duas pequenas silhuetas que o espelho reflete. No meio de todos esses rostos atentos, de todos esses corpos ornados, eles são a mais pálida, a mais irreal, a mais comprometida de todas as imagens: um movimento, um pouco de luz bastariam para fazê-los desaparecer. De todos esses personagens representados eles são também os mais negligenciados, pois ninguém presta atenção nesse reflexo que desliza por trás de todos e se introduz silenciosamente por um espaço insuspeitado; na medida em que são visíveis, são a forma mais frágil e mais afastada de toda realidade. Inversamente, na medida em que, estando fora do quadro, eles estão retirados em uma invisibilidade essencial, ordenam em torno deles toda a representação; é com eles que se confronta, para eles que se volta, aos seus olhos que se apresenta a princesa vestida com sua roupa de festa; da tela virada à infanta e desta ao anão brincando na extrema direita, uma curva se desenha (ou, também, a perna inferior do X se abre) para ordenar com seu olhar toda a disposição do quadro; e fazer aparecer assim o verdadeiro centro da composição ao qual o olhar da criança e a imagem no espelho estão finalmente submetidos.

Esse centro é simbolicamente soberano no contexto, pois ele é ocupado pelo rei Felipe IV e sua esposa. Mas, sobretudo, ele o é pela tripla função que exerce em relação ao quadro. Nele vêm se sobrepor exatamente o olhar do modelo no momento em que o pintam, o do espectador que contempla a cena e o do pintor no momento em que ele compõe seu quadro (não aquele que está representado, mas o que está diante de nós e do qual

212 Michel Foucault – Ditos e Escritos

falamos). Essas três funções "contempladoras" se confundem em um ponto exterior ao quadro: ou seja, ideal em relação ao que é representado, mas perfeitamente real, pois é a partir dele que se torna possível a representação como modelo, como espetáculo e como quadro. Nessa própria realidade, ele só pode ser invisível. E, no entanto, essa realidade é projetada no interior do quadro – projetada e difratada em três figuras que correspondem às três funções desse ponto ideal e real. São elas: à esquerda, o pintor com sua palheta na mão (autorretrato do autor do quadro); à direita, o visitante, com um pé no degrau, prestes a entrar na sala; ele observa toda a cena por trás, mas vê de frente o casal real, que é o próprio espetáculo; no centro, enfim, o reflexo do rei e da rainha, paramentados, imóveis, na atitude de modelos pacientes.

Reflexo que mostra ingenuamente, e na sombra, o que todo mundo vê no primeiro plano. Ele restitui como por encanto o que falta a cada olhar: ao do pintor, o modelo que seu duplo representado recopia no quadro; ao do rei, seu retrato que está sendo concluído sobre o lado da tela que ele não pode perceber de onde ele está; ao do espectador, o centro real da cena, cujo lugar ele ocupou como que por efração. Mas talvez essa generosidade do espelho seja fingida; talvez esconda tanto ou mais do que manifesta. O lugar onde o rei impera com sua esposa é também o do artista e o do espectador: no fundo do espelho poderiam aparecer – deveriam aparecer – o rosto anônimo do passante e o de Velásquez. Pois a função desse reflexo é atrair para o interior do quadro o que lhe é intimamente estranho: o olhar que o organizou e aquele para o qual ele se mostra. Mas, por estarem presentes no quadro à direita e à esquerda, o artista e o visitante não podem se situar no espelho: tal como o rei aparece no fundo do espelho, na própria medida em que ele não pertence ao quadro.

Na grande voluta que percorria o perímetro do ateliê, desde o olhar do pintor, sua palheta, sua mão suspensa até os quadros concluídos, a representação nascia, se concluía para se definir de novo na luz; o ciclo era perfeito. Em compensação, as linhas que atravessam a profundidade do quadro estão incompletas; falta a todas uma parte do seu trajeto. Essa lacuna é devida à ausência do rei – ausência que é um artifício do pintor. Mas esse artifício recobre e designa um espaço vazio que é imediato: o do pintor e o do espectador quando olham ou compõem o quadro. Porque talvez, nesse quadro como em qualquer representação da qual ele é a essência manifesta, a invisibilidade profunda do que se vê é solidária da invisibilidade daquele que vê – apesar dos espelhos, dos reflexos, das imitações, dos retratos. Em torno da cena estão depositados os signos e as formas sucessivas da representação; mas a dupla relação da representação com seu modelo e com seu soberano, com seu autor como com aquele a quem se faz a oferenda, essa relação é necessariamente interrompida. Ela não pode jamais estar inteiramente presente, mesmo em uma representação que se oferecesse a si mesma como espetáculo. Na profundidade que atravessa a tela, que abre um espaço fictício e a projeta para diante dela mesma, não é possível que a pura felicidade da imagem ofereça em plena luz o mestre que representa e o soberano que é representado.

Talvez, nesse quadro de Velásquez, haja a representação da representação clássica e a definição do espaço que ela abre. Ela tenta, de fato, aí se representar em todos os seus elementos, com suas imagens, os olhares aos quais ela se oferece, os rostos que ela torna visíveis, os gestos que a fazem nascer. Mas, nessa dispersão que ela guarda e exibe ao mesmo tempo, um vazio essencial é imperiosamente indicado em todas as partes: a desaparição necessária do que a funda – daquele a quem ela se assemelha e daquele aos olhos de quem ela não passa de semelhança. Este próprio sujeito – que é o Mesmo – foi elidido. E livre, enfim, dessa relação que a acorrentava, a representação pode se dar como pura representação.

1966

Por Trás da Fábula

"L'arrière-fable" L'arc, n. 29: Jules Verne, maio de 1966, p. 5-12.

Em toda obra em forma de narrativa é preciso distinguir *fábula* e *ficção*. Fábula, o que é contado (episódios, personagens, funções que eles exercem na narrativa, acontecimentos). Ficção, o regime da narrativa, ou melhor, os diversos regimes segundo os quais ela é "narrada": postura do narrador em relação ao que ele narra (conforme ele faça parte da aventura, ou a contemple como um espectador ligeiramente afastado, ou dela esteja excluído e a surpreenda do exterior), presença ou ausência de um olhar neutro que percorra as coisas e as pessoas, assegurando sua descrição objetiva; engajamento de toda a narrativa na perspectiva de um personagem, de vários, sucessivamente, ou de nenhum, em particular; discurso repetindo os acontecimentos *a posteriori* ou duplicando-os à medida que eles se desenrolam etc. A fábula é feita de elementos colocados em uma certa ordem. A ficção é a trama das relações estabelecidas, através do próprio discurso, entre aquele que fala e aquele do qual ele fala. Ficção, "aspecto" da fábula.

Quando se fala realmente, pode-se também dizer coisas "fabulosas": o triângulo desenhado pelo sujeito falante, seu discurso e o que ele narra é determinado do exterior pela situação: não há ficção. Neste *analogon* de discurso que é uma obra, esta relação só pode se estabelecer no interior do próprio ato da palavra; o que é narrado deve indicar, somente a ele, quem fala e a que distância e segundo qual perspectiva, e usando nela que modo de discurso. A obra se define menos pelos elementos da fábula ou por sua ordenação que pelos modos da ficção, indicados como que de viés pelo próprio enunciado da fábula. A fábula de uma narrativa se aloja no interior das possibilidades míticas da cultura; sua escrita se aloja no interior das possibilidades da língua; sua ficção, no interior das possibilidades do ato da palavra.

Nenhuma época utilizou simultaneamente todos os modos de ficção que se podem definir no abstrato; deles se exclui sempre alguns que são tratados como parasitas; outros, em compensação, são privilegiados e definem uma norma. O discurso do autor, interrompendo sua narrativa e levantando os olhos de seu texto para recorrer ao leitor, convocá-lo como juiz ou testemunha do que se passa, era frequente no século XVIII; quase desapareceu no curso do último século. Em contrapartida, o discurso ligado ao ato de escrever, contemporâneo ao seu desenvolvimento e nele encerrado, fez sua aparição há menos de um século. Talvez ele tenha exercido uma tirania exagerada, banindo sob a acusação de ingenuidade, de artifício ou de realismo tosco qualquer ficção que não tivesse seu lugar no discurso de um sujeito único, e no próprio gesto de sua escrita.

Depois que novos modos da ficção foram admitidos na obra literária (linguagem neutra falando sozinha e sem lugar, em um murmúrio ininterrupto, palavras estranhas irrompendo do exterior, marchetaria de discurso, cada um tendo um modo diferente), torna-se novamente possível ler, de acordo com sua arquitetura própria, textos que, povoados de "discursos parasitas", teriam sido por isso mesmo expulsos da literatura.

*

As narrativas de Júlio Verne estão maravilhosamente cheias dessas descontinuidades no modo da ficção. A relação estabelecida entre narrador, discurso e fábula incessantemente se desfaz e se reconstitui conforme um novo desenho. O texto que narra a cada instante se rompe; muda de signo, inverte-se, toma distância, vem de um outro lugar e como que de uma outra voz. Vozerios, surgidos não se sabe de onde, se introduzem, fazem calar aqueles que os precediam, sustentam por momentos seus próprios discursos e depois, subitamente, cedem a palavra a outros rostos anônimos, silhuetas cinzentas. Organização totalmente contrária de *As Mil e uma noites*: ali, cada narrativa, mesmo quando relatada por um terceiro, é feita – ficticiamente – por aquele que viveu a história; a cada fábula sua voz, a cada voz uma nova fábula; toda a "ficção" consiste no movimento pelo qual um personagem se desloca da fá-

216 Michel Foucault – Ditos e Escritos

bula à qual ele pertence e se torna narrador da fábula seguinte. Em Júlio Verne, uma só fábula por romance, mas narrada por vozes diferentes, emaranhadas, obscuras, e contestando umas as outras.

Por trás dos personagens da fábula – aqueles que são vistos, que têm um nome, que dialogam e com quem acontecem aventuras – reina todo um teatro de sombras, com suas rivalidades e suas lutas noturnas, suas justas e seus triunfos. Vozes sem corpo lutam para narrar a fábula.

1) Junto aos personagens principais,[1] partilhando sua familiaridade, conhecendo seus rostos, seus hábitos, seus estados civis, mas também seus pensamentos e as dobras secretas do seu caráter, ouvindo suas réplicas, mas experimentando seus sentimentos como vindos do interior, uma sombra fala. Ela passa pelas mesmas tribulações que os personagens principais, vê as coisas como eles, participa de suas aventuras, se inquieta com o que vai lhes acontecer. É ela quem transforma a aventura em narrativa. Esse narrador, por mais que seja dotado de grandes poderes, tem seus limites e constrangimentos: ele penetrou na cápsula lunar com Ardan, Barbicane e Nicholl, e, não obstante, houve sessões secretas do Gun-Club às quais ele não pôde assistir. Será o mesmo narrador, será um outro que está aqui e acolá, em Baltimore e no Kilimandjaro, no foguete sideral, na terra e na sonda submarina? Será preciso admitir no decorrer da narrativa uma espécie de personagem a mais, vagando continuamente nos limbos da narração, uma silhueta vazia que teria o dom da ubiquidade? Ou então admitir, em cada lugar, para cada grupo de pessoas, gênios atentos, singulares e tagarelas? De qualquer forma, essas figuras de sombra estão na primeira categoria da invisibilidade: pouco lhes falta para serem personagens verdadeiros.

2) Por trás desses "narradores" íntimos, figuras mais discretas, mais furtivas pronunciam o discurso que fala de seus movimentos ou indica a passagem de uma para a outra. "Esta noite, dizem essas vozes, um estranho que se encontrava em Baltimore não conseguiu, mesmo a preço de ouro, penetrar na grande sala..."; e um estranho invisível (um narrador da categoria 1) pôde, no entanto, transpor as portas e fazer a narrativa dos lances

---

1 (N.A.) Por comodidade, tomarei como exemplo privilegiado os três livros: *Da terra à lua*, *Viagem ao redor da lua*, *Sans dessus dessous*.

1966 – Por Trás da Fábula **217**

"como se ele lá estivesse". São tais vozes que também passam a palavra de um narrador a um outro, assegurando, assim, o jogo do passa-passa do discurso. "Se o honorável Sr. Maston não ouviu os hurras dados em sua honra" (acabam de aclamá-lo no obus gigantesco), "pelo menos, as orelhas lhe zumbiram" (e o sustentador do discurso vem se alojar, então, em Baltimore).

3) Mais exterior ainda às formas visíveis da fábula, um discurso a retoma em sua totalidade e a transporta a um outro sistema de narrativa, a uma cronologia objetiva ou, de qualquer maneira, a um tempo que é o do próprio leitor. Esta voz inteiramente "fora da fábula" indica as referências históricas ("Durante a guerra federal, um novo clube muito influente..."); ela recorda outras narrativas já publicadas por J. Verne sobre um tema análogo (ela chega mesmo à exatidão, em uma nota de *Sans dessus dessous*, ao separar as verdadeiras expedições polares daquela narrada em *Le désert de glace*); também lhe ocorre reanimar ao longo da narrativa a memória do leitor ("Lembremos que..."). Essa voz é a do narrador absoluto: a primeira pessoa do escritor (porém neutralizada), anotando nas margens da sua narrativa o que é necessário saber para utilizá-la facilmente.

4) Por trás dele, e ainda mais longínqua, uma outra voz se eleva de tempos em tempos. Ela contesta a narrativa, sublinha suas inverossimilhanças, mostra tudo aquilo que haveria nela de impossível. Mas responde imediatamente à contestação que ela provocou. Não creiam, diz ela, que é preciso ser insensato para empreender semelhante aventura: "Ela não espantará ninguém: os Ianques, primeiros mecânicos do mundo..." Os personagens fechados no foguete lunar contraem estranhas doenças; não se surpreendam: "É que, depois de 12 horas, a atmosfera da cápsula estava carregada desse gás absolutamente deletério, produto definitivo da combustão do sangue." E, por precaução suplementar, aquela voz justificadora coloca os problemas que ela deve resolver: "Espantar-se-á talvez ao ver Barbicane e seus companheiros tão pouco preocupados com o futuro..."

5) Há um último gênero de discurso ainda mais exterior. Voz inteiramente impessoal, articulada por ninguém, sem suporte nem ponto de origem, vinda de um além indeterminado e surgindo no interior do texto por um ato de pura irrupção. Linguagem anônima ali depositada em grandes placas. Discurso imigrante. Ora, esse discurso é sempre um discurso científico. Há, certamente, longas dissertações científicas nos diálogos,

218 Michel Foucault – Ditos e Escritos

ou exposições, cartas ou telegramas atribuídos aos diversos personagens; mas elas não estão na posição de exterioridade que marca os fragmentos de "informação automática", através dos quais a narrativa, de tempos em tempos, é interrompida. Quadro de horários simultâneos nas principais cidades do mundo; quadro em três colunas indicando o nome, a situação e a altura dos grandes maciços montanhosos da lua; mensurações da Terra introduzidas por esta fórmula muito simples: "Que sejam avaliadas pelos seguintes números..." Depositadas ali por uma voz que não se pode determinar, essas sucatas do saber permanecem no limite externo da narrativa.

*

Seria preciso estudar através delas próprias, em seu jogo e em suas lutas, essas vozes por trás da fábula, cuja permutação delineia a trama da ficção. Limitemo-nos à última.

É estranho que nesses "romances científicos" o discurso científico venha de fora, como uma linguagem relatada. Estranho que fale sozinho em um rumor anônimo. Estranho que apareça sob as aparências de fragmentos irruptivos e autônomos. Ora, a análise da fábula revela a mesma disposição, como se ela reproduzisse, na relação dos personagens, o emaranhado dos discursos que narram as aventuras imaginárias.

1) Nos romances de Júlio Verne, o cientista permanece à margem. Não é com ele que ocorre a aventura, pelo menos com ele, que dela é o herói principal. Ele formula conhecimentos, desenvolve um saber, enuncia as possibilidades e os limites, observa os resultados, espera com serenidade a comprovação de que disse a verdade e que o saber não se enganou nele. Maston fez todas as operações, mas não é ele quem vai à lua; não é ele quem vai disparar tiros no Kilimandjaro. Cilindro registrador, ele desenvolve um saber já constituído, obedece aos impulsos, funciona sozinho no segredo de seu automatismo e produz resultados. O cientista não descobre; o saber está inscrito nele: escrita hieroglífica polida de uma ciência feita em outro lugar. Em *Hector Servadac*, o cientista é apenas uma pedra de inscrição: ele se chama justamente *Palmyrin Rosette*.

2) O cientista de Júlio Verne é um puro intermediário. Aritmético, ele mede, multiplica e divide (como Maston ou Rosette); técnico puro, ele utiliza e constrói (como Schultze ou

Camaret). É um *homo calculator*, nada mais que um meticuloso "πR^2". Eis a razão pela qual ele é distraído, não apenas com a negligência atribuída pela tradição aos cientistas, mas com uma distração mais profunda: afastado do mundo e da aventura, ele aritmetiza; afastado do saber inventivo, ele o cifra e o decifra. O que o expõe a todas as distrações acidentais manifestadas em seu ser profundamente *abstrato*.

3) O cientista está sempre colocado no lugar da falta. Na pior das hipóteses, ele encarna o mal (*Face au drapeau*); ou, na melhor, permite-o sem desejá-lo nem vê-lo (*L'étonnante aventure de la mission Barsac*); ou então é um exilado (*Robert*); ou é um gentil maníaco (como o são os artilheiros do Gun-Club); ou, se é simpático e muito próximo de ser um herói positivo, então é em seus próprios cálculos que surge a dificuldade (Maston se engana recopiando as medidas da Terra). De qualquer forma, o cientista é aquele a quem falta alguma coisa (o maluco, o braço artificial do secretário do Gun-Club o demonstram suficientemente). Dali se extrai um princípio geral: saber e falta estão ligados; e uma lei de proporcionalidade: quanto menos o cientista se engana, mais ele é perverso, ou demente, ou estranho ao mundo (Camaret); quanto mais ele é positivo, mais se engana (Maston, como seu nome o indica e como a história o demonstra, não passa de um encadeamento de erros: ele se enganou sobre as *massas*, quando se pôs a buscar no fundo do mar a cápsula que flutuava; e sobre as *toneladas*, quando quis calcular o peso da Terra). A ciência só fala em um espaço vazio.

4) Diante do cientista, o herói positivo é a própria ignorância. Em certos casos (Michel Ardan), ele se introduz na aventura que o saber autoriza e, se penetra no espaço dirigido pelo cálculo, é como em uma espécie de jogo: para ver. Em outros casos, ele cai involuntariamente na armadilha montada. Ele aprende, certamente, ao longo dos episódios; mas seu papel nunca é o de adquirir esse saber e se tornar por sua vez seu mestre e dono. Ou, testemunha desinteressada, ele está ali para relatar o que viu; ou sua função é destruir e apagar até os vestígios do infernal saber (é o caso de Jane Buxton em *L'étonnante aventure de la mission Barsac*). E, ao considerar, nos mínimos detalhes, as duas funções se reúnem: trata-se, nos dois casos, de reduzir a (fabulosa) realidade à pura (e fictícia) verdade de uma narrativa. Maston, o cientista inocente, ajudado

220 Michel Foucault – Ditos e Escritos

pela inocente e ignara Evangelina Scorbitt, é aquele cuja "maluquice" ao mesmo tempo torna possível o impossível empreendimento e, no entanto, destina-o ao fracasso, apaga-o da realidade para oferecê-lo à vã ficção da narrativa.

É preciso enfatizar que, em geral, os grandes calculadores de Júlio Verne se atribuem ou recebem uma tarefa muito precisa: impedir que o mundo não pare pelo efeito de um equilíbrio que lhe seria mortal; reencontrar fontes de energia, descobrir o fogo central, prever uma colonização planetária, escapar da monotonia do reino humano. Em suma, trata-se de lutar contra a entropia. Dali (se passarmos do nível da fábula ao da temática), a obstinação com a qual retornam as aventuras do calor e do frio, do gelo e do vulcão, dos planetas incendiados e dos astros mortos, das altitudes e das profundezas, da energia que impulsiona e do movimento que recai. Sem cessar, contra o mundo mais provável – mundo neutro, branco, homogêneo, anônimo – o calculador (genial, louco, mau ou distraído) permite descobrir um fogo ardente que assegura o desequilíbrio e garante o mundo contra a morte. A fenda onde se aloja o calculador, o incidente que sua loucura ou seu erro provocam sobre a grande superfície do saber precipitam a verdade no fabuloso acontecimento em que ela se torna visível, em que as energias de novo se espalham em profusão, em que o mundo está entregue a uma nova juventude, em que todos os ardores flamejam e iluminam a noite. Até o instante (infinitamente próximo do primeiro) em que o erro se dissipa, em que a própria loucura se extingue, e em que a verdade está entregue à sua modulação mais provável, ao seu infinito rumor.

Pode-se apreender agora a coerência entre os modos da ficção, as formas da fábula e os conteúdos dos temas. O grande jogo de sombras que se desenrolava por trás da fábula era a luta entre a probabilidade neutra do discurso científico (aquela voz anônima, monocórdica, polida, vinda não se sabe de onde e que se inseria na ficção, impondo-lhe a certeza de sua verdade) e o nascimento, o triunfo e a morte dos discursos improváveis em que se esboçavam, em que também desapareciam as figuras da fábula. Contra as verdades científicas e quebrando suas vozes geladas, os discursos da ficção chegavam de novo sem cessar à maior improbabilidade. Acima do murmúrio monótono em que se enunciava o fim do mundo, eles faziam fundir o ardor assimétrico da sorte, do inverossímil acaso, da loucura impaciente. Os romances de Júlio Verne são a "negentropia" do saber. Não a ciência tornada recreativa; mas a "re-criação" a partir do discurso uniforme da ciência.

Essa função do discurso científico (murmúrio que é preciso devolver à sua improbabilidade) faz pensar no papel que Roussel atribuía ao que considerava frases convencionais, e que ele quebrava, pulverizava, sacudia, para delas fazer jorrar a miraculosa extravagância da narrativa impossível. O que restitui ao rumor da linguagem o desequilíbrio dos seus poderes soberanos não é o saber (sempre cada vez mais provável), não é a fábula (que tem suas formas obrigatórias), são, entre os dois, e como em uma invisibilidade de limbos, os jogos ardentes da ficção.

*

Em seus temas e em sua fábula, as narrativas de Júlio Verne estão muito próximas dos romances de "iniciação" ou de "formação". Na ficção, elas estão nas antípodas. Sem dúvida, o herói ingênuo atravessa suas próprias aventuras como se fossem provas marcadas pelas peripécias rituais: purificação do fogo, morte no gelo, viagem através de uma região perigosa, subida e descida, passagem ao ponto último de onde não deveria ser possível retornar, retorno quase miraculoso ao ponto de partida. Mas, além disso, toda iniciação ou toda formação obedece regularmente à dupla lei da decepção e da metamorfose. O herói veio buscar uma verdade que ele conhecia de longe e que cintilava aos seus olhos inocentes. Essa verdade, ele não a encontra, pois ela era a do seu desejo ou de sua vã curiosidade; em compensação, revelou-se a ele uma realidade de que não suspeitava, mais profunda, mais reticente, mais bela ou mais sombria do que aquela com a qual ele estava familiarizado: essa realidade é ele próprio e o mundo transfigurados um pelo outro; carbono e diamante trocaram seu negrume, seu brilho. As *Viagens* de Júlio Verne obedecem a uma lei totalmente oposta: uma verdade se desenrola, conforme suas leis autônomas, sob os olhos espantados dos ignorantes, indiferentes àqueles que sabem. Essa superfície polida, esse discurso sem sujeito falante permaneceria em seu recesso essencial, se a "escapada" do cientista (sua falha, sua maldade, sua distração, as dificuldades que ele cria no mundo) não o incitasse a se mostrar. Graças a essa sutil fissura, os personagens atravessam um mundo de verdade que permanece indiferente, e que se fecha sobre si logo após eles passarem. Quando retornam, eles certamente viram e aprenderam, mas nada mudou, nem sobre a face do mundo nem na profundidade do seu ser. A aventura não deixou nenhuma cicatriz. E o cientista "distraído" se retira no essencial recesso do saber. "Pela vontade do seu autor, a obra de Camaret estava inteiramente morta e nada transmitiria às eras futuras o nome do inventor genial e demente." As múltiplas vozes da ficção se reabsorvem no murmúrio sem corpo da ciência; e as grandes ondulações do mais provável apagam das areias infinitas as arestas do mais improvável. E isso até a provável desaparição e reaparição de toda a ciência, prometida por Júlio Verne, no momento de sua morte, em *L'éternel Adam*.

"Senhorita Mornas tem uma maneira pessoal de abordá-lo com um 'Ini-ciado' (bom-dia), só lhe digo isso." Mas no sentido em que se diz: Iniciado, boa-noite.

1966

O Pensamento do Exterior

"La pensée du debors", *Critique*, n. 229, junho de 1966, p. 523-546. (Sobre M. Blanchot.)

Eu minto, eu falo

A verdade grega foi outrora abalada por esta única afirmação: "Eu minto." "Eu falo" põe à prova toda a ficção moderna.

Essas duas afirmações, na verdade, não têm o mesmo poder. Sabe-se que o argumento de Epimênides pode ser dominado se, no interior de um discurso artificiosamente conciso sobre si mesmo, distinguirmos duas proposições, em que uma é objeto da outra. A configuração gramatical do paradoxo, por mais que oculte (sobretudo se estiver estabelecido na forma simples do "Eu minto") essa dualidade essencial, não pode suprimi-la. Toda proposição deve ser de um "tipo" superior àquela que lhe serve de objeto. Que haja recorrência da proposição-objeto naquela que a designa, que a sinceridade do Cretense, no momento em que ele fala, esteja comprometida pelo conteúdo de sua afirmação, que ele possa certamente mentir falando de mentira, tudo isso é menos um obstáculo lógico insuperável do que a consequência de um fato puro e simples: o sujeito que fala é o mesmo que aquele pelo qual ele é falado.

No momento em que pronuncio simplesmente "eu falo", não estou ameaçado por nenhum dos seus perigos; e as duas proposições que se escondem neste único enunciado ("eu falo" e "eu digo que falo") não se comprometem de forma alguma. Eis-me protegido na fortaleza inamovível onde a afirmação se afirma, se ajustando exatamente a si mesma, não ultrapassando nenhuma margem, afastando todo perigo de erro, pois não digo nada além do fato de que eu falo. A proposição-objeto e aquela que a enuncia se comunicam sem obstáculo nem reticência, não apenas por parte da fala que está em questão, mas por parte do sujeito

224 Michel Foucault – Ditos e Escritos

que articula essa fala. É, portanto, verdadeiro, inegavelmente verdadeiro que eu falo quando digo que falo.

Mas seria certamente possível que as coisas não fossem assim tão simples. Se a posição formal do "eu falo" não levanta problemas que lhe sejam particulares, seu sentido, apesar de sua aparente clareza, abre um universo de questões talvez ilimitado. "Eu falo", de fato, se refere a um discurso que, oferecendo-lhe um objeto, lhe serviria de suporte. Ora, esse discurso falta; o "eu falo" só instala sua soberania na ausência de qualquer outra linguagem; o discurso de que eu falo não preexiste à nudez enunciada no momento em que digo "eu falo"; e desaparece no próprio instante em que me calo. Toda possibilidade de linguagem é aqui dessecada pela transitividade em que ela se realiza. O deserto a circunda. Em que extrema delicadeza, em que agudeza singular e sutil se recolheria uma linguagem que quisesse se refazer na forma despojada do "eu falo"? A menos justamente que o vazio em que se manifesta a debilidade sem conteúdo do "eu falo" seja uma abertura absoluta por onde a linguagem pode se expandir infinitamente, enquanto o sujeito – o "eu" que fala – se despedaça, se dispersa e se espalha até desaparecer nesse espaço nu. Se, de fato, a linguagem só tem seu lugar na soberania solitária do "eu falo", por direito nada pode limitá-la – nem aquele a quem ela se dirige, nem a verdade do que ela diz, nem os valores ou os sistemas representativos que ela utiliza; em suma, não é mais discurso e comunicação de um sentido, mas exposição da linguagem em seu ser bruto, pura exterioridade manifesta; e o sujeito que fala não é mais a tal ponto o responsável pelo discurso (aquele que o mantém, que através dele afirma e julga, nele se representa às vezes sob uma forma gramatical preparada para esse efeito), quanto à inexistência, em cujo vazio prossegue sem trégua a expansão infinita da linguagem.

Habituou-se a crer que a literatura moderna se caracteriza por um redobramento que lhe permitiria designar-se a si mesma; nessa autorreferência ela teria encontrado o meio, ao mesmo tempo, de se interiorizar ao extremo (de ser apenas o seu próprio enunciado) e de se manifestar no signo cintilante de sua longínqua existência. De fato, o acontecimento que fez nascer o que no sentido estrito se entende por "literatura" só é da ordem da interiorização em uma abordagem superficial; trata-se muito mais de uma passagem para "fora": a linguagem escapa ao modo de ser do discurso – ou seja, à dinastia da representação – e o discurso literário se desenvolve a partir dele mesmo, formando uma rede em que cada ponto, distinto dos outros, a distância mesmo dos mais próximos, está situado em relação a todos em um espaço que ao mesmo tempo os abriga e os separa. A literatura não é a linguagem se aproximando de si até o ponto de sua ardente manifestação, é a linguagem se colocando o mais longe possível dela mesma; e se, nessa colocação "fora de si", ela desvela seu ser próprio, essa súbita clareza revela mais um afastamento do que uma retração, mais uma dispersão do que um retorno dos signos sobre eles mesmos. O "sujeito" da literatura (o que fala nela e aquele sobre o qual ela fala) não seria tanto a linguagem em sua positividade quanto o vazio em que ela encontra seu espaço quando se enuncia na nudez do "eu falo".

Esse espaço neutro caracteriza atualmente a ficção ocidental (porque ela não é mais nem uma mitologia nem uma retórica). Ora, o que torna tão necessário pensar essa ficção – enquanto antigamente se tratava de pensar a verdade – é que o "eu falo" funciona ao contrário do "eu penso". Este conduzia de fato à certeza indubitável do Eu e de sua existência; aquele, pelo contrário, recua, dispersa, apaga essa existência e dela só deixa aparecer o lugar vazio. O pensamento do pensamento, uma tradição mais ampla ainda que a filosofia, nos ensinou que ele nos conduzia à mais profunda interioridade. A fala da fala nos leva à literatura, mas talvez também a outros caminhos, a esse exterior onde desaparece o sujeito que fala. É sem dúvida por essa razão que a reflexão ocidental hesitou por tanto tempo em pensar o ser da linguagem: como se ela tivesse pressentido o perigo que constituiria para a evidência do "Eu sou" a experiência nua da linguagem.

A experiência do exterior

A abertura para uma linguagem da qual o sujeito está excluído, a revelação de uma incompatibilidade talvez irremediável entre a aparição da linguagem em seu ser e a consciência de si em sua identidade são hoje uma experiência que se anuncia em pontos bastante diferentes da cultura: no simples gesto de escrever como nas tentativas para formalizar a linguagem, no estudo dos mitos e na psicanálise, na busca desse *Logos* que constitui uma espécie de lugar de nascimento de toda a razão ocidental. Eis que nos deparamos com uma hiância que por

226 Michel Foucault – Ditos e Escritos

muito tempo permaneceu invisível para nós: o ser da linguagem só aparece para si mesmo com o desaparecimento do sujeito. Como ter acesso a essa estranha relação? Talvez por uma forma de pensamento cuja possibilidade ainda incerta a cultura ocidental delineou em suas margens. Esse pensamento que se mantém fora de qualquer subjetividade para dele fazer surgir os limites como vindos do exterior, enunciar seu fim, fazer cintilar sua dispersão e acolher apenas sua invisível ausência, e que ao mesmo tempo se mantém no limiar de qualquer positividade, não tanto para apreender seu fundamento ou justificativa, mas para encontrar o espaço em que ele se desdobra, o vazio que lhe serve de lugar, a distância na qual ele se constitui e onde se escondem suas certezas imediatas, assim que ali se lance o olhar, um pensamento que, em relação à interioridade de nossa reflexão filosófica e à positividade de nosso saber, constitui o que se poderia denominar "o pensamento do exterior".

Será necessário um dia tentar definir as formas e as categorias fundamentais desse "pensamento do exterior". Será preciso também tentar encontrar sua progressão, buscar de onde ele nos vem e em que direção ele vai. Pode-se supor que ele nasceu do pensamento místico que, desde os textos do Pseudo-Denys, rondou as fronteiras do cristianismo; talvez ele tenha se mantido, durante um milênio ou quase, sob as aparências de uma teologia negativa. Novamente nada é menos certo: pois, se em uma tal experiência é preciso passar para "fora de si", é para finalmente se reencontrar, se envolver e se recolher na fascinante interioridade de um pensamento que é legitimamente Ser e Palavra. Discurso, portanto, mesmo se ele é, além de qualquer linguagem, silêncio, além de qualquer ser, nada.

É menos arriscado supor que a primeira brecha por onde o pensamento do exterior se revelou para nós está, paradoxalmente, no monólogo repetitivo de Sade. Na época de Kant e Hegel, no momento em que, sem dúvida, a interiorização da lei da história e do mundo jamais foi mais imperiosamente requisitada pela consciência ocidental, Sade só deixa falar, como lei sem lei do mundo, a nudez do desejo. Foi na mesma época que na poesia de Hölderlin se manifestava a ausência cintilante dos deuses e se enunciava como uma nova lei a obrigação de se esperar, perpetuamente, sem dúvida, a ajuda enigmática que vem da "ausência de Deus". Poderíamos dizer sem exagero que, no mesmo momento, um pela descoberta do desejo no murmúrio

1966 – O Pensamento do Exterior **227**

infinito do discurso, o outro pela descoberta do desvio dos deuses na falha de uma linguagem em vias de se perder, Sade e Hölderlin depositaram em nosso pensamento, para o século futuro, mas de qualquer forma cifrada, a experiência do exterior? Experiência que devia permanecer então não exatamente escondida, pois ela não havia penetrado na densidade de nossa cultura, mas flutuante, estranha, como exterior à nossa interioridade, durante todo o tempo em que se formulou, da maneira mais imperiosa, a exigência de interiorizar o mundo, apagar as alienações, superar o momento falacioso da *Entaüsserung*, de humanizar a natureza, naturalizar o homem e recuperar na Terra os tesouros que tinham sido gastos nos céus.

Ora, essa é a experiência que reaparece na segunda metade do século XIX e no próprio âmago da linguagem, que se tornou, embora nossa cultura busque sempre nela se refletir como se ela detivesse o segredo de sua interioridade, o próprio brilho do exterior: em Nietzsche, quando ele descobre que toda metafísica do Ocidente está ligada não somente à sua gramática (o que se suspeitava em linhas gerais desde Schlegel), mas àqueles que, sustentando o discurso, detêm o direito à fala; em Mallarmé, quando a linguagem aparece como ordem de partida dada àquele que ela nomeia, mas ainda mais – desde *Igitur*[1] até a teatralidade autônoma e aleatória do *Livre*[2] – o movimento no qual desaparece aquele que fala; em Artaud, quando toda linguagem discursiva é instada a se soltar na violência do corpo e do grito, e o pensamento, deixando a interioridade falaz da consciência, se torna energia material, sofrimento da carne, perseguição e dilaceramento do próprio sujeito; em Bataille, quando o pensamento, em vez de ser o discurso da contradição ou do inconsciente, se torna o do limite, da subjetividade rompida, da transgressão; em Klossowski, com a experiência do duplo, da exterioridade dos simulacros, da multiplicação teatral e demente do Eu.

Desse pensamento, Blanchot talvez não seja somente uma das testemunhas. Quanto mais ele se retira na manifestação de sua obra, mais ele está não oculto por seus textos, mas ausente da existência deles e ausente pela força maravilhosa dessa

---

1 Mallarmé (S.), *Igitur, ou La folie d'Elbehnon*, Paris, Gallimard, "Collection Blanche", 1925.
2 *Le "Livre" de Mallarmé. Premières recherches sur les documents inédits*, Jacques Scherer éditeur, Paris, Gallimard, 1957.

228 Michel Foucault – Ditos e Escritos

existência, ele é de preferência para nós esse pensamento mesmo – a presença real, absolutamente longínqua, cintilante, invisível, o destino necessário, a lei inevitável, o vigor calmo, infinito, avaliado por esse mesmo pensamento.

Reflexão, ficção

Extrema dificuldade de dar a esse pensamento uma linguagem que lhe seja fiel. Todo discurso puramente reflexivo arrisca na verdade reconduzir a experiência do exterior à dimensão da interioridade; a reflexão tende, irresistivelmente, a reconciliá-la com a consciência e desenvolvê-la em uma descrição do vivido em que o "exterior" seria esboçado como experiência do corpo, do espaço, dos limites do querer, da presença indelével do outro. O vocabulário da ficção é ainda mais perigoso: na densidade das imagens, às vezes na simples transparência das figuras as mais neutras ou as mais apressadas, ele arrisca colocar significações inteiramente prontas que, sob a forma de um fora imaginado, tecem de novo a velha trama da interioridade.

Daí, a necessidade de transformar a linguagem reflexiva. Ela deve estar voltada não para uma confirmação interior – para uma espécie de certeza central de onde ela não poderia mais ser desalojada –, mas, antes, para uma extremidade em que lhe seja preciso sempre se contestar: atingido o seu próprio limite, ela não vê surgir a positividade que a contradiz, mas o vazio em que vai se apagar; e na direção desse vazio ela deve ir, aceitando se desencadear no rumor, na imediata negação daquilo que ela diz, em um silêncio que não é a intimidade de um segredo, mas o puro exterior onde as palavras se desenrolam infinitamente. Por isso a linguagem de Blanchot não faz uso dialético da negação. Negar dialeticamente é fazer entrar o que se nega na interioridade inquieta do espírito. Negar seu próprio discurso, como o faz Blanchot, é fazê-lo incessantemente passar para fora de si mesmo, despojá-lo a cada instante não apenas daquilo que ele acaba de dizer, mas do poder de enunciá-lo; é deixá-lo lá onde ele está, longe atrás de si, para estar livre para um começo – que é pura origem, pois ele tem apenas a si mesmo e ao vazio como princípio, mas que é também recomeço, pois é a linguagem passada que, se escavando a si própria, liberou esse vazio. Nenhuma reflexão, mas esquecimento; nenhuma contradição, mas a contestação que

1966 – O Pensamento do Exterior   **229**

apaga; nenhuma reconciliação, mas o repisamento; nenhum espírito na conquista laboriosa de sua unidade, mas a erosão infinita do exterior; nenhuma verdade se iluminando, enfim, mas o jorro e a miséria de uma linguagem que desde sempre já começou. "Não uma palavra, quase um murmúrio, quase um frêmito, menos que o silêncio, menos que o abismo do vazio; a plenitude do vazio, alguma coisa que não se pode fazer calar, ocupando todo o espaço, o ininterrupto, o incessante, um frêmito e já um murmúrio, não um murmúrio, mas uma fala, e não uma fala qualquer, mas distinta, exata, ao meu alcance."[3]

Uma conversão simétrica é exigida à linguagem da ficção. Esta não deve mais ser o poder que infatigavelmente produz e faz brilhar as imagens, mas a potência que, pelo contrário, as deslinda, as alivia de todas as suas sobrecargas, vive nelas com uma transparência interior que pouco a pouco as ilumina até fazê-las explodir e as dispersa na leveza do inimaginável. As ficções em Blanchot serão, mais do que imagens, a transformação, o deslocamento, o intermediário neutro, o interstício das imagens. Elas são precisas, e só têm figuras desenhadas na monotonia do cotidiano e do anônimo; e quando dão lugar ao encantamento, não é jamais nelas próprias, mas no vazio que as circunda, no espaço onde são colocadas sem raiz e sem fundações. O fictício não está nunca nas coisas nem nos homens, mas na impossível verossimilhança do que está entre eles: encontros, proximidade do mais longínquo, absoluta dissimulação lá onde nós estamos. A ficção consiste, portanto, não em mostrar o invisível, mas em mostrar o quanto é invisível a invisibilidade do visível. Daí sua profunda afinidade com o espaço que, entendido dessa forma, está para a ficção como o negativo está para a reflexão (quando a negação dialética está ligada à fábula do tempo). Tal é sem dúvida o papel que desempenham, em quase todas as narrativas de Blanchot, as casas, os corredores, as portas e os quartos: lugares sem lugar, umbrais sedutores, espaços fechados, proibidos e, no entanto, escancarados, corredores nos quais batem portas abrindo quartos para encontros insuportáveis, separando-os por abismos através dos quais as vozes não chegam, mesmo os gritos se abafam; corredores que terminam em novos corredores onde à noite ressoam, além de qualquer sono, a voz

---

3 (N.A.) Blanchot (M.), *Celui qui ne m'accompagnait pas*, Paris, Gallimard, "Collection Blanche", 1953, p. 125.

230   Michel Foucault – Ditos e Escritos

sufocada daqueles que falam, a tosse dos doentes, o estertor dos moribundos, a respiração suspensa daquele que não cessa de cessar de viver; quarto mais longo que largo, estreito como um túnel, onde a distância e a proximidade – a proximidade do esquecimento, a distância da espera – se reaproximam uma da outra e se distanciam perpetuamente.

Assim, a paciência reflexiva, sempre voltada para fora dela mesma, e a ficção que se anula no vazio em que ela deslinda suas formas se entrecruzam para formar um discurso que aparece sem conclusão e sem imagem, sem verdade nem teatro, sem prova, sem máscara, sem afirmação, livre de qualquer centro, apátrida e que constitui seu próprio espaço como o exterior na direção do qual, fora do qual ele fala. Como fala do exterior, acolhendo em suas palavras o exterior ao qual ele se dirige, esse discurso terá a abertura de um comentário: repetição daquilo que fora não cessou de murmurar. Mas, como fala que permanece sempre fora do que ela diz, esse discurso será um avanço incessante em direção àquele cuja luz, absolutamente sutil, jamais recebeu linguagem. Esse singular modo de ser do discurso – retorno ao vazio equívoco do desfecho e da origem – definiu, sem dúvida, o lugar-comum aos "romances" ou "narrativas" de Blanchot e à sua "crítica". A partir do momento, efetivamente, em que o discurso para de seguir a tendência de um pensamento que se interioriza e, dirigindo-se ao próprio ser da linguagem, devolve o pensamento para o exterior, ele é também e de uma só vez: narrativa meticulosa de experiências, de encontros, de signos improváveis – linguagem sobre o exterior de qualquer linguagem, falas na vertente invisível das palavras; e atenção para o que da linguagem já existe, já foi dito, impresso, manifesto – escuta não tanto do que se pronunciou nele, mas do vazio que circula entre suas palavras, do murmúrio que não cessa de desfazê-lo, discurso sobre o não discurso de qualquer linguagem, ficção do espaço invisível em que ele aparece. É por isso que a distinção entre "romances", "narrativas" e "crítica" não cessa de se atenuar em Blanchot, para não mais deixar falar, em *L'attente l'oubli*, senão a própria linguagem – essa que não é de ninguém, que não é da ficção nem da reflexão, nem do já dito, nem do ainda nunca dito, mas "entre eles, como esse lugar em sua imobilidade, a retenção das coisas em seu estado latente".[4]

---

4 (N.A.) Blanchot (M.), *L'attente l'oubli*, Paris, Gallimard, "Collection Blanche", 1962, p. 162.

Ser atraído e negligente

A atração é, para Blanchot, o que é certamente o desejo para Sade, a força para Nietzsche, a materialidade do pensamento para Artaud, a transgressão para Bataille: a pura e a mais desnudada experiência do exterior. É preciso ainda compreender o que é designado por essa palavra: a atração, tal como a entende Blanchot, não se apoia em nenhum charme, não rompe nenhuma solidão, não estabelece nenhuma comunicação positiva. Ser atraído não é ser incitado pela atração do exterior, é antes experimentar, no vazio e no desnudamento, a presença do exterior e, ligado a essa presença, o fato de que se está irremediavelmente fora do exterior. Longe de estimular a interioridade a se aproximar de uma outra, a atração evidencia imperiosamente que o exterior está ali, aberto, sem intimidade, sem proteção nem moderação (como poderia tê-la, ele que não tem interioridade, mas que se desdobra: o infinito fora de qualquer fechamento?); mas que a essa própria abertura não é possível ter acesso, pois o exterior jamais libera sua essência; ele não pode se oferecer como uma presença positiva – coisa iluminada do interior pela certeza de sua própria existência –, mas somente como a ausência que se retira para o mais longe dela mesma e se esvazia no sinal que ela faz para que se avance em direção a ela, como se fosse possível encontrá-la. Maravilhosa simplicidade da abertura, a atração nada tem a oferecer a não ser o vazio que se abre infinitamente sob os passos daquele que é atraído, a indiferença que o recebe como se ele lá não estivesse, o mutismo excessivamente insistente para que se possa resistir a ele, excessivamente equívoco para que se possa decifrá-lo e lhe dar uma interpretação definitiva – nada a oferecer além do gesto de uma mulher na janela, uma porta que se entreabre, o sorriso de um vigia sobre um umbral ilícito, um olhar condenado à morte.

A atração tem como correlativo necessário a negligência. Entre uma e outra, as relações são complexas. Para poder ser atraído, o homem deve ser negligente – com uma negligência essencial que considera nulo aquilo que ele está fazendo (Thomas, em *Aminadab*,[5] só transpõe a porta da fabulosa pensão deixando de entrar na casa pela frente) e inexistentes seu pas-

---

5 Blanchot (M.), *Aminadab*, Paris, Gallimard, "Collection Blanche", 1942.

232 Michel Foucault – Ditos e Escritos

sado, seus familiares, toda a sua outra vida que é assim lançada no exterior (nem na pensão de *Aminadab*, nem na cidade do *Très-haut*,[6] nem no "*sanatorium*" do *Dernier homme*,[7] nem no apartamento do *Moment voulu*,[8] não se sabe o que se passa no exterior, nem se fica preocupado com isso: todos estão fora desse exterior jamais representado, mas incessantemente indicado pela brancura de sua ausência, pela palidez de uma lembrança abstrata ou, quando muito, pelo reflexo da neve através de uma vidraça). Tal negligência é, na verdade, apenas a outra face de um zelo – em relação a esse empenho mudo, injustificado, obstinado, apesar de todos os obstáculos, a se deixar atrair pela atração, ou, mais exatamente (já que a atração não tem positividade), a ser, no vazio, o movimento sem finalidade e sem motivo da própria atração. Klossowski teve mil vezes razão em apontar que Henri, o personagem de *Très-haut*, se chama "Sorge" (Cuidado), um nome que só é citado duas ou três vezes no texto.

Mas estará esse zelo sempre alerta, não cometerá ele um esquecimento – aparentemente mais fútil mas tão mais decisivo quanto o esquecimento maciço de toda a vida, de todas as afeições anteriores, de todos os familiares? Essa caminhada, que faz incansavelmente avançar o homem atraído, não será precisamente a distração e o erro? Não seria preciso "se manter ali, ficar ali", como é várias vezes sugerido em *Celui qui ne m'accompagnait pas* e em *Au moment voulu*? O próprio do zelo não seria se embaraçar com sua própria preocupação em avançar demais, em multiplicar os caminhos, em se aturdir com sua própria obstinação, em ir ao encontro da atração, enquanto a atração só fala imperiosamente, do fundo do seu retraimento, àquele que está afastado? É da essência do zelo ser negligente, acreditar que o que é dissimulado está em outros lugares, que o passado vai voltar, que a lei lhe concerne, que ele é esperado, vigiado e espreitado. Quem algum dia saberá se Thomas – talvez seja preciso aqui pensar no "incrédulo" – teve mais fé que os outros, questionando sua própria crença, pedindo para ver e tocar? E aquilo que ele tocou em um corpo de carne será exatamente o que procurava, quando pedia uma presença ressuscitada? E a iluminação que o perpassa não será ela tanto a sombra

---

6 *Id.*, *Le très-haut*, Paris, Gallimard, "Collection Blanche", 1948.
7 *Id.*, *Le dernier homme*, Paris, Gallimard, "Collection Blanche", 1957.
8 *Id.*, *Au moment voulu*, Paris, Gallimard, "Collection Blanche", 1951.

quanto a luz? Lucie talvez não tenha sido aquela que ele procurara; talvez ele devesse ter interrogado a pessoa que lhe tinha sido imposta como companheira; em vez de querer ascender aos estágios superiores para reencontrar a mulher improvável que lhe havia sorrido, ele talvez devesse ter seguido o caminho mais simples, a mais suave encosta, e se abandonar aos poderes vegetais daqui debaixo. Talvez ele não fosse aquele que foi chamado, talvez um outro fosse esperado.

Toda essa incerteza, que faz do zelo e da negligência duas figuras infinitamente reversíveis, tem sem dúvida seu princípio no "desmazelo que reina na casa".[9] Negligência mais visível, mais dissimulada, mais equívoca, mas mais fundamental do que todas as outras. Nessa negligência, tudo pode ser decifrado como signo intencional, empenho secreto, espionagem ou armadilha: talvez os criados preguiçosos sejam poderes ocultos, talvez a roda da fortuna distribua sortes escritas há muito tempo nos livros. Mas, aqui, não se trata do zelo que envolve a negligência como sua indispensável parte oculta, trata-se da negligência que permanece tão indiferente ao que pode manifestá-la ou dissimulá-la, que qualquer gesto a ela relacionado adquire valor de signo. É por negligência que Thomas foi chamado: a abertura da atração só faz uma única e mesma coisa com a negligência que acolhe aquele atraído por ela; a opressão que ela exerce (e por isso ela é absoluta, e absolutamente não recíproca) não é simplesmente cega; ela é ilusória; não liga ninguém, pois ela própria estaria ligada a essa ligação e não poderia mais ser a pura atração aberta. Como a atração não seria essencialmente negligente – deixando as coisas serem aquilo que elas são, deixando o tempo passar e retornar, deixando os homens avançarem em sua direção –, já que ela é o exterior infinito, já que ele não é nada que não caia fora dela, já que ela desfaz na pura dispersão todas as figuras da interioridade?

Fica-se atraído na mesma medida em que se é negligenciado; e porque seria preciso que o zelo consistisse em negligenciar essa negligência, em se tornar a si próprio preocupação corajosamente negligente, em avançar em direção à luz na negligência da sombra, até o momento em que se descobre que a luz não passa de negligência, puro exterior equivalente à noite

---

9 (N.A.) *Aminadab*, *op. cit.*, p. 220.

234 Michel Foucault – Ditos e Escritos

que dispersa, como uma candeia que se apaga, o zelo negligente que foi atraído por ela.

Onde está a lei, o que faz a lei?

Ser negligente, ser atraído é uma maneira de manifestar e de dissimular a lei – de manifestar o recesso onde ela se dissimula, de atraí-la, por conseguinte, para uma luz que a esconde.

Evidente para o coração, a lei não seria mais a lei, mas a doce interioridade da consciência. Se, em compensação, ela estivesse presente em um texto, se fosse possível decifrá-la entre as linhas de um livro, se o seu registro pudesse ser consultado, ela teria a solidez das coisas exteriores; seria possível segui-la ou desobedecê-la: onde então estaria seu poder, que força ou que prestígio a tornaria respeitável? De fato, a presença da lei é sua dissimulação. A lei, soberanamente, atormenta as cidades, as instituições, as condutas e os gestos; seja lá o que se faça, por maiores que sejam a desordem e a incúria, ela já mostrou seu poder: "A casa sempre está, a cada instante, no estado que lhe convém."[10] As liberdades tomadas não são capazes de interrompê-la; pode-se muito bem acreditar que se está separado dela, que se observa sua aplicação de fora; no momento em que se acredita ler de longe os decretos que só valem para os outros é que se está o mais próximo da lei, ela é posta para circular, "contribuindo para a aplicação de um decreto público".[11] E, no entanto, essa perpétua manifestação jamais ilumina o que se diz ou o que a lei determina: melhor do que o princípio ou a prescrição interna das condutas, ela é o exterior que as envolve, e que por ali as faz escapar de qualquer interioridade; ela é a escuridão que as limita, o vazio que as cerne, transformando, à revelia de todos, sua singularidade na cinzenta monotonia do universal e abrindo em torno delas um espaço de mal-estar, de insatisfação, de zelo multiplicado.

E também de transgressão. Como se poderia conhecer a lei e experimentá-la verdadeiramente, como se poderia obrigá-la a se tornar visível, a exercer claramente seus poderes, a falar, se ela não fosse estimulada, se não fosse forçada em

---

10 (N.A.) *Aminadab*, *op. cit.*, p. 115.
11 (N.A.) *Le très-haut*, *op. cit.*, p. 81.

seus redutos, se não se prosseguisse resolutamente sempre mais longe em direção ao exterior onde ela está sempre mais refugiada? Como enxergar sua invisibilidade, a não ser transformada no avesso do castigo que, afinal de contas, não passa da lei superada, irritada, fora de si? Mas, se o castigo pudesse ser provocado unicamente pelo arbítrio daqueles que violam a lei, ela estaria à sua disposição: eles poderiam tocá-la e fazê-la aparecer ao seu bel prazer; seriam donos de sua sombra e de sua luz. Eis por que a transgressão pode começar a transpor a interdição, tentando atrair a lei para si; de fato, ela sempre se deixa atrair pelo recesso essencial da lei; ela se adianta obstinadamente na direção da abertura de uma invisibilidade sobre a qual ela jamais triunfa; loucamente, ela tenta fazer aparecer a lei para poder respeitá-la e seduzi-la com sua aparência luminosa; ela nada mais faz do que reforçá-la em sua fraqueza – nessa obscura frivolidade que é sua invencível, impalpável substância. A lei é essa sombra em direção à qual necessariamente se adianta cada gesto na medida em que ela é a própria sombra do gesto que prossegue.

Em todos os sentidos da invisibilidade da lei, *Aminadab* e *Le très-haut* formam um díptico. No primeiro desses romances, a estranha pensão em que Thomas penetrou (atraído, chamado, talvez eleito, mas sem deixar de ser obrigado a transpor tantos limites proibidos) parece submetida a uma lei que não se conhece: sua proximidade e sua ausência são incessantemente evocadas por portas ilícitas e abertas, pela grande roda que distribui sortes indecifráveis ou deixadas em branco, pelo desaprumo de um pavimento superior, de onde veio o chamado, de onde provêm ordens anônimas, mas ao qual ninguém pode ter acesso; no dia em que alguns quiseram forçar a lei em seu covil encontraram ao mesmo tempo a monotonia do lugar em que eles já estavam, a violência, o sangue, a morte, a ruína, enfim, a resignação, o desespero e a desaparição voluntária, fatal, no exterior: pois o exterior da lei é tão inacessível que, ao se querer vencê-lo e nele penetrar, se está condenado não ao castigo, que seria a lei enfim coercitiva, mas ao exterior desse próprio exterior – a um esquecimento mais profundo do que todos os outros. Quanto aos "domésticos" – àqueles que, em oposição aos "pensionistas", são "da casa" e que, *guardiões* e *servidores*, devem representar a lei para aplicá-la e a ela se submeter silenciosamente – ninguém sabe, nem mesmo

236 Michel Foucault – Ditos e Escritos

eles, ao que eles servem (a lei da casa ou a vontade dos hospedeiros); ignora-se mesmo se eles são pensionistas tornados empregados; são ao mesmo tempo o zelo e a indiferença, o alcoolismo e a atenção, o sono e a incansável atividade, a figura gêmea da maldade e da solicitude: é nisso que se dissimulam a dissimulação e o que a manifesta.

Em *Le très-haut*, é a própria lei (de qualquer forma, o andar superior de *Aminadab*, em sua monótona semelhança, em sua exata identidade com os outros) que se manifesta em sua essencial dissimulação. Sorge (o "cuidado" com a lei: aquele que se tem em relação à lei e aquele da lei diante daqueles aos quais ela se aplica, mesmo e sobretudo se eles querem escapar dela), Henri Sorge é funcionário: está empregado na prefeitura, nos gabinetes do funcionalismo público; ele não passa de uma engrenagem, ínfima, sem dúvida, nesse organismo estranho que faz das existências individuais uma instituição; ele é a forma primeira da lei, pois transforma todo nascimento em arquivo. Ora, eis que ele abandona sua tarefa (mas será um abandono? Ele tem umas férias, que prolonga, sem autorização, certamente, mas com a cumplicidade da Administração que, implicitamente, lhe facilita essa essencial ociosidade); basta esse quase afastamento – será ele uma causa, será um efeito? – para que todas as existências se desorganizem e a morte inaugure um reino que não é mais aquele classificador do estado civil, mas aquele, desordenado, contagioso, anônimo da epidemia; não se trata de uma verdadeira morte com óbito e atestado, mas um ossuário confuso, onde não se sabe quem é doente e quem é médico, guardião ou vítima, o que é prisão ou hospital, zona protegida ou fortaleza do mal. As barreiras são rompidas, tudo transborda: é a dinastia das águas que sobem, o reino da umidade duvidosa, das transudações, dos abcessos, dos vômitos; as individualidades se dissolvem; os corpos suados se dissolvem nas paredes; gritos infinitos berram por entre dedos que os sufocam. E, no entanto, quando deixa o serviço do Estado em que ele devia organizar a existência dos outros, Sorge não se coloca fora da lei; pelo contrário, ele a força a se manifestar naquele lugar vazio que ele acaba de abandonar; no movimento pelo qual apaga sua existência singular e a subtrai da universalidade da lei, ele a exalta, ele a serve, mostra sua perfeição, ele a "força", mas ligando-a à sua própria desaparição (o que é em um certo sentido o contrário da existência

1966 – O Pensamento do Exterior   237

transgressora tal como Bouxx ou Dorte a exemplificam); ele
não é, portanto, nada mais do que a própria lei.

Mas a lei não pode responder a essa provocação a não ser
com seu próprio recuo: não que ela se recolha em um silêncio
ainda mais profundo, mas porque permanece em sua idêntica
imobilidade. Pode-se certamente se precipitar no vazio aberto:
conspirações podem muito bem se formar, rumores de sabota-
gem se disseminar, os incêndios, os assassinatos podem muito
bem tomar o lugar da mais cerimoniosa ordem; a ordem da lei
jamais foi tão soberana, pois ela envolve agora aquilo mesmo
que quer transformá-la. Aquele que, contra ela, quer fundar uma
nova ordem, organizar uma segunda polícia, instituir um outro
Estado, encontrará sempre o acolhimento silencioso e infinitamente complacente da lei. Esta, na verdade, não muda: ela des-
ceu de uma vez por todas ao túmulo, e cada uma de suas formas
não será mais do que metamorfose dessa morte que não acaba.
Sob uma máscara transposta da tragédia grega – com uma mãe
ameaçadora e deplorável como Clitemnestra, um pai desaparecido, uma irmã obstinada em seu luto, um avô todo-poderoso e
insidioso – Sorge é um Orestes submetido, um Orestes cioso de
escapar da lei para melhor se submeter a ela. Insistindo em viver
na zona pestilenta, ele é também o deus que aceita morrer entre
os homens, mas que, não chegando a morrer, deixa vacante a
promessa da lei, liberando um silêncio que dilacera o grito mais
profundo: onde está a lei, o que faz a lei? E quando, por uma
nova metamorfose ou por um novo aprofundamento em sua própria identidade, ele é, pela mulher que se parece estranhamente
com sua irmã, reconhecido, nomeado, denunciado, venerado e
vilipendiado, eis que ele, o detentor de todos os nomes, se transforma em uma coisa inominável, uma ausência ausente, a presença informe do vazio e o horror mudo dessa presença. Mas
talvez essa morte de Deus seja o contrário da morte (a ignomínia
de uma coisa flácida e viscosa que palpita eternamente); e o gesto
que se distende para matá-la libera enfim sua linguagem; essa
linguagem nada mais tem a dizer a não ser o "Eu falo, agora eu
falo" da lei, que se mantém infinitamente, pela simples procla-
mação dessa linguagem no fora do seu mutismo.

Eurídice e as Sereias

Assim que é olhada, a face da lei se afasta e torna a entrar na
sombra; assim que se queira ouvir suas palavras, surpreende-se

238 Michel Foucault – Ditos e Escritos

apenas um canto que nada mais é que a mortal promessa de um canto futuro.

As Sereias são a forma inapreensível e proibida da voz sedutora. Em seu todo, elas são apenas canto. Simples sulco prateado no mar, oco da onda, grota aberta entre os rochedos, praia de brancura, o que são elas, em seu próprio ser, senão o puro apelo, o vazio feliz da escuta, da atenção, do convite à pausa? Sua música é o contrário de um hino: nenhuma presença cintila em suas palavras imortais; somente a promessa de um canto futuro percorre sua melodia. Aquilo com que elas seduzem não é tanto o que fazem ouvir, mas o que brilha no longínquo de suas palavras, o futuro do que elas estão dizendo. Seu fascínio não nasce do canto atual, mas do que ele se propõe a ser. Ora, o que as Sereias prometem cantar para Ulisses é o passado de suas próprias proezas, transformadas para o futuro em poema: "Conhecemos os males, todos os males que os deuses nos campos de Troade infringiram ao povo de Argos e Tróia." Oferecido como cavo, o canto não passa do encantamento do canto, mas ele não promete ao herói nada mais do que o duplo daquilo que ele viveu, conheceu, sofreu, nada além do que ele próprio é. Promessa ao mesmo tempo falaciosa e verídica. Ela mente, pois todos aqueles que se deixarão seduzir e apontarão seus navios para a praia encontrarão apenas a morte. Mas ela diz a verdade, pois é através da morte que o canto poderá se elevar e contar infinitamente a aventura dos heróis. E, no entanto, esse canto puro – tão puro que ele nada mais fala que não seja do seu refúgio devorador –, é preciso renunciar a ouvi-lo, tapar os ouvidos, transpô-lo como se fosse surdo, para continuar a viver e então começar a cantar; ou melhor, para que nasça a narrativa que não morrerá, é preciso estar à escuta, mas permanecer ao pé do mastro, pés e mãos atados, vencer qualquer desejo de uma astúcia que se violenta a si mesma, sofrer todo sofrimento permanecendo no limiar do abismo que atrai, e se reencontrar finalmente além do canto, como se tivesse em vida atravessado a morte, mas para restituí-la em uma segunda linguagem.

Em frente, a figura de Eurídice. Aparentemente, ela é totalmente contrária, pois deve ser chamada da sombra pela melodia de um canto capaz de seduzir e adormecer a morte, pois o herói não pode resistir ao poder de encantamento que ela possui e do qual ela própria será a mais triste vítima. E, no entanto, ela é parente próxima das Sereias: como estas só cantam o futuro de um canto, Eurídice só mostra a promessa de um rosto. Orfeu pode apaziguar o latido dos cães e seduzir as potências nefastas: ele deveria, na rota do retorno, estar tão acorrentado quanto Ulisses ou não menos insensível quanto seus marinheiros; ele foi, de fato, em uma única pessoa, o herói e sua tripulação: o desejo interdito apoderou-se dele e ele se desatou com as próprias mãos, deixando desaparecer na sombra o rosto invisível, como Ulisses deixou se perder nas ondas o canto que ele não ouviu. É então que, tanto para um como para outro, a voz é liberada: para Ulisses, com a salvação, e a possibilidade de narrar sua maravilhosa aventura; para Orfeu, com a perda absoluta, o lamento que não terá fim. Mas é possível que sob o relato triunfante de Ulisses reine a queixa inaudível de não ter escutado melhor e por mais tempo, de não ter mergulhado na direção da voz admirável em que o canto fosse talvez se consumar. E sob os lamentos de Orfeu emerge a glória de ter visto, nada menos que por um instante, o rosto inacessível, no momento mesmo em que ele se desviava e entrava na noite: hino à claridade sem nome e sem lugar.

Essas duas figuras se entrelaçam profundamente na obra de Blanchot.[12] Há relatos, como *L'arrêt de mort*,[13] dedicados ao olhar de Orfeu: a esse olhar que, no limiar oscilante da morte, vai buscar a presença desaparecida, tenta trazê-la de volta, imagem, até a luz do dia, mas dela conserva apenas o nada, onde o poema justamente pode aparecer. Mas Orfeu não viu aqui o rosto de Eurídice no movimento que o dissimula e o torna invisível: ele pôde contemplá-lo de frente, ele viu com seus próprios olhos o olhar aberto da morte, "o mais terrível que um ser vivo pode encontrar". É esse olhar, ou melhor, o olhar do narrador sobre esse olhar, que libera um extraordinário poder de atração; é ele que, no meio da noite, faz surgir uma segunda mulher em uma estupefação já cativa e lhe imporá finalmente a máscara de gesso onde se pode contemplar, "face a face, aquele que está vivo para a eternidade". O olhar de Orfeu recebeu a mortal potência que cantava na voz das Sereias. Da mesma

---

12 (N.A.) Cf. *L'espace littéraire*, Paris, Gallimard, "Collection Blanche", 1955, p. 179-184; *Le livre à venir, op. cit.*, p. 9-17.
13 Blanchot (M.), *L'arrêt de mort*, Paris, Gallimard, "Collection Blanche", 1948.

240 Michel Foucault – Ditos e Escritos

forma, o narrador de *Moment voulu* vem procurar Judith no lugar proibido onde ela está encerrada; contra qualquer previsão, ele a encontra sem dificuldade, como uma Eurídice muito próxima que viria se oferecer em um retorno impossível e feliz. Mas, por trás dela, a figura que a protege e a quem ele vem arrancá-la é menos a deusa inflexível e sombria do que uma pura voz "indiferente e neutra, redobrada em uma região vocal onde ela se despoja tão completamente de todas as perfeições supérfluas que parece privada dela mesma: justa, mas de uma maneira que lembra a justiça quando está entregue a todas as fatalidades negativas".[14] Essa voz que "canta estrangulada" e que se deixa ouvir tão baixo não é a das Sereias cuja sedução está no vazio que elas abrem, a imobilidade deslumbrada com que elas tocam aqueles que as escutam?

O companheiro

Desde os primeiros sinais da atração, no momento em que mal se delineia o afastamento do rosto desejado, em que mal se distingue no embaralhamento do murmúrio a firmeza da voz solitária, há como um movimento doce e violento que faz intrusão na interioridade, a coloca fora de si, revirando-a, e faz surgir ao lado dela – ou melhor, por trás – a imagem dissimulada de um companheiro sempre oculto, mas que sempre se impõe com uma evidência jamais inquietadora; um duplo a distância, uma semelhança que afronta. No momento em que a interioridade é atraída para fora de si, um exterior cava o próprio lugar onde a interioridade costuma encontrar seu recuo e esvazia a própria possibilidade desse recuo: uma forma aparece – menos do que uma forma, mas uma espécie de anonimato informe e obstinado –, que despoja o sujeito de sua identidade simples, o esvazia e o divide em duas figuras gêmeas mas não sobrepostas, o despoja do seu direito imediato de dizer *Eu* e eleva contra seu discurso uma palavra que é indissociavelmente eco e denegação. Prestar atenção na voz prateada das Sereias, se voltar para o rosto proibido que já está oculto não é somente transpor a lei para afrontar a morte, não é somente abandonar o mundo e a distração da aparência, é sentir subita-

---

14 *Au moment voulu*, op. cit., p. 68-69.

mente crescer em si o deserto no outro lado do qual (mas essa distância incomensurável é tão fina quanto uma linha) reluz uma linguagem sem sujeito determinável, uma lei sem deus, um pronome pessoal sem personagem, um rosto sem expressão e sem olhos, um outro que é o mesmo. Será que é nesse dilaceramento e nesse liame que reside em segredo o princípio da atração? No momento em que se pensava ser transportado para fora de si por um remoto inacessível, não seria simplesmente essa presença surda que pesava na sombra de todo o seu inevitável impulso? O exterior vazio da atração é talvez idêntico àquele, muito próximo, do duplo. O companheiro seria, portanto, a atração no auge da dissimulação: dissimulada porque se apresenta como pura presença, próxima, obstinada, redundante, como uma figura em demasia; e também dissimulada porque repele mais do que atrai, porque é preciso mantê-la a distância, porque se é incessantemente ameaçado de ser absorvido por ela e comprometido com ela em uma confusão desmesurada. Concluindo, o companheiro vale ao mesmo tempo como uma exigência em relação à qual se está sempre em desvantagem e um peso do qual se desejaria se livrar; se está ligado irresistivelmente a ele por uma familiaridade difícil de suportar e, no entanto, seria preciso se aproximar ainda mais dele, estabelecer com ele um vínculo que não seja essa ausência de ligação pela qual se está ligado a ele através da forma sem rosto da ausência.

Reversibilidade infinita dessa figura. E, de início, será o companheiro um guia inconfesso, uma lei manifesta mas invisível como lei, ou formará apenas uma massa pesada, uma inércia que entrava, um sono que ameaça envolver qualquer vigilância? Mal entrou na casa onde o atraíram um gesto parcialmente esboçado, um sorriso ambíguo, Thomas recebe um duplo estranho (será ele quem, conforme a significação do título, é "dado pelo Senhor"?): seu rosto aparentemente ferido é apenas o desenho de uma figura tatuada sobre seu próprio rosto e, apesar dos erros grosseiros, conserva como "o reflexo de uma beleza antiga". Melhor do que todos ele conhece os segredos da casa, como ele o afirmará proficuamente se vangloriando no final do romance, e sua aparente idiotice não passaria da espera muda da questão? É ele guia ou prisioneiro? Pertence aos poderes inacessíveis que dominam a casa, não passaria de um empregado? Ele se chama *Dom*. Invisível e silencioso cada

242 Michel Foucault – Ditos e Escritos

vez que Thomas fala a terceiros, ele de fato logo desaparece; mas, subitamente, quando afinal Thomas parece ter entrado na casa, quando acredita ter reencontrado o rosto e a voz que procurava, quando é tratado como um doméstico, Dom reaparece, detendo, pretendendo deter a lei e a palavra: Thomas errou por ser de tão pouca fé, por não interrogá-lo, ele que estava lá para responder, por desperdiçar seu zelo querendo atingir estágios superiores, quando seria suficiente deixar-se descer. E, à medida que se estrangula a voz de Thomas, Dom fala, reivindicando o direito de falar e de falar por ele. Toda a linguagem se inverte, e quando Dom emprega a primeira pessoa, é a própria linguagem de Thomas que começa a falar sem ele, acima do vazio que deixa, em uma noite que comunica com o dia radiante, o rastro de sua visível ausência.

O companheiro está também, de uma maneira indissociável, cada vez mais próximo e cada vez mais distante; em *Le très-haut*, ele é representado por Dorte, o homem "de lá"; estranho à lei, fora da ordem da cidade, ele é a doença em estado selvagem, a própria morte disseminada através da vida; em oposição ao "Muito alto", ele é o "Muito baixo"; e, no entanto, ele está na mais obsedante das proximidades; ele é familiar sem moderação, pródigo de confidências, presente em uma presença multiplicada e inesgotável; ele é o eterno vizinho; sua tosse transpõe as portas e as paredes, sua agonia repercute por toda a casa e, nesse mundo onde poreja a umidade, onde a água sobe por toda parte, eis que a própria carne de Dorte, sua febre e seu suor atravessam o tabique e formam nódoa, do outro lado, no quarto de Sorge. Quando ele enfim morre, berrando em uma última transgressão que ele não está morto, seu grito passa pela mão que o sufoca e vibrará infinitamente nos dedos de Sorge; e a carne deste, seus ossos, seu corpo serão, por muito tempo, essa morte com o grito que a contesta e a afirma.

É, sem dúvida, nesse movimento no qual gira a linguagem que se manifesta claramente a essência do companheiro obstinado. Ele não é, na verdade, um interlocutor privilegiado, um outro sujeito falante qualquer, mas o limite sem nome contra o qual vem se chocar a linguagem. Mas esse limite nada tem de positivo; ele é, antes, o abismo desmedido na direção do qual a linguagem não cessa de se perder, mas para retornar idêntica a si mesma, como o eco de um outro discurso dizendo a mesma coisa, de um mesmo discurso dizendo outra coisa. "Aquele que não me acompanhava" não tem nome (e quer ser mantido nesse anonimato essencial); é um *Ele* sem rosto e sem olhar, que só pode ver através da linguagem de um outro que ele põe a serviço de sua própria noite; ele se aproxima, assim, o mais perto possível desse *Eu* que fala na primeira pessoa e do qual ele retoma as palavras e as frases em um vazio ilimitado; e, no entanto, não tem ligação com ele, uma distância desmedida os separa. Eis por que aquele que diz *Eu* deve incessantemente se aproximar dele para encontrar enfim esse companheiro que não o acompanha ou estabelecer com ele um vínculo muito positivo para poder manifestá-lo ao se desligar dele. Nenhum pacto os prende um ao outro, e, no entanto, eles estão poderosamente ligados por uma interrogação constante (descreva o que você vê; você escreve agora?) e pelo discurso interrupto que manifesta a impossibilidade de responder. Como se, nesse recuo, nesse vazio que talvez não passe da inexorável erosão da pessoa que fala, o espaço de uma linguagem neutra se liberasse; entre o narrador e esse inseparável companheiro que não o acompanha, ao longo dessa estreita linha que os separa como ela separa o *Eu* falante do *Ele* que é em seu ser falado, toda a narrativa se precipita, abrindo um lugar sem lugar que é o exterior de todo discurso e de toda escrita, que os faz aparecer, os despoja, impõe-lhes sua lei, manifesta em seu desenvolvimento infinito seu reflexo instantâneo, sua cintilante desaparição.

Nem um nem outro

Apesar de várias consonâncias, estamos muito longe da experiência em que alguns costumam se perder para se reencontrar. No movimento que lhe é próprio, a mística procura ir ao encontro – ela teve que passar pela noite – da positividade de uma existência abrindo para ela uma comunicação difícil. E, ainda que essa existência seja contestada por si própria, aprofunda-se no trabalho de sua própria negatividade para se retirar infinitamente em um dia sem luz, em uma noite sem sombra, em uma pureza sem nome, em uma visibilidade liberta de qualquer imagem, ela não deixa de ser um abrigo onde a experiência pode encontrar seu repouso. Abrigo que dispõe tanto da lei de uma Palavra quanto da extensão aberta do silêncio; pois, de acordo com a forma da experiência, o silêncio é o sopro inaudível, primeiro, desmedido de onde pode vir qualquer

244   Michel Foucault – Ditos e Escritos

discurso manifesto, ou ainda a palavra é o reino que tem o poder de se manter na perplexidade de um silêncio.

Mas não é absolutamente disso que se trata na experiência do exterior. O movimento de atração, a retirada do companheiro põem a nu o que precede qualquer palavra, por baixo de qualquer mutismo: o fluxo contínuo da linguagem. Linguagem que não é falada por ninguém: qualquer sujeito delineia aí apenas uma dobra gramatical. Linguagem que não se resolve em nenhum silêncio: qualquer interrupção forma apenas uma mancha branca sobre essa toalha sem costura. Ela abre um espaço neutro onde nenhuma existência pode se enraizar: desde Mallarmé já se sabia que a palavra é a inexistência manifesta do que ela designa; sabe-se agora que o ser da linguagem é o visível apagamento daquele que fala: "Dizer que escuto essas palavras não seria explicar para mim a perigosa estranheza de minhas relações com elas... Elas não falam, elas não são interiores, elas são, pelo contrário, sem intimidade, estando absolutamente fora, e o que elas designam me introduz nesse exterior de qualquer palavra, aparentemente mais secreto e mais interior do que a palavra do foro interior, mas aqui o exterior é vazio, o segredo é sem profundidade, o que é repetido é o vazio da repetição, isso não fala e, no entanto, sempre foi dito."[15] É, pois, a esse anonimato da linguagem liberada e aberta sobre sua própria ausência de limite que conduzem as experiências narradas por Blanchot; elas encontram nesse espaço murmurante menos seu termo do que o lugar sem geografia de seu possível recomeço: assim, a questão finalmente serena, luminosa e direta que Thomas coloca no fim de *Aminadab* no momento em que toda palavra lhe parece retirada; a pura irrupção da promessa vazia – "agora eu falo" – em *Le très-haut*; ou ainda, nas últimas páginas de *Celui qui ne m'accompagnait pas*, a aparição de um sorriso sem rosto mas que traz, enfim, um nome silencioso; ou o primeiro contato com as palavras do ulterior recomeço no final do *Dernier homme*.

A linguagem se descobre então liberta de todos os velhos mitos em que se formou nossa consciência das palavras, do discurso, da literatura. Por muito tempo, acreditou-se que a linguagem dominava o tempo, que ela valia tanto como ligação futura na palavra dada quanto memória e narrativa; acreditou-se que ela era

---

15 *Celui qui ne m'accompagnait pas*, *op. cit.*, p. 135-136.

profecia e história; acreditou-se também que nessa soberania ela tinha o poder de fazer aparecer o corpo visível e eterno da verdade; acreditou-se que sua essência estava na forma das palavras ou no sopro que as faz vibrar. Mas ela é apenas rumor informe e jorro, sua força está na dissimulação; porque ela faz apenas uma única e mesma coisa com a erosão do tempo; ela é esquecimento sem profundidade e vazio transparente da espera.

Em cada uma de suas palavras, a linguagem se dirige para conteúdos que lhe antecedem; mas em seu próprio ser e desde que ela se conserve o mais próximo possível do seu ser, ela só se desenvolve na pureza da espera. A espera não é dirigida para nada: pois o objeto que viria preenchê-la só poderia apagá-la. E, no entanto, ela não é, parada, imobilidade resignada; ela tem a resistência de um movimento que não teria fim e jamais se prometeria a recompensa de um repouso; ela não se envolve em nenhuma interioridade; cada uma de suas menores parcelas cai em um irremediável exterior. A expectativa não pode esperar a si mesma no final do seu próprio passado, encantar-se com sua paciência, nem se apoiar de uma vez por todas na coragem que jamais lhe faltou. O que a retém não é a memória, é o esquecimento. No entanto, esse esquecimento não deve ser confundido com a dispersão da distração nem com o sono onde adormeceria a vigilância; ele é feito de uma vigília tão desperta, tão lúcida, tão matinal que ele é mais dispensa à noite e pura abertura para um dia que ainda não chegou. Nesse sentido, o esquecimento é extrema atenção – atenção tão extrema que apaga cada rosto singular que pode se oferecer a ela; quando definida, uma forma é ao mesmo tempo muito antiga e muito nova, muito estranha e muito familiar para não ser mais imediatamente recusada pela pureza da espera e condenada por aí ao imediato do esquecimento. É no esquecimento que a espera se mantém como uma espera: atenção aguda ao que seria radicalmente novo, sem ligação de semelhança e de continuidade com o que quer que seja (novidade da própria espera disposta fora de si e livre de qualquer passado), e atenção ao que seria o mais profundamente antigo (pois do fundo dela mesma a espera não cessou de esperar).

Em seu ser esperançoso e esquecido, nesse poder de dissimulação que apaga qualquer significação determinada e a própria existência daquele que fala, nessa neutralidade cinzenta que forma o esconderijo essencial de qualquer ser e que libera

246 Michel Foucault – Ditos e Escritos

assim o espaço da imagem, a linguagem não é nem a verdade nem o tempo, nem a eternidade nem o homem, mas a forma sempre desfeita do exterior; ela faz comunicar, ou melhor, mostra no clarão de sua oscilação infinita a origem e a morte – seu contato momentâneo mantido em um espaço desmesurado. O puro exterior da origem, se é a ele que a linguagem está pronta para acolher, jamais se fixa em uma positividade imóvel e penetrável; e o exterior perpetuamente recomeçado da morte, se levado para a luz pelo esquecimento essencial à linguagem, jamais estabelece o limite a partir do qual se delinearia finalmente a verdade. Eles logo se revertem um no outro; a origem tem a transparência do que não tem fim, a morte abre infinitamente para a repetição do começo. E o que é a linguagem (não o que ela quer dizer, não a forma pela qual o diz), o que ela é em seu ser é essa voz tão fina, esse recuo tão imperceptível, essa fraqueza no coração e em torno de qualquer coisa, de qualquer rosto, que banha com uma mesma claridade neutra – dia e noite ao mesmo tempo – o esforço tardio da origem, a erosão matinal da morte. O esquecimento assassino de Orfeu, a espera de Ulisses acorrentado são o próprio ser da linguagem.

Quando a linguagem era definida como lugar da verdade e ligação do tempo, era absolutamente perigoso para ela que Epimênides, o Cretense, tivesse afirmado que todos os cretenses eram mentirosos: a ligação desse discurso consigo mesmo o despojava de qualquer verdade possível. Mas se a linguagem se mostra como transparência recíproca da origem e da morte, não é uma existência que, pela simples afirmação do "Eu falo", não receba a promessa ameaçadora de sua própria desaparição, de sua futura aparição.

1966

Um Nadador entre Duas Palavras

"C'était um nageur entre deux mots" (entrevista com C. Bonnefoy), *Arts et loisirs*, n. 54, 5-11 de outubro de 1966, p. 8-9.

– *Para um filósofo de 1966 que se interroga sobre a linguagem, sobre o saber, o que representam André Breton e o surrealismo?*
– Tenho a impressão de que há duas grandes famílias de fundadores. Há os que edificam e colocam a primeira pedra; há os que escavam e esvaziam. Talvez estejamos, em nosso espaço incerto, mais próximos dos que escavam: de Nietzsche (mais que de Husserl), de Klee (mais que de Picasso). Breton pertence a essa família. Certamente, a instituição surrealista mascarou os grandes gestos mudos que abriam o espaço diante deles. Talvez aquele fosse somente o jogo, a mistificação surrealistas: abrir através de ritos que pareciam excluir, fazer crescer o deserto, nele colocando limites aparentemente imperiosos. Em todo caso, estamos atualmente no vazio deixado por Breton atrás de si
– *Este vazio já seria antigo?*
– A imagem de Breton, eu a vi por muito tempo como a de um morto: não que ele tivesse deixado de estar vivo ou de nos interessar, mas porque sua admirável existência criou em torno dela e a partir dela o vazio imenso em que estamos atualmente perdidos. Tenho a impressão de que vivemos, caminhamos, corremos, dançamos, fizemos sinais e gestos sem resposta no espaço sagrado que envolvia o relicário de um Breton, estirado imóvel e revestido de ouro; isto não para dizer que ele estava longe de nós, mas que estávamos próximos dele, sob o domínio do seu espectro negro. A morte de Breton, hoje, é como a reduplicação do nosso próprio nascimento. Breton era, é um morto todo-poderoso e muito próximo, como o era para os atridas (ou seja, para cada grego) Agamenon. Eis o perfil de Breton para mim.

248 Michel Foucault – Ditos e Escritos

– *Essa presença quase sagrada de Breton, esse vazio deixado pelo surrealismo não decorrem da magia ou do imaginário, mas supõem uma contribuição essencial ao pensamento contemporâneo. Que deve este a Breton?*

– O que me parece mais importante é que Breton fez comunicar, plenamente, estas duas figuras por muito tempo estranhas: escrever e saber; a literatura francesa, até ele, podia certamente ser toda urdida de observações, análises, ideias; ela não era jamais – salvo em Diderot – uma literatura do saber. Esta é, acredito, a grande diferença entre as culturas alemã e francesa. Breton, admitindo o saber na expressão (com a psicanálise, a etnologia, a história da arte etc.), é um pouco nosso Goethe. Há uma imagem que seria preciso, acredito, destinar ao apagamento: a de Breton poeta da loucura. A essa não deve se opor, mas se sobrepor a de Breton, escritor do saber.

Mas essa licença dada à literatura como deliciosa ignorância (à maneira de Gide) é afirmada por Breton de maneira muito singular. Para os alemães (Goethe, Thomas Mann, Hermann Broch), a literatura é saber quando ela é um trabalho de interiorização, de memória: trata-se de amealhar calma e exaustivamente o conhecimento, de se apropriar do mundo, de colocá-lo na medida do homem. Para Breton, a escrita tornada saber (e o saber tornado escrita) é, pelo contrário, um meio de impelir o homem em direção aos seus limites, de acuá-lo até o intransponível, de colocá-lo o mais perto possível daquilo que está mais longe dele. Daí seu interesse pelo inconsciente, pela loucura, pelo sonho.

– *Como os românticos alemães?*

– Sim, mas o sonho dos românticos alemães é a noite iluminada pela luz da vigília, enquanto o sonho, para Breton, é o indestrutível núcleo da noite colocado no coração do dia. Tenho a impressão de que essa bela abolição da divisão entre saber e escrita foi muito importante para a expressão contemporânea. Estamos precisamente em um tempo em que o escrever e o saber estão profundamente embaralhados, como o testemunham as obras de Leiris, de Klossowski, de Butor, de Faye.

– *Não há, para Breton, um poder da escrita?*

– Para Breton, acredito, a escrita em si mesma, o livro em sua essência têm o poder de mudar o mundo. Até o fim do século XIX, a linguagem e a escrita eram instrumentos transparentes onde o mundo vinha se refletir, se decompor e se recompor; mas, de qualquer forma, a escrita e o discurso faziam parte do mundo. Mas talvez haja uma escrita tão radical e soberana que chegue a enfrentar o mundo, a equilibrá-lo, a compensá-lo, até mesmo a destruí-lo inteiramente e a cintilar fora dele. Na verdade, essa experiência começa a aparecer muito claramente em *Ecce homo*[1] e em Mallarmé. Essa experiência do livro como antimundo é reencontrada em Breton e contribuiu substancialmente para modificar o estatuto da escrita. E isso de duas maneiras. Inicialmente, Breton, de qualquer forma, remoralizava a escrita desmoralizando-a inteiramente. A ética da escrita não vem mais do que se tem para dizer, das ideias que são expressas, mas do próprio ato de escrever. Nesse ato bruto e nu, toda a liberdade do escritor se encontra empenhada ao mesmo tempo em que nasce o contrauniverso das palavras.

Além disso, ao mesmo tempo em que a escrita é remoralizada, ela se põe a existir em uma espécie de solidez de rocha. Ela se impõe fora de tudo o que pode se dizer através dela. Daí, sem dúvida, a redescoberta por Breton de toda a dinastia da imaginação que a literatura francesa havia rejeitado: a imaginação é menos o que nasce no coração obscuro do homem do que o que surge na densidade luminosa do discurso. E Breton, nadador entre duas palavras, percorre um espaço imaginário que jamais havia sido descoberto antes dele.

– *Mas como você explica que em certas épocas Breton tenha se preocupado com o engajamento político?*

– Sempre me surpreendeu o fato de que o que está em questão em sua obra não é a história, mas a revolução; não a política, mas o absoluto poder de mudar a vida. A incompatibilidade profunda entre marxistas e existencialistas do tipo sartriano, de um lado, e Breton, do outro, vem sem dúvida do fato de que para Marx ou Sartre a escrita faz parte do mundo, enquanto para Breton um livro, uma frase, uma palavra por si sós podem constituir a antimatéria do mundo e compensar todo o universo.

– *Mas Breton não dava tanta importância à vida quanto à escrita? Não há, em* Nadja, *em* L'amour fou, *em* Les vases communicants[2] *como que uma espécie de osmose permanente entre a escrita e a vida, entre a vida e a escrita?*

---

1 Nietzsche (F.), *Ecce homo. Wie man wird, was man ist*, Leipzig, C. G. Naumann, 1889 (*Ecce homo. Comment on devient ce que l'on est*, trad. J.-C. Hémery, *in Oeuvres philosophiques complètes*, Paris, Gallimard, t. VIII, 1974).
2 Breton (A.), *Nadja*, Paris, Gallimard, "Collection Blanche", 1928; *Les vases communicants*, *ibid*., 1932; *L'amour fou*, *ibid*., 1937.

250 Michel Foucault – Ditos e Escritos

– Quando as outras descobertas de Breton já estavam pelo menos anunciadas em Goethe, Nietzsche, Mallarmé ou em outros, o que realmente se deve a ele em particular é a descoberta de um espaço que não é o da filosofia, nem o da literatura, nem o da arte, mas o da experiência. Estamos hoje em uma era em que a experiência – e o pensamento que é inseparável dela – se desenvolve com uma extraordinária riqueza, ao mesmo tempo em uma unidade e em uma dispersão que apagam as fronteiras das províncias outrora estabelecidas.

Toda a rede que percorre as obras de Breton, Bataille, Leiris e Blanchot, que percorre os domínios da etnologia, da história da arte, da história das religiões, da linguística, da psicanálise, apaga infalivelmente as velhas rubricas nas quais nossa própria cultura se classificava e revela aos nossos olhos parentescos, vizinhanças, relações imprevistas. É muito provável que se devam essa nova dispersão e essa nova unidade de nossa cultura à pessoa e à obra de André Breton. Ele foi, simultaneamente, o dispersor e o aglutinador de toda essa agitação da experiência moderna.

A descoberta do domínio da experiência permitia a Breton ficar completamente fora da literatura, poder contestar não apenas todas as obras literárias já existentes, mas a própria existência da literatura; mas ela também lhe permitia abrir às linguagens possíveis domínios que, até então, haviam permanecido em silêncio, marginais.

1968

Isto Não É um Cachimbo

"Ceci n'est pas une pipe", *Les cahiers du chemin*, n. 2, 15 de janeiro de 1968, p. 79-105. (Homenagem a R. Magritte, falecido em 15 de agosto de 1967.)

Uma versão aumentada deste texto, seguida de duas cartas e de quatro desenhos de Magritte, foi publicada pelas edições Fata Morgana, Montpellier, 1973.

Dois cachimbos

Primeira versão, a de 1926, acredito: um cachimbo desenhado cuidadosamente; e, embaixo (escrita à mão com uma caligrafia regular, aplicada, artificial, uma caligrafia de convento, como se pode encontrar, a título de modelo, no cabeçalho dos cadernos escolares, ou sobre um quadro-negro, após uma aula dada pelo preceptor), esta menção: "Isto não é um cachimbo."

A outra versão – acredito que seja a última – pode ser encontrada em *Aube à l'antipode*. Mesmo cachimbo, mesmo enunciado, mesma escrita. Mas, em vez de serem justapostos em um espaço indiferente, sem limites nem especificação, o texto e a figura são colocados dentro de um quadro; ele próprio está apoiado sobre um cavalete e este, por sua vez, sobre as ripas bem visíveis de um assoalho. Acima, um cachimbo exatamente semelhante àquele que está desenhado sobre o quadro, mas bem maior.

A primeira versão desconcerta apenas por sua simplicidade. A segunda multiplica visivelmente as incertezas voluntárias. O quadro, aprumado junto ao cavalete e pousado sobre as cavilhas de madeira, indica que se trata do quadro de um pintor: obra concluída, exposta e, no entanto, para um eventual espectador, o enunciado que a comenta ou explica. E, entretanto, essa escrita ingênua que não é exatamente nem o título da obra nem um dos seus elementos pictóricos, a ausência de qualquer outro índice que marcaria a presença do pintor, a rusticidade do conjunto, as grossas lâminas do assoalho, tudo faz pensar

252 Michel Foucault – Ditos e Escritos

em um quadro-negro em uma sala de aula: talvez um pedaço de pano vá apagar dentro em pouco o desenho e o texto; talvez ele só vá apagar um ou o outro para corrigir o "erro" (desenhar alguma coisa que não será verdadeiramente um cachimbo, ou escrever uma frase afirmando que é certamente um cachimbo). Quiproquó provisório (um "mal-escrito", como se diz, um mal-entendido) que um gesto vai dissipar em uma poeira branca?

Mas essa é ainda a menos importante das incertezas. Eis outras: há dois cachimbos. Ou melhor, dois desenhos de um cachimbo? Ou também, um cachimbo e seu desenho, ou também, dois desenhos, cada um representando um cachimbo, ou também, dois desenhos dos quais um representa um cachimbo, mas não o outro, ou também, dois desenhos que não são nem representam, nem um nem outro, cachimbos? E eis que me surpreendo confundindo *ser* e *representar* como se fossem equivalentes, como se um desenho fosse o que ele representa; e vejo bem que se eu devesse – e eu o devo – dissociar com cuidado (como me convidou a fazer há mais de três séculos a *Lógica* de Port-Royal) o que é uma representação e o que ela representa, eu deveria retomar todas as hipóteses que acabo de propor, e multiplicá-las por dois.

Mas também me impressiona outra coisa: o cachimbo representado no quadro – madeira negra ou tela pintada, pouco importa, esse cachimbo "de baixo" está solidamente preso em um espaço com pontos de referência visíveis: largura (o texto escrito, as bordas superiores e inferiores do quadro), altura (os lados do quadro, os montantes do cavalete), profundidade (as ranhuras do assoalho). Estável prisão. Em contrapartida, o cachimbo de cima está sem coordenadas. A enormidade de suas proporções torna incerta sua localização (efeito inverso do que se encontra no *Le tombeau des lutteurs*, no qual o gigantesco é captado no espaço o mais preciso): está esse cachimbo desmesurado, adiante do quadro desenhado, afastando-o para longe atrás dele? Ou então ele está em suspenso bem acima do cavalete, como uma emanação, um vapor que acabasse de se desprender do quadro – fumaça de um cachimbo tomando a forma e a redondeza de um cachimbo, se contrapondo e se assemelhando ao cachimbo (segundo o mesmo jogo de analogia e contraste que se encontra na série de *Batailles de l'Argonne*, entre o vaporoso e o sólido)? Ou não seria possível supor, finalmente, que ele está por trás do quadro e do cavalete, mais gigantesco ainda do que parece: ele seria a profundidade arrancada, a dimensão interior arrebentando a tela (ou o painel) e, lentamente lá, em um espaço a partir de então sem ponto de referência, se dilatando ao infinito.

Sobre essa incerteza, no entanto, eu mesmo não estou certo. Ou melhor, o que me parece bastante duvidoso é a oposição simples entre a flutuação sem localização do cachimbo de cima e a estabilidade do de baixo. Olhando um pouco mais de perto, vê-se facilmente que os pés do cavalete que sustenta o quadro em que a tela está presa e onde o desenho se encontra, esses pés que repousam sobre um assoalho, cuja rusticidade torna visível e certo, são na realidade oblíquos: eles só têm como superfície de contato três pontas finas que retiram do conjunto, não obstante um pouco grosseiro, qualquer estabilidade. Queda iminente? Desabamento do cavalete, do quadro, da tela, ou do painel, do desenho, do texto? Madeiras quebradas, figuras fragmentadas, letras separadas umas da outras ao ponto de as palavras, talvez, não poderem mais se reconstituir – todo esse escombro no chão, enquanto, lá em cima, o grande cachimbo sem medida nem parâmetro persistirá em sua imobilidade inacessível de balão?

O caligrama desfeito

O desenho de Magritte (falo no momento apenas da primeira versão) é tão simples como uma página tirada de um manual de botânica: uma figura e o texto que a nomeia. Nada mais fácil de reconhecer do que um cachimbo, desenhado como aquele; nada mais fácil de pronunciar – nossa linguagem sabe certamente como deve ser – do que o "nome de um cachimbo". Ora, o que cria a estranheza dessa figura é apenas a "contradição" entre a imagem e o texto. Por uma boa razão: ali só poderia haver contradição entre dois enunciados, ou dentro de um único e mesmo enunciado. Ora, vejo claramente que há ali apenas um, e que ele não poderia ser contraditório, já que o sujeito da proposição é um simples demonstrativo. Falso, então? Mas quem me dirá seriamente que esse conjunto de traços entrecruzados, acima do texto, é um cachimbo? O que confunde é que é inevitável ligar o texto ao desenho (como nos incita o demonstrativo, o sentido da palavra *cachimbo*, a semelhança da imagem), e que é impossível definir o plano que permitiria dizer que a asserção é verdadeira, falsa, contraditória, necessária.

254 Michel Foucault – Ditos e Escritos

A diabrura, não posso abandonar a ideia de que ela está em uma operação cuja simplicidade do resultado tornou invisível, mas que somente pode explicar o embaraço infinito que ele provoca. Essa operação é um caligrama secretamente constituído por Magritte, depois desfeito com cuidado. Cada elemento da figura, sua posição recíproca e sua relação decorrem dessa operação anulada desde que ela foi realizada.

Em sua tradição milenar, o caligrama tem uma tríplice função: compensar o alfabeto; repetir sem a ajuda da retórica; prender as coisas na armadilha de uma dupla grafia. Inicialmente, ele aproxima ao máximo, um do outro, o texto e a figura: ele compõe linhas que delimitam a forma do objeto, com aquelas que dispõem a sucessão das letras; aloja os enunciados no espaço da figura, e explica ao texto o que representa o desenho. De um lado, ele alfabetiza o ideograma, o povoa com letras descontínuas e faz assim falar o mutismo das linhas interrompidas. Mas, inversamente, ele reparte a escrita em um espaço que não tem mais a indiferença, a abertura e a brancura inertes do papel; ele lhe impõe se distribuir de acordo com as leis de uma forma simultânea. Ele reduz o fonetismo a ser, para o olhar instantâneo, apenas um rumor cinzento que completa os contornos de uma figura; mas ele faz do desenho o tênue invólucro que é preciso romper para seguir, de palavra em palavra, o desenrolar de seu texto interior.

O caligrama é, portanto, tautologia. Mas em oposição à Retórica. Esta joga com a pletora da linguagem; utiliza a possibilidade de dizer duas vezes as mesmas coisas com palavras diferentes; beneficia-se do excesso de riqueza que permite dizer duas coisas diferentes com uma única e mesma palavra; a essência da retórica está na alegoria. O caligrama se serve da propriedade das letras de valer ao mesmo tempo como elementos lineares que podem ser dispostos no espaço e como signos que devem ser desenvolvidos segundo a cadeia única da substância sonora. Signo, a letra permite fixar as palavras; linha, ela permite figurar a coisa. Assim, o caligrama pretende apagar ludicamente as mais antigas oposições de nossa civilização alfabética: mostrar e denominar; figurar e dizer; reproduzir e articular; imitar e significar; olhar e ler.

Cercando duas vezes a coisa de que fala, ele lhe prepara a armadilha mais perfeita. Por sua dupla entrada ele garante essa captura, que o discurso sozinho ou o puro desenho não

1968 – Isto Não É um Cachimbo **255**

são capazes. Ele afasta a invencível ausência sobre a qual as palavras não conseguem triunfar, impondo-lhes, pelos artifícios de uma escrita brincando no espaço, a forma visível de sua referência: sabiamente dispostos sobre a folha de papel, os signos invocam, do exterior, pela margem que eles delineiam, pelo recorte de sua massa sobre o espaço vazio da página, a própria coisa da qual eles falam. E, em troca, a forma visível é esquadrinhada pela escrita, lavrada pelas palavras que a burilam desde o interior e, afastando a presença imóvel, ambígua, sem nome, fazem jorrar a rede das significações que a batizam, a determinam, a fixam no universo dos discursos. Dupla cilada; armadilha inevitável: por onde escapariam daí em diante o voo dos pássaros, a forma transitória das flores, a chuva que cai?

E, agora, o desenho de Magritte. Ele me parece ser feito dos pedaços de um caligrama desfeito. Sob as aparências de um retorno a uma disposição anterior, ele retoma suas três funções, mas para pervertê-las, e perturbar com isso todas as correspondências tradicionais da linguagem e da imagem.

O texto que havia invadido a figura a fim de reconstituir o velho ideograma retomou agora seu lugar. Voltou ao seu lugar natural – embaixo: ali onde ele serve de suporte à imagem, a insere na sequência das letras e nas páginas do livro. Ele se torna "legenda" outra vez. A própria forma ascende novamente ao seu céu, de onde a cumplicidade das letras com o espaço a haviam feito por um instante descer: livre de qualquer ligação discursiva, ela vai poder flutuar de novo em seu silêncio natural. Retorna-se à página e ao seu velho princípio de distribuição. Mas apenas aparentemente. Pois as palavras que posso ler agora abaixo do desenho são palavras também desenhadas – imagens de palavras que o pintor colocou fora do cachimbo, mas no perímetro geral (e, aliás, indeterminável) do seu desenho. Do passado caligráfico que sou obrigado a lhes atribuir, as palavras conservaram sua pertinência ao desenho, e seu estado de coisa desenhada; de forma que devo lê-las sobrepostas a elas mesmas; elas são na superfície da imagem os reflexos das palavras que dizem que isso não é um cachimbo. Texto em imagem. Mas, inversamente, o cachimbo representado é desenhado com a mesma mão e a mesma caneta que as letras do texto: ele prolonga a escrita mais do que vem ilustrá-la e suprir sua ausência. Poderíamos imaginá-la repleta de pequenas letras misturadas, de sinais gráficos reduzidos a fragmentos e dispersos sobre toda

256 Michel Foucault – Ditos e Escritos

a superfície da imagem. Figura em forma de grafismo. A invisível e prévia operação caligráfica entrelaçou a escrita e o desenho; e quando Magritte recolocou as coisas em seu devido lugar, cuidou que a figura permanecesse escrita e que o texto não passasse jamais da representação desenhada dele mesmo.

O mesmo para a tautologia. Aparentemente, Magritte retorna da reduplicação caligráfica à simples correspondência da imagem com sua legenda: uma figura muda e suficientemente reconhecível mostra, sem o dizer, a coisa em sua essência; e, embaixo, um nome recebe dessa imagem seu "sentido" ou sua regra para utilização. Ora, comparado à tradicional função da legenda, o texto de Magritte é duplamente paradoxal. Ele pretende nomear aquilo que, evidentemente, não tem necessidade de sê-lo (a forma é bastante conhecida, o nome muito familiar). E eis que no momento em que ele deveria dar o nome ele o dá, mas negando que é ele. De onde vem esse jogo estranho, senão do caligrama? Do caligrama que diz duas vezes as mesmas coisas (ali onde sem dúvida uma só bastaria); do caligrama que, sem que pareça, introduz uma relação negativa entre o que ele mostra e o que ele diz; pois, desenhando um buquê, um pássaro ou uma tempestade através de um punhado de letras, o caligrama nunca diz a respeito dessa forma hipocritamente espontânea "isso é uma pomba, uma flor, uma pancada de chuva"; ele evita nomear o que a disposição dos grafismos delineia. Mostrar o que se passa através das palavras, no semissilêncio das letras; não dizer o que são essas linhas que, nas margens do texto, o limitam e o recortam. Agora que Magritte fez cair o texto fora da imagem, cabe ao enunciado retomar, por sua própria conta, essa relação negativa, e dela fazer, em sua própria sintaxe, uma negação. O "não dizer" que animava do interior e silenciosamente o caligrama é dito agora, do exterior, sob a forma verbal do "não". Mas, a esse caligrama que está escondido atrás dele, o texto que corre abaixo do cachimbo deve poder dizer simultaneamente várias coisas.

"Isto" (este desenho que você vê e do qual, sem dúvida alguma, reconhece a forma) "não é" (não está substancialmente ligado a..., não é constituído por..., não recobre o mesmo material que...) "um cachimbo" (quer dizer que essa palavra que pertence à sua linguagem, feita de sonoridades que você pode pronunciar, e que traduzem as letras que você está atualmente lendo). *Isto não é um cachimbo* pode ser lido assim:

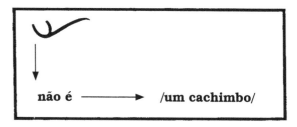

Mas, ao mesmo tempo, esse mesmo texto enuncia uma coisa completamente diferente: "Isto" (este enunciado que vocês estão vendo se ordenar sob seus olhos em uma linha de elementos descontínuos, e do qual *isto* é ao mesmo tempo o designante e a primeira palavra) "não é" (não poderia equivaler nem tomar o lugar de..., não poderia representar adequadamente...) "um cachimbo" (um dos objetos que vocês podem ver, ali, acima do texto, uma figura possível intercambiável, anônima, portanto inacessível a qualquer nome). Então, é preciso ler:

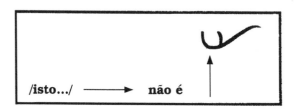

Ora, no total, aparece facilmente que o que nega o enunciado de Magritte é a dependência imediata e recíproca entre o desenho do cachimbo e o texto pelo qual se pode nomear este mesmo cachimbo. Designar e desenhar não se sobrepõem, salvo no jogo caligráfico que circula no fundo do conjunto, e que é afastado simultaneamente pelo texto, pelo desenho e por sua atual separação. Donde a terceira função do enunciado: "Isto" (este conjunto constituído por um cachimbo em forma de escrita e por um texto desenhado) "não é" (é incompatível com...) "um cachimbo" (este elemento misto que provém simultaneamente do discurso e da imagem, do qual o jogo verbal e visual do caligrama queria fazer surgir o ser ambíguo).

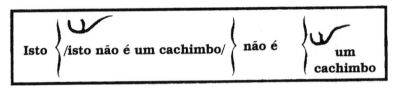

Terceira perturbação: Magritte reabriu a armadilha que o caligrama havia fechado sobre aquilo de que ele falava. Mas, subitamente, a coisa em si escapou. Sobre a página de um livro ilustrado, não se costuma prestar atenção a este pequeno espaço branco que corre por cima das palavras e abaixo dos desenhos, que lhes serve de fronteira comum para incessantes passagens: pois é ali, naqueles poucos milímetros de brancura, sobre a calma areia da página, que se ligam, entre as palavras e as formas, todas as relações de designação, de nomeação, de descrição, de classificação. O caligrama desfez este interstício; mas, uma vez reaberto, ele não o restaura; a armadilha foi quebrada no vazio: a imagem e o texto caem cada um do seu lado, de acordo com a gravitação que lhes é própria. Eles não têm mais espaço comum, lugar onde possam interferir, onde as palavras sejam suscetíveis de receber uma figura, e as imagens, de entrar na ordem do léxico. A pequena faixa tênue, incolor e neutra, que no desenho de Magritte separa o texto e a figura, pode ser vista como um vão, uma região incerta e brumosa que agora separa o cachimbo flutuando em seu céu imagístico e o trepidar mundano das palavras desfilando em sua linha sucessiva. Mas é um exagero dizer que há um vazio ou uma lacuna: é, antes, uma ausência de espaço, uma supressão do "lugar-comum" entre os signos da escrita e as linhas da imagem. O "cachimbo", que era indiviso entre o enunciado que o nomeava e o desenho que devia figurá-lo, este cachimbo de sombra que entrecruzava os lineamentos da forma e a fibra das palavras desapareceu definitivamente. Desaparição que, do outro lado da fenda, o texto constata tristemente: isto não é um cachimbo. O desenho agora solitário do cachimbo em vão se faz, tanto quanto pode, semelhante a essa forma que designa habitualmente a palavra *cachimbo*; em vão o texto se estende abaixo do desenho com toda a fidelidade cuidadosa de uma legenda em um livro científico: entre eles não pode passar mais do que a formulação do divórcio, o enunciado que contesta ao mesmo tempo o nome do desenho e a referência do texto.

A partir daí, é possível compreender a última versão que Magritte deu para *Isto não é um cachimbo*. Colocando o desenho do cachimbo e o enunciado que lhe serve de legenda sobre a superfície bem claramente delimitada de um quadro (na medida em que se trata de uma pintura, as letras não passam de imagens das letras; na medida em que se trata de um quadro-negro, a figura é apenas a continuação didática de um discurso), colocando este quadro sobre um triedro de madeira compacto e sólido, Magritte faz tudo o que é preciso para reconstituir (seja pela perenidade de uma obra de arte, seja pela verdade de uma lição) o lugar-comum à imagem e à linguagem. Mas essa superfície é logo contestada: pois o cachimbo que Magritte, com tantas precauções, havia aproximado do texto, que ele encerrara com ele no retângulo institucional do quadro, desapareceu: ele está lá no alto, em uma flutuação sem referência, deixando entre o texto e a figura da qual ele deveria ter sido a ligação e o ponto de convergência no horizonte apenas um pequeno espaço vazio, o estreito rastro de sua ausência – como a marca não assinalada de sua evasão. Então, sobre seus montantes oblíquos e tão visivelmente instáveis, ao cavalete resta apenas oscilar, à moldura, se deslocar, ao quadro e ao cachimbo, rolarem no chão, às letras, se dispersarem: o lugar-comum – obra banal ou lição cotidiana – desapareceu.

Klee, Kandinsky, Magritte

Dois princípios reinaram, acredito, sobre a pintura ocidental do século XV ao XX.

O primeiro separa a representação plástica (que implica a semelhança) e a representação linguística (que a exclui). Esta distinção é de tal maneira praticada que ela permite uma ou outra forma de subordinação: ou o texto é regulado pela imagem (como nesses quadros onde estão representados um livro, uma inscrição, uma letra, o nome de um personagem); ou a imagem é determinada pelo texto (como nos livros em que o desenho acaba completando, como se ele apenas seguisse um caminho mais curto, o que as palavras estão encarregadas de representar). É verdade que esta subordinação só permanece estável muito raramente: pois ocorre ao texto do livro ser apenas o comentário da imagem, e o percurso sucessivo, pelas palavras, de suas formas simultâneas; e ocorre ao quadro ser do-

260 Michel Foucault – Ditos e Escritos

minado por um texto do qual ele realiza, plasticamente, todas as significações. Mas pouco importa o sentido da subordinação ou da maneira com que ela se prolonga, se multiplica e se inverte: o essencial é que o signo verbal e a representação visual jamais são dados de imediato. Um plano sempre os hierarquiza. Este é o princípio cuja soberania Klee aboliu, fazendo valer em um espaço incerto, reversível, flutuante (ao mesmo tempo folha de livro e tela, plano e volume, quadriculado de caderno e cadastro de terra, história e mapa) a justaposição das figuras e a sintaxe dos signos. Ele forneceu no entrecruzamento de um mesmo tecido os dois sistemas de representação: no qual (diferentemente dos calígrafos que reforçavam, multiplicando-o, o jogo das subordinações recíprocas) ele subvertia o espaço comum a eles e tentava construir um novo.

O segundo princípio coloca a equivalência entre o fato da similitude e a afirmação de um laço representativo. Que uma figura se assemelhe a uma coisa (ou a qualquer outra figura), que haja entre elas uma relação de analogia, e isto basta para que se introduza no jogo da pintura um enunciado evidente, banal, mil vezes repetido e, no entanto, quase sempre silencioso (é como um murmúrio infinito, obsedante, que envolve o silêncio das figuras, bloqueia-o, dele se apossa, fá-lo sair de si mesmo, e, finalmente, transporta-o ao domínio das coisas que podem ser nomeadas): "O que vocês veem é isto." Pouco importa, também, em que sentido é colocada a relação de representação, se a pintura é devolvida ao visível que a cerca ou se cria por si só um invisível que a ela se assemelha. O essencial é que não se pode dissociar similitude e afirmação. Kandinsky liberou a pintura dessa equivalência: não que ele tenha dissociado os seus termos, mas porque ele dispensou simultaneamente a semelhança e o funcionamento representativo.

Ninguém, aparentemente, está mais afastado de Kandinsky e de Klee quanto Magritte. Pintura mais do que qualquer outra vinculada à exatidão das semelhanças até o ponto em que ela as multiplica voluntariamente como para confirmá-las: não basta que o cachimbo se pareça, no próprio desenho, com um outro cachimbo, que, por sua vez etc. Pintura mais do que qualquer outra determinada a separar, cuidadosamente, cruelmente, o elemento gráfico e o elemento plástico: se acontece de serem sobrepostas como o são uma legenda e sua imagem, é na condição de que o enunciado conteste a identidade manifesta da figura, e o nome que se pretende lhe dar. No entanto, a pintura de Magritte não é estranha ao empreendimento de Klee e de Kandinsky; ela antes constitui, a partir de um sistema que lhes é comum, uma figura simultaneamente oposta e complementar.

O surdo trabalho das palavras

A exterioridade, tão visível em Magritte, do grafismo e da plástica, é simbolizada pela não relação – ou, de qualquer maneira, pela relação bastante complexa e problemática entre o quadro e seu título. Essa tão longa distância – que impede que se possa ser, simultânea e imediatamente, leitor e espectador – assegura a emergência abrupta da imagem acima da horizontalidade das palavras. "Os títulos são escolhidos de tal maneira que eles impedem situar meus quadros em uma região familiar que o automatismo do pensamento não deixaria de suscitar a fim de se subtrair à inquietude." Magritte nomeia seus quadros (um pouco como a mão anônima que designou o cachimbo pelo enunciado "Isto não é um cachimbo") a fim de chamar a atenção para a denominação. E, no entanto, nesse espaço quebrado e solto, estranhas relações se estabelecem, intrusões se produzem, bruscas invasões destrutivas, avalanchas de imagens no meio das palavras, fulgores verbais que sulcam os desenhos e os fazem voar em estilhaços. Pacientemente, Klee constrói um espaço sem nome nem geometria entrecruzando a cadeia dos signos e a trama das figuras. Magritte mina secretamente um espaço que ele parece manter na disposição tradicional. Mas ele o escava com palavras: e a velha pirâmide da perspectiva não passa de um montículo de terra a ponto de desmoronar.

Bastou, ao desenho mais comedido, uma subscrição como "Isto não é um cachimbo" para que imediatamente a figura seja compelida a sair de si mesma, a isolar-se do seu espaço e, finalmente, a flutuar longe ou perto dela mesma, não se sabe, semelhante ou diferente de si. Ao contrário de *Isto não é um cachimbo*, *L'art de la conversation*: em uma paisagem de começo do mundo ou de gigantomaquia, dois personagens minúsculos estão falando; discurso inaudível, murmúrio que é imediatamente reabsorvido no silêncio das pedras, no silêncio desse muro que se projeta com seus enormes blocos sobre dois tagarelas mudos; ora, esses blocos, empilhados em desordem uns sobre os outros, formam em sua base um conjunto

262 Michel Foucault – Ditos e Escritos

de letras em que é fácil decifrar a palavra SONHO, como se todas aquelas palavras frágeis e sem peso tivessem recebido o poder de organizar o caos das pedras. Ou como se, pelo contrário, por trás da tagarelice despertada mas logo perdida dos homens, as coisas pudessem, em seu mutismo e seu sono, compor uma palavra – uma palavra estável que nada poderá apagar; ora, essa palavra designa as mais fugidias das imagens. Mas isso não é tudo: pois é no sonho que os homens, enfim reduzidos ao silêncio, comunicam com a significação das coisas, e deixam-se penetrar por essas palavras enigmáticas, insistentes, que vêm de outro lugar. *Isto não é um cachimbo* era a incisão do discurso na forma das coisas, era seu poder ambíguo de negar e de desdobrar; *L'art de la conversation* é a gravitação autônoma das coisas que formam suas próprias palavras na indiferença dos homens, e as impõem, sem que eles nem mesmo o saibam, em sua tagarelice cotidiana.

Entre esses dois extremos, a obra de Magritte exibe o jogo das palavras e das imagens. O rosto de um homem absolutamente sério, sem um movimento de lábios, sem um franzido de olhos, voa em "estilhaços" sob o efeito de um riso que não é o seu, que ninguém ouve, e que não vem de nenhum lugar. A "noite que cai" não pode cair sem quebrar uma vidraça cujos fragmentos, também portadores, sobre suas lâminas cortantes, sobre suas flâmulas de vidro, de reflexos do sol, juncam o assoalho e o parapeito da janela: as palavras que chamam de "queda" a desaparição do sol arrastaram, com a imagem que elas formam, não somente a vidraça, mas aquele outro sol que se delineou como um duplo sob a superfície transparente e lisa. Como um badalo em um sino, a chave se mantém na vertical "no buraco da fechadura": ela faz soar ali a expressão familiar até se tornar absurda. Ouçamos, além disso, Magritte: "É possível criar novas relações entre as palavras e os objetos e especificar algumas características da linguagem e dos objetos, geralmente ignorados na vida cotidiana." Ou ainda: "Talvez o nome de um objeto substitua uma imagem. Uma palavra pode tomar o lugar de um objeto na realidade. Uma imagem pode tomar o lugar de uma palavra em uma proposição." E isso não constitui absolutamente contradição, mas se refere simultaneamente à rede inextricável das imagens e das palavras, e à ausência de lugar-comum que possa sustentá-las: "Em um quadro, as palavras têm a mesma substância que as imagens. Veem-se diferentemente as imagens e as palavras em um quadro."[1]

Não é preciso se enganar aí: em um espaço onde cada elemento parece obedecer ao único princípio da representação plástica e da semelhança, os signos linguísticos, que pareciam excluídos, que rondavam ao longe em torno da imagem, e que a arbitrariedade do título parecia ter afastado para sempre, reaproximaram-se sub-repticiamente; eles introduziram na plenitude da imagem, em sua meticulosa semelhança, uma desordem – uma ordem que pertence apenas a eles.

Klee tecia, para ali depositar seus signos plásticos, um espaço novo. Magritte deixa reinar o velho espaço da representação, mas apenas superficialmente, pois ele não passa de uma pedra lisa, portando figuras e palavras: embaixo, não há nada. É a laje de uma tumba: as incisões que desenham as figuras e as que marcaram as letras só comunicam pelo vazio, por esse não-lugar que se esconde sob a solidez do mármore. Apontarei somente que ocorre a essa ausência ascender de novo à superfície e aflorar no próprio quadro: quando Magritte dá sua versão de *Madame Récamier* ou do *Balcon*, ele substitui os personagens da pintura tradicional por caixões: o vazio contido invisivelmente entre as tábuas de carvalho encerado desfaz o espaço composto pelo volume dos corpos vivos, pelo desdobramento dos vestidos, pela direção do olhar e por todos aqueles rostos prestes a falar, o "não lugar" surge "em pessoa" – no lugar das pessoas e ali onde não há mais ninguém.*

Os sete selos da afirmação

A antiga equivalência entre similitude e afirmação, Kandinsky a dispensou com um gesto soberano e único; ele libertou a pintura de ambas. O procedimento de Magritte é a dissociação das duas: romper seus liames, estabelecer sua desigualdade, fazer atuar uma sem a outra, manter aquela que depende da pintura, e excluir a que está mais próxima do

---

1 (N.A.) Cito todos estes textos do *Magritte* de P. Waldberg, Bruxelas, A. de Rache, 1965. Eles ilustravam uma série de desenhos no número 12 da *Révolution surréaliste*.

* (N.R.) Ninguém – *personne* – jogo de palavras na repetição de *personne*, pessoa e máscara, e *personne*, ninguém.

264 Michel Foucault – Ditos e Escritos

discurso; buscar tanto quanto possível a continuação infinita das semelhanças, mas aliviá-la de qualquer afirmação que tentasse dizer com o que elas se assemelham. Pintura do "Mesmo", liberta do "como se". Estamos longe do *trompe-l'oeil*. Este pretende passar a mais pesada carga de afirmação pelo artifício de uma semelhança convincente: "O que você vê ali não é, na superfície de uma parede, um conjunto de linhas e de cores; é uma profundidade, um céu, nuvens que esconderam seu telhado, uma verdadeira coluna em torno da qual você poderá girar, uma escada que prolonga os degraus em que você vai subir (e você já dá um passo em direção a ela, involuntariamente), uma balaustrada de pedra por cima da qual se inclinam os rostos atentos dos cortesãos e das damas, que usam, com os mesmos galões, as mesmas roupas que você, que sorriem do seu espanto e sorrisos, fazendo em sua direção sinais que são misteriosos para você pela única razão que eles já responderam sem esperar aos que você vai lhes fazer."

A tantas afirmações, apoiadas sobre tantas analogias, se opõe o texto de Magritte, que fala bem junto ao cachimbo mais parecido. Mas quem fala, nesse texto único em que a mais elementar das afirmações se vê comprometida? O próprio cachimbo, inicialmente: "O que vocês veem aqui, essas linhas que eu formo ou que me formam, tudo isso não é absolutamente o que você sem dúvida acredita; mas somente um desenho, enquanto o verdadeiro cachimbo, repousando em sua essência bem mais além de qualquer gesto artificial, flutuando no elemento de sua verdade ideal, está acima – veja, justamente acima desse quadro em que eu não passo de uma simples e solitária semelhança." Ao que o cachimbo de cima responde (sempre no mesmo enunciado): "O que vocês veem flutuar diante dos seus olhos, fora de qualquer espaço e de qualquer suporte fixo, essa bruma que não repousa nem em uma tela nem em uma página, como poderia ela ser verdadeiramente um cachimbo? Não se enganem, não passo de uma semelhança – não alguma coisa semelhante a um cachimbo, mas essa semelhança nebulosa que, sem remeter a nada, percorre e faz comunicar textos como aquele que você pode ler e desenhos como o que está lá, embaixo." Mas o enunciado, assim articulado já duas vezes por vozes diferentes, toma por sua vez a palavra para falar de si mesmo: "Essas letras que me compõem e que você espera, no momento em que tentar a sua leitura, vê-las nomeando o cachimbo, como

1968 – Isto Não É um Cachimbo   265

ousariam tais letras dizer que elas são um cachimbo, tão longe como estão daquilo que nomeiam? Isso é um grafismo que só se assemelha a si mesmo e que não seria capaz de interessar a quem ele fala." Há mais ainda: essas vozes se misturam, duas a duas, para dizer, falando do terceiro elemento, que "isto não é um cachimbo". Ligados pela moldura do quadro que envolve os dois, o texto e o cachimbo de baixo entram em cumplicidade: o poder de designação das palavras, o poder de ilustração do desenho denunciam o cachimbo de cima, e recusam a essa aparição sem referência o direito de se dizer um cachimbo, pois sua existência sem vínculo a torna muda e invisível. Ligados por sua semelhança recíproca, os dois cachimbos contestam ao enunciado escrito o direito de se dizer um cachimbo, embora seja ele feito de signos sem semelhança com aquilo que designam. Ligados pelo fato de que eles vêm ambos de outro lugar, e de que um é um discurso suscetível de dizer a verdade, e de que o outro é como a aparição de uma coisa em si, o texto e o cachimbo de cima conjugam-se para formular a asserção de que o cachimbo do quadro não é um cachimbo. E talvez seja necessário supor que, além desses três elementos, uma voz sem lugar fala nesse enunciado, e que uma mão sem forma o escreveu; falando ao mesmo tempo do cachimbo do quadro, do cachimbo que surge acima e do texto que está começando a escrever, este anônimo dizia: "Nada disso é absolutamente um cachimbo; mas um texto que parece um texto; um desenho de um cachimbo que parece um desenho de um cachimbo; um cachimbo (desenhado como não sendo um desenho) que parece um cachimbo (desenhado à maneira de um cachimbo que não seria ele próprio um desenho)." Sete discursos em um só enunciado. Mais do que suficiente para derrubar a fortaleza em que a semelhança estava prisioneira da afirmação.

Daí em diante, a similitude é remetida a ela própria – desdobrada a partir de si e redobrada sobre si. Ela não é mais o índex que atravessa perpendicularmente a superfície da tela para remeter a uma outra coisa. Ela inaugura um jogo de analogias que correm, proliferam, propagam-se, correspondem-se no plano do quadro, sem nada afirmar nem representar. Assim, em Magritte, esses perpétuos jogos da similitude purificada que jamais ultrapassa o exterior do quadro. Eles criam metamorfoses: mas, em que sentido? Será a planta cujas folhas voam e tornam-se pássaros, ou os pássaros que se afogam, len-

266 Michel Foucault – Ditos e Escritos

tamente, viram plantas e entranham-se na terra em uma última palpitação de verdura (*Les grâces naturelles, La saveur des larmes*)? Será que é a mulher que "toma a forma da garrafa" ou a garrafa que se feminiza, tornando-se "corpo nu" (aqui se compõem uma perturbação dos elementos plásticos por causa da inserção latente de signos verbais e o jogo de uma analogia que, sem nada afirmar, no entanto passa, e duas vezes, pela instância lúdica do enunciado)? Em vez de mesclar as identidades, ocorre que a analogia tem o poder de destruí-las: um tronco de mulher é seccionado em três elementos (de tamanho regularmente crescente de alto a baixo); as proporções conservadas em cada ruptura garantem a analogia, suspendendo qualquer afirmação de identidade: três proporcionais, em que falta precisamente a quarta; mas esta é incalculável: a cabeça (último elemento = x) falta: *Folie des grandeurs*, diz o título.

Outra maneira de a analogia se libertar de sua antiga cumplicidade com a afirmação representativa: mesclar perfidamente (por um artifício que parece indicar o contrário do que ela quer dizer) um quadro e o que ele deve representar. Aparentemente, esta é a maneira de afirmar que o quadro é seu próprio modelo. Na verdade, tal afirmação implicaria distância interior, uma separação, uma diferença entre a tela e o que ela deve imitar; pelo contrário, em Magritte há, do quadro ao modelo, continuidade no plano, passagem linear, ultrapassagem contínua de um pelo outro: seja por um deslizamento da esquerda para a direita (como em *A condição humana*, em que a linha do mar prossegue sem interrupção do horizonte à tela), seja pela inversão das distâncias (como em *La cascade*, em que o modelo avança sobre a tela, a envolve pelos lados, e a faz parecer recuada em relação ao que deveria estar mais além dela). Ao contrário dessa analogia que nega a representação apagando dualidade e distância, há aquela que, pelo contrário, a escamoteia ou zomba dela graças às armadilhas do desdobramento. Em *Le Soir qui Tombe*, a vidraça contém um sol vermelho análogo àquele que permanece suspenso no céu (contra Descartes e a maneira com que ele resolvia os dois sóis em aparência na unidade da representação); ocorre o contrário em *La Lunette d'Approche*: sobre a transparência de uma vidraça, é possível ver passar as nuvens e cintilar um mar azul; mas a fresta da janela que dá para um espaço negro mostra que isso não é o reflexo de nada.

Pintar não é afirmar

Separação rigorosa entre signos linguísticos e elementos plásticos; equivalência entre a similitude e a afirmação. Esses dois princípios constituíam a tensão da pintura clássica: pois o segundo introduzia novamente o discurso (não há afirmação senão ali onde se fala) em uma pintura de onde o elemento linguístico estava rigorosamente excluído. Daí o fato de que a pintura clássica falava – e falava muito –, constituindo-se totalmente fora da linguagem; daí o fato de que ela repousava silenciosamente em um espaço discursivo; daí o fato de que ela se dava, abaixo dela mesma, uma espécie de lugar-comum onde ela podia restaurar as relações entre a imagem e os signos.

Magritte ata os signos verbais e os elementos plásticos, mas sem se dar a preliminar de uma isotopia; ele escamoteia o fundo de discurso afirmativo sobre o qual tranquilamente repousava a semelhança; e movimenta puras similitudes e enunciados verbais não afirmativos na instabilidade de um volume sem referências e em um espaço sem plano. Operação na qual *Isto não é um cachimbo* dá como que o formulário.

1) Fazer um caligrama onde se encontram simultaneamente presentes e visíveis a imagem, o texto, a semelhança, a afirmação e seu lugar-comum.

2) Depois, abrir abruptamente, de maneira que o caligrama decomponha-se imediatamente e desapareça, deixando apenas como traço seu próprio vazio.

3) Deixar o discurso cair segundo seu próprio peso e adquirir a forma visível das letras. Letras que, à medida que são desenhadas, entram em uma relação incerta, indefinida, confusa com o próprio desenho – mas sem que nenhuma superfície possa lhes servir de lugar-comum.

4) Deixar, por outro lado, as similitudes se multiplicarem a partir delas próprias, nascerem do seu próprio vapor e se elevarem infinitamente em um éter cada vez menos espacializado onde elas não remetem a nada mais que a elas mesmas.

5) Verificar claramente, no final da operação, que o precipitado da última proveta mudou de cor, que passou do branco ao negro, que *Isto é um cachimbo* tornou-se *Isto não é um cachimbo*. Em suma, que a pintura cessou de afirmar.

1969

O que é um Autor?   (Conferência)

"Qu'est-ce qu'un auteaur?", *Bulletin de la Société Française de Philosophie*, 63° ano, n. 3, julho-setembro de 1969, p. 73-104. (Société Française de Philosophie, 22 de fevereiro de 1969; debate com M. de Gandillac, L. Goldmann, J. Lacan, J. d'Ormesson, J. Ullmo, J. Wahl.)

Em 1970, na Universidade de Búfalo (Estado de Nova Iorque), M. Foucault dá uma versão modificada dessa conferência, publicada em 1979 nos Estados Unidos (ver n. 258, v. III da edição francesa desta obra). As passagens entre colchetes não figuravam no texto lido por M. Foucault em Búfalo. As modificações que ele tinha feito estão assinaladas por uma nota. M. Foucault autorizou indiferentemente a reedição de uma ou da outra versão, a do *Bulletin de la Société Française de Philosophie* na revista de psicanálise *Littoral* (n. 9, junho de 1983), e aquela do *Textual Strategies* no *The Foucault Reader* (Ed. P. Rabinow, Nova Iorque, Pantheon Books, 1984).

O Sr. Michel Foucault, professor do Centro Universitário Experimental de Vincennes, propunha-se a desenvolver diante dos membros da Sociedade Francesa de Filosofia os seguintes argumentos:

"Que importa quem fala?" Nessa indiferença se afirma o princípio ético, talvez o mais fundamental, da escrita contemporânea. O apagamento do autor tornou-se desde então, para a crítica, um tema cotidiano. Mas o essencial não é constatar uma vez mais seu desaparecimento; é preciso descobrir, como lugar vazio – ao mesmo tempo indiferente e obrigatório –, os locais onde sua função é exercida.

1°) O nome do autor: impossibilidade de tratá-lo como uma descrição definida; mas impossibilidade igualmente de tratá-lo como um nome próprio comum.

2°) A relação de apropriação: o autor não é exatamente nem o proprietário nem o responsável por seus textos; não é nem o produtor nem o inventor deles. Qual é a natureza do *speech act* que permite dizer que há obra?

1969 – O que é um Autor?   269

3°) A relação de atribuição. O autor é, sem dúvida, aquele a quem se pode atribuir o que foi dito ou escrito. Mas a atribuição – mesmo quando se trata de um autor conhecido – é o resultado de operações críticas complexas e raramente justificadas. As incertezas do *opus*.

4°) A posição do autor. Posição do autor no livro (uso dos desencadeadores; funções dos prefácios; simulacros do copista, do narrador, do confidente, do memorialista). Posição do autor nos diferentes tipos de discurso (no discurso filosófico, por exemplo). Posição do autor em um campo discursivo (o que é o fundador de uma disciplina?, o que pode significar o "retorno a..." como momento decisivo na transformação de um campo discursivo?).

Relatório da sessão

A sessão é aberta às 16h45min no Collège de France, sala n. 6, presidida por Jean Wahl.

Jean Wahl: Temos o prazer de ter hoje entre nós Michel Foucault. Estávamos um pouco impacientes por causa de sua vinda, um pouco inquietos com seu atraso, mas ele está aqui. Eu não o apresento a vocês, é o "verdadeiro" Michel Foucault, o de *As palavras e as coisas*, o da tese sobre a loucura. Eu lhe passo imediatamente a palavra.

Michel Foucault: Creio – sem estar aliás muito seguro sobre isso – que é tradição trazer a essa Sociedade de Filosofia o resultado de trabalhos já concluídos, para submetê-los ao exame e à crítica de vocês. Infelizmente, o que lhes trago hoje é muito pouco, eu receio, para merecer sua atenção: é um projeto que eu gostaria de submeter a vocês, uma tentativa de análise cujas linhas gerais apenas entrevejo; mas pareceu-me que, esforçando-me para traçá-las diante de vocês, pedindo-lhes para julgá-las e retificá-las, eu estava, como "um bom neurótico", à procura de um duplo benefício: inicialmente de submeter os resultados de um trabalho que ainda não existe ao rigor de suas objeções, e o de beneficiá-lo, no momento do seu nascimento, não somente com seu apadrinhamento, mas com suas sugestões.

E eu gostaria de fazer a vocês um outro pedido, o de não me levar a mal se, dentro em pouco, ao escutar vocês me fazerem perguntas, sinto eu ainda, e sobretudo aqui, a ausência de uma

270 Michel Foucault – Ditos e Escritos

voz que me tem sido até agora indispensável; vocês hão de compreender que nesse momento é ainda meu primeiro mestre que procurarei invencivelmente ouvir. Afinal, é a ele que eu havia inicialmente falado do meu projeto inicial de trabalho; com toda certeza, seria imprescindível para mim que ele assistisse a esse esboço e que me ajudasse uma vez mais em minhas incertezas. Mas, afinal, já que a ausência ocupa lugar primordial no discurso, aceitem, por favor, que seja a ele, em primeiro lugar, que eu me dirija essa noite.

Quanto ao tema que propus, "O que é um autor?", é preciso evidentemente justificá-lo um pouco para vocês.

Se escolhi tratar essa questão talvez um pouco estranha é porque inicialmente gostaria de fazer uma certa crítica sobre o que antes me ocorreu escrever. E voltar a um certo número de imprudências que acabei cometendo. Em *As palavras e as coisas*, eu tentara analisar as massas verbais, espécies de planos discursivos, que não estavam bem acentuados pelas unidades habituais do livro, da obra e do autor. Eu falava em geral da "história natural", ou da "análise das riquezas", ou da "economia política", mas não absolutamente de obras ou de escritores. Entretanto, ao longo desse texto, utilizei ingenuamente, ou seja, de forma selvagem, nomes de autores. Falei de Buffon, de Cuvier, de Ricardo etc., e deixei esses nomes funcionarem em uma ambiguidade bastante embaraçosa. Embora dois tipos de objeções pudessem ser legitimamente formuladas, e o foram de fato. De um lado, disseram-me: você não descreve Buffon convenientemente, e o que você diz sobre Marx é ridiculamente insuficiente em relação ao pensamento de Marx. Essas objeções estavam evidentemente fundamentadas, mas não considero que elas fossem inteiramente pertinentes em relação ao que eu fazia; pois o problema para mim não era descrever Buffon ou Marx, nem reproduzir o que eles disseram ou quiseram dizer: eu buscava simplesmente encontrar as regras através das quais eles formaram um certo número de conceitos ou de contextos teóricos que se podem encontrar em seus textos. Fizeram também uma outra objeção: você forma, disseram-me, famílias monstruosas, aproxima nomes tão manifestamente opostos como os de Buffon e de Lineu, coloca Cuvier ao lado de Darwin, e isso contra o jogo mais evidente dos parentescos e das semelhanças naturais. Também aí, eu diria que a objeção não me parece convir, pois jamais procurei fazer um quadro

1969 – O que é um Autor? **271**

genealógico das individualidades espirituais, não quis constituir um daguerreótipo intelectual do cientista ou do naturalista dos séculos XVII e XVIII; não quis formar nenhuma família, nem santa nem perversa, busquei simplesmente – o que era muito mais modesto – as condições de funcionamento de práticas discursivas específicas.

Então, vocês me perguntarão, por que ter utilizado, em *As palavras e as coisas*, nomes de autores? Era preciso ou não utilizar nenhum, ou então definir a maneira com que vocês se servem deles. Essa objeção é, acredito, perfeitamente justificada: tentei avaliar suas implicações e consequências em um texto que logo vai ser lançado; nele tento dar estatuto a grandes unidades discursivas, como aquelas que chamamos de história natural ou economia política; eu me perguntei com que métodos, com que instrumentos se pode localizá-las, escandi-las, analisá-las e descrevê-las. Eis a primeira parte de um trabalho começado há alguns anos, e que agora está concluído.

Mas uma outra questão se coloca: a do autor – e é sobre essa que gostaria agora de conversar com vocês. Essa noção do autor constitui o momento crucial da individualização na história das ideias, dos conhecimentos, das literaturas, e também na história da filosofia, e das ciências. Mesmo hoje, quando se faz a história de um conceito, de um gênero literário ou de um tipo de filosofia, acredito que não se deixa de considerar tais unidades como escansões relativamente fracas, secundárias e sobrepostas em relação à primeira unidade, sólida e fundamental, que é a do autor e da obra.

Deixarei de lado, pelo menos na conferência desta noite, a análise histórico-sociológica do personagem do autor. Como o autor se individualizou em uma cultura como a nossa, que estatuto lhe foi dado, a partir de que momento, por exemplo, pôs-se a fazer pesquisas de autenticidade e de atribuição, em que sistema de valorização o autor foi acolhido, em que momento começou-se a contar a vida não mais dos heróis, mas dos autores, como se instaurou essa categoria fundamental da crítica "o homem-e-a obra", tudo isso certamente mereceria ser analisado. Gostaria no momento de examinar unicamente a relação do texto com o autor, a maneira com que o texto aponta para essa figura que lhe é exterior e anterior, pelo menos aparentemente.

A formulação do tema pelo qual gostaria de começar, eu a tomei emprestado de Beckett: "Que importa quem fala, alguém

272 Michel Foucault – Ditos e Escritos

disse que importa quem fala." Nessa indiferença, acredito que é preciso reconhecer um dos princípios éticos fundamentais da escrita contemporânea. Digo "ético", porque essa indiferença não é tanto um traço caracterizando a maneira como se fala ou como se escreve; ela é antes uma espécie de regra imanente, retomada incessantemente, jamais efetivamente aplicada, um princípio que não marca a escrita como resultado, mas a domina como prática. Essa regra é bastante conhecida para que seja necessário analisá-la longamente; basta aqui especificá-la através de dois de seus grandes temas. Pode-se dizer, inicialmente, que a escrita de hoje se libertou do tema da expressão: ela se basta a si mesma, e, por consequência, não está obrigada à forma da interioridade; ela se identifica com sua própria exterioridade desdobrada. O que quer dizer que ela é um jogo de signos comandado menos por seu conteúdo significado do que pela própria natureza do significante; e também que essa regularidade da escrita é sempre experimentada no sentido de seus limites; ela está sempre em vias de transgredir e de inverter a regularidade que ela aceita e com a qual se movimenta; a escrita se desenrola como um jogo que vai infalivelmente além de suas regras, e passa assim para fora. Na escrita, não se trata da manifestação ou da exaltação do gesto de escrever; não se trata da amarração de um sujeito em uma linguagem; trata-se da abertura de um espaço onde o sujeito que escreve não para de desaparecer.

O segundo tema é ainda mais familiar; é o parentesco da escrita com a morte. Esse laço subverte um tema milenar; a narrativa, ou a epopeia dos gregos, era destinada a perpetuar a imortalidade do herói, e se o herói aceitava morrer jovem, era porque sua vida, assim consagrada e magnificada pela morte, passava à imortalidade; a narrativa recuperava essa morte aceita. De uma outra maneira, a narrativa árabe – eu penso em *As mil e uma noites* – também tinha, como motivação, tema e pretexto, não morrer: falava-se, narrava-se até o amanhecer para afastar a morte, para adiar o prazo desse desenlace que deveria fechar a boca do narrador. A narrativa de Shehrazade é o avesso encarniçado do assassínio, é o esforço de todas as noites para conseguir manter a morte fora do ciclo da existência. Esse tema da narrativa ou da escrita feitos para exorcizar a morte, nossa cultura o metamorfoseou; a escrita está atualmente ligada ao sacrifício, ao próprio sacrifício da vida; apagamento voluntário que não é para ser representado nos livros, pois ele é consumado na própria existência do escritor. A obra que tinha o dever de trazer a imortalidade recebeu agora o direito de matar, de ser assassina do seu autor. Vejam Flaubert, Proust, Kafka. Mas há outra coisa: essa relação da escrita com a morte também se manifesta no desaparecimento das características individuais do sujeito que escreve; através de todas as chicanas que ele estabelece entre ele e o que ele escreve, o sujeito que escreve despista todos os signos de sua individualidade particular; a marca do escritor não é mais do que a singularidade de sua ausência; é preciso que ele faça o papel do morto no jogo da escrita. Tudo isso é conhecido; faz bastante tempo que a crítica e a filosofia constataram esse desaparecimento ou morte do autor.

Não estou certo, entretanto, de que se tenham absorvido rigorosamente todas as consequências inerentes a essa constatação, nem que se tenha avaliado com exatidão a medida do acontecimento. Mais precisamente, parece-me que um certo número de noções que hoje são destinadas a substituir o privilégio do autor o bloqueiam, de fato, e escamoteiam o que deveria ser destacado. Tomarei simplesmente duas dessas noções que são hoje, acredito, singularmente importantes.

Inicialmente, a noção de obra. É dito, de fato (e é também uma tese bastante familiar), que o próprio da crítica não é destacar as relações da obra com o autor, nem querer reconstituir através dos textos um pensamento ou uma experiência; ela deve antes analisar a obra em sua estrutura, em sua arquitetura, em sua forma intrínseca e no jogo de suas relações internas. Ora, é preciso imediatamente colocar um problema: "O que é uma obra? O que é pois essa curiosa unidade que se designa com o nome obra? De quais elementos ela se compõe? Uma obra não é aquilo que é escrito por aquele que é um autor?" Vemos as dificuldades surgirem. Se um indivíduo não fosse um autor, será que se poderia dizer que o que ele escreveu, ou disse, o que ele deixou em seus papéis, o que se pode relatar de suas exposições, poderia ser chamado de "obra"? Enquanto Sade não era um autor, o que eram então esses papéis? Esses rolos de papel sobre os quais, sem parar, durante seus dias de prisão, ele desencadeava seus fantasmas.

Mas suponhamos que se trate de um autor: será que tudo o que ele escreveu ou disse, tudo o que ele deixou atrás de si faz parte de sua obra? Problema ao mesmo tempo teórico e téc-

274 Michel Foucault – Ditos e Escritos

nico. Quando se pretende publicar, por exemplo, as obras de Nietzsche, onde é preciso parar? É preciso publicar tudo, certamente, mas o que quer dizer esse "tudo"? Tudo o que o próprio Nietzsche publicou, certamente. Os rascunhos de suas obras? Evidentemente. Os projetos dos aforismos? Sim. Da mesma forma as rasuras, as notas nas cadernetas? Sim. Mas quando, no interior de uma caderneta repleta de aforismos, encontra-se uma referência, a indicação de um encontro ou de um endereço, uma nota de lavanderia: obra, ou não? Mas, por que não? E isso infinitamente. Dentre os milhões de traços deixados por alguém após sua morte, como se pode definir uma obra? A teoria da obra não existe, e àqueles que, ingenuamente, tentam editar obras falta uma tal teoria e seu trabalho empírico se vê muito rapidamente paralisado. E se poderia continuar: será que se pode dizer que *As mil e uma noites* constituem uma obra? E os *Stromates*,[1] de Clément d'Alexandrie, ou as *Vidas*,[2] de Diogène Laërce? Percebe-se que abundância de questões se coloca a propósito dessa noção de obra. De tal maneira que é insuficiente afirmar: deixemos o escritor, deixemos o autor e vamos estudar, em si mesma, a obra. A palavra "obra" e a unidade que ela designa são provavelmente tão problemáticas quanto a individualidade do autor.

Uma outra noção, acredito, bloqueia a certeza da desaparição do autor e retém como que o pensamento no limite dessa anulação; com sutileza, ela ainda preserva a existência do autor. É a noção de escrita. A rigor, ela deveria permitir não somente dispensar a referência ao autor, mas dar estatuto à sua nova ausência. No estatuto que se dá atualmente à noção de escrita, não se trata, de fato, nem do gesto de escrever nem da marca (sintoma ou signo) do que alguém teria querido dizer; esforça-se com uma notável profundidade para pensar a condição geral de qualquer texto, a condição ao mesmo tempo do espaço em que ele se dispersa e do tempo em que ele se desenvolve.

---

1 Clément d'Alexandrie, *Les Stromates*, *Stromate I* (trad. M. Caster), Paris, Éd. du Cerf, Col. "Sources Chrétiennes", n. 30, 1951; *Stromate II* (trad. C. Mondésert), *ibid.*, n. 38, 1954; *Stromate V* (trad. P. Voulet) *ibid.*, n. 278, 1981.
2 Diogène Laërce, *De vita et moribus philosophorum*, Lyon, A. Vicentium, 1556 (*Vies, doctrines et sentences des philosophes illustres*, trad. R. Genaille, Paris, Classiques Garnier, 1933, 2 vol.).

1969 – O que é um Autor? 275

Eu me pergunto se, reduzida às vezes a um uso habitual, essa noção não transporta, em um anonimato transcendental, as características empíricas do autor. Ocorre que se contenta em apagar as marcas demasiadamente visíveis do empirismo do autor utilizando, uma paralelamente à outra, uma contra a outra, duas maneiras de caracterizá-la: a modalidade crítica e a modalidade religiosa. Dar, de fato, à escrita um estatuto originário não seria uma maneira de, por um lado, traduzir novamente em termos transcendentais a afirmação teológica do seu caráter sagrado e, por outro, a afirmação crítica do seu caráter criador? Admitir que a escrita está de qualquer maneira, pela própria história que ela tornou possível, submetida à prova do esquecimento e da repressão, isso não seria representar em termos transcendentais o princípio religioso do sentido oculto (com a necessidade de interpretar) e o princípio crítico das significações implícitas, das determinações silenciosas, dos conteúdos obscuros (com a necessidade de comentar)? Enfim, pensar a escrita como ausência não seria muito simplesmente repetir em termos transcendentais o princípio religioso da tradição simultaneamente inalterável e jamais realizada, e o princípio estético da sobrevivência da obra, de sua manutenção além da morte, e do seu excesso enigmático em relação ao autor?

Penso então que tal uso da noção de escrita arrisca manter os privilégios do autor sob a salvaguarda do *a priori*: ele faz subsistir, na luz obscura da neutralização, o jogo das representações que formaram uma certa imagem do autor. A desaparição do autor, que após Mallarmé é um acontecimento que não cessa, encontra-se submetida ao bloqueio transcendental. Não existe atualmente uma linha divisória importante entre os que acreditam poder ainda pensar as rupturas atuais na tradição histórico-transcendental do século XIX e os que se esforçam para se libertar dela definitivamente?

*

Mas não basta, evidentemente, repetir como afirmação vazia que o autor desapareceu. Igualmente, não basta repetir perpetuamente que Deus e o homem estão mortos de uma morte conjunta. O que seria preciso fazer é localizar o espaço assim deixado vago pela desaparição do autor, seguir atentamente a repartição das lacunas e das falhas e espreitar os locais, as funções livres que essa desaparição faz aparecer.

276   Michel Foucault – Ditos e Escritos

Gostaria, inicialmente, de evocar em poucas palavras os problemas suscitados pelo uso do nome do autor. O que é o nome do autor? E como ele funciona? Longe de dar a vocês uma solução, indicarei somente algumas das dificuldades que ele apresenta.

O nome do autor é um nome próprio; ele apresenta os mesmos problemas que ele. (Refiro-me aqui, entre diferentes análises, às de Searle).[3] Não é possível fazer do nome próprio, evidentemente, uma referência pura e simples. O nome próprio (e, da mesma forma, o nome do autor) tem outras funções além das indicativas. Ele é mais do que uma indicação, um gesto, um dedo apontado para alguém; em uma certa medida, é o equivalente a uma descrição. Quando se diz "Aristóteles", emprega-se uma palavra que é equivalente a uma descrição ou a uma série de descrições definidas, do gênero de: "o autor das *Analíticas*"[4] ou: "o fundador da ontologia" etc. Mas não se pode ficar nisso; um nome próprio não tem pura e simplesmente uma significação; quando se descobre que Rimbaud não escreveu *La chasse spirituelle*, não se pode pretender que esse nome próprio ou esse nome do autor tenha mudado de sentido. O nome próprio e o nome do autor estão situados entre esses dois polos da descrição e da designação; eles têm seguramente uma certa ligação com o que eles nomeiam, mas não inteiramente sob a forma de designação, nem inteiramente sob a forma de descrição: ligação específica. Entretanto – e é aí que aparecem as dificuldades particulares do nome do autor –, a ligação do nome próprio com o indivíduo nomeado e a ligação do nome do autor com o que ele nomeia não são isomorfas nem funcionam da mesma maneira. Eis algumas dessas diferenças.

Se eu me apercebo, por exemplo, de que Pierre Dupont não tem olhos azuis, ou não nasceu em Paris, ou não é médico etc., não é menos verdade que esse nome, Pierre Dupont, continuará sempre a se referir à mesma pessoa; a ligação de designação não será modificada da mesma maneira. Em compensação, os problemas colocados pelo nome do autor são bem mais complexos: se descubro que Shakespeare não nasceu na casa que

---

3 Searle (J. R.), *Speech acts. An essay in the philosophy of language*, Cambridge, Cambridge University Press, 1969 (*Les actes de langage*, trad. H. Panchard, Paris, Hermann, Col. "Savoir", 1972).

4 Aristóteles, *Les premiers analytiques* (trad,. J. Tricot), *in Organon*, Paris, Vrin, t. III, 1947. *Les seconds analytiques* (trad. J. Tricot), *ibid.*, t. IV, 1947.

hoje se visita, eis uma modificação que, evidentemente, não vai alterar o funcionamento do nome do autor. E se ficasse provado que Shakespeare não escreveu os *Sonnets* que são tidos como dele, eis uma mudança de um outro tipo: ela não deixa de atingir o funcionamento do nome do autor. E se ficasse provado que Shakespeare escreveu o *Organon*[5] de Bacon simplesmente porque o mesmo autor escreveu as obras de Bacon e as de Shakespeare, eis um terceiro tipo de mudança que modifica inteiramente o funcionamento do nome do autor. O nome do autor não é, pois, exatamente um nome próprio como os outros.

Muitos outros fatos assinalam a singularidade paradoxal do nome do autor. Não é absolutamente a mesma coisa dizer que Pierre Dupont não existe e dizer que Homero ou Hermes Trismegisto não existiram; em um caso, quer-se dizer que ninguém tem o nome de Pierre Dupont; no outro, que vários foram confundidos com um único nome ou que o autor verdadeiro não possui nenhum dos traços atribuídos tradicionalmente ao personagem de Homero ou de Hermes. Não é de forma alguma a mesma coisa dizer que Pierre Dupont não é o verdadeiro nome de X, mas sim Jacques Durand, e dizer que Stendhal se chamava Henri Beyle. Seria assim possível se interrogar sobre o sentido e o funcionamento de uma proposição como "Bourbaki é tal, tal etc." e "Victor Eremita, Climacus, Anticlimacus, Frater Taciturnus, Constantin Constantius são Kierkegaard".

Essas diferenças talvez se relacionem com o seguinte fato: um nome de autor não é simplesmente um elemento em um discurso (que pode ser sujeito ou complemento, que pode ser substituído por um pronome etc.); ele exerce um certo papel em relação ao discurso: assegura uma função classificatória; tal nome permite reagrupar um certo número de textos, delimitá-los, deles excluir alguns, opô-los a outros. Por outro lado, ele relaciona os textos entre si; Hermes Trismegisto não existia, Hipócrates, tampouco – no sentido em que se poderia dizer que Balzac existe –, mas o fato de que vários textos tenham sido colocados sob um mesmo nome indica que se estabelecia entre eles uma relação de homogeneidade ou de filiação, ou de autenticação de uns pelos outros, ou de explicação recíproca,

---

5 Bacon (F.), *Novum organum scientiarum*, Londres, J. Billium, 1620 (*Novum organum*, trad. M. Malherbe e J.-M. Pousseur, Paris, PUF, Col. *"Épiméthée"*, 1986).

278 Michel Foucault – Ditos e Escritos

ou de utilização concomitante. Enfim, o nome do autor funciona para caracterizar um certo modo de ser do discurso: para um discurso, o fato de haver um nome de autor, o fato de que se possa dizer "isso foi escrito por tal pessoa", ou "tal pessoa é o autor disso", indica que esse discurso não é uma palavra cotidiana, indiferente, uma palavra que se afasta, que flutua e passa, uma palavra imediatamente consumível, mas que se trata de uma palavra que deve ser recebida de uma certa maneira e que deve, em uma dada cultura, receber um certo *status*.

Chegar-ser-ia finalmente à ideia de que o nome do autor não passa, como o nome próprio, do interior de um discurso ao indivíduo real e exterior que o produziu, mas que ele corre, de qualquer maneira, aos limites dos textos, que ele os recorta, segue suas arestas, manifesta o modo de ser ou, pelo menos, que ele o caracteriza. Ele manifesta a ocorrência de um certo conjunto de discurso, e refere-se ao *status* desse discurso no interior de uma sociedade e de uma cultura. O nome do autor não está localizado no estado civil dos homens, não está localizado na ficção da obra, mas na ruptura que instaura um certo grupo de discursos e seu modo singular de ser. Consequentemente, poder-se-ia dizer que há, em uma civilização como a nossa, um certo número de discursos que são providos da função "autor", enquanto outros são dela desprovidos. Uma carta particular pode ter um signatário, ela não tem autor; um contrato pode ter um fiador, ele não tem autor. Um texto anônimo que se lê na rua em uma parede terá um redator, não terá um autor. A função autor é, portanto, característica do modo de existência, de circulação e de funcionamento de certos discursos no interior de uma sociedade.

*

Seria preciso agora analisar essa função "autor". Em nossa cultura, como se caracteriza um discurso portador da função autor? Em que ele se opõe aos outros discursos? Acredito que se podem, considerando-se somente o autor de um livro ou de um texto, reconhecer nele quatro características diferentes.

Elas são, inicialmente, objetos de apropriação; a forma de propriedade da qual elas decorrem é de um tipo bastante particular; ela foi codificada há um certo número de anos. É preciso observar que essa propriedade foi historicamente secundária, em relação ao que se poderia chamar de apropriação penal. Os textos, os livros, os discursos começaram a ter realmente autores (diferentes dos personagens míticos, diferentes das grandes figuras sacralizadas e sacralizantes) na medida em que o autor podia ser punido, ou seja, na medida em que os discursos podiam ser transgressores. O discurso, em nossa cultura (e, sem dúvida, em muitas outras), não era originalmente um produto, uma coisa, um bem; era essencialmente um ato – um ato que estava colocado no campo bipolar do sagrado e do profano, do lícito e do ilícito, do religioso e do blasfemo. Ele foi historicamente um gesto carregado de riscos antes de ser um bem extraído de um circuito de propriedades. E quando se instaurou um regime de propriedade para os textos, quando se editoram regras estritas sobre os direitos do autor, sobre as relações autores editores, sobre os direitos de reprodução etc. – ou seja, no fim do século XVIII e no início do século XIX –, é nesse momento em que a possibilidade de transgressão que pertencia ao ato de escrever adquiriu cada vez mais o aspecto de um imperativo próprio da literatura. Como se o autor, a partir do momento em que foi colocado no sistema de propriedade que caracteriza nossa sociedade, compensasse o *status* que ele recebia, reencontrando assim o velho campo bipolar do discurso, praticando sistematicamente a transgressão, restaurando o perigo de uma escrita na qual, por outro lado, garantir-se-iam os benefícios da propriedade.

Por outro lado, a função autor não é exercida de uma maneira universal e constante em todos os discursos. Em nossa civilização, não são sempre os mesmos textos que exigiram receber uma atribuição. Houve um tempo em que esses textos que hoje chamaríamos de "literários" (narrativas, contos, epopeias, tragédias, comédias) eram aceitos, postos em circulação, valorizados sem que fosse colocada a questão do seu autor; o anonimato não constituía dificuldade, sua antiguidade, verdadeira ou suposta, era para eles garantia suficiente. Em compensação, os textos que chamaríamos atualmente de científicos, relacionando-se com a cosmologia e o céu, a medicina e as doenças, as ciências naturais ou a geografia, não eram aceitos na Idade Média e só mantinham um valor de verdade com a condição de serem marcados pelo nome do seu autor. "Hipócrates disse", "Plínio conta" não eram precisamente as fórmulas de um argumento de autoridade; eram os índices

280 Michel Foucault – Ditos e Escritos

com que estavam marcados os discursos destinados a serem aceitos como provados. Um quiasmo produziu-se no século XVII, ou no XVIII; começou-se a aceitar os discursos científicos por eles mesmos, no anonimato de uma verdade estabelecida ou sempre demonstrável novamente; é sua vinculação a um conjunto sistemático que lhes dá garantia, e de forma alguma a referência ao indivíduo que os produziu. A função autor se apaga, o nome do inventor servindo no máximo para batizar um teorema, uma proposição, um efeito notável, uma propriedade, um corpo, um conjunto de elementos, uma síndrome patológica. Mas os discursos "literários" não podem mais ser aceitos senão quando providos da função autor: a qualquer texto de poesia ou de ficção se perguntará de onde ele vem, quem o escreveu, em que data, em que circunstâncias ou a partir de que projeto. O sentido que lhe é dado, o *status* ou o valor que nele se reconhece dependem da maneira com que se responde a essas questões. E se, em consequência de um acidente ou de uma vontade explícita do autor, ele chega a nós no anonimato, a operação é imediatamente buscar o autor. O anonimato literário não é suportável para nós; só o aceitamos na qualidade de enigma. A função autor hoje em dia atua fortemente nas obras literárias. (Certamente, seria preciso amenizar tudo isso: a crítica começou, há algum tempo, a tratar as obras segundo seu gênero e sua espécie, conforme os elementos recorrentes que nelas figuram, segundo suas próprias variações em torno de uma constante que não é mais o criador individual. Além disso, se a referência ao autor não passa, na matemática, de uma maneira de nomear teoremas ou conjuntos de proposições, na biologia e na medicina, a indicação do autor e da data do seu trabalho desempenha um papel bastante diferente: não é simplesmente uma maneira de indicar a origem, mas de conferir um certo índice de "credibilidade" relativamente às técnicas e aos objetos de experiência utilizados em tal época e em tal laboratório.)

Terceira característica dessa função autor. Ela não se forma espontaneamente como a atribuição de um discurso a um indivíduo. É o resultado de uma operação complexa que constrói um certo ser de razão que se chama de autor. Sem dúvida, a esse ser de razão, tenta-se dar um *status* realista: seria, no indivíduo, uma instância "profunda", um poder "criador", um "projeto", o lugar originário da escrita. Mas, na verdade, o que no indivíduo é designado como autor (ou o que faz de um indivíduo um autor) é apenas a projeção, em termos sempre mais ou menos psicologizantes, do tratamento que se dá aos textos, das aproximações que se operam, dos traços que se estabelecem como pertinentes, das continuidades que se admitem ou das exclusões que se praticam. Todas essas operações variam de acordo com as épocas e os tipos de discurso. Não se constrói um "autor filosófico" como um "poeta"; e não se construía o autor de uma obra romanesca no século XVIII como atualmente. Entretanto, pode-se encontrar através do tempo um certo invariante nas regras de construção do autor.

Parece-me, por exemplo, que a maneira com que a crítica literária, por muito tempo, definiu o autor –, ou, antes, construiu a forma autor a partir dos textos e dos discursos existentes – é diretamente derivada da maneira com que a tradição cristã autentificou (ou, ao contrário, rejeitou) os textos de que dispunha. Em outros termos, para "encontrar" o autor na obra, a crítica moderna utiliza esquemas bastante próximos da exegese cristã, quando ela queria provar o valor de um texto pela santidade do autor. Em *De viris illustribus*,[6] São Jerônimo explica que a homonímia não basta para identificar legitimamente os autores de várias obras: indivíduos diferentes puderam usar o mesmo nome, ou um pôde, abusivamente, tomar emprestado o patronímico do outro. O nome como marca individual não é suficiente quando se refere à tradição textual. Como, pois, atribuir vários discursos a um único e mesmo autor? Como fazer atuar a função autor para saber se se trata de um ou de vários indivíduos? São Jerônimo fornece quatro critérios: se, entre vários livros atribuídos a um autor, um é inferior aos outros, é preciso retirá-lo da lista de suas obras (o autor é então definido como um certo nível constante de valor); além disso, se certos textos estão em contradição de doutrina com as outras obras de um autor (o autor é então definido como um certo campo de coerência conceitual ou teórica); é preciso igualmente excluir as obras que estão escritas em um estilo diferente, com palavras e formas de expressão não encontradas usualmente sob a pena do escritor (é o autor como unidade estilística); devem, enfim, ser considerados como interpolados os textos que se

---

6 São Jerônimo, *De viris illustribus* (*Des hommes illustres*, trad. abade Bareille, *in Oeuvres complètes*, Paris, Louis Vivès, 1878, t. III, p. 270-338).

282   Michel Foucault – Ditos e Escritos

referem a acontecimentos ou que citam personagens posteriores à morte do autor (o autor é então momento histórico definido e ponto de encontro de um certo número de acontecimentos). Ora, a crítica literária moderna, mesmo quando ela não se preocupa com a autenticação (o que é a regra geral), não define o autor de outra maneira: o autor é o que permite explicar tão bem a presença de certos acontecimentos em uma obra como suas transformações, suas deformações, suas diversas modificações (e isso pela biografia do autor, a localização de sua perspectiva individual, a análise de sua situação social ou de sua posição de classe, a revelação do seu projeto fundamental). O autor é, igualmente, o princípio de uma certa unidade de escrita – todas as diferenças devendo ser reduzidas ao menos pelos princípios da evolução, da maturação ou da influência. O autor é ainda o que permite superar as contradições que podem se desencadear em uma série de textos: ali deve haver – em um certo nível do seu pensamento ou do seu desejo, de sua consciência ou do seu inconsciente – um ponto a partir do qual as contradições se resolvem, os elementos incompatíveis se encadeando finalmente uns nos outros ou se organizando em torno de uma contradição fundamental ou originária. O autor, enfim, é um certo foco de expressão que, sob formas mais ou menos acabadas, manifesta-se da mesma maneira, e com o mesmo valor, em obras, rascunhos, cartas, fragmentos etc. Os quatro critérios de autenticidade segundo São Jerônimo (critérios que parecem bastante insuficientes aos atuais exegetas) definem as quatro modalidades segundo as quais a crítica moderna faz atuar a função autor.

Mas a função autor não é, na verdade, uma pura e simples reconstrução que se faz de segunda mão a partir de um texto dado como um material inerte. O texto sempre contém em si mesmo um certo número de signos que remetem ao autor. Esses signos são bastante conhecidos dos gramáticos: são os pronomes pessoais, os advérbios de tempo e de lugar, a conjugação dos verbos. Mas é preciso enfatizar que esses elementos não atuam da mesma maneira nos discursos providos da função autor e naqueles que dela são desprovidos. Nesses últimos, tais "mecanismos" remetem ao locutor real e às coordenadas espaço-temporais do seu discurso (embora certas modificações possam se produzir: quando se relatam discursos na primeira pessoa). Nos primeiros, em compensação, seu

1969 – O que é um Autor? **283**

papel é mais complexo e mais variável. É sabido que, em um romance que se apresenta como o relato de um narrador, o pronome da primeira pessoa, o presente do indicativo, os signos da localização jamais remetem imediatamente ao escritor, nem ao momento em que ele escreve, nem ao próprio gesto de sua escrita; mas a um *alter ego* cuja distância em relação ao escritor pode ser maior ou menor e variar ao longo mesmo da obra. Seria igualmente falso buscar o autor tanto do lado do escritor real quanto do lado do locutor fictício; a função autor é efetuada na própria cisão – nessa divisão e nessa distância. Será possível dizer, talvez, que ali está somente uma propriedade singular do discurso romanesco ou poético: um jogo do qual só participam esses "quase discursos". Na verdade, todos os discursos que possuem a função autor comportam essa pluralidade de ego. O ego que fala no prefácio de um tratado de matemática – e que indica suas circunstâncias de composição – não é idêntico nem em sua posição nem em seu funcionamento àquele que fala no curso de uma demonstração e que aparece sob a forma de um "Eu concluo" ou "Eu suponho": em um caso, o "eu" remete a um indivíduo sem equivalente que, em um lugar e em um tempo determinados, concluiu um certo trabalho; no segundo, o "eu" designa um plano e um momento de demonstração que qualquer indivíduo pode ocupar, desde que ele tenha aceito o mesmo sistema de símbolos, o mesmo jogo de axiomas, o mesmo conjunto de demonstrações preliminares. Mas se poderia também, no mesmo tratado, observar um terceiro ego; aquele que fala para dizer o sentido do trabalho, os obstáculos encontrados, os resultados obtidos, os problemas que ainda se colocam; esse ego se situa no campo dos discursos matemáticos já existentes ou ainda por vir. A função autor não está assegurada por um desses egos (o primeiro) às custas dos dois outros, que não seriam mais do que o desdobramento fictício deles. É preciso dizer, pelo contrário, que, em tais discursos, a função autor atua de tal forma que dá lugar à dispersão desses três egos simultâneos.

Sem dúvida, a análise poderia reconhecer ainda outros traços característicos da função autor. Mas me deterei hoje nos quatro que acabo de evocar, porque eles parecem ao mesmo tempo os mais visíveis e importantes. Eu os resumirei assim: a função autor está ligada ao sistema jurídico e institucional que contém, determina, articula o universo dos discursos; ela

284 Michel Foucault – Ditos e Escritos

não se exerce uniformemente e da mesma maneira sobre todos os discursos, em todas as épocas e em todas as formas de civilização; ela não é definida pela atribuição espontânea de um discurso ao seu produtor, mas por uma série de operações específicas e complexas; ela não remete pura e simplesmente a um indivíduo real, ela pode dar lugar simultaneamente a vários egos, a várias posições-sujeitos que classes diferentes de indivíduos podem vir a ocupar.

*

Mas me dou conta de que até o presente limitei meu tema de uma maneira injustificável. Certamente, seria preciso falar do que é a função autor na pintura, na música, nas técnicas etc. Entretanto, mesmo supondo que se mantenha, como eu gostaria de fazer essa noite, no mundo dos discursos, acredito ter dado ao termo "autor" um sentido demasiadamente restrito. Eu me limitei ao autor considerado como autor de um texto, de um livro ou de uma obra ao qual se pode legitimamente atribuir a produção. Ora, é fácil ver que, na ordem do discurso, pode-se ser o autor de bem mais que um livro – de uma teoria, de uma tradição, de uma disciplina dentro das quais outros livros e outros autores poderão, por sua vez, se colocar. Eu diria, finalmente, que esses autores se encontram em uma posição "transdiscursiva".

É um fenômeno constante – certamente tão antigo quanto nossa civilização. Homero e Aristóteles, os Pais da Igreja, desempenharam esse papel; mas também os primeiros matemáticos e aqueles que estiveram na origem da tradição hipocrática. Mas parece-me que se viu aparecer, durante o século XIX, na Europa, tipos de autores bastante singulares e que não poderiam ser confundidos nem com os "grandes" autores literários, nem com os autores de textos religiosos canônicos, nem com os fundadores das ciências. Vamos chamá-los, de uma maneira um pouco arbitrária, de "fundadores de discursividade".

Esses autores têm de particular o fato de que eles não são somente os autores de suas obras, de seus livros. Eles produziram alguma coisa a mais: a possibilidade e a regra de formação de outros textos. Nesse sentido, eles são bastante diferentes, por exemplo, de um autor de romances que, no fundo, é sempre o autor do seu próprio texto. Freud não é simplesmente o autor da *Traumdeutung* ou de *O chiste*;[7] Marx não é simplesmente o autor do *Manifesto* ou de *O Capital*:[8] eles estabeleceram uma possibilidade infinita de discursos. É fácil, evidentemente, fazer uma objeção. Não é verdade que o autor de um romance seja apenas o autor do seu próprio texto; em um certo sentido, também ele, na medida em que ele é, como se diz, um pouco "importante", rege e comanda mais do que isso. Para usar um exemplo muito simples, pode-se dizer que Ann Radcliffe não somente escreveu *As visões do castelo dos Pirineus*[9] e certo número de outros romances, mas ela tornou possível os romances de terror do início do século XIX e, nesse caso, sua função de autor excede sua própria obra. Só que, a essa objeção, creio que se pode responder: o que esses instauradores de discursividade tornam possível (tomo como exemplo Marx e Freud, pois acredito que eles são ao mesmo tempo os primeiros e os mais importantes), o que eles tornam possível é absolutamente diferente do que o que torna possível um autor de romance. Os textos de Ann Radcliffe abriram o campo a um certo número de semelhanças e de analogias que têm seu modelo ou princípio em sua própria obra. Esta contém signos característicos, figuras, relações, estruturas, que puderam ser reutilizados por outros. Dizer que Ann Radcliffe fundou o romance de terror quer dizer, enfim: no romance de terror do século XIX, encontrar-se-á, como em Ann Radcliffe, o tema da heroína presa na armadilha de sua própria inocência, a figura do castelo secreto que funciona como uma "contra-cidade", o personagem do herói negro, maldito, destinado a fazer o mundo expiar o mal que lhe fizeram etc. Em compensação, quando

---

7 Freud (S.), *Die Traumdeutung*, Viena, Franz Deuticke, 1900 (*L'interprétation des rêves*, trad. D. Berger, Paris, PUF, 1967), *Der Witz und seine Beziehung zum Unbewussten*, Viena, Franz Deuticke, 1905 (*Le mot d'esprit et sa relation à l'inconscient*, trad. D. Messier, Paris, Gallimard, Col. "Connaissance de l'Inconscient", 1988.)

8 Marx (K.) e Engels (F.), *Manifest der kommunistischen Partei*, Londres, J. E. Burghard, 1848 (*Le manifeste du parti communiste*, trad. M. Tailleur, Paris, Éditions Sociales, 1951); *Das Kapital. Kritik der politischen Oekonomie*, Hamburgo, O. Meissner, 1867-1894, 3 vol. (*Le capital. Critique de l'économie politique*, trad. J. Roy, ed. revisada pelo autor e revista por M. Rubel, livro I, *in Oeuvres*, Paris, Gallimard, Col. "Bibliothèque de la Pléiade", t. I, 1965, p. 630-690; livros II e III, *ibid.*, t. II, 1968, p. 867-1.485).

9 Radcliffe (A. W.), *Les visions du château des Pyrénées* (romance apócrifo; trad. G. Garnier e Zimmerman da edição de Londres em 1803), Paris, 1810, 4 vol.

286 Michel Foucault – Ditos e Escritos

falo de Marx ou de Freud como "instauradores de discursividade", quero dizer que eles não tornaram apenas possível um certo número de analogias, eles tornaram possível (e tanto quanto) um certo número de diferenças. Abriram o espaço para outra coisa diferente deles e que, no entanto, pertence ao que eles fundaram. Dizer que Freud fundou a psicanálise não quer dizer (isso não quer simplesmente dizer) que se possa encontrar o conceito da libido, ou a técnica de análise dos sonhos em Abraham ou Melanie Klein, é dizer que Freud tornou possível um certo número de diferenças em relação aos seus textos, aos seus conceitos, às suas hipóteses, que dizem todas respeito ao próprio discurso psicanalítico.

Surge imediatamente, acredito, uma nova dificuldade, ou, pelo menos, um novo problema: não será o caso, afinal de contas, de todo fundador de ciência, ou de todo autor que, em uma ciência, introduziu uma transformação que se pode chamar de fecunda? Afinal, Galileu não tornou simplesmente possíveis aqueles que repetiram depois dele as leis que ele havia formulado, mas tornou possíveis enunciados bastante diferentes do que ele próprio havia dito. Se Cuvier é o fundador da biologia, ou Saussure o da linguística, não é porque eles foram imitados, não é porque se retomou, aqui ou ali, o conceito de organismo ou de signo, é porque Cuvier tornou possível, em uma certa medida, a teoria da evolução que estava termo a termo oposta à sua própria fixidez; é na medida em que Saussure tornou possível uma gramática gerativa que é bastante diferente de suas análises estruturais. Portanto, a instauração da discursividade parece ser do mesmo tipo, à primeira vista, pelo menos, da fundação de não importa que cientificidade. Entretanto, acredito que há uma diferença, e uma diferença notável. De fato, no caso de uma cientificidade, o ato que o funda está no mesmo nível de suas transformações futuras; ele faz, de qualquer forma, parte do conjunto das modificações que ele torna possíveis. Essa dependência, certamente, pode tomar várias formas. O ato de fundação de um cientificidade pode aparecer, no curso das transformações posteriores dessa ciência, como sendo afinal apenas um caso particular de um conjunto muito mais geral que então se descobre. Pode aparecer também contaminado pela intuição e pelo empirismo; é preciso então formalizá-lo de novo, e fazer dele o objeto de um certo número de operações teóricas suplementares que o funda mais rigorosamente etc. Enfim, ele pode

1969 – O que é um Autor?   287

aparecer como uma generalização apressada, que é preciso limitar e da qual é preciso retraçar o campo restrito de validade. Em outras palavras, o ato de fundação de um cientificidade pode ser sempre reintroduzido no interior da maquinaria das transformações que dele derivam.

Ora, acredito que a instauração de uma discursividade é heterogênea às suas transformações ulteriores. Desenvolver um tipo de discursividade como a psicanálise, tal como ela foi instaurada por Freud, não é conferir-lhe uma generalidade formal que ela não teria admitido no ponto de partida, é simplesmente lhe abrir um certo número de possibilidades de aplicações. Limitá-la é, na realidade, tentar isolar no ato instaurador um número eventualmente restrito de proposições ou de enunciados, aos quais unicamente se reconhece valor fundador e em relação aos quais tais conceitos ou teoria admitidos por Freud poderão ser considerados como derivados, secundários, acessórios. Enfim, na obra desses fundadores, não se reconhecem certas proposições como falsas; contenta-se, quando se tenta apreender esse ato de instauração, em afastar os enunciados que não seriam pertinentes, seja por considerá-los como não essenciais, seja por considerá-los como "pré-históricos" e provenientes de um outro tipo de discursividade. Em outras palavras, diferentemente da fundação de uma ciência, a instauração discursiva não faz parte dessas transformações ulteriores, ela permanece necessariamente retirada e em desequilíbrio. A consequência é que se define a validade teórica de uma proposição em relação à obra de seus instauradores – ao passo que, no caso de Galileu e de Newton, é em relação ao que são, em sua estrutura e normatividade intrínsecas, a física ou a cosmologia, que se pode afirmar a validade de tal proposição que eles puderam avançar. Falando de uma maneira bastante esquemática: a obra desses instauradores não se situa em relação à ciência e no espaço que ela circunscreve; mas é a ciência ou a discursividade que se relaciona à sua obra como as coordenadas primeiras.

Compreende-se por aí que se encontre, como uma necessidade inevitável em tais discursividades, a exigência de um "retorno à origem". [Aqui, ainda, é preciso distinguir esses "retornos a..." dos fenômenos de "redescoberta" e de "reatualização" que se produzem frequentemente nas ciências. Por "redescobertas" entenderei os fenômenos de analogia ou de isomorfismo que, a partir das formas atuais do saber, tornam per-

288 Michel Foucault – Ditos e Escritos

ceptível uma figura que foi embaralhada, ou que desapareceu. Direi, por exemplo, que Chomsky, em seu livro sobre a gramática cartesiana,[10] redescobriu uma certa figura do saber que vai de Cordemoy a Humboldt: ela só pode ser constituída, na verdade, a partir da gramática gerativa, pois é esta última que detém a lei de sua construção; na realidade, trata-se de uma codificação retrospectiva do olhar histórico. Por "reatualização" entenderei uma coisa totalmente diferente: a reinserção de um discurso em um domínio de generalização, de aplicação ou de transformação que é novo para ele. E, nesse caso, a história das matemáticas é rica em tais fenômenos (eu me remeto aqui ao estudo que Michel Serres consagrou às anamneses matemáticas).[11] Por "retorno a", o que se pode entender? Acredito que se pode designar dessa maneira um movimento que tem sua própria especificidade e que caracteriza justamente as instaurações de discursividade. Para que haja retorno, de fato, é preciso inicialmente que tenha havido esquecimento, não esquecimento acidental, não encobrimento por alguma incompreensão, mas esquecimento essencial e constitutivo. O ato de instauração, de fato, é tal em sua própria essência, que ele não pode não ser esquecido. O que o manifesta, o que dele deriva é, ao mesmo tempo, o que estabelece a distância e o que o mascara. É preciso que esse esquecimento não acidental seja investido em operações precisas, que se podem situar, analisar e reduzir pelo próprio retorno a esse ato instaurador. O ferrolho do esquecimento não foi acrescentado do exterior, ele faz parte da discursividade de que se trata, é esta que lhe dá sua lei; a instauração discursiva assim esquecida é ao mesmo tempo a razão de ser do ferrolho e a chave que permite abri-lo, de tal forma que o esquecimento e o impedimento do próprio retorno só podem ser interrompidos pelo retorno. Por outro lado, esse retorno se dirige ao que está presente no texto, mais precisamente, retorna-se ao próprio texto, ao texto em sua

---

10 Chomsky (N.) *Cartesian linguistics. A chapter in the history of rationalist thought*, Nova Iorque, Harper & Row, 1966 (*La linguistique cartésienne. Un chapitre de l'histoire de la pensée rationaliste*, seguido de: *La nature formelle du langage*, trad. N. Delanoë e D. Sperber, Paris, Éd. du Seuil, Col. "L'Ordre Philosophique", 1969).
11 Serres (M.), *"Les anamnèses mathématiques", Archives internationales d'histoire des sciences*, n. 78-79, janeiro-junho de 1967 (retomado em Hermès ou *la communication*, Paris, Éd. de Minuit, Col. "Critique", p. 78-112).

1969 – O que é um Autor? **289**

nudez e, ao mesmo tempo, no entanto, retorna-se ao que está marcado pelo vazio, pela ausência, pela lacuna no texto. Retorna-se a um certo vazio que o esquecimento evitou ou mascarou, que recobriu com uma falsa ou má plenitude e o retorno deve redescobrir essa lacuna e essa falta; daí o perpétuo jogo que caracteriza esses retornos à instauração discursiva – jogo que consiste em dizer por um lado: isso aí estava, bastaria ler, tudo se encontra aí, seria preciso que os olhos estivessem bem fechados e os ouvidos bem tapados para que ele não seja visto nem ouvido; e, inversamente: não, não está nesta palavra aqui, nem naquela palavra ali, nenhuma das palavras visíveis e legíveis diz do que se trata agora, trata-se antes do que é dito através das palavras, em seu espaçamento, na distância que as separa.] Resulta que, naturalmente, esse retorno, que faz parte do próprio discurso, não cessa de modificá-lo, que o retorno ao texto não é um suplemento histórico que viria se juntar à própria discursividade e a duplicaria com um ornamento que, afinal, não é essencial; é um trabalho efetivo e necessário de transformação da própria discursividade. O reexame do texto de Galileu pode certamente mudar o conhecimento que temos da história da mecânica, mas jamais pode mudar a própria mecânica. Em compensação, o reexame dos textos de Freud modifica a própria psicanálise, e os de Marx, o marxismo. [Ora, para caracterizar esses retornos, é preciso acrescentar uma última característica: eles se fazem na direção de uma espécie de costura enigmática da obra e do autor. De fato, é certamente enquanto ele é texto do autor e deste autor que o texto tem valor instaurador, e é por isso, porque ele é texto deste autor, que é preciso retornar a ele. Não há nenhuma probabilidade de que a redescoberta de um texto desconhecido de Newton ou de Cantor modifique a cosmologia clássica ou a teoria dos conjuntos, tais como foram desenvolvidas (no máximo, essa exumação é suscetível de modificar o conhecimento histórico que temos de sua gênese). Em compensação, a reedição de um texto como o *Projeto*[12] de Freud – e na mesma medida em que é um texto de Freud – corre sempre o risco de modificar não o

---

12 Freud (S.), *Entwurf einer Psychologie* (1895; publicação póstuma), *in Aus den Anfängen der Psychoanalyse*, Londres, Imago Publishing, 1950, p. 371-466 (*Esquisse d'une psychologie scientifique*, trad. A. Berman, *in La naissance de la psychanalyse*, Paris, PUF, 1956, p. 307-396).

290 Michel Foucault – Ditos e Escritos

conhecimento histórico da psicanálise, mas seu campo teórico – e isso só ocorreria deslocando sua acentuação ou seu centro de gravidade. Através de tais retornos, que fazem parte de sua própria trama, os campos discursivos de que falo comportam do ponto de vista do seu autor "fundamental" e mediato uma relação que não é idêntica à relação que um texto qualquer mantém com seu autor imediato.]

O que acabo de esboçar a propósito dessas "instaurações discursivas" é, certamente, muito esquemático. Em particular, a oposição que tentei traçar entre uma tal instauração e a fundação científica. Nem sempre é fácil decidir se se trata disso ou daquilo: e nada prova que ali estão dois procedimentos exclusivos um em relação ao outro. Tentei essa distinção com um único fim: mostrar que essa função autor, já complexa quando se tenta localizá-la no nível de um livro ou de uma série de textos que trazem uma assinatura definida, comporta também novas determinações, quando se tenta analisá-la em conjuntos mais amplos – grupos de obras, disciplinas inteiras.

*

[Lamento muito não ter podido trazer, para o debate que agora vai se seguir, nenhuma proposição positiva: no máximo, direções para um trabalho possível, caminhos de análise. Mas devo pelo menos dizer, em algumas palavras, para terminar, as razões pelas quais dou a isso uma certa importância.]

Tal análise, se ela fosse desenvolvida, talvez permitisse introduzir a uma tipologia dos discursos. Parece-me, de fato, pelo menos em uma primeira abordagem, que semelhante tipologia não poderia ser feita somente a partir das características gramaticais dos discursos, de suas estruturas formais, ou mesmo de seus objetos; existem, sem dúvida, propriedades ou relações propriamente discursivas (irredutíveis às regras da gramática e da lógica, como às leis do objeto), e é a elas que é preciso se dirigir para distinguir as grandes categorias de discurso. A relação (ou a não relação) com um autor e as diferentes formas dessa relação constituem – e de uma maneira bastante visível – uma dessas propriedades discursivas.

Por outro lado, acredito que se poderia encontrar aí uma introdução à análise histórica dos discursos. Talvez seja o momento de estudar os discursos não mais apenas em seu valor expressivo ou suas transformações formais, mas nas modalidades de sua existência: os modos de circulação, de valorização, de atribuição, de apropriação dos discursos variam de acordo com cada cultura e se modificam no interior de cada uma; a maneira com que eles se articulam nas relações sociais se decifra de modo, parece-me, mais direto no jogo da função autor e em suas modificações do que nos temas ou nos conceitos que eles operam.

Não será, igualmente, a partir de análises desse tipo que se poderiam reexaminar os privilégios do sujeito? Sei que, empreendendo a análise interna e arquitetônica de uma obra (quer se trate de um texto literário, de um sistema filosófico, ou de uma obra científica), colocando entre parênteses as referências biográficas ou psicológicas, já se recolocaram em questão o caráter absoluto e o papel fundador do sujeito. Mas seria talvez preciso voltar a essa suspensão, não para restaurar o tema de um sujeito originário, mas para apreender os pontos de inserção, os modos de funcionamento e as dependências do sujeito. Trata-se de inverter o problema tradicional. Não mais colocar a questão: como a liberdade de um sujeito pode se inserir na consistência das coisas e lhes dar sentido, como ela pode animar, do interior, as regras de uma linguagem e manifestar assim as pretensões que lhe são próprias? Mas antes colocar essas questões: como, segundo que condições e sob que formas alguma coisa como um sujeito pode aparecer na ordem dos discursos? Que lugar ele pode ocupar em cada tipo de discurso, que funções exercer, e obedecendo a que regras? Trata-se, em suma, de retirar do sujeito (ou do seu substituto) seu papel de fundamento originário, e de analisá-lo como uma função variável e complexa do discurso.

[O autor – ou o que eu tentei descrever como a função autor – é, sem dúvida, apenas uma das especificações possíveis da função sujeito. Especificação possível ou necessária? Tendo em vista as modificações históricas ocorridas, não parece indispensável, longe disso, que a função autor permaneça constante em sua forma, em sua complexidade, e mesmo em sua existência. Pode-se imaginar uma cultura em que os discursos circulassem e fossem aceitos sem que a função autor jamais aparecesse.][13] Todos os discursos, sejam quais forem seu *status*,

---

13 *Variante*: "Mas há também razões que resultam do *status* 'ideológico' do autor. A questão então se torna: como afastar o grande risco, o grande perigo

292 Michel Foucault – Ditos e Escritos

sua forma, seu valor e seja qual for o tratamento que se dê a eles, desenvolviam-se no anonimato do murmúrio. Não mais se ouviriam as questões por tanto tempo repetidas: "Quem realmente falou? Foi ele e ninguém mais? Com que autenticidade ou originalidade? E o que ele expressou do mais profundo dele mesmo em seu discurso?" Além destas, outras questões, como as seguintes: "Quais são os modos de existência desses discursos? Em que ele se sustentou, como pode circular, e quem dele pode se apropriar? Quais são os locais que foram ali preparados para possíveis sujeitos? Quem pode preencher as diversas funções de

---

com os quais a ficção ameaça nosso mundo? A resposta é que se pode afastá-los através do autor. O autor torna possível uma limitação da proliferação cancerígena, perigosa das significações em um mundo onde se é parcimonioso não apenas em relação aos seus recursos e riquezas, mas também aos seus próprios discursos e suas significações. O autor é o princípio de economia na proliferação do sentido. Consequentemente, devemos realizar a subversão da ideia tradicional do autor. Temos o costume de dizer, examinamos isso acima, que o autor é a instância criadora que emerge de uma obra em que ele deposita, com uma infinita riqueza e generosidade, um mundo inesgotável de significações. Estamos acostumados a pensar que o autor é tão diferente de todos os outros homens, de tal forma transcendente a todas as linguagens, que ao falar o sentido prolifera e prolifera infinitamente.

A verdade é completamente diferente: o autor não é uma fonte infinita de significações que viriam preencher a obra, o autor não precede as obras. Ele é um certo princípio funcional pelo qual, em nossa cultura, delimita-se, exclui-se ou seleciona-se: em suma, o princípio pelo qual se entrava a livre circulação, a livre manipulação, a livre composição, decomposição, recomposição da ficção. Se temos o hábito de apresentar o autor como gênio, como emergência perpétua de novidade, é porque na realidade nós o fazemos funcionar de um modo exatamente inverso. Diremos que o autor é uma produção ideológica na medida em que temos uma representação invertida de sua função histórica real. O autor é então a figura ideológica pela qual se afasta a proliferação do sentido.

Dizendo isso, pareço evocar uma forma de cultura na qual a ficção não seria rarefeita pela figura do autor. Mas seria puro romantismo imaginar uma cultura em que a ficção circularia em estado absolutamente livre, à disposição de cada um, desenvolver-se-ia sem atribuição a uma figura necessária ou obrigatória. Após o século XVIII, o autor desempenha o papel de regulador da ficção, papel característico da era industrial e burguesa, do individualismo e da propriedade privada. No entanto, levando em conta as modificações históricas em curso, não há nenhuma necessidade de que a função autor permaneça constante em sua forma ou em sua complexidade ou em sua existência. No momento preciso em que nossa sociedade passa por um processo de transformação, a função autor desaparecerá de uma maneira que permitirá uma vez mais à ficção e aos seus textos polissêmicos funcionar de novo de acordo com um outro modo, mas sempre segundo um sistema obrigatório que não será mais o do autor, mas que fica ainda por determinar e talvez por experimentar." (Trad. D. Defert.)

sujeito?" E, atrás de todas essas questões, talvez apenas se ouvisse o rumor de uma indiferença: "Que importa quem fala?"

[*J. Wahl*: Agradeço a Michel Foucault por tudo o que ele nos disse, e que provoca a discussão. Pergunto logo quem quer tomar a palavra.

J. d'Ormesson: Na tese de Michel Foucault, a única coisa que eu não havia compreendido bem, e sobre a qual todo mundo, até a mídia, tinha chamado a atenção, era o desaparecimento do homem. Dessa vez, Michel Foucault se declarou contra o elo mais fraco da cadeia: ele atacou não mais o homem, mas o autor. E compreendo bem o que pôde levá-lo, nos acontecimentos culturais dos últimos 50 anos, a essas considerações: "A poesia deve ser feita por todos", "isso fala" etc. Eu me fazia um certo número de perguntas: eu me dizia que, da mesma forma, há autores na filosofia e na literatura. Vários exemplos poderiam ser dados, parecia-me, na literatura e na filosofia, de autores que são pontos de convergência. As tomadas de posição política são também o feito de um autor e é possível aproximá-las de sua filosofia.

Pois bem, estou completamente convicto, porque tenho a impressão de que em uma espécie de prestidigitação, extremamente brilhante, o que Michel Foucault tomou do autor, ou seja, sua obra, ele lhe devolveu com lucro, o nome de instaurador de discursividade, já que não apenas ele lhe restitui sua obra, mas também a dos outros.

L. Goldmann: Entre os teóricos notáveis de uma escola que ocupa um lugar importante no pensamento contemporâneo e caracteriza-se pela negação do homem em geral e, a partir daí, do sujeito em todos os seus aspectos, e também do autor, Michel Foucault, que não formulou explicitamente essa última negação, mas a sugeriu ao longo de sua exposição, concluindo-a na perspectiva da supressão do autor, é certamente uma das figuras mais interessantes e difíceis de combater e criticar. Pois, a uma posição filosófica fundamentalmente anticientífica, Michel Foucault alia um notável trabalho de historiador, e parece-me claramente provável que, graças a um certo número de análises, sua obra marcará uma etapa importante no desenvolvimento da história científica da ciência e mesmo da realidade social.

É então no plano do seu pensamento propriamente filosófico, e não no de suas análises concretas, que quero hoje colocar minha intervenção.

294 Michel Foucault – Ditos e Escritos

Permitam-me, entretanto, antes de abordar as três partes do enunciado de Michel Foucault, referir-me à intervenção que acaba de ocorrer para dizer que estou absolutamente de acordo com o interveniente quanto ao fato de que Michel Foucault não é o autor, nem certamente o instaurador do que ele acaba de nos dizer. Porque a negação do sujeito é atualmente a ideia central de todo um grupo de pensadores, ou mais exatamente de toda uma corrente filosófica. E se, no interior dessa corrente, Foucault ocupa um lugar particularmente original e brilhante, é preciso, entretanto, integrá-lo ao que se poderia chamar de a escola francesa do estruturalismo não genético, e que inclui principalmente os nomes de Lévi-Strauss, Roland Barthes, Althusser, Derrida etc.

Quanto ao problema particularmente importante levantado por Michel Foucault: "Quem fala?", penso ser preciso acrescentar um segundo: "O que ele diz?"

"Quem fala?" À luz das ciências humanas contemporâneas, a ideia do indivíduo como autor último de um texto, e principalmente de um texto importante e significativo, parece cada vez menos sustentável. Após um certo número de anos, toda uma série de análises concretas mostrou de fato que, sem negar nem o sujeito nem o homem, se é obrigado a substituir o sujeito individual por um sujeito coletivo ou transindividual. Em meus próprios trabalhos, fui levado a mostrar que Racine não é sozinho o único e verdadeiro autor das tragédias racinianas, mas que estas nasceram no bojo do desenvolvimento de um conjunto estruturado de categorias mentais que era obra coletiva, o que me levou a encontrar como "autor" dessas tragédias, em última instância, a nobreza de toga, o grupo jansenista e, no interior deste, Racine como indivíduo particularmente importante.[14]

Quando se coloca o problema "Quem fala?", há atualmente nas ciências humanas pelo menos duas respostas que, opondo-se rigorosamente uma à outra, recusam cada uma a ideia tradicionalmente admitida do sujeito individual. A primeira, que eu chamaria de estruturalismo não genético, nega o sujeito que ela substitui pelas estruturas (linguísticas, mentais, sociais etc.) e apenas atribui aos homens e ao seu comportamento o lugar

---

14 Goldmann (L.), *Le Dieu caché. Étude sur la vision tragique dans les "Pensées" de Pascal et dans le théâtre de Racine*, Paris, Gallimard, Col. "Bibliothèque des Idées", 1955.

de um papel, de uma função no interior dessas estruturas que constituem o objetivo final da pesquisa ou da explicação.

Opostamente, o estruturalismo genético também recusa, na dimensão histórica e na dimensão cultural da qual faz parte, o sujeito individual; entretanto, ele não suprime, por isso, a ideia de sujeito, mas substitui o sujeito individual pelo sujeito transindividual. Quanto às estruturas, longe de aparecer como realidades autônomas e mais ou menos últimas, elas apenas são nessa perspectiva uma propriedade universal de toda práxis e toda realidade humanas. Não há fato humano que não seja estruturado, nem estrutura que não seja significativa, o que quer dizer, como qualidade do psiquismo e do comportamento de um sujeito, que não preencha uma função. Em suma, três teses centrais nessa posição: há um sujeito; na dimensão histórica e cultural, esse sujeito é sempre transindividual; toda atividade psíquica e todo comportamento do sujeito são sempre estruturados e significativos, ou seja, funcionais.

Acrescentarei que encontrei também uma dificuldade levantada por Michel Foucault: a da definição da obra. De fato, é difícil, inclusive impossível, defini-la em relação a um sujeito individual. Como disse Foucault, quer se trate de Nietzsche ou de Kant, de Racine ou de Pascal, qual o limite do conceito de obra? É preciso limitá-la aos textos publicados? Ou é preciso incluir todos os escritos não publicados, até mesmo as notas de lavanderia?

Se o problema é colocado na perspectiva do estruturalismo genético, obtém-se uma resposta que vale não somente para todas as obras culturais, mas também para qualquer fato humano e histórico. O que foi a Revolução Francesa? Quais foram os períodos fundamentais da história das sociedades e das culturas capitalistas ocidentais? A resposta suscita dificuldades análogas. Voltemos, entretanto, à obra: seus limites, como os de qualquer fato humano, definem-se pelo fato de que ela constitui uma estrutura significativa fundamentada na existência de uma estrutura mental coerente elaborada por um sujeito coletivo. A partir daí, pode ocorrer que se seja obrigado a eliminar, para delimitar essa estrutura, certos textos publicados ou incluir, pelo contrário, alguns outros inéditos; enfim, não é preciso dizer que se pode facilmente justificar a exclusão da nota de lavanderia. Acrescentarei que, nessa perspectiva, o correlacionamento da estrutura coerente com sua funcionalidade, em relação a um sujeito transindividual, ou – para empregar uma

296 Michel Foucault – Ditos e Escritos

linguagem menos abstrata – a correlação da interpretação com a explicação, assume uma importância particular.

Apenas um exemplo: durante minhas pesquisas, eu me confrontei com o problema de saber em que medida *Les provinciales* e os *Pensées* de Pascal podem ser considerados como *uma* obra[15] e, após uma análise cuidadosa, cheguei à conclusão de que esse não é o caso e de que se trata de *duas* obras que têm dois autores diferentes. De um lado, Pascal com o grupo Arnauld-Nicole e os jansenistas moderados no que concerne à *Les provinciales*; de outro, Pascal com o grupo dos jansenistas extremistas no que concerne aos *Pensées*. Dois autores diferentes, que têm um setor parcial comum: o indivíduo Pascal e talvez alguns outros jansenistas que tiveram a mesma evolução.

Outro problema levantado por Michel Foucault em seu comentário é o da escrita. Acredito ser melhor dar um nome a essa discussão, porque presumo que todos pensamos em Derrida e em seu sistema. Sabemos que Derrida tenta – desafio que me parece paradoxal – elaborar uma filosofia da escrita negando totalmente o sujeito. Isso é tão mais curioso na medida em que seu conceito de escrita, inclusive, aproxima-se muito do conceito dialético de práxis. Um exemplo entre outros: eu concordaria com ele quando nos diz que a escrita deixa traços que acabam por se apagar; é a propriedade de qualquer práxis, quer se trate da construção de um templo que desaparece ao cabo de vários séculos ou vários milênios, da abertura de uma rua, da modificação de seu trajeto ou, mais prosaicamente, do preparo de duas salsichas que são comidas a seguir. Mas penso, como Foucault, que é preciso perguntar: "Quem cria os traços? Quem escreve?"

Como não tenho nenhuma observação sobre a segunda parte do comentário, com a qual estou inteiramente de acordo, passo à terceira.

---

15 Pascal (B.), *Les provinciales* (publicados de início separadamente sob a forma de folhetos em 1655, eles foram editados com o título *Les provinciales, ou Les lettres écrites par Louis de Montalte à un provincial de ses amis et aux RR. PP. Jésuites, sur le sujet de la morale et de la politique des ses pères*, Colônia, Pierre de La Vallée, 1657), *in Oeuvres complètes*, Paris, Gallimard, Col. "Bibliothèque de la Pléiade", 1960, p. 657-904; *Les pensées* (publicação póstuma com o título *Pensées de M. Pascal sur la religion et sur quelques autres sujets. Qui ont été trouvées après sa mort parmi ses papiers*, Paris, Guillaume Desprez, 1670), *ibid.*, p. 1.079-1.358.

Parece-me que, nesse caso também, a maior parte dos problemas levantados encontra sua resposta na perspectiva do sujeito transindividual. Vou deter-me apenas em um único: Foucault fez uma distinção justificada entre o que ele chama de os "instauradores" de uma nova metodologia científica e os criadores. O problema é real, mas, em vez de lhe atribuir o caráter relativamente complexo e obscuro que ele assumiu em sua exposição, não se pode encontrar o fundamento epistemológico e sociológico dessa oposição na distinção, comum no pensamento dialético moderno e principalmente na escola lukacsiana, entre as ciências da natureza, relativamente autônomas como estruturas científicas, e as ciências humanas, que não poderiam ser positivas sem serem filosóficas? Não é certamente por acaso que Foucault tenha oposto Marx, Freud e, em certa medida, Durkheim a Galileu e aos criadores da física mecanicista. As ciências do homem – explicitamente para Marx e Freud, implicitamente para Durkheim – supõem a união íntima entre as constatações e as valorizações, o conhecimento e a tomada de posição, a teoria e a prática sem, por isso, certamente, abrir mão do rigor teórico. Assim como Foucault, penso que muito frequentemente, e principalmente hoje, a reflexão sobre Marx, Freud e mesmo Durkheim se apresenta sob a forma de um retorno às fontes, pois se trata de um retorno a um pensamento filosófico, contra as tendências positivistas, que querem fazer as ciências do homem a partir do modelo das ciências da natureza. Seria ainda preciso distinguir o que é o retorno autêntico do que, sob a forma de um pretenso retorno às fontes, é na realidade uma tentativa de assimilar Marx e Freud ao positivismo e ao estruturalismo não genético contemporâneo que lhe são totalmente estranhos.

É sob essa perspectiva que gostaria de terminar minha intervenção, mencionando a frase que se tornou célebre, escrita no mês de maio por um estudante no quadro-negro de uma sala da Sorbonne, e que me parece exprimir o essencial da crítica ao mesmo tempo filosófica e científica do estruturalismo não genético: "As estruturas não descem para a rua", isto é: não são jamais as estruturas que fazem a história, mas os homens, embora a ação destes últimos tenha sempre um caráter estruturado e significativo.

M. Foucault: Vou tentar responder. A primeira coisa que direi é que jamais, de minha parte, empreguei a palavra estru-

298 Michel Foucault – Ditos e Escritos

tura. Procurem-na em *As palavras e as coisas*, e não a encontrarão. Então, gostaria muito que todas as facilidades sobre o estruturalismo me sejam poupadas, ou que se dê ao trabalho de justificá-las. Mais ainda: não disse que o autor não existia; eu não o disse e estou surpreso que meu discurso tenha sido usado para um tal contrassenso. Retomemos um pouco tudo isso.

Falei de uma certa temática que se pode localizar tanto nas obras como na crítica, que é, se vocês querem: o autor deve se apagar ou ser apagado em proveito das formas próprias ao discurso. Isto posto, a pergunta que eu me fazia era a seguinte: o que essa regra do desaparecimento do escritor ou do autor permite descobrir? Ela permite descobrir o jogo da função autor. E o que eu tentei analisar é precisamente a maneira pela qual a função autor se exercia, no que se pode chamar de a cultura europeia após o século XVII. Eu o fiz, certamente, de maneira muito geral, e de uma forma que eu gostaria que fosse bem mais abstrata, porque se tratava de uma ordenação do conjunto. Definir de que maneira se exerce essa função, em que condições, em que campo etc., isso não significa, convenhamos, dizer que o autor não existe.

O mesmo em relação a essa negação do homem mencionada por Goldmann: a morte do homem é um tema que permite revelar a maneira pela qual o conceito de homem funcionou no saber. E se avançassem na leitura, evidentemente austera, das primeiras ou das últimas páginas do que eu escrevi, perceber-se-ia que essa afirmação remete à análise de um funcionamento. Não se trata de afirmar que o homem está morto, mas, a partir do tema – que não é meu e que não parou de ser repetido após o final do século XIX – que o homem está morto (ou que ele vai desaparecer ou será substituído pelo super-homem), trata-se de ver de que maneira, segundo que regras se formou e funcionou o conceito de homem. Fiz a mesma coisa em relação à noção de autor. Contenhamos então nossas lágrimas.

Outra observação. Foi dito que eu tomava o ponto de vista da não cientificidade. Certamente, não pretendo ter feito aqui obra científica, mas gostaria de conhecer de que instância me vem essa crítica.

M. de Gandillac: Eu me perguntei, ao ouvi-lo, a partir de que critério preciso você distinguia os "instauradores de discursividade" não somente dos "profetas" de caráter mais religioso, mas também dos promotores de "cientificidade", aos quais não é certamente inconveniente juntar Marx e Freud. E, se uma categoria original, situada de qualquer forma além da cientificidade e do profetismo (e decorrendo no entanto dos dois) é admitida, eu me surpreendo de não ver ali nem Platão nem sobretudo Nietzsche, que você nos apresentou recentemente em Royaumont, se minha memória não falha, como tendo exercido em nossa época uma influência semelhante à de Marx e Freud.

M. Foucault: Eu lhe responderei – mas como hipótese de trabalho, pois, uma vez mais, o que eu apontei para vocês não era, infelizmente, nada mais que um plano de trabalho, uma determinação de posição – que a situação transdiscursiva na qual se encontraram autores como Platão e Aristóteles a partir do momento em que eles começaram a escrever até a Renascença deve poder ser analisada; a maneira como eles eram citados, como se referia a eles, como eram interpretados, como se restaurava a autenticidade de seus textos etc., tudo isso obedece certamente a um sistema de funcionamento. Acredito que com Marx e com Freud trata-se de autores cuja posição transdiscursiva não pode ser superposta à posição transdiscursiva de autores como Platão e Aristóteles. E seria preciso descrever o que é essa transdiscursividade moderna, em oposição à transdiscursividade antiga.

L. Goldmann: Apenas uma questão: quando admite a existência do homem ou do sujeito, você as reduz, sim ou não, ao *status* de função?

M. Foucault: Não disse que eu as reduzia a uma função, eu analisava a função no interior da qual qualquer coisa como um autor poderia existir. Não fiz aqui a análise do sujeito, fiz a análise do autor. Se eu tivesse feito uma conferência sobre o sujeito, provavelmente eu teria analisado da mesma maneira a função sujeito, ou seja, teria feito a análise das condições nas quais é possível que um indivíduo preenchesse a função do sujeito. Seria preciso ainda especificar em que campo o sujeito é sujeito, e de quê (do discurso, do desejo, do processo econômico etc.). Não há sujeito absoluto.

J. Ullmo: Fiquei profundamente interessado em sua conferência, porque ela reavivou um problema que é muito importante atualmente na pesquisa científica. A pesquisa científica e, particularmente, a pesquisa matemática são casos-limites nos quais um certo número de conceitos que você destacou aparecem de maneira muito clara. Isso se tornou de fato um

300 Michel Foucault – Ditos e Escritos

problema bastante angustiante nas vocações científicas que se delineiam por volta dos 20 anos, o de confrontar-se com o problema que você colocou de início: "Que importa quem fala?" Antigamente, uma vocação científica era a própria vontade de falar, de trazer uma resposta aos problemas fundamentais da natureza ou do pensamento matemático; e isso justificava vocações, justificava, pode-se dizer, vidas de abnegação e de sacrifício. Atualmente, esse problema é bem mais delicado, porque a ciência parece muito mais anônima; e, de fato, "que importa quem fala", o que não foi encontrado por x em junho de 1969 será encontrado por y em outubro de 1969. Então, sacrificar sua vida a essa pequena antecipação e que continua anônima é realmente um problema extraordinariamente grave para quem tem a vocação e para quem deve ajudá-lo. E acredito que esses exemplos de vocações científicas vão esclarecer um pouco sua resposta no sentido, aliás, que você indicou. Vou tomar o exemplo de Bourbaki;[16] poderia tomar o exemplo de Keynes, mas Bourbaki constitui um exemplo-limite: trata-se de um indivíduo múltiplo; o nome do autor parece se apagar verdadeiramente em proveito de uma coletividade, e de uma coletividade renovável, pois não são sempre os mesmos que são Bourbaki. Ora, no entanto, existe um autor Bourbaki, e esse autor Bourbaki se manifesta em discussões extraordinariamente violentas, direi mesmo patéticas, entre os participantes do Bourbaki: antes de publicar um de seus fascículos – esses fascículos que parecem tão objetivos, tão desprovidos de paixão, álgebra linear ou teoria dos conjuntos – de fato há noites inteiras de discussão e de brigas para se chegar a um acordo sobre um pensamento fundamental, sobre uma interiorização. E aí está o único ponto sobre o qual eu teria encontrado um desacordo muito profundo com você, porque, no início, você eliminou a interioridade. Acredito que não existe autor a não ser quando há interioridade. E esse exemplo de Bourbaki, que não é de forma alguma um autor no sentido banal, demonstra isso de maneira absoluta. Tendo dito isso, acredito que restabeleça um sujeito pensante, que talvez seja de natureza original,

---

16 Nicolas Bourbaki: pseudônimo coletivo usado por um grupo de matemáticos franceses contemporâneos que empreenderam o remanejamento da matemática em bases axiomáticas rigorosas (Henri Cartan, Claude Chevalley, Jean Dieudonné, Charles Ehresmann, André Weil etc.).

mas que é bastante claro para aqueles que têm o hábito da reflexão científica. Além disso, um artigo muito interessante de *Critique*, de Michel Serres, "A Tradição da Ideia", colocava isso em evidência. Nas matemáticas, não é o axioma que conta, não é a combinatória, não é isso que você chamaria de plano discursivo, o que conta é o pensamento interno, é a apercepção de um sujeito que é capaz de sentir, de integrar, de possuir aquele pensamento interno. Se eu tivesse tempo, o exemplo de Keynes seria ainda mais surpreendente do ponto de vista econômico. Vou simplesmente concluir: penso que seus conceitos, seus instrumentos de pensamento sejam excelentes. Você respondeu, na quarta parte, às questões que eu me tinha feito nas três primeiras. Onde está o que especifica um autor? Pois bem, o que especifica um autor é justamente a capacidade de remanejar, de reorientar esse campo epistemológico ou esse plano discursivo, que são fórmulas suas. De fato, só existe autor quando se sai do anonimato, porque se reorientam os campos epistemológicos, porque se cria um novo campo discursivo, que modifica, que transforma radicalmente o precedente. O caso mais surpreendente é o de Einstein: é um exemplo absolutamente espantoso sobre essa relação. Muito me agrada ver que M. Bouligand concorda comigo; estamos inteiramente de acordo sobre isso. Consequentemente, sobre esses dois critérios: necessidade de interiorizar uma axiomática e o critério do autor enquanto remanejando o campo epistemológico, acredito que se restitui um sujeito bastante potente, se ouso dizê-lo. O que, aliás, acredito, não está ausente do seu pensamento.

J. Lacan: Recebi o convite muito tarde. Lendo-o, notei, no último parágrafo, o "retorno a". Retorna-se talvez a muitas coisas, mas, enfim, o retorno a Freud é alguma coisa que eu tomei como uma espécie de bandeira, em um certo campo, e aí eu só posso lhe agradecer; você correspondeu inteiramente à minha expectativa. A propósito de Freud, evocando especialmente o que significa o "retorno a", tudo o que você disse me parece, pelo menos do ponto de vista em que eu pude nele contribuir, perfeitamente pertinente.

Em segundo lugar, gostaria de enfatizar que, estruturalismo ou não, não me parece de forma alguma que se trate, no campo vagamente determinado por essa etiqueta, da negação do sujeito. Trata-se da dependência do sujeito, o que é completamente diferente; e muito particularmente, no nível do retorno

302 Michel Foucault – Ditos e Escritos

a Freud, da dependência do sujeito em relação a alguma coisa verdadeiramente elementar, e que tentamos isolar com o termo "significante".

Em terceiro lugar – limitarei a isso minha intervenção –, não considero que seja de forma alguma legítimo ter escrito que as estruturas não descem para a rua, porque se há alguma coisa que os acontecimentos de maio demonstram é precisamente a descida para a rua das estruturas. O fato de que ela seja escrita no próprio lugar em que se opera essa descida para a rua nada mais prova que, simplesmente, o que é muito frequente, e mesmo o mais frequente, dentro do que se chama de ato, é que ele se desconhece a si mesmo.

J. Wahl: Resta-nos agradecer a Michel Foucault por ter vindo, ter falado, ter principalmente escrito sua conferência, ter respondido às perguntas feitas, que, aliás, foram muito interessantes. Agradeço também àqueles que fizeram intervenções e aos ouvintes. "Quem escuta, quem fala?": poderemos responder "em casa" a essa questão.]

1970

Sete Proposições sobre o Sétimo Anjo

"Sept propos sur le septième ange", in Brisset (J.-P.), *La grammaire logique*, Paris, Tchou, 1970, p. 9-57.

I

La science de Dieu e, em grande parte, *La grammaire logique* se apresentam como uma pesquisa sobre a origem das línguas. Pesquisa tradicional durante séculos, mas que, desde o século XIX, foi afastada pouco a pouco do lado do delírio. Uma data simbólica para essa exclusão seria: o dia em que as sociedades científicas recusaram as comunicações que tratavam da língua primitiva.

Mas, nessa longa dinastia, um belo dia proscrita, Brisset ocupa um lugar singular, desconcertando os agitadores. Súbito turbilhão, entre tantos doces delírios.

II. O princípio de não tradução

Na Introdução de *La science de Dieu* é dito: "O presente livro não pode ser inteiramente traduzido." Por quê? Essa afirmação não deixa de espantar, vinda de quem pesquisa a origem comum de todas as línguas. Não é essa origem constituída, de acordo com uma tradição particularmente representada por Court de Gébelin, de um pequeno número de elementos simples ligados às próprias coisas e que permaneceram em forma de traços em todas as línguas do mundo? Não se pode – diretamente ou não – remeter a ela todos os elementos de uma língua? Não é ela aquilo que pode ser retraduzido não importa em qual idioma e não forma ela um conjunto de pontos através dos quais todas as línguas do mundo atual ou passado se comunicam? Ela é o elemento da tradução universal: diferente em relação a todas as línguas e a mesma em cada uma delas.

304 Michel Foucault – Ditos e Escritos

Ora, não é absolutamente a essa língua suprema, elementar, imediatamente expressiva que Brisset se dirige. Ele permanece imóvel, com e na língua francesa, como se ela fosse em si mesma sua própria origem, como se ela tivesse sido falada desde os primórdios dos tempos, com as mesmas palavras, ou quase, distribuídas somente em uma ordem diferente, subvertidas por metáteses, reunidas ou distendidas por dilatações e contrações. A origem do francês não é absolutamente para Brisset o que é anterior ao francês; é o francês especulando sobre si mesmo, e caindo ali, fora de si, em uma poeira última que é seu começo.

Consideremos o nascimento do *pouce* (polegar):* "*Ce pouce = ce* ou *ceci pousse*. Essa relação nos diz que se vê o *pouce pousser* (o polegar crescer) quando os dedos e os artelhos já estavam nomeados. *Pous ce* = pegue isso. Começa-se a pegar os *jeunes pousses* (tenros brotos) das plantas e dos botões quando o *pouce* (polegar), então *jeune* (novo), se formou. Com o aparecimento do polegar, o ancestral se tornou herbívoro." Na verdade, não há para Brisset uma língua primitiva que poderia corresponder aos diversos elementos das línguas atuais, nem mesmo uma certa forma arcaica de língua da qual poderia derivar, ponto por ponto, aquela que falamos; o primitivismo é de preferência para ele um estado fluido, móvel, infinitamente penetrável da linguagem, uma possibilidade de aí circular em todos os sentidos, o campo livre para todas as transformações, inversões, recortes, a multiplicação em cada ponto, em cada sílaba ou sonoridade, dos poderes de designação. O que Brisset descobre na origem não é um conjunto limitado de palavras simples fortemente ligadas à sua referência, mas a língua tal como a falamos hoje em dia, a própria língua em situação de jogo, no momento em que os dados são lançados, em que os sons ainda ecoam, deixando ver suas sucessivas faces. Nessa primeira época, as palavras saltam fora do cone principal, e são incessantemente retomadas por ele, recaindo novamente, a cada vez de acordo com novas formas e seguindo diferentes regras de decomposição e de reagrupamento: "*Le démon = le doigt mien* (o demônio = o meu dedo). O *démon* mostra seu *dé* (dado), seu *dais* (dossel, pálio) ou seu *dieu* (deus), seu *sexe* (sexo)... A construção inversa da palavra *démon* resulta:

---

* (N.T.) Trata-se aqui de deslizamentos significantes determinados pela homofonia, em que o sentido tem pouca importância.

o *mon dé* = o *mien dieu* (meu deus). O *monde ai* = eu possuo o mundo. O demônio torna-se, assim, o senhor do mundo, em virtude de sua perfeição sexual... Em seu *sermon* (sermão), ele chamava seu *serf* (servo): o *serf mon* (o meu servo). O *sermon* é um servidor do demônio. Venha ao *lit mon* (meu leito): o *limon* (limo) era seu leito, sua morada costumeira. Era um grande saltador e o primeiro dos *saumons* (salmões). Ver o *beau saut mon* (meu belo salto)." Na linguagem em emulsão, as palavras saltam ao acaso, como saltavam nos pântanos primitivos nossas rãs ancestrais segundo as leis de um sorteio aleatório. No começo, eram os dados. A redescoberta das línguas primitivas não é absolutamente o resultado de uma tradução; é o percurso e a repetição do acaso da língua.

Por isso Brisset estava tão orgulhoso por ter demonstrado que o latim não existia. Se houvesse latim, seria preciso remontar do francês atual para essa outra língua diferente dele e da qual ele derivaria de acordo com esquemas determinados; e, além disso, seria preciso ainda remontar ao estado estável de uma língua elementar. Suprimido o latim, o calendário cronológico desaparece; o primitivo deixa de ser o anterior; ele surge como os acasos, subitamente reencontrados, da língua.

III. O envolvimento ao infinito

Quando Duret, de Brosses, ou Court de Gébelin procuravam reconstruir o estado primitivo das línguas, eles reconstituíam um conjunto limitado de sons, palavras, conteúdos semânticos e regras de sintaxe. Para formar a raiz comum de todas as línguas do mundo e para se reencontrar também hoje em cada uma delas, seria certamente preciso que esse idioma fosse pobre em elementos e limitado em suas leis de construção. A rigor, é um único grito (um único grito se diferenciando de qualquer outro ruído ou se opondo a um outro som articulado) que está no cume da pirâmide. A língua primitiva é tradicionalmente concebida como um código pobre. A de Brisset é, pelo contrário, um discurso ilimitado, cuja descrição jamais pode ser concluída. E isso por várias razões.

Sua análise não conduz um termo contemporâneo a um elemento primeiro que se poderia encontrar em outro lugar e mais ou menos disfarçado: ela explode sucessivamente a

306 Michel Foucault – Ditos e Escritos

palavra em várias combinações elementares, embora sua forma atual revele, quando é decomposta, vários estados arcaicos; estes, na origem, diferiam uns dos outros, mas, por jogos de aglutinações, de contrações, de modificações fonéticas próprias a cada um, acabaram todos convergindo para uma única e mesma expressão que os reagrupa e os contém. Cabe à ciência de Deus fazê-los reaparecer e girar como um grande anel multicolorido em torno da palavra analisada. Assim, para a expressão "*en société*" (em sociedade): "*En ce eau sieds-té = sieds-toi en cette eau* (senta nesta água). *En seau sieds-té, en sauce y était; il était dans la sauce, en société* (Senta no balde, de molho aí estava; ele estava de molho, na sociedade). O primeiro oceano era *un seau* (um balde), *une sauce* (um molho) ou *une mare* (uma lagoa), os ancestrais ali estavam em sociedade." Estamos do lado oposto do procedimento, que consiste em buscar uma mesma raiz para várias palavras; trata-se, para uma unidade atual, de ver proliferar os estados anteriores que nela vieram se cristalizar. Recolocada no vasto líquido primitivo, toda expressão atual revela as facetas múltiplas que a formaram, a limitam e delineiam, para o único olhar advertido, sua invisível geometria.

Por outro lado, uma mesma palavra pode repassar diversas vezes pelo filtro da análise. Sua decomposição não é unívoca, nem adquirida de uma vez por todas. Ocorre frequentemente que Brisset a retome, e por várias vezes, como, por exemplo, o verbo "*être*", analisado ora a partir de "*avoir*", ora a partir de "*sexe*". A rigor, seria possível pensar que cada palavra da língua pode servir para analisar todas as outras; que elas são todas, umas para as outras, princípios de destruição; que a língua inteira se decompõe a partir dela própria; que ela é seu próprio filtro e seu próprio estado originário; que ela é, em sua forma atual, o resultado de um jogo no qual os elementos e as regras são quase emprestados dessa forma atual, que é justamente aquela que falamos. Se passássemos não importa que palavra atual pelo filtro de todas as outras, haveria tantas origens quanto palavras diferentes há na língua. E, bem mais ainda, se lembrarmos que cada análise resulta, em um grupo inseparável, em várias decomposições possíveis. A pesquisa de sua origem, segundo Brisset, não retrai a língua: ela a decompõe e a multiplica por ela mesma.

Enfim, último princípio de proliferação: o que se descobre, no estado primitivo da língua, não é um tesouro, muito rico, de palavras; é uma multiplicidade de enunciados. Sob uma palavra que pronunciamos, o que se esconde não é uma outra palavra, nem mesmo várias palavras unidas, mas, na maior parte do tempo, uma frase ou uma série de frases. Eis a dupla etimologia – e admiremos justamente a dupla geminação – de *origine* (origem) e de *imagination* (imaginação): "*Eau rit, ore ist, oris. J'is noeud, gine. Oris = gine = la gine urine, l'eau rit gine. Au rige ist noeud. Origine* (origem). O escoamento da água está na origem da palavra. A inversão de *oris* é *rio*, e *rio* ou *rit eau* é o *ruisseau* (riacho). Quanto à palavra *gine*, ela logo se aplica à fêmea: *tu te limes à gine? Tu te l'imagines. Je me lime, à gine est? Je me l'imaginais. On ce, l'image ist né; on ce, lime a gine ai, on se l'imaginait. Lime a gine à sillon; l'image ist, noeud à sillon; l'image ist, n'ai à sillon.*" O estado primeiro da língua não era, portanto, um conjunto definível de símbolos e regras de construção; era uma massa infinita de enunciados, um escoamento de coisas ditas: por trás das palavras do nosso dicionário, o que devemos encontrar não são absolutamente constantes morfológicas, mas afirmações, questões, desejos, comandos. As palavras são fragmentos de discursos traçados por elas mesmas, modalidades de enunciados imobilizados e reduzidos ao neutro. Antes das palavras, havia as frases; antes do vocabulário, havia os enunciados; antes das sílabas e da organização elementar dos sons, havia o infinito murmúrio de tudo o que se dizia. Bem antes da língua, se falava. Mas de que se falava? Desse homem que ainda não existia porque não era dotado de nenhuma língua; de sua formação, de seu lento desenraizamento da animalidade; do pântano do qual sua existência de girino escapava com dificuldade? De forma que sob as palavras de nossa língua atual frases se fazem ouvir – pronunciadas com essas mesmas palavras ou quase – por homens que ainda não existiam e que falavam do seu futuro nascimento. Trata-se, diz Brisset, de "demonstrar a criação do homem com materiais que vamos tomar de sua boca, leitor, onde Deus as havia colocado antes que o homem fosse criado". Criação dupla e entrecruzada do homem e das línguas, tendo como pano de fundo um imenso discurso anterior.

Para Brisset, buscar a origem das línguas não é encontrar para elas um princípio de formação na história, um jogo de elementos reveláveis que asseguram sua construção, uma rede de comunicação universal entre elas. É sobretudo abrir cada

308 Michel Foucault – Ditos e Escritos

uma para uma multiplicação sem limites; definir uma unidade estável em uma proliferação de enunciados; voltar a organização do sistema para a exterioridade das coisas ditas.

IV. O ruído das coisas ditas

"*Eis les salauds pris* (os prisioneiros asquerosos); eles estão na *sale eau pris* (poça de água suja), na *salle aux prix* (sala dos prêmios). Os *pris* eram os prisioneiros que se deviam degolar. Esperando o dia dos *pris* (prisioneiros), que era também o dos *prix* (prêmios), eles eram fechados em uma *salle* (sala), uma *eau sale* (água suja), onde lhes eram lançadas as *saloperies* (ofensas). Ali eram insultados, eram chamados de *salauds* (asquerosos). O *pris* (prisioneiro) tinha prêmio. Devorava-se o e, preparando uma armadilha, se oferecia *pris* (prisioneiro) e *prix* (prêmio): é o prêmio. É tolice, respondia o sábio, não aceite a recompensa, ó homem, é tolice."

Percebemos isso claramente: não se trata, para Brisset, de reduzir ao máximo a distância entre *saloperie* (ofensa) e *duperie* (tolice), para tornar verossímil que se tenha podido superá--la. De uma palavra à outra, abundam episódios – batalhas, vitórias, masmorras e perseguições, abatedouros, quartos de carne humana vendidos e devorados, sábios céticos, agachados e ranhetas. O elemento comum às duas palavras – "*pri*" – não garante o deslizamento de uma à outra, já que ele próprio é dissociado, relançado várias vezes, investido de funções e carregado de sons diferentes: flexão do verbo *prendre*, abreviação de *prisonnier* (prisioneiro), quantia de dinheiro, valor de uma coisa, também recompensa (que venha o dia do prêmio). Brisset não aproxima as duas palavras *saloperie-duperie* (ofensa--tolice): ele as distancia uma da outra, ou melhor, sobrecarrega o espaço que as separa com acontecimentos diversos, com figuras improváveis e heterogêneas; ele o povoa com o maior número possível de diferenças. Mas não se trata, tampouco, de mostrar como se formou a palavra *saloperie* ou a palavra *duperie*. A primeira, por exemplo, já está quase totalmente dada de início: "Eis os *salauds pris*"; bastaria uma desinência para que ela fosse formada e passasse a existir. Mas, pelo contrário, ela se decompõe, quase desaparece – *sale eau, salle* – para subitamente ressurgir totalmente formada e carregada do sentido que lhe damos hoje: "*On leur jetait des saloperies*"

1970 – Sete Proposições sobre o Sétimo Anjo **309**

(injúrias lhes eram lançadas). Não absolutamente lenta gênese, aquisição progressiva de uma forma e de um conteúdo estáveis, mas aparecimento e desaparecimento, pisca-pisca da palavra, eclipse e retorno periódico, ressurgimento descontínuo, fragmentação e recomposição.

Em cada uma dessas aparições a palavra tem uma nova forma, tem uma significação diferente, designa uma realidade diferente. Sua unidade não é, portanto, nem morfológica, nem semântica, nem referencial. A palavra só existe por estar aderida a uma cena em que ela surge como grito, murmúrio, comando, narrativa; e ela deve sua unidade, por um lado, ao fato de que, de cena em cena, apesar da diversidade do cenário, dos atores e das peripécias, é o mesmo ruído que circula, o mesmo gesto sonoro que se destaca da confusão e flutua por um instante sobre o episódio, como sua senha audível; por outro, pelo fato de as cenas formarem uma história e se encadearem de maneira razoável, segundo as necessidades de existência das rãs ancestrais. Uma palavra é o paradoxo, o milagre, o maravilhoso acaso de um mesmo ruído que, por razões diferentes, personagens diferentes, visando a coisas diferentes, ressoam ao longo de uma história. É a série improvável do dado que, sete vezes seguidas, cai sobre a mesma face. Pouco importa quem fala e, quando ele fala, por que fala, e empregando qual vocabulário: o mesmo blablablá, inverossímil, ressoa.

"*Eis les salauds pris*": grito de guerra, sem dúvida, dos nossos ancestrais nadadores, urro da vitória. Logo, o rumor da batalha se difunde: os mensageiros em torno deles contam a derrota dos inimigos e como foram dominados – na *sale eau*; murmúrio das rãs em volta do pântano, o atrito dos bambus no final da batalha, coachante notícia. Ressoa, então, a palavra de ordem; apressam-se os preparativos, as masmorras se abrem e se fecham e, na passagem dos cativos, a turba grita: "Na *salle aux pris, na salle aux pris*." Mas os famintos, os ávidos, os avaros, todos os mercadores da cidade larvar pensam de preferência na carne e nos negócios; outros desejos, outras palavras, o mesmo rumor: "*Salle aux prix*." Os vencidos são trancafiados na região mais lamacenta do pântano; mas que narrador, que rã vigilante, que velho escriba da relva e da água, ou também que pensador de hoje, bastante avançado na intemporal ciência de Deus, observa sonhadoramente que se trata ali de uma água bastante suja e que se lançam ofensas aos

310 Michel Foucault – Ditos e Escritos

prisioneiros? Entretanto, diante das grades da prisão, a turba baba e grita: "*Salauds!*" E eis que, acima dessas invectivas múltiplas, dessas cenas multicoloridas atravessadas por gritos de guerra, se põe a girar a grande forma alada, majestosa, enfurecida e negra da própria abjeção (*saloperie*). Ruído único. Abjeção das guerras e das vitórias na lama. Abjeção da turba em festa injuriando os prisioneiros. Abjeção das prisões. Abjeção das recompensas distribuídas, abjeção dos mercados onde se compra a carne dos homens. O que constitui a essência da palavra, sua forma e sentido, seu corpo e sua alma, é por todo lado o mesmo ruído, sempre esse mesmo ruído.

Quando saem em busca da origem da linguagem, os sonhadores sempre se perguntam em que momento o primeiro fonema se destacou enfim do ruído, introduzindo subitamente e de uma vez por todas, além das coisas e dos gestos, a ordem pura do simbólico. Loucura de Brisset que conta, pelo contrário, como discursos tomados em cenas, em lutas, no jogo incessante dos apetites e das violências, formam pouco a pouco esse grande ruído repetitivo que é a palavra, em carne e osso. A palavra não aparece quando cessa o ruído; ela nasce com sua forma bem recortada, com todos os seus múltiplos sentidos, quando os discursos se aglutinaram, se retraíram, comprimidos uns contra os outros, no corte escultural do murmúrio. Brisset inventou a definição da palavra pela *homofonia* cênica.

V. A fuga de ideias

Como R. Roussel, como Wolfson, Brisset pratica sistematicamente o quase. Mas o importante é apreender onde e de que maneira atua esse quase.

Roussel utilizou sucessivamente dois procedimentos. Um consiste em tomar uma frase, ou um elemento de frase qualquer, depois repeti-la, idêntica, salvo ligeiro contratempo que estabelece entre as duas formulações uma distância onde a história inteira deve se precipitar. O outro consiste em tomar, de acordo com o acaso em que ele se oferece, um fragmento de texto e depois, por uma série de repetições transformadoras, dele extrair uma série de motivos absolutamente diferentes, heterogêneos entre si, e sem ligação semântica nem sintática: o jogo consiste então em traçar uma história que passa por todas as palavras dessa forma obtidas, como por tantas etapas

1970 – Sete Proposições sobre o Sétimo Anjo   311

obrigatórias. Em Roussel, como em Brisset, há a anterioridade de um discurso encontrado ao acaso ou anonimamente repetido; tanto em um como em outro, há série, no interstício das quase identidades, de aparições de cenas maravilhosas às quais as palavras aderem. Mas Roussel faz surgir suas mãos, seus trilhos de miúdos de vitela, seus autômatos cadavéricos no espaço, estranhamente vazio e tão difícil de preencher, que é aberto, no cerne de uma frase arbitrária, pela ferida de uma instância quase imperceptível. A falha de uma diferença fonológica (entre p e b, por exemplo) não redunda, para ele, em uma simples distinção de sentido, mas em um abismo quase intransponível que exige todo um discurso para ser reduzido; e quando, de uma extremidade da diferença, se embarca para a outra, ninguém está seguro, afinal, de que a história chegará a essa margem tão próxima, tão idêntica. Brisset salta, em um instante mais breve que qualquer pensamento, de uma palavra à outra: *salaud, sale eau, salle aux prix, salle aux pris (onniers), saloperie;* e o menor desses minúsculos saltos que modificam minimamente o som faz surgir a cada vez todo o colorido de uma nova cena: uma batalha, um pântano, prisioneiros degolados, um mercado de antropófagos. Em torno do som que permanece tão próximo quanto possível do seu eixo de identidade, as cenas giram como na periferia de uma grande roda; e assim, chamadas cada uma por sua vez por gritos quase idênticos, que elas estão encarregadas de justificar e de qualquer forma trazer em si mesmas, elas formam, de uma maneira absolutamente equívoca, uma história de palavras (induzida em cada um desses episódios pelo imperceptível, inaudível deslizamento de uma palavra à outra) e a história dessas palavras (a sequência das cenas onde esses ruídos nasceram, cresceram, depois se imobilizaram para formar palavras).

Para Wolfson, o quase é um meio de revirar sua própria língua como se revira um dedo de luva; de passar para o outro lado no momento em que ela chega a você, e onde ela vai envolvê-lo, invadi-lo, se fazer ingurgitar à força, encher o seu corpo com objetos maus e ruidosos, e ressoar por muito tempo em sua cabeça. É o meio de se encontrar subitamente no exterior, e de ouvir enfim expatriado ("exmatriado", se poderia dizer) uma linguagem neutralizada. O quase assegura, de acordo com o furtivo ponto de contato sonoro, o afloramento semântico, entre uma língua materna que é preciso ao mesmo

312 Michel Foucault – Ditos e Escritos

tempo não falar e não ouvir (quando de todas as partes ela cerca você) e línguas estranhas enfim polidas, calmas e desarmadas. Graças a esses pontos ínfimos lançados de uma língua à outra, e sabiamente calculados de antemão, a fuga pode ser instantânea, e o estudante em língua psicótica, mal assaltado pelo furioso idioma de sua mãe, se refugia no estranho e não ouve mais, enfim, a não ser palavras apaziguadas. A operação de Brisset é oposta: em torno de uma palavra qualquer de sua língua, tão banal que se pode encontrá-la no dicionário, ele convoca, com grandes gritos aliterativos, outras palavras das quais cada uma delas arrasta atrás de si as velhas cenas imemoriais do desejo, da guerra, da selvageria, da devastação – ou os pequenos vozerios dos demônios e das rãs, saltitando na beira dos pântanos. Ele tenta restituir as palavras aos ruídos que as fizeram nascer, e recolocar em cena os gestos, os assaltos, as violências dos quais elas constituem o brasão agora silencioso. Devolver o *thesaurus linguae gallicae* ao alarido primitivo; transformar novamente as palavras em teatro; recolocar os sons nessas gargantas coachantes; misturá-las de novo a todos esses nacos de carne arrancados e devorados; erigi-las como um sonho terrível, e obrigar uma vez mais os homens a se ajoelharem: "Todas as palavras estavam na boca, elas tiveram que ser colocadas aí de uma forma sensível, antes de tomar uma forma espiritual. Sabemos que o ancestral não pensava inicialmente em oferecer um alimento, mas uma coisa a ser adorada, um santo objeto, uma piedosa relíquia, que era seu sexo atormentando-o."

Não sei se os psiquiatras, nos vertiginosos rodopios de Brisset, reconheciam o que eles tradicionalmente chamam de "fuga de ideias". Não penso, em todo caso, que se possa analisar Brisset como eles analisam esse sintoma: o pensamento, dizem, cativado somente pelo material sonoro da linguagem, esquecendo o sentido e perdendo a continuidade retórica do discurso, salta, por intermédio de uma sílaba repetida de uma palavra à outra, deixando escapar todo esse tinido sonoro como uma mecânica louca. Brisset – e mais de um sem dúvida a quem se atribui esse sintoma – faz o inverso: a repetição fonética não marca, neles, a liberação total da linguagem em relação às coisas, aos pensamentos e aos corpos; ela não revela no discurso um estado de imponderabilidade absoluta; pelo contrário, crava as sílabas no corpo, lhes devolve a função de gritos e de gestos; reencontra o grande poder plástico que vocifera e gesticula; recoloca as palavras na boca e em torno do sexo; faz nascer e se apagar em um tempo mais rápido do que qualquer pensamento um turbilhão de cenas frenéticas, selvagens ou jubilatórias de onde surgem as palavras e que as palavras chamam. Elas são o "Évohé!" múltiplo desses bacanais. Mais do que uma fuga de ideias a partir de uma repetição verbal, trata-se de uma cenografia fonética infinitamente acelerada.

VI. Os três procedimentos

Deleuze diz, admiravelmente: "A psicose e sua linguagem são inseparáveis do 'procedimento linguístico', de *um* procedimento linguístico. Foi o problema do procedimento que, na psicose, substituiu o problema da significação e do recalcamento" (prefácio a Louis Wolfson, *Le schizo et les langues*, Gallimard, 1970, p. 23). Ele começa a funcionar quando a relação das palavras com as coisas não é mais de designação, a relação entre uma proposição e outra não é mais de significação, a relação entre uma língua e outra (ou entre um estado de língua e um outro) não é mais de tradução. O procedimento é, inicialmente, aquilo que manipula as coisas imbricadas nas palavras, não absolutamente para separá-las delas e restituir à linguagem seu puro poder de designação, mas para purificar as coisas, esterilizá-las, afastar todas aquelas que estão carregadas de um poder nocivo, exorcizar a "má matéria doente", como diz Wolfson. O procedimento é, também, aquilo que, de uma proposição a outra, por mais próximas que estejam, além de descobrir uma equivalência significativa, constrói toda uma extensão de discursos, de aventuras, de cenas, de personagens e de mecânicas que efetuam eles próprios a translação material: espaço rousseliano do entre duas frases. O procedimento, enfim – e isso no extremo oposto de qualquer tradução –, decompõe um estado de língua em um outro, e com essas ruínas, com esses fragmentos, com esses tições ainda incandescentes constrói um cenário para encenar novamente as cenas de violência, de assassinato e de antropofagia. Eis-nos de volta à impura absorção. Mas trata-se de uma espiral – não de um círculo; pois não estamos mais no mesmo nível; Wolfson temia que, por intermédio das palavras, o mau objeto materno entrasse em seu corpo; Brisset encena a devoração dos homens sob a garra das palavras tornadas novamente selvagens.

314 Michel Foucault – Ditos e Escritos

Certamente, nenhuma das três formas do procedimento está absolutamente ausente em Wolfson, Roussel e Brisset. Mas cada um deles privilegia uma dentre elas conforme a dimensão da linguagem que seu sofrimento, sua precaução ou sua alegria excluíram em primeira instância. Wolfson sofre com a intrusão de todas as palavras inglesas que se entrecruzam com o hostil alimento materno: a essa linguagem privada da distância que permite designar, o procedimento responde simultaneamente com o fechamento (do corpo, dos ouvidos, dos orifícios; em suma, a constituição de uma interioridade fechada) e a passagem para o exterior (nas línguas estranhas em direção às quais mil pequenos canais subterrâneos foram preparados); e dessa pequena mônada bem fechada, em que vêm simbolizar todas as línguas estranhas, Wolfson nada mais pode dizer a não ser ele. Uma vez a boca rigorosamente tapada, os olhos ávidos absorvem nos livros todos os elementos que servirão para transformar, de acordo com um procedimento bem estabelecido, desde a sua entrada nos ouvidos, as palavras maternas em termos estranhos. Tem-se a série: *boca*, olho, ouvido.

Debruçado sobre todos os contratempos da linguagem como sobre a pequena lente de uma caneta-recordação, Roussel reconhece entre duas expressões quase idênticas uma tal ruptura de significação que, para uni-las, ele terá que fazê-las passar pelo filtro das sonoridades elementares, terá que fazê-las ressaltar várias vezes e compor, com esses fragmentos fonéticos, cenas cuja substância será mais de uma vez extraída de sua própria boca – miolo de pão, miúdo de vitela, ou dentes. Série: *olho*, ouvido, boca.

Quanto a Brisset, é o ouvido que inicialmente promove o jogo, a partir do momento em que a estrutura do código ruiu, tornando impossível qualquer tradução da língua; surgem então os ruídos repetitivos como núcleos elementares; em volta deles aparece e se apaga todo um turbilhão de cenas que, em menos de um instante, se oferecem ao olhar; infatigavelmente, nossos ancestrais se entredevoram.

Quando a designação desaparece, as coisas se imbricam com as palavras, então é a boca que se fecha. Quando a comunicação das frases pelo sentido se interrompe, então o olho se dilata diante do infinito das diferenças. Enfim, quando o código é abolido, o ouvido, repercute ruídos repetitivos. Não quero dizer que o código entre pelos ouvidos, o sentido, pelo olho, e

1970 – Sete Proposições sobre o Sétimo Anjo **315**

que a designação passe pela boca (o que talvez fosse a opinião de Zénon); mas que ao apagamento de uma das dimensões da linguagem corresponde um órgão que se erige, um orifício que entra em excitação, um elemento que se erotiza. Desse órgão em ereção aos outros dois uma maquinaria emerge – ao mesmo tempo princípio de dominação e procedimento de transformação. Então os lugares da linguagem – boca, ouvido, olho – se põem a funcionar ruidosamente em sua materialidade primeira, nos três vértices do aparelho que funciona no crânio.

Boca cosida, "eu" descentrado, tradução universal, simbolização geral das línguas (na exclusão do imediato, do maternal), é o ápice de Wolfson, é o ponto de formação do saber. Olho dilatado, espetáculo que se multiplica a partir dele mesmo, se recobre infinitamente e só se fecha novamente no retorno da quase identidade, é o ápice de Roussel, aquele do sonho e do teatro, da contemplação imóvel, da morte mimetizada. Ouvido ruidoso, repetições instáveis, violências e apetites desencadeados, é o ápice de Brisset, o da embriaguez e da dança, o da gesticulação orgíaca: ponto de irrupção da poesia e do tempo abolido, repetido.

VII. O que sabemos de Brisset

1) Conhecemos dele sete publicações:

– *La grammaire logique ou théorie d'une nouvelle analyse mathématique résolvant les questions les plus difficiles* (Paris, o autor, 1878, 48 p.);

– *La grammaire logique résolvant toutes les difficultés et faisant connaître par l'analyse de la parole la formation des langues et celle du genre humain* (Paris, E. Leroux, 1883; in-18º, 176 p.);

– *Le mystère de Dieu est accompli* (na estação d'Angers, Saint Serge, o autor, 1890; in-18º, 176 p.);

– *La science de Dieu ou la création de l'homme* (Paris, Chamuel, 1900; in-18º, 252 p.);

– *La grande nouvelle* (Paris, 1900, 2 p.);

– *Les prophéties accomplies (Daniel et l'Apocalypse)* (Angers, o autor, 1906; in-18º, 299 p.);

– *Les origines humaines*, 2. edição de *La science de Dieu, inteiramente nova* (Angers, o autor, 1913; in-18º, 244 p.).

2) Brisset havia sido oficial da polícia judiciária. Dava aulas de línguas vivas. Propunha aos seus alunos ditados como este:

316 Michel Foucault – Ditos e Escritos

"Nós, Paul Parfait, soldado da infantaria, tendo sido enviado à aldeia Capeur, nós ali chegamos, revestido de nossas insígnias."

3) Ele havia apresentado *La grammaire logique* na Academia para um concurso. A obra foi rejeitada por Renan.

4) Foi chegando em casa, em uma noite de junho de 1883, que ele concebeu *Le mystère de Dieu*.

5) Em 29 de julho de 1904, *Le petit parisien* publicou um artigo intitulado "Com os loucos"; falava-se ali de um alienado "que, em um sistema de aliterações e de disparates, pretendera fundar todo um tratado de metafísica intitulado *La science de Dieu*... Falta-me espaço para citar passagens dessa enlouquecedora filosofia. Aliás, guardamos de sua leitura uma real perturbação no espírito. Os leitores me serão gratos por querer poupá-los disso".

6) Brisset havia planejado uma conferência para o dia 3 de junho de 1906. Redigira um programa em que era dito: "O arcanjo da Ressurreição e o sétimo anjo do Apocalipse, que formam apenas um, farão ouvir sua voz e tocarão a trombeta de Deus pela boca do conferencista. É nesse momento que o sétimo anjo derramará sua taça no ar."

Brisset teve apenas meia centena de ouvintes. Afirmou, em sua indignação, que ninguém ouviria, daí por diante, a voz do sétimo anjo.

7) Entretanto, escreveu ainda *Les origines humaines*, cuja introdução começa assim: "Vamos inicialmente mostrar que usamos todas as nossas forças e uma voz de trovão."

1970

Haverá Escândalo, Mas...

"Il y aura scandale, mais...", *Le nouvel observateur*, n. 304, 7-13 de setembro de 1970, p. 40. (Sobre P. Guyotat, *Éden, Éden, Éden*, Paris, Gallimard, 1970.)

Carta particular a Pierre Guyotat tornada pública na esperança de evitar a interdição de *Éden, Éden, Éden*, publicado em setembro pelas Edições Gallimard. No final do ano de 1970, o Ministério do Interior recorria frequente e arbitrariamente ao artigo 14 da Lei de 26 de julho de 1949, visando à proteção da juventude. Quando três interdições tivessem atingido um mesmo editor, este podia ser submetido à obrigação do depósito prévio de todos os livros com o mesmo conteúdo. O Ministério se dava também a possibilidade de examinar a produção anual do dito editor. Essa pressão político-econômica sobre a edição multiplicou os recursos a prefácios protetores. É uma das razões pelas quais M. Foucault prefaciou a edição das obras completas de Bataille. Na mesma época, o filme de William Klein sobre Eldridge Cleaver foi proibido na França. Apesar de prefaciado por Michel Leiris, Roland Barthes, Philippe Sollers, em 15 de outubro de 1970, *Éden* foi atingido por uma tripla interdição: de venda aos menores de 18 anos, de afixação e de exposição, e de publicidade; os artigos de crítica podendo ser incorporados à publicidade. Seguiu-se uma enorme petição de intelectuais contra a interdição de *Éden*. François Mitterrand, então deputado, dirigiu uma questão oral ao primeiro-ministro. Claude Simon demitiu-se do júri Médicis. Pierre Guyotat juntara-se há pouco ao P. C. F., do qual se aproximara igualmente *Tel quel*, em 1968. Sobre esse assunto, ver P. Guyotat, *Littérature interdite*, Paris, Gallimard, 1972, onde o texto de M. Foucault foi novamente publicado. Ver, também, *Loucura, Literatura, Sociedade*, v. I desta obra, p. 248-249.

Este livro, como você bem sabe, será menos facilmente aceito que o *Tombeau*. Falta-lhe aquele rumor de guerra que permitira a seu primeiro romance ser entendido. Deseja-se que a guerra seja apenas um parêntese, o mundo interrompido; e nessa condição se admite que todos os extremos nela se defrontem. Eu me pergunto se o *Tombeau* não teria sido aceito graças a uma falsa dramatização; disseram: é a Argélia, é a ocupação, quando era o patear de todo o exército, e o rumor infinito das servidões. Disseram: é o tempo em que éramos culpados, nós nos reconhecemos nele, eis-nos portanto inocentes, ainda que

318 Michel Foucault – Ditos e Escritos

esses golpes, esses corpos, essas feridas em sua nudez, longe de serem uma imagem da moral, valiam como o puro signo da política. Protegido pela grande desculpa guerreira, o que você contava chegava até nós suavizado, como um canto bem longínquo. Seu triplo *Éden* retoma o mesmo discurso, mas da menor distância possível, abaixo dos limites da acomodação. Não se pode mais ver, não se pode mais imaginar o lugar de onde você fala ou de onde nos vêm essas frases, esse sangue: bruma da absoluta proximidade. O *Tombeau*, apesar da aparência, estava fora da cronologia: desconheceram-no tentando inscrever nele uma data. *Éden* (por definição) está fora de lugar: mas também penso que se tentará reduzi-lo encontrando para ele uma pátria: o corpo (o corpo era, no pensamento antigo, uma elegância – materialista – para salvar o sujeito, o eu, a alma). No entanto, é aquém do corpo que seu texto nos chega: superfícies, explosões, aberturas-feridas, roupas e peles que se reviram e se invertem, líquidos brancos e vermelhos, "escoar do fora eterno".

Tenho a impressão de que você reuniu ali o que se sabe há muito tempo sobre a sexualidade, mas que é mantido cuidadosamente à parte para melhor proteger o primado do sujeito, a unidade do indivíduo e a abstração do "sexo": que ela não está, absolutamente, no limite do corpo, alguma coisa como o "sexo", que ela também não é, de um a outro, um meio de comunicação, que ela não é nem mesmo o desejo fundamental e primitivo do indivíduo, mas a própria trama de seus mecanismos lhe é largamente anterior; e o indivíduo é dela apenas um prolongamento precário, provisório, rapidamente apagado; ele é, no fim das contas, somente uma forma pálida que surgiu por alguns instantes de um grande tronco obstinado, repetitivo. Os indivíduos, pseudópodes rapidamente retirados da sexualidade. Se quiséssemos saber o que sabemos, seria preciso renunciar ao que imaginamos de nossa individualidade, do nosso eu, de nossa posição de sujeito. Em seu texto, talvez essa seja a primeira vez que as relações entre o indivíduo e a sexualidade são franca e decididamente invertidas: não são mais os personagens que se apagam em benefício dos elementos, das estruturas, dos pronomes pessoais, mas a sexualidade que passa para o outro lado do indivíduo e deixa de ser "subjugada".

Aproximando-se desse ponto, você foi obrigado a retirar o que tornava *Le tombeau* acessível; foi-lhe necessário fazer explodir todas as formas e todos os corpos, acelerar toda a grande maquinaria da sexualidade e deixá-la se repetir na linha reta do tempo. Você se decidiu, eu temo muito (ia dizer: eu espero, mas é fácil demais quando se trata de um outro), pela oposição... Haverá escândalo, mas é de outra coisa que se trata.

1971

As Monstruosidades da Crítica

"Monstrosities in criticism" ("Les monstruosités de la critique"; trad. F. Durand-Bogaert), *Diacritics*, t. I, n. 1, outono de 1971, p. 57-60. (Sobre os artigos de J.-M. Pelorson, "Michel Foucault et l'Espagne", *La pensée*, n. 152, agosto de 1970, p. 88-89, e de G. Steiner, "The mandarin of the hour: Michel Foucault", *The New York Times Book Review*, n. 8, 28 de fevereiro de 1971, p. 23-31.)

Existem críticas às quais se responde e aquelas às quais se replica. Injustamente, talvez. Por que não dar ouvidos de forma igualmente atenta à incompreensão, à banalidade, à ignorância ou à má-fé? Por que rejeitá-las como a tantos incidentes que vêm manchar a honra da família? Há razão para considerá-las não essenciais à atividade crítica? Eu me pergunto se não há ali uma incômoda reação de defesa: teme-se, certamente, admitir que essas críticas têm sua pertinência em relação ao livro que elas atacam; teme-se admitir que, de uma certa maneira, o livro as produziu e as sustentou; mas teme-se, sobretudo, reconhecer que elas talvez nada mais sejam que uma certa chave crítica, uma certa maneira de codificar e de transcrever um livro, uma transformação espantosamente sistemática. As imposturas no seio do espaço crítico são como monstros no seio do mundo vivo: simples possibilidades, certamente, e, no entanto, coerentes.

Mas elas sempre esperam seus São Jorges. Espero que um dia as velhas divisões sejam abolidas. Que se deixará de utilizar vagos critérios morais para distinguir a crítica "honesta" da crítica "desonesta", a "boa" crítica, que respeita os textos dos quais fala, da "má" crítica, que os deforma. Qualquer crítica aparecerá como um conjunto de transformações – de transformações próximas ou longínquas, mas que têm todas seus princípios e suas leis. E esses *petits textes*[1] de cabeça deformada, pernas tortas e olhos turvos, que habitualmente são desprezados,

---

1 Em francês no texto (*N.T.*) (nota do original).

entrarão na dança e executarão movimentos que não serão nem mais nem menos respeitáveis que os dos outros. Não se procurará mais responder a eles ou fazer calar sua algazarra, mas compreender a razão de suas deformidades, de suas claudicações, de seus olhares cegos, de suas longas orelhas.

M. Grossvogel[2] acaba justamente de chamar minha atenção para dois desses pequenos textos. Um foi publicado durante o verão de 1970, em uma pequena revista conservadora francesa, *La pensée*;[3] ele é de autoria, acredito, de um professor universitário. Considera-se que o outro tenha sido escrito por um jornalista: foi publicado nesse hebdomadário largamente difundido que é o *The New York Times Book Review* (de 28 de fevereiro de 1971). O interesse desses textos reside no fato de que um e outro utilizam os quatro métodos tradicionais de transformação (a falsificação do texto, o *découpage*[4] ou a citação fora de contexto, a interpolação e a omissão); de que ambos obedecem às mesmas três leis (a ignorância do livro, a ignorância daquilo que eles falam, a ignorância dos fatos e dos textos que eles refutam) e que, no entanto, chegam a resultados diametralmente opostos: em um caso, trata-se de uma transformação que se efetua aumentando a entropia do livro; no outro, diminuindo-a.

Como aumentar a entropia

Com o título "Michel Foucault e a Espanha" foi publicado em *La pensée* um artigo cuja importância se estaria enganado em subestimar. Pois isso não é nada mais, para alguém que critica um livro, do que censurar seu autor por não ter "dado um pio" sobre o Orestes de Racine, quando várias páginas lhe são dedicadas bem no meio do livro. Isso também nada mais é do que censurar o autor pela ausência de provas e de justificativas que são fornecidas, detalhadamente, nas notas de pé de página. Ser capaz de fazer isso, estando vivo o autor, supõe uma inspiração, um espírito de sacrifício ou, pelo menos, a abnegação ascética daquele que escreve com a certeza de que ninguém jamais o lerá.

---

2 David I. Grossvogel, professor de literatura romana na universidade de Cornell, diretor da revista *Diacritics*, havia chamado a atenção de M. Foucault sobre o artigo de G. Steiner.
3 Revista dos intelectuais do P. C. F.
4 Em francês no texto (*N.T.*) (nota do original).

322 Michel Foucault – Ditos e Escritos

Os enormes riscos que assumiu tornam o Sr. Pelorson digno de admiração. Mas é preciso reconhecer que sua temeridade não é caprichosa. Ela está eficazmente submetida às exigências de uma operação única em seu gênero: substituir o livro, tal como ele existe, por seu próprio método, seu próprio objeto, seus próprios limites, suas próprias verdades e seus próprios erros – em uma palavra, introduzir, de acordo com sua própria forma bizarra, um emaranhado amorfo de acontecimentos contingentes. Essa operação, que não é simples, supõe um certo número de transformações locais.

Relacionar o livro a uma teoria geral com a qual ele não se relaciona. Por cinco ou seis vezes, o Sr. Pelorson[5] qualifica meu trabalho de "estruturalista". Ora, jamais pretendi, em momento algum, ser estruturalista, pelo contrário. Sobre esse ponto, já me expliquei há vários anos. Quando o Sr. Pelorson fala de uma "sucessão de estruturas no interior da *episteme* do Homem europeu", ele alinha, de maneira perfeitamente absurda, palavras incompatíveis.

Apagar os limites do tema tratado. História da loucura, diz o Sr. Pelorson, é "*de fato* a descrição de atitudes da *episteme* a respeito da loucura*". Mais adiante, no entanto, essa mesma *História da loucura* é considerada "*de fato* o inventário dos ritos de exclusão". Se a primeira delimitação fosse exata, é claro que a maior parte do livro estaria fora do tema; mas, acreditando-se na segunda, o livro não passa, seria possível dizer, de um recorte arbitrário em um vasto tema, que jamais é tratado em seu conjunto. Todos os limites são apagados, graças ao uso notável que o Sr. Pelorson faz da expressão "de fato": tudo o que diz o livro é exagerado, e tudo o que ele não diz constitui uma lacuna. Nada mais tem o direito de ser dito nem de ser passado em silêncio.

Confundir os índices de verificação. A propósito da transformação dos antigos leprosários em casas de detenção, presume-se, segundo o Sr. Pelorson, que eu tenha citado "vários exemplos", dos quais somente dois têm o mérito de serem verdadeiramente convincentes. Citei efetivamente vários exemplos, sempre indicando minhas fontes: os exemplos, entre outros, de Château-Thierry, de Voley, de Charenton, de Saint-Germain, do hospital geral de Clermont etc. e, de Saint-Lazare.

---

5 "Michel Foucault et l'Espagne", *La pensée*, n. 152, agosto de 1970, p. 88-89.

1971 – As Monstruosidades da Crítica 323

O Sr. Pelorson poderá me explicar por que o exemplo de *Saint-Lazare* não é, aos seus olhos, convincente? A menos que, apagando cada certeza individual, ele só procure tornar o todo igualmente incerto.

Apagar os níveis de análise. Falei da perambulação dos loucos na Renascença. Mas, segundo o Sr. Pelorson, não indiquei se a questão se correlacionava a uma figura imaginária (presente nos textos e na iconografia) ou a uma realidade histórica. Eis, portanto, a questão que proponho:

– os documentos que descrevem os loucos expulsos de Frankfurt, transportados de navio até Mayence ou devolvidos a Kreusnach são mitos?

– as peregrinações dos loucos a Larchant, a Gournay, a Besançon e a Geehl são mitos?

– o documento que indica o preço de uma mudança por ocasião de uma peregrinação de loucos é um mito?

– a presença, em igual número, de estrangeiros entre os loucos de Nuremberg é um mito?

– a prática da flagelação pública dos loucos e a perseguição que eles sofreram são mitos?

A fim de poder criticá-lo, o Sr. Pelorson inventa um livro no qual considera que os temas imaginários e as práticas reais são consideradas não distintas, e isso ao preço de um desconhecimento total do texto e das referências; assim, ele faz do livro uma variação sem regras de um mundo imaginário *sans réalité*.[6]

Praticar um recorte arbitrário. Consideremos duas frases: "O hospício tomou precisamente o lugar do leprosário na geografia", e: "O hospício tomou precisamente o lugar do leprosário na geografia dos lugares assombrados, assim como nas paisagens do universo moral." A segunda é a que escrevi; a primeira, a que o Sr. Pelorson transcreveu. Da mesma forma, sou acusado de não ter dito nenhuma palavra sobre o delírio amoroso na literatura da Renascença. Falei disso. Sou acusado de não ter citado Cardênio; eu o fiz. Sou acusado de não ter falado de *Andrômaca*; eu o fiz.

Também sou acusado de não ter falado do aprisionamento dos loucos na Espanha, na Renascença; falei disso, citando os exemplos de Valença, de Saragossa, de Sevilha e de Toledo.

---

6 Em francês no texto (*N.T.*) (nota do original).

324 Michel Foucault – Ditos e Escritos

Da mesma forma, sou acusado de ter falado superficialmente dos ritos de detenção no século XVI. Eu o fiz, a propósito das instituições de Nuremberg, de Paris, de Melun, de Hamburgo e de Caiena. Eu o fiz, quando evoquei as celas do Hôtel-Dieu e de Bethléem. Eu o fiz, quando falei dos loucos acorrentados e exibidos em público nos *Narrtürmer*. Eu o fiz, quando fiz referência às casas de correção construídas na Inglaterra, de acordo com o ato de 1575. Eu o fiz, quando descrevi os vagabundos acorrentados e obrigados a trabalhar nas ruas de Paris, de acordo com o ato de 1532.

Sou acusado de só ter citado um único documento relativo à reintegração espiritual dos leprosos. Se o Sr. Pelorson tivesse lido o meu livro, teria encontrado nas notas referências aos rituais de Rouen, de Mons, de Chartres e de Lille, assim como aos costumes de Hainault.

Introduzir sua própria incompetência. Como é uma boa estratégia não entediar o leitor e tentar, tanto quanto possível, fazê-lo rir, vou citar uma passagem do texto do Sr. Pelorson. "Loucura e estupidez" são, parece, "sinônimos na terminologia de Foucault (...). O autor não parece saber que *Dom Quixote* é a ilustração mais evidente de uma distinção feita na época, e certamente definitiva, entre a loucura e a idiotia. É verdade que, nos insultos que os homens dotados de razão podem trocar, as duas palavras são frequentemente equivalentes. Mas, quando um verdadeiro louco entra em cena, pode-se ver muito bem que a idiotia é qualquer coisa de diferente."

Não nos enganemos: não é absolutamente para ridicularizar o Sr. Pelorson que citei este texto; mas para mostrar com que finalidade ele sabe utilizar uma incompetência que lhe garante um ponto de vista pouco comum.

Lembrarei somente a existência, no século XVIII, de todo um campo semântico que engloba palavras como *fou, sot, fat, imbécile, stupide, nigaud, niais, simple*[7] (louco, idiota, presunçoso, imbecil, estúpido, parvo, tolo, simples). Direi também que esse campo semântico é usualmente explorado nos tratados médicos (cf., por exemplo, a análise, por Willis, da *Stupiditas*; ou, mais tarde, a definição que dá a *Encyclopédie* da loucura: ela é a "grande idiotia". Direi, inclusive, que frequentemente se justifica a prática concreta da internação pela "fraqueza de espírito".

---

7 Em francês no texto (*N.T.*) (nota do original).

1971 – As Monstruosidades da Crítica   325

Enfim, que a palavra *niais*[8] designa uma coisa inteiramente diferente de nossa palavra moderna *sot*,[8] na frase onde La Boétie diz de Claude que ele não era apenas *simple*,[8] mas *niais*,[8] e que a tolice está estreitamente associada à doença mental no texto de Dufour: "A loucura recebeu diferentes nomes: quando ela se manifesta na infância, chama-se usualmente *bêtise*[8] ou *niaiserie*."[8]

O Sr. Pelorson pensa que, quando se é colocado diante de um louco, sabe-se imediatamente que esse homem não é um imbecil, mas um louco. Pelo menos dessa vez não estou longe de pensar a mesma coisa que o Sr. Pelorson: há imbecis que reconhecemos imediatamente, quando os encontramos, que eles não são loucos, mas simplesmente imbecis.

A coisa é clara: todas as pequenas operações do Sr. Pelorson visam a um objetivo preciso: apagar tudo o que pode distinguir o livro de que ele fala de um outro livro; tornar imprecisas as declarações mais bem fundamentadas do livro; confundir os níveis de análise; fazer de forma que o que foi dito não o tenha sido. Assim, o livro perde toda a especificidade, tudo aquilo que é dito nesse livro é ora excedente, ora falso; tudo o que não é dito constitui uma lacuna, pela qual ele me critica. Em suma, o livro não é mais nada; sob todos os pontos de vista ele tende para o amorfismo. Enfim, para apressar essa transformação, o Sr. Pelorson introduz sua própria incompetência. Atinge-se assim a entropia máxima: nessas condições, a energia do sistema só pode se aproximar de zero.

Como diminuir a entropia

Essa operação, recentemente efetuada por George Steiner em *The New York Times Book Review*,[9] é ao mesmo tempo muito mais sedutora, muito mais difícil e muito mais criativa. Trata-se, ignorando o verdadeiro livro, de fabricar, com tudo aquilo que se pode extrair das esferas do familiar, do já conhecido e do provável, a mais improvável ilusão que se possa imaginar a respeito desse livro. O empreendimento requer um certo número de operações locais, que estão frequentemente muito próximas daquelas que levam ao resultado inverso. Certas operações, no entanto, são absolutamente únicas.

---

8 Em francês no texto (*N.T.*) (nota do original).
9 "The mandarin of the hour: Michel Foucault", *The New York Times Book Review*, n. 8, 28 de fevereiro de 1971, p. 23-31.

326 Michel Foucault – Ditos e Escritos

A inversão do pró e do contra. Eu disse, por exemplo, em *As palavras e as coisas*, que as obras de Nietzsche e de Mallarmé haviam introduzido importantes modificações no seio do debate filosófico e literário que ocorreu no século XIX; eu até precisei meu pensamento acentuando, mais adiante, o começo, com Nietzsche, da "erradicação" da antropologia. São afirmações que pouco podem levar à perplexidade; mas o Sr. Steiner as substitui por outra afirmação muito mais improvável, segundo a qual Mallarmé e Nietzsche são as "principais testemunhas" da *episteme* que se formou no início do século XIX.

Da mesma forma, no que se refere a Lamarck, mostrei até que ponto seu papel tinha sido limitado em se tratando do nascimento da biologia no século XIX, mesmo que suas ideias tenham sido objeto de debates apaixonados. Dizendo isso, nada digo que pudesse surpreender muito os historiadores da biologia. F. Jacob, que é o mais recente dentre eles e também um dos grandes biólogos de nossa época, deu recentemente uma demonstração muito convincente sobre isso.[10] O Sr. Steiner afirma (e ele tem a amabilidade de querer me felicitar por isso) que mostrei o "papel fascinante" que desempenha Lamarck no pensamento biológico moderno.

Quis mostrar que o aparecimento da palavra "literatura" estava, sem dúvida, ligado a uma forma e a uma função novas da linguagem literária – uma linguagem que, sob aspectos bastante diferentes, existia desde a Antiguidade grega. O Sr. Steiner substitui essa proposição por aquela, indiscutivelmente muito mais improvável e arriscada, segundo a qual não haveria em Cícero, Platão ou Tucídides uso literário da linguagem.

A introdução de elementos estranhos. Em *As palavras e as coisas*, tentei examinar o jogo de correlações, de analogias e de diferenças que existem no interior de vários domínios do saber, em uma dada época (na teoria da linguagem, a história natural, a economia política, a teoria da representação); pretendi desenvolver a análise sem recorrer a noções tais como as de "espírito" ou de "sensibilidade" de uma época; além do mais, tentei compreender, em função das regras e das combinações dessas correlações, dessas analogias e dessas diferenças, os objetos, os conceitos e as teorias que se formaram nesses diferentes domínios. Introduzindo termos como "espírito", "cons-

---

10 *La logique du vivant. Une histoire de l'hérédité*, Paris, Gallimard, 1970

ciência" e "sensibilidade" de uma época, e dando a impressão de que estes termos ocupam um lugar central em meu trabalho, o Sr. Steiner transforma o livro em uma espécie de monstro de incoerência que só um espírito furioso, e somente pelo mais improvável dos acasos, teria podido imaginar.

A evocação de fantasmas. Na história da gramática, na descrição das classificações naturais e na análise econômica tais como existem no século XVIII, quase não haveria razão de falar de Voltaire. Eu não o fiz. O Sr. Steiner não sabe mais se falei ou não dele: ele deveria ler meu livro. Mais adiante, ele declara que falei dele "de maneira apressada e atropelada". Ou eu falei de Voltaire de maneira detalhada, e a crítica do Sr. Steiner aparecerá como uma censura, tendo em vista o saber profundo que ele não consente em revelar; ou falei resumidamente de Voltaire, e a queixa do Sr. Steiner terá a aparência da exatidão; ou então não falei absolutamente dele, e a crítica terá a aparência de um comentário polido ou irônico, um pouco seco. Seja lá o que for, o tumulto que provocam esses personagens presentes-ausentes que vêm bater na porta do livro para exigir que se repare a injustiça da qual eles foram vítimas dá ao meu livro uma atmosfera fantástica de assassinato, de masmorras.

A substituição de nomes. Falei, no que se refere ao início do século XIX, de uma concepção da linguagem que faz dela a expressão de uma vida e de uma vontade profundas. "Vontade", eis uma palavra que faz lembrar alguma coisa à erudição do Sr. Steiner. Seu pensamento dá apenas uma volta: "Vontade, vontade, mas é Nietzsche!" Nenhuma chance: se o Sr. Steiner tivesse lido algumas linhas que precedem e algumas linhas que se seguem, ele teria visto que se tratava de uma referência a Humboldt, assim como a vários outros pensadores. Mas, naturalmente, o aparecimento de Nietzsche durante a primeira metade do século XIX é nitidamente mais original.

A mesma coisa para a palavra "arqueologia". Esta palavra deve certamente se situar em algum lugar, pensa o Sr. Steiner. Vamos atribuí-la a Freud. O Sr. Steiner ignora que Kant utilizava esta palavra para designar a história daquilo que torna necessária uma certa forma de pensamento.[11] Falei, porém, desse uso

---

11 Trata-se de um texto de Immanuel Kant redigido em 1793 em resposta a uma questão colocada em um concurso do ano de 1797 pela Academia de Berlim, em 24 de janeiro de 1788: "Quais são os progressos reais da metafísica na

328   Michel Foucault – Ditos e Escritos

em um outro texto.[12] Não pretenderei certamente que o Sr. Steiner deva ler-me. Mas ele deveria folhear Kant. Sei perfeitamente, no entanto, que Kant não está tão na moda quanto Freud. Ainda outro exemplo: sobre a história natural, a classificação das espécies e sua continuidade, existem duas obras importantes e clássicas. Uma, a de Lovejoy, trata da transformação desse tema desde a Antiguidade; ele analisa as variações da ideia filosófica, cosmológica e científica de uma cadeia de seres, no pensamento ocidental.[13] A outra obra, um pouco anterior, é a de Daudin: ele analisa a transformação do saber biológico desde as taxionomias do século XVII até o evolucionismo.[14] Desses dois livros, é o segundo que me auxiliou, e não o primeiro. É a razão pela qual eu o citei, indicando até que ponto eu lhe era devedor. O Sr. Steiner afirma que minha dívida é com Lovejoy, o que prova que ele não leu Daudin; ele afirma também que eu não cito minhas fontes, o que prova, uma vez mais, que ele não leu meu livro.

A referência a obras fictícias. Em minha desenvoltura, sou acusado, pelo Sr. Steiner, de ter deixado de citar uma outra das minhas fontes: Lévi-Strauss. Ele, de fato, não está na origem do meu trabalho, ele que mostrou, como todos sabem, as relações entre a "troca econômica" e a "comunicação linguística"? Com essa declaração do Sr. Steiner, estamos no domínio da pura invenção. Certamente, Lévi-Strauss jamais estabeleceu as relações entre a economia e a linguística: ele utilizou métodos

---

Alemanha após Leibniz e Wolf?", e publicado em 1804. A passagem a que Foucault se refere é a seguinte: "Uma história filosófica da filosofia é possível não histórica ou empiricamente, mas racionalmente, ou seja, *a priori*. Pois, ainda que ela estabilize fatos de Razão, não é do relato histórico que ela as toma, mas ela as tira da natureza da Razão humana sob a forma de arqueologia filosófica (*sie zieht sie aus der Natur der menschlichen Vernunft als philosophische Archäologie)", Forschritte der Metaphysik, in Gesammelte Schriften*, Berlim, Walter de Gruyter, t. XX, 1942, p. 341 (*Les progrès de la métaphysique en Allemagne depuis le temps de Leibniz e de Wolf*, trad. L. Guillermit, Paris, Vrin, 1973, p. 107-108).

12 *L'archéologie du savoir*, Paris, Gallimard, 1969, t. IV: *La description archéologique*, p. 175-255.
13 *The great chain of being. A study of the history of an idea*, Cambridge (Mass.), Harvard University Press, 1950, 2. ed., 1960.
14 Daudin (H.), *Cuvier et Lamarck, les classes zoologiques et la série animale*, Paris, Alcan, 2 vol., 1926-1927.

1971 – As Monstruosidades da Crítica 329

linguísticos para analisar as estruturas da troca matrimonial. Seja lá o que for, quanto a mim, não estudei as relações entre a economia e a linguística, mas procurei os elementos comuns às teorias da moeda e à gramática geral, no século XVIII. Essa ideia, ademais, não me veio espontaneamente, mas lendo um autor que citei: Turgot. Mas também era preciso tomar consciência disso, para não precisar inventar a obra fictícia de um autor que, evidentemente, está muito mais à *la mode*.[15]

No entanto, seria engano meu reclamar. O Sr. Steiner inventa, para meu maior benefício, obras que jamais escrevi. Ele até consente em mostrar uma certa indulgência a respeito das "monografias" que eu consagrei à história da doença mental. Que monografias, meu Deus? Eu só escrevi uma. E, aliás, não era absolutamente uma história da doença mental – menos ainda, contrariamente ao que pretende o Sr. Steiner, um estudo "das mitologias e das práticas das terapias mentais": era um estudo das condições econômicas, políticas, ideológicas e institucionais que permitiram a segregação dos loucos na época clássica. E, em relação a esses processos, tentei mostrar que esses mitos e essas terapêuticas não passavam de fenômenos secundários ou decorrentes.

Uma evidência se impõe: é preciso combater vigorosamente a ideia de que o Sr. Steiner pudesse ser um homem desprovido de talento. Não somente ele reinventa aquilo que lê no livro, não somente inventa elementos que ali não figuram, mas inventa também aquilo a que faz objeção, ele inventa as obras com as quais ele compara o livro, e inventa até as próprias obras do autor.

Uma lástima, para o Sr. Steiner, que Borges, homem de gênio, já tenha inventado a crítica-ficção.

---

15 Em francês no texto (*N.T.*) (nota do original).

1974

(Sobre D. Byzantios) (Apresentação)

Galerie Karl Flinker, Paris, 15 de fevereiro de 1974. (Apresentação da exposição de D. Byzantios "30 desenhos, 1972-1973".)

Seria possível imaginar que as coisas se passaram assim: no início, traços colocados ao acaso e em todos os sentidos, energias desencadeadas. Grandes linhas de força teriam atravessado a folha de papel, escutando apenas seu próprio furor. O lápis do desenhista, sua pena os teriam seguido. Depois, pouco a pouco, tornando-se os traços mais numerosos, mais apressados, se aglutinando, se juntando em certas regiões, pequenos campos de força seriam localizados: turbilhões, nós, cristas, contornos. Desenhos espontâneos da limalha. E desse acaso teria surgido, de quando em quando, a possibilidade de uma figura: sustentados por essa massa de acontecimentos ao acaso, por essas milhares de forças que se entrecruzam, uma silhueta lunar, um perfil, o estilhaço de uma vidraça, a roda cintilante de uma motocicleta, uma fantasia de carnaval.

É completamente diferente. O desenhista colocou inicialmente sobre sua folha, meticulosamente, árvores, ruas, automóveis, passantes e, do outro lado, vitrines, manequins parecidos com os passantes. Isto feito, começa o verdadeiro começo: uma chuva de traços, largos, fechados vêm se abater sobre o desenho; ele é traspassado, sufocado, recoberto, tragado, perdido. Perdido? De modo algum. Não se trata do jogo das aparições e desaparições.

As figuras preliminares são um suporte, um suporte-adversário: um pouco como a tela, polida, monocrômica, que o pintor começa por preparar: nessa superfície a pintura se fixa e contra ela se choca. O desenho, aqui, se choca contra um desenho. Ele se lança contra esses elementos nos quais ao mesmo tempo encontra seu fundamento. Arte da esgrima e de qualquer estratégia: apoiar-se sobre seu adversário; repousar sobre o que se ataca; encontrar sua solidez no que se busca abater.

1974 – (Sobre D. Byzantios) 331

Não se trata de um crepúsculo mergulhando tudo, quase tudo, em sua sombra. É o confronto de duas raças inimigas. Esse desenho sobre o desenho, contra o desenho, é a justa entre as diferenças de formas (obtidas pelas linhas) e as diferenças de forças (estabelecidas pelos traços). Combate do desenho-linha contra o desenho-traço. De um lado – mas é preciso dizer "de um lado", quando já se está em plena refrega? –, as formas recortadas anteriormente pelo desenho linear, e depois, de outro, trazidos por não sei qual tempestade exterior, traços-flechas, portadores de forças, sombras invasoras.

A linha, tradicionalmente, é a unidade, a continuidade dos traços, a lei que os domina. Ela reduz sua multiplicidade, aplaca sua violência. Ela lhes fixa um lugar, lhes prescreve uma ordem. Ela os impede de vagabundear. Mesmo se ela se esconde, reina sempre no horizonte do traço, que se dobra finalmente às suas exigências mudas.

Aqui, o desenho-linha e o desenho-traço, bastante independentes, são lançados um contra o outro. A linha é apresentada de uma vez por todas e antecipadamente. Ela se integra às exigências primárias – o papel, seu formato, suas bordas, sua consistência, sua textura. Ela constitui o que é dado. Ela é o acaso-fatalidade em relação com o que vai se desenrolar a seguir: a imprevisível batalha do desenho.

Um jogo perigoso, porque tudo ali tem um valor positivo. Nada é anulado, nada é apagado. Nenhuma triste rasura.

Quando o desenhista, com grandes traços, começa a batalha contra o desenho linear, todos os golpes são registrados. Um traço sendo feito, o desenhista sempre pode acrescentar-lhe um outro, interceptá-lo, duplicá-lo, multiplicar o emaranhamento. Mas a regra do seu jogo lhe proíbe retornar ao que foi feito; o retorno ao zero está excluído. O golpe dado permanece dado. Sem dúvida, é permitido se servir da borracha, mas os próprios golpes de borracha são feitos para serem visíveis: arranhões acinzentados, traços leves, esmagados, pulverizados, multiplicados em um feixe de pequenos sulcos abertos e sensíveis. Tudo é marca. Não signo de alguma coisa, ou de outra coisa, mas marca de uma multiplicidade de acontecimentos dos quais nenhum pode jamais recair na inexistência. Uma série, portanto, sem volta nem correção; mas traços que se superpõem a traços, golpes que respondem a golpes. Na superfície dessa batalha, da qual temos uma visão abrangente, o desenho se torna quadro.

332 Michel Foucault – Ditos e Escritos

Paradoxo desses desenhos sombrios – desses quadros sem cor – nos quais todos os elementos são positivos: nada existe ali que faça pensar no claro-escuro. O negro, aqui, não é a noite; é a intensidade de um combate. O sombrio não é a sombra, mas o lugar onde se confrontam as formas mais vivas. As massas escuras não poupam as distâncias; elas indicam as aglomerações, os confrontos, o corpo a corpo.

O negro brilha por sua própria força; é ali onde ele é mais negro, onde as forças lançam suas flechas mais intensas, que ele faz jorrar dele mesmo uma claridade que é como seu paroxismo. Ele não tem necessidade de que uma luz vinda de fora o penetre e o ilumine: sua intensidade lhe basta. Fica-se longe do jogo da noite com o dia. Fica-se no rumor sombrio e brilhante da batalha. Esses traços são metálicos, como o chumbo que os traçou.

Reina aqui o princípio da adição infinita. Nenhuma grandeza negativa. Mas tampouco soma. Não há momento em que a conta termine; em que a série chegaria à saturação; em que não houvesse nada mais a fazer a não ser puxar um traço e totalizar: eis o desenho concluído. De fato, seria possível, é sempre possível haver ali um traço a mais. Nenhuma lei, nenhuma senha diz ao desenhista: aqui e agora deve parar, nenhum traço a mais. Ele é sempre livre para continuar; mas há sempre o risco – e havia risco desde o início – de que o traço fosse a mais, que ele fizesse tudo oscilar e anulasse o desenho. Cada golpe traz consigo o perigo de ser negativo, porque seria excessivo; mas, após cada traço, há ainda o perigo de parar muito cedo, de deixar um vazio, de ter estabelecido uma barra arbitrária, de ter colocado um limite naquilo que não deve tê-lo. Nenhum excesso, mas jamais limite, tal é o risco.

Pode-se imaginar a lenta, a febril paciência que se apodera do desenhista, ao longo dessa batalha de linhas e traços. O primeiro traço pode já ser excessivo e levar tudo a perder. Mas imaginem o quanto esse perigo, único no início, se multiplica; pois cada novo traço atrai outros. Cada um dá lugar a milhares de novas possibilidades. E, se multiplicando, eles se aproximam do excesso: um traço a mais é demasiado, é irreparável, tudo desapareceu. Imaginem o frenesi dos traços possíveis que se esboçam, o desejo, a necessidade de sempre acrescentar, a excitação do acaso, e pensem no domínio, na ponderação, no cálculo necessário, e também na extrema reserva que supõe esse jogo sem volta.

1974 – (Sobre D. Byzantios) 333

Entre esse frenesi e essa contenção, cada traço deve ser feito como se fosse o último. E aquele que se vê não tendo sucessor nunca será o último a não ser por um momento. É esse momento, no entanto – nem mais nem menos derradeiro que os outros, mas que leva o jogo ao seu mais alto grau de intensidade –, que o desenhista escolheu, com seus riscos e perigos, para se desviar do seu desenho e deixar diante de vocês se desencadear a batalha em seu fulgor ininterrupto. Então avançam na sua direção, pelo efeito de um relevo branco, os personagens que linhas negras tinham anteriormente desenhado, horizontalmente, sobre a superfície branca do papel.

1974

Antirretro

"Anti-rétro" (entrevistas com P. Bonitzer e S. Toubiana), *Cahiers du cinéma*, n. 251-252, julho-agosto, p. 6-15.

– *Partamos do fenômeno jornalístico da moda retro. Pode--se muito simplesmente perguntar: por que filmes como La-combe Lucien*[1] *ou Portier de Nuit*[2] *são atualmente possíveis? Por que eles têm uma enorme repercussão? Pensamos que seria preciso responder em três níveis:*

1) A conjuntura política. Giscard d'Estaing foi eleito. Es-tabeleceu-se um novo tipo de relação com a política, com a história, com o aparelho político, que indica muito claramen-te – e de uma maneira visível para todo o mundo – a morte do gaullismo. Então, seria preciso ver, na medida em que o gaullismo permanece muito ligado à época da Resistência, como isso se traduz no nível dos filmes que são feitos.

2) Como pode haver ali ofensiva da ideologia burguesa nas brechas do marxismo ortodoxo – rígido, economista, mecani-cista, pouco importam os termos – que forneceu durante muito tempo a única base de interpretação dos fenômenos sociais?

3) Enfim, como isso se coloca no que se refere aos mili-tantes? Na medida em que os militantes são consumidores e eventualmente produtores de filmes.

Ocorre que, depois do filme de Marcel Ophuls, Le Chagrin et la Pitié,[3] *foram abertas as comportas. Alguma coisa que tinha sido até então completamente recalcada, ou interdita, eclode. Por quê?*

– Acredito que isso venha do fato de que a história da guer-ra e do que se passou em torno da guerra jamais foi verdadei-

---

1 De L. Malle, 1974.
2 *Portiere di Notte*, de L. Cavani, 1973.
3 1969.

ramente inscrita em outros lugares além das histórias inteiramente oficiais. Essas histórias oficiais estavam essencialmente centradas em torno do gaullismo que, por um lado, era a única maneira de escrever essa história em termos de um nacionalismo honroso e, por outro, era a única maneira de fazer intervir como personagem da história o Grande Homem, o homem de direita, o homem dos velhos nacionalismos do século XIX.

Finalmente, a França estava justificada por De Gaulle e, por outro lado, a direita, que era conduzida como é sabido no momento da guerra, se encontrava purificada e santificada por De Gaulle. Repentinamente, a direita e a França se achavam reconciliadas nessa maneira de fazer história: não esquecer que o nacionalismo foi o ambiente do nascimento da história do século XIX e sobretudo do seu ensino.

O que jamais foi descrito foi o que se passou nas próprias profundezas do país após 1936 e mesmo depois do fim da guerra de 1914 até a Libertação.

– *Então, o que ocorreria depois de Le Chagrin et la Pitié é uma espécie de retorno da verdade na história. Trata-se de saber se isso é mesmo verdade.*

– É preciso associar isso ao fato de que o fim do gaullismo significa o ponto final colocado nessa justificativa da direita por esse personagem e esse episódio. A velha direita petainista, a velha direita colaboracionista, maurrassiana e reacionária que se camuflava como podia por trás de De Gaulle considera que agora ela mesma tem o direito de reescrever sua própria história. Essa velha direita que, desde Tardieu, tinha sido desqualificada histórica e politicamente retorna agora para diante da cena.

Ela sustentou explicitamente Giscard. Ela não tem mais necessidade de usar máscara e, consequentemente, pode escrever sua própria história. E, entre os fatores da atual aceitação de Giscard por metade dos franceses (mais 200 mil), não se deve esquecer de filmes como aqueles dos quais falamos – qualquer que tenha sido a intenção dos autores. O fato de que tudo isso tenha podido ser mostrado permitiu uma certa forma de reagrupamento da direita. De forma que, pelo contrário, é exatamente o apagamento da ruptura direita nacional/direita colaboracionista que tornou esses filmes possíveis. Isso está absolutamente ligado.

– *Essa história se reescreve, portanto, ao mesmo tempo cinematográfica e televisualmente, com debates como os dos*

336 Michel Foucault – Ditos e Escritos

Dossiers de l'Écran *(que escolheram por duas vezes em dois meses o tema: os Franceses sob a Ocupação). E, por outro lado, essa reescrita da história também é feita por cineastas que são considerados como mais ou menos de esquerda. Há ali um problema a ser aprofundado.*

– Não acredito que as coisas sejam tão simples. O que dizia há pouco é muito esquemático. Retomemos.

Há um verdadeiro combate. E o que está em jogo? É o que se poderia chamar grosseiramente de *memória popular*. É absolutamente verdadeiro que as pessoas, quero dizer, aquelas que não têm o direito à escrita, de fazer elas próprias seus livros, de redigir sua própria história, aquelas pessoas têm, no entanto, uma maneira de registrar a história, de se lembrar dela, de vivê--la e de utilizá-la. Essa história popular era, até certo ponto, mais viva, mais claramente formulada ainda no século XIX, onde havia, por exemplo, toda uma tradição das lutas que se traduzia seja oralmente, seja através de textos, de canções etc.

Ora, toda uma série de aparatos foi estabelecida (a "literatura popular", a literatura barata, mas também o ensino escolar) para bloquear esse movimento da memória popular, e pode-se dizer que o sucesso desse empreendimento foi relativamente grande. O saber histórico que a classe operária tem dela própria não cessa de se reduzir. Quando se pensa, por exemplo, sobre o que os operários do fim do século XIX sabiam sobre sua própria história, sobre o que tinha sido a tradição sindical – no sentido estrito do termo tradição – até a guerra de 1914, era igualmente formidável. Isso não cessou de diminuir. Diminui, mas, no entanto, não se perde.

Atualmente, a literatura barata não é mais suficiente. Há meios muito mais eficazes, que são a televisão e o cinema. E acredito que esta é uma maneira de *recodificar* a memória popular, que existe mas que não tem nenhum meio de se formular. Então, mostra-se às pessoas não o que elas foram, mas o que é preciso que elas se lembrem que foram.

Como a memória é, no entanto, um importante fator de luta (é, de fato, em uma espécie de dinâmica consciente da história que as lutas se desenvolvem), se a memória das pessoas é mantida, mantém-se seu dinamismo. E mantém-se também sua experiência, seu saber sobre as lutas anteriores. É preciso não mais saber o que foi a Resistência...

Então, acredito que é um pouco dessa forma que é preciso compreender aqueles filmes. O tema, em geral, é que não houve luta popular no século XX. Essa afirmação foi formulada sucessivamente de duas maneiras. Uma primeira vez logo após a guerra, dizendo simplesmente: "O século XX, que século de heróis! Houve Churchill, De Gaulle, os indivíduos que pularam de paraquedas, as esquadrilhas etc.!" O que era uma maneira de dizer: "Não houve luta popular, a verdadeira luta é aquela." Mas ainda não se dizia diretamente: "Não houve luta popular."

A outra maneira, mais recente, cética ou cínica, como se queira, consiste em passar à afirmação pura e simples: "Vejam de fato o que se passou. Onde vocês viram lutas? Onde vocês veem as pessoas se insurgirem, pegarem os fuzis?"

– *Há uma espécie de rumor que se difundiu após, talvez,* Le Chagrin et la Pitié. *Ou seja: o povo francês, em seu conjunto, não resistiu, ele inclusive aceitou a colaboração, os alemães, ele engoliu tudo. Trata-se de saber o que isso quer dizer definitivamente. E parece de fato que o que está em jogo é a luta popular, ou melhor, a memória dessa luta.*

– Exatamente. É preciso tomar posse dessa memória, dirigi-la, regê-la, falar-lhe do que ela deve se lembrar. E quando se veem esses filmes, se aprende aquilo de que se deve se lembrar: "Não creiam absolutamente em tudo o que foi outrora contado a vocês. Não há heróis. E se não há heróis, é porque não há luta." Daí uma espécie de ambiguidade: de um lado, "não há heróis" é uma desmontagem positiva de toda uma mitologia do herói de guerra à maneira de Burt Lancaster. É uma maneira de dizer: "A guerra não é isso!" Daí uma primeira impressão de desgaste histórico: nos será dito, enfim, por que não somos todos obrigados a nos identificar com De Gaulle ou com os membros da esquadrilha Normandia-Niemen etc. Mas na frase: "Não houve heróis" se esconde uma outra frase que é a verdadeira mensagem: "Não houve luta." É nisso que consiste a operação.

– *Há um outro fenômeno que explica por que esses filmes funcionam bem. É que se utiliza o ressentimento daqueles que efetivamente lutaram contra aqueles que não lutaram. Por exemplo, as pessoas que fizeram a Resistência e que veem em* Le Chagrin et la Pitié *os cidadãos de uma cidade do centro da França passivos reconhecem essa passividade. E, ali, é o ressentimento que predomina; eles esquecem que eles lutaram.*

338 Michel Foucault – Ditos e Escritos

– O fenômeno politicamente importante aos meus olhos, mais do que tal ou tal filme, é o fenômeno de série, a rede constituída por todos esses filmes e o lugar, sem jogo de palavras, que eles ocupam. Dito de outra forma, o que é importante é a pergunta: "Será possível, atualmente, fazer um filme *positivo* sobre as lutas da Resistência? Pois bem! Percebe-se que não. Tem-se a impressão de que aquilo faria rir as pessoas ou que, muito simplesmente, esse filme não seria visto.

Gosto muito de *Le Chagrin et la Pitié*, não considero um mau passo tê-lo feito. Talvez eu me engane, ali não está o importante. O importante é que essa série de filmes é exatamente correlativa da impossibilidade – e cada um desses filmes acentua essa impossibilidade – de fazer um filme sobre as lutas positivas que puderam ocorrer na França em torno da guerra e da Resistência.

– Sim. É a primeira coisa pela qual somos criticados quando se ataca um filme como o de Malle. A resposta é sempre: "O que você teria colocado no lugar?" E é verdade que não se pode responder. Seria preciso começar a ter, digamos, um ponto de vista de esquerda sobre a questão, mas é verdade que ele não está totalmente constituído.

Em contrapartida, nisso reside o problema: "Como produzir um herói positivo, um novo tipo de herói?"

– Não é o herói, é o problema da luta. Pode-se fazer um filme de luta sem que haja os processos tradicionais da heroificação? Retorna-se a um velho problema: como a história chegou a sustentar o discurso que ela sustenta e a recuperar o que se passou, a não ser por um procedimento que fosse o da epopeia, isto é, se narrando como uma história de heróis? Foi assim que se escreveu a história da Revolução Francesa. O cinema procedeu da mesma maneira. A isso se pode sempre opor o avesso irônico:

"Não, vejam, não há heróis. Somos todos uns porcos etc."

– Retornemos à moda retrô. A burguesia, do seu ponto de vista, centrou relativamente seu interesse em um período histórico (os anos 1940) que focaliza simultaneamente seu ponto fraco e seu ponto forte. Pois, por um lado, é ali que ela é mais facilmente desmascarada (foi ela quem criou o terreno para o nazismo ou para a colaboração com o nazismo) e, por outro, é ali que ela tenta hoje justificar, sob as formas mais cínicas, sua atitude histórica. O problema é: como é possível

1974 – Antirretro **339**

positivar, para nós, esse mesmo período histórico? Nós, ou seja, a geração das lutas de 1968 ou de Lip. Será que se tem que abrir ali uma brecha para pensar, de uma forma ou de outra, uma hegemonia ideológica possível? Pois é verdade que a burguesia é, ao mesmo tempo, ofensiva e defensiva sobre esse assunto (sobre sua história recente). Defensiva estrategicamente, ofensiva taticamente, pois ela encontrou seu ponto forte, aquele a partir do qual ela pode melhor embaralhar as cartas. Mas, quanto a nós, devemos simplesmente – o que é defensivo – restabelecer a verdade sobre a história? Não seria possível encontrar o ponto que, ideologicamente, abriria a brecha? Será que isso é automaticamente a Resistência? Por que não 1789 ou 1968?

– A propósito desses filmes e sobre o mesmo tema, eu me pergunto se não se poderia fazer uma coisa diferente. E quando digo "tema" eu não quero dizer: mostrar as lutas ou mostrar que elas não existiram. Quero dizer que é historicamente verdadeiro que nas massas francesas houve, no momento da guerra, uma espécie de rejeição da guerra. Ora, de onde isso vem? De toda uma série de episódios dos quais ninguém fala, nem a direita, porque quer escondê-la, nem a esquerda, porque não quer estar comprometida com tudo o que fosse contrário à "honra nacional".

Durante a guerra de 1914, houve igualmente 7,8 milhões de rapazes que passaram pela guerra. Por quatro anos levaram uma vida horrível, viram morrer em torno deles milhões e milhões de pessoas. Com o que eles se defrontaram em 1920? Um poder de direita, uma completa exploração econômica e, finalmente, uma crise econômica e o desemprego em 1932. Essas pessoas, que foram amontoadas nas trincheiras, como poderiam ainda gostar da guerra durante dois decênios, 1920-1930 e 1930-1940? Os alemães passaram por isso, pois a derrota reanimou neles um sentimento nacional de tal forma que o sentimento de vingança pôde superar essa espécie de desgosto. Mas, afinal, não se gosta de lutar por essas guerras burguesas, com aqueles oficiais, por aqueles benefícios de guerra. Acredito que isso constituiu um fenômeno fundamental na classe operária. E quando, em 1940, sujeitos jogaram suas bicicletas na vala e disseram: "Eu fico na minha", não se pôde simplesmente dizer: "São uns veados!", e não se pôde mais escondê-lo. É preciso situá-lo novamente em toda aquela série. Essa não adesão

340 Michel Foucault – Ditos e Escritos

às palavras de ordem nacionais, é preciso fundamentá-la. E o que se passou durante a Resistência é o contrário do que nos foi mostrado: ou seja, que o processo de repolitização, a remobilização, o gosto pela luta recomeçaram pouco a pouco na classe operária. Isso recomeçou gradativamente após a ascensão do nazismo, da guerra da Espanha. Ora, o que esses filmes mostram é o processo inverso, ou seja: após o grande sonho de 1939, que se estilhaçou em 1940, as pessoas renunciam. Houve certamente esse processo, mas no interior de um outro processo, em escala muito maior, que ia em sentido contrário e que, a partir do desgosto da guerra, desembocava, durante a Ocupação, na tomada de consciência de que era preciso lutar. Sobre o tema: "Não há heróis, há apenas veados", seria preciso se perguntar de onde isso vem e onde se enraíza. Afinal, jamais se fizeram filmes sobre as rebeliões?

– *Sim. Houve o filme de Kubrick (Les Sentiers de la Gloire)*,[4] *proibido na França.*

Acredito que havia um sentimento político favorável a essa não adesão às palavras de ordem das lutas nacionais e armadas. Pode-se retomar o tema histórico da família de *Lacombe Lucien* fazendo-o remontar a Ypres e a Douaumont...

– *O que coloca o problema da memória popular, de uma temporalidade que lhe seria própria e que estaria muito defasada em relação à tomada de tal poder central ou a tal guerra esporádica...*

– Esse foi sempre o objetivo da história escolar: ensinar às pessoas que elas se fizeram matar e que isso era um grande heroísmo. Vejam o que se chegou a fazer com Napoleão e as guerras napoleônicas...

– *Um certo número de filmes, entre os quais o de Malle e o de Cavani, abandonam um discurso histórico ou um discurso de luta sobre os fenômenos do nazismo e do fascismo e sustentam um outro, ao lado ou em seu lugar, em geral um discurso sobre o sexo. Que discurso é esse?*

– Mas você não estabelece uma diferença radical entre *Lacombe Lucien* e *Portier de Nuit* em relação a esse tema? A meu ver, me parece que, em *Lacombe Lucien*, o aspecto erótico, apaixonado tem uma função bastante fácil de localizar. É, no fundo, uma maneira de reconciliar o anti-herói, de dizer que ele não é tão anti quanto aquilo.

---

4 *Paths of Glory*, 1958.

Se, efetivamente, todas as relações de poder são por ele falsificadas e se ele as esvazia, em compensação, no momento em que se crê que ele falseia todas as relações eróticas, pois bem!, se descobre uma relação verdadeira e ele ama a moça. De um lado, há a máquina do poder que cada vez mais conduz Lacombe, a partir de um pneu furado, para alguma coisa de demente. E, do outro, há a máquina de amor que está no auge da moda e dá a impressão de falsa, e que, pelo contrário, funciona no outro sentido e restabelece Lucien no final como um belo rapaz nu vivendo no campo com uma moça.

Há, portanto, uma espécie de antítese muito fácil entre poder e amor. Quando, em *Portier de Nuit*, o problema é – em geral, como na conjuntura atual – muito importante, o do *amor pelo poder*.

O poder tem uma carga erótica. Aqui se coloca um problema histórico: como foi possível que o nazismo, que era representado por rapazes deploráveis, miseráveis, puritanos, espécies de solteironas vitorianas, ou melhor, viciosas, como foi possível que tenha podido se tornar, atualmente e por todo lado, na França, na Alemanha e nos Estados Unidos, em toda a literatura pornográfica do mundo inteiro, a referência absoluta do erotismo? Todo o imaginário erótico de folhetim é posto atualmente sob o signo do nazismo. O que coloca, no fundo, um problema grave: como amar o poder? Ninguém ama mais o poder. Essa espécie de ligação afetiva, erótica, esse desejo que se tem pelo poder, o poder que se exerce sobre vocês não existe mais. A monarquia e seus rituais eram feitos para suscitar essa espécie de relação erótica com o poder. Os grandes aparelhos estalinistas, mesmo hitleristas, também eram feitos para isso. Mas tudo isso desaba, e é claro que não se pode mais ficar apaixonado por Brejnev, Pompidou nem Nixon. Poder-se-ia, de fato, amar De Gaulle, Kennedy ou Churchill. Mas, o que se passa atualmente? Não se assiste a um início de reerotização do poder, desenvolvida em seu extremo ridículo, lamentável, pelas *porno-shops* com insígnias nazistas que se encontram nos Estados Unidos e (versão muito mais suportável mas igualmente ridícula) nas atitudes de Giscard d'Estaing dizendo: "Vamos desfilar de *smoking* pelas ruas apertando as mãos das pessoas, e a garotada terá meio dia de feriado"? É certo que Giscard fez uma parte de sua campanha não somente apoiado em sua aparência física, mas também em uma certa erotização do seu personagem, de sua elegância.

342 Michel Foucault – Ditos e Escritos

– Foi assim que ele se apresentou em uma propaganda eleitoral, aquela onde se vê uma moça que se vira em sua direção.

– É isso. Ele olha a França, mas ela o olha. Trata-se de restituir a sedução ao poder.

– Isso é alguma coisa que nos surpreendeu durante a campanha eleitoral, sobretudo no momento do grande debate televisado entre Mitterrand e Giscard; eles não estavam absolutamente no mesmo terreno. Mitterrand aparecia como um político do tipo antigo, pertencendo à velha esquerda. Ele tentava vender ideias um pouco ultrapassadas e um tanto fora de moda, e ele o fazia com grande distinção. Mas Giscard vendia a ideia do poder como um publicitário vende um queijo.

– Até muito recentemente, era preciso se desculpar por estar no poder. Era preciso que o poder fosse apagado e não se mostrasse como poder. Este era, até um certo momento, o funcionamento das repúblicas democráticas, nas quais o problema era tornar o poder suficientemente insidioso, invisível, para que não se pudesse apreendê-lo no que ele fazia e ali onde ele estava.

Atualmente (e nisso De Gaulle desempenhou um papel muito importante), o poder não mais se esconde, ele se mostra confiante de estar ali, e, além disso, diz: "Amem-me, porque eu sou o poder."

– Talvez fosse preciso falar de uma certa impotência do discurso marxista, tal como ele funciona há muito tempo, para dar conta do fascismo. Digamos que o marxismo deu conta historicamente do fenômeno nazista de uma maneira econômica, determinista, colocando completamente de lado o que podia ser especificamente a ideologia do nazismo. Podemos nos perguntar então como alguém como Malle, que está muito informado sobre o que se passa na esquerda, pode se beneficiar dessa fraqueza, sem se deixar submergir nessa brecha.

– O marxismo deu uma definição do nazismo e do fascismo: "Ditadura terrorista proveniente da parcela mais reacionária da burguesia." É uma definição em que falta todo um conteúdo e toda uma série de articulações. Particularmente, falta o fato de que o nazismo e o fascismo só foram possíveis na medida em que pôde haver no interior das massas uma parcela relativamente importante que assumiu para si e por sua conta um certo número de funções estatais de repressão, de controle, de polícia. Ali está, acredito, um fenômeno importante do nazismo.

Ou seja, sua penetração profunda no interior das massas e o fato de que uma parcela do poder tenha sido efetivamente delegada a uma certa minoria das massas. É ali que a palavra "ditadura" é, ao mesmo tempo, verdadeira de modo geral e relativamente falsa. Quando se pensa no poder que o indivíduo poderia deter em um regime nazista, quando ele era simplesmente um S.S. ou estava inscrito em um partido! Era possível efetivamente matar seu vizinho, se apropriar de sua mulher, de sua casa! É ali que *Lacombe Lucien* é interessante, porque esse é um lado que ele mostra bem. O fato é que, ao contrário do que se entende habitualmente por ditadura, ou seja, o poder de um só, pode-se dizer que, em um regime como aquele, se dava a parte mais detestável, mas em um certo sentido a mais excitante do poder, a um número considerável de pessoas. O S.S. era aquele ao qual se dava o poder de matar, de violar...

– *É ali que o marxismo ortodoxo fracassa, porque isso o obriga a manter um discurso sobre o desejo.*

– Sobre o desejo e sobre o poder...

– *É ali também que filmes como* Lacombe Lucien *e* Portier de Nuit *são relativamente "fortes". Eles podem sustentar um discurso sobre o desejo e o poder que parece coerente...*

– Em *Portier de Nuit* é interessante ver como, no nazismo, o poder de um só era retomado pelas pessoas e colocado em ação. Essa espécie de falso tribunal que se constitui é de fato apaixonante. Porque, de um lado, isso toma a forma de um grupo de psicoterapia, mas, de fato, tem a estrutura de poder de uma sociedade secreta. No fundo, é uma célula S.S. que foi reconstituída, que se dá um poder jurídico diferente e oposto ao poder central. É preciso levar em conta a maneira pela qual o poder foi disseminado, investido, no próprio interior da população; é preciso levar em conta esse formidável deslocamento do poder que o nazismo operou em uma sociedade como a alemã. É falso dizer que o nazismo era o poder de grandes industriais reconduzido de uma outra forma. Não era o poder do grande estado-maior reforçado. Era isso, mas somente em um certo nível.

– *Esse é, efetivamente, um lado interessante do filme. Mas o que nos pareceu muito criticável é que ele parece dizer: "Se você é um S.S. clássico, você funciona desta maneira. Mas se você tem além disso uma 'noção de desperdício', disso resulta uma aventura erótica formidável." O filme mantém, portanto, a sedução.*

344 Michel Foucault – Ditos e Escritos

– Sim, é ali que ele se aproxima de *Lacombe Lucien*, pois o nazismo jamais deu um grão de arroz para as pessoas, jamais deu outra coisa a não ser o poder. É preciso, no entanto, se perguntar, se esse regime tivesse sido apenas essa ditadura sangrenta, como foi possível que, em 3 de maio de 1945, houvesse ainda alemães que lutaram até a última gota de sangue, se não houvesse um outro modo de ligação dessas pessoas com o poder. Certamente, é preciso levar em conta todas as pressões, denúncias...

– *Mas, se havia denúncias e pressões é porque havia pessoas para denunciar. Então, como as pessoas estavam presas lá dentro? Como elas eram enganadas por essa redistribuição do poder da qual elas tinham sido beneficiárias?*

– Em *Lacombe Lucien*, assim como em *Portier de Nuit*, esse excedente de poder que lhes é dado é reconvertido em amor. Isso é muito claro no final de *Portier de Nuit*, onde se constitui em torno de Max, em seu quarto, uma espécie de pequeno campo de concentração onde ele morre de fome. Então, ali, o amor converteu o poder, o sobrepoder, na ausência total de poder. Em um certo sentido, há ali quase a mesma reconciliação que há em *Lacombe Lucien*, onde o amor converteu o excesso de poder pelo qual ele foi preso em uma pobreza campestre bem distante do hotel mal-afamado da Gestapo, bem distante também da fazenda onde se degolam os porcos.

– *Então, ter-se-ia um começo de explicação para o problema que você colocou no início da entrevista: por que o nazismo, que era um sistema puritano, repressor, é hoje por todo lado erotizado? Haveria uma espécie de deslocamento: um problema, que é central e que não se quer encarar, o do poder, seria escamoteado ou antes deslocado completamente para o sexual. Embora essa erotização fosse decididamente um deslocamento, um recalcamento...*

– Esse problema é, de fato, muito difícil, e talvez não tenha sido bastante estudado, mesmo por Reich. O que faz com que o poder seja desejável e seja efetivamente desejado? Podem-se ver claramente os procedimentos pelos quais essa erotização se transmite, se reforça etc. Mas, para que a erotização possa ocorrer, é preciso que a ligação com o poder, a aceitação do poder por aqueles sobre os quais ele se exerce sejam já eróticas.

– *Isso é tanto mais difícil na medida em que a representação do poder é raramente erótica. De Gaulle ou Hitler não eram particularmente sedutores.*

1974 – Antirretro **345**

– Sim, e eu me pergunto se, nas análises marxistas, não se é um pouco vítima do caráter abstrato da noção de liberdade. Em um regime como o nazista, é certo que não se tem liberdade. Mas não ter liberdade não quer dizer não ter poder.

– *É no nível do cinema e da televisão, a televisão estando inteiramente controlada pelo poder, que se focaliza com o máximo de impacto o discurso da história. O que implica uma responsabilidade política. Parece-nos que as pessoas se dão cada vez mais conta disso. No cinema, há alguns anos, se fala cada vez mais de história, de política, de luta...*

– Há uma batalha pela história, em torno da história que se desenrola atualmente e que é muito interessante. Há a vontade de estereotipar, de estrangular o que chamei de "memória popular", e também de propor, de impor às pessoas uma chave de interpretação do presente. As lutas populares, até 1968, eram folclore. Para alguns, elas não faziam mesmo parte do seu sistema imediato de atualidade. Após 1968, todas as lutas populares, quer ocorram na América do Sul ou na África, têm repercussão, ressonância. Não se pode mais, portanto, estabelecer essa separação, essa espécie de cordão sanitário geográfico. As lutas populares se tornaram não atuais, mas eventuais em nosso sistema. É preciso, então, colocá-las novamente a distância. Como? Não as interpretando diretamente, pois seria se expor a todos os desmentidos, mas propondo uma interpretação histórica das lutas populares antigas que puderam ocorrer entre nós, para mostrar que de fato elas não existiram! Antes de 1968, era: "Isso não ocorrerá, porque se passou em outro lugar"; agora, é: "Isso não ocorrerá, porque isso jamais aconteceu! E observe, mesmo em relação a alguma coisa como a Resistência, sobre a qual tanto se sonhou, observe um pouco... Nada. Vazio, isso soa vazio!" O que é uma outra maneira de dizer: "No Chile, não se perturbem, é a mesma coisa; os camponeses chilenos pouco se importam com isso. Na França também: o que alguns subversivos podem fazer não abala as estruturas."

– *Para nós, o que é importante quando se reage em relação a isso, contra isso, é não se contentar em restabelecer a verdade, em dizer, sobre o maqui, por exemplo: "Não, eu estava lá, isso não se passou assim!" Pensamos que, para levar eficazmente a luta ideológica em um terreno como aquele a que os filmes nos conduzem, é preciso haver um sistema de referências – de referências positivas – mais amplo, mais*

346   Michel Foucault – Ditos e Escritos

vasto. Para muitas pessoas, por exemplo, isso consiste em se reapropriar da "história da França". Foi sob essa ótica que se leu atentamente Eu, Pierre Rivière..., *porque nos dávamos conta de que a rigor, paradoxalmente, isso nos era útil para dar conta de* Lacombe Lucien, *que a comparação não era improdutiva. Por exemplo, uma diferença significativa é que Pierre Rivière é um homem que escreve, que executa um assassinato e que tem uma memória absolutamente extraordinária. Malle trata seu herói como um imbecil, como alguém que atravessa tudo, a história, a guerra, a colaboração, sem nada capitalizar. É ali que o tema da memória, da memória popular, pode ajudar a operar uma clivagem entre alguém, Pierre Rivière, que toma a palavra não a tendo e é obrigado a matar para ter o direito a essa palavra, e o personagem criado por Malle e Modiano que prova, justamente não capitalizando nada do que lhe acontece, que não há nada de que valha a pena se lembrar. É deplorável que você não tenha visto* Le Courage du Peuple.[5] *É um filme boliviano, feito explicitamente com o objetivo de constituir uma prova circunstancial para um dossiê. Esse filme, que circula no mundo inteiro (mas não na Bolívia, por causa do regime), é encenado pelos próprios atores do drama real que ele reconstitui (uma greve* dos mineiros e sua sangrenta repressão); eles próprios se encarregaram de sua representação, para que ninguém esqueça.

É interessante ver que, em um nível mínimo, todo filme funciona como arquivo potencial e que, em uma perspectiva de luta, é possível se apoderar dessa ideia, passar para um estágio mais avançado, quando as pessoas organizam seu filme como uma prova circunstancial. É possível pensar isso de duas maneiras radicalmente diferentes: seja porque o filme coloca em cena o poder, seja porque ele representa as vítimas desse poder, as classes exploradas que, sem a ajuda do aparelho de produção-difusão do cinema, com pouquíssimos meios técnicos, se encarregam de sua própria representação, testemunham para a história. Um pouco como Pierre Rivière testemunhava, ou seja, começava a escrever, sabendo que ele teria mais cedo ou mais tarde que se apresentar à justiça e que seria preciso que todo mundo compreendesse o que ele tinha a dizer.

---

5 *El Corage del Pueblo*, de J. Sanjines, 1971. Coprodução boliviana e italiana sobre as lutas dos mineiros de estanho em 1967

O *importante em* Le Courage du Peuple *é que a demanda veio efetivamente do povo. Foi a partir de uma pesquisa que o realizador se deu conta dessa demanda. Foram as pessoas que tinham vivido o acontecimento que pediram que ele fosse lembrado.*
– O povo constitui seus próprios arquivos.
– *A diferença entre* Pierre Rivière *e* Lacombe Lucien *é que* Pierre Rivière *faz tudo para que se possa discutir sua história após sua morte. Enquanto Lacombe, mesmo sendo um personagem real ou que pode existir, não passa do objeto do discurso de um outro, com objetivos que não são os seus.*
Duas coisas ocorrem atualmente no cinema. De um lado, os documentos históricos, que têm um papel importante. Em Toute une Vie,[6] *por exemplo, eles desempenham um enorme papel. Ou nos filmes de Marcel Ophuls ou de Harris e Sédouy,[7] o fato de ver Duclos se atormentar em 1936, em 1939, é emocionante ver esse real. E, por outro, há os personagens de ficção que, em um dado momento da história, condensam ao máximo relações sociais, relações com a história. É por isso que* Lacombe Lucien *funciona tão bem. Lacombe é um francês durante a Ocupação, um cara que tem uma relação concreta com o nazismo, com o campo, o poder local etc. E não devemos ignorar essa maneira de personificar a história, de encarná-la em um personagem ou em um conjunto de personagens que condensam, em um dado momento, uma relação privilegiada com o poder.*
Há uma enorme quantidade de personagens na história do movimento operário que não se conhece; há uma grande quantidade de heróis da história operária que foram completamente esquecidos. E acredito que haja ali uma aposta real. O marxismo não tem que refazer filmes sobre Lenine, houve uma grande quantidade deles.
– O que você diz é importante. É uma característica de muitos marxistas, atualmente. É a ignorância da história. Todas essas pessoas, que passam seu tempo falando do desconhecimento da história, só são capazes de fazer comentários de textos: O que disse Marx? Marx realmente disse isso? Ora, o que é o marxismo, senão uma outra maneira de analisar a própria

---

6 *Ein Leben lang*, de G. Ucicky, 1940.
7 *Français si Vous Saviez*, 1972.

348 Michel Foucault – Ditos e Escritos

história? Do meu ponto de vista, a esquerda, na França, não é historiadora. Ela o foi. No século XIX, Michelet, pode-se dizer, representou a esquerda em um dado momento. Houve também Jaurès, depois isso se tornou uma espécie de tradição de historiadores de esquerda, social-democratas (Mathiez etc.). Atualmente, constitui uma pequena corrente, quando poderia ser um formidável movimento que compreenderia escritores, cineastas. Houve, no entanto, Aragon, e *Les cloches de Bâle*[8] é um grande romance histórico. Mas é relativamente pouca coisa em relação ao que isso poderia constituir em uma sociedade em que se pode, no entanto, dizer que os intelectuais estão mais ou menos impregnados de marxismo.

– *O cinema traz desse ponto de vista alguma coisa nova: a história apreendida "diretamente"... Que relação as pessoas na América têm com a história, vendo todas as noites, na televisão, enquanto comem, a guerra do Vietnã?*

– A partir do momento em que se veem todas as noites imagens de guerra, a guerra se torna totalmente suportável. Isto é, perfeitamente tediosa, realmente se tem vontade de ver outra coisa. Mas a partir do momento em que ela é tediosa, ela é suportada. Nem é mais vista. Então, como fazer para que essa atualidade, tal como ela é filmada, seja reativada como uma atualidade histórica importante?

– *Você viu* Les Camisards?[9]

– Sim, gostei muito. Historicamente, é impecável. É belo, inteligente, faz compreender muitas coisas.

– *Creio que é nesse sentido que se deveria caminhar para fazer filmes. Para retornar aos filmes dos quais falávamos no início, seria preciso colocar o problema da desorganização da extrema esquerda em alguns aspectos, particularmente o sexual, de* Lacombe Lucien *ou de* Portier de Nuit. *Como essa desorganização poderia favorecer a direita?...*

– Quanto ao que você chama de extrema esquerda, estou em um grande embaraço. Não sei muito bem se ela ainda existe. Há, no entanto, um saldo enorme do que a extrema esquerda fez desde 1968 que é preciso definir: saldo negativo em certo nível e positivo em outro. É verdade que essa extrema esquerda foi um agente de difusão de muitas ideias importantes:

---

8 Aragon (L.), *Les cloches de Bâle*, Paris, Denoël, 1934.
9 Filme de René Allio, 1971.

a sexualidade, as mulheres, a homossexualidade, a psiquiatria, a habitação, a medicina. Ela foi, igualmente, o agente de difusão de modos de ação, o que continua a ser importante. A extrema esquerda foi importante, tanto nas formas de ação como nos temas. Mas há, também, um saldo negativo no nível de certas práticas estalinistas, terroristas, organizacionais. Igualmente, um desconhecimento de certos processos amplos e profundos que vêm desembocar nas 13 milhões de vozes por trás de Mitterrand, e que sempre foram negligenciadas sob o pretexto de que era a política politiqueira, de que eram assuntos dos partidos. Negligenciou-se todo um conjunto de aspectos, principalmente que o desejo de vencer a direita foi um fator político muito importante há um certo número de anos, de meses, nas massas. A extrema esquerda não sentiu esse desejo, devido a uma falsa definição das massas, de uma falsa apreciação do que é o desejo de vencer. Em nome do risco que implica uma vitória confiscada, ela prefere não correr o risco de vencer. A derrota, pelo menos, não se recupera. Pessoalmente, não estou tão certo disso.

1975

A Pintura Fotogênica (Apresentação)

"La peinture photogénique", *Le désir est partout*. *Fromanger*, Paris, Galerie Jeanne Bucher, fevereiro de 1975, p. 1-11.

Ingres: "Considerando que a fotografia consiste em uma série de operações manuais..." E se, justamente, se considerasse essa série e com ela a série das operações manuais que constituem a pintura? E se elas fossem reunidas? E se fossem combinadas, se fossem alternadas, sobrepostas, entrecruzadas, apagadas, reforçadas uma pela outra?

Ainda Ingres: "É muito bela a fotografia, mas não é preciso dizê-lo." Recobrindo a fotografia, investindo-a de maneira triunfal ou insidiosa, a pintura não diz que a foto é bela. Ela faz melhor: produz um belo hermafrodita do clichê e da tela, a imagem andrógina.

É preciso remontar a mais de um século. Era, nos anos 1860-1880, o novo frenesi das imagens; era o momento de sua circulação rápida entre o aparelho e o cavalete, entre a tela, a placa e o papel – sensibilizada ou impressa; era, com todos os novos poderes adquiridos, a liberdade de transposição, de deslocamento, de transformação, de semelhanças e de falsos semblantes, de reprodução, de reduplicação, de trucagem. Era o voo, ainda inteiramente novo, mas hábil, divertido e sem escrúpulos, das imagens. Os fotógrafos faziam pseudoquadros; os pintores utilizavam fotos como esboços. Abria-se um grande espaço de jogo, em que técnicos e amadores, artistas e ilusionistas, sem preocupação com a identidade, se compraziam em brincar. Amava-se talvez menos os quadros e as placas sensíveis do que as próprias imagens, sua migração e sua perversão, seu disfarce, sua diferença disfarçada. Admirava-se sem dúvida que – desenhos, gravuras, fotos ou pinturas – as imagens pudessem tão bem fazer pensar nas coisas; mas encantava-se sobretudo com o fato de que elas pudessem, por deslocamentos

1975 – A Pintura Fotogência   351

sub-reptícios, se enganar umas às outras. O nascimento do realismo não poderia ser separado desse grande voo de imagens múltiplas e similares. Uma certa relação intensa e austera com o real, subitamente exigida pela arte do século XIX, talvez tenha sido possibilitada, compensada e aliviada pela extravagância das "ilustrações". A fidelidade às próprias coisas era simultaneamente desafio e ocasião para esses deslizamentos de imagens cuja ciranda imperceptivelmente diferente e sempre a mesma girava acima delas.

Como reencontrar essa extravagância, essa insolente liberdade que foram contemporâneas do nascimento da fotografia? As imagens, então, corriam o mundo sob identidades falaciosas. Nada as repugnava mais do que permanecer cativas, idênticas a si, em *um* quadro, *uma* fotografia, *uma* gravura, sob o signo de *um* autor. Nenhum suporte, nenhuma linguagem, nenhuma sintaxe estável podiam retê-las; do seu nascimento ou de sua última paragem, elas sempre podiam se evadir através de novas técnicas de transposição. Dessas migrações e desses retornos ninguém desconfiava, salvo talvez alguns pintores invejosos, alguma crítica amarga (e Baudelaire, certamente).

Alguns exemplos desses jogos do século XIX: jogos imaginários – quero dizer, que sabiam fabricar, transformar e fazer correr as imagens: jogos sofisticados, às vezes, mas frequentemente populares.

Realçar, certamente, um retrato ou uma paisagem fotografada com alguns elementos em aquarela ou pastel.

Pintar cenários, ruínas, florestas, heras ou riachos por trás dos personagens fotografados, como fazia Claudet, desde 1841, e Mayall, um pouco mais tarde, nos daguerreótipos que ele expunha no Crystal Palace, para ilustrar "a poesia e o sentimento", ou para mostrar Bède, o Venerável, abençoando uma criança anglo-saxônica.

Reconstituir no estúdio uma cena bastante análoga a um quadro real ou bastante próxima do estilo de um pintor, para fazer crer que essa cena fotografada não passava da fotografia de um quadro real ou possível. O que havia feito Reijlander com a *Madona* de Raphael. O que faziam Julia Margarets Cameron com Perugino, Richard Polack com Pieter de Hoogh, Paul Richier com Böcklin, Fred Boissonas com Rembrandt, e Lejaren com Hiller em todas as *Descidas da cruz* do mundo.

352 Michel Foucault – Ditos e Escritos

Compor um quadro vivo a partir de um livro, de um poema, de uma lenda e fotografá-lo para torná-lo equivalente a uma gravura ilustrando um livro: assim, William Lake Price fotografava Dom Quixote e Robinson Crusoé; J. M. Cameron respondia a Gustave Doré ilustrando Tennyson e fotografando o rei Artur.

Fotografar diferentes imagens em negativos separados e desenvolvê-los para fazer deles uma composição única, como Reijlander havia feito, em seis semanas e 30 negativos, para o que foi então a maior fotografia do mundo: *Les deux chemins de la vie* deviam responder ao mesmo tempo a Raphael e a *Couture, à École d'Athènes* e aos *Romans de la décadence*.

Desenhar a lápis o esboço de uma cena, reconstituir na realidade seus diferentes elementos, fotografá-los uns após os outros, recortar os negativos com tesoura, colá-los em seu lugar sobre o desenho, fotografar novamente o conjunto. Esta foi a técnica utilizada por mais de 30 anos por Robinson – em *Lady of Shalott* (1861) e *Dawn and sunset* (1885).

Trabalhar o negativo – e isso sobretudo desde Rouillé-Ledevèze com a utilização da goma bicromatada – para obter fotosquadros impressionistas como Demarchy na França, Emerson na Inglaterra, Heinrich Kühn na Alemanha.

E a todas essas maravilhas da época antiga seria preciso acrescentar, desde as placas secas e os aparelhos baratos, as inumeráveis incursões dos amadores: fotomontagens; desenhos a nanquim que repassam os contornos e as sombras de uma fotografia que se faz em seguida desaparecer em um banho de biclorato de mercúrio; fotografia utilizada como um esboço que se pinta a seguir com empastamento, ou que se recobre com uma aquarela que a colore sem absorver o modelo, deixando jogar sombras e luzes sob a transparência das cores extremamente diluídas; fotografia revelada sobre um tecido de seda (sensibilizado com uma solução de cloreto de cádmio, benjoim e resina vegetal) ou também sobre uma casca de ovo tratada com nitrato de prata – procedimento que os manuais recomendavam enfaticamente a quem quisesse obter uma fotografia de família em *dégradé*; clichê sobre abajur, sobre vidro de luminária, sobre porcelana; desenhos fotogênicos à maneira de Fox Talbot ou de Bayard; fotopintura, fotominiatura, fotogravura, cerâmica fotográfica.

Bugigangas, mau gosto de amador, jogos de salão ou de família? Sim e não. Por volta dos anos 1860-1900, houve uma prática corriqueira da imagem, acessível a todos, nos confins da pintura e da fotografia; os códigos puritanos da arte a reprovaram no século XX.

Mas divertia-se muito com todas essas técnicas menores que riam da Arte. Desejo pela imagem por todos os lados e, por todos os meios, prazer com a imagem. Felizes momentos em que o maior, sem dúvida, de todos esses contrabandistas, Robinson, escrevia: "Atualmente, pode-se dizer que todos aqueles que se entregam à fotografia não têm mais um desejo, qualquer que seja, necessário ou fútil, que não tenha sido satisfeito."[1] Os jogos da festa se extinguiram. Todos os contornos técnicos da fotografia que os amadores dominavam e que lhes permitiam tantas mudanças fraudulentas foram incorporados pelos técnicos, pelos laboratórios e pelos comerciantes; uns "tiram" a foto, outros a "revelam"; ninguém mais para "liberar" a imagem. Os profissionais da fotografia se encerraram na austeridade de uma "arte" cujas regras internas devem se abster do delito de cópia.

A pintura, por seu lado, tentou destruir a imagem, não sem dizer que dela se libertava. E discursos morosos nos ensinaram que seria preferível à ciranda das semelhanças o corte do signo, à sucessão dos simulacros a ordem dos sintagmas, à louca fuga do imaginário o regime sóbrio do simbólico. Tentaram nos convencer de que a imagem, o espetáculo, o semblante e o falso semblante não eram convenientes, nem teórica nem esteticamente. E que era indigno não menosprezar todas essas frivolidades.

Em virtude disso, privados da possibilidade técnica de fabricar imagens, restritos à estética de uma arte sem imagem, submetidos à obrigação teórica de desqualificar as imagens, destinados a só ler as imagens como uma linguagem, podíamos ser entregues, pés e mãos atados, ao domínio de outras imagens – políticas, comerciais – sobre as quais não tínhamos poder.

Como reencontrar o jogo de outrora? Como reaprender não simplesmente a decifrar ou a alterar as imagens que nos são impostas, mas a fabricá-las de todas as maneiras? Não apenas fazendo outros filmes ou melhores fotos, não simplesmente encontrando o figurativo na pintura, mas pondo as imagens em circulação, fazendo-as transitar, disfarçá-las, deformá-las, incandescê-las, congelá-las, multiplicá-las? Banir o tédio da Escrita, suprimir os privilégios do significante, dispensar o forma-

---

1 *Éléments de photographie artistique* (trad. fr., 1898).

354 Michel Foucault – Ditos e Escritos

lismo da não imagem, degelar os conteúdos, e agir, com todo conhecimento e prazer, nos, com, contra os poderes da imagem.

O amor pelas imagens, o pop e o hiper-realismo nos ensinaram novamente. E não absolutamente por um retorno à figuração, não absolutamente por uma redescoberta do objeto, com sua densidade real, mas por um desvio na circulação infindável das imagens. O uso redescoberto da fotografia é uma maneira de não pintar uma estrela de cinema, uma motocicleta, uma loja ou o contorno de um pneu; é uma maneira de pintar suas imagens e de fazê-las valer, em um quadro, como imagem.

Quando Delacroix compunha álbuns de fotografias de nus, quando Degas utilizava instantâneos e Aimé Morot, negativos de cavalos a galope, tratava-se para eles de melhor reconhecer o objeto. Eles buscavam sobre ele uma apreciação mais justa, melhor fundamentada, mais mensurável. Era uma maneira de dar continuidade às antigas técnicas da câmera escura e da câmera clara.

A relação do pintor com o que ele pintava achando-se substituída, amparada, assegurada. As pessoas do pop, as do hiper-realismo pintam imagens. Não integram as imagens à sua técnica de pintura, elas a prolongam em um grande banho de imagens. É sua pintura que age como relé nesse percurso sem fim. Pintam imagens em dois sentidos. Como se diz: pintar uma árvore, pintar um rosto; utilizem elas um negativo, um diapositivo, uma foto revelada, uma sombra chinesa, pouco importa; não vão buscar por trás da imagem o que ela representa e o que talvez nunca tenham visto; captam imagens e nada mais. Mas também pintam imagens, como se diz pintar um quadro; pois o que produziram ao final do seu trabalho não é um quadro construído a partir de uma fotografia, nem uma fotografia maquiada em quadro, mas uma imagem apreendida na trajetória que a leva da fotografia ao quadro.

Bem mais do que os jogos de outrora – eles permaneciam um pouco ambíguos, percebiam, às vezes, a fraude, adoravam a hipocrisia –, a nova pintura ingressou alegremente no movimento das imagens que ela própria precipita. Mas Fromanger, por sua vez, vai mais longe, e mais rápido.

Seu método de trabalho é significativo. Inicialmente, não tirar uma foto que "faça" quadro. Mas uma foto "qualquer"; após ter utilizado por muito tempo clichês de impressão, Fromanger então tira fotos na rua, fotos ao acaso, feitas um pouco às cegas, fotos que não se ligam a nada, que não têm temas nem objetos privilegiados. E que não são, portanto, comandadas por nada do exterior. Imagens tomadas como um filme sobre o movimento anônimo do que se passa. Não se encontra, portanto, em Fromanger essa composição em quadro ou essa presença virtual do quadro que frequentemente organizam as fotografias de que se servem Estes ou Cottingham. Suas imagens são virgens de qualquer cumplicidade com o futuro quadro. Depois, durante horas, na escuridão, ele se fecha com o diapositivo projetado em uma tela: ele olha, contempla. O que procura? Não tanto o que pudera se passar no momento em que a foto foi tirada; mas o acontecimento que ocorreu, e que continua incessantemente a ocorrer sobre a imagem, pelo próprio fato da imagem; o acontecimento que transita em olhares entrecruzados, em uma mão que segura um maço de notas, ao longo de uma linha de força entre uma luva e uma cavilha, através da invasão de um corpo por uma paisagem. Sempre, em todo caso, um acontecimento único, que é o da imagem, e que a torna, mais que em Salt ou Goings, absolutamente única: reprodutível, insubstituível e aleatória.

É esse acontecimento, interior à imagem, que o trabalho de Fromanger vai fazer existir. A maior parte dos pintores que recorrem aos diapositivos dele se servem, como Guardi, Canaletto e tantos outros se serviam da câmara escura: para retraçar a lápis a imagem projetada sobre a tela e assim obter um esboço perfeitamente exato; para captar, portanto, uma forma. Fromanger dispensa a intermediação do desenho. Ele aplica diretamente a pintura sobre a tela de projeção, sem dar à cor outro apoio a não ser o de uma sombra – esse frágil desenho sem traçado, prestes a se desvanecer. E as cores, com suas diferenças (as quentes e as frias, as que queimam e as que gelam, as que avançam e as que recuam, as que se movem e as que paralisam), estabelecem distâncias, tensões, centros de atração e de repulsão, regiões altas e baixas, diferenças de potencial. Seu papel, quando se aplicam sobre a foto, sem o intermédio do desenho e da forma? Criar um acontecimento-quadro sobre o acontecimento-foto. Suscitar um acontecimento que transmita e magnifique o outro, que se combine com ele e produza, para todos aqueles que vierem olhá-lo e para cada olhar singular pousado sobre ele, uma série ilimitada de novas passagens. Criar, pelo curtocircuito fotocor, não a identidade trucada da antiga fotopintura, mas um foco para miríades de imagens em jorro.

356   Michel Foucault – Ditos e Escritos

Detentos revoltados sobre um telhado: uma foto de imprensa reproduzida por todo lado. Mas quem viu o que ali se passa? Que comentário jamais liberou o acontecimento único e múltiplo que nela circula? Semeando manchas multicoloridas, cujo posicionamento e valores são calculados não em relação à tela, Fromanger extrai da foto inúmeros prazeres.

Ele próprio o diz: para ele, o momento mais intenso e mais inquietante é aquele em que, terminado o trabalho, ele apaga o projetor, faz desaparecer a foto que acaba de pintar e deixa sua tela existir "sozinha". Momento decisivo em que, desligada a corrente, é a pintura que, unicamente por seus poderes, deve deixar passar o acontecimento e fazer existir a imagem. A ela, daí em diante, às suas cores, os poderes da eletricidade; a ela, a responsabilidade de todos os prazeres que ela despertará. No movimento através do qual o pintor retira do seu quadro seu suporte fotográfico, o acontecimento lhe escapa entre os dedos, se difunde em feixe, ganha sua infinita rapidez, une instantaneamente e multiplica os pontos e os tempos, suscita múltiplos gestos e olhares, traça entre eles mil caminhos possíveis – e faz precisamente com que sua pintura, saindo da obscuridade, nunca mais esteja "sozinha". Uma pintura povoada de mil exteriores presentes e futuros.

Os quadros de Fromanger não captam imagens; eles não as fixam; fazem-nas passar. Eles as conduzem, as atraem, lhes abrem passagens, lhes encurtam os caminhos, lhes permitem queimar etapas e as lançam aos quatro ventos. A série foto-diapositivo-projeção-pintura, que está presente em cada quadro, tem como função assegurar o trânsito de uma imagem. Cada quadro é uma passagem; um instantâneo que, em vez de ser tirado, pela fotografia, do movimento da coisa, anima, concentra e intensifica o movimento da imagem através dos seus suportes sucessivos. A pintura como funda de imagens. Funda que se torna com o tempo cada vez mais rápida. Fromanger não tem mais necessidade das balizas ou pontos de referência que ele havia até então conservado. No *Boulevard des Italiens*, em *Le Peintre et le Modèle*, em *Annoncez la Couleur*, ele pintava ruas – lugar de nascimento das imagens, elas próprias imagens. Em *Le Désir est Partout*, as imagens foram certamente, em sua maioria, tiradas da rua, e nomeadas às vezes com um nome de rua. Mas a rua não está dada na imagem. Não que ela esteja ausente. Mas porque ela está integrada de alguma forma à técnica do pintor. O pintor, seu olhar, o fotógrafo que o acompanha, sua máquina, o negativo que eles usaram, a tela, tudo isso constitui uma espécie de longa rua simultaneamente povoada e rápida onde as imagens se aceleram e resvalam em nossa direção. Os quadros não têm mais necessidade de representar a rua; eles são ruas, estradas, caminhos através dos continentes, até o centro da China ou da África.

Múltiplas ruas, inúmeros acontecimentos, diferentes imagens que escapam de uma mesma foto. Nas exposições precedentes, Fromanger formava suas séries a partir de fotos diferentes umas das outras, mas tratadas com procedimentos técnicos análogos: como as imagens de um mesmo passeio. Aqui, pela primeira vez, temos uma série composta a partir de uma mesma foto: a do varredor negro, na porta do seu caminhão (e que não passava de uma pequena imagem destacada no canto de um negativo bem maior); essa cabeça negra e redonda, esse olhar, esse cabo de vassoura em diagonal, as grandes luvas colocadas acima, o metal do caminhão, as ferragens da porta e a relação instantânea de todos esses elementos já constituíam acontecimento; mas a pintura, por procedimentos a cada vez diferentes e que quase nunca se repetem, descobre além disso e libera toda uma série de acontecimentos ocultos no longínquo: a chuva na floresta, a praça da aldeia, o deserto, o burburinho de uma população. Imagens, que o espectador não vê, vêm do fundo do espaço, e pela propulsão de uma força obscura conseguem jorrar de uma única foto, para divergir em quadros diferentes em que cada um, por sua vez, poderia produzir uma nova série, uma nova dispersão dos acontecimentos.

Profundidade da fotografia da qual a pintura arranca segredos desconhecidos? Não; mas abertura da fotografia pela pintura que convoca e faz transitar por ela imagens ilimitadas.

Nesse emaranhado indefinido, não é mais preciso que o próprio pintor se represente como uma sombra cinzenta em seu quadro. Outrora, essa presença sombria do pintor (passando na rua, se perfilando entre o diapositivo projetado e a tela sobre a qual ele pinta, para finalmente permanecer na tela) servia de qualquer forma de relé, de ponto de fixação da fotografia sobre a tela. Daí em diante (novo despojamento, nova leveza, nova aceleração), a imagem é impelida por um pirotécnico do qual não se vê nem mesmo a sombra. Ela vem pelo curto caminho, lançada de seu ponto de origem – a montanha, o mar,

358 Michel Foucault – Ditos e Escritos

a China – até nossa porta – e com enquadramentos variados onde o pintor não tem mais lugar (enorme plano sobre a ferragem de uma porta de prisão, de um punhado de notas entre a mão rude de um açougueiro e a de uma menina; a imensa paisagem de montanha, desproporcional em relação aos personagens minúsculos que ali se encontram e que apenas pontos coloridos chegam a assinalar).

Migração autônoma da imagem que circula em nossa direção segundo as mesmas vias do desejo que os personagens que aí se mostram, se detêm na beira do mar, veem uma criança com uma metralhadora ou sonham com uma manada de elefantes.

Saímos agora desse longo período em que a pintura não parou de se minimizar como pintura, para se "purificar", se exasperar como arte. Talvez, com a nova pintura "fotogênica", ela deboche finalmente dessa parte dela mesma que buscava o gesto intransitivo, o signo puro, o "traço". Ei-la que aceita tornar-se lugar de passagem, infinita transição, pintura povoada e passante. E eis que se abrindo a tantos acontecimentos que persegue, ela se integra a todas as técnicas da imagem; reata parentesco com elas, para se debruçar sobre elas, ampliá-las, multiplicá-las, desestabilizá-las ou fazê-las desviar. Em torno dela se delineia um campo aberto em que os pintores não podem mais estar sós, nem a pintura ser a única soberana; ali, eles encontrarão a multidão de todos os amadores, pirotécnicos, manipuladores, contrabandistas, ladrões, piratas de imagens; e eles poderão rir do velho Baudelaire, e transformar em prazer seus desdéns de esteta: "a partir desse momento, dizia ele a propósito da invenção da fotografia, a turba imunda se lançará como um único narciso para contemplar sua trivial imagem sobre o metal. Uma loucura, um fanatismo extraordinário se apoderará de todos esses novos adoradores do sol". Que Fromanger seja então para nós um desses fabricantes de sol.

Daí em diante, poder "pintar tudo"? Sim. Mas talvez aí também esteja uma afirmação e uma vontade de pintar. Se disséssemos, de preferência: que todo mundo entre então no jogo das imagens e se ponha a jogá-lo.

Dois quadros terminam a atual exposição. Dois focos de desejos. Em Versalhes: lustre, luz, clarão, disfarce, reflexo, espelho; nesse nobre lugar onde as formas deviam ser ritualizadas na suntuosidade do poder, tudo se decompõe a partir do próprio brilho do fausto, e a imagem libera um voo de cores.

Fogos de artifício reais, Haendel cai em forma de chuva; bar no Folies-Royales, o espelho de Manet explode; Príncipe travestido, o cortesão é uma cortesã. O maior poeta do mundo celebra, e as imagens regidas pela etiqueta fogem a galope deixando somente atrás delas o acontecimento de sua passagem, a cavalgada das cores idas para além.

No outro lado das estepes, em Hu-Xian, o camponês-pintor-amador se obstina. Nem espelho nem lustre. Sua janela não se abre para nenhuma paisagem, mas para quatro planos de cor que se transpõem na luz em que ele se banha. Da corte à disciplina, do maior poeta do mundo ao sétimo centésimo milionésimo dócil amador escapa uma multidão de imagens, é o curtocircuito da pintura.

1975

Sobre Marguerite Duras

"À popos de Marguerite Duras" (entrevista com H. Cixous), *Cahiers Renaud-Barrault*, n. 89, outubro de 1975, p. 8-22.

M. Foucault: Desde esta manhã, estou um pouco inquieto com a ideia de falar de Marguerite Duras. A leitura que fiz sobre ela, os filmes que vi me deixaram, sempre me deixam uma impressão muito forte. A presença da obra de Marguerite Duras permanece muito intensa, por mais distantes que tenham sido minhas leituras; e eis que, no momento de falar dela, tenho a impressão de que tudo me escapa. Uma espécie de força nua diante da qual se desliza, sobre a qual as mãos não têm poder. É a presença dessa força, força móvel e uniforme, dessa presença ao mesmo tempo fugidia, é isso que me impede de falar dela, e que sem dúvida me prende a ela.

H. Cixous: Tive há pouco o mesmo sentimento. Retomei todos os textos de Marguerite Duras, que li várias vezes, e sobre os quais eu dizia, ingenuamente: eu os conheço bem. Ora, não se pode conhecer Marguerite Duras, não se pode apreendê-la. Pensei: eu conheço, li, e me dou conta de que não "retive". Talvez seja por isto: há um efeito Duras, e esse efeito Duras é que qualquer coisa de muito forte escapa. Talvez seu texto seja feito para isso, para que se deixe escapar, para que não seja retido, como seus personagens, que sempre escapam para fora deles mesmos. O que "retenho", portanto, é essa impressão. Isso foi para mim uma lição. Ela me ensinou alguma coisa que quase ultrapassa o texto, embora seja um efeito de escrita, relativo a um certo transbordamento.

Eu havia me interrogado sobre o mistério daquilo que, em seu texto, prende: há pontos, nesses textos, que tocam e que, para mim, se juntam de qualquer forma à sedução; isso nos amarra fortemente, nos prende, nos arrebata. Restou-me, por exemplo, de um livro, uma imagem: trata-se de *Moderato cantábile*,[1] a imagem do decote de um corpete de mulher. Planejei um seio – mas não sei se ele era visto – do qual surge uma flor. Todo o meu olhar ali se introduziu, à espera da mulher, e se fica preso a ela por essa flor e esse seio. E eu pensava: finalmente, todo esse livro terá sido escrito como se ele devesse concluir nessa imagem que prende. E, então, o espaço do livro, que é ao mesmo tempo o deserto, que é areia, que é praia, que é vida desintegrada, nos leva a alguma coisa muito pequena que, ao mesmo tempo, é enormemente valorizada, que é assim produzida em corpo ou em carne de maneira fulgurante. O que Marguerite Duras inventa é o que chamarei: a arte da pobreza. Pouco a pouco, há um tal trabalho de abandono das riquezas, dos monumentos, à medida que se avança em sua obra, e acredito que ela está consciente disso, ou seja, que ela desnuda cada vez mais, coloca cada vez menos cenário, mobiliário, objetos, e então fica de tal forma pobre que no final alguma coisa se insere, fica, e depois junta, reúne tudo o que não quer morrer. Como se todos os nossos desejos se reinvestissem em alguma coisa muito pequena que se torna tão grande quanto o amor. Não posso dizer o universo, mas o amor. E esse amor, é esse nada que é tudo. Você não acredita que é assim que as coisas funcionam?

M. Foucault: Sim. Acredito que você tem toda razão. E a análise feita por você é muito bela. Vê-se muito bem o que produziu uma obra como essa, desde Blanchot, que, acredito, foi muito importante para ela, e através de Beckett. Essa arte da pobreza, ou então o que se poderia chamar: a memória sem lembrança. O discurso está inteiramente em Blanchot, assim como em Duras, na dimensão da memória, de uma memória que foi inteiramente purificada de qualquer lembrança, que não passa de uma espécie de bruma, remetendo perpetuamente à memória, uma memória sobre a memória, e cada memória apagando qualquer lembrança, e isso infinitamente.

Então, como uma obra como essa pôde bruscamente se inscrever no cinema, produzir uma obra cinematográfica que é, acredito, tão importante quanto a obra literária? E com imagens e personagens chegar a essa arte da pobreza, a essa memória sem lembranças, a essa espécie de aparência que, na verdade, só se cristaliza em um gesto, em um olhar?

---

1 Duras (M.), *Moderato cantabile*, Paris, Éd. de Minuit, 1958.

362   Michel Foucault – Ditos e Escritos

H. Cixous: Penso que o outro poder que dela emana é sua relação com o olhar. É o que inicialmente me havia detido em minha leitura. De início, não li Marguerite Duras com facilidade. Eu a li resistindo, porque me desagradava a posição na qual ela me colocava. Pois a posição à qual ela conduz, na qual "coloca" as pessoas, não me disponho a ocupá-la sem um certo desprazer. Foi preciso que eu superasse isso. Acredito que é a relação com o olhar. Você dizia: memória sem lembranças. É isso. O trabalho que ela faz é um trabalho de perda; como se a perda fosse inacabável; é muito paradoxal. Como se a perda jamais fosse perdida o bastante, você sempre tem a perder. Isso sempre caminha nesse sentido.

Então, sua memória sem lembranças, sim, é como se a memória não chegasse a se apresentar, como se o passado fosse tão passado que, para que haja lembrança, seja necessário ir ao passado. Ser passado. O passado não retorna. É alguma coisa monstruosa, é impossível de pensar e, no entanto, é isso, acredito. E na imagem, como isso se dá? Com um olhar de uma intensidade extrema, porque ele não chega a re-parar. É um olhar que não consegue parar. Por toda parte aqueles personagens "olhados", isso também era uma das coisas que me incomodavam, antes que eu tivesse conseguido aceitar o que ela pede: ou seja, a mais extrema passividade. Esses personagens vêm uns após os outros, com o olhar que recai sobre o outro, que é um pedido que não pede nada. Ela tem fórmulas muito belas que são sempre fórmulas passivas: alguém é olhado. "Ela" é olhada, ela não sabe que é olhada. Por um lado, o olhar recai sobre um sujeito que não recebe o olhar, que é de tal forma ele próprio sem imagens que ele não tem com o que refletir um olhar. E, por outro, aquele que olha é igualmente alguém tão pobre e tão desprovido, ele quereria poder agarrar como se faz com o olhar, ele quereria captar. Sempre a mesma coisa, é a areia que escorre...

M. Foucault: Você diria que ela escorre da mesma maneira nos filmes e nos livros? Nos livros, é uma perpétua anulação desde que alguma coisa, como uma presença, começa a se esboçar; a presença se esconde por trás de seus próprios gestos, de seus próprios olhares, e se dissolve; não resta mais do que uma espécie de clarão que remete a um outro clarão, e o mínimo apelo à lembrança foi anulado. E depois nos filmes, pelo contrário, me parece que há aparecimentos. Aparecimentos sem que

1975 – Sobre Marguerite Duras **363**

jamais haja alguma presença, mas é o aparecimento de um gesto, o aparecimento de um olho, é um personagem que emerge da bruma; penso em Francis Bacon. Parece que seus filmes são um pouco aparentados com Bacon, como seus romances com Blanchot: de um lado, a anulação; do outro, o aparecimento.

H. Cixous: Aliás, isso ocorre junto. Quanto aos filmes, vi apenas dois: *Détruire Dit-elle*[2] e *India Song*,[3] que são muito diferentes.

M. Foucault: Fale-me de *India Song*. Eu não o vi.

H. Cixous: Adorei esse filme e, no entanto, sinto que ele me inquietou. O que ficou em mim de *India Song*? *India Song* é um filme que tem uma dimensão inteiramente singular, mesmo para Marguerite Duras, porque é um filme onde há um prazer absolutamente intenso. Marguerite Duras conseguiu dar um golpe fabuloso para qualquer ser humano, isto é, encenar o que eu considero como seu fantasma fundamental. Ela mostrou para si mesma o que sempre olhou sem conseguir reter. Há uma coisa da qual não se falou, e à qual dou muita importância: é que tudo o que Marguerite Duras escreve, e que é o despojamento, levado a tal ponto que certamente é também perda, é ao mesmo tempo fantasticamente erótico, porque Marguerite Duras é alguém que está fascinado. Não posso me impedir de dizer "ela", porque é ela quem avança. A fascinação combina com a pobreza. Ela está fascinada, como que magnetizada por alguma coisa, em alguém, absolutamente enigmática que faz com que todo o resto do mundo se reduza a pó. Não resta mais nada.

Poderia até ser uma fascinação religiosa; aliás, há nela uma dimensão religiosa; mas, o que a fascina, descobre-se pouco a pouco, acredito que ela própria o descubra ou faça descobrir, é uma mistura de erotismo, que atinge a carne da mulher – isso acontece verdadeiramente pelo que pode existir de perturbador e de belo em alguma coisa da mulher que é indefinível – e aliás, de morte. E eles se confundem. Então, se perdem de novo. Como se a morte envolvesse a vida, a beleza, com a terrível ternura do amor. Como se a morte *amasse* a vida.

India Song é como se ela se visse, como se dá, é como se ela "a" visse, enfim, aquela que sempre a fascinou. E é uma espécie de sol muito negro: no centro, há a famosa dama, a que drena

---

2 1969.
3 1975.

364 Michel Foucault – Ditos e Escritos

todos os desejos em todos os livros. De texto em texto, tudo se precipita, há um abismo. É um corpo de mulher que não conhece a si mesmo, mas que sabe qualquer coisa do escuro, que sabe o obscuro, que sabe a morte. Ela está lá, ela está encarnada, e de novo há esse sol às avessas, pois todos os raios que são raios machos vêm se introduzir nesse abismo que ela é, irradiam em sua direção. Evidentemente, o filme desloca o impacto dos livros, pois, ali, há rostos. Não se pode deixar de vê-los. Enquanto nos livros eles são sempre indicados como não visíveis, dispersos.

M. Foucault: Sim, é isso. Embora a visibilidade dos filmes não seja contudo a de uma presença. Não sei se Lonsdale trabalha nesse filme. Imagino, pois é um ator na medida para Marguerite Duras. Há nele uma espécie de densidade de bruma. Não se sabe que forma ele tem. Não se sabe que rosto tem. Terá Lonsdale um nariz, terá Lonsdale um queixo? Terá ele um sorriso? De tudo isso, não sei absolutamente nada. Ele é compacto e maciço como uma bruma sem forma, e então dali emergem uns tipos de roncos que vêm não se sabe de onde, e que são sua voz, ou ainda, seus gestos que não estão presos em nenhum lugar, que atravessam a tela e vêm na sua direção. Uma espécie de terceira dimensão, onde não haveria mais que a terceira dimensão, e não as outras duas para apoiá-la, de forma que está sempre adiante, sempre entre a tela e você, jamais sobre nem dentro da tela. É isso, Lonsdale. Parece-me que Lonsdale se integra absolutamente ao texto, ou melhor, a essa mistura texto/imagem.

H. Cixous: De fato, é ele mesmo (em) pessoa. Ele é a incerteza em pessoa; pelo menos, o incerto em pessoa. A incerteza, já é muito. E, de fato, ele está lá. Admirável como perdido, como ele está perdido.

M. Foucault: Ele é ao mesmo tempo algodão e chumbo.

H. Cixous: E ele tem sua voz. É dotado de voz. É muito importante, é como se houvesse um deslocamento de entonação. O que no livro é olhar, olhar sempre cortado, um olhar que não chega, no filme é voz, já que, finalmente, *India Song* é *song*, canto.

Quando se vê *India Song*, pensa-se que o visual, que é muito belo, muito erótico, ao mesmo tempo muito vago, que é justamente perfeitamente sedutor, porque ele está lá sem estar lá, está inteiramente envolvido em uma trama de voz permanente.

Ela trabalhou admiravelmente as vozes, e são essas famosas vozes errantes, vozes sem corpo. As vozes são como pássaros que circulam em volta constantemente, que são muito belas, muito trabalhadas, são vozes muito doces, vozes de mulheres como um coro, um anticoro, ou seja, são vozes que esvoaçam, que vêm do além, e esse além é, evidentemente, o tempo. Mas um tempo que é indeterminável, embora, se não se está muito atento, se produza o fenômeno de confusão *entre* a voz: porque ela repercute agora, ela aparece como presente e, na realidade, ela é uma voz do passado, isto é: que relata, que traz de volta. As vozes pegam o que você vê e o remetem para um passado que permanece ele próprio indeterminado.

M. Foucault: Ali, torna-se a encontrar alguma coisa que era muito forte nos romances de Duras, aquilo que se chama tradicionalmente de diálogo. Nos romances de Marguerite Duras, eles não têm absolutamente a mesma posição, a mesma estatura, o mesmo tipo de inserção que em um romance tradicional, pois o diálogo não está contido na intriga, ele não vem romper a narrativa, ele está sempre em uma posição muito incerta, atravessando-a, desmentindo-a, chegando daqui ou dali. Ele não está absolutamente na mesma altura que o texto e produz um efeito de bruma e de flutuação em torno daquilo que é não dialogado e daquilo que parece ser dito pelo autor.

H. Cixous: É inteiramente verdadeiro. Isso vem dos desafios ou dos afetos dos seus textos, já que, finalmente, o que é expresso, o que é suspirado através de todos esses textos é o que se fala *a partir de...* Esse problema do tempo, memória, passado etc., e depois *a partir de um desespero* absolutamente infinito, pavoroso, que é ao mesmo tempo um desespero estancado, ou seja, um desespero que não pode nem mesmo se chamar desespero, pois ele já estaria prestes a ser recuperado, haveria já um trabalho de luto. Não há nem mesmo possibilidade ou vontade de fazer trabalho de luto. Portanto, no lugar dos diálogos que se encontrariam em qualquer romance, há trocas. É isso, aliás, o amor: que, apesar de tudo, eles conseguem trocar em algum lugar. E, essas trocas são feitas a partir de sua base comum de infelicidade. E, aliás, sempre a partir da relação deles com a morte, que, segundo parece, os chama. Em quase todos os textos, porque há um que escapa a isso. Adianto isso de maneira um pouco aventureira: parece-me que há um texto que não conduz à praia do sem-fim onde todo

366 Michel Foucault – Ditos e Escritos

mundo se afunda, é *Détruire dit-elle*. Há, ali, pelo contrário, uma espécie de alegria que se destaca, uma alegria sobre um fundo de violência, certamente, mas entre os três seres estranhos que se mantêm acima dos outros o tempo todo, que são ativos, quando os outros são passivos ou ultrapassados, ou seja, na trindade que Stein, Thor e Alissa representam, há alguma coisa que comunica, que circula o tempo todo, e que triunfa. Há o riso, e tudo termina com a frase "ela diz", termina com riso e música.

M. Foucault: Você tem a impressão de que isso é alguma coisa única na obra de Marguerite Duras.

Essa espécie de riso, não se pode dizer alegria, como qualificar essa espécie de crepitação que corre? Já que você falava há pouco de troca, eu impliquei um pouco com a palavra "troca", porque não há nenhuma reciprocidade, as coisas circulam. É, antes, uma espécie de jogo do passa-anel, mas um jogo em que o anel teria também sua autonomia, ele é passado voluntariamente ao outro e o outro o recebe, ele é obrigado a recebê-lo. Mas também ocorre que, no jogo de Marguerite Duras, o anel salta espontaneamente de uma mão para outra, sem que nem um nem outro sejam responsáveis por isso. Mesmo assim, continua circulando. Há truques no jogo, truques das pessoas com o anel. Há uma perpétua ironia, uma brincadeira que, sobre esse fundo que, acredito, você tem razão de chamar de desespero, faz ainda assim cintilar os textos, os sorrisos, os gestos, tudo reverbera um pouco como um mar.

H. Cixous: Era possível dizer isso de *Détruire dit-elle*, onde há uma terrível ironia. Os outros, não os li achando engraçado, mas, enfim, talvez me falhe alguma coisa. Eu os li como uma espécie de canto da melancolia, canto da morte. Se há alguma coisa engraçada é *episódica*, mas é secundária. Tudo o que é o social, que é o sociocultural, essas cenas extraordinárias que são verdadeiramente "caricatas", de embaixada, de coquetéis, que você tem em três significantes toc, o toc... Mas o que se passa pelos seres, pelo que resta desses seres, não vejo neles nada de engraçado. Vejo qualquer coisa não fechada, uma espécie de generosidade infinita. Infinita, porque todo mundo é aceito no nível da pobreza, todo aquele que perdeu tudo é aceito. Isso não se fecha, se abre ao infinito, mas ao infinito da dor.

M. Foucault: "Engraçado", você sabe, hesitei sobre esta palavra. Não quero defendê-la. Para mim, ela não é incompatível nem com a "dor", na verdade, nem com a história, e nem mesmo, por fim, certamente, com o "sofrimento". Há uma graça da dor, graça do sofrimento, graça da morte. Graça, como você sabe, no sentido de qualquer coisa de estranho, de vivo, de inapreensível. "É engraçado", inquietante.

H. Cixous: É sua sensibilidade que sente isso, eu o sinto como horror. Talvez seja porque eu me sinta profundamente ameaçada pelos textos de Marguerite Duras. "Não quero isso", penso. Não quero que haja pessoas assim. Para mim, o que é marcante neles é a impotência. Uma impotência que não é resgatada – embora não se trate de resgate – que só se tornou pessoalmente tolerável para mim porque ela é humilde, porque ao mesmo tempo ela exibe uma extraordinária quantidade de amor. É isso que é belo.

Há pouco, você dizia: a palavra "troca" não é boa, é verdade. Porque, na pobreza da língua, eles também se *tocam*. Quem? Eles? Esses seres humanos, esses errantes que, através de uma terra muito vasta, se tocam. Acariciam-se, roçam-se. É desconcertante. O que aprecio nela é que essa relação de tato existe o tempo todo.

Eis o que vejo em *India Song*. Anne-Marie Stretter, acho que me lembro que tocava piano quando jovem, enfim, que amava a música. Depois abandonou a música e ao mesmo tempo ela é envolvida por esses homens, não sei quantos. Enfim, eles são muitos. E todos se precipitam sobre ela que não é um precipício mortal, porque ela não deseja mal, porque ela não abusa. E, ao mesmo tempo, sem chamar, ela chama, porque ela é justamente aquela que renunciou a tudo, enquanto eles ainda não renunciaram a tudo porque eles desejam: ela, eles dependem dela e ela não depende de nada. E, através dela, eles tocam o nada. O que quero dizer, o que acontece, o que se passa e o que isso significa é que ela é *alguém que não faz mais música*, ou seja, que não dá mais a ela mesma o que a música oferece, que não se dá mais o prazer da música, que não se dá mais o prazer da voz. *Ela silenciou* e, porque ela silenciou, é alguém que consegue escutar os outros. Há nela espaço, a abertura que faz com que ela possa ouvir os outros, ora se calar, ora berrar, como o vice-cônsul que berra. Há os que berram, e há os que não dizem nada. Ela ouve a fala, ouve o desejo dos outros, o infortúnio dos outros. É essa, finalmente, sua força de amor.

368 Michel Foucault – Ditos e Escritos

Ela tem uma escuta (evidentemente, não a escuta da psicanálise, não a escuta que se fecha, que remete a você e você se escuta. Você não é escutado, você se escuta. Talvez eu diga uma coisa falsa).

Ela é como o mar no qual ela vai depois se perder, é o infinito. Atiram alguma coisa. Ela recebe. Seu corpo é como o limiar do infinito, sente-se que essa alguma coisa é recebida porque atravessa uma carne que se pode tocar, e depois passa ao infinito. É isso o desespero: você passa pelo amor e cai na morte. Marguerite Duras é alguém que tem um inconsciente de uma força extrema. É uma "cega". Isso sempre me fascinou muito, acredito no que vejo. Acredito em Marguerite Duras como ela se apresenta a mim. Ela não "vê" nada, e aliás, quando ela não vê os rostos, creio que é verdadeiramente porque ela não vê e, ao mesmo tempo, há alguém nela que vê. É preciso ver como ela vê. Não consigo avaliar o consciente e o inconsciente em Duras. Não sei onde acontece isso. Admiro nela justamente o fato de que ela é de tal maneira cega que tudo é sempre descoberto bruscamente. Subitamente, ela vê, embora aquilo tenha estado sempre lá. E é esse "subitamente" que lhe permite escrever.

M. Foucault: Qualquer coisa que apareça em seus livros é porque ela a viu, ou porque ela a toca? Acredito que não se pode decidir. E, então, ela conseguiu definir uma espécie de plano sequência bastante surpreendente entre o visível e o tátil.

H. Cixous: Acredito que isso aconteça justamente onde houve corte. Porque há sempre corte. E o corte do olhar é o plano, se você quiser, em que o olhar, de fato, é interrompido pelo tocar.

M. Foucault: Há pouco, você dizia que na realidade ela estava cega, acredito que isso é profundamente verdadeiro. Ela está cega, quase no sentido técnico do termo, quer dizer que o tocar se inscreve verdadeiramente em uma espécie de visibilidade possível, ou então suas possibilidades de olhar são o tocar. E um cego, não quero dizer que ele substitua o olhar pelo tocar, ele vê com seu toque, e o que ele toca produz o visível. E eu me pergunto se não é essa profunda cegueira que trabalha no que ela faz.

H. Cixous: E que é verdadeiramente seu incalculável.

M. Foucault: Isso talvez também confirme o que se pode dizer a respeito do exterior. É verdade que, por um lado, nunca se está no interior nem dos personagens nem mesmo do que se passa entre eles e, no entanto, há sempre em relação a eles um outro exterior. A mendiga, por exemplo. O que são aqueles gritos, o que são aquelas coisas que passam e que são fortemente demonstradas como vindas do exterior, e que têm ali um certo efeito sobre os personagens? É também o que sucede entre eles. De maneira que há três exteriores: aquele no qual se acham, o que é definido como sendo o lugar dos personagens e esse terceiro exterior, com sua interferência. Ora, o cego é aquele que está sempre no exterior de tudo. Ele não tem os olhos fechados; pelo contrário, é aquele que não tem interior.

H. Cixous: É então ali onde isso entra, e onde aquilo começa apesar de tudo – porque, de uma certa maneira, ela domina de maneira espantosa, de uma maneira da qual não se pode saber verdadeiramente a fonte. Onde está o domínio? – naquilo que entra pela voz. É que ali onde se escuta, e ela tem bom ouvido, se seu olhar está cortado, ela tem bom ouvido, então é por ali que as coisas voltam, quer dizer que aquilo que está fora torna a entrar, a voz é justamente o que penetra.

1975

Sade, Sargento do Sexo

"Sade, sergent du sexe" (entrevista com G. Dupont), *Cinématographe*, n. 16, dezembro de 1975-janeiro de 1976, p. 3-5.

– *Quando você vai ao cinema, você fica chocado com o sadismo de certos filmes recentes, quer eles se passem em um hospital ou, como no último Pasolini,[1] em uma falsa prisão?*

– Fiquei chocado – pelo menos nestes últimos tempos – pela ausência de sadismo e pela ausência de Sade. As duas coisas não sendo, aliás, equivalentes. É possível haver Sade sem sadismo, e sadismo sem Sade. Mas deixemos de lado o problema do sadismo, que é mais delicado, e nos detenhamos em Sade. Acredito que não há nada mais alérgico ao cinema do que a obra de Sade. Entre as numerosas razões, inicialmente esta: a meticulosidade, o ritual, a forma cerimonial rigorosa que assumem todas as cenas de Sade excluem tudo o que poderia ser jogo suplementar da câmera. O mínimo acréscimo, a mínima supressão, o menor ornamento são insuportáveis. Não há fantasma aberto, mas uma regulamentação cuidadosamente programada. Assim que alguma coisa falha ou vem em sobreposição, tudo se perde. Não há lugar para uma imagem. Os brancos só devem ser preenchidos pelos desejos e pelos corpos.

– *Na primeira parte de* El Topo, *de Jodorowsky, há uma orgia sanguinária, um retalhamento de corpo bastante significativo. O sadismo no cinema não será antes de tudo a maneira de tratar os atores e seus corpos? Em particular, não são as mulheres (mal) tratadas no cinema como os apêndices de um corpo masculino?*

– A maneira com que se trata o corpo no cinema contemporâneo é uma coisa muito nova. Vejam os beijos, os rostos, os

---

1 *Salo ou les Cent Vingt Journées de Sodome*, 1975.

1975 – Sade, Sargento do Sexo   371

lábios, as faces, as pálpebras, os dentes, em um filme como *La Mort de Maria Malibran*, de Werner Schroeter. Chamar aquilo de sadismo me parece absolutamente falso, a não ser pelo desvio de uma vaga psicanálise em que se trataria do objeto parcial, do corpo despedaçado, da vagina dentada. É preciso retornar a um freudismo de muito baixa qualidade para reduzir o sadismo a essa maneira de celebrar o corpo e seus prodígios. Fazer de um rosto, de uma bochecha, de lábios, de uma expressão dos olhos, fazer o que Schroeter faz deles nada tem a ver com o sadismo. Trata-se de uma multiplicação, de uma germinação do corpo, uma exaltação de certo modo autônoma de suas mínimas partes, das mínimas possibilidades de um fragmento do corpo. Há ali uma anarquização do corpo em que as hierarquias, as localizações e as denominações, a organicidade, se você quiser, estão prestes a se desfazer. Enquanto, no sadismo, é o órgão como tal que é o objeto da obstinação. Você tem um olho que olha, eu o arranco. Tem uma língua que tomei entre meus lábios e mordi, vou cortá-la. Com esses olhos, não poderá mais ver; com essa língua, não poderá mais comer nem falar. O corpo em Sade é ainda intensamente orgânico, ancorado nessa hierarquia, a diferença sendo, certamente, que a hierarquia não se organiza, como na velha fábula, a partir da cabeça, mas a partir do sexo.

Enquanto, em certos filmes contemporâneos, a maneira com que se faz o corpo escapar de si mesmo é de um tipo completamente diferente. Trata-se, justamente, de desmantelar essa organicidade: isso não é mais uma língua, é uma coisa completamente diferente de uma língua que sai de uma boca, não é o órgão da boca profanado e destinado ao prazer de um outro. É uma coisa "inominável", "inutilizável", fora de todos os projetos do desejo; é o corpo tornado inteiramente plástico pelo prazer: alguma coisa que se abre, que se retesa, que palpita, que bate, que berra. Em *La Mort de Maria Malibran*, a maneira com que duas mulheres se abraçam, o que é? Dunas, uma caravana no deserto, uma flor voraz que se aproxima, mandíbulas de inseto, uma anfractuosidade na relva. Tudo isso é antissadismo. Para a cruel ciência do desejo, nada a fazer com esses pseudópodes informes, que são os lentos movimentos do prazer-dor.

– *Você viu em Nova Iorque esses filmes chamados* snuff movies *(na gíria americana,* to snuff: *matar) em que uma mulher é cortada em pedaços?*

372   Michel Foucault – Ditos e Escritos

– Não, mas parece, acho, que a mulher é verdadeiramente retalhada viva.

– *É puramente visual, sem nenhuma palavra. Um meio frio, em relação ao cinema, que é um meio quente. Não há mais literatura sobre o corpo: é apenas um corpo morrendo.*

– Isso não é mais cinema. Faz parte dos circuitos eróticos privados, feitos somente para atiçar o desejo. Trata-se somente de ser, como dizem os americanos, *turned on*, com essa qualidade própria à excitação devida apenas às imagens, mas que não é menor do que a devida à realidade – embora de outra espécie.

– *A câmera não é a amante que trata o corpo do ator como uma vítima? Penso nas quedas sucessivas de Marilyn Monroe aos pés de Tony Curtis em* Some Like it Hot. *A atriz certamente viveu isso como uma sequência sádica.*

– A relação entre o ator e a câmera da qual você fala a propósito desse filme me parece ainda muito tradicional. Ela é encontrada no teatro: o ator retomando para si o sacrifício do herói e o realizando até em seu próprio corpo. O que me parece novo no cinema de que falei é essa descoberta-exploração do corpo que se faz a partir da câmera. Imagino que nesses filmes a tomada deva ser de grande intensidade. Trata-se de um encontro simultaneamente calculado e aleatório entre os corpos e a câmera, descobrindo alguma coisa, ressaltando um ângulo, um volume, uma curva, seguindo um traço, uma linha, eventualmente uma dobra. E depois, bruscamente, o corpo se desorganiza, se torna uma paisagem, uma caravana, uma tempestade, uma montanha de areia etc. É o contrário do sadismo, que recortava a unidade. O que a câmera faz nos filmes de Schroeter não é detalhar o corpo para o desejo, é fazer fermentar o corpo como uma massa e dele fazer nascer imagens de prazer e imagens para o prazer. No ponto de encontro sempre imprevisto da câmera (e do seu prazer) com o corpo (e as pulsações do seu próprio prazer) nascem essas imagens, prazeres de múltiplas entradas.

O sadismo era anatomicamente sábio e, se ele provocava furor, era dentro de um manual de anatomia muito razoável. Não há loucura orgânica em Sade. Tentar transcrever de novo Sade, esse anatomista meticuloso, em imagens precisas, não funciona. Ou Sade desaparece, ou se faz um cinema ultrapassado.

– *Um cinema ultrapassado no sentido próprio, já que se tende recentemente a associar fascismo e sadismo em nome de uma retomada retro. Assim, Liliana Cavani, em* Portier de Nuit, *e Pasolini, em* Salo. *Ora, essa representação não é a história. Os corpos são grotescamente trajados com roupagens antigas, representando a época. Queriam nos fazer acreditar que os sequazes de Himmler correspondem ao Duque, ao Bispo, à Sua Excelência do texto de Sade.*

– É um completo erro histórico. O nazismo não foi inventado pelos grandes loucos eróticos do século XX, mas pelos pequenos burgueses mais sinistros, tediosos e desagradáveis que se possam imaginar. Himmler era vagamente agrônomo, e tinha se casado com uma enfermeira. É preciso compreender que os campos de concentração nasceram da imaginação conjunta de uma enfermeira de hospital e de um criador de galinhas. Hospital mais galinheiro: eis o fantasma que havia por trás dos campos de concentração. Mataram ali milhões de pessoas, portanto não digo isso para diminuir a condenação que é preciso cair sobre o empreendimento, mas justamente para destituí-lo de todos os valores eróticos que quiseram lhe imputar.

Os nazistas eram faxineiras no mau sentido do termo. Trabalhavam com esfregões e vassouras, pretendendo purgar a sociedade de tudo o que eles consideravam ser podridão, sujeira, lixo: sifilíticos, homossexuais, judeus, sangues impuros, negros, loucos. É o infecto sonho pequeno-burguês da limpeza racial que subentendia o sonho nazista. Eros ausente.

Dito isso, não é impossível que, localmente, tenha havido no interior dessa estrutura relações eróticas que ligaram, na confrontação, os corpos aos corpos entre o carrasco e o torturado. Mas era acidental.

O problema que se coloca é saber por que hoje imaginamos ter acesso a certos fantasmas eróticos através do nazismo. Por que essas botas, esses quepes, essas águias pelas quais frequentemente se fica fascinado, sobretudo nos Estados Unidos? Não é a incapacidade em que estamos de viver realmente esse grande encantamento pelo corpo desorganizado que nos faz recair em um sadismo meticuloso, disciplinar, anatômico. As únicas palavras que possuímos para transcrever de novo esse grande prazer do corpo em explosão seria essa triste fábula de um recente apocalipse político? Não poder pensar a intensidade do presente senão como o fim do mundo em um campo de concentração? Veja como nosso tesouro de imagens é pobre! E como é urgente fabricar um novo em vez de se derramarem lágrimas com os choramingos da "alienação" e de vilipendiar o "espetáculo".

374 Michel Foucault – Ditos e Escritos

– *Sade é um pouco visto pelos diretores como a criada, o porteiro da noite, o lavador de vidraças. Trata-se no final do filme de Pasolini de ver os suplícios através de uma vidraça. O lavador de vidraças vê através dela o que se passa em um pátio longínquo, medieval.*

– Como você sabe, eu não sou a favor da sacralização absoluta de Sade. Afinal, eu estaria bastante disposto a admitir que Sade tenha formulado o erotismo próprio a uma sociedade disciplinar: uma sociedade regulamentada, anatômica, hierarquizada, com seu tempo cuidadosamente distribuído, seus espaços quadriculados, suas obediências e suas vigilâncias.

Trata-se de sair disso, e do erotismo de Sade. É preciso inventar com o corpo, com seus elementos, suas superfícies, seus volumes, suas densidades, um erotismo não disciplinar: o do corpo em estado volátil e difuso, com seus encontros ao acaso e seus prazeres não calculados. O que me aborrece é que nos filmes recentes tem sido usado certo número de elementos que ressuscitam, através do tema do nazismo, um erotismo do tipo disciplinar. Talvez tenha sido o de Sade. Tanto pior então para a sacralização literária de Sade, tanto pior para Sade: ele nos entedia, é um disciplinador, um sargento do sexo, um contador de bundas e de seus equivalentes.

1977

As Manhãs Cinzentas da Tolerância

"Les matins gris de la tolérance", *Le monde*, n. 9.998, 23 de março de 1977, p. 24. (Sobre o filme de P. P. Pasolini, *Comizi d'Amore*, filmado em 1963 e apresentado na Itália em 1965.)

De onde vêm os bebês? Da cegonha, de uma flor, do Bom Deus, do tio da Calábria. Mas observem melhor o rosto desses guris: eles nada fazem para dar a impressão de que acreditam no que dizem. Com sorrisos, silêncios, um tom longínquo, olhares que espreitam à direita e à esquerda, as respostas a essas perguntas de adulto têm uma docilidade pérfida; elas afirmam o direito de guardar para si o que se gosta de cochichar. A cegonha é uma maneira de zombar dos grandes, de lhes pagar na mesma moeda; é o sinal irônico, impaciente de que a pergunta não irá mais longe, de que os adultos são indiscretos, que não vão entrar na roda, e que o "resto", a criança continuará a contar para si mesma.

Assim começa o filme de Pasolini.

Enquête sur la Sexualité é uma tradução bastante estranha para *Comizi d'Amore*: comícios, reunião ou talvez fórum de amor. É o jogo milenar do "banquete", mas a céu aberto nas praias e nas pontes, nas esquinas das ruas, com crianças que jogam bola, meninos que perambulam, banhistas que se entediam, prostitutas em bando em uma avenida, ou operários depois do trabalho na fábrica. Muito distante do confessional, muito distante também de um inquérito em que, sob garantia de discrição, interrogam-se as coisas mais secretas, são as *Propos de Rue sur l'Amour*. Afinal, a rua é a forma mais espontânea da sociabilidade mediterrânea.

Para o grupo que perambula ou flana, Pasolini, como quem não quer nada, aponta seu microfone: faz indiretamente uma pergunta sobre o "amor", sobre essa área imprecisa onde se cruzam o sexo, o casal, o prazer, a família, os noivados com

376 Michel Foucault – Ditos e Escritos

seus costumes, a prostituição e suas tarifas. Alguém se decide, responde com certa hesitação, ganha confiança, fala pelos outros; eles se aproximam, aprovam ou resmungam, braços sobre os ombros, rosto contra rosto; os risos, a ternura, um pouco de calor circulam rapidamente entre esses corpos que se amontoam ou se roçam. E que falam deles próprios com tanta mais reserva e distância quanto seu contato é mais intenso e caloroso: os adultos se agrupam e discursam, os jovens falam pouco e se abraçam. Pasolini entrevistador se apaga: Pasolini cineasta observa, todo ouvidos.

O documento é negligenciável quando se está mais interessado pelas coisas que são ditas do que pelo mistério que não se diz. Após o reino tão longo do que se chama (muito apressadamente) de moral cristã, podia-se esperar, na Itália dos primeiros anos 1960, alguma efervescência sexual. Absolutamente. Obstinadamente, as respostas são dadas em termos de direito: a favor ou contra o divórcio, a favor ou contra a preeminência do marido, a favor ou contra a obrigação de virgindade para as moças, a favor ou contra a condenação dos homossexuais. Como se a sociedade italiana dessa época, entre os segredos da penitência e as prescrições da lei, não tivesse ainda encontrado voz para essa confidência pública do sexo que nossas mídias propagam atualmente.

"Eles não falam disso? É porque têm medo", explica Musatti, psicanalista comum, que Pasolini interroga de tempos em tempos, assim como Moravia, sobre a investigação que se estava fazendo. Mas Pasolini, evidentemente, não crê em nada disso. O que atravessa todo o filme não é, acredito, a obsessão do sexo, mas uma espécie de apreensão histórica, de hesitação premonitória e confusa diante de um novo regime que nascia então na Itália, o da tolerância. E é aí que as divisões se evidenciam, nessa multidão que concorda, no entanto, em falar do direito quando interrogada sobre o amor. Divisões entre homens e mulheres, camponeses e citadinos, ricos e pobres? Sim, certamente, mas sobretudo entre os jovens e os outros. Estes temem um regime que vai subverter todos os dolorosos e sutis ajustamentos que haviam assegurado o ecossistema do sexo (com a proibição do divórcio que atinge, de maneira desigual, o homem e a mulher; com o bordel, que serve de figura complementar da família; com o preço da virgindade e o custo do casamento). Os jovens abordam essa mudança de uma forma bastante diferente; não com gritos de alegria, mas com uma mistura de gravidade e desconfiança, pois sabem que ela está ligada a transformações econômicas que tendem a renovar as desigualdades da idade, da riqueza e da posição social. No fundo, as manhãs cinzentas da tolerância não encantam ninguém, e ninguém ali pressente a celebração do sexo. Com resignação ou furor, os velhos se inquietam: o que será *do* direito? E os "jovens", com obstinação, respondem: o que será *dos* direitos, dos *nossos* direitos?

Esse filme, que já tem 15 anos, pode servir de ponto de referência. Um ano após *Mamma Roma*, Pasolini dá continuidade ao que vai se tornar, em seus filmes, a grande saga dos jovens. Desses jovens, nos quais ele absolutamente não via adolescentes para psicólogos, mas a forma atual de uma "juventude" que nossas sociedades, desde a Idade Média, desde Roma e a *Grécia*, jamais puderam integrar, que elas temeram ou rejeitaram, que jamais conseguiram submeter, salvo matá-la de tempos em tempos na guerra.

Além disso, 1963 era a época em que a Itália acabava de entrar ruidosamente no movimento de expansão-consumo-tolerância do qual Pasolini deveria fazer um balanço, 10 anos depois, nos *Écrits corsaires*. A violência do livro corresponde à inquietação do filme.

Mil novecentos e sessenta e três era também a época em que começava quase por todo lado na Europa e nos Estados Unidos esse novo questionamento das múltiplas formas do poder que os sábios nos dizem que "está na moda". Pois bem!, que seja; a "moda" tende a ser usada ainda por algum tempo, como atualmente aqui em Bolonha.

1977

Não ao Sexo-Rei

"Não ao sexo-rei" (entrevista com B. – H. Lévy), *Le Nouvel Observateur*, n°
644, 12-21 de março de 1977. p. 92-130.

– Você inaugura com La vonlonté de savoir [*A vontade de
saber*] *uma história da sexualidade que se anuncia monumental. O que justifica hoje, para você, Michel Foucault, um
empreendimento de tal amplitude?*
– De uma tal amplitude? Não, não, de uma tal exiguidade,
melhor. Não quero fazer a crônica dos comportamentos sexuais através das idades e das civilizações. Eu quero seguir uma
linha mais sutil: aquela que, durante tantos séculos, ligou, em
nossas sociedades, o sexo e a busca da verdade.
– *Em que sentido, precisamente?*
– O problema é, de fato, este: como acontece que, em uma
sociedade como a nossa, a sexualidade não seja simplesmente o
que permite reproduzir a espécie, a família, os indivíduos? Não
simplesmente algo que proporciona prazer e gozo? Como acontece que isso tenha sido considerado como o lugar privilegiado
onde se lê, onde se diz nossa verdade profunda? Porque é o
essencial: desde o cristianismo, o Ocidente não cessou de dizer:
"Para saber quem você é, saiba o que se passa com seu sexo." O
sexo sempre foi o foco onde se liga, ao mesmo tempo que o devir
de nossa espécie, nossa verdade de sujeito humano.
A confissão, o exame de consciência, toda uma insistência
sobre os segredos e a importância da carne não foram somente
um meio de proibir o sexo ou de afastá-lo para o mais distante
da consciência; era uma maneira de colocar a sexualidade no
cerne da existência e de ligar a salvação ao domínio de seus
movimentos obscuros. O sexo foi, nas sociedades cristãs, o
que foi preciso examinar, vigiar, confessar, transformar em
discurso.

– *Donde a tese paradoxal que sustenta esse primeiro tomo: longe de criar o tabu, sua proibição maior, nossas sociedades não cessaram de falar da sexualidade, de fazê-la falar...*

– Poder-se-ia muito bem falar da sexualidade, e muito, mas somente para proibi-la.

Mas eu quis destacar duas coisas importantes. Primeiramente, que o esclarecimento, "rapidamente", da sexualidade não se fez somente nos discursos, mas na realidade das instituições e das práticas.

Em seguida, que as proibições existem em grande número, e fortes. Mas elas fazem parte de uma economia complexa onde ficam ao lado das incitações, das manifestações, das valorizações. São as proibições que se destacam sempre. Eu gostaria de fazer mudar um pouco o cenário; compreender, em todo caso, o conjunto dos dispositivos.

E, depois, vocês bem sabem que se fez de mim o historiador melancólico das proibições e do poder repressivo, alguém que conta sempre histórias com dois termos: a loucura e seu encerramento, a anomalia e sua exclusão, a delinquência e seu aprisionamento. Ora, meu problema sempre esteve do lado de um outro termo: a verdade. Como o poder que se exerce sobre a loucura produziu o discurso verdadeiro da psiquiatria? A mesma coisa para a sexualidade: retomar a vontade de saber onde se engajou o poder sobre o sexo. Eu não quero fazer a sociologia histórica de uma proibição, mas a história política de uma produção de verdade.

– *Uma nova revolução no conceito de história? A aurora de uma outra "nova história"?*

– Os historiadores, há anos, ficaram muito orgulhosos em descobrir que eles podiam fazer não somente a história das batalhas, dos reis e das instituições, mas a da economia. Ei-los estupefatos, porque os mais espertos dentre eles lhes ensinaram que se podia fazer também a história dos sentimentos, dos comportamentos, dos corpos. Que a história do Ocidente não seja dissociável da maneira como a verdade é produzida e inscreve seus efeitos, eles o compreenderão logo. O "espírito" cabe bem às moças.

Vivemos em uma sociedade que anda, em grande parte, "para a verdade" – quero dizer que produz e faz circular o discurso tendo função de verdade, passando por tal e detendo, assim, poderes específicos. A colocação de discursos verdadeiros

380   Michel Foucault – Ditos e Escritos

(e que, aliás, mudam incessantemente) é um dos problemas fundamentais do Ocidente. A história da "verdade" – do poder próprio aos discuros aceitos como verdadeiros – está inteiramente por fazer.

Quais são os mecanismos positivos que, produzindo a sexualidade de tal ou tal modo, provocam efeitos de miséria?

Em todo caso, o que eu desejaria estudar, por minha vez, são todos esses mecanismos que, em nossa sociedade, convidam, incitam, obrigam a falar do sexo.

– *Alguns lhe responderiam que, apesar desse discurso, a repressão, a miséria sexual existe também...*

– Sim, a objeção me foi feita. Você tem razão: vivemos tudo mais ou menos em um estado de miséria sexual. Dito isto, é exato que não se trata jamais desse vivido em meu livro...

– *Por quê? É uma escolha deliberada?*

– Quando eu abordar, nos volumes seguintes, os estudos concretos – a respeito das mulheres, das crianças, dos pervertidos –, tentarei analisar as formas e as condições dessa miséria. Mas, agora, trata-se de fixar o método. O problema é saber se essa miséria deve ser explicada negativamente por uma proibição fundamental ou por uma proibição relativa a uma situação econômica ("Trabalhem, não façam amor"); ou se ela não é o efeito de procedimentos muito mais complexos e muito mais positivos.

– *O que poderia ser, nesse caso, uma explicação "positiva"?*

– Vou fazer uma comparação presunçosa. O que fez Marx quando, em sua análise do capital, encontrou o problema da miséria operária? Ele recusou a explicação habitual, que fazia dessa miséria o efeito de uma raridade natural ou de um roubo concertado. E ele disse substancialmente: dado o que existe, em suas leis fundamentais, a produção capitalista, ela não pode produzir miséria. O capitalismo não tem como razão deixar famintos os trabalhadores, mas ele não pode desenvolver-se sem deixá-los famintos. Marx substituiu a análise da produção pela denúncia do roubo.

Mutatis mutandis, é um pouco isso que eu quis fazer. Não se trata de negar a miséria sexual, mas não se trata também de explicá-la negativamente por uma repressão. Todo o problema é compreender quais são os mecanismos positivos que, produzindo a sexualidade de tal ou tal modo, provocam efeitos de miséria.

Um exemplo que eu trataria em um próximo volume: no início do século XVIII, atribui-se, de repente, uma importância enorme à masturbação infantil, que é perseguida por toda parte como uma epidemia repentina, terrível, suscetível de comprometer toda a espécie humana.

Será preciso admitir que a masturbação das crianças tinha-se tornado, de repente, inaceitável para uma sociedade capitalista em via de desenvolvimento? É a hipótese de alguns "reichianos" recentes. Ela não me parece muito satisfatória.

Em compensação, o que era importante na época era a reorganização das relações entre crianças e adultos, pais, educadores; era uma intensificação das relações intrafamiliares, era a infância transformada em desafio comum para os pais, as instituições educativas, as instâncias de higiene pública; era a infância como sementeira para as populações por vir. Na encruzilhada do corpo e da alma, da saúde e da moral, da educação e do treinamento, o sexo das crianças tornou-se, ao mesmo tempo, um alvo e um instrumento de poder. Constituiu-se uma sexualidade específica das crianças, precária, perigosa, para vigiar constantemente.

Daí uma miséria sexual da infância e da adolescência de que nossas gerações ainda não se liberaram, mas o objetivo procurado não era essa miséria; o objetivo não era proibir, era de constituir, através da sexualidade infantil, tornada, de repente, importante e misteriosa, uma rede de poder sobre a infância.

– *Essa ideia de que a miséria sexual vem da repressão, essa ideia de que, para ser feliz, é preciso liberar nossas sexualidades, é, no fundo, dos sexólogos, dos médicos e dos policiais do sexo...*

– Sim, e é por isso que eles nos armam uma armadilha temível. Eles nos dizem mais ou menos: "Vocês têm uma sexualidade, essa sexualidade é ao mesmo tempo frustrada e muda, hipócritas proibições a reprimem. Então, venham até nós, digam-nos, mostrem-nos tudo isso, confiem-nos suas desgraças secretas..."

Esse tipo de discurso é, de fato, um formidável instrumento de controle e de poder. Ele se serve, como sempre, do que dizem as pessoas, do que elas sentem, do que elas esperam. Ele explora sua tentação de acreditar que basta, para ser feliz, ultrapassar o limite do discurso e retirar algumas proibições. E

382 Michel Foucault – Ditos e Escritos

ele acaba, de fato, afastando e esquadrinhando os movimentos de revolta e de liberação...

– *Donde, eu suponho, o mal-entendido de alguns comentadores: "Segundo Foucault, repressão e liberação do sexo equivalem ao mesmo..." Ou ainda: "O Movimento pela liberdade do aborto e a contracepção, e deixem-nos viver é, no fundo, o mesmo discurso...".*

– Sim! Sobre esse ponto, é preciso, assim mesmo, esclarecer as coisas. Fizeram-me dizer efetivamente que entre a linguagem da censura e a da contracensura, entre o discurso dos pais-pudor e o da liberação do sexo não há real diferença. Pretendeu-se que eu os colocava no mesmo saco para afogá-los como uma ninhada de gatinhos. Radicalmente errado: não é o que eu quis dizer. Aliás, o importante é que eu não o disse absolutamente.

– *Você concorda, mesmo assim, que há elementos, enunciados comuns...*

– Mas uma coisa é o enunciado, outra é o discurso. Há elementos táticos comuns e estratégias adversas.

– *Por exemplo?*

– Os movimentos ditos de "liberação sexual" devem ser compreendidos, eu acredito, como movimentos de afirmação a partir da sexualidade. O que quer dizer duas coisas: são movimentos que partem da sexualidade, do dispositivo de sexualidade no interior do qual estamos presos, que o fazem funcionar até o limite; mas, ao mesmo tempo, eles se deslocam em relação a ele, separam-se dele e ultrapassam-no.

– *Com o que se parecem esses transbordamentos?*

– Tome o caso da homossexualidade. Foi por volta dos anos 1870 que os psiquiatras começaram a fazer dela uma análise médica: ponto de partida, é certo, para toda uma série de intervenções e controles novos.

Começa-se seja a internar os homossexuais nos asilos, seja a começar a curá-los. Eles eram vistos outrora como libertinos e, às vezes, como delinquentes (daí condenações que podiam ser muito severas – o fogo, às vezes, ainda no século XVIII –, mas que eram, forçosamente, raros). Doravante, vão-se ver todos em um parentesco global com os loucos, como doentes do instinto sexual. Mas, levando ao pé da letra tais discursos e, por isso mesmo, contornando-os, veem-se aparecer respostas em forma de desafio: ou seja, nós somos o que vocês dizem, por natureza, doença ou perversão, como quiserem. Pois bem, se nós o somos, sejamo-lo, e se vocês querem saber o que nós somos, nós lhes diremos melhor que vocês. Toda uma literatura da homossexualidade, muito diferente dos relatos libertinos, aparece no fim do século XIX: pensem em Wilde ou em Gide. É a reviravolta estratégica de uma mesma vontade de verdade.

– *É o que acontece, de fato, para todas as minorias, as mulheres, os jovens, os negros americanos...*

– Sim, certamente. Tentou-se, por muito tempo, prender as mulheres à sua sexualidade. "Você nada mais é que seu sexo", diziam-lhes há séculos. E esse sexo, acrescentavam os médicos, é frágil, quase sempre doente e sempre indutor de doença. "Vocês são a doença do homem." E esse movimento muito antigo se precipitou por volta do século XVIII, chegando a uma patologização da mulher: o corpo da mulher se torna assunto médico por excelência. Eu tentarei, mais tarde, fazer a história dessa imensa "ginecologia" no sentido amplo do termo.

Ora, os movimentos feministas levantaram o desafio. Sexo, nós somos por natureza? Pois bem, sejamo-lo, mas em sua singularidade, em sua especificidade irredutíveis. Tiremos daí as consequências e reinventemos nosso próprio tipo de existência, política, econômica, cultural... Sempre o mesmo movimento: partir dessa sexualidade na qual se quer colonizá-las e atravessá-la para ir para outras afirmações.

– *Essa estratégia que você descreve, essa estratégia com duplo disparo, é ainda no sentido clássico uma estratégia de liberação? Ou não será preciso dizer, antes, que liberar o sexo é doravante odiá-lo e ultrapassá-lo?*

– Um movimento se desenha hoje que me parece tornar a subir a ladeira do "sempre mais sexo", do "sempre mais verdade no sexo", à qual séculos nos tinham destinado: trata-se, eu não digo redescobrir, mas simplesmente de fabricar outras formas de prazeres, de relações, de coexistências, de elos, de amores, de intensidades. Tenho a impressão de ouvir atualmente um rumor "antissexo" (não sou profeta, quando muito um diagnosticador), como se um esforço se fizesse em profundidade para sacudir essa grande "sexografia" que nos faz decifrar o sexo como o universal secreto.

– *Sinais, para esse diagnóstico?*

– Somente uma anedota. Um jovem escritor, Hervé Guibert, tinha escrito contos para crianças: nenhum editor tinha queri-

384 Michel Foucault – Ditos e Escritos

do saber. Ele escreve um outro texto, aliás, ei-lo, pois, publicado (trata-se de *La mort propagande*[1] [A morte propaganda]). Leia-o; parece-me que é o contrário dessa escrita sexográfica que foi a lei da pornografia e, às vezes, da boa literatura: ir progressivamente até chamar o sexo o que há de mais inominável. Hervé Guibert toma como início o pior e o extremo – "Vocês querem que se fale disso, pois bem, vamos lá, e vocês ouvirão mais do que jamais ouviram sobre isso" –, e, com o infame material, ele constrói corpos, miragens, castelos, fusões, ternuras, raças, ebriedades; todo o pesado coeficiente do sexo se volatilizou. Mas isso é apenas um exemplo do desafio "antissexo" de que se encontrariam muitos outros sinais. É, talvez, o fim desse morno deserto da sexualidade, o fim da monarquia do sexo.

– *Com a condição de que nós não estejamos destinados, reunidos ao sexo como a uma fatalidade. E isso desde a infância, como se diz...*

– Justamente, olhe o que acontece a respeito das crianças. Dizem: a vida das crianças é sua vida sexual. Da mamadeira à puberdade, só se trata disso. Por trás do desejo de aprender a ler ou o gosto pelas histórias em quadrinhos, há ainda e sempre a sexualidade. Pois bem, você tem certeza de que ele não encerra as crianças em uma espécie de insularidade sexual? E se eles não ligassem afinal das contas? Se a liberdade de não ser adulto consistisse justamente em não ser submisso à lei, ao princípio, ao lugar-comum, tão aborrecedor finalmente, da sexualidade? Se pudesse haver para as coisas, para as pessoas, para os corpos de relações polimorfas, não seria isso a infância? Esse polimorfismo, os adultos, para se certificarem, o chamam de perversidade, colorindo-o assim com a aquarela monótona de seu próprio sexo.

– *A criança é oprimida por aqueles que pretendem liberá-lo?*

– Leia o livro de Scherer e Hocquenghem:[2] ele mostra bem que a criança tem um regime de prazer para o qual a grade "sexo" constitui uma verdadeira prisão.

– *É um paradoxo?*

---

1 Guibert (H.), *La mort propagande*. Paris: Régine Deforges, 1977.
2 Scherer (R.) e Hocquenghem (G.), "Co-ire. Album systématique de l'enfance". *Recherches* (revue du C. E. R. F. I.), n° 22, maio de 1976.

– Isso decorre da ideia de que a sexualidade não é fundamentalmente aquilo de que o poder tem medo; mas que ela é, sem dúvida, bem mais aquilo através do que ele se exerce.

– *Veja, no entanto, os Estados autoritários: pode-se dizer que o poder aí se exerce não contra mas através da sexualidade?*

– Dois fatos recentes, aparentemente contraditórios. Há 18 meses aproximadamente, a China começou uma companha contra a masturbação das crianças, exatamente no estilo do que tinha conhecido o século XVIII europeu (isso impede de trabalhar, torna surdo, faz degenerar a espécie...). Em compensação, antes do fim do ano, a URSS vai receber, pela primeira vez, um congresso de psicanalistas (é preciso que ela os receba visto que lá não existem). Liberalização? Degelo do lado do inconsciente? Primavera da libido soviética contra o emburguesamento moral dos chineses?

Na estupidez envelhecida de Pequim e nas novas curiosidades dos soviéticos, vejo principalmente o duplo reconhecimento do fato de que, formulada e proibida, dita e interdita, a sexualidade é uma etapa que nenhum sistema moderno de poder pode dispensar. Temamos, temamos o socialismo com aparência sexual.

– *O poder, dito de outra maneira, não é mais necessariamente o que censura e fecha?*

– De uma maneira geral, eu diria que o interdito, a recusa, a proibição, longe de serem as formas essenciais do poder, são apenas seus limites, as formas rudes ou extremas. As relações de poder são, antes de tudo, produtivas.

– *É uma ideia nova em relação aos seus livros anteriores.*

– Se eu quisesse assumir a pose e me paramentar em uma coerência um pouco fictícia, eu lhe diria que isso sempre foi meu problema: efeitos de poder e produção de verdade. Eu sempre me senti pouco à vontade diante dessa noção de ideologia que foi tão utilizada esses últimos anos. Serviram-se disso para explicar os erros, as ilusões, as representações-tela, em suma, tudo o que impede formar discursos verdadeiros. Serviram-se também para mostrar a relação entre o que acontece na cabeça das pessoas e seu lugar nas relações de produção. Por alto, a economia do não verdadeiro. Meu problema é a política do verdadeiro. Levei muito tempo para me dar conta disso.

– *Por quê?*

386 Michel Foucault – Ditos e Escritos

– Por várias razões. Primeiro, porque o poder no Ocidente é o que se mostra mais, portanto, que se esconde melhor: o que se chama a "vida política", desde o século XIX, é (um pouco como a Corte na época monárquica) a maneira como o poder se dá em representação. Não é nem aí nem assim que ele funciona. As relações de poder estão, talvez, entre as coisas mais ocultas no corpo social.

Por outro lado, desde o século XIX, a crítica da sociedade se fez, no essencial, a partir do caráter efetivamente determinante da economia. Santa redução do "político", com certeza, mas tendência também a negligenciar as relações de poder elementares que podem ser constituintes das relações econômicas.

Terceira razão: uma tendência que, esta é comum às instituições, aos partidos, a toda uma corrente do pensamento e da ação revolucionários e que consiste em só ver o poder na forma e nos aparelhos do Estado.

O que conduz, quando se volta para os indivíduos, a somente encontrar o poder em sua cabeça (sob forma de representação, de aceitação, ou de interiorização).

– *E, diante disso, você quis fazer o quê?*

– Quatro coisas: procurar o que pode haver de mais oculto nas relações de poder; retomá-las até nas infraestruturas econômicas; segui-las em suas formas não somente estatais, mas infraestatais ou paraestatais; encontrá-las em seu jogo material.

– *A partir de que momento você fez esse tipo de análise?*

– Se você quiser uma referência livresca, é em *Surveiller et Punir* [*Vigiar e punir*]. Eu desejaria dizer melhor que foi a partir de uma série de eventos e de experiências que se pôde fazer desde 1968 a respeito da psiquiatria, da delinquência, da escolaridade. Mas eu penso que esses eventos em si não teriam jamais podido ganhar sentido e sua intensidade se não tivessem havido por trás deles essas duas sombras gigantescas que foram o fascismo e o stalinismo. Se a miséria operária – essa subexistência – fez pivotar o pensamento político do século XIX em torno da economia, do fascismo e do stalinismo – esses superpoderes – induzem a inquietude política de nossas sociedades atuais.

Daí, dois problemas: o poder funciona como? Bastaria que ele proibisse fortemente para funcionar realmente? E depois: ele se abate sempre de cima para baixo e do centro para a periferia?

– *De fato, eu vi, em* La Volonté de Savoir *[A Vontade de Saber], esse deslocamento, esse deslizamento essencial: que você rompe nitidamente desta vez com um naturalismo difuso que obsediava seus livros precedentes...*

– O que você chama de "naturalismo" designa, eu penso, duas coisas. Uma teoria, a ideia de que, sob o poder, suas violências e seus artifícios, se deve encontrar as próprias coisas em sua vivacidade primitiva: por trás dos muros do asilo, a espontaneidade da loucura; através do sistema penal, a febre generosa da delinquência; sob o interdito sexual, a frescura do desejo. E também certa escolha estético-moral: o poder é o mal, é feio, é pobre, estéril, monótono, morto; e aquilo sobre o que se exerce o poder é o bem, é bom, é rico.

– *Sim. O tema finalmente comum à Vulgata marxista e ao neoesquerdismo: "Sob as pedras, a praia."*

– Se assim quiser. Há momentos em que essas simplificações são necessárias. Para virar de tempo em tempo a paisagem e passar do para ao contra, tal dualismo é provisoriamente útil.

– *E depois vem o tempo de parada, o momento da reflexão e do reequilíbrio?*

– Ao contrário. Deve vir o momento da nova mobilidade e do novo deslocamento. Porque essas inversões do para ao contra se bloqueiam rapidamente, não podendo fazer outra coisa senão repetir e formando o que Jacques Rancière chama a "doxa esquerdista". A partir do momento em que se repete indefinidamente o mesmo refrão da cantilena antirrepressiva, as coisas ficam no lugar e qualquer um pode cantar a mesma música sem que a ela se preste atenção. Essa inversão dos valores e das verdades, de que eu falava há pouco, foi importante na medida em que ela não fica em simples vivas (Viva a loucura, Viva a delinquência, Viva o sexo), mas onde ela permite novas estratégias. Veja, o que me incomoda frequentemente hoje – no limite, o que me causa sofrimento – é que todo esse trabalho feito há agora uma quinzena de anos, frequentemente na dificuldade e, talvez, na solidão, não funciona mais para alguns senão como sinal de pertença: ficar do "lado bom", do lado da loucura, das crianças, da delinquência, do sexo.

– *Não há lado bom?*

– É preciso passar ao outro lado – ao lado certo –, mas para tentar livrar-se desses mecanismos que fazem aparecer dois

388 Michel Foucault – Ditos e Escritos

lados, para dissolver a falsa unidade, a natureza ilusória desse outro lado de que se tomou o partido. É aí que começa o verdadeiro trabalho, o do historiador do presente.

– *Já várias vezes você se define como historiador. O que significa isso? Por que historiador e não filósofo?*

– De uma forma tão ingênua quanto uma fábula para crianças, eu direi que a questão da filosofia foi por muito tempo: "Nesse mundo onde tudo perece, o que não passa? O que somos nós, nós que devemos morrer, em relação ao que não passa?". Parece-me que, desde o século XIX, a filosofia não cessou de se aproximar da questão: "O que acontece atualmente, e o que somos nós, nós que não somos talvez outra coisa ou nada mais do que o que acontece atualmente?". A questão da filosofia é a questão desse presente que somos nós mesmos. É a razão pela qual a filosofia hoje é inteiramente política e inteiramente histórica. Ela é a política imanente à história, ela é a história indispensável à política.

– *Não há também hoje uma volta à mais clássica, à mais metafísica das filosofias?*

– Não acredito em nenhuma forma de retorno. Eu diria somente isto, e um pouco por brincadeira. O pensamento dos primeiros séculos cristãos tinha tido que responder à questão: "O que acontece atualmente? Que tempo é esse que é o nosso? Como e quando se fará esse retorno de Deus que nos é prometido? O que fazer desse tempo que está como sobrando? E o que somos, nós que somos essa passagem?".

Poder-se-ia dizer que sobre essa vertente da história, onde a revolução deve voltar e não chegou ainda, nós fazemos a mesma pergunta: "Quem somos nós, nós que estamos sobrando, nesse tempo onde não acontece o que deveria acontecer?" Todo o pensamento moderno, como toda a política, foi comandado pela questão da revolução.

– *Essa questão da revolução, você continua, por sua vez, a colocá-la e nela refletir? Ela permanece aos seus olhos a questão por excelência?*

– Se a política existe desde o século XIX, é porque houve a Revolução. Esta não é uma espécie, uma região daquela. É a política que, sempre, se situa em relação à Revolução. Quando Napoleão dizia: "A forma moderna do destino é a política", ele não fazia outra coisa senão tirar as consequências dessa verdade, porque ele vinha depois da Revolução e antes do retorno eventual de uma outra.

O retorno da revolução, eis aí nosso problema. É certo que, sem ele, a questão do stalinismo seria apenas uma questão de escola – simples problema de organização das sociedades ou da validade do esquema marxista. Ora, é bem de outra coisa que se trata, no stalinismo. Você o sabe bem: é a própria desejabilidade da revolução que hoje cria problema...

– *Você deseja a revolução? Você deseja algo que exceda o simples dever ético de lutar, aqui e agora, do lados desses ou daqueles, loucos e prisioneiros, oprimidos e miseráveis?*

– Não tenho resposta. Mas eu acredito, se você assim quiser, que fazer política de outra maneira que não politicagem é tentar saber com a maior honestidade possível se a revolução é desejável. É explorar esse terrível esgoto onde a política corre o risco de soçobrar.

– *Se a revolução não fosse mais desejável, a política continuaria, o que você diz?*

– Não, eu não acredito. Seria preciso inventar uma outra ou algo que a substituísse. Vivemos, talvez, o fim da política. Porque, se é verdade que a política é um campo que foi aberto pela existência da revolução, e se a questão da revolução não pode mais se colocar nesses termos, então a política corre o risco de desaparecer.

– *Voltemos à sua política, a que você consignou em La volonté de savoir. Você diz: "Onde há poder, há resistência." Você não está reconduzindo assim essa natureza que você desejava há pouco despachar?*

– Eu não penso, porque essa resistência de que falo não é uma substância. Ela não é anterior ao poder a que ela se opõe. Ela lhe é coextensiva e absolutamente contemporânea.

– *A imagem invertida do poder? Isso equivaleria ao mesmo. As pedras sob a praia, sempre...*

– Também não é isso. Porque, se fosse apenas isso, ela não resistiria. Para resistir, é preciso que ela seja como o poder. Tão inventiva, tão móvel, tão produtiva quanto ele. Que, como ele, ela se organize, se coagule e se cimente. Que, como ele, ela venha de baixo e se distribua estrategicamente.

– *"Onde há poder, há resistência", é quase uma tautologia, por conseguinte...*

– Absolutamente. Eu não coloco uma substância da resistência frente à substância do poder. Eu digo simplesmente: desde que haja uma relação de poder, há uma possibilidade de

390 Michel Foucault – Ditos e Escritos

resistência. Não somos jamais capturados pelo poder: pode-se sempre modificar sua autoridade, em condições determinadas e segundo uma estratégia precisa.

– Poder e resistência... Tática e estratégia... Por que esse fundo de metáforas guerreiras? Você pensa que o poder se deva pensar doravante na forma da guerra?

– Não sei nada muito para o momento. Uma coisa me parece certa, é que, para analisar as relações de poder, nós não dispomos para o momento senão de dois modelos: o que nos propõe o direito (o poder como lei, proibição, instituição) e o modelo bélico ou estratégico em termos de relações de forças. O primeiro foi muito utilizado e mostrou, eu penso, seu caráter inadequado: sabe-se bem que o direito não descreve o poder.

O outro, eu sei bem que se fala muito dele também. Mas fica-se nas palavras: utilizam-se noções feitas, ou metáforas ("guerra de todos contra todos", "luta pela vida"), ou, ainda, esquemas formais (as estratégias estão muito na moda para alguns sociólogos ou economistas, principalmente americanos). Eu penso que seria necessário tentar estreitar essa análise das relações de forças.

– Essa concepção guerreira das relações do poder, ela já existia com os marxistas?

– O que me surpreende, nas análises marxistas, é que se trata sempre de luta das classes, mas que há uma palavra na expressão à qual se presta menos atenção, é "luta". Ainda aí se deve matizar. Os maiores dentre os marxistas (começando por Marx) insistiram muito nos problemas militares (exército como aparelho de Estado, levantamento armado, guerra revolucionária). Mas, quando eles falam de luta das classes como mola geral da história, eles se preocupam principalmente em saber o que é a classe, onde ela se situa, quem ela engloba, jamais o que é concretamente a luta. Mais ou menos com uma reserva, aliás: os textos não teóricos mas históricos do próprio Marx que são diferentemente mais finos.

– Você pensa que seu livro possa preencher essa lacuna?

– Não tenho essa pretensão. De um modo geral, penso que os intelectuais – se essa categoria existe ou se ela deve ainda existir, o que não é certo, o que não é, talvez, desejável – renunciam à sua velha função profética.

E, assim, não penso somente em sua pretensão em dizer o que vai acontecer, mas na função de legislador à qual eles aspiraram por tanto tempo: "Eis o que é preciso fazer, eis o que é bem, sigam-me. Na agitação em que vocês estão todos, eis o ponto fixo, é este onde estou." O sábio grego, o profeta judeu e o legislador romano são sempre modelos que obsediam os que, hoje, fazem profissão de falar e de escrever. Eu sonho com o intelectual destruidor das evidências e das universalidades, aquele que identifica e indica nas inércias e obrigações do presente os pontos de fraqueza, as aberturas, as linhas de força, aquele que, incessantemente, se desloca, não sabe ao certo onde ele estará nem o que ele pensará amanhã, porque ele está muito atento ao presente; aquele que contribui, onde ele está de passagem, colocando a questão de saber se a revolução vale a pena, e qual (quero dizer qual revolução e qual pena), ficando entendido que só podem responder a isso os que aceitam arriscar sua vida para fazê-la.

Quanto a todas as questões de classificação ou de programa que nos fazem: "Você é marxista?", "O que você faria se você tivesse o poder?", "Quais são seus aliados e suas pertenças?", são questões que são realmente secundárias em relação à que acabo de indicar: porque ela é a questão de hoje.

1978

Eugène Sue que Eu Amo

"Eugène Sue que j'aime", *Les nouvelles littéraires*, 56º ano, n. 2.618, 12-19 de janeiro de 1978, p. 3. (Sobre E. Sue, *Les mystères du peuple*, prefácio de F. Mitterrand, Paris, Régine Deforges, 1978.)

Eugène Sue me faz, às vezes, pensar em Flaubert – perdoar--me-ão talvez se acrescentar que Flaubert não me faz pensar frequentemente em Eugène Sue: um saber elevado ao seu mais alto ponto de intensidade, tornado candente pela precisão e pelo detalhe e se imobilizando em uma imagem. De um saber fazer uma cena. Arte de ilustrador? Técnica estranha e difícil, em todo caso, que foi, de Walter Scott a Rosny, um dos sonhos do século XIX: o de tornar fictícia a verdade. *A tentação de Santo Antão*[1] reuniu tudo aquilo que a história das religiões, na época, podia saber sobre os deuses estrangeiros, a loucura das sociedades e os monstros que adoravam homens embriagados. Eugène Sue leu Augustin Thierry e seu irmão Amédée,[2] e tudo o que se podia dizer sobre os costumes dos nossos ancestrais gauleses, sobre suas revoltas, as invasões dos francos e o início do feudalismo; e fez disso, de capítulo a capítulo, tantas gravuras exatas e oníricas (esse gênero de narrativa não pode ser compreendido sem a existência da litografia, modelo e ponto de convergência de todas as cenas: estamos na litoliteratura).

Mas aqueles que não gostam desse *lado Salammbô*[3] do pobre encontrarão em *Les mystères du peuple* um lado inteiramente Alexandre Dumas ou Ponson du Terrail: além das

---

1 Flaubert (G.), *La tentation de Saint Antoine*, Paris, Charpentier, 1874.
2 Thierry (Amédée), *Histoire des gaulois, depuis les temps les plus reculés jusqu'à l'entière soumission de la Gaule à la domination romaine*, Paris, A. Sautelet, 1828, 3 vol. Thierry (Augustin), *Récits des temps mérovingiens, précédés de considérations sur l'histoire de France*, Paris, J. Tessier, 1840, 2 vol.
3 Flaubert (G.), *Salammbô*, Paris, Michel Lévy, 1862.

1978 – Eugène Sue que Eu Amo 393

imagens radiosas e dos quadros fixos em plena luz, há os trajetos subterrâneos, os episódios sombrios, a morte e os reencontros, as aventuras.

Em suma, a "boa" literatura – a que dá isso e aquilo, tudo e o resto, a que não regateia naquilo que narra, mesmo se ela é apressada na maneira de dizê-lo, a que dá a impressão de valer o que se pagou por ela. Enfim, a literatura popular do século XIX era comercializada em grande escala e por pessoas que não queriam jogar dinheiro fora. Criticaram aqueles que esticavam o texto para vender mais. Sejamos agradecidos àqueles que chamaram a atenção sobre ela. Eles sabiam que a literatura era uma coisa que se comprava.

Sonho em fazer um livro. Ele se chamaria *Les plaisirs de l'Histoire*. Seria feito apenas de "fragmentos escolhidos" – que bela expressão! – de reproduções de quadros e gravuras, de trechos de livros escolares. E cada capítulo seria dedicado a uma dessas cenas que, desde o século XIX, não se parou de imprimir na cabeça das crianças e dos adultos: Vercingétorix, jovem guerreiro meio nu, indomado e vencido, vindo oferecer sua pessoa entre legionários couraçados; Blandine, trêmula no meio dos seus leões; o galope dos hunos com incêndios ao fundo, entre mulheres esfarrapadas e implorantes; Brunehaut na garupa do garanhão etc. E não seria difícil mostrar: inicialmente, que elementos eróticos bastante simples e muito repetitivos foram empregados ali (relação vencedores-vencidos, contraste entre as armas e a nudez, triunfos selvagens sobre ternuras esmagadas, força mal subjugada dos escravos); depois, que lição política sempre precisa e às vezes muito sutil ali estava formulada. Essas cenas funcionaram por mais de um século como tantos "pontos de erotização" da História; ali se formou um "amor à pátria" que nada tinha de abstrato, mas que provinha apenas da simples extensão dos laços familiares imediatos. Parece que outrora os pequenos camponeses conheciam o prazer vendo animais domésticos copularem. Quantas crianças das escolas e das cidades fizeram descobertas estranhíssimas lendo esses livros sob o signo hipócrita da "mãe" pátria!

Sonho, portanto, com essa antologia erótico-histórica que deveria, de qualquer maneira, reservar um largo espaço a *Les mystères du peuple*. Nesse ponto, também ela vale o que custou. Nada falta ali: o adolescente que vela o cadáver coberto de flores do rival fraterno que ele matou; as mulheres com os seios

394 Michel Foucault – Ditos e Escritos

nus que retalham a machadadas os soldados que as atacam; a venda de escravos, com crianças impúberes apalpadas por depravados esvaídos em sangue. Todos os clássicos, todos os estereótipos do erotismo histórico; os filmes da Antiguidade, há alguns anos, eram muito menos divertidos e não continham o mesmo interesse político (sobre o erotismo na técnica da narrativa, com o jogo do suspense, Étienne Durand-Dessert, na introdução do texto, diz coisas bastante inteligentes).

Marx disse que ele havia encontrado a ideia da luta de classes nos historiadores franceses. De fato, ele havia aí encontrado sobretudo a luta das raças. A ideia de que relações de guerra atravessam a sociedade e estão subentendidas em sua estrutura é uma velha ideia. Desde o século XVII, se supôs que nações como a França e a Inglaterra eram na verdade compostas por duas raças das quais uma, mais antiga, tinha sido vencida por invasores que, durante séculos, a haviam dominado e explorado, formando a aristocracia; mas que iria chegar o dia da revolta e da vingança, o dia em que se reencontraria no que é seu e entre os seus, os outros estando vencidos, expulsos ou assimilados; cada um então poderá reencontrar seu nome e sua identidade, seu ser próprio, sua pátria e os bens de que a comunidade ancestral tinha sido despojada.

O tema, já vigoroso durante a Revolução, floresceu no século XIX: os milenarismos revolucionários, os nacionalismos, mas também as lutas comuns à burguesia e às camadas populares contra as aristocracias do nascimento ou do dinheiro dele se nutriram. *Les mystères du peuple* são um notável exemplo disso: simultaneamente por sua data (os dias posteriores à revolução de 1848) e pela multiplicidade dos elementos combinados (vemos aí os dominadores romanos sobrevivendo na Igreja, as ordens monásticas, os jesuítas, os ultramontanos atuais; os dominadores francos dando origem aos proprietários rurais; os camponeses, o artesanato das cidades, os pequenos comerciantes perpetuando a velha raça vencida, mas sempre insubmissa).

Há ali um testemunho primordial desse "*social-racismo*", tão importante no século XIX. Que não se entreveja nada de pejorativo nessa expressão: é uma das formas primeiras da percepção de classe e da consciência nacional. E todo o fim do século XIX, para não ir mais longe, foi atravessado pelos avatares desse tema: lento desempenho do socialismo em relação a essa valorização das raças, deslocamento da oposição gauleses-germânicos para a oposição arianos-não arianos, recomposição do racismo a partir e em torno da prática colonial, intensificação do antissemitismo, conflitos do jacobinismo com as minorias linguísticas e étnicas etc.

François Mitterrand, em seu prefácio para *Les Mystères du peuple*, estava coberto de razão em insistir sobre a sinceridade socialista de Eugène Sue. O fim de sua vida dá prova disso. Mas também este texto: texto de intercessão de ideias que podem nos parecer estranhas e longínquas, mas que foram essenciais na gestação, na metade do século XIX, dos temas socialistas. Não sei se Marx, em *L'idéologie allemande*,[4] disse tudo sobre *Les mystères de Paris*. *Les mystères du peuple*, em todo caso, depende de uma análise completamente diferente.

---

4 Marx (K.) e Engels (F.), *Die deutsche Ideologie. Kritik der neuesten deutschen Philosophie in ihren Repräsentanten, Feuerbach, B. Bauer und Stirner, und des deutschen Sozialismus in seinen verschiedenen Propheten*, 1845-1846, Moscou, Verlag für Literatur und Politik, 1932 (*L'idéologie allemande*, trad. R. Cartelle, Paris, Éditions Sociales, 1953).

1980

Os Quatro Cavaleiros do Apocalipse e os Vermes Cotidianos

"Les quatre cavaliers de l'Apocalypse et les vermisseaux quotidiens" (entrevista com B. Sobel), *Cahiers du cinéma*, n. 6, fora de série: *Syberberg*, fevereiro de 1980, p. 95-96. (Sobre o filme de H-J. Syberberg, *Hitler, un Film d'Allemagne*, 1977.)

A estética de *Hitler, un Film d'Allemagne*, de Syberberg, foi inicialmente mal acolhida, porque julgada complacente, na R.F.A. e nos Estados Unidos. Esta entrevista com o diretor de teatro Bernard Sobel faz parte de uma série de intervenções nas quais Susan Sontag, Heiner Müller, Douglas Sirk e Francis Coppola defendem o filme. Foucault conhecia toda a filmografia de Syberberg.

– Quando vi o filme pela primeira vez, na Alemanha, fiquei encantado, como que encantado por uma feiticeira. Fiquei impressionado porque conheço um pouco a Alemanha, conheço um pouco sua cultura. E fiquei inquieto. Achei que nesse filme havia qualquer coisa de perverso. De fato, todo mundo desconfia um pouco desse filme. Qual foi a sua reação? Será que você disse a si mesmo: "Eis o que era preciso fazer!"?

– Não, porque não há uma coisa a fazer a propósito do que se passou nos anos 1930-1945, há mil, 10 mil, e haverá coisas infinitamente. Certamente, a camada de silêncio que, por razões políticas, fez-se cair sobre o nazismo após 1945 é tal que não se poderia deixar de perguntar: "O que isso se tornou na cabeça dos alemães? O que isso se tornou em seus corações? O que isso se tornou em seus corpos?" Isso deveria certamente se tornar alguma coisa, e se esperava com um pouco de ansiedade ver como iria sair do outro lado do túnel; sob a forma de que mito, de que história, de que ferida isso iria aparecer. O filme de Syberberg é um belo monstro. Digo "belo", porque foi o que mais me impressionou – e talvez seja o que você quer dizer quando fala do caráter perverso do filme. Não falo da estética do filme, da qual nada conheço; ele conseguiu extrair certa beleza dessa history sem nada mascarar do que ela tinha de sórdido, de ignóbil, de cotidianamente abjeto. Foi talvez ali que ele apreendeu do nazismo o que ele tinha de mais maligno, certa intensidade de abjeção, certo reflexo da mediocridade, que foi, sem dúvida, um poder de enfeitiçamento do nazismo.

– *Quando vi o filme, tive também um sentimento estranho: a surpreendente revelação de que os jovens viveram o nazismo como uma utopia, uma utopia verdadeira. Achei muito importante o fato de que Syberberg não julga, não condena, mas torna sensível o fato de que um homem "normalmente constituído", segundo as normas clássicas, possa ter sido um nazista.*

– Simone Veil disse, a propósito do filme feito sobre Eva Braun, e que foi divulgado há alguns dias pela televisão, que ele "banaliza o horror". É absolutamente verdade, e o filme sobre Eva Braun, que foi feito por franceses, era por isso mesmo de causar total assombro. Ora, o filme de Syberberg faz o oposto, torna ignóbil o banal. Ele mostra, no que há de banal em certa maneira de pensar, em uma certa maneira de viver, em certo número de quimeras do europeu comum dos anos 1930, uma potencialidade para o aviltamento. Nessa medida, o filme é exatamente o oposto dos filmes que Simone Veil denunciava com razão. Gostaria que se pudesse um dia intercalar, entre tal e tal parte do filme de Syberberg, o filme sobre Eva Braun. Ele parece ser feito a partir de um cartão postal obsoleto, decente, agradável e entediante de uma honesta família burguesa da Europa em férias nos anos 1930. A qualidade do filme de Syberberg é justamente dizer que o horror é banal, que a banalidade comporta em si mesma dimensões de horror, que há uma reversibilidade entre o horror e a banalidade. O problema da literatura trágica e da filosofia é: qual estatuto dar aos quatro cavaleiros do Apocalipse? Serão eles os heróis suntuosos e negros que esperam o fim do mundo para fazer sua aparição? Sob que forma eles aparecem, com que rosto? A peste, os grandes massacres da guerra, a fome? Ou serão eles quatro pequenos vermes que temos no cérebro, dentro da cabeça, no fundo do coração?

Aí está, acredito, a força do filme de Syberberg. Ele ressaltou bem que aqueles momentos que se passavam na Europa dos anos 1930-1945 eram os dos grandes cavaleiros negros do Apocalipse, e em seguida mostrou o parentesco, de certa maneira biológico, entre esses quatro cavaleiros e os vermes cotidianos.

1980

A Imaginação do Século XIX

"L'imaginazione dell'ottocento" ("L'imagination du XIX siècle"), *Corriere della sera*, v. 105, n. 223, 30 de setembro de 1980, p. 3.

O *Ring* do centenário, dirigido por P. Boulez e encenado por P. Chéreau, acaba de completar seu quinto e último ano de existência. Uma hora e meia de aplausos depois que o Walhalla, uma vez mais, desabou nas chamas, e 101 chamadas ao palco. Esquecidos as vaias do primeiro ano, a partida de vários músicos, o mau humor da orquestra e de alguns cantores; esquecidos, também, o comitê de ação para a salvaguarda da obra de Wagner, os panfletos distribuídos e as cartas anônimas que exigiam a morte do maestro e do encenador.

Fantasmas mal exorcizados assombram ainda, é verdade, as faldas da colina verde. Esse *Ring* inesperado, realizado por estrangeiros, talvez os tenha despertado. Mas eles eram muito pálidos. Como os deuses do crepúsculo. Nas estantes das livrarias de Bayreuth, entre as centenas de obras sobre, pró ou contra Wagner (depois de Jesus Cristo, Wagner tem, parece, a cada ano, a mais rica bibliografia do mundo), uma fina brochura traz na capa uma estranha fotografia: Winnifred Wagner, a nora, estende uma mão altiva a um homenzinho que inclina a cabeça para nela levar os lábios respeitosos. O homem é visto de costas; mas, sobre esse perfil perdido, a madeixa se deixa adivinhar, e os curtos bigodes. Quem, da herdeira regente ou do pintor ditador, presta homenagem ao outro? Pareceu-me que muito poucas pessoas prestavam atenção a esse tipo de problemas.

O tempo passou rápido. Não se pergunta mais nada: que fizeram eles de Wagner, aqueles que enviaram para o massacre a raça dos guerreiros louros, massacradores massacrados? Não se pergunta nem mesmo o que Wagner fez para encorajá-los. Mas, de preferência, isto: o que fazer hoje de Wagner, o inevitável?

*

O que fazer sobretudo da *Tétralogie* que domina o conjunto da obra de Wagner e que, dentre todas as suas obras, foi a mais contaminada? Se o *Ring* não existisse, a vida dos encenadores seria mais simples. E também mais simples a relação que temos para com nossa cultura mais próxima.

Houve a solução elegante, no pós-guerra: foi o despojamento simbólico operado por Wieland Wagner, as formas quase imóveis dos mitos sem idade nem pátria. Houve a solução austera e política, a de Joachim Herz, destinada à Alemanha Oriental: o *Ring* está solidamente amarrado às margens históricas das revoluções de 1848. E, depois, a solução "astuciosa": Peter Stein descobre o segredo do *Ring* no teatro do século XIX; seu Walhalla, na abertura, revela-se a antecâmara da dança na Ópera de Paris. Em todas essas soluções, evita-se uma relação direta com a mitologia característica de Wagner, esse pez, essa perigosa matéria inflamável, mas também passavelmente irrisória.

A escolha feita por Boulez, Chéreau e o cenógrafo Peduzzi era mais arriscada. Eles quiseram justamente pegar essa mitologia à força. Contra qualquer evidência, a velha guarda de Bayreuth bradou contra a traição. Embora se tratasse de voltar a Wagner. Ao Wagner do "drama musical", bem distinto da ópera. Ao Wagner que queria dar um imaginário para o século XIX. E que não se satisfazia de aceitar um festival comemoração, mas queria uma festa na qual o ritual tivesse a cada vez a novidade de um acontecimento.

*

Boulez, o herdeiro mais rigoroso e mais criativo da escola de Viena, um dos mais notáveis representantes da grande corrente formalista que atravessou e renovou toda a arte do século XX (e não somente na música), ei-lo dirigindo a *Tétralogie*, como para "acompanhar" uma cena repleta de ruídos, furores e imagens. Alguns pensavam: uma tão longa paixão pelas puras estruturas musicais e por fim se pôr a serviço de um imaginário como esse...

Ora, foi justamente por ter relido Wagner através da música do século XX que Boulez pôde reencontrar o sentido do drama musical.

400 Michel Foucault – Ditos e Escritos

Acompanhamento? Mas sim, diz Boulez, é certamente isso que Wagner queria. Mas falta ainda compreender de qual acompanhamento se trata. Sua direção não é simplesmente mais clara, mais luminosa, menos pesada e de sons casados do que outras – mais inteligente e mais inteligível. Se ele impôs à orquestra uma tal moderação, não foi para reduzir a música a um papel secundário. Muito pelo contrário: foi para não limitá-la unicamente à função de enfatizar, amplificar ou anunciar o que se passa no palco, e, em sua ênfase, ser apenas a caixa de ressonância da cena. Boulez levou a sério a ideia wagneriana de um drama onde música e texto não se repetem, não dizem cada um à sua maneira a mesma coisa; mas onde a orquestra, o canto, o desempenho dos atores, os tempos da música, os movimentos da cena, os cenários devem se compor como elementos parciais para constituir, no tempo da representação, uma forma única, um acontecimento singular.

Em suma, Boulez partiu de uma constatação simples, de que os espectadores não são necessariamente surdos, nem os ouvintes, cegos. Se ele procura fazer ouvir "tudo" não é para mostrar ao ouvido o que o olho pode muito bem ver sozinho; é porque existe um desenvolvimento dramático na música que se entrelaça com o do texto. Para Boulez, o motivo wagneriano não é o duplo sonoro do personagem, a variedade de notas que o acompanha. Ele é por si só um indivíduo – mas um indivíduo musical. Não uma figura rígida e repetitiva, mas uma estrutura flexível, ambígua, prolífera, um princípio de desenvolvimento do mundo sonoro. Se querem que o drama esteja *também* na música, e que esta não fique reduzida a repetir o drama, é preciso uma direção como a de Boulez: uma direção que analise, esculpa, detalhe a cada instante – Nietzsche falava das "miniaturas" wagnerianas – e que restitua em um só movimento a dinastia cada vez mais complexa da obra.

É preciso ter ouvido a interpretação que Boulez deu, na última noite, ao *Crépuscule*. Pensava-se no que um dia ele dissera da *Tétralogie*: "Construção gigantesca" e "diário íntimo" de Wagner. Construindo com uma extraordinária precisão, até o apaziguamento final, aquela imensa floresta musical, era como se Boulez retraçasse seu próprio itinerário. E também todo o movimento de um século de música moderna que, partindo de Wagner, através da grande aventura formalista, reencontrava a intensidade e o movimento do drama. A forma, perfeitamente decifrada, se entrelaçava à imagem.

1980 – A Imaginação do Século XIX   **401**

*

Encontrou-se nesse *Ring* uma tensão própria às encenações de Chéreau: uma lógica infalível nas relações entre os personagens, uma inteligibilidade de todos os elementos do texto, um sentido particular dado a cada momento e a cada gesto, em resumo, uma total ausência de gratuidade; e uma incerteza deliberada a propósito dos tempos e dos lugares, uma dispersão extrema dos elementos de realidade. A moças do Rhin são prostitutas que arregaçam a saia ao pé de uma barreira. Mime, um judeuzinho velho de óculos, remexe em suas gavetas para nelas encontrar a espada sagrada embrulhada em papel de jornal. Os deuses giram em círculo, umas vezes como príncipes no exílio de um melancólico século XVIII, outras vezes como uma família de empresários ameaçada de bancarrota após muitas malversações. A Walquíria usa um capacete, mas Siegfried se casará de *smoking*.

O mesmo ocorre com os cenários de Peduzzi: grandes arquiteturas imóveis, rochedos eretos como eternas ruínas, rodas gigantes que nada poderia fazer girar. Mas as rodas estão localizadas no meio das florestas, duas cabeças de anjinhos estão esculpidas no rochedo, e um capitel dórico, imperturbável, se encontra sobre aqueles muros do Walhalla, mais acima do leito de fogo da Walquíria, ou no palácio dos Gibichungen, ao qual ele dá ora o aspecto de um porto no crepúsculo, pintado por Claude Lorrain, ora o estilo dos palácios neoclássicos da burguesia wilhelminiana.

Não que Chéreau e Peduzzi tenham querido especular, à maneira de Brecht, sobre as diferentes referências cronológicas (a época a que a peça se refere, aquela em que ela foi escrita, em que ela foi encenada). Eles se propuseram, também, a levar Wagner a sério, mesmo que tivessem de mostrar o avesso do seu projeto. Teria Wagner desejado dar ao século XIX uma mitologia? Que seja assim. Ele a buscava nos fragmentos livremente alinhados das lendas indo-europeias? Que também seja. Ele queria assim restituir à sua época o imaginário que lhe faltava? É aí que Chéreau diz não. Porque o século XIX era cheio de imagens, que constituíram a verdadeira razão de ser dessas grandes reconstituições mitológicas que as metamorfoseavam e as escondiam. Chéreau não quis transportar o bazar da mitologia wagneriana para o céu dos mitos eternos; nem reduzi-la

402 Michel Foucault – Ditos e Escritos

a uma realidade histórica precisa. Ele quis desenterrar as imagens, realmente vivas, que puderam lhe dar sua força.

Sob o texto de Wagner, Chéreau fez, portanto, desenterrar aquelas imagens. Necessariamente disparates: fragmentos de utopia, pedaços de máquina, elementos de gravuras, tipos sociais, bosquejos de cidades oníricas, soldados de brinquedo, brigas de casal à maneira de Strindberg, o perfil de um judeu de gueto. Mas seu esforço foi ter perfeitamente integrado todos esses elementos à tensa trama das relações entre os personagens, e de tê-los colocado nas vastas visões pictóricas que lhe propunha Peduzzi. A realização de Chéreau está sempre cheia de humor; ela nunca é cruelmente redutora; ele não diz, como às vezes se acreditou: "A mitologia de Wagner, vejam, era apenas essa quinquilharia para burgueses emergentes." Ele submete todo esse material à metamorfose da beleza e à força da tensão dramática. De qualquer forma, ele tornou a descer da mitologia wagneriana para as imagens vivas e múltiplas que a povoavam, e dessas imagens, das quais ele mostra ao mesmo tempo o esplendor paradoxal e a lógica total, ele refaz, mas para nós, um mito.

Na cena de Bayreuth, em que Wagner queria construir uma mitologia para o século XIX, Chéreau e Peduzzi fizeram ressurgir o imaginário característico desse século XIX: aquele que Wagner, sem dúvida, partilhou com Bakounine, com Marx, com Dickens, com Júlio Verne, com Böcklin, com os construtores de usinas e de palácios burgueses, com os ilustradores de livros infantis, com os agentes do antissemitismo. E eles o fizeram aparecer como a mais recente mitologia que nos domina atualmente. Dar a essa imaginação do século XIX – pela qual estamos ainda tão profundamente marcados e feridos – a temível grandeza de uma mitologia.

*

De Wagner até nós, Boulez estendia a densa tessitura dos desenvolvimentos da música contemporânea. Chéreau e Peduzzi, ao mesmo tempo, elevavam os universos wagnerianos ao céu de uma mitologia que é preciso reconhecer como a nossa. Assim, na atualidade reencontrada da música, Wagner não tem mais que nos transmitir imperiosamente sua mitologia: ele se tornou uma parte da nossa.

Wolfgang Wagner, na última noite desse *Ring*, se perguntava que outro Ring seria doravante possível. Se não podemos sabê-lo é porque Bayreuth não tem mais que ser o conservatório de um Wagner que permaneceu miticamente semelhante a si mesmo – quando a tradição, é sabido, é o "deixar para lá". Esse será o lugar em que o próprio Wagner será, enfim, tratado como um dos mitos do nosso presente.

1982

Pierre Boulez, a Tela Atravessada

"Pierre Boulez, l'écran traversé", in Colin (M.), Leonardini (J.-P.), Markovits (J.), ed., *Dix ans et après. Album souvenir du festival d'automne*, Paris, Messidor, Col. "Temps Actuels", 1982, p. 232-236.

Você me pergunta o que foi ter apreendido, pelo acaso e pelo privilégio de uma amizade fortuita, um pouco do que se passava na música, faz agora quase 30 anos? Eu era ali apenas um passante detido pelo afeto, uma certa perplexidade, curiosidade, o estranho sentimento de assistir ao que eu quase não era capaz de ser contemporâneo. Era uma sorte: a música estava então renegada pelos discursos do exterior.

A pintura, nessa época, levava a falar; pelo menos, a estética, a filosofia, a reflexão, o gosto – e a política, se a memória não me falha – se sentiam no direito de dizer dela alguma coisa, e eles se obrigavam a isso como um dever: Piero della Francesca, Venise, Cézanne ou Braque. O silêncio, entretanto, protegia a música, preservando sua insolência. O que era, sem dúvida, uma das grandes transformações da arte no século XX permanecia fora de alcance para essas formas de reflexão que, em torno de nós, tinham estabelecido seus territórios, onde tendemos a adquirir nossos hábitos.

Não mais do que naquela época, não sou capaz de falar da música. Somente sei que ter descoberto – e pela mediação de um outro, a maior parte do tempo – o que se passava com Boulez me permitiu sentir-me estrangeiro no mundo de pensamento em que eu havia sido formado, ao qual continuava a pertencer e que, para mim, como para muitos, tinha ainda sua evidência. Talvez as coisas sejam melhores assim: tivesse eu à minha volta meios para compreender aquela experiência talvez eu tivesse unicamente encontrado uma ocasião de repatriá-la para onde ela não existia.

É de praxe acreditar-se que uma cultura está mais ligada aos seus valores do que às suas formas, que estas, facilmente, podem ser modificadas, abandonadas, retomadas; que somente o sentido se enraíza profundamente. Isto é desconhecer o quanto as formas, quando se desfazem ou quando nascem, puderam provocar espanto ou suscitar ódio; é desconhecer que se dá mais importância às maneiras de ver, de dizer, de fazer e de pensar do que ao que se vê, ao que se pensa, diz ou faz. O combate das formas no Ocidente foi tão encarniçado, senão mais do que o das ideias ou dos valores. Mas as coisas, no século XX, adquiriram um aspecto singular: é o próprio "formal", é o trabalho refletido sobre o sistema das formas que se tornou um risco. E um notável objeto de hostilidades morais, de debates estéticos e de afrontamentos políticos.

Na época em que nos ensinavam os privilégios do sentido, do vivido, do carnal, da experiência originária, dos conteúdos subjetivos ou das significações sociais, encontrar Boulez e a música era ver o século XX sob um ângulo que não era familiar: o de uma longa batalha em torno do "formal"; era reconhecer como na Rússia, na Alemanha, na Áustria, na Europa Central, através da música, da pintura, da arquitetura ou da filosofia, da linguística e da mitologia, o trabalho do formal tinha desafiado os velhos problemas e subvertido as maneiras de pensar. Deveria ser feita toda uma história do formal no século XX: tentar mensurá-lo como potência de transformação, destacá-lo como força de inovação e lugar de pensamento, mais além das imagens do "formalismo" atrás das quais se quis escamoteá-lo. E contar também suas difíceis relações com a política. Não se deve esquecer de que ele foi rapidamente designado, nos países estalinistas ou fascistas, como a ideologia inimiga e a arte execrável. Ele foi o grande adversário de dogmatismos de academias e de partidos. Os combates em torno do formal foram umas das grandes características da cultura no século XX.

Para ir a Mallarmé, a Klee, a Char, a Michaux, como mais tarde para ir a Cummings, Boulez só precisava de uma linha reta, sem desvio nem mediação. Frequentemente um músico vai à pintura, um pintor, à poesia, um dramaturgo, à música por intermédio de uma figura englobante e através de uma estética cuja função é universalizar: romantismo, expressionismo etc. Boulez ia diretamente de um ponto a outro, de uma experiência a outra, em função do que parecia ser não uma afinidade ideal, mas a necessidade de uma conjuntura.

406 Michel Foucault – Ditos e Escritos

Em um momento do seu trabalho e porque seu percurso o havia levado a um ponto determinado (esse ponto e esse momento permanecendo inteiramente interiores à música), subitamente se produzia o acaso de um encontro, o clarão de uma proximidade. Inútil se perguntar de que estética comum, de que visão do mundo análoga podiam decorrer os dois *Visage nuptial*, os dois *Marteau sans maître*, o de Char e o de Boulez.[1] Nada existia. A partir da incidência primeira começava um trabalho de um sobre o outro; a música elaborava o poema que elaborava a música. Trabalho tanto mais exatamente preciso e tanto mais dependente de uma análise meticulosa que não contava com nenhuma vinculação prévia.

Essa correlação ao mesmo tempo arriscada e refletida era uma singular lição contra as categorias do universal. Não é a escalada para a posição mais alta, não é o acesso ao ponto de vista mais envolvente que nos dá o maior esclarecimento. A luz viva vem lateralmente como se atravessasse uma divisória, transpassasse uma parede, duas intensidades confrontadas, uma distância transposta de um golpe. Às grandes linhas imprecisas que embaralham os rostos e atenuam os ângulos a fim de destacar o sentido geral é preferível o confronto das precisões. Deixemos a quem queira a preocupação de que nada é instituído sem um discurso comum e uma teoria de conjunto. Tanto na arte como no pensamento, o encontro só se justifica pela nova necessidade que ele estabeleceu.

A relação de Boulez com a história – quero dizer a história de sua própria prática – era intensa e combativa; para muitos – eu, dentre eles – ele permaneceu por muito tempo, acredito, enigmático. Boulez detestava a atitude que escolheu no passado um módulo fixo e procura diversificá-lo através da música atual: atitude "classicista", como dizia; detestava igualmente a atitude "arcaizante" que toma a música atual como referência e tenta implantar nela a juventude artificial de elementos passados. Acredito que seu objetivo, nessa atenção à história, era fazer de maneira que nada permanecesse fixo, nem o presente nem o passado. Ele queria ambos em perpétuo movimento um em relação ao outro; quando chegava mais perto de uma obra dada, reencontrando seu princípio dinâmico a partir de sua

---

1 Char (R.), *Le visage nuptial, in Fureur et mystère*, Paris, Gallimard, 1948; *Le marteau sans maître*, Paris, J. Corti, 1934 e 1945.

decomposição tão tênue quanto possível, ele não procurava constituir nela monumento; tentava atravessá-la, "passar através", desfazê-la em um gesto tal que ele pudesse subverter até o próprio presente. "Vazá-la como uma tela", como ele gosta de dizer agora, pensando, como em *Les paravents*,[2] no gesto que destrói, pelo qual se mata a si mesmo e permite passar para o outro lado da morte.

Havia alguma coisa de desconcertante nessa relação com a história: os valores que ela supunha não indicavam uma polaridade no tempo – progresso ou decadência; eles não definiam lugares sagrados. Marcavam pontos de intensidade que eram também objetos "para pensar". A análise musical era a forma assumida por essa relação com a história – uma análise que não buscava as regras de uso de uma forma canônica, mas a descoberta de um princípio de relações múltiplas. Via-se nascer através dessa prática uma relação com a história que negligenciava os acúmulos e zombava das totalidades: sua lei era a dupla transformação simultânea do passado e do presente pelo movimento que destaca um e outro através da elaboração do outro e do um.

Boulez jamais admitiu a ideia de que todo pensamento, na prática da arte, seria demasiado se não fosse a reflexão sobre as regras de uma técnica e sobre seu próprio jogo. Ele também não gostava nada de Valéry. Do pensamento, esperava justamente que lhe permitisse incessantemente fazer outra coisa diferente do que ele fazia. Ele lhe pedia para abrir, no jogo tão regrado, tão refletido que jogava, um novo espaço livre. Por uns, era taxado de gratuidade técnica; por outros, de excesso de teoria. Mas o essencial para ele estava ali: pensar a prática o mais próximo possível de suas necessidades internas sem se dobrar, como se elas fossem exigências soberanas, a nenhuma delas. Qual é então o papel do pensamento no que se faz se ele não deve ser simples destreza nem pura teoria? Boulez o mostrava: fornecer a força para romper as regras no ato que as faz atuar.

---

2 Genet (J.), *Les paravents*, Lyon, L'Arbalète, 1961.

1983

Michel Foucault/Pierre Boulez –
A Música Contemporânea e o Público

"Michel Foucault/Pierre Boulez. La musique contemporaine et de public", *C.N.A.C. Magazine*, n. 15, maio-junho de 1983, p. 10-12.

M. Foucault: Frequentemente se diz que a música contemporânea "derivou"; que ela teve um destino singular; que atingiu um grau de complexidade que a torna inacessível; que suas técnicas a conduziram por caminhos que a afastam cada vez mais. Ora, o que me parece surpreendente, pelo contrário, é a multiplicidade dos laços e das relações entre a música e o conjunto dos outros elementos da cultura. Isso aparece de várias maneiras. Por um lado, a música foi muito mais sensível às transformações tecnológicas, muito mais estreitamente ligada a elas do que a maioria das outras artes (exceto, sem dúvida, o cinema). Por outro lado, sua evolução a partir de Debussy ou Stravinski apresenta correlações notáveis com a da pintura. Além disso, os problemas teóricos que a música colocou para si mesma, a maneira com que refletiu sobre sua linguagem, suas estruturas, seu material decorrem de uma interrogação que, acredito, atravessou todo o século XX: interrogação sobre a "forma", aquela de Cézanne ou dos cubistas, a de Schönberg, e também a dos formalistas russos ou a da Escola de Praga.

Não creio que seja preciso se perguntar: tendo a música tomado uma tal distância, como recuperá-la ou repatriá-la? Mas de preferência: ela que está tão próxima, tão consubstancial a toda a nossa cultura, como é possível que a sintamos como projetada para longe e situada em uma distância quase intransponível?

P. Boulez: Será o "circuito" da música contemporânea tão diferente dos diversos "circuitos" utilizados pelas músicas sinfônica, de câmara, de ópera, barroca, circuitos tão enclausurados, especializados, ao ponto de podermos nos perguntar se existe verdadeiramente uma cultura geral? O conhecimento pelo disco deveria, em princípio, fazer cair essas barreiras cuja necessidade econômica se pode compreender, mas se constata, pelo contrário, que o disco corrobora a especialização tanto do público quanto dos intérpretes. Na própria organização do concerto ou da representação, as forças às quais recorrem diferentes tipos de música excluem mais ou menos uma organização comum, e mesmo uma polivalência. Quem diz repertório clássico ou romântico supõe uma formação estandardizada tendente a só incluir as exceções a essa regra se a economia do conjunto não for perturbada. Quem diz música barroca supõe obrigatoriamente não somente um grupo restrito, mas instrumentos referidos à música executada, músicos que adquiriram um conhecimento especializado em interpretação, fundamentado em estudos de textos e trabalhos teóricos do passado. Quem diz música contemporânea supõe o acesso a novas técnicas instrumentais, a novas notações, uma aptidão para se adaptar a novas situações de intérprete. Poderíamos continuar essa enumeração e assim mostrar as dificuldades a serem superadas para passar de um domínio para outro: dificuldades de organização, de inserção pessoal, sem falar da adaptação dos lugares a tal ou tal tipo de execução. Assim, existe uma tendência a ver se formar um grupo maior ou menor correspondente a cada categoria de música, a se estabelecer um circuito perigosamente fechado entre esse grupo, sua música, seus intérpretes. A música contemporânea não escapa a esse condicionamento; mesmo que os índices de frequência sejam proporcionalmente baixos, ela não escapa aos defeitos do grupo musical em geral: ela tem seus espaços, suas reuniões, suas vedetes, seus esnobismos, suas rivalidades, seu público cativo; assim como o outro grupo, tem seus valores de mercado, suas cotações, suas estatísticas. Os diferentes círculos da música, se não pertencem a Dante, não são menos do que ele dependentes de um sistema carcerário em que a maioria se sente à vontade e do qual alguns, pelo contrário, sentem dolorosamente a coerção.

M. Foucault: É preciso levar em conta que, por muito tempo, a música esteve ligada aos ritos sociais e unificada por eles: música religiosa, música de câmara; no século XIX, a ligação entre a música e a representação teatral na ópera (sem falar das significações políticas ou culturais que esta pôde ter na Alemanha ou na Itália) foi também um fator de integração.

410 Michel Foucault – Ditos e Escritos

Creio que não se pode falar do "isolamento cultural" da música contemporânea sem imediatamente retificar o que se diz, tendo em vista os outros circuitos da música.

Com o *rock*, por exemplo, ocorre um fenômeno totalmente inverso. Não somente o *rock* (muito mais do que antigamente o *jazz*) faz parte integrante da vida de muitas pessoas, como também é indutor de cultura: gostar de *rock*, gostar mais de tal tipo de *rock* do que de outro é também uma maneira de viver, uma forma de reagir; é todo um conjunto de gostos e atitudes.

O *rock* oferece a possibilidade de uma relação intensa, forte, viva, "dramática" (no sentido de que ele próprio se oferece em espetáculo, de que a audição constitui um acontecimento e é encenada), com uma música que é pobre em si mesma, mas através da qual o ouvinte se afirma; e, além disso, se mantém uma relação frágil, temerosa, distante, problemática com uma música erudita da qual o público culto se sente excluído.

Não se pode falar de uma relação da cultura contemporânea com a música, mas de uma tolerância, mais ou menos benevolente, em vista de uma pluralidade de músicas. A cada uma se dá "direito" à existência; e esse direito é percebido como uma igualdade de valor. Cada uma vale tanto quanto o grupo que a pratica ou a reconhece.

P. Boulez: Será que falar das músicas e alardear um ecumenismo eclético resolve o problema? Parece que, pelo contrário, se o escamoteia – de acordo com os sustentáculos da sociedade liberal evoluída. Todas as músicas são boas, todas as músicas são agradáveis. Ah! O pluralismo, nada se compara a ele como remédio para a incompreensão. Gostem portanto, cada um em seu canto, e vocês se amarão uns aos outros. Sejam liberais, gentis com os gostos dos outros, e a recíproca será verdadeira. Tudo vai bem, nada vai mal; não há valores, mas há prazer. Esse discurso, por mais liberador que pretenda ser, reforça, pelo contrário, os guetos, reconforta a boa consciência de se encontrar em um gueto sobretudo se de tempos em tempos se vá espiar o gueto dos outros. A economia está aí para nos lembrar disso, se nos perdêssemos nessa insípida utopia; há músicas rentáveis e que existem para o lucro comercial; há músicas onerosas, cujo projeto nada tem a ver com o lucro. Nenhum liberalismo apagará essa diferença.

M. Foucault: Tenho a impressão de que muitos dos elementos destinados a dar acesso à música acabam empobrecendo

1983 – Michel Foucault/Pierre Boulez – A Música Contemporânea... 411

a relação que se tem com ela. Há um mecanismo quantitativo em jogo. Uma certa eventualidade na relação com a música poderia preservar uma disponibilidade de escuta, e uma flexibilidade da audição. Mas, quanto mais essa relação é frequente (rádio, discos, cassetes), mais familiaridades se criam; hábitos se cristalizam; o mais frequente se torna o mais aceitável, e rapidamente o único admissível. Produz-se uma "facilitação", como diriam os neurologistas.

Evidentemente, as leis do mercado acabam por se aplicar facilmente a esse mecanismo simples. O que se põe à disposição do público é o que ele escuta. E o que de fato ele acaba escutando, porque é o que lhe é proposto, reforça um certo gosto, estabelece os limites de uma capacidade bem-definida de audição, delimita cada vez mais um esquema de escuta. Será necessário satisfazer essa expectativa etc. Assim, a produção comercial, a crítica, os concertos, tudo o que aumenta o contato do público com a música tende a tornar mais difícil a percepção do novo.

Certamente, o processo não é unívoco. E também é verdade que a familiaridade crescente com a música amplia a capacidade de escuta e dá acesso a diferenciações possíveis, mas esse fenômeno tende a se produzir somente à margem; em todo caso, ele pode permanecer secundário em relação ao grande reforço do adquirido, se não houver um esforço para vencer as familiaridades.

Não defendo, e isso é evidente, uma rarefação da relação com a música, mas é preciso compreender que o dia a dia dessa relação, com todas as injunções econômicas que a ela estão associadas, pode ter esse efeito paradoxal de enrijecer a tradição. Não é preciso dar acesso à música mais rara, mas a uma convivência com ela menos determinada pelos hábitos e familiaridades.

P. Boulez: É preciso observar não somente uma polarização em relação ao passado, mas uma polarização sobre o passado no passado, no que diz respeito ao intérprete. E é assim que certamente se atinge o êxtase, ouvindo a interpretação de tal obra clássica por um intérprete desaparecido há decênios; mas o êxtase atingirá ápices orgásticos quando for possível se referir à interpretação de 20 de julho de 1947 ou de 30 de dezembro de 1938. É possível ver se delinear uma pseudocultura do documento, fundamentada no momento raro e no instante fugaz, que nos lembra ao mesmo tempo a fragilidade e a perenidade do intérprete tornado imortal, rivalizando então com a

412 Michel Foucault – Ditos e Escritos

imortalidade da obra-prima. Todos os mistérios do sudário de Turim, todos os poderes da magia moderna, o que mais vocês desejariam como álibi da reprodução frente à produção atual? A modernidade é essa superioridade técnica que temos em relação aos séculos passados de poder recriar o acontecimento. Ah! Se tivéssemos a primeira execução da *Nona*, mesmo – sobretudo – com todos os seus defeitos, ou se pudéssemos fazer a aprazível diferença entre a versão de Praga e a vienense de *Don Giovanni* pelo próprio Mozart... Essa carapaça historicizante sufoca os que com ela se cobrem, confina-os em uma rigidez asfixiante; o ar mefítico que respiram fragiliza para sempre seu organismo em relação à aventura atual. Imagino Fidelio satisfeito em permanecer em sua masmorra, ou penso ainda na caverna de Platão: civilização da sombra e das sombras.

M. Foucault: Certamente, a escuta da música se torna mais difícil à medida que sua escrita se liberta de tudo o que pode constituir esquemas, sinais, marca perceptível de uma estrutura repetitiva.

Na música clássica, há uma certa transparência da escrita à escuta. E, embora os fatos da escrita musical em Bach ou Beethoven não sejam reconhecíveis para a maior parte dos ouvintes, há sempre outros, e importantes, que lhes são acessíveis. Ora, a música contemporânea, tendendo a fazer de cada um dos seus elementos um acontecimento singular, torna difícil qualquer apreensão ou reconhecimento por parte do ouvinte.

P. Boulez: Haverá de fato somente desatenção, indiferença por parte desse ouvinte diante da música contemporânea? As queixas tão frequentemente ouvidas não se deveriam apenas à preguiça, à inércia, à satisfação de permanecer em um território conhecido? Berg escreveu, há meio século, um texto intitulado *Por que a música de Schönberg é difícil de compreender?*.[1] As dificuldades que ele então descrevia são quase as mesmas das quais ouvimos falar hoje em dia. Teria sido sempre igual? Provavelmente, qualquer novidade fere sensibilidades não acostumadas com isso. Mas se pode acreditar que, em nossos dias, a comunicação da obra com um público apresenta dificuldades muito específicas. Na música clássica e romântica, que constitui a principal fonte do repertório fami-

---

1 Berg (A.), "Warum ist Schoenbergs Musik so schwer verständlich?", *Musikblätter des Ambruch*, 1924.

1983 – Michel Foucault/Pierre Boulez – A Música Contemporânea... 413

liar, há esquemas aos quais se obedece, que se podem seguir independentemente da própria obra, ou melhor, que a obra tem obrigação de manifestar. Os movimentos de uma sinfonia são definidos em sua forma e sua natureza, em sua própria vida rítmica; são distintos uns dos outros, separados na maior parte do tempo por um corte, às vezes ligados por uma transição que se pode observar. O próprio vocabulário está baseado em acordes "classificados", os já nomeados: vocês não precisam analisá-los para saber o que são e que função têm, eles têm a eficácia e a segurança dos sinais; são encontrados de uma peça à outra, assumindo sempre a mesma aparência e as mesmas funções. Progressivamente, esses elementos asseguradores desapareceram da música "séria"; a evolução se deu no sentido de uma renovação sempre mais radical tanto na forma das obras quanto em sua linguagem. As obras tenderam a se tornar acontecimentos singulares que têm certamente seus antecedentes, mas são irredutíveis a qualquer esquema condutor admitido, *a priori*, por todos, o que cria, certamente, um entrave para a compreensão imediata. Espera-se que o ouvinte se familiarize com o percurso da obra, e que para isso ele deva ouvi-la um certo número de vezes; tendo o percurso se tornado familiar, a compreensão da obra, a percepção do que ela quer exprimir podem encontrar um terreno propício ao seu desabrochar. Há cada vez menos chances de que o primeiro contato possa despertar a percepção e a compreensão. É possível haver uma adesão espontânea, pela força da mensagem, da qualidade da escrita, da beleza sonora, da legibilidade das marcas, mas a compreensão profunda só pode vir da repetição da leitura, do percurso refeito, dessa repetição tomando o lugar do esquema aceito tal como outrora ele era praticado.

Os esquemas – de vocabulário, de forma – que foram banidos da música dita séria (antigamente chamada de erudita) se refugiaram em certas formas populares, nos objetos de consumo musical. Ali, ainda se cria de acordo com os gêneros, segundo as tipologias admitidas. O conservadorismo não é necessariamente encontrado onde é esperado; é inegável que um certo conservadorismo de forma e de linguagem se encontra na base de todas as produções comerciais adotadas com grande entusiasmo por gerações que de forma alguma se consideram conservadoras. Um paradoxo do nosso tempo é o fato de o protesto encenado ou cantado se transmitir por meio de um

414 Michel Foucault – Ditos e Escritos

vocabulário eminentemente recuperável, o que não deixa de se produzir; o sucesso comercial esvazia o protesto.

M. Foucault: E nesse ponto talvez haja uma evolução divergente da música e da pintura no século XX. A pintura, desde Cézanne, tendeu a tornar evidente o próprio ato de pintar; este se tornou visível, insistente, definitivamente presente no quadro, seja pelo uso de signos elementares, seja pelos traços de sua própria dinâmica. A música contemporânea, em compensação, só oferece à escuta a face externa de sua escrita.

Daí decorre alguma coisa difícil, imperiosa, na escuta dessa música. Daí o fato de que cada audição se mostre como um acontecimento a que o ouvinte assiste, e que deve aceitar. Não há marcas que lhe permitam esperá-lo e reconhecê-lo. Ele a ouve se produzir. É um modo de atenção muito difícil, e que está em contradição com as familiaridades urdidas pela escuta repetida da música clássica.

A insularidade cultural da música atual não é simplesmente consequência de uma pedagogia ou de uma informação deficiente. Seria muito fácil se lamentar a respeito dos conservadores ou se queixar das produtoras de discos. A coisas são mais sérias. Essa situação singular, a música contemporânea deve à própria escrita. Nesse sentido, ela é deliberada. Não é uma música que buscaria ser familiar; ela é feita para manter sua contundência. Pode-se certamente repeti-la; ela não se reitera. Nesse sentido, não se pode retornar a ela como a um objeto. Ela sempre irrompe nas fronteiras.

P. Boulez: Já que ela se pretende assim em perpétua situação de descoberta – novos domínios da sensibilidade, experimentação de novos materiais –, a música contemporânea está condenada a permanecer um Kamtchatka (Baudelaire, Sainte-Beuve, você se lembra?) reservado à curiosidade intrépida de raros exploradores? É notável que os mais reticentes ouvintes sejam aqueles que adquiriram sua cultura musical exclusivamente nas revistas do passado, de certo passado, e que se mostrem mais abertos – apenas porque mais ignorantes? – os ouvintes que têm um profundo interesse por outros meios de expressão: particularmente as artes plásticas. Os "estrangeiros" mais receptivos? Perigosa adesão que tenderia a provar que a música atual se destacaria da "verdadeira" cultura musical para pertencer a um domínio mais vasto e mais vago em que o amadorismo seria preponderante, tanto no julgamento quanto na execução. Não chamem mais isso de "música", mas desejamos certamente deixar com vocês o seu brinquedo; isso decorre de uma outra apreciação que nada tem a ver com a que reservamos para a verdadeira música, a dos mestres. Esse argumento, em sua arrogante ingenuidade, se aproxima de uma verdade inegável. O julgamento e o gosto são prisioneiros de categorias, de esquemas preestabelecidos aos quais nos referimos, custe o que custar. Não, como se desejaria fazer-nos acreditar, que a distinção se encontre entre uma aristocracia dos sentimentos, uma nobreza de expressão e um artesanato ocasional baseado na experimentação: o pensamento contra o instrumento. Trata-se, antes, de uma escuta que não se poderia modular, adaptar a diferentes maneiras de inventar a música. Não pregarei, certamente, o ecumenismo das músicas, que me parece justamente uma estética de supermercado, uma demagogia que não ousa dizer seu nome e se reveste de boas intenções para melhor camuflar a miséria dos seus compromissos. Não rejeito mais a exigência da qualidade do som e da composição: a agressividade e a provocação, o artesanal e a enganação são apenas frágeis e inocentes paliativos; sei perfeitamente – por experiências múltiplas e mais diretas impossível – que para além de uma certa complexidade a percepção se encontra desorientada em um caos inextricável, que ela se entedia e recua. É suficiente dizer que posso conservar reações críticas e que minha adesão não é automaticamente decorrente do fato da própria "contemporaneidade". Certas modulações da escuta já se produzem, bem mal, aliás, além de certas delimitações históricas. Não se escuta a música barroca – sobretudo a do segundo período – como se escuta Wagner ou Strauss; não se escuta a polifonia da Ars Nova como se escuta Debussy ou Ravel. Mas, nesse último caso, quantos ouvintes estão dispostos a variar seu "modo de ser", musicalmente falando? Entretanto, para que a cultura musical, toda a cultura musical possa ser assimilada, basta essa adaptação aos critérios e às convenções, aos quais se submete a invenção de acordo com o momento da história em que ela se localiza. Essa profunda respiração dos séculos se situa no extremo oposto das tossidas asmáticas do passado que os fanáticos pelos reflexos fantasmáticos do passado nos fazem ouvir em um espelho embaçado. Uma cultura é forjada, persiste e se transmite em uma aventura de dupla face: às vezes, a brutalidade, a contestação,

416 Michel Foucault – Ditos e Escritos

o tumulto; às vezes, a meditação, a não violência, o silêncio. Qualquer que seja a forma da aventura – a mais surpreendente não é sempre a mais ruidosa, a mais ruidosa não é, irremediavelmente, a mais superficial – é inútil ignorá-la, e ainda mais inútil sequestrá-la. Dificilmente se poderia dizer que há provavelmente períodos agudos em que a coincidência se dá mais dificilmente, em que tal aspecto da invenção parece sair totalmente daquilo que podemos tolerar ou "razoavelmente" absorver; que existem outros períodos em que se produzem recaídas de uma ordem mais imediatamente acessível. As relações entre todos esses fenômenos – individuais, coletivos – são tão complexas que é impossível lhes aplicar paralelismos ou agrupamentos rigorosos. Ficaríamos, antes, tentados a dizer: Senhores, apostem e confiem, no que se refere ao resto, em sua época! Mas, por gentileza, toquem! toquem! Sem isso, que infinitas secreções de tédio!

1984

Arqueologia de uma Paixão

"Archaeology of a passion" ("Archéologie d'une passion"; entrevista com C. Ruas, 15 de setembro de 1983), *in* Foucault (M.), *Raymond Roussel, death and the labyrinth*, Nova Iorque, Doubleday, 1984, p. 169-186.

– Comecei este estudo sobre Roussel quando eu era muito jovem. Foi totalmente por acaso, e um acaso que prezo, porque devo confessar que na minha vida jamais ouvira falar de Roussel até 1957. Lembro-me da maneira pela qual o descobri: era uma época em que eu vivia na Suécia e vinha à França durante o verão simplesmente para passar as férias. Um dia, fui à livraria José Corti para comprar não sei qual livro. José Corti em pessoa estava lá, sentado atrás de uma grande mesa, magnífico velho. Ele estava conversando com um amigo. Enquanto eu esperava pacientemente que ele terminasse sua conversa, meu olhar foi atraído por uma série de livros cuja cor amarela, um tanto envelhecida, era a cor tradicional das antigas casas de edição do fim do século passado, em suma, livros como não se fazem mais. Tratava-se de obras publicadas pela livraria Lemerre.

Peguei um daqueles livros por curiosidade para ver o que José Corti podia vender desse acervo Lemerre, atualmente bem velhusco, e esbarrei em um autor do qual jamais ouvira falar: Raymond Roussel. O livro se chamava *La vue*. Desde as primeiras linhas, senti uma prosa extremamente bela e estranhamente próxima da de Robbe-Grillet, que justamente naquela época começava a publicar. Fiz uma espécie de comparação entre *La vue* e Robbe-Grillet em geral, sobretudo *Le voyeur*.

Quando José Corti terminou sua conversa, eu lhe perguntei timidamente quem era esse Raymond Roussel. Então ele me olhou com uma generosidade um tanto enternecida e me disse: "Mas afinal, Roussel..." Compreendi que eu deveria saber quem era Raymond Roussel e lhe perguntei sempre timidamente se podia comprar aquele livro, já que ele o vendia. Fiquei sur-

418 Michel Foucault – Ditos e Escritos

preso ou decepcionado ao ver que, além do mais, eram todos muito caros. Acho, aliás, que José Corti deve ter dito para mim naquele dia: "Mas você deveria também ler *Comment j'ai écrit certains de mes livres*." Pouco depois, comprei um pouco sistematicamente, mas lentamente, os livros de Raymond Roussel, e eles me interessaram prodigiosamente: fiquei fascinado por aquela prosa, na qual encontrei uma beleza intrínseca, antes mesmo de saber o que havia por trás dela. E quando descobri os métodos e as técnicas da escrita de Raymond Roussel, não há dúvida de que um certo lado obsessivo meu foi uma segunda vez seduzido.

Sempre mantive por Roussel uma espécie de afeição um tanto secreta, sem falar muito dele à minha volta. De qualquer maneira, eu estava no estrangeiro, na Suécia, na Polônia, na Alemanha. Quando encontrei pela primeira vez na minha vida Robbe-Grillet em Hamburgo, em 1960, nós ficamos amigos. Estivemos juntos na feira de Hamburgo, nos divertimos no labirinto de espelhos. É o ponto de partida do seu romance, *Le labyrinthe*.[1] Mas, coisa curiosa, por uma espécie de lapso do qual não se pode pensar nem por um instante que seja inocente de minha parte, jamais tinha lhe falado de Roussel, nem mesmo perguntado sobre suas relações com ele.

As coisas ficaram por aí durante vários anos. Então, em um dia de férias, tive vontade de escrever um pequeno artigo sobre Roussel para a revista *Critique*. Mas eu estava de tal forma apaixonado por Roussel e seus textos que me fechei durante dois meses para finalmente escrever este livro. Eu absolutamente não sabia onde o publicaria, nem como. Um dia, recebi um telefonema de um editor que me perguntava o que eu fazia. "Estou preparando um livro sobre Roussel. – Será que, eventualmente, você poderia mostrá-lo para mim quando o tiver terminado? Será que você vai demorar muito?"

Pela primeira vez na minha vida, eu que sempre me atraso com meus livros, pude lhe responder com orgulho: "Ele vai ficar pronto logo. Exatamente em 11 ou 12 minutos!" Resposta que era perfeitamente justificada: eu começava a bater a última página. Eis a história desse livro. Para retornar a Robbe-Grillet

---

1 M. Foucault confunde aqui uma dedicatória de Robbe-Grillet, que lhe enviou, como lembrança de Hamburgo, seu livro, publicado em 1959, com o tema do romance.

e a essa espécie de lapso-silêncio, foi depois da publicação do meu livro que fiquei sabendo que seu romance *Le voyeur* devia originalmente se chamar *La vue*, em homenagem a Raymond Roussel. Seu editor, Jérôme Lindon, indubitavelmente por justas razões comerciais, tinha considerado esse título literalmente invendável. Mas o livro era mesmo dedicado a Roussel; fora escrito em referência direta a ele.

– *Roussel era um contemporâneo de Proust. Na perspectiva tradicional da história literária, se opõem geralmente os escritores para dar uma ideia dos polos extremos da época, como a oposição entre Balzac e Stendhal. O que me parece interessante é que se, com Proust, nós ainda vemos o romance do século XIX e as convenções romanescas se estenderem até seus extremos, com Roussel, pelo contrário, temos uma implosão dessas convenções: o romancista desaparece ou se esconde atrás de sua obra. É preciso também observar que Roussel, do ponto de vista imaginativo, não é o oposto de Proust (esse lugar é tradicionalmente reservado a Gide), embora Cocteau tenha batizado Roussel de "Proust dos sonhos".*

– Minha resposta talvez vá escandalizar você, que é rousseliano: não ousaria comparar Roussel a Proust. Eu seria bastante prudente quanto ao lugar a ser dado a Roussel. É uma experiência extremamente interessante que não é simplesmente linguística – não é a experiência linguística de um obcecado –, é alguma coisa a mais. Roussel verdadeiramente deu corpo a uma forma de beleza, uma bela estranheza. Mas eu não diria que Roussel seja Proust.

– *Se você o aproxima de Robbe-Grillet, será porque ele recusou as tradições literárias de sua época?*

– Há vários aspectos que eu gostaria de comentar. Inicialmente, este: Roussel faz igualmente parte não de uma tradição, mas, digamos, de uma série de autores: ele existe em todas as línguas dos autores que foram literalmente tomados pelo problema do "jogo de linguagem", para quem a construção literária e esse "jogo de linguagem" estão diretamente ligados. Não diria que se trata de uma tradição, porque esse procedimento parece se perder com cada autor: não se transmite, mas se torna a descobrir. E às vezes há coisas semelhantes que reaparecem.

Na época em que Roussel trabalhava, por volta de 1925, estava bastante solitário e isolado e não pôde, acredito, ser compreendido. Ele só encontrou efetivamente repercussão em dois

420 Michel Foucault – Ditos e Escritos

contextos, o do surrealismo, com o problema, digamos, da linguagem automática; e depois, por volta dos anos 1950-1960, em uma época em que o problema da relação entre literatura e estrutura linguística não era somente um tema teórico, mas também um horizonte literário.

– *Esse texto vem após o seu estudo sobre a loucura. Eram os problemas psicológicos de Roussel que lhe interessavam, naquele momento?*

– De forma alguma. Quando, depois de ter descoberto Roussel, vi que ele tinha sido paciente do Dr. Janet, que analisa seu caso em duas páginas citadas inclusive por ele mesmo, isso me agradou e interessou. Procurei saber se havia outros textos escritos sobre Roussel, mas nada encontrei; não insisti porque, precisamente, não era aquilo que me interessava. Em todo caso, em meu livro, não creio ter feito muitas referências à psicopatologia.

– *Eu me perguntava se o seu interesse por Roussel naquele momento não decorria desse grande estudo sobre a história da loucura que você acabava de escrever?*

– É possível, mas não por interesse consciente. Não é porque estou interessado pelo problema cultural, médico, científico, institucional da loucura que me interessei por Roussel. Mas é possível dizer, sem dúvida, que talvez sejam essas as mesmas razões que fizeram com que, em minha perversidade e minhas próprias estruturas psicopatológicas, eu esteja interessado pela loucura e por Roussel.

– *Em seu estudo, você analisa o problema da linguagem inventada. Você mencionou a escrita automática, mas penso também na ideia de objeto inventado que é tão corrente no mundo artístico e literário. Você estava pessoalmente interessado pelo problema da linguagem inventada?*

– Pode-se, sem dúvida, encontrar nisso, mais do que na loucura, o que me preocupava. Trata-se do interesse que tenho, em relação ao discurso, não tanto pela estrutura linguística que torna possível tal ou tal série de enunciações, mas pelo fato de que vivemos em um mundo em que houve coisas ditas. Essas coisas ditas, em sua própria realidade de coisas ditas, não são, como às vezes se tende muito a pensar, uma espécie de vento que passa sem deixar traços, mas, na realidade, por menores que tenham sido esses traços, elas subsistem, e nós vivemos em um mundo que é todo tecido, entrelaçado pelo discurso, ou seja, enunciados que foram efetivamente pronunciados, coisas que foram ditas, afirmações, interrogações, discussões etc., que se sucederam. Desse ponto de vista, não se pode dissociar o mundo histórico em que vivemos de todos os elementos discursivos que habitaram esse mundo e ainda o habitam.

A linguagem já dita, a linguagem como já estando lá, determina de uma certa maneira o que se pode dizer depois, independentemente, ou dentro do quadro linguístico geral. É precisamente isso o que me interessa. E o jogo de Roussel, dando somente em algumas de suas obras a possibilidade de encontrar o já dito, e construindo com essa linguagem inventada, de acordo com as regras dele, um certo número de coisas, mas com a condição de que haja sempre uma referência ao já dito, isso me agradou e me surgiu como um jogo de criação literária a partir de um fato cultural e histórico sobre o qual me pareceu que era bom se interrogar.

– *Qual é a relação do artista com esse já dito utilizado por ele?*

– Trata-se de um jogo perverso. Por mais original que possa ser um romance, mesmo que seja *Ulisses* ou *À procura do tempo perdido*, ele se inscreve sempre, da mesma forma, em uma tradição romanesca e, portanto, no já dito do romance. Curiosamente, Roussel toma como matriz o que há de já dito no teatro, mas não utiliza a matriz genérica do gênero romanesco como princípio de desenvolvimento e de construção. Ele parte do já dito, mas um já dito que é uma frase encontrada ao acaso, lida em uma publicidade ou reconhecida em um livro.

– *Roussel utilizou o teatro, depois os romances, preferencialmente com a intenção de comunicar com o público. Pode-se pensar que o teatro se presta mais à linguagem reconhecida pois está nele o mundo da conversação.*

– A utilização da linguagem já dita no teatro serve geralmente para dar uma noção de verossimilhança ao que se vê na cena. A linguagem familiar utilizada pelos atores tem a função de fazer esquecer tanto quanto possível o arbitrário da situação. O que faz Roussel? Ele se serve de frases absolutamente cotidianas ouvidas ao acaso, tiradas de uma canção, lidas em uma parede. E com esses elementos ele constrói as coisas mais absurdas, mais inverossímeis, sem nenhuma relação possível com a realidade. Trata-se, pois, de um jogo perverso, a partir desse já dito e das funções que habitualmente se exercem no teatro.

422 Michel Foucault – Ditos e Escritos

– *Nos romances de Roussel, como* Impressions d'Afrique *e* Locus solus, *as imagens dessa fantasia que ele criou me parecem muito próximas das brincadeiras de criança do século XIX. Certas cenas poderiam corresponder às descrições de determinados jogos de autômatos estranhos e complicados, como aquelas bonecas que podiam pintar paisagens ou o retrato de Napoleão. Sem negar a complexidade da obra de Roussel, eu me perguntei se sua imaginação não seria um retorno à infância ou à pura fantasia.*

– É verdade que há uma referência, às vezes implícita e às vezes bastante explícita, a esses pequenos jogos infantis, a esses autômatos do gênero o-coelho-que-bate-o-tambor. Mas é preciso dizer: o imaginário da criança está presente em qualquer escritor, ele é adaptado na literatura por todo um trabalho de elaboração que conduz a um fantástico de um outro tipo. Roussel, por sua vez, leva esse imaginário ao seu próprio nível; a partir de o-coelho-que-bate-o-tambor, ele torna a máquina cada vez mais complexa, mas, permanecendo sempre nesse mesmo tipo de máquina, sem passar para um outro registro, chega a construções que são intensamente poéticas; não creio que em si mesmas elas sejam infantis, mas são uma outra maneira de elaborar esses núcleos imaginários próprios da infância, sejam eles pueris ou infantis.

– *Estudando a transformação da linguagem em Roussel, você evoca o vazio, ou o oco na linguagem. Você cita, a propósito, a descrição do sentido tropológico de Dumarsais. Penso em sua percepção da linguagem secundária que é repetida, em eco, sob o texto. Eu me perguntei se essa era a razão pela qual Gide gostava de ler* Les impressions d'Afrique *em voz alta. Você lê Roussel ouvindo essa segunda linguagem, essa linguagem morta e sepultada?*

– Sim. É uma questão muito interessante e uma das coisas enigmáticas em Roussel. Inicialmente, é preciso lembrar que nem sempre ele utilizou essas técnicas; em *La vue*, não há técnica de construção. Em meu livro, tentei chegar a compreender qual era a matriz geral que poderia dar conta dos textos sem procedimentos e dos textos com procedimentos, aqueles que obedecessem a tal procedimento, e os que obedecessem a tal outro. Não posso me impedir de pensar no que Roussel diz: "Da mesma forma que com rimas se podem fazer bons ou maus versos, podem-se com esse método fazer boas ou más obras."

1984 – Arqueologia de uma Paixão   423

O trabalho de Roussel dá a nítida impressão de estar submetido a um controle estético, a uma regulação do imaginário. O mundo imaginário na direção do qual ele se orientava, aquele que ele retinha finalmente a partir de construções que podiam levar a diferentes resultados, esse mundo obedecia a certo número de critérios estéticos, que lhe dão seu valor. Pareceu-me que esses critérios estéticos – considerando todas as combinações que se ofereciam a Roussel – eram inseparáveis da natureza do procedimento. Em uma circunstância extrema, imaginem não termos *Comment j'ai écrit certains de mes livres*: acredito que seria rigorosamente impossível reconstituir os procedimentos. Não falo das *Nouvelles impressions d'Afrique*, ali o procedimento é tipográfico. Mas, em *Les impressions d'Afrique* ou em *Poussières de soleil*, poderíamos duvidar de que haja um procedimento linguístico? Sem dúvida, não. Será que isso diminuiria o valor do trabalho? E como se compreenderia Roussel se o procedimento fosse ignorado? É uma questão interessante. Tomem um leitor americano, ou um leitor japonês, já que Roussel foi traduzido para o japonês. Esse leitor pode se interessar por Roussel? Considerar a obra bela sem saber que existe um procedimento ou mesmo sabendo que há um procedimento, não podendo compreendê-la por não ter a linguagem-matriz à sua disposição?

– *As pessoas que leem Roussel em inglês sabem que há um outro aspecto da obra que não lhes é acessível. Mas elas apreciam a qualidade da linguagem e da imaginação.*

– Totalmente. Há uma qualidade de imaginação que faz com que, mesmo sem saber que existe um procedimento, a obra se sustente por si mesma. Mas a consciência do procedimento instaura no leitor um estado de incerteza, mesmo sabendo que jamais chegará a encontrar esse procedimento, mesmo tendo prazer, simplesmente, em ler o texto. O fato de haver um segredo, o sentimento de ler uma espécie de texto cifrado fazem da leitura um jogo, um empreendimento certamente um pouco mais complexo, um pouco mais inquieto, quase um pouco mais ansioso do que quando se lê um texto por puro prazer. Dessa forma, isso tem importância, mesmo que não se saiba, lendo tal ou tal episódio, qual é o texto inicial que o produziu. Trabalhando exaustivamente, pode-se chegar a distinguir certos truques, certas frases que puderam servir de pontos de partida. Pode-se imaginar toda uma equipe de pessoas trabalhando durante anos

424 Michel Foucault – Ditos e Escritos

para encontrar sob cada episódio de Roussel a frase que serviu de matriz, mas não estou certo de que isso seria interessante. Parece-me que, além da própria beleza do texto que agrada por si mesma, a consciência do método dá à leitura uma certa tensão. Mas não estou certo de que o conhecimento real do texto que serviu de ponto de partida seja necessário.

– *As relações de Roussel com os surrealistas interessaram a você?*

– Não. Fiquei sabendo que Michel Leiris conhecia Roussel (seu pai era o procurador de Roussel). Fui atraído pelas relações Leiris-Roussel por causa de *Biffures*, em que certo número de coisas levam a pensar em Roussel. Falei disso com Leiris, mas tudo o que ele tinha a dizer sobre Roussel, ele escreveu em seus artigos. Fora isso, acredito que as relações entre Roussel e os surrealistas foram episódicas. Os surrealistas viram em sua obra uma espécie de Douanier Rousseau, uma espécie de "*naïf*" da literatura, e então eles se divertiam. Mas não acredito que o próprio movimento surrealista tenha feito muito mais do que dar um pouco de peso ao personagem de Roussel e orquestrar os tumultos durante a representação das peças.

– *Como você interpreta esse desejo de ter sucesso no teatro?*

– Mas você sabe, para ele, escrever era isso. Há uma página muito bela na qual ele diz que, após seu primeiro livro, ele esperava que na manhã seguinte houvesse uma espécie de um halo luminoso em torno de sua própria pessoa e que todo mundo na rua pudesse ver que ele havia escrito um livro. Era o obscuro desejo cultivado por toda pessoa que escreve. É verdade que o primeiro texto que se escreve não é nem para os outros nem porque se é o que se é: escreve-se para ser diferente do que se é. Há uma modificação de sua maneira de ser que se busca através do fato de escrever. É essa modificação de sua maneira de ser que Roussel observava e buscava, ele acreditava nela e sofreu horrivelmente por isso.

– *Conhecemos pouca coisa sobre a vida de Roussel e sobre as drogas que ele utilizava. O ópio era a droga da época?*

– Sim, mas a cocaína já estava bastante difundida. O tema me interessava, mas o abandonei: fazer um estudo justamente sobre a cultura da droga ou a droga como cultura, no Ocidente, desde o início do século XIX. Sem dúvida, isso remontava a bem antes. Mas a droga foi igualmente muito importante, praticamente até os anos 1970, e ainda hoje. Ela está extremamente ligada a toda a vida artística do Ocidente.

– *Roussel teve que ser internado no hospital sobretudo por causa das drogas, mais do que em função dos seus problemas psicológicos.*

– Penso que a primeira vez que ele foi tratado por Janet – que era um grande psiquiatra em Paris nessa época – Roussel era muito jovem, creio que tinha 17 ou 18 anos, e foi por razões consideradas patológicas. Não foi porque ele se drogava.

– *Mas, no final, quando ele decidiu se tratar, foi para uma desintoxicação.*

– Sei que, quando ele se suicidou em Palermo, ele devia se internar no hospital de Kreuzlinger, onde seu quarto fora reservado.

– *Quanto ao fenômeno de o artista se esconder atrás de sua obra, você acredita que isso esteja ligado à sua identidade sexual?*

– Entre a criptografia e a sexualidade como segredo, poderia haver uma relação. Tomemos três exemplos – de Cocteau, se diz: "Não é espantoso que ele mostre sua sexualidade, seus gostos e suas escolhas sexuais, já que ele é homossexual." Bom. De Proust, se diz: "Não é espantoso que simultaneamente ele esconda e mostre sua sexualidade, que a deixe transparecer da maneira mais clara e depois ao mesmo tempo ele se dissimule de maneira tão insistente, já que é homossexual." E se poderia também dizer de Roussel: "Não é espantoso que ele a esconda *inteiramente*, já que é homossexual." Dito de outra forma, as três condutas possíveis: escondê-la inteiramente, ou escondê-la mostrando-a, ou exibi-la, podem também aparecer como uma consequência da sexualidade, sobre a qual diria que certamente é uma maneira de viver. É uma escolha em relação ao que se é como ser sexual e depois como ser escritor. E é uma escolha na relação existente entre o modo de vida sexual e a obra.

Seria possível dizer: "É por ser homossexual que ele escondeu sua sexualidade em sua obra, ou é porque ele escondia sua sexualidade em sua vida que ele a escondeu também em sua obra." Acredito que é preferível tentar conceber que, no fundo, alguém que é escritor não faz simplesmente sua obra em seus livros, no que ele publica, e que sua obra principal é, finalmente, ele próprio escrevendo seus livros. E é essa relação dele próprio com seus livros, de sua vida com seus livros, que

426 Michel Foucault – Ditos e Escritos

é o ponto central, o foco de sua atividade e de sua obra. A vida privada de um indivíduo, suas escolhas sexuais e sua obra estão ligadas entre si, não porque a obra traduza a vida sexual, mas porque ela compreende a vida tanto quanto o texto. A obra é mais do que a obra: o sujeito que escreve faz parte da obra.

– *O estudo de Roussel não o levou a outros temas suscetíveis de prolongar sua pesquisa.*

– Não, esse amor pela obra de Roussel permaneceu gratuito. No fundo, prefiro que seja assim. Não sou de forma alguma um crítico literário, não sou um historiador da literatura. Roussel, na época em que eu me ocupava com ele, era pouco conhecido, e não era considerado um grande escritor. Talvez essa seja a razão pela qual não tive escrúpulos em estudá-lo: não o fiz para Mallarmé nem para Proust. Escrevi sobre Roussel justamente porque ele estava só, um pouco abandonado e dormia em uma estante de José Corti. Então, veja: gostei muito de fazer esse trabalho e estou contente de não ter continuado. Se eu tivesse me proposto a fazer um estudo sobre um outro autor, eu teria tido um pouco a impressão, sobretudo nos anos que se seguiram, de cometer uma espécie de infidelidade a Roussel e de normatizá-lo, tratá-lo como um autor como os outros.

– *Nesse livro, há um certo voo estilístico, um jogo retórico entre os capítulos. Será que esse estudo era diferente não somente como tema, mas também na sua abordagem da escrita?*

– Sim. É de longe o livro que escrevi com mais facilidade, com mais prazer e mais rapidamente, porque eu escrevo muito lentamente, recomeço sem parar, multiplico as emendas. Imagino que deva ser muito complexo de ler, porque eu pertenço à categoria de autores que, quando escrevem espontaneamente, o fazem de maneira um pouco embaralhada e são obrigados a simplificar. Nos outros livros, eu tentei com ou sem razão utilizar um certo tipo de análises, escrever de uma determinada maneira. Enfim, era muito mais voluntário, premeditado.

Minha relação com meu livro sobre Roussel e para Roussel é verdadeiramente alguma coisa muito pessoal que me deixou muito boas lembranças. É um livro à parte em minha obra. Estou muito contente de que nunca ninguém tenha tentado explicar que, se eu tinha escrito o livro sobre Roussel, era porque eu tinha escrito o livro sobre a loucura, e que iria escrever sobre a história da sexualidade. Ninguém jamais prestou atenção nesse livro e estou muito contente com isso. É minha casa secreta, uma história de amor que durou alguns verões. Ninguém soube disso.

– *Nessa época, nos anos 1960, você também estava interessado pelo movimento chamado o "novo romance"?*

– O acaso fez com que eu topasse com *La vue*. Se eu não tivesse sido condicionado pela leitura prévia de Robbe-Grillet, de Butor, de Barthes, não creio que eu tivesse sido capaz, por mim mesmo, lendo *La vue*, de ter esse estalo que imediatamente me cativou. Havia mais chance de me interessar por *Comment j'ai écrit certains de mes livres* ou por *Les impressions d'Afrique* do que por *La vue*. Acredito verdadeiramente que esse condicionamento foi necessário.

Pertenço à geração de pessoas que, quando estudantes, estavam fechadas em um horizonte que era marcado pelo marxismo, pela fenomenologia, pelo existencialismo etc. Coisas extremamente interessantes, estimulantes, mas que acarretam depois de certo tempo uma sensação de sufocamento e o desejo de ver mais além. Eu era como todos os estudantes de filosofia nessa época, e, para mim, a ruptura se deu com Beckett. *En attendant Godot*, um espetáculo de tirar o fôlego. Depois li Blanchot, Bataille, Robbe-Grillet – *Les gommes, La jalousie, Le voyeur* – Butor também, Barthes – as *Mythologies* – e Lévi-Strauss. Todos esses autores são muito diferentes uns dos outros, e não quero de forma alguma compará-los. Quero dizer que eles marcaram uma ruptura para as pessoas de nossa geração.

– *Para você, a expressão da ruptura era o estudo sobre a loucura. Você já tinha feito a mudança antes da leitura de Roussel?*

– De fato, li Roussel no próprio momento em que escrevia esse livro sobre a loucura. Eu estava dividido entre a fenomenologia e a psicologia existencial. Minhas pesquisas eram uma tentativa de ver em que medida se podia defini-las em termos históricos. Compreendi que o problema devia ser colocado em outros termos que não o marxismo e a fenomenologia.

1984

Outros Espaços

(Conferência)

"Des espaces autres" (conferência no Círculo de Estudos Arquitetônicos, 14 de março de 1967), *Architecture, mouvement, continuité*, n. 5, outubro de 1984, p. 46-49.

M. Foucault só autorizou a publicação deste texto escrito na Tunísia, em 1967, na primavera de 1984.

A grande mania que obcecou o século XIX foi, como se sabe, a história: temas do desenvolvimento e da estagnação, temas da crise e do ciclo, temas da acumulação do passado, grande sobrecarga de mortos, resfriamento ameaçador do mundo. É no segundo princípio de termodinâmica que o século XIX encontrou o essencial dos seus recursos mitológicos. A época atual seria talvez de preferência a época do espaço. Estamos na época do simultâneo, estamos na época da justaposição, do próximo e do longínquo, do lado a lado, do disperso. Estamos em um momento em que o mundo se experimenta, acredito, menos como uma grande via que se desenvolveria através dos tempos do que como uma rede que religa pontos e que entrecruza sua trama. Talvez se pudesse dizer que certos conflitos ideológicos que animam as polêmicas de hoje em dia se desencadeiam entre os piedosos descendentes do tempo e os habitantes encarniçados do espaço. O estruturalismo, ou pelo menos o que se reúne sob esse nome em geral, é o esforço para estabelecer, entre elementos que podem ter sido dispersos através do tempo, um conjunto de relações que os faz aparecer como justapostos, opostos, comprometidos um com o outro, em suma, que os faz aparecer como uma espécie de configuração; na verdade, não se trata com isso de negar o tempo; é uma certa maneira de tratar o que se chama de tempo e o que se chama de história.

É preciso, entretanto, observar que o espaço que hoje aparece no horizonte de nossas preocupações, de nossa teoria, de nossos sistemas não é uma inovação; o próprio espaço na experiência ocidental tem uma história, e não é possível desconhecer este entrecruzamento fatal do tempo com o espaço. Pode-se dizer, para retraçar muito grosseiramente essa história do espaço, que ele era, na Idade Média, um conjunto hierarquizado de lugares: lugares sagrados e lugares profanos, lugares protegidos e lugares, pelo contrário, abertos e sem defesa, lugares urbanos e lugares rurais (onde acontece a vida real dos homens); para a teoria cosmológica, havia lugares supracelestes opostos ao lugar celeste; e o lugar celeste, por sua vez, se opunha ao lugar terrestre; havia os lugares onde as coisas se encontravam colocadas porque elas tinham sido violentamente deslocadas, e depois os lugares, pelo contrário, onde as coisas encontravam sua localização e seu repouso naturais. Toda essa hierarquia, essa oposição, esse entrecruzamento de lugares era o que se poderia chamar bem grosseiramente de espaço medieval: espaço de localização.

Esse espaço de localização iniciou-se com Galileu, pois o verdadeiro escândalo da obra de Galileu não foi tanto ter descoberto, ou melhor, ter redescoberto que a Terra girava em torno do Sol, mas ter constituído um espaço infinito, e infinitamente aberto; de tal forma que o lugar da Idade Média se encontrava aí de certa maneira dissolvido, o lugar de uma coisa não era mais do que um ponto em seu movimento, exatamente como o repouso de uma coisa não passava do seu movimento infinitamente ralentado. Dito de outra forma, a partir de Galileu, a partir do século XVII, a extensão toma o lugar da localização.

Atualmente, o posicionamento substitui a extensão, que substituía a localização. O posicionamento é definido pelas relações de vizinhança entre pontos ou elementos; formalmente, podem-se descrevê-las como séries, organogramas, grades.

Por outro lado, sabe-se da importância dos problemas do posicionamento na técnica contemporânea: armazenagem da informação ou dos resultados parciais de um cálculo na memória de uma máquina, circulação de elementos discretos, com saída aleatória (como muito simplesmente os automóveis ou, enfim, os sons em uma linha telefônica), determinação de elementos, marcados ou codificados, no interior de um conjunto que é ora repartido ao acaso, ora classificado em uma classificação unívoca, ora classificado de acordo com uma classificação plurívoca etc.

430 Michel Foucault – Ditos e Escritos

De uma maneira ainda mais concreta, o problema do lugar ou do posicionamento se propõe para os homens em termos de demografia; e esse último problema do posicionamento humano não é simplesmente questão de saber se haverá lugar suficiente para o homem no mundo – problema que é, afinal de contas, muito importante –, é também o problema de saber que relações de vizinhança, que tipo de estocagem, de circulação, de localização, de classificação dos elementos humanos devem ser mantidos de preferência em tal ou tal situação para chegar a tal ou tal fim. Estamos em uma época em que o espaço se oferece a nós sob a forma de relações de posicionamentos.

De qualquer forma, creio que a inquietação de hoje se refere fundamentalmente ao espaço, sem dúvida muito mais que ao tempo; o tempo provavelmente só aparece como um dos jogos de distribuição possíveis entre elementos que se repartem no espaço.

Ora, apesar de todas as técnicas nele investidas, apesar de toda a rede de saber que permite determiná-lo ou formalizá-lo, o espaço contemporâneo talvez não esteja ainda inteiramente dessacralizado – diferentemente, sem dúvida, do tempo em que ele foi dessacralizado no século XIX. Houve, certamente, uma certa dessacralização teórica do espaço (aquela que a obra de Galileu provocou), mas talvez não tenhamos ainda chegado a uma dessacralização prática do espaço. E talvez nossa vida ainda seja comandada por certo número de oposições nas quais não se pode tocar, as quais a instituição e a prática ainda não ousaram atacar: oposições que admitimos como inteiramente dadas: por exemplo, entre o espaço privado e o espaço público, entre o espaço da família e o espaço social, entre o espaço cultural e o espaço útil, entre o espaço de lazer e o espaço de trabalho; todos são ainda movidos por uma secreta sacralização.

A obra – imensa – de Bachelard, as descrições dos fenomenólogos nos ensinaram que não vivemos em um espaço homogêneo e vazio, mas, pelo contrário, em um espaço inteiramente carregado de qualidades, um espaço que talvez seja também povoado de fantasma; o espaço de nossa percepção primeira, o de nossos devaneios, o de nossas paixões possuem neles mesmos qualidades que são como intrínsecas; é um espaço leve, etéreo, transparente, ou então é um espaço obscuro, pedregoso, embaraçado: é um espaço do alto, um espaço dos cumes, ou é, pelo contrário, um espaço de baixo, um espaço do limo, um espaço que pode ser corrente como a água viva, um espaço que pode ser fixo, imóvel como a pedra ou como o cristal.

Entretanto, essas análises, embora fundamentais para a reflexão contemporânea, se referem sobretudo ao espaço de dentro. É do espaço de fora que gostaria de falar agora.

O espaço no qual vivemos, pelo qual somos atraídos para fora de nós mesmos, no qual decorre precisamente a erosão de nossa vida, de nosso tempo, de nossa história, esse espaço que nos corrói e nos sulca é também em si mesmo um espaço heterogêneo. Dito de outra forma, não vivemos em uma espécie de vazio, no interior do qual se poderiam situar os indivíduos e as coisas. Não vivemos no interior de um vazio que se encheria de cores com diferentes reflexos, vivemos no interior de um conjunto de relações que definem posicionamentos irredutíveis uns aos outros e absolutamente impossíveis de ser sobrepostos.

Certamente, seria possível, sem dúvida, começar a descrição desses diferentes posicionamentos, buscando qual é o conjunto de relações pelo qual se pode definir esse posicionamento. Por exemplo, descrever o conjunto das relações que definem os posicionamentos de passagem, as ruas, os trens (trata-se tanto de um extraordinário feixe de relações que um trem, já que é alguma coisa através da qual se passa, é igualmente alguma coisa pela qual se pode passar de um ponto a outro e, além disso, é igualmente alguma coisa que passa). Seria possível descrever, pelo conjunto das relações que permitem defini-los, esses posicionamentos de parada provisória que são os cafés, os cinemas, as praias. Seria igualmente possível definir, por sua rede de relações, o posicionamento de repouso, fechado ou semifechado, que constituem a casa, o quarto, o leito etc. Mas o que me interessa são, entre todas esses posicionamentos, alguns dentre eles que têm a curiosa propriedade de estar em relação com todos os outros posicionamentos, mas de um tal modo que eles suspendem, neutralizam ou invertem o conjunto de relações que se encontram por eles designadas, refletidas ou pensadas. Esses espaços, que por assim dizer estão ligados a todos os outros, contradizendo, no entanto, todos os outros posicionamentos, são de dois grandes tipos.

Há, inicialmente, as utopias. As utopias são os posicionamentos sem lugar real. São posicionamentos que mantêm com o espaço real da sociedade uma relação geral de analogia direta ou inversa. É a própria sociedade aperfeiçoada ou é o inverso

432 Michel Foucault – Ditos e Escritos

da sociedade mas, de qualquer forma, essas utopias são espaços que fundamentalmente são essencialmente irreais.

Há, igualmente, e isso provavelmente em qualquer cultura, em qualquer civilização, lugares reais, lugares efetivos, lugares que são delineados na própria instituição da sociedade, e que são espécies de contraposicionamentos, espécies de utopias efetivamente realizadas nas quais os posicionamentos reais, todos os outros posicionamentos reais que se podem encontrar no interior da cultura estão ao mesmo tempo representados, contestados e invertidos, espécies de lugares que estão fora de todos os lugares, embora eles sejam efetivamente localizáveis. Esses lugares, por serem absolutamente diferentes de todos os posicionamentos que eles refletem e dos quais eles falam, eu os chamarei, em oposição às utopias, de heterotopias; e acredito que entre as utopias e estes posicionamentos absolutamente outros, as heterotopias, haveria, sem dúvida, uma espécie de experiência mista, mediana, que seria o espelho. O espelho, afinal, é uma utopia, pois é um lugar sem lugar. No espelho, eu me vejo lá onde não estou, em um espaço irreal que se abre virtualmente atrás da superfície, eu estou lá longe, lá onde não estou, uma espécie de sombra que me dá a mim mesmo minha própria visibilidade, que me permite me olhar lá onde estou ausente: utopia do espelho. Mas é igualmente uma heterotopia, na medida em que o espelho existe realmente, e que tem, no lugar que ocupo, uma espécie de efeito retroativo; é a partir do espelho que me descubro ausente no lugar em que estou porque eu me vejo lá longe. A partir desse olhar que de qualquer forma se dirige para mim, do fundo desse espaço virtual que está do outro lado do espelho, eu retorno a mim e começo a dirigir meus olhos para mim mesmo e a me constituir ali onde estou; o espelho funciona como uma heterotopia no sentido em que ele torna esse lugar que ocupo, no momento em que me olho no espelho, ao mesmo tempo absolutamente real, em relação com todo o espaço que o envolve, e absolutamente irreal, já que ela é obrigada, para ser percebida, a passar por aquele ponto virtual que está lá longe.

Quanto às heterotopias propriamente ditas, como se poderia descrevê-las, que sentido elas têm? Seria possível supor, não digo uma ciência porque é uma palavra muito depreciada atualmente, mas uma espécie de descrição sistemática que teria por objeto, em uma dada sociedade, o estudo, a análise,

1984 – Outros Espaços 433

a descrição, a "leitura", como se gosta de dizer hoje em dia, desses espaços diferentes, desses outros lugares, uma espécie de contestação simultaneamente mítica e real do espaço em que vivemos; essa descrição poderia se chamar heterotopologia. Primeiro princípio é que provavelmente não há uma única cultura no mundo que não se constitua de heterotopias. É uma constante de qualquer grupo humano. Mas as heterotopias assumem, evidentemente, formas que são muito variadas, e talvez não se encontrasse uma única forma de heterotopia que fosse absolutamente universal. Pode-se, entretanto, classificá-las em dois grandes tipos.

Nas sociedades ditas "primitivas", há uma certa forma de heterotopias que eu chamaria de heterotopias de crise, ou seja, que há lugares privilegiados, ou sagrados, ou proibidos, reservados aos indivíduos que se encontram, em relação à sociedade e ao meio humano no interior do qual eles vivem, em estado de crise. Os adolescentes, as mulheres na época da menstruação, as mulheres de resguardo, os velhos etc.

Em nossa sociedade, essas heterotopias de crise não param de desaparecer, embora delas se encontrem ainda alguns restos. Por exemplo, o colégio, em sua forma do século XIX, ou o serviço militar para os rapazes certamente desempenharam um tal papel, as primeiras manifestações da sexualidade viril devendo ocorrer precisamente "fora" e não na família. Para as moças, existia, até meados do século XX, uma tradição que se chamava a "viagem de núpcias"; era um tema ancestral. A defloração da moça não poderia ocorrer em "nenhum lugar" e, naquele momento, o trem, o hotel da viagem de núpcias eram bem esse lugar de nenhum lugar, essa heterotopia sem referências geográficas.

Mas essas heterotopias de crise hoje desaparecem e são substituídas, acredito, por heterotopias que se poderia chamar de desvio: aquela na qual se localiza os indivíduos cujo comportamento desvia em relação à média ou à norma exigida. São as casas de repouso, as clínicas psiquiátricas; são, bem entendido também, as prisões, e seria preciso, sem dúvida, acrescentar aí as casas de repouso, que estão de qualquer forma no limite da heterotopia de crise e da heterotopia de desvio, já que, afinal, a velhice é uma crise, mas igualmente um desvio, pois, em nossa sociedade em que o lazer é a regra, a ociosidade constitui uma espécie de desvio.

434 Michel Foucault – Ditos e Escritos

O segundo princípio dessa descrição das heterotopias é que, no curso de sua história, uma sociedade pode fazer funcionar de maneira muito diferente uma heterotopia que existe e que não deixou de existir; de fato, cada heterotopia tem um funcionamento preciso e determinado no interior da sociedade, e a mesma heterotopia pode, segundo a sincronia da cultura na qual ela se encontra, ter um funcionamento ou um outro.

Tomarei como exemplo a curiosa heterotopia do cemitério. O cemitério é certamente um lugar diferente em relação aos espaços culturais habituais, é um espaço que está, no entanto, em ligação com o conjunto de todas os posicionamentos da cidade ou da sociedade ou do campo, já que cada indivíduo, cada família tem parentes no cemitério. Na cultura ocidental, o cemitério praticamente sempre existiu. Mas sofreu mutações importantes. Até o fim do século XVIII, o cemitério estava situado no próprio centro da cidade, ao lado da igreja. Ali existia toda uma hierarquia de sepulturas possíveis. Havia o ossuário no qual os cadáveres perdiam até o último traço de individualidade, havia alguns túmulos individuais, e depois havia sepulturas dentro das igrejas. Essas sepulturas eram de duas espécies. Ora simplesmente lajes com uma inscrição, ora mausoléus com estátuas. Esse cemitério, que se localizava no espaço sagrado da igreja, adquiriu nas civilizações modernas um aspecto totalmente diferente e, curiosamente, foi na época em que a civilização se tornou, como se diz muito grosseiramente, "ateia" que a cultura ocidental inaugurou o que se chama culto dos mortos.

Na realidade, era bem natural que na época em que se acreditava efetivamente na ressurreição dos corpos e na imortalidade da alma não se tenha dado ao despojo mortal uma importância capital. Pelo contrário, a partir do momento em que não se está mais muito certo de ter uma alma, que o corpo ressuscitará, talvez seja preciso prestar muito mais atenção a esse despojo mortal, que é finalmente o único traço de nossa existência no mundo e entre as palavras.

Em todo caso, foi a partir do século XIX que cada um teve direito à sua pequena caixa para sua pequena decomposição pessoal; mas, por outro lado, foi somente a partir do século XIX que se começou a colocar os cemitérios no limite exterior das cidades. Correlativamente a essa individualização da morte e à apropriação burguesa do cemitério nasceu uma obsessão da morte como "doença". São os mortos, supõe-se, que trazem as doenças aos vivos, e é a presença e a proximidade dos mortos ao lado das casas, ao lado da igreja, quase no meio da rua, é essa proximidade que propaga a própria morte. Esse grande tema da doença disseminada pelo contágio dos cemitérios persistiu no fim do século XVIII; e foi simplesmente ao longo do século XIX que se começou a processar a remoção dos cemitérios para a periferia. Os cemitérios constituem, então, não mais o vento sagrado e imortal da cidade, mas a "outra cidade", onde cada família possui sua morada sombria.

Terceiro princípio. A heterotopia tem o poder de justapor em um só lugar real vários espaços, vários posicionamentos que são em si próprios incompatíveis. É assim que o teatro fez alternar no retângulo da cena uma série de lugares que são estranhos uns aos outros; é assim que o cinema é uma sala retangular muito curiosa, no fundo da qual, sobre uma tela em duas dimensões, vê-se projetar um espaço em três dimensões; mas talvez o exemplo mais antigo dessas heterotopias, na forma de posicionamentos contraditórios, o exemplo mais antigo, talvez, seja o jardim. Não se pode esquecer que o jardim, espantosa criação atualmente milenar, tinha no Oriente significações muito profundas e como que sobrepostas. O jardim tradicional dos persas era um espaço sagrado que devia reunir dentro do seu retângulo quatro partes representando as quatro partes do mundo, com um espaço mais sagrado ainda que os outros que era como o umbigo, o centro do mundo em seu meio (é ali que estavam a taça e o jato d'água); e toda a vegetação do jardim devia se repartir nesse espaço, nessa espécie de microcosmo. Quanto aos tapetes, eles eram, no início, reproduções de jardins. O jardim é um tapete onde o mundo inteiro vem realizar sua perfeição simbólica, e o tapete é uma espécie de jardim móvel através do espaço. O jardim é a menor parcela do mundo e é também a totalidade do mundo. O jardim é, desde a mais longínqua Antiguidade, uma espécie de heterotopia feliz e universalizante (daí nossos jardins zoológicos).

Quarto princípio. As heterotopias estão ligadas, mais frequentemente, a recortes do tempo, ou seja, elas dão para o que se poderia chamar, por pura simetria, de heterocronias; a heterotopia se põe a funcionar plenamente quando os homens se encontram em uma espécie de ruptura absoluta com seu tempo tradicional; vê-se por aí que o cemitério é um lugar altamente heterotópico, já que o cemitério começa com essa

436 Michel Foucault – Ditos e Escritos

estranha heterotopia que é, para o indivíduo, a perda da vida, e essa quase eternidade em que ele não cessa de se dissolver e de se apagar.

De uma maneira geral, em uma sociedade como a nossa, heterotopia e heterocronia se organizam e se arranjam de uma maneira relativamente complexa. Há, inicialmente, as heterotopias do tempo que se acumula infinitamente, por exemplo, os museus, as bibliotecas; museus e bibliotecas são heterotopias nas quais o tempo não cessa de se acumular e de se encarapitar no cume de si mesmo, enquanto no século XVII, até o fim do século XVIII ainda, os museus e as bibliotecas eram a expressão de uma escolha individual. Em compensação, a ideia de tudo acumular, a ideia de constituir uma espécie de arquivo geral, a vontade de encerrar em um lugar todos os tempos, todas as épocas, todas as formas, todos os gostos, a ideia de constituir um lugar de todos os tempos que esteja ele próprio fora do tempo, e inacessível à sua agressão, o projeto de organizar assim uma espécie de acumulação perpétua e infinita do tempo em um lugar que não mudaria, pois bem, tudo isso pertence à nossa modernidade. O museu e a biblioteca são heterotopias próprias à cultura ocidental do século XIX.

Diante dessas heterotopias, que estão ligadas à acumulação do tempo, há as heterotopias que estão ligadas, pelo contrário, ao tempo no que ele tem de mais fútil, de mais passageiro, de mais precário, e isso sob a forma da festa. São heterotopias não mais eternizadas, mas absolutamente crônicas. Assim são as feiras, esses maravilhosos locais vazios na periferia das cidades, que se povoam, uma ou duas vezes por ano, de barracas, mostruários, objetos heteróclitos, lutadores, mulheres-serpentes, videntes. Também muito recentemente, inventou-se uma nova heterotopia crônica, que são as cidades de veraneio; essas cidades polinésias que oferecem três pequenas semanas de uma nudez primitiva e eterna aos habitantes das cidades; e além disso vocês veem que, pelas duas formas de heterotopias, unem-se a da festa e a da eternidade do tempo que se acumula, as choupanas de Djerba são em certo sentido parentes das bibliotecas e dos museus, pois, reencontrando a vida polinesiana, se abole o tempo, mas é também o tempo que se encontra, é toda a história da humanidade que remonta à sua origem em uma espécie de grande saber imediato.

Quinto princípio. As heterotopias supõem sempre um sistema de abertura e fechamento que, simultaneamente, as isola e as torna penetráveis. Em geral, não se chega a um posicionamento heterotópico como a um moinho. Ou se é obrigado, como é o caso da caserna, o caso da prisão, ou é preciso se submeter a ritos e purificações. Só se pode entrar com certa permissão e depois que se cumpriu certo número de gestos. Há mesmo além disso heterotopias que são inteiramente consagradas a essas atividades de purificação, purificação semirreligiosa, semi-higiênica como nas casas de banho dos muçulmanos, ou então purificação puramente higiênica em aparência, como nas saunas escandinavas.

Há outras, pelo contrário, que parecem puras e simples aberturas mas que, em geral, escondem curiosas exclusões; todo mundo pode entrar nesses locais heterotópicos, mas, na verdade, não é mais que uma ilusão: acredita-se penetrar e se é, pelo próprio fato de entrar, excluído. Penso, por exemplo, nesses famosos quartos que existiam nas grandes fazendas do Brasil e, em geral, da América do Sul. A porta para neles entrar dava para o cômodo central em que vivia a família, e todo indivíduo que passasse, todo viajante tinha o direito de empurrar essa porta, de entrar no quarto e de dormir ali uma noite. Ora, esses quartos eram tais que o indivíduo que por ali passava não alcançava jamais o próprio núcleo da família, ele era absolutamente o hóspede de passagem, não era verdadeiramente o convidado. Esse tipo de heterotopia, que agora praticamente desapareceu em nossas civilizações, talvez pudesse ser reencontrado nos famosos quartos de motéis americanos no quais se entra com seu carro e sua amante e onde a sexualidade ilegal se encontra ao mesmo tempo absolutamente abrigada e absolutamente escondida, mantida afastada, sem ser, no entanto, inteiramente deixada ao ar livre.

Enfim, o último traço das heterotopias é que elas têm, em relação ao espaço restante, uma função. Esta se desenvolve entre dois polos extremos. Ou elas têm o papel de criar um espaço de ilusão que denuncia como mais ilusório ainda qualquer espaço real, todos os posicionamentos no interior dos quais a vida humana é compartimentalizada. Talvez este seja o papel que desempenharam durante muito tempo esses famosos bordéis dos quais agora estamos privados. Ou, pelo contrário, criando um outro espaço, um outro espaço real, tão perfeito, tão meticuloso, tão bem-arrumado quanto o nosso é desorga-

438   Michel Foucault – Ditos e Escritos

nizado, maldisposto e confuso. Isso seria a heterotopia não de ilusão, mas de compensação, e me pergunto se não foi um pouquinho dessa maneira que funcionaram certas colônias.

Em certos casos, elas desempenharam, no nível da organização geral do espaço terrestre, o papel de heterotopia. Penso, por exemplo, no momento da primeira onda de colonização, no século XVII, naquelas sociedades puritanas que os ingleses tinham fundado na América e que eram outros lugares absolutamente perfeitos.

Penso também nas extraordinárias colônias de jesuítas fundadas na América do Sul: colônias maravilhosas, absolutamente organizadas, nas quais a perfeição humana era efetivamente realizada. Os jesuítas do Paraguai haviam estabelecido colônias em que a existência era regulamentada em cada um dos seus pontos. A aldeia era repartida segundo uma disposição rigorosa em torno de um lugar retangular no fundo do qual havia a igreja; de um lado, o colégio, de outro, o cemitério, e além disso, diante da igreja, se abria uma avenida que uma outra vinha cruzar em ângulo reto; as famílias tinham cada uma sua pequena cabana ao longo dos dois eixos, e assim se encontrava exatamente reproduzido o signo do Cristo. A cristandade marcava, assim, com seu signo fundamental, o espaço e a geografia do mundo americano.

A vida cotidiana dos indivíduos era regulamentada não pelo apito, mas pelo sino. O despertar era fixado para todo mundo na mesma hora, o trabalho começava para todos na mesma hora; as refeições ao meio-dia e às cinco horas; depois se dormia e, à meia-noite, havia o que se chamava de despertar conjugal, ou seja, o sino do convento, tocando, todos cumpriam seu dever.

Bordéis e colônias são dois tipos extremos de heterotopia, e se imaginarmos, afinal, que o barco é um pedaço de espaço flutuante, um lugar sem lugar, que vive por si mesmo, que é fechado em si e ao mesmo tempo lançado ao infinito do mar e que, de porto em porto, de escapada em escapada para a terra, de bordel a bordel, chegue até as colônias para procurar o que elas encerram de mais precioso em seus jardins, você compreenderá por que o barco foi para a nossa civilização, do século XVI aos nossos dias, ao mesmo tempo não apenas, certamente, o maior instrumento de desenvolvimento econômico (não é disso que falo hoje), mas a maior reserva de imaginação. O navio é a heterotopia por excelência. Nas civilizações sem barcos os sonhos se esgotam, a espionagem ali substitui a aventura e a polícia, os corsários.

Índice de Obras

A odisséia, 48, 150
Aminadab, 231, 232, 233, 234, 235, 236, 244
Andrômaca, 154, 323
As mil e uma noites, 52, 215, 272, 274
As palavras e as coisas, 182, 199, 269, 270, 271, 298, 326
Au moment voulu, 232, 240

Biffures, 181, 410
Bouvard et Pécuchet, 76, 94, 97

Caprices, 78
Celui qui ne m'accompagnait pas, 229, 232, 244
Coelina ou l'enfant du mystère, 56
Comment j'ai écrit certains de mes livres, 1, 2, 3, 4, 5, 8, 9, 418, 423, 427

Da terra à lua, 216
Dom Quixote, 55, 57, 68, 81, 324, 352

Ecce homo, 249
Édipo rei, 164, 165
Été indien, 140

Hector Servadac, 218
Histoire de l'oeil, 47

La bibliothèque de Babel, 58, 59
La chambre secrète, 66
La doublure, 4, 11, 12, 181
La jalousie, 66, 137, 138, 148, 149, 150, 151, 152, 153, 154, 155, 159, 162, 427
La mise en scène, 139
La nouvelle Justine, 81

La religieuse, 51, 52
La science de Dieu, 303, 315, 316
La sorcière, 81
La tentation, 76, 77, 78, 81, 82, 83, 84, 85, 88, 91, 92, 93, 94, 96, 392
La vocation suspendue, 118, 119, 121, 122
La vue, 4, 9, 10, 182, 417, 419, 422, 427
Le bain de Diane, 121
Le bleu du ciel, 40, 42, 43
Le dernier homme, 232, 244
Le désert de glace, 217
Le maintien de l'ordre, 138, 140, 161
Le parc, 62, 63, 71, 74
Le rêve et l'existence, 167
Le schizo et les langues, 313
Le souffleur, 117, 119, 120, 123
Le très-haut, 232, 234, 235, 236, 242, 244
Le voyeur, 66, 130, 148, 154, 155, 160, 182, 417, 419, 427
Les cloches de Bâle, 348
Les égarements du coeur et de l'esprit, 13, 14, 15, 18
Les images, 61, 65, 74
Les larmes d'Éros, 40
Les mots et les choses, 196
Les mystères du peuple, 392, 393, 394, 395
Les paravents, 407
Les provinciales, 296
L'archéologie du savoir, 328
L'arrêt de mort, 239
L'attente l'oubli, 230
L'éducation sentimentale, 76, 96
L'espace littéraire, 239
L'érotisme, 31

440 Michel Foucault – Ditos e Escritos

L'éternel Adam, 222
L'étoile au front, 1
L'étonnante aventure de la mission Barsac, 219
L'interprétation des rêves, 285
L'univers imaginaire de Mallarmé, 185, 195
Locus solus, 1, 7, 9, 10, 182, 183, 184, 422

Madame Bovary, 76, 77
Match de football, 64
Mémoires d'un fou, 77

Nos folies, 13
Nouvelles impressions d'Afrique, 1, 4, 6, 7, 10, 181, 182, 183, 184, 423

O capital, 285
O castelo, 68, 130, 164, 165

Pauliska ou la perversité moderne, 13, 14, 16, 17, 19, 21, 22, 23, 24, 27
Paysages en deux, 61, 70

Salammbô, 76, 77, 392
Smahr, 77
Somme athéologique, 38, 39

Un coeur simple, 96
Une cérémonie royale, 63, 64

Viagem ao redor da lua, 216

Índice Onomástico

Althusser (L.), 294
Appia, 64
Aragon (L.), 348
Aristóteles, 150, 163, 170, 276, 284, 299
Artaud (A.), 227, 231

Bachelard (G.), 192, 416
Bacon (F.), 277, 363
Balzac (H. de), 143, 277, 419
Barthes (R.), 153, 160, 161, 294, 317, 427
Bataille (G.), 28, 29, 30, 31, 32, 34, 35, 36, 37, 38, 39, 40, 41, 42, 43, 44, 45, 46, 47, 74, 114, 122, 126, 127, 227, 231, 250, 252, 317, 427
Baudelaire (C.), 42, 162, 167, 351, 358, 414
Baudry (J.-L.), 61, 62, 65, 72, 125, 145, 150, 151, 155, 157, 158, 167, 170
Beckett (S.), 131, 271, 361, 427
Bergson (A.), 129, 130
Binswanger (L.), 167
Blanchot (M.), 34, 35, 48, 114, 122, 126, 223, 227, 228, 229, 230, 231, 239, 244, 250, 361, 363, 427
Bonnefoy (C.), 195, 247
Borges (J. L.), 50, 54, 59, 82, 329
Breton (A.), 5, 7, 69, 125, 162, 167, 181, 247, 248, 249, 250
Brisset (J.-P.), 303, 304, 305, 306, 307, 308, 310, 311, 312, 313, 314, 315, 316
Broch (H.), 248
Buffon (G.), 270

Butor (M.), 174, 179, 181, 248, 427

Camus (A.), 130, 133, 173
Char (R.), 195, 405, 406
Chomsky (N.), 288
Cícero, 326
Cixous (H.), 360, 362, 363, 364, 365, 366, 367, 368, 369
Claudel (P.), 114
Cocteau (J.), 419, 425
Crébillon (C.), 13, 15, 17, 21, 25
Cuvier (G.), 270, 286, 328

Darwin (C.), 270
Daudin (H.), 328
Deleuze (G.), 313
Derrida (J.), 294, 296
Diderot (D.), 51, 248
Du Bos (C.), 114
Dupont (P.), 276, 277, 370
Duras (M.), 144, 360, 361, 362, 363, 364, 365, 366, 367, 368
Durkheim (E.), 297
Durry (M.-J.), 125, 142, 147, 151, 168, 169, 172, 173, 175, 176, 177

Engels (F.), 285, 395

Faulkner (W.), 129
Faye (J. P.), 65, 69, 125, 128, 138, 139, 140, 141, 142, 145, 146, 151, 153, 154, 155, 156, 159, 160, 161, 168, 171, 178, 179, 248
Flaubert (G.), 76, 77, 78, 79, 80, 82, 83, 84, 85, 87, 94, 96, 273, 392
Freud (S.), 28, 130, 284, 285, 286, 287, 289, 297, 299, 301, 302, 327, 328

442 Michel Foucault – Ditos e Escritos

Galileu (G.), 286, 287, 289, 297, 429, 430
Gandillac (M. de), 125, 154, 155, 162, 173, 175, 176, 177, 179, 268, 298
Genett (J.), 185, 407
Gide (A.), 114, 115, 122, 248, 419, 422
Goethe (W.), 154, 248, 250
Goldmann (L.), 268, 293, 294, 298, 299
Guibert (H.), 383, 384
Guyotat (P.), 317

Hegel (G. W. F.), 128, 226
Heidegger (M.), 130, 131
Hocquenghem (G.), 384
Hölderlin (F.), 53, 121, 226, 227
Homero, 38, 48, 49, 150, 277, 284
Hugo (V.), 78, 162
Humboldt (K.-W.), 288, 327
Husserl (E.), 247

Jacob (F.), 326
Joyce (J.), 82, 129, 130, 168, 170, 171

Kafka (F.), 53, 82, 130, 131, 132, 136, 146, 147, 151, 164, 165, 167, 168, 171, 172, 273
Kant (I.), 34, 35, 36, 37, 44, 226, 295, 327, 328
Keynes, 300, 301
Kierkegaard (S.), 277
Klein (M.), 286, 317
Klossowski (P.), 35, 64, 111, 112, 113, 114, 115, 116, 117, 118, 119, 121, 122, 123, 124, 227, 232, 248

Lacan (J.), 268, 301
Lamarck (J.-B.), 326, 328
Lautréamont, 162
Leibniz (G.-W.), 183, 328
Leiris (M.), 3, 7, 46, 181, 182, 248, 250, 317, 424

Lévi-Strauss, 294, 328, 427
Lévy (H.), 378

Malebranche (N. de), 135, 136
Mallarmé (S.), 68, 82, 143, 185, 186, 188, 190, 191, 192, 194, 195, 227, 244, 249, 250, 275, 326, 405, 426
Mann (T.), 248
Marx (K.), 249, 270, 285, 286, 289, 297, 299, 347, 380, 394, 395, 402
Merleau-Ponty (M.), 160
Meyerhold, 64
Michaux (H.), 405
Michelet (J.), 81, 348

Newton (I.), 287, 289
Nietzsche (F.), 35, 38, 113, 116, 117, 227, 231, 247, 249, 250, 274, 295, 299, 326, 327, 400

Ollier (C.), 125, 137, 138, 139, 141, 142, 148, 149, 150, 155, 158, 159, 160, 161
Ormesson (J. d'), 268, 293

Pascal, 147, 294, 295, 296
Platão, 38, 299, 326, 412
Pleynet (M.), 61, 70, 71, 73, 75, 125, 135, 167, 168, 169, 170, 171, 174, 175, 176, 177
Ponge (F.), 127, 132, 195
Pound (E.), 82
Proust (M.), 129, 130, 146, 168, 171, 273, 419, 425, 426

Racine (J.), 294, 295, 321
Radcliffe (A.), 285
Richard (J.-P), 185, 186, 187, 188, 189, 190, 191, 192, 193, 194, 195, 351
Robbe-Grillet (A.), 61, 62, 63, 64, 65, 66, 67, 68, 74, 126, 130, 131, 132, 133, 134, 135, 136,

Índice Onomástico 443

137, 138, 141, 143, 144, 146,
147, 148, 149, 150, 151, 152,
153, 154, 155, 156, 157, 158,
159, 160, 161, 162, 163, 164,
165, 166, 167, 169, 171, 172,
173, 174, 175, 181, 182, 183,
417, 418, 419, 427
Roussel (R.), 1, 2, 3, 4, 5, 6, 7, 8,
9, 11, 12, 82, 126, 130, 132,
145, 157, 181, 182, 183, 184,
221, 310, 311, 313, 314, 315,
417, 418, 419, 420, 421, 422,
423, 424, 425, 426, 427

Sade (D. A. F. de), 24, 28, 29, 30,
31, 36, 45, 54, 55, 57, 58, 68,
81, 117, 226, 227, 231, 273,
370, 371, 372, 373, 374
Sainte-Beuve (C.-A.), 414
Sanguineti (E.), 125, 127, 145,
146, 147, 148, 149, 150, 151,
153, 155, 163, 165, 167, 168,
169, 170, 171, 178
Sartre (J.-P.), 130, 133, 141, 173,
249
Saussure (F. de), 160, 286
Scherer (R.), 384
Searle (J. R.), 276
Serres (M.), 288, 301
Shakespeare (W.), 162, 165, 276,
277
Sollers (P.), 61, 62, 64, 67, 125,
126, 127, 128, 144, 145, 147,

154, 155, 156, 157, 158, 161,
162, 163, 166, 168, 169, 173,
184, 317
Spinoza (B.), 80
Starobinski (J.), 132, 191
Steiner (G.), 320, 321, 325, 326,
327, 328, 329
Sue (E.), 392, 395

Thibaudeau (J.), 61, 62, 63, 64,
66, 74, 125, 144, 145, 148,
149, 151, 153, 157, 168,
173, 174
Thierry (A.), 392
Tortel (J.), 125, 165, 167, 174
Turgot (A.-R.-J.), 329

Ullmo (J.), 268, 299

Valéry (P.), 145, 166, 179, 407
Verne (J.), 132, 183, 214, 215,
216, 217, 218, 220, 221,
222, 402
Voltaire, 327

Wahl (J.), 268, 269, 293, 302
Wolfson (L.), 310, 311, 313, 314,
315

Zaratustra, 38, 112
Zénon, 315
Zola (E.), 154

Índice de Lugares

África, 345, 357
Alemanha, 328, 341, 352, 396, 399, 405, 409, 418
Áustria, 405

Brasil, 437

Chile, 345
China, 357, 358, 285

Dinamarca, 165

Espanha, 321, 323, 340
Estados Unidos, 268, 341, 373, 377, 396
Europa, 14, 91, 92, 284, 377, 397, 405

França, 335, 337, 338, 341, 345, 352, 394, 417
Grécia, 377

Israel, 91
Itália, 375, 376, 377, 409

Japão, VII, XLVII

Mediterrâneo, 89, 90

Ocidente, 31, 227, 378, 379, 380, 386, 405, 424
Oriente, 84, 88, 89, 91, 93, 435

Polônia, 13, 418

Suécia, 417, 418

URSS, XLIII

Índice de Períodos Históricos

1. Séculos

XIII, 129
XV, 259
XVI, 112, 324, 438
XVII, 129, 135, 199, 271, 280, 298, 328, 394, 429, 436, 438
XVIII, 14, 22, 23, 27, 44, 52, 54, 55, 58, 81, 215, 271, 279, 280, 281, 292, 324, 327, 329, 381, 382, 383, 385, 401, 434, 435, 436
XIX, 68, 80, 81, 129, 187, 227, 248, 275, 279, 284, 285, 298, 303, 326, 327, 335, 336, 348, 351, 383, 386, 388, 392, 393, 394, 395, 398, 399, 401, 402, 409, 419, 422, 424, 428, 430, 433, 434, 435, 436
XX, 44, 129, 136, 187, 199, 259, 337, 353, 373, 399, 404, 405, 408, 414, 433

2. Eras, períodos

Época Clássica, 329
Época Moderna, 91
Idade Clássica, 15, 112, 199
Idade Média, 91, 129, 136, 279, 377, 429
Revolução Francesa, 295, 338

Organização da Obra
Ditos e Escritos

Volume I

1954 – Introdução (*in* Binswanger)
1957 – A Psicologia de 1850 a 1950
1961 – Prefácio (*Folie et déraison*)
     A Loucura Só Existe em uma Sociedade
1962 – Introdução (*in* Rousseau)
     O "Não" do Pai
     O Ciclo das Rãs
1963 – A Água e a Loucura
1964 – A Loucura, a Ausência da Obra
1965 – Filosofia e Psicologia
1970 – Loucura, Literatura, Sociedade
     A Loucura e a Sociedade
1972 – Resposta a Derrida
     O Grande Internamento
1974 – Mesa-redonda sobre a *Expertise* Psiquiátrica
1975 – A Casa dos Loucos
     Bancar os Loucos
1976 – Bruxaria e Loucura
1977 – O Asilo Ilimitado
1981 – Lacan, o "Libertador" da Psicanálise
1984 – Entrevista com Michel Foucault

Volume II

1961 – "Alexandre Koyré: a Revolução Astronômica, Copérnico,
     Kepler, Borelli"
1964 – Informe Histórico
1966 – A Prosa do Mundo
     Michel Foucault e Gilles Deleuze Querem Devolver a
       Nietzsche sua Verdadeira Cara
     O que É um Filósofo?
1967 – Introdução Geral (às Obras Filosóficas Completas de
     Nietzsche)
     Nietzsche, Freud, Marx
     A Filosofia Estruturalista Permite Diagnosticar o que É
       "a Atualidade"

Sobre as Maneiras de Escrever a História
As Palavras e as Imagens
1968 – Sobre a Arqueologia das Ciências. Resposta ao Círculo de
  Epistemologia
1969 – Introdução (*in* Arnauld e Lancelot)
  Ariadne Enforcou-se
  Michel Foucault Explica seu Último Livro
  Jean Hyppolite. 1907-1968
  Linguística e Ciências Sociais
1970 – Prefácio à Edição Inglesa
  (Discussão)
  A Posição de Cuvier na História da Biologia
  Theatrum Philosophicum
  Crescer e Multiplicar
1971 – Nietzsche, a Genealogia, a História
1972 – Retornar à História
1975 – Com o que Sonham os Filósofos?
1980 – O Filósofo Mascarado
1983 – Estruturalismo e Pós-Estruturalismo
1984 – O que São as Luzes?
1985 – A Vida: a Experiência e a Ciência

Volume III

1962 – Dizer e Ver em Raymond Roussel
  Um Saber Tão Cruel
1963 – Prefácio à Transgressão
  A Linguagem ao Infinito
  Distância, Aspecto, Origem
1964 – Posfácio a Flaubert (*A Tentação de Santo Antão*)
  A Prosa de Acteão
  Debate sobre o Romance
  Por que se Reedita a Obra de Raymond Roussel?
    Um Precursor de Nossa Literatura Moderna
  O *Mallarmé* de J.-P. Richard
1965 – "As Damas de Companhia"
1966 – Por Trás da Fábula
  O Pensamento do Exterior
  Um Nadador entre Duas Palavras
1968 – Isto Não É um Cachimbo
1969 – O que É um Autor?
1970 – Sete Proposições sobre o Sétimo Anjo
  Haverá Escândalo, Mas...

448 Michel Foucault – Ditos e Escritos

1971 – As Monstruosidades da Crítica
1974 – (Sobre D. Byzantios)
Antirretro
1975 – A Pintura Fotogênica
Sobre Marguerite Duras
Sade, Sargento do Sexo
1977 – As Manhãs Cinzentas da Tolerância
Não ao Sexo-Rei
1978 – Eugène Sue que Eu Amo
1980 – Os Quatro Cavaleiros do Apocalipse e os Vermes Cotidianos
A Imaginação do Século XIX
1982 – Pierre Boulez, a Tela Atravessada
1983 – Michel Foucault/Pierre Boulez – a Música Contemporânea e
o Público
1984 – Arqueologia de uma Paixão
Outros Espaços

Volume IV

1971 – (Manifesto do GIP)
(Sobre as Prisões)
Inquirição sobre as Prisões: Quebremos a Barreira
do Silêncio
Conversação com Michel Foucault
A Prisão em Toda Parte
Prefácio a *Enquête dans Vingt Prisons*
Um Problema que me Interessa Há Muito Tempo
É o do Sistema Penal
1972 – Os Intelectuais e o Poder
1973 – Da Arqueologia à Dinástica
Prisões e Revoltas nas Prisões
Sobre o Internamento Penitenciário
Arrancados por Intervenções Enérgicas de Nossa
Permanência Eufórica na História, Pomos as
"Categorias Lógicas" a Trabalhar
1974 – Da Natureza Humana: Justiça contra Poder
Sobre a Prisão de Attica
1975 – Prefácio (*in* Jackson)
A Prisão Vista por um Filósofo Francês
Entrevista sobre a Prisão: o Livro e o Seu Método
1976 – Perguntas a Michel Foucault sobre Geografia

Organização da Obra Ditos e Escritos 449

Michel Foucault: Crimes e Castigos na URSS e em Outros
Lugares...
1977 – A Vida dos Homens Infames
Poder e Saber
Poderes e Estratégias
1978 – Diálogo sobre o Poder
A Sociedade Disciplinar em Crise
Precisões sobre o Poder. Resposta a Certas Críticas
A "Governamentalidade"
M. Foucault. Conversação sem Complexos com um Filósofo
que Analisa as "Estruturas do Poder"
1979 – Foucault Estuda a Razão de Estado
1980 – A Poeira e a Nuvem
Mesa-redonda em 20 de Maio de 1978
Posfácio de *L'impossible Prison*
1981 – "*Omnes et Singulatim*": uma Crítica da Razão Política

Volume V

1978 – A Evolução do Conceito de "Indivíduo Perigoso"
na Psiquiatria Legal do Século XIX
Sexualidade e Política
A Filosofia Analítica da Política
Sexualidade e Poder
1979 – É Inútil Revoltar-se?
1980 – O Verdadeiro Sexo
1981 – Sexualidade e Solidão
1982 – O Combate da Castidade
O Triunfo Social do Prazer Sexual: uma Conversação
com Michel Foucault
1983 – Um Sistema Finito Diante de um Questionamento Infinito
A Escrita de Si
Sonhar com Seus Prazeres. Sobre a "Onirocrítica" de
Artemidoro
O Uso dos Prazeres e as Técnicas de Si
1984 – Política e Ética: uma Entrevista
Polêmica, Política e Problematizações
Foucault
O Cuidado com a Verdade
O Retorno da Moral
A Ética do Cuidado de Si como Prática da Liberdade
Uma Estética da Existência

450 Michel Foucault – Ditos e Escritos

1988 – Verdade, Poder e Si Mesmo
A Tecnologia Política dos Indivíduos

Volume VI

1968 – Resposta a uma Questão
1971 – O Artigo 15
Relatórios da Comissão de Informação sobre o Caso Jaubert
Eu Capto o Intolerável
1972 – Sobre a Justiça Popular. Debate com os Maoístas
Encontro Verdade-Justiça. 1.500 Grenoblenses Acusam
Um Esguicho de Sangue ou um Incêndio
Os Dois Mortos de Pompidou
1973 – Prefácio (*De la prison à la revolte*)
Por uma Crônica da Memória Operária
A Força de Fugir
O Intelectual Serve para Reunir as Ideias, Mas Seu Saber
É Parcial em Relação ao Saber Operário
1974 – Sobre a "*A Segunda Revolução Chinesa*"
"*A Segunda Revolução Chinesa*"
1975 – A Morte do Pai
1977 – Prefácio (*Anti-Édipo*)
O Olho do Poder
Confinamento, Psiquiatria, Prisão
O Poder, uma Besta Magnífica
Michel Foucault: a Segurança e o Estado
Carta a Alguns Líderes da Esquerda
"Nós nos Sentimos como uma Espécie Suja"
1978 – Alain Peyrefitte se Explica... e Michel Foucault lhe Responde
A grande Política Tradicional
Metodologia para o Conhecimento do Mundo: como se
Desembaraçar do Marxismo
O Exército, Quando a Terra Treme
O Xá Tem Cem Anos de Atraso
Teerã: a Fé contra o Xá
Com o que Sonham os Iranianos?
O Limão e o Leite
Uma Revolta a Mãos Nuas
A Revolta Iraniana se Propaga em Fitas Cassetes
O Chefe Mítico da Revolta do Irã
Carta de Foucault à "Unità"

Organização da Obra Ditos e Escritos   451

1979 – O Espírito de um Mundo sem Espírito
        Um Paiol de Pólvora Chamado Islã
        Michel Foucault e o Irã
        Carta Aberta a Mehdi Bazargan
        Para uma Moral do Desconforto
        "O problema dos refugiados é um presságio da grande
            migração do século XXI"
1980 – Conversa com Michel Foucault
1981 – Da Amizade como Modo de Vida
        É Importante Pensar?
        Contra as Penas de Substituição
        Punir É a Coisa Mais Difícil que Há
1983 – A Propósito Daqueles que Fazem a História
1984 – Os Direitos do Homem em Face dos Governos
        O Intelectual e os Poderes

Volume VII

1 – Estética da existência
1963 – Vigia da Noite dos Homens
        Espreitar o Dia que Chega
        Um "Novo Romance" de Terror
1964 – Debate sobre a Poesia
        A Linguagem do Espaço
        Palavras que Sangram
        Obrigação de Escrever
1969 – Maxime Defert
1973 – Foucault, o Filósofo, Está Falando. Pense
1975 – A Festa da Escritura
1976 – Sobre "História de Paul"
        O Saber como Crime
        Entrevista com Michel Foucault
        Por que o Crime de Pierre Rivière?
        Eles Disseram sobre Malraux
        O Retorno de Pierre Rivière
1977 – Apresentação
1978 – Uma Enorme Surpresa
1982 – O Pensamento, a Emoção
        Conversa com Werner Schroeter

2 – Epistemologia, genealogia
1957 – A Pesquisa Científica e a Psicologia

452 Michel Foucault – Ditos e Escritos

1966 – Michel Foucault, *As palavras e as coisas*
Entrevista com Madeleine Chapsal
O Homem Está Morto?
1968 – Entrevista com Michel Foucault
Foucault Responde a Sartre
Uma Precisão de Michel Foucault
Carta de Michel Foucault a Jacques Proust
1970 – Apresentação
A Armadilha de Vincennes
1971 – Entrevista com Michel Foucault
1975 – Carta
1976 – A Função Política do Intelectual
O Discurso Não Deve Ser Considerado Como...
1978 – A Cena da Filosofia
1981 – A Roger Caillois
1983 – Trabalhos
1984 – O Estilo da História
O que São as Luzes?

3 – Filosofia e história da medicina

1968 – Os Desvios Religiosos e o Saber Médico
1969 – Médicos, Juízes e Bruxos no Século XVII
Títulos e Trabalhos
1972 – As Grandes Funções da Medicina em Nossa Sociedade
1973 – O Mundo É um Grande Hospício
1975 – Hospícios. Sexualidade. Prisões
Radioscopia de Michel Foucault
Michel Foucault, as Respostas do Filósofo
1976 – A Política da Saúde no Século XVIII
Crise da Medicina ou Crise da Antimedicina?
A Extensão Social da Norma
Bio-história e Biopolítica
1977 – O Nascimento da Medicina Social
1978 – Introdução por Michel Foucault
Uma Erudição Estonteante
A Incorporação do Hospital na Tecnologia Moderna
1979 – Nascimento da Biopolítica
1983 – Troca de Cartas com Michel Foucault
1984 – A Preocupação com a Verdade

Organização da Obra Ditos e Escritos 453

Volume VIII

1972 – Armadilhar Sua Própria Cultura
        Teorias e Instituições Penais
1973 – À Guisa de Conclusão
        Um Novo Jornal?
        Convocados à PJ
        Primeiras Discussões, Primeiros Balbucios: a Cidade É uma
        Força Produtiva ou de Antiprodução?
1974 – Loucura, uma Questão de Poder
1975 – Um Bombeiro Abre o Jogo
        A Política É a Continuação da Guerra por Outros Meios
        Dos Suplícios às Celas
        Na Berlinda
        Ir a Madri
1976 – Uma Morte Inaceitável
        As Cabeças da Política
        Michel Foucault, o Ilegalismo e a Arte de Punir
        Pontos de Vista
1977 – Prefácio
        O Pôster do Inimigo Público n. 1
        A Grande Cólera dos Fatos
        A Angústia de Julgar
        Uma Mobilização Cultural
        O Suplício da Verdade
        Vão Extraditar Klaus Croissant?
        Michel Foucault: "Doravante a segurança está acima das leis"
        A Tortura É a Razão
1978 – Atenção: Perigo
        Do Bom Uso do Criminoso
        Desafio à Oposição
        As "Reportagens" de Ideias
1979 – Prefácio de Michel Foucault
        Maneiras de Justiça
        A Estratégia do Contorno
        Lutas em Torno das Prisões
1980 – Prefácio
        Sempre as Prisões
        Le Nouvel Observateur e a União da Esquerda (Entrevista)
1981 – Prefácio à Segunda Edição
        O Dossiê "Pena de Morte". Eles Escreveram Contra

454 Michel Foucault – Ditos e Escritos

As Malhas do Poder (Conferência)
Michel Foucault: É Preciso Repensar Tudo, a Lei e a Prisão
As Respostas de Pierre Vidal-Naquet e de Michel Foucault
Notas sobre o que se Lê e se Ouve
1982 – O Primeiro Passo da Colonização do Ocidente
Espaço, Saber e Poder
O Terrorismo Aqui e Ali
Michel Foucault: "Não há neutralidade possível"
"Ao abandonar os poloneses, renunciamos a uma parte de
nós mesmos"
Michel Foucault: "A experiência moral e social dos poloneses
não pode mais ser apagada"
A Idade de Ouro da *Lettre de Cachet*
1983 – Isso Não me Interessa
A Polônia, e Depois?
"O senhor é perigoso"
*...eles declararam... sobre o pacifismo: sua natureza,
seus perigos, suas ilusões*
1984 – *O que Chamamos Punir?*

Volume IX

1976 – O Ocidente e a Verdade do Sexo
1977 – Prefácio
Sexualidade e Verdade
Entrevista com Michel Foucault
As Relações de Poder Passam para o Interior dos Corpos
O Jogo de Michel Foucault
1978 – Apresentação
Michel Foucault e o Zen: uma Estada em um Templo Zen
O Misterioso Hermafrodita
1979 – A Lei do Pudor
Um Prazer Tão Simples
Michel Foucault: o Momento de Verdade
Viver de Outra Maneira o Tempo
1980 – Roland Barthes
Do Governo dos Vivos
1982 – O Sujeito e o Poder
Entrevista com M. Foucault
Carícias de Homens Consideradas como uma Arte
Escolha Sexual, Ato Sexual

Foucault: Não aos Compromissos

A Hermenêutica do Sujeito

1983 – Uma Entrevista de Michel Foucault por Stephen Riggins

1984 – Prefácio à *História da sexualidade*

Sobre a Genealogia da Ética: um Resumo do Trabalho
em Curso

Entrevista de Michel Foucault

Michel Foucault, uma Entrevista: Sexo, Poder e a Política
da Identidade

1988 – As Técnicas de Si